史记论丛

二〇二〇年史记曲阜学术研讨会暨中国史记研究会第十九届年会论文

——《史记论丛》第十七集

主编 张大可 夏静 陈曦 刘崇

中国文史出版社

图书在版编目（CIP）数据

史记论丛．第 17 集 / 张大可等主编．—北京：中
国文史出版社，2020.10
ISBN 978 - 7 - 5205 - 2290 - 8

Ⅰ．①史… Ⅱ．①张… Ⅲ．①《史记》—学术会议—
文集 Ⅳ．①K204.2 - 53
中国版本图书馆 CIP 数据核字（2020）第 180453 号

责任编辑：王文运

———————————————————————————

出版发行：中国文史出版社
社　　址：北京市海淀区西八里庄路 69 号　邮编：100142
电　　话：010 - 81136606　81136602　81136603（发行部）
传　　真：010 - 81136655
印　　装：北京洲际印刷有限责任公司　邮编：101119
经　　销：全国新华书店
开　　本：710mm×1000mm　1/16
字　　数：643 千字
印　　张：36.25
版　　次：2020 年 10 月北京第 1 版
印　　次：2020 年 10 月第 1 次印刷
定　　价：140.00 元

———————————————————————————

题　记

　　2020 年初，新冠疫情的不期而至，让全国人民经历了一场没有硝烟的战争。这次疫情是新中国成立以来我国遭遇的传播速度最快、感染范围最广、防控难度最大的一次重大突发公共卫生事件。面对突如其来的灾难，中国史记研究会全体同仁在司马迁精神的感召下，做到了不屈不挠，奋力拼搏，一如既往地坚守于《史记》研究阵地，笔耕不辍，佳篇迭出，为今年《史记论丛》的编纂提供了丰富的稿源，也为今年年会的顺利召开提供了有力的精神支持！研究会秘书处的工作人员为此深受感动，大家利用业余时间加班加点，按时编好稿件，如期为今年年会献上《史记论丛》第十七集这份学术大礼。

　　本集收录今年 11 月即将在中国山东曲阜师范大学召开的"二○二○年史记曲阜学术研讨会暨中国史记研究会第十九届年会论文"的研讨论文，共计 60 篇。本次年会由中国史记研究会和曲阜师范大学联合主办，曲阜师范大学文学院具体承办。面对抗疫的特殊要求，为保证年会顺利召开，曲阜师范大学文学院领导始终与张大可会长领导下的学会秘书处保持密切沟通，积极从事会议的各项准备工作，最大限度地减少疫情对办会的冲击。中国史记研究会代表全体会员对此向曲阜师范大学文学院领导及承担具体会务筹备工作的同志表示衷心感谢！

　　本集一共设置了六大栏目，即孔子与儒学研究、《史记》文本与注释研究、《史记》思想文化研究、《史记》文学艺术研究及其他、《史记》新著摘载与评介、会议综述。今年论文的亮点颇多，现仅择取以下三点加以评说。

　　第一，《史记》新著研究。中国史记研究会会长张大可先生与名誉会长韩兆琦先生近期分别出版的《司马迁生年研究》与《点赞·志疑——〈史记〉研读随笔》，均为当代《史记》研究的重要收获。两位先生在古稀之年仍具有极高的研究热情和极强的创造能力，他们表现出来的永不停歇的生命态度值得所有晚辈学习、礼敬。本集收录的有关这两部新著的书评，如朱枝富先生的《张大可先生"司马迁生年研究"及相关话题评说》，阮忠教授的《〈史记〉可以这样读——读韩兆琦先生〈点赞·志疑——《史记》研读随笔〉》、刘丽文教授的《点赞与志疑：韩兆琦先生史记研究的新创获》，均能从不同角度揭示这两部新著的学术价值，为人们深入把握新书题旨提供了很好的导引。本集还收录了北京史记研究会会长丁波先生翻译的《青铜世界与竹简世界》一书的目录、摘引，以及张大可先生为该书撰写的序言，表明了中国史记研究会对《史记》域外研究成果的高度重视。该书即将在商务印书馆推出。

　　第二，孔子与儒学研究。《史记·孔子世家》是现存孔子传记当中写作年代最早的一篇，堪称圣人孔子的第一篇传记，因此孔子研究与《史记》研究，两者实乃存有很大的重叠、关联。可以说，孔子研究是《史记》研究的一个重要课题，需要人们持续不断地展开探讨。今年年会拟在孔子故里曲阜召开，恰好为《史记》研究会会员提供了一个研究孔子与儒学的良机。在提交的论文中，夏静教授的《从孔子到〈诗大序〉》认为考察孔子到《诗大序》儒学一脉的学术走向，除实证式地考察源流统绪与师承门户，哲理式地辨析外王资治与内圣心性外，还需评价儒家文学价值观建构的意义。傅新营副教授的论文《〈史记·儒林列传〉与儒学叙事的次第升降》，指出《诗》《易》《礼》《春秋》的研究在各个历史时期并不是均衡发展的，从《史记》以降的次第变化，可以看出儒学学术发展更细微的历史变迁。这些论文材料充分，论证有力，为研究孔子与儒学提供了有价值的思考。

第三，《史记》思想与艺术的研究。"《史记》思想文化研究"与"《史记》文学艺术研究"是《史记论丛》长期设置的栏目，每年都有不少会员围绕着这两个栏目的规定内容投稿，今年也不例外，因而集聚了较多的优质稿件。如刘国民教授的《〈史记·淮南列传〉辨疑》、林聪舜教授的《酎金夺侯的法家思维：封爵世袭与集权中央的矛盾与修正》、魏耕原教授的《〈史记〉情感论》等，均角度新颖，论点扎实，彰显了今年《史记》思想与艺术研究又迈上了一个新台阶。

我们欣喜地看到，在党中央坚强领导下，全国人民万众一心，我们取得了抗击新冠肺炎疫情斗争的重大战略成果。衷心期盼中国与世界各国一起，早日全面战胜新冠疫情。预祝今年年会在曲阜顺利召开！恭祝大家身体健康、阖家幸福！

本集主编：张大可　夏静　陈曦　刘嵘

2020 年 9 月

目　录

孔子与儒学研究

《史记》文本与注释研究

《史记》思想文化研究

《史记》文学艺术研究及其他

孔子与儒学研究

从孔子到《诗大序》

——儒家早期文学价值观的建构

＊本文作者夏静。曲阜师范大学教授、博士生导师。

《诗大序》的出现，是一个标志性的思想文化事件，它不仅代表着三代以来以"六艺"为核心的知识系统的新转向，而且也标志着自孔子以来儒家早期文学价值观理论形态的完成，其中若干价值标准、价值原则和价值理想积淀成为中国传统时代正统一脉文学价值观的核心。所谓文学价值观，涉及古人对文学价值主体的建构、文学价值本质的体认、文学价值体系的建立以及正统文学观念的形成等一系列根本问题的看法，诚如研究者所论，凡文学观念都有特定的价值所指，而文学价值又无不有一定的观念所依①。因此，考察自三代以来"六艺之学"、子学到经学，儒学一系所关注的若干问题面向与方法意识，通过若干核心范畴、命题的解释、推衍、争辩、发挥及其价值立场的揭示，譬如尽善尽美、兴观群怨、以礼节情、诗乐舞同源，等等，可以发掘其间所蕴含的文学观念史意义与诠释学内涵，并考见早期儒家文学价值观念的发生演变乃至定于一尊的文学思想史轨迹。有鉴于此，本文拟从以下几个面向探讨：在价值主体的建构上，从主体性高扬的"君子儒"到主体性萎缩的经生模式；在价值立场的嬗变上，从孔子对话式的用诗到汉儒文献式的释诗；在正统文学价值观的选择上，从整体性的"六艺"传统到政教一体的诗教原则。

---

① 敏泽、党圣元：《文学价值论》，中国社会科学出版社1997年版，第252页。

一

　　文学价值观演变的实质是研究者主体性的变化,这种主体性是研究者对于文本的主导和支配能力,集中体现在研究者的主体精神与生命意志上。本文认为,从孔子到《诗大序》文学价值观的嬗变,反映了儒生主体精神在上古经历了一个由强趋弱的蜕变历程,表现在理想君子的培养标准与途径上,从"达政""专对"的政治才士到"经夫妇""成孝敬""厚人伦""美教化"的经学之士,即早期"君子儒"式的德行培养到"大一统"体制下礼法等级意识的强化,体现在诗学理念上,也就是孔子"可以兴"到汉儒"主文谲谏"主体性的不断弱化与消解。

　　作为一种价值理想,儒生主体精神的培育,是与早期儒学核心价值观密切关联的。人的内在价值及其本质力量唯有通过人格的完善才能得以展现和确证,对于儒家来说,从自然的超越到人文世界的建构,从自然的人化到意义世界的建构,社会理想与人生理想的现实,均最终统一于人格的完善。正因为这样,对于真善美统一性的追求,对于知情意全方位的要求,成为儒学价值体系的核心。在儒家看来,主体从自在走向自为的人文化成,同时也表现为一个德性尽善尽美的过程,而形成美善兼备的德性,取决于先天禀赋和后天习得。孔孟一系虽然对于主体实现道德完善的潜能充满确信,如孔子谓"为仁由己","我欲仁,斯仁至矣",孟子谓"人皆可以为尧舜",但这种实现常常受天命所抑制,因此小我(个体)的生命存在及其穷达贵贱也就充满变数,非自我能够主宰,在这种状况下,需要大我(社会)的正面力量加以牵引,也就是礼义教化的作用了,这是从孔子到荀子一脉所注重的外王功夫,这种价值指向,到汉儒达到极致。

　　作为一种价值原则,儒家理想君子标准的形成是一个历史过程。孔子讲美善,孟子发展为美善信,荀子加上"全而粹"的要求。孔子为学,非旨在一经一义,而是通过经典学习,达致"为君子儒"(《论语·雍也》)、"君子不器"(《为政》)的目标,颜回谓"知者自知,仁者自爱"(《荀子·子道篇》),是孔门所推崇的"明君子"的最高境界。在孔子的君子理想中,一个重要的标准就是"尽善尽美",《论语·八佾》:"子谓《韶》:'尽美矣,又尽善也。'谓《武》:'尽美矣,未尽善也。'"为什么能"尽美"不能"尽善"呢?孔子业已看到了春秋美善相分的时代趋势,承认美与善的区别,也承认文德与武功的高下,但他力图调和美善合一与美善相分,主张美善相兼、美善一体。作为不同层面的价值标准,美与善浑然互涵,但指涉范围却不尽相同,体现了价值理想之高下。"美"是一种经验性的感知,其义体现在感性形式的当下呈现;"善"不仅指向具体的审美感知,更寄予了理想的价值判断与理性反思,只有基于价值判断上的情感体验才符合孔子的审美理想境界。《韶》乐正因为兼有审美体验与道德判断的双重意蕴,负载了深厚的礼乐政教想象,才成为终极价值指向。孔子将仁的内在素质"恭、宽、信、敏、惠"(《论语·阳货》)与"君君、臣臣、父父、子子"(《颜渊》)的社会承担统一起来，在他眼里，即便有再好的道德修养而没有政治担当、人生关怀、社会责任，也不能算一个理想的君子。在某种意义上，孔子业已赋予理想人格以内圣外王的规定，至于进一步诠释乃至理论形态的确立，则有待孔门后学来完成。

　　孟子将美善的观念发展为美善信，赋予君子"善—信—美—大—圣—神"的品质。《孟子·尽心下》："浩生不害问曰：'乐正子，何人也？'孟子曰：'善人也，信人也。''何谓善？何谓信？'曰：'可欲之谓善，有诸己之谓信，充实之谓美，充实而有光辉之谓大，大而化之之谓圣，圣而不可知之之谓神。乐正子，二之中，四之下也。'"孟子借评价乐正子界定理想人格的内涵，所谓"善"乃"可欲者"，是德性要求，也即内心之向往；所谓"信"乃"有诸己"，意味着这种德性源自主体内在品格而非外在文饰；所谓"美"乃"充实"，是各种要素的统一，即把仁义礼智的道德原则扩充到容貌形色诸方面，体现了对理想人格的全面要求，也即"力行其善，至于充满而积实，则美在其中而无待于外矣"①。至于"充实而有光辉"的"大"，乃是内容与形式的统一，"大而化之"的"圣"，显示出道德感化的作用，"圣而不可知"的"神"，表明这种感化是潜移默化的。孟子怀抱着一种普遍的道德自信，其美善统一于仁义礼智的观点，虽然没有超出孔子的范围，但通过细化排列出一个理想人格的价值递进序列，较之"尽善尽美"，更加突出了人格的内在价值尺度，并赋予崇高的道德光辉，由此在历代儒者心中激起的巨大回响绝不在孔子之下。

　　对于人格的理想境界，荀子提出"全而粹"的要求，《荀子·劝学篇》："君子知乎不全不粹之不足以为美也，故诵数以贯之，思索以通之，为其人以处之。""全"指认识的广度，包括天地万物的知识（在荀子看来就是"六经"），"粹"指认识的深度，是对知识的理解与应用。在荀学体系中，这种"全而粹"的君子品格，还包含情性，如《正名篇》："情者，性之质也。"《哀公篇》："所谓大圣者，知通乎大道，应变而不穷，辩乎万物之情性者也。"当然，自然之情必须合乎礼的规范，《修身篇》："情安礼。"在荀子看来，作为人性本质力量之一的情感要素，除"情"外，还须具备"诚"（《不苟篇》）、"意志"（《性恶篇》）、"智"（《哀公篇》），这些均为实现完美人格的基本前提。荀子将君子人格与法的观念联系起来，譬如《修身篇》谓"好法而行，士也"，《儒效篇》谓"行法志坚，好修正其所闻以矫饰其情性……如是，则可谓笃厚君子矣"，这种将知情意统一的君子品格与行法联系在一起，强化了理想人格的现实依据，但在一定程度上弱化了理想人格的崇高意味。值得注意的是，荀学具有浓厚的外王理想，如《儒效篇》："用百里之地，而不能以调一天下，制强暴，则非大儒也。"又云："儒者在本朝则美政，在下位则美俗。"其理想人格的品质不仅体现在反身内修，更显现在安邦济世的外在事功，故而"全而粹"的理想人格，虽然与孔孟以知情意统一为理想人格的内在尺度，并无实质性区别，但较之孟子"充实之美"靠反省求诸己，重在

────────────

　　① 朱熹：《四书章句集注》，中华书局1983年版，第370页。

价值论、道德论，荀子"全粹之美"求诸外，求诸文，由外及内，因伪化性，以文变质，重在认识论、知识论，这种自荀学开始显现出的知识论、认识论转向，到汉代经学表现得更为显明。

孔子时代的文学价值构想及其所衍生的诸多问题意识，是尔后儒生价值观选择与拓展的思想源泉，从"七十子"到"战国八派"乃至汉代经学，尽管在理论上同出一源，但对于儒学的阐发，确实颇多相异之处，代表了儒家文学价值观的不同衍化方向，尤其是在秦汉社会发生急遽变化之际。有汉一代，儒家文学价值观独尊地位的确立经历了曲折过程。汉代秦而立，存在多种价值观的抉择，① 汉初儒家文学价值理念与儒学一系的思想一样，处于隐而不显的状态。经过汉初七十多年政治经济的休养生息，到武帝时期又面临着新的政治文化选择问题，既有对战国以来"百家争鸣"思想遗产的承续，又不乏对秦崇力非德、崇利非义价值取向的批判，同时还有对汉初黄老之学"刑德相养""清静无为"价值观的反正，与此适应，儒学一系的思想在经过叔孙通、董仲舒等儒者的整合后，开始登上政治文化的前台。历史地看，一个时代对于学术思想的选择，并不是着眼于逻辑思辨程度的高下，而是着眼于满足时代需要的功能大小，尤其是在一种新的意识形态建立之始，这大约是儒学得以独尊的深层缘由。

伴随着秦汉以来思想文化语境的嬗变，儒家文学价值观出现重大转型，尤为明显地体现在对价值主体人格的内在情感需求和外在伦理尺度的规范上，其中典范之作是汉初的《毛诗大序》②。《诗大序》高扬礼教精神，追求人伦（君臣、夫妻、父子）为核心的社会价值观，从宗法伦理向政教伦理渐次延伸、推广，统摄政教、秩序、群体、道德等多重意蕴。具体来看，"《关雎》，后妃之德也，风之始也，所以风天下而正夫妇也"，体现的上行下效的政教价值观；"先王以是经夫妇，成孝敬，厚人伦，美教化，移风俗"，体现的等级森严的秩序价值观；"王道衰，礼义废，政教失，国异政，家殊俗，而变风变雅作矣"，体现的家国一体的群体价值观；"国史明乎得失之迹，伤人伦之废，哀刑政之苛，吟咏情性以风其上，达于事变而怀其旧俗者也"，体现的重义轻利的道德价值观。总的来看，《诗大序》将西周以来家国一体、亲贵合一的宗法伦理精神作了高度概括，虽然其价值体系是对先秦儒家价值观的继承，但在新的历史条件下，为适应时势需要进行了重大改革，从追求美善兼备的"君子儒"转向重视君臣、父子、兄弟、夫妇伦常的礼教精神，诗教的意义也就从原初君子德行的全面培养嬗变为"大一统"模式下宗法、人伦、教化意识的强化，从而使儒家文学价值观呈现出新的时代特征。

---

① 汉初统治者面临多种文化传统，如楚文化、秦文化和周文化，最后选择了周文化为代表的中原正统文化。

② 关于《毛诗大序》版本，历代争论颇多，本文认为，西汉《毛诗》本子是齐、鲁、韩三家之外的一种隶书本子，因河间献王的爱好而传授不绝，形成一个学派，终与三家官学抗衡；关于作者，古今异说颇多，本文认为，《毛诗故训传》为大、小毛公所著，《序》为西汉前期毛诗一派学者共同完成。

　　理想的人格境界是先秦儒家的终极价值指向，如何经由自在的人走向自为的人，如何将本然提升为应然，是孔门弟子孜孜以求的目标，对儒者而言，无论是治平的外王理想，或是修身的内圣理想，均以主体人格境界的完善为前提，所以孟、荀虽然在人性论上相左，但在终极价值目标的设定及其所体现的超越品格上并无不同。与先秦儒学旗帜鲜明的道德先行与高扬的主体精神相比，汉儒对于君子理想人格的预设，业已发生了很大的变化，在政治一统、思想一统、文化一统的时代语境下，皇权专制的政治结构导致的学术思想与意识形态日益结合及其带来的精神困境，对于汉代知识分子主体性的消解产生了重要影响。此一时期，知识分子的心态颇为复杂，无论是赋家浓郁的"士不遇"情结，还是"欲讽反劝"的汉大赋，于忧愤抒写中，又歌功颂德，依附现世秩序。有研究者指出，汉代的独尊儒术与开科取士，导致多数儒士把儒学作为入仕途的敲门砖而不是"道"来追求，为了挤进官僚行列，儒生于自觉或不自觉之间把自己降为皇权的从属物和工具，① 随着相对独立人格与自主意识的丧失，以及带来的终极理想与超越品格的缺失，儒生也就完成了向士大夫角色的转变。就此而论，自孔子以来早期儒学所蕴含的若干君子理想人格的质素在汉代经学中就不复存在了。儒学的发展，趋于外圣的社会理想而非内圣的道德理想，始于汉儒。士人忙于从事礼法名教社会的建设，忙碌于现实，关注于事功，而无暇转向自身，关注内心，这种偏于一端的做法，离体言用，破坏了孔孟之学中统一的内圣外王之道，动摇了人们对于儒学本身的信念，由此所造成的价值失落与人格分裂，为异端思想的渗透提供了可能，② 由此所带来的世界观和人生观领域的巨大精神空白，三百年后在"北宋五子"那里，才开始得以弥合。

<h2 style="text-align:center">二</h2>

　　历史地看，围绕《诗三百》的诠释，构成了早期儒学乃至整个传统时代诗学知识的主干。比较而言，孔子"对话式"的研究途径，旨在救世，即与古人对话，建立自己的思想体系，作为诠释思想的方式，诗学内化在其思想体系中；汉儒"文献式"的研究途径，旨在传学，即与文献对话，整理、阐释"六经"，作为一套知识话语，诗学是外在于儒家经师的一门学问。如果参之清儒李兆洛的分类，以上两种研究方法的区别在于，前者求的是心得，"通之心理"，"求乎己之所安"，是思想家的研究方法；后者求的是知识，"确守一师之法，尺寸不敢越"，是专家的研究方法。③ 从经典阐释学的角度看，孔子"对话式"的诠释、汉儒"文献式"的诠释与《诗三百》本意之间，在意义生成上有往有复，互为始终，经由理解经

---

　　① 刘泽华：《士人与社会》（秦汉魏晋南北朝卷）"序说"，天津人民出版社 1992 年版。
　　② 譬如生活在安顺之世的经学大师马融，被大将军邓骘召为舍人，即为一个典型的例子，参见《后汉书·马融传》。
　　③ 李兆洛：《治经堂续经解序》，《养一斋文集》卷三，汗筇斋丛书本，第 26 页。

典而自我理解，从而形成一种交相辉映的关系。之所以形成不同的研究途径，源于经典诠释者的历史性，也即不同时期诠释者对于文学价值主体的不同理解，包括儒家"君子儒"的培养目标、培养方式及其不同的价值预设使之然，同时，也与秦汉以来学术与政治、知识与价值之间的张力密切相关。

从孔子讲"诗可以兴"到上博简、郭店楚简、孟荀、汉儒对"兴"的诠释，可以看出儒学一系从用诗到释诗的变化，这在本质上显现了文学价值立场的转变。"诗可以兴"是孔子诗教的有机组成部分，《论语·阳货》："小子何莫学夫《诗》?《诗》可以兴，可以观，可以群，可以怨。迩之事父，远之事君。多识于鸟兽草木之名。"孔子这一段话，内涵丰富，意义深刻，不仅从价值层面揭示了《诗三百》与礼乐传统的核心价值"礼""仁""忠""孝"之间的关系，为建构新的文化价值观确立了伦理道德与政教一体的基调，而且从功能层面揭示了《诗三百》对于个体修身、群体参政的意义乃至经世之用、进退之德等意蕴，这就为"君子儒"的培养奠定了政统、道统合一的基本价值标准。就此而论，"诗可以兴"的提出，拓展了《诗三百》的阐释方向，为尔后在文学审美领域的拓展乃至新诗学话语模式的形成提供了理论向度。

考察"兴"意，层面有二：一是文字训释与意义阐释①，一是言说方式与思想模式。就后者而言，"兴"的言说方式，是一种带有强烈主观倾向与情感态度的认知方法，它通过"引譬连类"、联想体悟来达到"举一隅不以三隅反"（《论语·述而》）、"闻一以知十"（《公冶长》）的目的。最典型的例子是《八佾》篇中，孔子与子夏论诗，子夏由"巧笑倩兮，美目盼兮，素以为绚兮"联想到"礼后乎"的道理，从而得到孔子的赞赏。"兴"的方式亦类似于"近取譬"的方法，在解释"仁"时，孔子认为："夫仁者，己欲立而立人，己欲达而达人。能近取譬，可谓仁之方也已。"（《雍也》）这种"近取譬"的方法，在《论语》中运用得很熟练，如《为政》："为政以德，譬如北辰，居其所而众星共之。"又《子罕》："子在川上曰：逝者如斯夫! 不舍昼夜。"儒家之取譬连类，总是自觉地与礼乐政教、伦理道德联系在一起，并形成"感物言志""以象比德"的运思模式，这既是理解孔子思想的逻辑起点，亦可由之察见儒家文学价值观形成的深层结构。

如果说《论语》中，孔子"诗可以兴"的价值指向还稍显隐晦的话，那么，在上博简《孔子诗论》中，这种价值倾向就体现得特别明显了，譬如：

讼，平德也……大夏，盛德也。（第二简）

邦风……其言文，其圣善。（第三简）

《清庙》，王德也，至矣。（第五简）

《关雎》以色喻于礼。（第十简）

---

① 就文字训释而言，孔子论"兴"兼有"起""兴盛"之意；就意义阐释而言，"兴、观、群、怨"在价值取向上具有同一性，均指向诸子所关注的政治改革、思想重建等时代问题。具体论述，参见拙著《礼乐文化与中国文论早期形态研究》，中华书局 2007 年版，第 118—126 页。

《蓼莪》又孝志。（第二十六简）

《墙又茨》慎密而不知言，《青蝇》知。（第二十八简）①

上述对《诗三百》分类特征及各篇诗旨的揭示，特别是德、善、礼、孝、慎、知等关键词的出现，显示出明确的价值导向，这与孔子终其一生所倡导的传播经典、培养君子、复兴礼乐、重建思想的理想是紧密联系的。考之孔子的思想体系，"可以兴"与"正名""正乐""复礼""删诗"诸命题，作为用层面的存在，只有关涉复兴周礼与信仰重建的核心价值时，才会以工具性的地位加以讨论。我们知道，孔子所处春秋末世是用诗之学兴盛的时期，"赋诗言志"的风气极为浓厚，能够在各种场合熟练地运用《诗三百》，不仅代表了相应的社会地位、思想修养和文化素质，而且连类旁通、举一反三、由此及彼的用诗方法还可以表达许多只可意会的东西，故而诸子大多以用的态度看待《诗三百》，对于思想背景的交代与章句原意的探究这些知识学层面的问题不甚关心，多用力于价值意义的彰显与思想体系的建构。至于后世学者，譬如孔安国释为"引譬连类"，朱熹释为"感发志意"等，着眼于表现手法与思维方式的诠释，皆因身处不同的历史文化语境，已经带有强烈自我理解的色彩了。

假设我们仅仅探究孔子"可以兴"的原意，以上所识大体上可以成立，但是，孔子思想具有多面向的特质，决定了在经典诠释与体系建构中的复杂与矛盾之处，这也为后世儒者的多元诠释预留了理论空间。对于"可以兴"的诠释，在孔门后学那里，出现了明显的价值转向。譬如我们看孟学和荀学。《孟子·尽心上》："待文王而后兴者，凡民也。若夫豪杰之士，虽无文王犹兴。"孟学所谓"兴"，指向主体的人文化成，在他看来，这种社会化的过程，无待于圣人，非外来使之然，依赖的是主体的自身努力与完善，所以他提出"以意逆志""知人论世"的新用诗方法，凸现出解经者与经典之间互为主体的关系。孟子的这种用诗方法，受到荀子的严厉批评，《非十二子篇》斥思孟"幽隐而无说，闭约而无解，案饰其辞"，将批判焦点直指这种感发志意的解诗方法。不同于孟学释诗偏于主体性，注重经典意义的创发，关注尽心、知性等超越性问题，荀子用诗偏于社会性、政治性，注重经典意义的接受，关注成德过程中所牵涉到的社会、政治诸现实问题，尤其是礼法制度的建立，这种用诗态度，直接影响到汉儒释诗方式乃至秦汉以后儒家文学价值观的走向。②

较之先秦，汉初思想文化语境有了很大的不同，在"大一统"帝国理想的召唤下，经世致用、建功立业成为此时的政治风尚，儒生的安身立命之道无须再退回到内心世界去寻找，与终极价值、思想信仰相关的探究显得不合时宜，孔子式的本体诠释遂让位于经师们的考证训释，在新的价值标准、理论体系急待建立的

----

① 马承源主编：《上海博物馆藏战国楚竹书》（一），上海古籍出版社 2001 年版，第 127、129、137、139、156、158 页。

② 荀学对于汉代经学的影响，清人汪中《荀卿子通论》（收入王先谦《荀子集解》）有详细考证。

时代需求中，《毛诗》也就应时而生了。对于"诗之六义"，《诗大序》解释了"风、雅、颂"，没有解释"赋、比、兴"，这固然为后世研究者留下了若干解释的困惑，但在解释具体诗篇时，"兴"义又多有涉及，一是将《诗三百》中百余篇断言为"兴也"，一是借助"若""如""喻"，赋予发端等含义①，显示出在毛诗一派的解释视野中，业已将"兴"视为《诗三百》的主要表现技巧之一，这种理解大体上符合三代以来"兴"演变的历史文化原貌。历史地看，作为表现方式的"兴"，在以献诗、赋诗、用诗、释诗为主体的"六艺"话语系统中，逐渐淡去了原始巫术、宗教色彩，随着战国以后经学话语的兴起，"兴"的政教色彩得以不断强化，而《毛诗》传、序明确标"兴"，确已显示出在语言修辞和艺术形式方面的某些转向，尔后经师以"喻"释"兴"，更进一步强化了这种倾向②，所以朱自清先生认为《毛传》用"兴"，兼有发端、譬喻的功能③，大约也是基于同样的判断。六朝之后随着经学的衰落，"兴"也就逐渐褪去经学模式下的政教色彩，与修辞手法和抒情范式等文学领域的联系更加密切了。

《文心雕龙·比兴》评《毛传》"独标兴体""比显兴隐"，大体上点出了问题的实质。之所以毛诗论"比""赋"，单标"兴体"，或许就在于"兴隐"的特点。作为文章体式的"赋"在先秦已出现，"比"的语义内涵也十分明确，而作为三代文化的产物，"兴"本身具有隐晦的特征。在等级森严、礼仪繁复且用诗成风的周代社会，讲究寓意之隐晦乃时代风尚所至，尤其是下对上的美刺讽谕，大都"主文谲谏"、委婉成章，从而达到"言之者无罪""闻之者足以戒"的效果，因而大量隐晦的"兴体"诗便应运而生，④孔子谓"不学诗，无以言"（《论语·季氏》），大约也是针对赋诗言志、曲折致意的特征而言。在关于诗教的诸般说法中，如"温柔敦厚""言外之意"等，均牵扯到此一类隐晦曲折的表达方式，在发生的根源上，"兴体"诗是与三代以来盛行的引诗、用诗活动息息相关的，只是到了《毛诗》的时代，遂从一般意义上的用诗活动上升到理论层面的总结。如果说，孔子诗教尚处于由声用到义用的过渡时期⑤，那么，这种由重声到重义的理论建构，是由《毛诗》完成的，"独标兴体"即为理论范式上的一个总则。

"兴"的问题，貌似认识论的问题，实则是一个价值论的问题，用什么方法获得知识以及获得怎样知识的问题，前提在于主体具有何种价值判断能力，如《荀子·子道篇》谓"知者自知，仁者自爱"，《礼记·大学》谓"大学之道，在明明德，在亲民，在止于至善"，均旨在阐明如果主体没有一定的价值判断能力，

---

① 如《毛传》注《大雅·大明》"维予侯兴"的"兴"为"起也"，即发端之意。

② 如郑玄释"兴"为"喻"，《关雎》篇笺注："兴是譬喻之名。意有不尽，故题曰兴。他皆仿此。"

③ 朱自清：《诗言志辨》，华东师范大学出版社1996年版，第68页。

④ 关于"兴体"诗结构、分类及"比显兴隐"特点，参考冯浩菲先生《历代诗经论说述评》，中华书局2003年版，第82—112页。

⑤ 朱自清：《诗言志辨》，第123页。

就不可能掌握相应的知识方法，也就不可能达到相应的知识水平。在儒学的文化视野中，知识的有效性是建立在有价值、合道德基础之上的，譬如《论语·雍也》谓"知之者不如好之者，好之者不如乐之者"，《荀子·劝学篇》谓"君子之学也以美其身"，《正蒙·神化》谓"崇德而外，君子未或致知也"，凡此种种，围绕认识论所讨论的"知""智""学""思"等问题，所探寻的主要不是世界的本质和特性，而是世界对于主体的意义、对社会人生的价值，在儒者看来，价值是生命本质的一种实现，在价值的不断诠释中才能转化为意志力量，并成为充实生命潜能的根源。

在价值与知识的理解上，孔子释诗，无益为文，旨在求道，主要关注的不是知识层面的问题，而是如何解决社会和人生诸般困境，故而援诗说礼，在知识中寻找价值；经师释诗，有意立教，旨在求知，如何通经而经世致用，故而以礼证诗，在价值中建立知识，这也就是研究方法上"对话式"与"文献式"的不同。就此意义而言，汉儒对于《诗》解释，获得外在于人的知识，孔子对《诗》的诠释，获得内在于人的理解。从经典阐释学意义上的不同价值取向来看，孔子用诗，近乎本体论意义上的自我实现，于古今视野融合中，经由《诗》《书》《礼》的理解而达致自我理解，寄寓了深厚的文化理念与精神信仰，因而"六经"之于孔子的意义在于用，在于其工具性的地位。汉儒释诗，近于方法论意义上的"知人论世"，于通核、据守、校雠、撷拾、丛缀中，追根溯源，察圣人之志，明经典之意，原不变之道，经典之于汉儒的意义在于通经致用的现实品格，作为一切知识的总和，"六经"业已上升到体的层面。

三

从孔子到《诗大序》，思想文化语境发生了极大的变化。生活在春秋末世的孔子，身处"六艺"之学衰亡的乱世，是诸子之学的代表，而生活在盛世的毛诗一派学者，身处"六艺"之学、诸子之学向经学的转折之后，虽然道未变、经未变，但因面对不同的历史文化语境与时代主题，加之阐释方式与研究目的转变，由此带来的价值追求、人生境界自然不同。从"六艺"之学的整体性价值取向到汉代政教一体诗教原则的嬗变，可以察见从孔子到《诗大序》，儒学一系在学术与政治、知识与价值理解上的巨大差异。

"六艺"之学是礼乐文明的产物，是三代经典的诠释之学、理解之学，围绕"六艺"的文献整理和意义阐释，既是先秦诸子之学蜂起的思想文化母体，也是有汉一代经学解释学的价值本原。与先秦诸子用诗不同，汉儒释诗，已经不仅仅停留在用的层面，而是将尊圣与宗经演绎到极至，在原道、征圣、宗经三者中，宗经最具可操作性，诗教的目的就是把圣人微言大义发掘出来，以此观先王政迹，助人君教化，因而对于"六艺"的体认，也就从孔子时代的用转为经学时代的体。

诗教是个历史概念，各个时代的理解不尽相同。从"六艺"之教、孔子诗教到汉代诗教，从浑融诸多意识形态品格到单一政教品格，其精神品相已大不相同。作为一种有意识的政教运作与信仰建构，在三代礼乐话语系统中，诗教是不可或缺的组成部分，不仅直接记录了三代历史与王者政绩，而且通过"采诗""献诗"，了解风俗，考见得失，补察时政，是极为重要的政教工具之一。在各种礼仪中，用诗、合乐、行礼交替进行，"六艺"之教是一个整体，对古人而言，学礼，学乐，学诗，乃是同一门学问。东周"王官之学"散落为百家之学后，出现了各种用诗方法的兴盛。孔门教育以《诗》为先，如《孔丛子·杂训》："故夫子之教，必始于《诗》《书》而终于《礼》《乐》。"对此，近人马一浮先生《〈诗〉教绪论》"序说"断言："六艺之教，莫先于《诗》。于此感发兴起，乃可识仁……故一切言教皆摄于《诗》。"① 孔子论《诗》，包括论合乐与说礼义两个部分，其间融入了乐教、礼教的诸多品格。秦汉以后，随着经学视野下诗教原则的形成，诗教内涵有了新的发展。汉儒释诗，偏于一隅，将礼教的诸多品格附会到诗教上，《诗大序》"发乎情，止乎礼义"的诗教原则影响甚大，并逐渐形成礼教原则下的文学创作观念与审美价值标准，这就在相当程度上改变了孔子诗教的本义。

孔门后学从不同角度发挥孔子诗论，形成了儒学内部不同的流派。新近整理的上博竹书《诗论》，是目前所见最早的孔门论诗之作，它的发现对于研究儒家诗教的传承与流变问题，特别是辨明孔子诗教与汉儒诗教的异同，有着不可低估的学术价值。在已经公布的第一批竹书中，就明确地彰显出礼、乐、诗之间的密切关联，譬如：

诗亡离志，乐亡离情，文亡离言。（第一简）
其乐安而迟，其歌绅而荔，其思深而远。至矣。（第二简）
王德也，至矣，敬宗庙之礼，以为其本，秉文之德，以为其业。（第五简）
《鹿鸣》以乐词而会，以道交见善而傚，终乎不厌人。（第二十三简）
吾以《甘棠》得宗庙之敬，民性固然。（第二十四简）
《大田》之卒章，知言而又礼。（第二十五简）②

楚竹书中的《诗乐》是残件，所见七支简上端正地抄写着各种诗的篇名和演奏诗的各种音高，可以清楚地看到当时诗、礼、乐配合的状况。

孔子论《诗》，涉及面广，意蕴深厚，其后孟子与荀子皆有独具特色的用诗方法，如研究者所言："诗教终为儒家本务，故孟子犹善说《诗》；荀卿著书，于《诗》亦动有称引。"③ 孟、荀承上启下，对于汉以后用诗原则的形成具有关键性的影响。与孔子关注《诗》本身的性质、功能不同，孟子将议论重点转到读诗方法上，无论是为王道理论张本还是作哲学之思或申述个人抱负，孟子多从德义角

① 马一浮：《复性书院讲录》卷四，江苏教育出版社 2005 年版，第 149 页。
② 马承源主编：《上海博物馆藏战国楚竹书》（一），第 123、127、131、152、153、155 页。
③ 张须：《论诗教》，《国文月刊》第 69 期，1948 年 7 月。

度引诗为证，以用为目的。孟子的时代，《诗》居于"六艺"之首，引诗之风盛行，但多着眼于实用功能，对其本身所包含的乐制、礼制少有涉及，也就出现了很多曲解误释，为纠正时弊，孟子提出"知人论世"的用诗方法，将《诗》与朝代兴衰、朝政治乱相联系，这种历史脉络化的解经方式对后世影响很大。① 先秦引诗为证的风气到荀子而极盛，荀子为先秦诸子中引《诗》最多者，其"诗云……此之谓也"的固定论证格式，在汉以后用诗中被广泛采用。荀子用诗，虽然在理论上颇为注重合乐，但具体运用时，只用诗义不用诗乐，"六艺"之中，荀子最重礼学，《荀子·劝学篇》："学恶乎始？恶乎终？曰：其数则始乎诵经，终乎读礼。"杨倞注："数，术也。经谓诗、书，礼，谓典礼之属也。"用诗证礼是荀子文学价值观的根本取向，所以有研究者认为："由荀子开始把礼当作圣人教示的天地之道和人伦之极，把礼学放在儒学的根本位置上。"②

如果说，孔子的时代尚在思想与价值、学术与政治、道统与政教中寻求某种平衡张力的话，那么，到汉儒的时代，这种紧张关系则趋于消解。汉儒适时调整学术传统与现实政治之间的距离，从而使儒学理念能够在政治生活中贯彻推行，遂由孔子时代纯粹的理论构想进入现实操作，从叔孙通定礼制乐到汉武帝大兴乐府，从王莽"元始改制"到《白虎通义》的典章化，从西汉陆贾、贾谊、董仲舒到东汉郑玄之集大成，有汉一代儒生的种种努力，将儒家人文理念落实到实际操作层面，形成了政治运作与学术信仰互动的帝国意识形态，这种制度化、文本化的理论建设，不仅体现在董仲舒援引阴阳五行解释儒学经义，京房以"八宫卦"确立汉易象数之学的理论基础，《白虎通义》以"国典"形式贯通五经大义的理论实践中，也明显地体现在汉代政教一体诗教原则的形成上。

汉代诗教原则的形成是一个历史的融合过程，既有历时性经验，亦有共时性互动关联。前者包含原道、征圣、宗经的思想模式以及先秦以来说诗传统的历史积淀，后者包括"大一统"时代士人的个人际遇与时代感受。大汉继周，以正统自居，对"六艺"之学极为重视，这为汉代经学传统的形成奠定了思想基础。作为汉学经学研究中的一个重要部分，以《诗大序》为代表的诗教传统的确立，从思想谱系看，既得益于三代以来"六艺"传统的深刻烙印，也与有汉一代"礼乐复兴"中帝国意识形态的建构密切相关。专制时代的皇权具有至高无上的地位，不仅掌握臣民的生杀、士人的进退，而且引领一个时代的思想文化风尚，这是汉代学术思想形成的历史文化语境。汉儒迂曲说诗，旨在圣人之意与皇权、道统与政统之间达至某种一致性。譬如在批评话语形态与价值理想预设上，《诗大序》带有相当浓厚的政治文化一统的盛世色彩，无论是在经学话语模式上所彰显的崇圣宗经的学术传统、宗亲伦理的礼制原则、家国一体的宗法精神、美刺谲谏的政

---

① 汉代经师受此启发，把《诗》中《风》《雅》《颂》作诗时间一一考证，认为排在前面的是文、武、成、康盛世之作，后面的便是厉、幽以后衰世的变风、变雅，《毛诗序》《诗谱》均为此一思维模式的产物。

② ［日］户川芳郎：《古代中国的思想》，姜镇庆译，北京大学出版社1994年版，第43页。

教理想、情志合一的情感指向，还是在阐释方法上所显示的体系化、经典化、法则化，既体现出对战国以来儒家文学观念的整合，也显现出全盛时期的汉代文学思想在话语形态、批评标准和价值追求上的时代特色，因而，可以视为传统时代最具标杆意义的文本范例。

汉代诗教原则主要体现在两个方面：一是以礼说诗，二是以诗教配合政教，这两点互有交叉，难以分梳。以礼释诗，并不是汉儒创见，在《诗三百》后期作品中，关于德孝、伦理的内容增多，反映了周人对于礼认识的不断深入。春秋时期，诸子对礼进行形上总结，如孔子以中和、伦理阐释礼，孟子、荀子从人性角度讲礼，这成为后世礼教、诗教原则形成的价值核心，因而以礼说诗是秦汉以前的普遍认识，只是汉儒的阐释更加偏于一端。汉人对《诗》的阐释至少有四家，解释虽然各异，但以诗为政教工具，以礼说诗却是共识。加之汉代礼学大盛，从汉初陆贾、贾谊的理论建构及董仲舒的春秋学，逮至东汉《白虎通义》及郑氏礼学，汉儒有意识、有目的地对"三礼"进行整理与阐释，从文本的角度使礼学趋向系统化、规范化和细致化，为汉代经学传统中以礼释诗的形成提供了历史依据与理论基础。

先秦两汉儒家文学思想的发展，也是诗教意识形态品格的演变过程。先秦"赋诗言志"，无论是断章取义、诗义引申或以诗为喻，所用均为《诗三百》中某些句子，故用诗并不影响诗的本义；孔门论诗，不仅重视政教伦理、博物修身之功能，更重视由此及彼、委婉曲折之表达方式；汉儒说诗不仅将用诗、说诗的范围大大地缩小，更是将其本来的作意，大部分附会为政治教化意义。后世所谓"言志"说、"比兴"说、"美刺"说以及文学批评中种种附会寄托之说，大抵都源于此一传统。虽然汉儒以诗教配合政教的做法常常为后世所诟病，但是应该看到，一种理论原则之所以具有旺盛的生命力和发展势头，主要在于其中所蕴含的文化价值观为社会各个阶层普遍接受，并能够在实际的政治生活中发挥有效的调节功能，而不在于其逻辑运思的严密程度或理论体系的思辨高度。同时，或可以注意到，秦汉以来以政治教化为主体的外向型生活方式，营造了一个社会总体的精神风貌、教养水平和心理氛围，在这样的文化语境中，汉儒本来就无意视《诗三百》为文学，诗歌作为独立的文学样式溢出政教视野，是由魏晋时代完成的。

在《诗大序》"发乎情止乎礼义"的价值取舍中，早期儒学诗礼乐三位一体的取向已然消退，作为广义的社会理想、道德原则与审美标准，礼义的优先地位得以确认。很明显，"止乎礼义"是道德理性的诉求，这就意味着，在"手之舞之足之蹈之"的感性欲求与礼义政教的理性原则之间，儒生的价值取舍已经放在了后者。也许我们不必苛求汉儒，放在儒学一系的历时演变中看，这种感性与理性在价值取向上的紧张感，孔子的思想中就已显露端倪。譬如在儒家所乐道的"孔颜乐处"中，颜子之乐的基本精神，便是在理与欲的紧张中超越感性欲求，在志与道的追求中达致理性完满，夫子对此是倍加赞赏的。由此可见，在孔子的价值取向中，理可以在欲之外，先于欲而实现，即便这种价值预设远未达至感性与理性的统一。作为这种理性原则优先的逻辑延伸，汉儒发挥为"发乎情止乎礼义"，宋儒演绎成以天理灭人欲，也便顺理成章了。

从《诗大序》那种游刃有余的论述、不容置疑的论断，乃至于道德先行的优越感和伦理至上的崇高感中，我们可以明显感受到，这是一篇带有法典性质的论著，实际上等于汉代诗学的一部立法纲要，它根据儒家的文化价值理想设计了一套文学制度和创作规范，包括汉代"大一统"帝国从思想到制度的诸多精义，它以经义的形式规定了文艺创作的基本原则以及文艺与政治、道德、社会历史的关系，确立了各种评价标准，把儒家诗学定型为一种制度化的思想，虽然在理论上较先秦儒学创新甚微，但对于文学活动的指导意义和实践功效却体现得异常重大。

不同时期的历史变迁以及各种思潮的相互激荡，使得儒家文学价值体系本身不可避免地经历了一个复杂的思想演进过程，事实上，儒家的价值理想、价值目标、价值尺度、价值取向既有一以贯之的历史连续性，但侧重之点、具体内蕴在不同的历史演进中总是有所转变和调整，儒家文学价值观的思维定式与审美原则，也正是在此一过程中得以建构和强化。从用诗到释诗的转变，由思想家的联想到经学家的训诂，从"对话式"的用诗到"文献式"的释诗，表面看是经典诠释中方法论的转变，往深处看是儒家核心价值观的嬗变。历史地看，儒家文学价值体系确实体现了对文化创造过程中基本价值关系的自觉反思，并从某些方面折射出中国社会发展中思想文化建设的客观需要，其意义不仅在于对历史上经典文本的诠释，更在于对未来的人文化成提供一种内在范导，在于与社会生活、文学实践有着更为切近的关系，并且总是作为稳定的思维定式、审美倾向、人生态度制约着广义的人文创造过程。儒家文学价值观在中国文化史上的主导影响，更多地也体现在这些方面。

儒家"中和"思想与项穆《书法雅言》中的艺术辩证法

※ 本文作者张明。博士后，曲阜师范大学文学院教授，硕士生导师。

《书法雅言》① 是明代书论家项穆的代表作。此书论述系统，包括了书统、古今、形质、中和、资学等十七部分内容，涵盖了书法的本质、源流、形式、风格以及鉴赏等方面的命题，其行文方式借鉴了孙过庭的《书谱》。时人评价该书曰："论旨一贯，条理井然，独抒心得，……在明季著书中实为仅见。"② 与项家交往甚密的李日华这样评价项穆："兼精八法，所著《书法雅言》，颇排苏、米近习，直趋山阴，识者鄙之。"③ 可见，项穆这本书在当时的影响还是相当大的。

《书法雅言》，就其主旨而言，意为书法之雅正。《毛诗序》曰："雅者，正也"④；《白虎通·礼乐》曰："雅者，古正也"⑤；《风俗通义·声音》也曰："雅之为言正也"⑥。"正"就是不偏不倚，无过无不及，就是"道中庸"。可以说，《书法雅言》通篇都是以儒家"中和"思想为指导来探讨书法艺术问题的，如《古今》篇提出书法要"与世推移，规矩从心，中和为的"；《中和》篇曰："中也者，无过不及是也；和也者，无乖无戾是也。然中固不可废和，和亦不可离中，如礼节乐，和本然之体也。""方圆互成，正奇相济，偏有所着，即非中和"；《神化》篇曰："法书仙手，致中极和"，等等。由于儒家"中和"思想是《书法雅言》的立论依据及评价标准，故本文首先对其内涵进行简要阐述。

一、儒家"中和"思想之阐释

作为儒家哲学的核心范畴，"中和"思想包括了"中"与"和"各自的内涵以

---

① 项穆著，李永忠著注：《书法雅言》，中华书局 2010 年版。本文所引《书法雅言》语句皆出自该版本，文中不再另外注明。

② 余绍宋著，江兴祐点校：《书画书录解题》卷三，西泠印社出版社 2012 年版，第 115 页。

③ 李日华撰，郁震宏、李保阳点校：《六研斋笔记》卷一，凤凰出版社 2010 年版，第 10 页。

④ 毛亨传，郑玄笺，孔颖达疏：《毛诗正义》卷一，阮元校刻《十三经注疏》，中华书局影印本 1982 年版，第 272 页。

⑤ 陈立撰，吴则虞点校：《白虎通疏证》卷三，中华书局 1994 年版，第 96 页。

⑥ 应劭撰，王利器校注：《风俗通义校注》卷六，中华书局 2010 年版，第 293 页。

及二者之间的内在关联。就"中"而言,《说文解字》释曰:"中,内也。从口、丨,下上通也。"① 按照这样一种界定,"中"最通常的内涵就是"不偏不倚""无过无不及"。"和",《说文解字》的解释是:"和,相应也。从口,禾声。"② "和"字从"口"形,说明"和"的原始意义与声音相关,指声音相互应和,进而可以理解为不同声音、不同观点因相合拍、相融合而形成的有机统一状态。据此,我们可以对"中和"所具有的基本内涵有一个初步的把握。所谓"中和",实际上就是以一种允执其中、不偏不倚的方式,来实现各种杂多、对立事物的有机统一。

尽管早在《周礼·春官·大司乐》中就提出了"中"与"和"的教育理念:"以乐德教国子:中、和、祗、庸、孝、友"③,但直到《管子》和《荀子》才出现"中和"这一整体性的概念。《管子·正》篇最早提出"中和"范畴:"中和慎敬,能日新乎?"④ 这里,《管子》从道德伦理的角度把中和修养与道德日新联系起来。而荀子则是第一个正式提出"中和"范畴的儒家学者,他在《乐论》中谈到:"故乐者,天下之大齐也,中和之纪也,人情之所必不免也。"⑤ 这里的"中和"指的是音乐艺术所具有的根本精神,已具有了某种形而上学的特征。《荀子》之后,《礼记·中庸》提出了"喜怒哀乐之未发,谓之中;发而皆中节,谓之和。中也者,天下之大本也;和也者,天下之达道也"⑥ 的观点。这一观点的提出,正式从形而上的高度确立了"中和"范畴的本体论地位。

孔子虽然没有直接使用"中和"这一概念,但他在《论语·雍也》中却提到了"中庸",他说:"中庸之为德也,其至矣乎!"这里的"中庸"实际上与"中和"存在着本质的关联。关于这一点,汉代郑玄和曹魏时期何晏的解释可以给我们提供重要参考。郑玄在对《礼记·中庸》进行注解时说:"名曰'中庸'者,以其记中和之为用也。庸,用也。"⑦ 何晏在《论语集解》中作了进一步的解释:"庸,常也,中和可常行之德也。"⑧ 由此可见,"中"即中和,它强调的是"不偏不倚""无过无不及"的适度原则;而"中庸"即指"中和"为可常行之道,它强调的是"中和"思想在现实生活中的实践性。

儒家允执其中的"中和"思想对中国历代书论,特别是明代项穆的书法审美思想产生了全方位的影响,并由此形成了《书法雅言》中独特的艺术辩证法。

① 段玉裁:《说文解字注》,上海古籍出版社1981年版,第20页。

② 段玉裁:《说文解字注》,上海古籍出版社1981年版,第57页。

③ 郑玄注,贾公彦疏:《周礼注疏》卷二十二,阮元校刻:《十三经注疏》,中华书局影印本1982年版,第787页。

④ 黎翔凤撰,梁运华整理:《管子校注》,中华书局2004年版,第896页。

⑤ 王先谦撰,沈啸寰、王星贤点校:《荀子集解》卷十四,中华书局1988年版,第380页。

⑥⑦ 郑玄注,孔颖达疏:《礼记正义》卷五十二,阮元校刻《十三经注疏》,中华书局影印本1982年版,第1625页。

⑧ 何晏集解,皇侃义疏:《论语集解义疏》,中华书局1985年版,第82页。

二、《书法雅言》中的艺术辩证法

"中和"本来是一个哲学的、伦理的概念，但当项穆将其引入对书法艺术的理论阐释后，它便转换成了一个书法的、美学的概念。在《中和》篇中，项穆提出了书法创作的最高标准——"圆而且方，方而复圆，正能含奇，奇不失正，会于中和，斯为美善。""会于中和"也就是将书法艺术中杂多对立的诸因素如方圆、正奇、肥瘦等有机地统一在一起，做到不偏不倚，恰到好处。正所谓"中也者，无过不及是也；和也者，无乖无戾是也。然中固不可废和，和亦不可离中，如礼节乐，和本然之体也。"（《中和》）项穆认为，只有如此，书法艺术才能达到"尽善尽美"的境地。据此，项穆对书法发展中的古与今；书法创作中的规矩与神化、资与学；书法形式中的正与奇、肥与瘦；书法风格中的老与少；书法鉴赏中的深与浅等诸多辩证关系做了全面、系统的探讨，颇有见地，值得重视。

1. 会古通今，妙入时中——书法发展中的辩证法

在书法艺术的继承与发展这一问题上，项穆采取了"与世推移""中和为的"（《古今》）的辩证态度，主张书法既要继承优秀传统，又要顺势发展；既不能厚古薄今，也不能厚今薄古，应该做到"古不乖时，今不同弊"。① 项穆认为，学习书法要"初规后贤，冀追前哲"（《古今》），即首先要效法后世有才能的书家，然后再向上追溯。项穆这里所要效法的"贤哲"其实就是晋代的书法家王羲之。

在《书法雅言》中，项穆多次将王羲之与孔子相提并论，《书统》曰："宰我称仲尼贤于尧、舜，余则谓逸少兼乎锺、张。"《古今》曰："尧、舜、禹、周，皆圣人也，独孔子为圣人之大成；史、李、蔡、杜，皆书祖也，惟右军为书之正鹄。"《规矩》曰："岂有舍仲尼而可以言正道，异逸少而可以为法书者哉？"《附评》曰："宣尼称圣时中，逸少永宝为训。"将王羲之和孔子等中国古代圣贤放在同等地位，事实上确立了王羲之的"书圣"的地位。项穆认为"书统"就是从王羲之发端的，只有学习王羲之的书法，才为"正宗"。于是，一条纯然正宗的书统由此展开："书法之宗，独以羲、献、萧、永，佐之虞、褚、陆、颜。……欧、张、李、柳，或可涉目。……学成一家，不必广师群妙者也。"（《古今》）

按照这一标准，项穆对"不学古法"的"无稽之徒"和"不悟时中之妙"的"泥古之徒"两类人提出了批评（《古今》）。在项穆看来，"不学古法"者必然会"变乱古雅之度，竞为诡厉之形"（《规矩》），如赵大年等。这一不良倾向影响到了元代的米芾，"暨夫元章，以豪逸卓荦之才，作好鼓努惊奔之笔"，其后果就是"致使浅近之辈，争赏豪末之奇，不探中和之源，徒规诞怒之病"，甚至于使中国

① 孙过庭：《书谱》，上海书画出版社、华东师范大学古籍整理研究室选编、校点：《历代书法论文选》，上海书画出版社1981年版，第124页。

书脉"危几一缕矣!"(《规矩》)这种状况到了明代更为严重,像杨珂、张弼、马一龙这些书家,"妄作大小不齐之势","强合钩连,……突缩突伸"。项穆批评他们是"庸陋无稽之徒","如瞽目丐人,烂手折足,绳穿老幼,恶状丑态。"(《规矩》)这话虽然比较尖刻,甚至恶毒,但确也指出了这类书作的流弊。

马一龙的书法作品虽然没有项穆所批评的那么严重,但确实存在着"浓淡大小,错综不可识,拆看亦不成章"① 的毛病。而对于张弼的书法,祝允明的评价是"张公始者尚近前规,继而幡然飘肆,虽名走海内,而知音叹骇"②。王世贞的批评更是一针见血:"虽丰逸妍美,而结法实疏,腕力极弱,去素、旭不啻天壤。"③ 清代刘镛在张弼《草书李白怀素上人歌》后的题跋中也批评说:"此卷学素师,不无怒张之习。"张弼的书法作品刻意将字形变得大小不一,虽姿态横生,但笔力柔媚无骨,笔画不免有轻浮、飘忽之感,其艺术水准与张旭、怀素等人相差甚远。由此可见,上述祝、王等人的评价实为深中肯綮、直击要害之论。

"不学古法"者固然不好,但"太过不及",则"厥失维均"(《古今》)。因此,"专泥上古"者,同样不可取。他们不求创新,"每云今妍古质","专以一画偏长,一波故壮,妄夸崇质之风"(《古今》),因而无异于"蹇钝之迂儒"(《辨体》)。故项穆认为,要处理好古与今的关系,就必须"会古通今,不激不励","妙入时中,继往开来。"(《品格》)

2. 规矩从心,资学兼长——书法创作中的辩证法

项穆所处的时代,个性解放思潮不仅对传统道德观念产生了极大的冲击,而且在书坛也导致了大量狂放恣肆、不讲法度等背离中和书风作品的出现。针对此类现象,项穆提出了"规矩从心,中和为的"(《古今》)、"资学兼长,神融笔畅"(《资学》)的观点,试图通过辩证地阐述书法创作中"规矩"与"神化""天资"与"功夫"等关系来维护书统,纠正时弊。

(1)规矩从心,中和为的。"规"和"矩",本是校正方、圆的工具,《礼记·经解》曰:"规矩诚设,不可欺以方圆",孔疏云:"规所以正圆,矩所以正方。"④后来,"规矩"泛指一定的标准和法度,而书法艺术中的"规矩"就是指书法构成中的一些基本规则,如笔法、字法、章法、墨法等。

"规矩"在项穆的书论中具有本体性地位:"天圆地方,群类象形;圣人作则,

① 王世贞:《艺苑卮言》,华人德主编:《历代笔记书论汇编》,江苏教育出版社 2001 年版,第 186 页。

② 祝允明:《书述》,崔尔平选编、点校:《明清书法论文选》,上海书店出版社 1994 年版,第 75 页。

③ 王世贞:《艺苑卮言》,华人德主编:《历代笔记书论汇编》,江苏教育出版社 2001 年版,第 183 页。

④ 郑玄注,孔颖达疏:《礼记正义》卷五十,阮元校刻:《十三经注疏》,中华书局影印本 1982 年版,第 1610 页。

制为规矩"，"圆为规以象天，方为矩以象地"，故"穹壤之间，莫不有规矩。"
（《规矩》）帝王的典谟训诰如此，圣贤的道德文章如此，古今"书法之大道"亦是
如此。"天圆地方""方圆互用"，即为书法创作的"规矩"。因此，项穆要求书法
创作应"用笔贵圆，字形贵方"，"圆乃圆神，不可滞也；方乃通方，不可执也。"
（《规矩》）"不可滞，不可执"表现在美学形态上就是"规矩谙练，骨态清和""天
然逸出，巍然端雅"（《品格》）；表现在美学风格上就是倡导带有"中和美"性质
的"清整""温润""闲雅"（《功序》）的书体、书风。

从这一标准出发，项穆评价了篆书、隶书、行书、草书等书体的优劣，认为
魏晋以前，篆书稍长，隶书稍扁，而钟繇的楷书、王羲之的行书，则"会合中
和"，复兼篆隶，其字形具有了"方圆互用"的"中和"特征。发展到唐代欧阳询
那里，其书"以方增长"，而"降及旭、素，既方更圆，或斜复直"。（《规矩》）在
这里，项穆特别提到了张旭的《郎官石柱记序》。该序是张旭目前存世的最重要
的楷书作品，字体取欧阳询、虞世南的笔法，端正谨严，雍容闲雅，故项穆评价
说，其字里行间"端庄整饬"，不失规矩，"俨然唐气也"（《规矩》）。

事实上，不仅张旭的楷书遵循法度，其草书同样如此。张旭的狂草虽然气势
奔放纵逸，行笔变幻莫测，可谓惊世骇俗，出神入化，但细查之，则不难发现其
章法极其严谨，并不存在不规则的涂抹；并且在笔画、字间过渡等细微处，也都
有非常清晰的交代，因此绝无矫揉造作之感。《宣和书谱》评曰："其名本以颠草，
而至于小楷行书，又复不减草字之妙。其草字虽奇怪百出，而求其源流，无一点
画不该规矩者。或谓张颠不颠者是也。"① 姜夔在《续书谱》中也认为其字"虽复
变化多端，而未尝乱其法度。"② 而项穆在《书法雅言》中的评价是："张伯高世
目为颠，……固非常人也。""其真书绝有绳墨，草字奇幻百出，不逾规矩，乃伯
英之亚，怀素岂能及哉！"（《中和》）正因为张旭的草书狂而不乱，狂而不怪，狂
而不妄，所以"奇幻百出，不逾规矩"的评价是极为中肯的。

总之，受张旭书法创作的启发，项穆认为不管写哪种书体，都必须首先要遵
循"规矩"，"欲其博也先专，与其肆也宁谨"（《品格》）；同时，一个书家也只有
做到"入矩应规"，才有可能"作范垂模于万载"。（《资学》）当然，对于书家而
言，并不是说"规矩谙练"了，就一定能够达到"天然逸出""潇洒神飞"的境
界。姜夔在《续书谱》中就曾明确指出："唐人以书判取士，而士大夫字书，类有
科举习气。颜鲁公作《干禄字书》，是其证也。剞欧、虞、颜、柳，前后相望，故
唐人下笔，应规入矩，无复魏晋飘逸之气。"③ 可见，那种只讲法度规矩，而不知
变化的书法就会显得死气沉沉，缺乏飘逸之气，这种创作方式显然是不可能达到

---

① 佚名著，范红娟点校：《宣和书谱》卷十八，人民美术出版社 2011 年版，第 183—184 页。
② 姜夔：《续书谱》，上海书画出版社、华东师范大学古籍整理研究室选编、校点：《历代书法论
文选》，上海书画出版社 1981 年版，第 387 页。
③ 姜夔：《续书谱》，上海书画出版社、华东师范大学古籍整理研究室选编、校点：《历代书法论
文选》，上海书画出版社 1981 年版，第 384 页。

"天然逸出"境界的。因此，项穆在标举"规矩"的同时，又特别拈出了"神化"这一审美范畴。

"神化"并不是指书法的笔法、结构之类的纯技术要素，而是指书法艺术的神采与风度。项穆认为，书法的实质在于使个体精神获得自由，这种自由的精神状态就是"神"："欲书必舒散怀抱，至于如意所愿，斯可称神。"而要达到这种随心所欲的精神状态，书法创作就必须富于变化，否则"匪足语神也"。但是，这种"神化"又并非世人所理解的"徒指体势之异常，毫端之奋笔"，而是要在不失法度的基础上对规矩的巧妙运用，诚如项氏所言"所谓神化者，岂复有外于规矩哉！规矩入巧，乃名神化。故不滞不执，有圆通之妙焉。"（《神化》）可见，项穆所谓的"神化"是离不开法度和规矩的，它既源于规矩，同时又超越于规矩之上（类似于康德所说的"无目的的合目的性"），追求的是一种不滞涩、不执着的"天机自发、气韵生动"的审美效果。

这种对"规矩"和"神化"关系的理解显然是来自孔子"从心所欲，不逾矩"（《论语・为政》）命题的启发。在这个命题当中，"从心所欲"是目的，"不逾矩"是前提。在孔子看来，"从心所欲"的自由并不是一种"逃遁"，而是"对'在世之役'的超越"[①]，故而所谓的自由从来都不可能是一种脱离现实因素的虚无化存在，它只能而且必须建立在对客观规律掌握的基础之上。这种思想被项穆继承下来并用于书法艺术的解释当中。他认为"规矩"是一个前提性的条件，如果书家连"规矩"都"未能精谙"，那么就根本谈不上"从心所欲"，故"规矩"与"神化"应该是相辅相成的。这一观点在《神化》篇中曾被反复强调："宣尼既云从心欲，复云不逾者，恐越于中道之外尔"，"至于欲既从心，岂复矩少所逾者耶！"而与此同时，项穆认为逸少之书之所以能与宣尼之道相通，原因也在于其能"相时而动，从心所欲"（《神化》）。

由上可知，"神化"虽强调规矩的变化，但并不是毫无原则地随意"变乱古雅之度"。对于那些"漫作偏欹之相，妄呈险放之姿"（《老少》）的书家，项穆是极为反感的，特别是对后世一些打着学习怀素、米芾幌子但又"不思齐鉴仿，徒拟放纵剽勇"（《规矩》）的"浅近之辈"如杨珂、张弼、马一龙之流，更是坚决批判的。在项穆看来，他们那种毫无法度的狂放恣肆，完全背离了儒家的中和之道，不仅称不上"神化"，反而恰恰显示出了其浅陋之处，只能视为"纵放悍怒，贾巧露锋；标置狂颠，恣来肆往"的"傍流"（《品格》）之作。由此，项穆提出书有三戒："戒不均与欹""戒不活与滞""戒狂怪与俗"。（《功序》）

总之，项穆所追求的"神化"并非趋怪求异，随意而书，而是要求在以"不逾矩"的前提下，能够做到心手相畅，参以变化："人之于书，形质法度，端厚和平，……玲珑飞逸"，"诚能如是，可以语神矣。"（《神化》）因此，项穆论书以"中和"为本，既强调遵循法度，同时又强调天然逸出，其目的便是力图实现"规

---

① 张明：《生存论视野中的孔子"自由观"》，《科学・经济・社会》2008年第4期，第30页。

矩"与"神化"的辩证统一。

（2）资学兼长，神融笔畅。在书法创作中，除了要处理好"规矩"与"神化"的关系外，"天资"与"功夫"的关系同样是书法家所要正视的。"书之法则，点画攸同"，但为什么不同书家创作出来的书法作品却又形态各异？在项穆看来，主要原因就在于书家"资分高下，学别浅深"。如果能做到"资学兼长"，那么其书法就会"神融笔畅"；倘非如此，便"讵得从心"，从而也就无法获得神来之笔。所以，在"资"与"学"的关系问题上，项穆同样采取了一种辩证、中和的态度。在他看来，如果书家仅有功夫而天资不够，那么"作字虽工"，却缺乏"盈虚舒惨、回互飞腾之妙用"；如果天资很高而功夫不精，那么"笔势虽雄"，却缺乏"钩揭导送、提抢截曳之权度"（《资学》）。因此，对于书家而言，先天的资质、禀赋与后天的功夫、修养这两个条件缺一不可，不能偏废。

以此为标准，项穆对历代书家进行了评论。他认为张芝、钟繇、王羲之、王献之这四位绝顶的书家，均是"资学兼至者"，因此"良可据为轨蹰，爰作指南。"在六朝的书法家中，智永功夫深厚，萧子天资高迈。唐代的书法家中，从天资上来看，"褚李标帜"；而从功夫上来看，则"陆颜蜚声"，其他的像虞世南、欧阳询、张旭等书家在"资学"方面"互有短长。"（《附评》）

在宋代的书法名家中，项穆对蔡襄的评价最高，认为其"齐范唐贤"，可视为"书流砥柱"，而对其他三家苏轼、黄庭坚、米芾评价不高，认为他们"邪正相伴"，只能算作"傍流"的级别。项穆特别提到米芾"学力未到，任用天资"，其书法存在纤弱、凌厉的缺陷，不合中道。元代书法中，以赵孟頫的成就为最高，他的功夫不亚于陆柬之、颜真卿，但缺点是"骨气乃弱，酷似其人"。总的来看，项穆认为宋代书法家"资胜乎学"，而元代书法家则"学优乎资"。（《附评》）

明代书法状况较为混杂，唐寅、宋濂等人"仅接元踪"，吴宽、李应祯等人"稍知唐、宋"。而祝允明、丰坊二人其天资与功夫相当，他们"初范晋唐"，但却"晚归怪俗，竞为恶态，骇诸凡夫"。可见，项穆对这二人前后期书风的转变是颇有微词的。文徵明的功夫不在赵子昂之下，但天资远逊子昂；其子文彭、文嘉"资皆胜父"，但"得处不逮丰、祝之能，邪气不染二公之陋。"总的来看，如果这一时期能够"以丰、祝之资，兼徵仲之学，寿承之风逸，休承之峭健"（《附评》），那么就可以直追唐代的欧阳询了。

3. 正奇相济，肥瘦相和——书法形式中的辩证法

中国书法的美常常是在不同形式因素的对立统一和相互照应下生成的，如肥与瘦、长与短、大与小、正与奇、藏与露、方与圆、疏与密等。而这种不同形式因素之间相互依存、相互制约的关系状态，又构成了书法艺术的基本规律。项穆的《书法雅言》专门对书法形式中的辩证关系及其规律进行了深入探讨，由于篇幅所限，本文仅选取"正与奇""肥与瘦"这两组比较有代表性的范畴加以分析。

（1）正奇相济，天然自得。"正"与"奇"这对范畴最早来源于中国古代的兵

法，阵地交锋为正，设伏掩袭为奇。《孙子兵法·势篇》有云："奇正相生，如循环之无端，孰能穷之?""战势不过奇正，奇正之变，不可胜穷也。""凡战者，以正合，以奇胜。"① 可见，"正"与"奇"在兵家那里是相辅相成、辩证统一的，二者的相互转化会使兵法的运用更加出神入化、变幻无穷。由于后世不少书家、书论家都认为中国书法的书写方式有如用兵，因此，后来"正"与"奇"就逐渐成为了中国书论中的一对重要范畴。

在《正奇》篇中，项穆首先对"正"与"奇"的内涵进行了解释。所谓"正"指的是书写要"偃仰顿挫，揭按照应，筋骨威仪"；所谓"奇"，指的是书写要"参差起复，腾凌射空，风情姿态"。在这里，项穆既强调了书法的书写要有所节制，同时又强调了书写要富于变化，二者相互配合，相得益彰。"奇即运于正之内，正即列于奇之中"，"奇"要以"正"为本，"正"要以"奇"为变。如果只有"奇"而没有"正"，如羊欣"思齐大令，举止依样，此学其奇而不变者也"，其字"虽雄爽飞妍，多谲厉而乏雅"；反过来，如果只有"正"而没有"奇"，如智永"专范右军，精熟无奇，此学其正而不变者也"，其字"虽庄严沉实，恒朴厚而少文"。在这方面，项穆认为王羲之堪称楷模，"逸少一出，揖让礼乐，森严有法，神彩攸焕，正奇混成也。"

当然，针对明代晚期书坛兴起的一股"舍正而慕奇""炫技于形势猛诞之微，不求工于性情骨气之妙"的书风，项穆极力反对并加以校正，特别突出了"正"的本体地位，认为"奇"根柢于"正"，"久之自至"，没有必要刻意求之，"此乃天然之巧，自得之能"。项穆认为，正如西施、毛嫱本身就是国色天香、天生丽质一样，即使不施粉黛，也会光辉照人的。学习书法同样如此，根本无须"求奇于意外之笔"，便可"垂超世之声哉"! 由此，项穆要求初学之士在学书的过程中首先应"奇不失正"(《中和》)，"戒不均与欹"，"先立大体，横直安置，对待布白，务求其均齐方正矣"(《功序》)；其次再求"正能含奇"(《中和》)，寻求变化，或"战蓄单叠"，或"回带翻藏"，或"机轴圆融"，或"风度洒落"(《功序》)。如是，方可"会于中和"，达到中和端雅之美的程度。

可见，在"正"与"奇"的问题上，项穆虽主张正奇相生、相济，但也并非一味地寻求二者的折中、调和，而是有所侧重，即要求以"正"为常，以"奇"为变，主张险绝奇变最终都要归于中和，"始自平整而追秀拔，终自险绝而归中和。"(《功序》)这与唐代孙过庭《书谱》中"初学分布，但求平正；既知平正，务追险绝；既能险绝，复归平正"② 的观点是一脉相承的，其中体现出来的"正——奇——和"的艺术辩证法是颇有深度的，值得借鉴。

(2) 肥瘦相和，形质彬彬。在《形质》篇中，项穆首先将书法创作中的形质

---

① 陈曦译注：《孙子兵法》，中华书局 2012 年版，第 77 页。

② 孙过庭：《书谱》，上海书画出版社、华东师范大学古籍整理研究室选编、校点：《历代书法论文选》，上海书画出版社 1981 年版，第 129 页。

问题与人的禀赋习性联系起来探讨。他认为，由于人的禀赋"上下不齐"，"气习多异"，所以被划分成了"中行、狂、狷"三类，而这种划分方式显然是受到了孔子的影响。在《论语·子路》中，子曰："不得中行而与之，必也狂狷乎！狂者进取，狷者有所不为也。"狂者，冒进，敢作敢为；狷者，保守，谨小慎微。孔子认为狂与狷都过于极端，只有将这两方面中和地统一在一起，才是最理想的，才符合中庸之道。受孔子这种思想的启发，项穆认为书法中也存在着"中和、肥、瘦"三种形态："人之于书，得心应手，千形万状，不过曰中和、曰肥、曰瘦而已。"项穆最为推崇的就是那种"修短合度，轻重协衡""阴阳得宜，刚柔互济""不肥不瘦，不长不短"的"中行之书"，在他看来这才是中和端美、恰如其分的。如果太追求清劲，字就会偏瘦，字一旦瘦了，整个书体就会显得单薄；反之，如果太工于丰艳，字就会偏肥，字一旦肥了，就会显得整个书体缺乏骨气。所以，在《辩体》篇中，项穆强调说："专尚清静者，枯峭而罕姿；独工丰艳者，浓鲜而乏骨。""专尚清静"和"独工丰艳"这两种形式在项穆看来都是不美的，就如同人的相貌、体态一样，"瘦而露骨，肥而露肉，不以为佳。"（《形质》）

那么，该如何控制书体的肥瘦，达到中和之美的程度呢？项穆给出了自己的说法："瘦不露骨，肥不露肉，乃为尚也。"按照这一标准，他又进而指出达到这一目标的方法："使骨气瘦峭，加之以沉密雅润，端庄婉畅，虽瘦而实腴也"；"体态肥纤，加之以便捷遒劲，流丽峻洁，虽肥而实秀也"。如果"肥"与"瘦"这样来搭配的话，就可以有效地避开各自的缺陷，呈现出"瘦而腴"或"肥而秀"的理想审美效果。在项穆看来，前者是一种"清妙"之美，有如汉代的美女赵飞燕、王昭君；后者是一种"丰艳"之美，有如唐代的美女杨玉环、江采萍。两种类型的美可谓"异形同翠，珠质共芳"，并无高下之分，均可成为人们欣赏的典范。

由此观之，项穆提出来的审美标准实际上是比较宽松、开放的，"临池之士，进退于肥瘦之间，深造于中和之妙，是犹自狂狷而进中行也，慎毋自暴且弃哉！"（《形质》）这也就意味着，书法创作中的中和之美并不是固定在哪一个点上的，书家完全可以根据自身情况协调好肥瘦、轻重、阴阳、刚柔等关系，这就为书家的个性化创作留下了较大的空间。所以，项穆又言："与世推移，量人进退，何虑书体之不中和哉？"（《辩体》）

4. 老少相成，会之并善——书法风格中的辩证法

在《老少》篇中，项穆有言"书有老少，区别浅深"。这里的"老"与"少"与孙过庭《书谱》中提到的"老"与"少"① 概念有所不同，它不是指人的生理年龄，而是指书法艺术中"老练"与"鲜活"的两种书风。那么，究竟该如何理

---

① 原文为："若思通楷则，少不如老；学成规矩，老不如少。思则老而逾妙，学乃少而可勉。"参见孙过庭：《书谱》，上海书画出版社、华东师范大学古籍整理研究室选编、校点：《历代书法论文选》，上海书画出版社1981年版，第129页。

解其内涵呢？项穆接着解释到，"老"就是"结构精密，体裁高古，岩岫耸峰，旌旗列阵"；"少"就是"气体充和，标格雅秀，百般滋味，千种风流"。这里的"老"指的是体裁高古、精练老熟、质朴浑厚的书法风格，类似于孙过庭提出的"人书俱老"① 的概念；而"少"则指的是气韵生动、格调秀雅、潇洒飘逸的书法风格。项穆强调，书法艺术中不同的风格特征要"会之并善"，"融而通之"，才能达到完美的境界。如果是"老而不少"，那么古朴中就缺乏秀丽的形态；而如果是"少而不老"，那么妍媚中就缺乏厚重的内蕴。因此，在书法艺术中，"老"与"少""筋骨"与"姿颜"应该"混为一致，相待而成"。与此同时，还要做到老中有少，少中有老，以至于"难乎名状，如天仙玉女，不能辨其春秋"。在项穆看来，这才是书法艺术的上乘之作。而像"少年老成"者、"老少群聚"者、"只见其老，不见其少"者，均是次一级的作品，那种"初视彩焕，详观散怯"者、"疏纵无归，轻浮鲜著"者更是下之又下的作品，故不复齿焉！

《书法雅言》中除了对上述几对辩证关系进行探讨外，在书法鉴赏方面，项穆也秉持了一种辩证的态度。他认为"浅则涉略泛观而不究其妙，深则吹毛索瘢而反过于谲矣"，其标准就在于"温而厉，威而不猛，恭而安"的"中和气象"。如果能"执此以观人，味此以自学"的话，那么就会"善书善鉴"，"具得之矣"。（《知识》）因此，在项穆看来，"观书如观人"，孔子"过犹不及""文质彬彬"的"中和气象"为书法鉴赏提供了重要依据，同时这也是书法创作的最高理想。

三、《书法雅言》"中和"思想及其艺术辩证法之评价

综上可知，儒家"中和"思想贯穿于项穆《书法雅言》的始终，成为他分析书法现象、评价书家书作的最高标难。"中和"既是书法艺术的本体论，又是书法艺术的认识论、方法论。如果"中和"思想只是作为书家、书作的道德评价标准，显然没有多少美学意义。但是，当项穆把它用在阐释书法艺术形式美的时候，那么它作为一种审美范畴与审美标准的价值就凸现出来了："若而书也，修短合度，轻重协街，阴阳得宜，刚柔互济。……不肥不瘦，不长不短，为端美也，此中行之书也。"（《形质》）这段话突出了书法艺术形式中矛盾对立方的互补性、和谐性，充分体现出了"中和为美"的书法审美观。项穆认为，书法艺术形式中的正奇、方圆、肥瘦等对立的形态是相互渗透、相互制约的，不能偏执一方，必须均衡适度，和谐得体，只有这样才符合"中和美"的要求。

当然，另一方面，我们也必须看到，项穆一味地坚持"中和"书风，强调书法形式的不偏不倚、不激不厉，进而对稍有"激厉"风格的书家就大加讥讪、抨

---

① 原文为："初谓未及，中则过之，后乃通会。通会之际，人书俱老。"孙过庭：《书谱》，上海书画出版社、华东师范大学古籍整理研究室选编、校点：《历代书法论文选》，上海书画出版社 1981 年版，第 129 页。

击，如认为"苏、米激厉矜夸，罕悟其失。斯风一倡，靡不可追。攻乎异端，害则滋甚。"（《书统》）"李、苏、黄、米，邪正相半……傍流品也。"（《附评》）"苏、黄与米，资近大家，学入傍流"（《取舍》）这种评价显然是有失公允的，把"中和"书风绝对化、唯一化也不利于书法风格的多元化发展，因而应当予以批判和纠正。

总的来看，《书法雅言》中体现出来的艺术辩证法还是相当全面、深刻的，它不仅对于我们学习书法、创作书法，而且对于我们鉴赏书法，均提供了一套行之有效的原则和方法，故值得高度关注和重视。

《史记·儒林列传》与儒学叙事的次第升降

﹡本文作者傅新营。天津师范大学教育学部副教授。

赵翼云："自左氏、司马迁以来，作史者皆自成一家言，非如后世官修之书也。"（《廿二史札记》卷六）作为司马谈的儿子、董仲舒的学生，司马迁非常注意史学家的写作独立性，其书写历史的原则与方法也充满了个人的创造。作为汉朝"独尊儒术"的经历者，他非常注意这一新的历史现象的研究，通过《儒林列传》的写作，他客观记录和评析了这一次事关中国学术走向的事件，并及时接续了儒学的传承谱系。

《儒林列传》记载了自汉武帝设立五经博士（前 136 年）后汉朝儒学蓬勃发展的情况。首先，由于《乐经》不传，先前的六艺（诗、书、礼、乐、易、春秋）已经只剩下五经；其次，由于公孙弘把经学与官员铨选捆绑的做法，使得经学有走入歧途的倾向。张三夕先生发表于 1996 年的《六艺的依附者与保护者》，阐明了儒林和六艺的共生关系。从汉立五经博士以后，六艺成为儒家的专有典籍，而儒林也成为"经师"的代名词。[①] 在《史记》中，"儒林"既是周代教师那样的"师儒"，也是专研一经或几经的学者。当然，在公孙弘以后的汉代制度中，这些学者也成为官僚队伍的主要成员。余英时说："两汉循吏具有政治和文化双重功能，即有着'吏'和'师'的双重身份"。[②]

所以，研究儒学学术不仅是关于儒学学术发展本身的问题，事实上也是以后政治风气变化的一个问题。学术与政治的关系，在汉代以后就逐渐密切起来，有的时候学术也就是政治的一部分。虽然司马迁对这种倾向表示担忧，但是班固《汉书》以后，这种倾向已经不可逆转。

在儒学发展的潮流中，其内部各门学术也有不同时期的变化，这种变化可以从儒学的各科研究地位的升降显示出来，有的时候以《诗》为首，有的时候以《易》为首，有的时候以《礼》，或者以《春秋》为首。各个朝代的这种变化，说明《五经》在各个时期并不是均衡发展的，甚至《五经》以外的儒家典籍也会取得同样的学术地位。从《史记》以降的这种次第变化，显示出儒学学术发展更细微的历史变迁。

---

① 张三夕：《六艺的依附者与保护者——〈史记·儒林列传〉评说》，海南大学学报社会科学版 1996 年第 3 期。

② 余英时：《士与中国文化》，上海人民出版社 2003 年版，第 159 页。

一

最早发现这个问题的是清代学者赵翼。他在《廿二史札记》中说："《史记》儒林传以诗为首，次尚书，次礼，次易，次春秋。《汉书》儒林传以易为首，次尚书，次诗，次礼，次春秋。"（卷一）他这个说法的来源主要来自《史记》和《汉书》的下面内容：

> 及今上即位，赵绾、王臧之属明儒学，而上亦乡之，于是招方正贤良文学之士。自是之后，言《诗》于鲁则申培公，于齐辕固生，于燕则韩大傅。言《尚书》自济南伏生。言《礼》自鲁高堂生。言《易》自菑川田生。言《春秋》于齐、鲁自胡毋生，于赵自董仲舒。（《史记》卷121，儒林列传）

> 古之儒者，博学乎《六艺》之文。《六艺》者，王教之典籍，先圣所以明天道，正人伦，致至治之成法也。

> 汉兴，言《易》自淄川田生；言《书》自济南伏生；言《诗》，于鲁则申培公，于齐则辕固生，燕则韩太傅；言《礼》，则鲁高堂生；言《春秋》，于齐则胡毋生，于赵则董仲舒。及窦太后崩，武安君田蚡为丞相，黜黄老、刑名百家之言，延文学儒者以百数，而公孙弘以治《春秋》为丞相，封侯，天下学士靡然乡风矣。（《汉书》卷88，儒林传）

同为汉代著作，《礼记》中也有关于儒学之次第的说法。《礼记·经解》云："孔子曰：'入其国，其教可知也：其为人也，温柔敦厚，《诗》教也；疏通知远，《书》教也；广博易良，《乐》教也；洁静精微，《易》教也；恭俭庄敬，《礼》教也；属辞比事，《春秋》教也。"《礼记》的次序是诗、书、乐、易、礼、春秋。

这说明了什么呢？为什么有的以诗为首，有的以易为首，又为什么都以书次之，以春秋为末？周予同先生说，这种排序好像看起来没有什么大不了的，但这却其实是汉代经学的一个大问题，司马迁与班固次序的不同，实际上也是今文经学与古文经学的重要分别。他们除了为行文便利偶然颠倒外，绝不随便乱写。他发现，《史记》所记的次序，从《论语》到《庄子》《春秋繁露》《礼记》，基本都是同样的顺序。[1]

至于缘由，周予同先生分析说，这是由于对孔子的看法不同。今文经学家认为孔子是教育家、哲学家、史学家，他写了大量经典用以教化，所以司马迁《史记》是根据典籍的深浅程度，按难易进行排序的，这应该更符合周孔时代的教育历史。周先生说，《诗》《书》是符号（文字）的教育，《礼》《乐》是实践（道德）的陶冶，这些都是大众化的教育内容；而《易》《春秋》则是孔子哲学、政治学的

---

① 周予同：《周予同经学史论著选集》（增订本），上海人民出版社1996年第2版，第4页。

思想所在，是专门而抽象的知识，适合少数人。"孔子的生徒肄业于普通科的有三千人，而毕业于专门科的仅七十二人而已。"① 也就是说，孔子教授弟子三千，大部分是学"六艺"中的基础部分（诗、书、礼、乐），通六艺的仅有七十二人。具体到学习内容，多数是先学习诗、书、礼、乐，春秋和易是作为高阶学习而用的。所以，司马迁的次序正是周代以来国子学的原初状态，更符合六艺学习的客观实际。古文经学家则是认为"六经皆史"，孔子是述而不作的，是文化的传播者，所以班固的排序而是出于典籍出现的时间顺序。《易》最古，《书》次之，诗歌又次之，礼、乐、春秋也是如此。

但是仅仅如此吗？我认为不止如此。从班固对儒学次序的变化，还可以看出班固写史的实用主义倾向性。这个实用主义是要打引号的，具体地说，他是更注重儒学的学术价值和政治价值，而非教育价值。班固有意识地抬高了易和书的位次，拉低了礼的位次，显然也是在西汉经学兴盛的基础上把六艺（五经）中学术性和政治性最强的两门内容放到最前面了。礼学后兴，它的后置说明礼学学科的不够成熟，只能做日常规范之用。赵翼也说："盖（司马）迁喜叙事，至于经术之文，干济之策，多不收入，故其文简。（班）固则于文字之有关于学问，有系于政务者，必一一载之。此其所以卷帙多也。"（《廿二史札记》卷一）他特地比较了《史记》和《汉书》的书法差异，认为"今以汉书各传，与史记比对，多有史记所无而汉书增载者，皆系经世有用之文，则不得以繁冗议之也"。比如：

> 贾谊传。史记与屈原同传。以其才高被谪，有似屈原，故列其吊屈赋、鹏鸟赋，而治安策竟不载。案此策皆有关治道，经事综物，兼切于当日时势。文帝亦多用其言，何得遗之？汉书全载。
> 晁错传。载其教太子一疏，言兵事一疏，募民徙塞下等疏，贤良策一道。皆有关世事国计。（《廿二史札记》卷一）

这都是史记无载而汉书特载之者。

叙事生动，是史记非常鲜明的特色。盖汉朝初年，思想开放，各种思潮兼容并包，民风官风也开放浪漫，连皇上选皇后都不重出身。司马迁为文重实录、好传奇，正符合那个时代铺张扬厉的作风。班固在东汉乱政之下，只能对皇族多所维护，不写过于敏感的话题，而对于治国、学术则多用篇幅。

二

东汉以后，史家著史多为官史，只有六朝史学与宋代史学具有明显的个人特色。对于儒林传的书法，各代自然也不相同。时代不同，甚至经的内容也发生很大变化，而经的次序多是遵从班固的古文经学的路子，以政治实用性为指导原

---

① 周予同：《周予同经学史论著选集》（增订本），上海人民出版社1996年第2版，第8页。

则。然而经今古文的思想差异、从五经到九经的变化、汉学宋学的分殊，也为后世的儒学内容次第升降打上了深刻的烙印。

（一）《后汉书》的儒林列传依然是按照班固《汉书》的位次来写史：

> 及光武中兴，爱好经术，未及下车，而先访儒雅，采求阙文，补缀漏逸。先是四方学士多怀协图书，遁逃林薮。自是莫不抱负坟策，云会京师，范升、陈元、郑兴、杜林、卫宏、刘昆、桓荣之徒，继踵而集。于是立《五经》博士，各以家法教授，《易》有施、孟、梁丘、京氏，《尚书》欧阳、大小夏侯，《诗》齐、鲁、韩，《礼》大小戴，《春秋》严、颜，凡十四博士，太常差次总领焉。（《后汉书》卷109儒林列传第六十九上）

（二）《晋书》的儒林列传总述部分则是按照《史记》的次序进行书写，但是其写法不是跟《史记》《汉书》一样按照儒学学科分类别写传，而是径直按时间先后写传主生平成就。从《晋书》直至《清史稿》，皆用此格。但是我们在每个传主的描述中，也可以看出儒学次第的变化：

> 昔周德既衰，诸侯力政，礼经废缺，雅颂陵夷。夫子将圣多能，固天攸纵，叹凤鸟之不至，伤麟出之非时，于是乃删《诗》《书》，定礼乐，赞《易》道，修《春秋》，载籍逸而复存，风雅变而还正。（《晋书》卷91儒林列传）

南朝史书，仅《梁书》《陈书》《南史》有儒林传。在南朝，《礼记》《论语》的地位在慢慢提高，而杜预、服虔《春秋左氏传》研究的出现，一举成为春秋学的显学，公羊派的春秋学再也没有兴盛起来。而晋代以来玄学的影响，也使《周易》的地位继续排在首位。

（三）《梁书》的次第大略为《易》诗、礼、春秋、孝经、论语。

> 伏曼容，字公仪，平昌安丘人。曾祖滔，晋著作郎。父胤之，宋司空主簿。曼容早孤，与母兄客居南海。少笃学，善《老》《易》，倜傥好大言……天监元年，卒官，时年八十二。为《周易》《毛诗》《丧服集解》《老》《庄》《论语义》。

> 又：严植之，字孝源，建平秭归人也。祖钦，宋通直散骑常侍。植之少善《庄》《老》，能玄言，精解《丧服》《孝经》《论语》。及长，遍治郑氏《礼》《周易》《毛诗》《左氏春秋》。（《梁书》卷48儒林列传，《南史》记载与此皆同）

（四）《陈书》的大致顺序也是：易、书、诗、孝经、论语，礼乐春秋无佐证。

> （张）讥所撰《周易义》三十卷，《尚书义》十五卷，《毛诗义》二十卷，《孝经义》八卷，《论语义》二十卷，《老子义》十一卷，《庄子内篇义》十二卷，《外篇义》二十卷，《杂篇义》十卷，《玄部通义》十二卷，又撰《游玄桂林》二十四卷，后主尝敕人就其家写入秘阁。（《陈书》卷33儒林列传）

北朝儒学也有名家，其思路与南朝不同。赵翼以为"盖自汉末郑康成以经学教授门下，着录者万人，流风所被，士皆以通经绩学为业，而上之举孝廉、举秀才，亦多于其中取之。故虽经刘、石诸朝之乱，而士习相承，未尽变坏。"（同上卷十五）北朝儒学多以易、书、三礼、春秋、诗为目，以徐遵明等人为大宗。

（五）《魏书》儒林传从《汉书》，如：

> 汉世郑玄并为众经注解，服虔、何休各有所说。玄《易》《书》《诗》《礼》《论语》《孝经》，虔《左氏春秋》，休《公羊传》，大行于河北。王肃《易》亦间行焉。晋世杜预注《左氏》，预玄孙坦、坦弟骥于刘义隆世并为青州刺史，传其家业，故齐地多习之。（《魏书》卷84儒林列传，《北史》记载皆同）

但是在说到常爽的时候其次序又跟《史记》一样，说明史书作者跟传主思想并不统一：

> （常爽）因教授之暇，述《六经略注》，以广制作，甚有条贯。其序曰："昔者先王之训天下也，莫不导以《诗》《书》，教以《礼乐》，移其风俗，和其人民。故恭俭庄敬而不烦者，教深于《礼》也；广博易良而不奢者，教深于《乐》也；温柔敦厚而不愚者，教深于《诗》也；疏通知远而不诬者，教深于《书》也；洁静精微而不贼者，教深于《易》也；属辞比事而不乱者，教深于《春秋》也。（同上）

（六）《北齐书》是仿《汉书》体例，顺序也是：易、书、诗、礼、春秋。

> 凡是经学诸生，多出自魏末大儒徐遵明门下。河北讲郑康成所注《周易》。……河南及青、齐之间，儒生多讲王辅嗣所注《周易》，师训盖寡。齐时儒士，罕传《尚书》之业，徐遵明兼通之。遵明受业于屯留王总，传授浮阳李周仁及渤海张文敬及李铉、权会，并郑康成所注，非古文也。下里诸生，略不见孔氏注解。武平末，河间刘光伯、信都刘士元始得费甝《义疏》，乃留意焉。其《诗》《礼》《春秋》尤为当时所尚，诸生多兼通之。（《北齐书》卷44儒林列传）

（七）《周书》的大致次序是：《孝经》《论语》《毛诗》《书》《礼》《易》《左氏春秋》。

> 乐逊，字遵贤，河东猗氏人也。……魏正光中，闻硕儒徐遵明领徒赵、魏，乃就学《孝经》《丧服》《论语》《诗》《书》《礼》《易》《左氏春秋》大义。寻而山东寇乱，学者散逸，逊于扰攘之中，犹志道不倦。魏废帝二年，太祖召逊教授诸子。在馆六年，与诸儒分授经业。逊讲《孝经》《论语》《毛诗》及服虔所注《春秋左氏传》。逊性柔谨，寡于交游。立身以忠信为本，不自矜尚。每在众中，言论未尝为人之先。学者以此称之。所著《孝经》《论语》《毛诗》《左氏春秋序论》十余篇。（《周书》卷45儒林列传）

（八）隋唐时期的儒林中，大儒众多。从隋代徐文远到唐末啖助，对中古儒学做了很好的总结。其中唐初的《五经正义》影响颇大，以官方的形式统一了儒学内部的纷争。《旧唐书·儒林列传上》云："太宗又以经籍去圣久远，文字多讹谬，诏前中书侍郎颜师古考定《五经》，颁于天下，命学者习焉。又以儒学多门，章句繁杂，诏国子祭酒孔颖达与诸儒撰定《五经》义疏，凡一百七十卷，名曰《五经正义》，令天下传习。"这五经的次序是《周易》《古文尚书》《毛诗》《礼记》《春秋左传》。从这里，我们看到《礼记》终于取代了汉代的《仪礼》，《左传》取代了《春秋》。太宗不但自己年轻时学习《左传》，即位后甚至让左丘明配享孔子。《新唐书》中对传主的记载，干脆就是把《左传》放在首位。所以，实际上这个时期儒学各科的次序是：左传、尚书、诗经、礼记、周易。但是为了体例，我们还是采用《五经正义》的顺序。

　　二十一年，又诏曰："左丘明、卜子夏、公羊高、谷梁赤、伏胜、高堂生、戴圣、毛苌、孔安国、刘向、郑众、杜子春、马融、卢植、郑玄、服虔、何休、王肃、王弼、杜元凯、范宁等二十一人，并用其书，垂于国胄。既行其道，理合褒崇。自今有事太学，可与颜子俱配享孔子庙堂。

　　时人称文远之《左氏》、褚徽之《礼》、鲁达之《诗》、陆德明之《易》，皆为一时之最。

　　孔颖达，字仲达，冀州衡水人。八岁就学，诵记日千余言，暗记《三礼义宗》。及长，明服氏《春秋传》、郑氏《尚书》《诗》《礼记》、王氏《易》，善属文，通步历。（《新唐书》卷198儒学列传上）

（九）宋代儒学由于尊孟之风和理学的兴起，学者们的研究对象更为驳杂。传统的儒门学科次序在各个传主的记载中各不相同。《宋史》记载邢昺为皇上讲经，其次序大体可以算上是当时通行的观点：

　　（邢）昺在东宫及内庭，侍上讲《孝经》《礼记》《论语》《书》《易》《诗》《左氏传》。据传疏敷引之外，多引时事为喻，深被嘉奖。（《宋史》卷431儒林传一）

　　其他如：

　　（林之奇）有《书》《春秋》《周礼说》《论》《孟》《扬子讲义》《道山记闻》等书行于世。（《宋史》卷433儒林三）

　　（薛）季宣于《诗》《书》《春秋》《中庸》《大学》《论语》皆有训义，藏于家。其杂著曰《浪语集》。（《宋史》卷434儒林四）

除了尚书，其他五经的位置并不一致，而《论语》的位置更是飘忽不定，可见元代文人写作时似乎并不注意这一问题。

（十）《元史》儒林传中次序大致为易、书、诗、礼、春秋。

　　（金）履祥……乃用邵氏《皇极经世历》、胡氏《皇王大纪》之例，损益折衷，一以《尚书》为主，下及《诗》《礼》《春秋》，旁采旧史诸子，表年系

事，断自唐尧以下，接于《通鉴》之前，勒为一书，二十卷，名曰《通鉴前编》。(《元史》卷 189 儒林列传一)

周仁荣，字本心，台州临海人。父敬孙，宋太学生。初，金华王柏以朱熹之学主台之上蔡书院，敬孙与同郡杨珏、陈天瑞、车若水、黄超然、朱致中、薛松年师事之，受性理之旨。敬孙尝著《易象占》《尚书补遗》《春秋类例》。仁荣承其家学，又师珏、天瑞，治《易》《礼》《春秋》，而工为文章。《儒林列传二》

（十一）明代儒学受朱熹《四书集注》影响太大，其周边研究领域往往都是为儒学教学服务，这对清代小学的兴起起了奠基的作用。所以，明代以后能通六艺（五经）的绝少，都是小领域的大学问。如果以实际学习的经书而论，其大致次序应为：四书、易、诗、春秋、礼。

汪克宽，字德一，祁门人。祖华，受业双峰饶鲁，得勉斋黄灺之传。克宽十岁时，父授以双峰问答之书，辄有悟。乃取《四书》，自定句读，昼夜诵习，专勤异凡儿。后从父之浮梁，问业于吴仲迁，志益笃。元泰定中，举应乡试，中选。会试以答策忤直见黜，慨然弃科举业，尽力于经学。《春秋》则以胡安国为主，而博考众说，会萃成书，名之曰《春秋经传附录纂疏》。《易》则有《程朱传义音考》。《诗》有《集传音义会通》。《礼》有《礼经补逸》。《纲目》有《凡例考异》。(《明史》卷 282 儒林列传，下同)

洎明兴三十余载，而（曹）端起崤、渑间，倡明绝学，论者推为明初理学之冠。所著有《孝经述解》《四书详说》《周易乾坤二卦解义》《太极图说》《通书》《西铭》释文、《性理文集》《儒学宗统谱》《存疑录》诸书。

（吕）柟受业渭南薛敬之，接河东薛瑄之传，学以穷知实践为主。……所著有《四书因问》《易说翼》《书说要》《诗说序》《春秋说志》《礼问内外篇》《史约》《小学释》《寒暑经图解》《史馆献纳》《宋四子抄释》《南省奏藁》《泾野诗文集》。

（十二）《清史稿》中儒家各门的次序很明确，基本还是《汉书》的体例，其次序为易、书、诗、礼、春秋。其中，惠栋的《九经古义》最有代表性。《四库提要》说："是编所解，凡《周易》《尚书》《毛诗》《周礼》《仪礼》《礼记》《左传》《公羊》《谷梁》《论语》十经。其《左传》六卷，后更名曰《补注》，刊版别行，故惟存其九。曰古义者，汉儒专门训诂之学，得以考见于今者也。"如：

（应）撝谦于《易》《书》《诗》《礼》《乐》《春秋》《孝经》《四书》各有著说。(《清史稿》卷 480 儒林列传一，下同)

（朱鹤龄）以《易》理至宋儒已明，然《左传》《国语》所载占法，皆言象也，《本义》精矣，而多未备，撰《易广义略》四卷。以蔡氏释《书》未精，斟酌于汉学、宋学之间，撰《尚书埤传》十七卷。以朱子掊击《诗・小序》太过，与同县陈启源参考诸家说，兼用启源说，疏通《序》义，撰《诗经通义》二十卷。以胡氏传《春秋》多偏见凿说，乃合唐、宋以来诸儒之解，撰《春秋集说》二十二卷。

（程廷祚）著《易通》六卷，《大易择言》三十卷，《尚书通议》三十卷，《青溪诗说》三十卷，《春秋识小录》三卷，《礼说》二卷，《鲁说》二卷。

根据上述，可以做如下表格加以对照：

	1	2	3	4	5	6	7	备注
史记	诗	书	礼	（乐）	易	春秋		
汉书	易	书	诗	礼	春秋			
后汉书	易	书	诗	礼	春秋			同《汉书》
晋书	诗	书	礼	（乐）	易	春秋		同《史记》
梁书	易	诗	礼	春秋	孝经	论语		同《汉书》
陈书	易	书	诗	礼春秋	孝经	论语		同《汉书》
魏书	易	书	诗	礼	论语	孝经	左氏春秋	同《汉书》
北齐书	易	书	诗	礼	春秋			同《汉书》
周书	孝经	论语	毛诗	书	礼	易	左氏春秋	
新唐书	周易	古文尚书	毛诗	礼记	春秋左传			同《汉书》
宋史	孝经	礼记	论语	书	易	诗	左氏传	略同《周书》
元史	易	书	诗	礼	春秋			同《汉书》
明史	四书	易	诗	春秋	礼			同《汉书》
清史稿	易	书	诗	礼	春秋			同《汉书》

从表格看出，二十五史中大多为《汉书》所定的知识系统，与《史记》相同的仅有《晋书》《周书》和《宋史》可以算作《史记》系统的子系统。所以，古文经学在古代历史中的统治地位非常明显，而今文经学的知识系统也一直有自己的发展。

浅谈《史记》对孔府档案的影响^①

* 本文作者霍俊国。曲阜师范大学文学院副教授。

《史记》文学造诣绝高，被鲁迅先生称赞为"史家之绝唱，无韵之离骚"，后世历史文献等皆受其影响，一般需要"史有文心""史有诗心"。"孔府档案"是中国山东曲阜孔府留存的、系统记录中国最大家族孔氏家族各项活动的私家档案。作为重要的历史文献，孔府档案在写作上同样受《史记》的影响，"史有诗心"特点鲜明，这主要体现在"孔府档案"的文学书写方式和审美意蕴两个层面。

"孔府档案"的文学书写方式层面，具体表现为：

第一，充满浓厚文学性的文体形式和文本类型。现存的孔府档案文献始于明代，止于1948年曲阜解放，约9000卷，文本数量较多。依据中国传统的文本文体命名和归类方法，这些文本的文体形式主要有诏、诉状、批回、演讲词、条例、遗嘱、文、序、跋、说贴、古榜文、志、告示、奏折、书信、祭文、挽联、大事记、日记、古体诗赋、戏剧等50多种。从话语功能上，上述文体主要为文学文体和实用文体两类，以实用文体为主。但采用实用文体的文本，充满了浓郁的文学性，具有较高的审美价值。

第二，叙事与抒情恰到好处，运用蒙太奇手法再现生活场景。孔府档案中，实用文本以叙事为主，文学文本以抒情为主，但叙事却又以抒情为底蕴，具有或淡或浓的主观性；抒情中则暗藏叙事，从中可以看到对具体事件或孔府生活场景的生动描绘。具体叙事时则采用"蒙太奇"式的叙述手法、"止于叙事而止"的历史叙事与历史事件文学化的倾向（文学叙事）相结合的叙事技巧等。

第三，诗化的语言形式。孔府档案采用诗化语言写作，富有意境，具体体现在句式、韵律、修辞和文辞四个方面。如《成化年间修刊孔氏宗谱》（编号0006）以短句（四字句、五字句、六字句）为主，间杂长句，朗朗上口，富有节奏感。

第四，激烈冲突的故事情节和个性化人物形象。由于叙事话语情感性较强，又使用诗化语言、蒙太奇式的叙事手法，"孔府档案"记录的事件很多都冲突激烈，情节曲折，人物形象个性化鲜明，艺术韵味无限。

第五，富有张力的文学世界。奏折、催租、诉状、缉拿等大量实用文书，叙事情境生动，绘物逼真形象，空间感强，再现了事件发生时的真实场景；日记、

① 本文系教育部项目"孔府档案文学书写研究"（批号19YJA751017）阶段性成果。

古体诗赋、祭文等则情景交融，抒情真切自然，写景如在目前。孔档 5476 号、6312 号、6313 号等就分别生动地再现了嘉庆、光绪、慈禧太后召见衍圣公孔庆镕、孔令贻以及孔令贻母妻进的情景。总体看，孔府档案建构起了一个形象生动、富有张力的文学世界。

"孔府档案"的审美意蕴层面，具体表现为：

第一，孔府档案文本潜藏个性化的美学气质。孔府档案的文本话语呈现了雍容典雅和素朴自然两种美学气质，特别是前者，气象宏大。

第二，孔氏家族的"天地人合一"和谐观念。孔府档案记载，由于吸收了道教和风水玄学等思想，孔氏家族秉持"天地人合一"和谐观念，将家族兴盛与否与风水紧密相连，与"子不语怪力乱神"的儒家美学观念截然不同。

第三，礼乐之美与孔府"诗礼传家"传统。孔府档案记述了孔氏家族生活特有的礼仪规范和审美情趣，具体包括：孔氏家族的礼乐观念、践行礼乐思想的基本途径、"诗礼传家"传统的政治化和强制性以及几位"圣裔"艺术家和经学家的审美与文艺创作等。

第四，衍圣公府日常生活的诗意化。体现在衣食住行、言谈举止、祭祀祖先等日常生活的方方面面，如衍圣公使用的器物被文饰化，饮食精细、考究，娱乐休闲则有私家（孔府）戏班。待客时，衍圣公使用仪式化的举止和礼乐，交谈或书写则使用典雅庄重的言辞；服饰上，身穿御赐一品服色的冠服，佩戴麟袍玉带。祭祀祖先时，使用的祭祀仪式程序化、艺术化、神圣化，具有表演性、超现实性，并使用乐舞、诗或祝词等表达神秘的祭祀情感等。

当然，影响孔府档案文学性的因素众多，除了《史记》外，还包括：

第一，写作者因素。孔府档案收录的材料，其写作者包括了"圣裔"及其掌书厅官员、普通民众、地方政府官员、甚至最高统治者等，其中"圣裔"及其掌书厅官员为主要写作者。写作者的身份、学识以及审美趣味等是影响孔府档案文学书写方式和美学意蕴的重要因素。

第二，孔府生存语境的变化。中国传统社会的发展衍变、孔府与国家和地方政府的关系以及孔府地位的升迁等因素对孔府档案文学书写方式和美学意蕴具有较大影响。

第三，"祖宗至上"的家国伦理观念。孔氏后裔建构起的"祖宗至上、家族本位"的家国伦理观念、协调孔氏家族内部关系的"仁、孝、礼、和"思想、孔府血亲关系伦理向政治化的国家伦理延伸等因素对孔府档案文学书写方式和美学意蕴具有巨大影响。

第四，孔氏家族作为"圣裔"的复杂心态。孔氏家族作为"圣裔"的复杂心态对孔府档案文学书写方式和美学意蕴具有较大影响。

第五，其他诸如道教和风水学等文化思想的影响。

孔府档案的文学性也具有较高的现代价值：

第一，文艺与文化认知价值。孔府档案的叙事性特征展现了明清时期的文体观念，丰富了我们对明清时期文人在文学与历史、雅文学与俗文学等关系上看法的认知；孔府档案的内在美学气质和意蕴有助于进一步深化理解明代以来儒家美学乃至儒学思想内核；孔府档案建构了生动的社会生活场景，真实直观地再现了明至解放前时期的中国传统社会文化。

第二，生存论意义上的价值。个体层面，孔府档案通过文学书写所记录的艺术化人生、充满诗意的日常生活方式反映了古代人们的生存追求；群体层面，"根"是孔府凝聚族人不散并能够生存于历代王朝的原因，祖宗崇拜、家国观念、"诗礼传家"传统等富于寻根的意味，维持了家族记忆的共通感，孔府档案是一部心灵史，更是一部家族生存史。

第三，审美教育价值。作品的宏大气象、"诗礼传家"传统、祖宗祭祀仪式、入京觐见排场与仪式等不仅呈现了生存的状态，更是教育他者的有效方式——开阔了胸襟，塑造了"文质彬彬"的儒雅气质，培育和传播了仁爱、孝道与忠诚，在更大的意义上则是传承了中华传统人文精神；历代皇朝优渥"圣裔"，倡导效法"圣裔"，则无疑强化了上述审美教育的效果。

第四，从文学书写的角度切入研究孔府档案，开启了从文艺美学审视家族史的先例，为后人从事这方面的研究积累结经验与教训，并使目前家史、家训、家风的研究进一步拓宽了领域。

第五，以孔府为宗的孔氏后裔遍布全球，以孔子为代表的儒学思想对东方文明产生重大影响并持续至今，努力阐发孔府档案文学书写的审美意蕴，对于进一步理解儒学在全球的地位和作用，阐发东亚儒学乃至世界儒学人文精神，促进包括台湾及东亚儒学，甚至包括全球孔子学院在内的世界儒学之间的人文对话与交流，促进两岸及全世界华人对中国传统文化的认可与共识，反对台独去中国化，发挥传统文化促进和平统一两岸的精神作用具有重要的理论意义和实际价值。

司马迁评价孔子为"至圣"的八大理由

※ 本文作者吉春。司马迁故里陕西省韩城市人，退休机关干部。

《史记·孔子世家》是司马迁为孔子所作的传记。司马迁十分推崇孔子，评价为"至圣"，是万世师表，有如素封，故列为世家。《孔子世家》内容丰富，常读常新。2020年，中国史记研究会与曲阜师范大学联合举办《史记》学术研讨会，这是在"至圣"孔子故里举办的盛会，意义重大，值得纪念。于是再读《孔子世家》，悟出司马迁评价孔子为"至圣"，写有八大理由。表达出来与志同道合者分享。

八大理由如次。

第一大理由是：孔子生地优越。《史记·孔子世家》记载："孔子生鲁昌平乡陬邑"。齐鲁是个物产丰富、文化悠久的好地方。地灵人杰，孔子诞生在鲁国都城曲阜，这是文化的养育。鲁是周公的封地，周公为西周制礼作乐，是圣人，鲁国产生孔子，顺理成章。

第二大理由是：孔子是父母恋爱所生，父亲是宋国后裔，孔子秉承贵族血统。《孔子世家》记载："孔防叔生伯夏，伯夏生叔梁纥。纥与颜氏女野合而生孔子，鲁襄公二十二年而孔子生。"孔防叔是商朝宋微子的后裔，即宋公室的后代，因政治斗争而避难到鲁国，成为鲁国人。"野合"，在这里指自由恋爱，即孔子是父母自主婚姻所生，极为聪明。孔防叔避难到鲁国，坎坷经历，少了父母之命，媒灼之言，也是顺理成章。

第三大理由是：孔子额宽身长是圣人形象。《孔子世家》记载：孔子"生而首上圩顶，故因名曰丘云。""孔子长九尺有六寸，人皆谓之'长人'而异之。"

第四大理由是：孔子用仁爱建立儒家学说。《孔子世家》记载："孔子贫且贱。及长，尝为季氏史，料量平；尝为司职吏而畜蕃息。由是为司空。已而去鲁，斥乎齐，逐乎宋、卫，困于陈蔡之间，于是反鲁。"鲁南宫敬叔言鲁君曰："请与孔子适周。"鲁君与之一乘车，两马，一竖子俱，适周问礼，盖见老子云。辞去，而老子送之曰："吾闻富贵者送人以财，仁人者送人以言。吾不能富贵，窃仁人之号。"齐景公问政孔子，孔子曰："君君，臣臣，父父，子子。"

第五大理由是：孔子收徒办学培养各类人才。孔子是中国古代伟大的教育家。《孔子世家》记载：孔子在陈、蔡之间讲学，楚国派人去拜见孔子，邀请他到楚国，孔子答应了。不料，陈、蔡的大夫们私下谋划说："孔子是个大贤人，精通为政之道。他讲的话，最能击中诸侯的弊病。今孔子在这儿住了三年，对咱们的所作所为并不满意。楚是个大国，来邀请孔子，孔子去楚国一当政，对陈、蔡是不利的。"陈、蔡大夫立即组织了一帮徒役，便将孔子及随行弟子包围在野地里，不让他们到楚国去，几天几夜不给他们饭吃，使弟子们一个个饿得面黄肌瘦，有的病倒在路旁，起不来了。此时，孔子忍受着绝粮之苦，然而手不丢书，仍在孜孜不倦地讲诵弦歌。子路有点生气地来到孔子跟前，问道："君子也有穷困的时候吗?"孔子回答说："人都会有困难的时候。但是，君子遇到困难，能够安守穷困；小人一遇穷困，就什么事都能干得出来!"孔子知道弟子们心里都不痛快，便分别与子路、子贡、颜回谈话，稳定了他们的动摇之心。孔子说："《诗》有之：'非兕非虎，率彼旷野。'我把你们带到旷野荒郊来挨饿受困，这是不是我主张的'仁道'错了呢?"子路认为自己未完全达到"仁"和"智"，因而没有得到别人的信任和遵从；子贡则认为"道"虽然伟大，但标准太高，放低些人们好接受；只有颜回的认识对头，他说："老师的道太伟大了，因而天下不能相容。这正说明需要推行仁道!"孔子让子贡到楚国报告被围困的情况，楚昭王立即兴师至陈、蔡，将孔子及弟子迎接而去。

第六大理由是：孔子弟子编《论语》，整理出孔子的名言，对后世影响很大。

第七大理由是：孔子收集编纂《诗经》，分风雅颂三大部分，记载了自西周初至春秋中叶五百年的诗歌。

第八大理由是：孔子著《春秋》，编写了鲁国鲁隐公元年到鲁哀公十四年共计244年的编年史，目的是拨乱反正，使乱臣贼子惧，显名于世。

所以，司马迁在《孔子世家》最后以太史公曰评论说："诗有之：'高山仰止，景行行止。'虽不能至，然心乡往之。余读孔氏书，想见其为人。适鲁，观仲尼庙堂车服礼器，诸生以时习礼其家，余祇回留之不能去云。天下君王至于贤人众矣，当时则荣，没则已焉。孔子布衣，传十余世，学者宗之。自天子王侯，中国言六艺者折中于夫子，可谓至圣矣!"司马迁的评论，是孔子为"至圣"的由来，《孔子世家》作了明晰的记载。

《史记》文本与注释研究

《史记述赞》研究组论五题

＊本文作者朱枝富。江苏省产业海外发展和规划协会常务副秘书长，中国史记研究会常务理事。

根据中国史记研究会会长张大可先生的指导和安排，我们集中精力系统研究了司马贞的《史记索隐述赞》（以下简称《述赞》），形成了五篇研究成果：

一、《史记述赞》综合研究概述；

二、《史记述赞》文本比较研究；

三、《史记述赞》文本问题研究；

四、《史记述赞》疑难问题研究；

五、《史记述赞》"现代文本"研究。

限于篇幅，下面只刊发第一、第五两题内容，改为一、二两题如下。

一、《史记述赞》综合研究概述

唐代史学家司马贞作《史记索隐》30卷，其中第29～30卷为《史记述赞》。

作者司马贞，字子正，河内（今河南沁阳）人，出生于唐高宗显庆六年（660年）与咸亨二年（671年）之间，睿宗景云二年（711年）为国子博士，开元七年（719年）为弘文馆学士，主管编纂、撰述和起草诏令等，世称"小司马"，开元八年（721年）出任润州别驾，不久后去世。所撰《史记索隐》具有极高的史学研究价值，与南朝宋国裴骃的《史记集解》、唐朝张守节的《史记正义》合称"史记三家注"，与《史记》合刊出版。后世多以其成就在其他两家之上。

司马贞作《史记述赞》，述赞，即论述、颂赞，是一种评论性文体。按照刘勰

《文心雕龙》对文章体裁的划分，大致属于"颂赞"一类的文体。其写作特点，刘勰说：

> 本其为义，事生奖叹，所以古来篇体，促而不广，必结言于四字之句，盘桓乎数韵之辞；约举以尽情，昭灼以送文，此其体也。发源虽远，而致用盖寡，大抵所归，其颂家之细条乎！

大致意思是说：从赞的本义来看，它产生于对事物的赞美感叹，所以自古以来，赞的篇幅都短促不长，都是用四言句子，大约在一二十句，简单扼要地讲完内容，清楚明白地写成文辞，这就是它的写作要点。赞的产生虽然很早，但在实际中运用不多，从它的大致趋向看，是"颂"的一个支派。

这是普遍意义上的分类。如果再进行细分，则属于"史赞"或"史论"一类，即是附在史传后的论。唐朝刘知几《史通》称为"论赞"，概括说：

> 史官所撰，通称"史臣"。其名万殊，其义一揆。必取便于时者，则总归论赞焉。

所谓"史赞"或"史论"，一般都是史学工作者对所撰历史作简要的评论分析或补充说明一些问题。如司马迁撰作《史记》的篇首序论、篇尾赞论，即是如此。而司马贞略有不同的是，他为《史记》作注释，称之为"索隐"，而对《史记》进行"述赞"，即评论。观其本义，是"述"与"赞"二者相融合，叙述史事，予以论说。

那么，司马贞为何要撰写《史记述赞》？他在《索隐》中作《补史记序·为述赞》，说：

> 右述赞之体，深所不安。何者？夫叙事美功，合有首末；惩恶劝善，是称褒贬。观太史公赞论之中，或国有数君，或士兼百行，不能备论终始，自可略申梗概。遂乃颇取一事，偏引一奇，即为一篇之赞，将为龟鉴，诚所不取。斯亦明月之珠，不能无颣矣。今并重为一百三十篇之赞云。

司马贞的以上所说，可以称为撰作宗旨。首先，司马贞对司马迁作《史记》"论赞"的评价，是"颇取一事，偏引一奇"，"不能备论终始"，认为是有偏颇之处，这是他作《述赞》的动因。其次，司马贞认为，对于《史记》的论赞，还可以做得更好一些，要通过自己所作的"述赞"，弥补这种缺失。他认为："叙事美功，合有首末；惩恶劝善，是称褒贬。"故此，他非常注重"述赞"的完整性和目的性。再次，司马贞作"述赞"，认为是要取代司马迁的"序赞"，是"重为一百三十篇之赞"。

那么，对于司马贞的这一说法如何评论？

首先，平心而论，司马迁于每篇后以"太史公曰"的形式予以评论，比较自由和随心，也确实有"颇取一事"或"偏引一奇"的现象。这固然是有所缺失，不能概括通篇的主旨，但这只是事情的一个方面。我们也应当看到，司马迁的论赞，不乏精彩之论，不乏出奇之作，完全可以说，只有司马迁才能做到这一点，其他史家都无法做到。而司马贞却是没有看到这一点，或者是没有看中这一点，这不能不说是非常遗憾的事情。

再说，司马贞所作的《述赞》，虽然对《史记》的缺失有所弥补，采用通篇概述的方法，根据史事加以评论，但纵观其文，是"述"多"赞"少，过重的注重形式，而思想内容比较贫乏，缺少了司马迁的那种"尚奇"和"感愤"思想情感，这恰恰是《述赞》的不足，甚至是败笔。

《述赞》的文字规模，具体是：十二本纪，10 篇为 20 句（以单句为句，下同）、80 字，两篇为 16 句、64 字；十表，7 篇为 16 句、64 字，2 篇为 12 句、48 字，1 篇为 14 句、56 字；八书，均为 12 句、48 字；三十世家，均为 16 句、64 字；七十列传，69 篇为 10 句、40 字，1 篇为 12 句、48 字。合计为 1660 句、6640 字。

司马贞对《史记》130 篇进行述赞，可以说是呕心沥血之作，也代表了他的学识和才气。历来的评论者如何评说呢？

从目前搜索的情况来看，自《述赞》问世以来，还很少有人对《述赞》进行评论，最近查阅《知网》《万方》等大型学术资料库，还没有发现有学者专门对《述赞》进行研究，似乎人们对《述赞》已经遗忘或者视而不见，这不能不说是司马贞创作《述赞》的一种悲哀。再查找出版的有关图书，只有徐辉编著《史记述赞评注》，1990 年在中国卓越出版公司出版，也不是全部内容的评注。

《述赞》研究的稀缺，是比较奇特的现象，其中也折射了多方面的问题。这固然有《述赞》本身的遗憾，就题材和内容而言，全用骈文，四字成句，往往以辞害意，且有不少文辞隐晦难辨；也有猎奇钻"牛"，思维沉迷，故而很少得到研究者的爱好和"青睐"；也有研究者自身的一些偏好和舍弃。即使是历来研究"三家注"的学者固然不少，但就是没有人专门研究《述赞》。

要研究《述赞》，首先要读懂弄通，再从中进行挖掘和思考，这需要很强的功力和很大的功夫，很少有人愿意将时间和精力"耗"在这上面，故而让《述赞》"沉睡不醒"，使得它与广大研究者和读者越来越疏远，几乎淡出人们的视野。

那么，如何开展《述赞》的系统研究，将《述赞》研究向前推进一步呢？我们借鉴《史记疏证》的研究经验，寻求最佳的研究方法，注重《述赞》研究的综合性、通透性、应用性，主要是：

首先，明确《述赞》研究的主题，确定研究专著的书名。《述赞》的研究，首先要解决读者在阅读上的困难，扫除阅读的"拦路虎"，弄清《述赞》所要表达的思想内容，以及所体现的进步性和局限性，发觉《述赞》研究的价值和意义，故将书名确定为《史记述赞解码》。解码，是借用的计算机网络用语，其意是将《述赞》进行信息还原，探究司马贞操作《述赞》倡初始用心和准确含义，将《述赞》的文字符号解析出来，提供给读者。换言之，就是对《述赞》进行深入注析和立体思考，探究其深层内涵，释放其全部信息，提供其最新研究成果，从而引起读者的兴趣和关注，让其重新进入读者的视野。

其次，采用"三明一暗（按）一附"的表现方法，全面、立体地展现述赞的研究内容：

三明，即对于每篇"述赞"的研究，在行文中明确标出"注解""散文""评说"三方面内容。注解，并不是单纯地进行文字注释，而是逐句进行系统解读，逐一分析句义、词义、字义，并与《史记》内容相对应，进行引证分析，使读者不仅知其然，而且知其所以然。散文，就是用现代语言阐发《述赞》文本，形成即符合原文真实，又适应读者阅读的优美生动的散文，以引起读者的极大兴趣，让其迅速"走进"《述赞》。评说，就是将《述赞》的内容与《史记》原文、"序赞"以及《自序》的内容进行对照分析，比较其优劣异同，同时，对《述赞》全文进行结构分析和内容评判，作出等级评定。

一暗，就是根据《述赞》文本所提供的信息内容，进行深度思考，用"按"的形式表现出来，可以是字词的演变分析，可以是文本句式的倒置揭示，可以是结构内容的深度评析，可以是疑难问题的重点解剖，也可以是作者思想的深层剖析，等等，不拘一格，随文而定。

一附，就是在研究形成《述赞》简体文本的基础上，再进行文本研究，通过通假文字处理、文字内容校正、疑难句式替换、生僻字词等译等多种形式，形成现代阅读文本，附于《述赞》全书之末。

最后，进行总体勾勒，开展专题论说。在全文研究分析的基础上，进行汇集整理，分专题进行研究，形成了五篇研究文章，即综合研究概述、文本比较研究、文本问题研究、疑难问题研究、"现代文本"研究，将《述赞》研究中涉及的一些重要问题研究深透，形成专文，置于全书之首，代为"前言"。

以上是对《述赞》研究的总体方法。那么，如此开展《述赞》的深入研究，形成研究专著，其撰作特色又是什么呢？这里结合有关研究内容进行重点分析。综合思考，主要有五个方面的特色：

1. 进行文本推敲，形成简体规范文本

研究《述赞》，首先要研究文本问题。文本问题的研究，是古代文献研究中不可回避的重大问题。这主要开展了四个方面的工作：

一是将不同版本进行对照比较研究。主要是将《史记》修订本与《索隐》单行本的《述赞》文字进行逐字对照，比较其异同和优劣。通过研究发现，两书在《述赞》文字上有异同之处的为 72 篇（不含文字异同相重的篇数），占总篇数的 55%，其中有 105 处的文字有异同情况（不含重复的文字异同）。在 106 处的文字异同中，《史记》修订本有文字讹误的是 4 处，占总数的 4%；《索隐》单行本有文字讹误的是 46 处，占总数的 44%；两者皆通的为 56 处，占总数的 52%。在 56 处两者皆通中，《史记》修订本为优的为 36 处，占 64%；《索隐》单行本为优的为 13 处，占 23%；其他的（两者相似）为 7 处，占 13%。由此可见，《史记》修

订本发生讹误相对比较少，《索隐》单行本发生讹误相对比较多。这说明，《述赞》在历代流传过程中，产生的讹误问题还比较多，有些或许就是版本原有的问题，有些则是版本不断更替过程中产生的问题。通过比较分析，择善而从，选择其中比较正确的文字应用到《述赞》正文中去。

二是进行《述赞》异体字、通假字、古今字研究。对照国务院2013年颁布的《通用规范汉字表》所提供的《规范字与繁体字、异体字对照表》，逐一对照分析，同时对通假字、古今字进行研究，并列表统计，有112篇《述赞》有文字异同情况，占总篇数的85%；有206句有文字异同情况，占总句数1660句的12.4%。其中异体字126字，通假字52字，古今字52字，三者合计为230字，占总字数6640字的3.5%。

三是进行《述赞》文本的校正研究。对照历史事实，进行逐一检索，发现与史实不符而需要校正的有17篇、23句，校正的文字为32字。

四是进行句式倒置的研究。句式倒置，是《述赞》韵文比较特殊的一种文字现象。经过逐句研究，发现《述赞》中存在倒置情况的有91篇，占总篇数的70%；有227句，占总句数的14%；其中双句倒置的为57句，单句倒置的为120句，词组倒置的为21个。

以上具体研究情况见《史记述赞文本比较研究》《史记述赞文本问题研究》。

开展《述赞》文本研究，主要是弄清文本的来龙去脉，研究竖排繁体文本向横排简体文本的转换问题。古代文献的繁简文本转换，是一项十分重要的工作，也是一项十分严肃的工作。纵观现在的各种古文简体文本，还存在着诸多问题，有的转换不彻底，存在着"夹生"现象；有的对特殊文字研究不够，发生转换错误，说到底，就是不够规范。我们在对《述赞》每句文字都进行研究的基础上，按照规范的要求进行。

首先，对于繁体字、异体字，按照《规范字与繁体字、异体字对照表》的要求，进行全部转换，不留死角。

二是对于通假字、古今字进行酌情处理，除个别文字进行转换外，尽量保持原有文字，不作改动。

三是对于校正字、倒置情况的研究，都不在文本上体现，而在"按"中说明，作为读者的阅读参考。通过这样处理，形成《述赞》的简体规范文本。

目前，《述赞》正文所采用的就是简体规范文本，与繁体文本能够无缝接轨，以保持原文面貌。这是一种比较严谨的文字处理方法。这里以《吴王濞列传》为例作具体说明：

原文：

> 吴楚輕悍，王濞倍德。富因採山，釁成提局。憍矜貳志，連結七國。嬰命始監，錯誅未塞。天之悔禍，卒取奔北。

此《列传》10句40字，其中有"輕""釁""憍""連結""監""錯""誅"

"祸" 9 个繁体字，"採" 1 个异体字，"倍" 1 个通假字，"憍" 与 "骄"、"貳" 与 "二" 2 组古今（同义）字。在简体规范文本中，将 9 个繁体字、1 个异体字转为规范字，其余的则不作处理，保留不动。其简体规范文本为：

　　　　吴楚轻悍，王濞倍德。富因采山，衅成提局。憍矜贰志，连结七国。婴命始监，错诛未塞。天之悔祸，卒取奔北。

当然，如果将简体规范文本再向前推进一步，形成简体正字文本，则是在简体文本的基础上，将 1 个通假字、2 个古今字也转换成正体字、通行字，在文字转换中，作标记如下：

　　　　吴楚轻悍，王濞背（倍）德。富因采山，衅成提局。骄（憍）矜二（贰）志，连结七国。婴命始监，错诛未塞。天之悔祸，卒取奔北。

由此可见，形成简体正字文本，在简体文本的基础上再前进一步，是完全可行的，也是能为广大读者所广泛接受的。

如果再此基础上，进行文字转换和等译研究，则是可以形成现代文本，具体是：

　　　　吴、楚勇悍，刘濞背德。富因铸钱，仇起掷局。骄奢二心，连结七国。命婴始监，诛错未塞。刘启悔祸，叛乱惨败。（22）

这是《述赞》文本的改造和提升，成为 "现代文本"，将在后文第六点中作具体说明。

2. 进行全息注解，提供 "傻瓜" 阅读模式

对于古文的注释，一般都是注释重点的词，但读者阅读起来，还是感到茫然，因为要读懂一句话，了解一段历史事实，明白其中的深刻义理，并不是弄懂了一个词就能弄清楚的，也常常为此而感到苦恼。我们对《述赞》的注释，称之为 "注解"，是包括 "注" 和 "解" 两个方面。注，主要是对《述赞》字、词、句的注释；解，主要是对文义的解读；同时对于文字需要说明的问题、文本需要校正的问题、文句需要辨析的问题、理解中需要把握的问题，等等，在注解的基础上更进一步，再用 "按" 的形式表现出来，以引起读者注意和思考。这里以《廉颇蔺相如列传》的开头两句话为例：

原文：

　　　　清飙凛凛

注解：

　　　　蔺相如具有崇高的节操，表现出气薄云天、不畏强敌、宁可牺牲自己也要保全国家安全和君王尊严的凛然正气。清飙（biāo）：即清风，犹言 "正气"，比喻清高俊逸的贤者风范。飙，暴风，形容猛烈、刚劲的样子。凛（lǐn）

凛：凛冽，威严而使人敬畏的样子。凛，本义指刺骨的寒冷，引申为严肃而可敬畏。本《列传》记载蔺相如舍身护璧，曰："王授璧，相如因持璧却立，倚柱，怒发上冲冠，谓秦王曰：'……臣观大王无意偿赵王城邑，故臣复取璧。大王必欲急臣，臣头今与璧俱碎于柱矣！'相如持其璧睨柱，欲以击柱。"一副正气凛然的样子，具有神圣不可侵犯的气概。

　　按：飙，原文为"颷"，异体字，现改之。

　　在此"注解"中，首先表明此句是写蔺相如，句意主要是称赞蔺相如的凛然正气；接着，对"清飙""凛凛"两组词进行释义，既释词，也释字；再次，进行引证分析，用史实说明蔺相如的大义、正气；第四，再加以评说，称赞其豪迈气概。第五，用"按"的形式，说明"飙"字的原字为异体字，在正文中已改之。

原文：

　　壮气熊熊

注解：

　　廉颇率军勇猛出战，为赵国立下赫赫战功，具有威武豪迈的大将风度。壮气：即勇气、豪气，引申为威武、豪迈的英雄气概。熊熊：本指大火旺盛的样子，引申为气势雄壮的豪情。本《列传》曰："赵惠文王十六年，廉颇为赵将伐齐，大破之，取阳晋，拜为上卿，以勇气闻于诸侯。"

　　按：此句也可理解为是指蔺相如。蔺相如在为赵使秦，使和氏璧得以归赵，以及在渑池之会中，气压强秦，是何等的"壮气"！而从下句"各竭诚义"来看，此句及上句分明是分别写蔺相如、廉颇，如果两句都是合写蔺相如、廉颇，则下句宜用一"都"字，而不用"各"字。仔细推敲，蔺相如、廉颇两人的行事作风以及秉性特征，还是有所区别的，不宜混为一说。上句"清飙凛凛"，以指写蔺相如为宜。清，为文官特有的气质，用在武将廉颇身上，似乎有些不太像了。如果上句是指蔺相如，而此句则不宜合指蔺相如和廉颇两人。此句宜解为是写廉颇。壮气熊熊，非常吻合廉颇将军豪壮的英雄本色。故此，上句是写蔺相如，下句是写廉颇，作如是解，则是非常妥帖。

　　在此"注解"中，重点在于用"按"的形式，辨析以上两句所指的对象，经过细致入微的辨析，我想，读者应当弄清楚此两句的真正含义了。如果单纯解释其中的几个词，能把这两句话理解得如此清晰吗？

　　在"按"的内容中，还有一项特殊的功能，就是根据《述赞》文句对司马贞的思想行为进行解说。从总体上看，司马贞对暴力、酷法是非常反对的，故此，他对商鞅变法、秦朝统一、武帝征伐的评价都是不高的，而对朝廷大臣受到迫害，则是非常同情。如《秦本纪》中说：

　　卫鞅任刻。厥后吞并，卒成凶愿。

　　几乎是一篙子打死一船人。我们在"卫鞅任刻""按"中评说：

按：……商鞅在秦国实行变法，使秦国大治，史称"商鞅变法"，为后来秦国统一六国奠定了基础。商鞅在变法改革过程中制定了严酷的刑法，打击旧贵族，招致了普遍的怨恨，商鞅本人也遭到旧贵族势力的报复，遭受车裂的酷刑。商鞅变法，是功大于过，毋庸置疑，而司马贞用"任刻"二字来概括，是过多地看重了商鞅变法中的负面影响，失之偏颇。

在"卒成凶愿"的"按"中评说：

按：司马贞的这句"卒成凶愿"，想要说的意思是秦国用暴力夺取政权，祸福相因，使得秦朝很快就灭亡了，但在遣词造句上，似乎不够贴切。前句说秦朝吞并天下，后句说终于灭亡了，好像是因为吞并天下而导致灭亡，给人们一种心灰意冷的感觉，于情于理，均不妥矣。秦朝的灭亡，是由多方面的原因造成的，首先应充分肯定其统一天下的重大历史功绩。而秦朝的灭亡，是在下篇《秦始皇本纪》中叙述。故此，此句宜从正面来叙说，如为"卒成统一"，则含义更好。

通过以上分析，可以清楚地看到司马贞在撰写《秦本纪》的《述赞》中存在的严重的思想偏颇问题，让读者深切了解《述赞》的思想内容和撰作基调。

这样的注解，可谓全方位、多层次，立体式，填补空白，不留死角，解释到位，议论到家。我们称之为"傻瓜阅读模式"，就像是"傻瓜照相机"一样，任何人都可以阅读理解，掌握其中的深刻内涵。这样，功夫下在作者身上，收获体现在读者心中。

3. 进行文字演绎，打造 优美"咖啡散文"

130 篇《述赞》，就是 130 篇韵文，韵文的写作，受到诸多因素制约，读起来不是那么顺畅，有些语句非常费解；有时候即使是读了，也不知道其中究竟说的是什么？如坠无边云雾之中。故此，在《述赞解码》中，专门用了"散文"一栏，将《述赞》韵文演绎为特色散文。在韵文演绎中，主要把握了以下几个问题：

一是要补充韵文中所缺失的内容，韵文由于用字的限制，有的句式没有主语，有的没有宾语，有的没有动词谓语，甚至有的只是一个或两个中心词，不成为一句话，在演绎中，把所缺的成分补充出来。

二是既要根据原文的顺序演绎，也要注意原文中的倒置句式，把前后顺序调整过来，尊重历史事实的发展过程，而不能在散文中出现颠三倒四的现象。

三是要辨析韵文中模棱两可甚至含混不清的问题，形成明确清晰的说法，切不可"糊涂僧判断糊涂案"，让读者阅读后是一脑子糨糊，糊里糊涂。

四是韵文的跳脱现象比较严重，有的两句话之间相隔了几百年，前后不连贯，在散文中，就要用关联词语或者用事实补充说明，将前后两句话实行无缝对接，使演绎散文具有相对的完整性。

五是在一般情况下，散文要与韵文相对应，即原文是一句话，散文也宜为一句话；但有时并不能如此，而要根据散文的特点和实际情况予以断句，尊重散文的行文规则，或予以整合，或予以相连，或予以扩散，根据具体情况而定。

六是要运用现代语言、现代语法、现代表现方法，让散文具有现代文化气息。

七是要尊重历史事实，尊重司马贞的思想情感，在历史事实的基础上予以深化和合理推演，与司马贞的表述相一致，而不是凭空增添或者游离于外，如果觉得司马贞的表述有不妥之处，也要加以说明，要让读者知道其中的曲曲弯弯。

八是要进行艺术加工。将韵文演绎成散文，而不同于译文，不是一词一句简单的转换，而是一种再创造，一种再加工，是"青出于蓝而胜于蓝"，要注重文句的优美，要注入一定的思想情感，要达到出神入化的地步。

这里以大家熟知的《淮阴侯列传》为例：

原文：

> 君臣一体，自古所难。相国深荐，策拜登坛。沉沙决水，拔帜传餐。与汉汉重，归楚楚安。三分不议，伪游可叹！

文义：

> 自古以来，君王与臣下，要融为一体，相得益彰，是非常难得的事情。刘邦封为汉王，韩信无所知名，在相国萧何的极力推荐下，得到了重用。刘邦高筑拜将台，亲自登台拜将，将韩信封为大将。韩信不负所望，在井陉之战中，拔帜易帜，背水而战，大破赵军，斩杀陈余，擒获赵王歇；在潍水之战中，沉沙决水，击其半渡，大破楚军，杀掉龙且。韩信是天下无双的国士，在当时具有举足轻重的地位，归于刘邦，刘邦就能吞并天下；投奔项羽，项羽就可以称王称霸；而自己独立，则是天下三分。项羽沉不住气了，派蒯彻游说，希望联手，韩信断然拒绝。对于"三分天下"之说，韩信也不予采纳。可见，韩信对于刘邦，是一片忠心啊！可是，刘邦却对韩信怀有猜忌之心。汉朝建立后，刘邦采用伪游云梦的计策，逮捕韩信，而后降为淮阴侯。当然，还有更可怕的噩梦在等着他呢！长乐钟室，成了韩信的绝命之地，将他留在那里，永远"享乐"了，真是可悲可叹啊！

由上可见，此"散文"在原文的基础上，填补了一些空白的内容，使得更加丰满圆润。"相国深荐"，是因为韩信原来无所知名；"策拜登坛"，为倒置句，先是筑坛登台，然后才是拜将；"沉沙决水，拔帜传餐"，着重写韩信的两大战役建立的功勋，但是倒装句，要改正过来；韩信被称为"国士无双"，其义在散文中要体现出来；"与汉汉重，归楚楚安"，说明韩信坚持归于刘邦；"三分不议"，即是不同意三分天下；"伪游"，不是韩信最后的结局，还有比这更"可叹"的是被斩于长乐钟室。

如此，所写出的"散文"，使得韩信栩栩如生，更加传神，阅读起来，毫无滞碍，如长江之水，一泻东流。我曾经有这样的说法，读文章要有"品茗茶""喝咖啡"的感觉，要口角含香，韵味无穷，要读之不厌，思之隽永。现将《述赞》原文演绎为散文，就要力求达到这样的境界。

4. 进行立式评说，发掘原文深刻内涵

在《述赞》"解码"的"三明一暗（按）"表述中，有一项重要的内容，就是"评说"。如何画龙点睛，写好评说，是需要下功夫认真做好的。在评说中，力求做到四点：一是概括《史记》每篇的精彩内容，点出"序赞"的精彩评论和《自序》的撰作主旨；二是分析《述赞》的谋篇构思以及表达的思想情感；三是进行司马迁与司马贞的撰作异同以及思想观念比较研究，阐述其中的相关问题；四是剖析《述赞》的突出优点和不足之处。还有一点就是评判《述赞》的优劣，确定等级，这留在下面分析。这里就以"三十世家"之首的《吴太伯世家》为例：

原文：

> 太伯作吴，高让雄图。周章受国，别封于虞。寿梦初霸，始用兵车。三子递立，延陵不居。光既篡位，是称"阖闾"。王僚见杀，贼由专诸。夫差轻越，取败姑苏。甬东之耻，空惭伍胥。

评说：

司马迁作《吴太伯世家》，记载了吴国从开国祖先吴太伯远避荆蛮（约前十二世纪中叶）至吴王夫差亡国（前473年），长达700年的兴亡历史。从中清晰地看到，吴国由弱而强、又由盛而衰的历史过程，再现了吴楚、吴越以及吴与中原诸国之间错综复杂的矛盾关系，也反映了吴国内部的王室斗争和君臣矛盾。篇名不称为"吴世家"，而称为《吴太伯世家》，并且列于"三十世家"之首，很明显，就是"嘉伯之让"，充分肯定太伯的让国精神。司马迁在"赞语"中说："孔子言：'太伯可谓至德矣，三以天下让，民无得而称焉。'……"在《自序》中说："太伯避历，江蛮是适；……嘉伯之让，作《吴世家》，第一。"

司马贞作《述赞》，很好地再现了《吴太伯世家》的思想内容。起首两句高度赞扬太伯的让国、兴吴，得司马迁列太伯为"三十世家"之首之精髓。三、四两句写虞仲得封为诸侯，是继续间接地肯定太伯与仲雍的让国精神。五、六两句写寿梦使吴国开始走向强盛，突出记叙在作战中使用了兵车这一在当时的"现代武器"。七、八两句赞美延陵季子三辞王位的辞让精神，也肯定季札三位兄长遵从其父寿梦遗志，顺次传递王位，最后传给其弟季札的做法。接着四句写吴王僚被刺，公子光为王，认为吴王阖闾执政后，虽然使吴国走向强盛，但其来路不正，是篡夺王位，应当受到讥刺。"篡位""贼"等字词，都是对阖闾的贬抑。最后四句，写吴王夫差以轻敌致败，遂使吴国灭亡。

将司马贞的《述赞》与司马迁的评论相比较，可以看出，两人的思想观念略有不同：一是对于太伯让国，司马迁在《自序》的末尾有"嘉伯之让"，

故在首句用"太伯避历",是突出让贤;而司马贞用"太伯作吴",着重肯定
的是太伯的开国之功,又用"高让"二字来肯定太伯的让国,再用"雄图"
二字来写太伯心中自有宏图在,故能开国建业,将"太伯"描写得更加完
美。二是对阖闾的评价略有不同,司马迁肯定他"宾服荆楚"的功劳,称赞
其能使吴国强盛,而司马贞则是一味鞭挞他的篡位,并且不厌其烦地用了四
句话来表述,还用了"篡位""贼"等贬义词来形容,起到贬抑的作用。三是
司马迁把吴国的灭亡归结为吴王夫差残害忠良、亲信奸佞、不分敌我,而司
马贞仅言"轻越",而缺少了对吴王夫差忠奸不分、信谗害贤的批判,固然
有"述赞"文体对文字的约束和要求,但也反映了他的识见略逊司马迁一
筹。而从总体上来说,《述赞》还称得上是一篇上等的文字。

此"评说"分为三个部分,剖析司马迁作《吴太伯世家》,高度赞扬让国精
神;分析司马贞作《述赞》,肯定吴太伯的建国创举,对《述赞》的结构思路进行
系统分析;并进行比较分析,在《述赞》中体现出司马贞的正统观点,贬抑篡位
夺权,也批评了吴王夫差的不用贤臣伍子胥而导致国家灭亡。这样的评说,在解
析《述赞》文义中是必不可少的。

5. 进行原文提升,形成现代阅读文本

在全部完成《述赞》注解评析的基础上,再对《述赞》文本进行二次加工,
将文本进行改造和升级,形成全新的现代阅读文本。这就是在简体规范文本的基
础上,再进行深入研究,运用多种方式进行技术处理,形成既与原文相吻合、又
进行创新和提升的通俗易懂的现代阅读文本。这主要是:一是进行通假字处理,
将其一律改为规范字;二是进行文字校正研究,改正讹误的字词;三是将一些含
义隐晦难懂,逐步被淘汰、废弃的文言古字改为相应的现代通用文字;四是对于
人名、地名,删繁就简,改用现今通行的名称;五是进行句式改造,将那些含义
不明、生硬别扭的文句替换为含义相近、易读易解的文句;六是在基本保持原来
韵脚不变的情况下,对少数非常难懂难解的生僻韵脚予以替换。经过技术处理,
在不改变韵脚的情况下,改动 1820 字,改动率为 27.4%,使其文通义顺,焕然
一新。这可以说是送给读者的一份厚礼。对于一般读者来说,不要再去读那种
"味同嚼蜡"而折磨人的文字,代之以清新、通俗、词顺义明的文字。

这里以《滑稽列传》为例,略作分析。如前所说,通过对繁体文字的处理,
已经形成简体规范文本,为:

> 滑稽鸱夷,如脂如韦。敏捷之变,学不失辞。淳于索绝,赵国兴师。楚
> 优拒相,寝丘获祠。伟哉方朔,"三章"纪之。

全文为 10 句,40 字。再仔细读一读,还是有很多文字虽然不是那么深奥,
但还是难于理解。我们将其中一些文句再作改造和提升,具体情况分析如下:

滑稽鸱夷,是用两个比喻词说明滑稽之人的圆滑处世。其中"滑稽"一词已

成为代名词，即指滑稽之人，大家都熟知，无须改动。而"鸱夷"，则比较费解，本指滑稽之人语言流利，出口成章，就用"善辩"二字予以替代。

如脂如韦，是一个成语，指滑稽之人像脂肪一样光滑，如熟牛皮一般柔软，圆滑柔顺，善于应变。而这个成语现今一般不用，已逐渐淡出人们的视线，故需要替换。本来用"圆滑柔顺"四个字，但考虑到"韦"字是韵脚，而《述赞》此文的韵脚"词""师""祠""之"，是"四支"韵，故此，将此句改为"圆滑出奇"，既符合韵律，又比较形象生动。

敏捷之变，是说滑稽之人具有灵敏迅捷的应变能力。此句不成为一句话，只是一个词，改为一句话更好，故改为"敏捷应变"，将"之"字改为"应"字。

学不失词，是说滑稽之人的言谈举止依然中规中矩，不失"六艺"的宗旨，有益于治世。而词义比较隐晦，所谓"学"，是指所学；所谓"词"，是指"六艺"之旨，需要理解得之，而改为"多才多艺"，比较直观、通俗，又能表现滑稽之人的才艺丰满。

淳于索绝，是说淳于髡看到齐威王给他很少的礼物要到赵国去求取很多的救兵而仰天大笑，以至于笑断了帽带。索绝，其实就是"大笑"的意思，就直接用"大笑"二字来替代。

楚优拒相，楚优，就是优孟，是楚国人，故称之。拒相，就是拒绝当楚国的相。其实，优孟是要救助楚国原来贤相公孙敖的穷困潦倒的儿子，才假扮成公孙敖的样子，出现在楚国王廷上。而此句用"拒相"二字，并不准确，楚王是要让以为复生的公孙敖为丞相，并不是要让优孟为丞相，一旦真相识破，优孟还有立足之地？而用"扮相"二字，倒很准确。故此，此句宜改为"优孟扮相"。

寝丘获祠，是说优孟讽谏成功，孙叔敖的儿子获得了可以用来祭祀先父的寝丘的封地。寝丘，是地名，比较生冷，就用"敖儿"来替代，因为"获祠"一词已经包含了获得寝丘之地的意思在内，无须再将"寝丘"二字突出来，而用"敖儿"一词作为主语，与前句"优孟"二字相对应，非常完美。

伟哉方朔，方朔，即是东方朔，本姓张，字曼倩，性格诙谐，言辞敏捷，滑稽多智。"东方朔"是三个字，而此句只能用两个字，而用"方朔"二字并不准确，因为"东方"是复姓，不宜分拆开，要么就称复姓"东方"以代替其名，但这样的称呼似乎比较生疏；如果称字为"曼倩"，固然可以，但"曼倩"二字也比较生冷；如果称其为"智朔"，即是指滑稽多智的东方朔，我觉得比其他的简称要好，故改之。

"三章"纪之，指褚少孙在司马迁《滑稽列传》三章之外，又补记了东方朔的事迹。三章，是指"三章"以外，此句表述并不准确，容易误解为用"三章"来记载其事，故可直接改为"褚氏"，含义非常明确。而"纪"字在古代通用，一般史书都用"纪"字，而现今则为通假字，字义有异，则改为"记"字。

根据以上思考，将《滑稽列传》改为通行文本如下：

　　　滑稽善辩，圆滑出奇。敏捷应变，多才多艺。淳于大笑，赵国兴师。优孟扮相，敖儿获祠。伟哉智朔，褚氏记之。

这样，全文 40 字，改动 22 字，改动率为 55％。如此改动后，使得其文更加准确，更加生动，更加适合现代人阅读。

这样做，是一种创新的举动。而要说明的是，如此改动后，并不能称为《述赞》原文，而是改编之文，我们称其为"通行文本"或"现代文本"。

综上所述，开展《述赞》综合研究，通过"三明一暗（按）一附"的研究方法，进行文本推敲，形成简体规范文本；进行全息注解，提供"傻瓜"阅读模式；进行文字演绎，打造优美"咖啡散文"；进行立式评说，发掘原文深刻内涵；进行等级评定，分别篇章高下优劣；进行原文提升，形成现代阅读文本，形成研究专著，从而让《述赞》发挥应有的作用，是一项具有十分重要意义的工作，是《史记》研究领域的一件幸事，也是时代赋予的一项重要使命。

二、《史记述赞》现代文本研究

对于《史记述赞》通行文本的整理，就是在简体规范文本的基础上，再进行深入研究，运用多种方式，对文本进行技术处理，形成通俗易懂、既与原文相吻合、又进行创新和提升的现代阅读文本。

现主要从六个方面来考虑：

其一，进行通假字处理，将其一律改为正字。

通假字，不同于异体字。凡是异体字，都已经进行了改正，作为原文正字，列入"简体规范文本"的范围。《述赞》中的通假字，有多种情况：一是在古代通用而没有区别，而现在则分别比较严格，视为通假字，如"遂禽蚩尤"的"禽"字、"玄圭锡兹"的"锡"字、"虏于嬴政"的"虏"字等，现今则用"擒""赐""掳"来作为动词使用，表示擒捉、赏赐、掳获的含义，而用"禽""锡""虏"字，则视为错别字。二是古代的一些为君者讳的文字，实际上也是通假字，用含义相近的字来替代。如司马贞为避唐太宗李世民的名讳，将"世"字改为"系"字，如"系家"，就是"世家"；将"民"字改为"人"字，如"劳人是愍"，很显然，"劳人"就是"劳民"。三是有些文字用本字解释也能说通，而用通假来解则更加吻合文义，也作通假字来处理。如《述赞·吕不韦列传》中的"徙蜀惩谤"，其"谤"字可以作为诽谤的意思来理解，但更准确地说，嬴政要惩办的是那些依傍吕不韦的人，《秦始皇本纪》载："文信侯不韦死，窃葬。其舍人临者，晋人逐出之；秦人六百石以上夺爵，迁；五百石以下不临，迁，勿夺爵。"其意很明显。故此，将"谤"字作为通假字处理，改为"傍"字。

其二，进行文字校正研究，将讹误的字词改为正确的字词。

《述赞》的文字讹误，主要有以下几方面：一是与历史史实明显不符，如《述赞·汲郑列传》中的"淮南卧理"，"淮南"是"淮阳"之讹，《汲郑列传》中写汲黯的卧理，几处写的都是"淮阳"。二是文字表达上的差错，如《述赞·孔子世家》的"孔子之胄，出于商国"，很明显是追溯史事，而"胄"字，则是子孙的意思，是"先"字之讹。三是文义表达不够准确，改动后文义更好。如《述赞·乐毅列传》中的"连兵五国，济西为墟"，固然不错，济西是齐国的边境，乐毅连兵五国攻齐，首先攻占了齐国的济西之地，但事情的发展并不仅仅如此，乐毅一直攻下了齐国的都城临淄，抢掠一空，还占领了齐国七十余城，故此，此句用"济西"二字，显得非常不够，而用"临淄"二字，更为准确，故改之。

其三，有些文言古字，含义隐晦难懂，现今一般不用，改为相应的通用文字。《述赞》中有的文义非常难于理解，其原因就是用了一些文言古字，而这些文言古字在现代语言中是淘汰文字，几乎看不到，让一般读者望而生畏，干脆放弃不读算了。而这些文言古字，说白了，也没有什么深奥的内容，读者无法接受。如《述赞·天官书》中的"盈缩匪愆"，而且"愆"字还是那个在电脑上打不出来的"亻＋上 2'天'＋下'心'"字，拒读者于千里之外。如果细作分析，盈缩，指伸屈、进退；匪，通"非"；愆，过失，耽误。连同上句"星辰可仰"，合起来理解，就是太史之官仰观天象，日月星辰的进退变化，都记载得丝毫无误。如果将此句改为"进退无误"，所要表达的意思基本上是一致的，而读者一看就明白，何乐而不为呢？

其四，对于人名、地名，删繁就简，改用现今通行的名称。

一是人名，尽量称名，不用地名、谥号替代。这样做，比较准确，不存在认知误区。如刘邦，《述赞》中一般作"高祖"，哪怕是刚刚出生，也称之为"高祖"，读起来怪怪的，如《述赞·高祖本纪》，起首一句就是"高祖初起"，实际上就是"刘邦初起"。那个时候刘邦什么都不是，顶多就是一个"泗水亭长"而已，"高祖"是刘邦死了以后的尊号。用"刘邦初起"，既清晰，又亲切。当然，刘邦是后来的改名，本名叫刘季，我们觉得，在人名上还是使用比较通行的名字，这样比较统一，不至于让读者看得眼花缭乱。在人名的处理上，《述赞》原来比较随心所欲，没有统一的标准。如在《述赞·汉兴以来诸侯王年表》中说："淮阴就楚，彭越封梁。"同样是诸侯王，韩信就称地名，彭越就称人名，宜将"淮阴"改为"韩信"；在《述赞·齐悼惠王世家》中说："中山、济北，雄渠、辟光。"同是诸侯王，表述不一致，有用地名替代，有用人名，如果将"中山、济北"改为"刘昂、刘贤"，不是都统一起来了吗？这样，行文风格比较统一，避免了五花八门的现象。有些人名有多种说法，就采用比较通行而又比较通俗的称呼，如"柏翳"，改为"伯益"；姜嫄，改为"姜原"，等等。二是对于地名，一律使用现在通行的地名。如"陶卷"，即是现今的"定陶"，故改之，这并不影响地名的表达；还有"临菑"，现在通行"临淄"，等等。三是一些古代的国名、民族名，也用通行的称呼予以改造，如"薰粥"，即是"匈奴"的古称，故改之。

其五，对于含义不明、生硬别扭的句子，予以替换，改为含义相近、易读易解的句子。

《述赞》中有些句子，并不是某一个字或几个字比较难读难懂，而是组合成一句话，比较深奥、难懂。如果要换，就要换掉一句话。例如，《述赞·五帝本纪》"明扬仄陋"，是借用《尚书》中的语言，读起来，感到非常"古董"，细作分析，明扬，就是明察的意思，即能够明察人才，予以选拔任用；仄陋，是卑微、微贱的意思，指处于不为人所注重的社会下层或僻远之处。仄，通"侧"。合并考虑，改为"明察微贱"，含义相同，而比较明白易懂。

其六，在基本保持原来韵脚不变的情况下，对少数非常难懂难解的生僻韵脚予以替换。

《述赞》是韵文，朗读起来比较优美动听，但美中不足的是，为了押韵，采用了前后倒置、生搬硬套的做法，使得一些文句非常难以理解，有一种削足适履的感觉。对于韵脚的文字，有些需要处理，但非常困难，但还是想方设法，予以替换，并且保持韵脚不变。例如，《述赞·平津侯主父列传》"宠备荣爵，身受肺腑""生食五鼎，死非时蠹"，感觉都比较拗口，都不是很好理解，尤其是"死非时蠹"，怎么理解都好像不太吻合文义。故此，把这四句话改为："备受恩宠，胸有城府""生食五鼎，名败身诛"，在文义上略作转换。胸有城府，指主父偃提出推恩令，信心满满，考虑周备，随即得到汉武帝的肯定和推行；名败身诛，即身诛名败，指主父偃被汉武帝处死，那些势利之人"争言其恶"，甚至无人收尸。这样改动，既比较符合历史事实，又通俗易懂，韵脚也没有改变。

为了更好地说明通行文本整理中的有关问题，这里列举《齐太公世家》一篇作具体说明。改造、整理后的内容如下：

姜尚（太公）助（佐）周，实搞（秉）阴谋。既封（表）东海，乃居营丘。小白称（致）霸，九合诸侯。及宠（溺）内官（宠），尸腐（衅钟）虫流。庄公失德，崔杼结（作）仇。田（陈）氏专政，厚贷（货）轻收。悼、简遭（遘）祸，田、阚非俦。泱泱（沨沨）余烈，逆（一）变何由？

全文共 16 句、64 字，改动 17 字，改动率为 26.6%，与全部《述赞》的改动率基本接近。主要有：一是将"太公"改为"姜尚"，直接称名，表明是"姜齐"的起始。文中称桓公为"小白"，"太公"也应称名。二是"及溺内宠"，"溺"与"宠"含义重复，溺，宠溺、宠幸；内宠，即宠幸的内官，故改为"及宠内官"。三是"衅钟虫流"，指齐国新君即位时，桓公的尸体腐烂，有蛆虫爬出。衅钟，指杀牲以血涂钟行祭，现在很少见到此词。如将此句改为"尸腐虫流"，单写桓公，含义非常明确。四是"陈氏专政"，陈氏，在齐国，则是称为"田氏"，姓氏已经转换，而非"陈氏"了，故改之。五是"厚货轻收"，货，用作动词，指销售，而田氏出租，并非销售，而是借贷，"货"为"贷"字之讹。贷，即贷出，租出，借出，与史实相符。故改"货"为"贷"。六是"沨沨余烈"，沨沨（fēng fēng），象声词，形容风声，用来形容姜尚遗留下来的功业，不是很妥当，疑是"泱泱"之讹。泱泱（yāng yāng），形容气势宏大的样子。《吴太伯世家》有季札出使鲁国，请观周乐，其中有歌齐之说，曰："美哉，泱泱乎大风也哉。表东海者，其太公乎？国未可量也。"故知是讹误，而改之。其他还有七个字的改动，都是本着贴近现代、贴近生活、便于阅读、便于理解的原则予以改动，这里不作具体说明。

现将《述赞》文本按照通行文字整理如下，并将替代前的原文文字用括号列出，改动的字用黑体标出，以便读者对照阅读。

1. 五帝本纪第一

帝出少典，居于轩丘。已（既）代炎帝（历），又（遂）擒（禽）蚩尤。颛顼（高阳）继（嗣）位，远虑深（静深有）谋。小大远近，无（莫）不怀柔。乃至（爰洎）帝喾，列圣同休。帝挚之弟，其号"放勋"。归（就）之如日，望之如云。日出（郁夷）东作，日入（昧谷）西昏（曛）。明察（扬）微贱（仄陋），潜（玄）德上（升）闻。能让天下，贤哉二君！（24）

2. 夏本纪第二

尧遇（遭）洪（鸿）水，民众（黎人）饿（阻）饥。禹勤（疏）沟渠（洫），手足茧（胼）胝。出（言）乘四载，奔波（动履）四时。娶妻多（有）日，过门不私。九土已治（既理），名（玄）圭赐之（锡兹）。子（帝）启继（嗣）立，有扈违命。五子作歌，太康失政。羿、浞是（斯）侮，夏朝（室）不竞。至（降）于孔甲，养（扰）龙任（乖）性。叹那（嗟彼）鸣条，其终不令！（26）

3. 殷本纪第三

简狄吞蛋（乙），是为殷祖。子契（玄王）启商，伊尹辅佐（负俎）。上开三面，下祭（献）九主。班（旋）师定陶（泰卷），继相臣扈。都城数迁（迁嚣圮耿），无定（不常）其（厥）上。武乙无道，祸因射天。纣王（帝辛）淫乱，拒谏杀（贼）贤。九侯被杀（见醢），炮烙（格）兴焉。黄斧（钺）斯执（杖），白旗是悬。哀哉玉宫（琼室），殷朝（祀）已（用）迁！（28）

4. 周本纪第四

后稷居邰，古公（太王）建（作）周。雀衔丹书（丹开雀录），天（火）降乌流。三分已（既）有，八百不谋。军旅（苍兕）誓师（众），白鱼入舟。太师抱乐，箕子拘囚。成、康之日，政简刑措。南巡不还，西戎（服）不（莫）附。共和之后，王室多故。桑弓（檿弧）兴谣，龙沫（漦）成（作）蛀（蠹）。颓、带构（挂）祸，实亡（侵）周祚。（21）

5. 秦本纪第五

柏益（翳）佐舜，皂旗（游）旌。飞（蜚）廉事纣，石棺（椁）是（斯）营。造父善驾（驭），封之赵城。非子养（息）马，其（厥）号"秦嬴"。礼乐射御，西垂有声。襄公救周，始封（命）侯（列）国。金祠白帝，龙佑（祚）水德。应祥（祥应）陈宝，除妖（妖除）丰特。百里（里奚）致霸，卫鞅深（任）刻。其

（厥）后吞并，终（卒）成凶恶（慝）。(21)

6. 秦始皇本纪第六

六国衰微（陵替），二周灭（沦）亡。统（并）一天下，号为"始皇"。阿房建造（云构），金人（狄）成行。南巡（游）刻（勒）石，东望（瞰）浮梁。水神（滴池）赠玉（见遗），沙丘报（告）丧。胡亥（二世）篡位（矫制），赵高是与。诈由（因）指鹿，灾生吞（噬）虎。子婴为王（见推），恩报君父。下少（乏）贤助（中佐），上乃庸主。欲挽（振）危亡（颓纲），谁能作（云谁克）补?(29)

7. 项羽本纪第七

亡秦鹿走，托（伪）楚狐鸣。云布（郁）沛谷，剑举（挺）吴城。旗（勋）开定陶（鲁甸），势合砀兵。宋义（卿子）无能（罪），范增（亚夫）赤（推）诚。始救赵歇，终诛子婴。违约王汉，弃（背）关怀楚。迁徙义帝（常迁上游），逼杀（臣迫）旧（故）主。灵壁大胜（振），成皋久拒。战非无功，天实不与。叹那（嗟彼）盖世（代），终（卒）为凶竖。(25)

8. 高祖本纪第八

刘邦（高祖）初起，释徒（始自）泽（徒）中。举兵（言从）泗上，即号"沛公"。聚会（啸命）豪杰，发奋（奋发）才（材）雄。彩（彤）云集（郁）砀，帝子（素灵）告丰。龙变星聚，蛇斩（分）路（径）空。项羽（氏）主持（命），负约弃功。王刘（我）巴蜀，实愤于衷。三秦已定（既北），五军（兵）征（遂）东。汜水即位，咸阳筑宫。威加四海，还歌《大风》。(25)

9. 吕太后本纪第九

刘邦（高祖）犹微，吕氏作妃。及正后宫（轩掖），擅作（潜用）福威。心（志）怀残（安）忍，性夹（挟）猜疑。置毒（鸩）刘肥（齐悼），残害（虿）戚姬。刘盈（孝惠）去世（崩殒），其哭不悲。诸吕用事，天下示私。大臣处死（菹醢），支庶（孽）灭（芟）夷。作恶（祸盈）是（斯）验，苍狗为灾。(24)

10. 孝文本纪第十

刘恒（孝文）在代，卜（兆）现（遇）大横。宋昌首倡（建册），周勃（绛侯）奉迎。登基（南面）而让，天下归诚。务农先耕（籍），布德息（偃）兵。除奴（帑）去（削）谤，政简刑清。粗（绨）衣易（率）俗，露台停（罢）营。法宽张武，刑听（狱恤）缇萦。霸陵无坟（如故），千年颂声。(21)

11. 孝景本纪第十一

刘启（景帝）即位，修行无为（因修静默）。劝民（勉人）于农，率下以德。

制度是（斯）创，礼法可则。一朝吴楚，忽（乍）起凶恶（慝）。掷盘（提局）成仇（衅），挡车（拒轮）昏（致）惑。晁错虽诛，梁城未克。亚夫（条侯）出击（将），追逃（奔）逐败（北）。眼看乱平（坐见枭黥），立诛（剪）叛（牟）贼。如何太尉，而后（后卒）下狱？惜哉"明君"，其（斯）功不录！（31）

12. 孝武本纪第十二

刘彻（孝武）即位（纂极），四海承平。志尚奢丽，尤敬神明。坛开八道，接连（通）五城。朝亲五利，夕拜文成。祭非古（祀）典，巡违（乖）卜征。登嵩刻泰（勒岱），望景传声。迎年祭（祀）日，改历定正。穷征暴敛（疲耗中土），事那边兵。日不暇给，民（人）无聊生。俯观嬴政，几欲失（齐）衡。（16）

13. 三代世表第一

帝喾（高辛）之后（胤），大启吉（祯）祥。修（脩）己吞果（薏），石纽兴王。天命神（玄）鸟，简狄生商。姜原（嫄）踩（履）迹，福（祚）流岐昌。皆受（俱膺）大（历）运，互有兴亡。风传周、召，刑措成、康。出逃（峗）之后，诸侯日强。（14）

14. 十二诸侯年表第二

太史表次，很（抑）有条理。起自共和，终于孔子。十二诸侯，各编年纪。兴亡继绝（及），盛衰臧否。恶不遮（掩）过，善必扬美。停（绝）笔获麟，义同（取）此（同）耻。（6）

15. 六国年表第三

春秋之后，王室更（益）卑。楚强南边（服），秦霸西垂。三卿分晋，八代兴妫。轮流（递主）盟主（会），互为雄雌。二周前灭，六国后毁（隳）。壮哉嬴氏，吞并若斯。（6）

16. 秦楚之际月表第四

秦失其鹿，群雄角（竞）逐。狐鸣楚祠，龙兴沛谷。武臣自王，魏豹亦（必）复。田儋据齐，英布居六。项羽（王）主持（命），义帝被（见）戮。以月系年，道远（悠）运速。汹汹天下，观（瞻）乌谁屋？刘邦（真人）霸上，终（卒）享大（天）禄。（11）

17. 汉兴以来诸侯王年表第五

汉有天下，观（爱）览兴亡。始誓河山（岳），誓言（言峻）显（宠）章。韩信（淮阴）至（就）楚，彭越封梁。荆、燕亲（懿）戚，齐、赵兄堂（棣棠）。犬牙相制，子孙（麟趾）有光。及至（降及）文、景，代有侯（英）王。鲁恭、梁

孝，济北、城阳。仁贤足纪，忠诚（烈）是（斯）彰。(18)

18. 高祖功臣侯者年表第六

能人（圣贤）影响，风云默（潜）契。刘邦天授（高祖膺箓），功臣名（命）世。起沛入秦，凭武（谋）仗计。论功（纪勋）封（书）爵，河盟山誓。萧、曹轻重，绛、灌权势。皆（咸）至（就）封国，或生（萌）罪逆（戾）。仁贤者继（祀），昏庸（虐）者替。永鉴（监）前贤（修），久愧（良惭）固基（蒂）。(23)

19. 惠景间侯者年表第七

惠、景之际，天下已平。诸吕构祸，吴、楚连兵。亚夫（条侯）出击（讨），宋昌（壮武）逢（奉）迎。薄、窦恩泽，张、赵忠贞。本枝分封（荫），宗亲（肺腑）归诚。王康（新市）死事，卫绾（建陵）殊（勋）荣。皆（咸）开青社，俱受旗（丹）旌。回看（旋窥）封（甲）令，吴浅（便）有声。(20)

20. 建元以来侯者年表第八

刘彻（孝武）之世（代），天下多事（虞）。南讨瓯越，北击单于。卫青出征（长平鞠旅），去病（冠军）前驱。南越降汉（术阳衔璧），孙都（临蔡）破禺。霍光首辅（博陆上宰），公孙（平津）大（巨）儒。徽（金）章佩戴（且佩），穿紫挂玉（紫绶行纡）。昭帝以（已）后，恩（勋）宠不殊。惜哉停（绝）笔，褚氏补诸。(33)

21. 建元以来王子侯者年表第九

汉代（世）之初，矫枉过正。欲强（大）本枝，先封同姓。建元以（已）后，诸侯（藩翰）强（克）盛。主父上言，推恩下令。刘发（长沙）、刘勃（济北）、刘胜（中山）、赵敬。广为分（分邑广）封。振振在咏。卫（捍）城抵（御）侮，习习（晔晔）辉映。百足不僵，皇上（一人）有庆。(21)

22. 汉兴以来将相名臣年表第十

刘邦（高祖）初起，号令（啸命）群雄。天下未定，王其（我）汉中。"三杰"既得，"六奇"献功。章邯已灭（破），萧何筑宫。周勃厚重，朱虚至忠。陈平作相，亚夫（条侯）总戎。丙、魏立志，汤、尧为公（饰躬）。天汉之后，叙（表）述非功。(11)

23. 礼书第一

礼因人心，非从天下。合情（诚）重（饰）貌，救败（弊）兴雅。以制民众（黎甿），以奉（事）宗社。质（情）文俱（可）重，繁简（丰杀）难假。孔子（仲尼）坐树，叔孙（孙通）郊（蕝）野。圣人作教，无（罔）不由者。(16)

24. 乐书第二

乐之所兴，在于（乎）防欲。舒（陶）心畅志，舞手蹈足。舜曰《箫韶》，融称《属续》。辨（审）音知政，观风变俗。脆（端）如串（贯）珠，清同叩玉。盈盈（洋洋）绕（盈）耳，《咸》《英》余曲。(8)

25. 律书第三

自古（昔）黄帝（轩后），乃（爰）命伶伦（纶）。雄雌是听，厚薄俱（伊）匀（均）。以调气候，以轨星辰。军容取节，乐器是（斯）因。自微知著，测度（化）尽（穷）神。大哉滋润（虚受），涵（含）养民（生）人。(14)

26. 历书第四

历法（数）之兴，由（其）来久（尚）矣。重黎是掌（司），容成斯纪。推算（步）天象，消长（息）母子。五行（胜）循（轮）环，三正互起。孟春（陬）正（贞）岁，筹（畴）人顺轨。敬授有（之）方，起（履）首（端）为美。(13)

27. 天官书第五

在天成形（象），如（有）同影响。观文察变，由（其）来以（自）往。天文（官）既书，太史是（攸）掌。云气（物）必记，星辰可仰。进退无误（盈缩匪愆），应验不（无）爽。至哉观天（玄监），谁能（云谁）迷茫（欲罔）！(18)

28. 封禅书第六

《礼》载"祭天"（升中），《书》称"祀礼"（肆类）。古今盛典，帝（皇）王能事。上（登）封报天，下（降）禅祭（除）地。飞花（英）腾实，金泥石记。汉承前功（遗绪），此（斯）道不坠。仙闾、肃然，扬名（休）刻（勒）志。(14)

29. 河渠书第七

水之利害，自古而然。禹疏沟渠（洫），随山导（浚）川。乃至（爰泊）后世，亦有（非无）能（圣）贤。鸿沟既开（划），龙首（骨）斯穿。滩涂（填阏）是（攸）垦，民众（黎蒸）丰（有）年。宣房吟（在）咏，梁、楚获全。(16)

30. 平准书第八

平准之立，通货天下。既入官府（县官），又（或）振国家（华夏）。其名刀布，其文龙马。增算告缗，损（衰）多增（益）寡。弘羊心计，卜式长者。京都（都内）充足（殷），取于（赡）郊野。(11)

31. 吴太伯世家第一

太伯建（作）吴，辞（高）让雄图。周章受国，另（别）封于虞。寿梦初霸，始用兵车。三子递立，季札（延陵）不居。光已（既）篡位，是称"阖闾"。吴（王）僚被（见）杀，凶手（贼由）专诸。夫差轻越，败于（取败）姑苏。甬东之耻，空愧（惭）子（伍）胥。(13)

32. 齐太公世家第二

姜尚（太公）助（佐）周，实搞（秉）阴谋。既封（表）东海，乃居营丘。小白称（致）霸，九合诸侯。及宠（溺）内官（宠），尸腐（蚻钟）虫流。庄公失德，崔杼结（作）仇。田（陈）氏专政，厚贷（货）轻收。悼、简遭（遭）祸，田、阚非俦。泱泱（沨沨）余烈，逆（一）变何由？(17)

33. 鲁周公世家第三

武王既没，成王幼孤。周公代（摄）政，临朝（负扆）据图。还政（及还）臣列，为臣（北面）恭（躬）如。长（元）子治（封）鲁，少昊之墟。辅佐（夹辅）王室，始终（系职）不渝。后（降）及孝公，穆仲称（致）誉。隐能让国，《春秋》之初。丘明执笔（简），褒贬皆（备）书。(18)

34. 燕召公世家第四

召伯为（作）相，分陕而治。民（人）受（惠）其德，甘棠是思。庄送齐恒（霸主），惠用（罗）宠姬。文公约（从）赵，苏秦逞（骋）辞。易王初立，齐宣我欺。燕哙无道，让（禅）位子之。昭王下（待）士，思报临淄。刺秦（督亢）不成（就），终被（卒见）灭（戮）夷。(16)

35. 管蔡世家第五

武王之弟，管、蔡及霍。周公居相，流言是作。《狼跋》致难（艰），《鸱鸮》讨恶。蔡仲（胡能）改行，恢（克）复其爵。献舞囚（执）楚，遇息礼薄。穆侯掳（虏）齐，荡舟戏（乖）谑。曹襄（共）轻晋，负羁先觉。伯阳梦亡（社），国灭（祚倾）振铎。(11)

36. 陈杞世家第六

盛德之祭（祀），必及百世。舜、禹功业（余烈），陈、杞是继。妫满受封，东楼继（纂）系。阄路篡位（逆），夏姬淫嫛。二国衰微，或兴或替。前并后掳（虏），皆亡楚惠。勾践振（勃）兴，田和吞食（噬）。连续享祭（蝉联血食），岂其后（苗）裔？(13)

37. 卫康叔世家第七

康叔（司寇）受封，《梓材》是（有）作。成赐其（厥）器，夷加其爵。自（暨）武能修，至（从）文始约。《诗》美归燕，《传》夸（矜）石碏。皮冠射雁

（鸿），乘车（轩）让（使）鹤。宣纵荒淫（淫嬖），祸（衅）生伋、朔。蒯聩获（得）罪，出公行恶。卫国（祚）日衰，失于君角。（16）

38. 宋微子世家第八

殷有"三仁"，微、箕纣亲。一囚一去，不顾其身。《颂》美《有客》，《书》称"作宾"。终（卒）传后代（冢嗣），又（或）叙常（彝）伦。微仲之后，世戴（载）忠勤。穆亦能让，实为知人。泓水（伤泓）之役，有君无臣。偃号"桀宋"，天之弃殷。（8）

39. 晋世家第九

天命叔虞，终（卒）封于唐。桐叶（珪）既削，河、汾是王（荒）。文侯虽继（嗣），桓叔（曲沃）日强。未知本末，国（祚）倾桓、庄。献公昏惑，申生（太子）遭（罹）殃。重耳致霸，朝周河阳。灵既失（丧）德，厉亦无防。四卿侵削（侮），晋国（祚）遂（邃）亡。（13）

40. 楚世家第十

鬻熊之后（嗣），周封于楚。偏（僻）在荆蛮，柴（荜）路烂（蓝）缕。至（及）通而霸，越（僭）号称（曰）"武"。文既伐申，成亦宽（赦）许。子围（围）篡嫡，商臣杀父。天祸不（未）悔，恃（凭）奸自负（怙）。熊珍（昭困）奔逃（亡），熊槐（怀迫）囚虏。熊横（顷襄）、熊完（考烈），国（祚）衰南土。（22）

41. 越王勾践世家第十一

越祖少康，至于允常。其子始霸，与吴争强。檇李之役，阖闾伤亡（见伤）。会稽之耻，勾（句）践欲当。种诱以利，蠡尽（悉）其良。折节下士，置（致）胆思尝。终报（卒复）仇敌（寇），遂灭（殄）大邦。后不量力，灭于无强。（9）

42. 郑世家第十二

厉王之子，被（得）封于郑。任（代）职司徒，《缁衣》在咏。虢、郐献邑，祭足专命。庄既犯周（王），厉亦亡（奔）命。居栎复（克）入，梦兰喜（毓）庆。伯服生囚，叔瞻尸聘。僖（釐）、简之后，王（公）室不成（竞）。负黍归（虽）还，韩国（哀）日盛。（11）

43. 赵世家第十三

赵氏之世（系），与秦同祖。周穆平徐，乃封造父。带始事晋，夙初有土。岸贾矫杀（诛），韩厥立武。宝符临代，终封（卒居）伯鲁。简梦狄（翟）犬，灵歌少（处）女。胡服虽强，立后（建立）非所。颇、牧不用，赵（王）迁被掳（囚

房）。(11)

44. 魏世家第十四

毕公之后（苗），以（因）国为姓。"大"名始赏，满（盈）数自证（正）。后代（胤裔）繁昌，世（系）载忠正。杨干被杀（就戮），智氏奔命。文始建侯，武实强盛。魏都（大梁）东迁（徙），强秦（长安）吞并（北侦）。卯既无功，卬亦外聘。魏（王）假削弱，掳（虏）于嬴（秦）政。(19)

45. 韩世家第十五

韩氏之先，实宗周武。事微国小，《春秋》无语。后代（裔）事晋，韩原是处。赵孤得（克）立，智伯可取。既迁（徙）平阳，又侵负黍。虔既封（景、赵俱）侯，康（惠）又越（僭）主。秦败修鱼，赵（魏）会区鼠。韩非虽使，不禁狼虎。(9)

46. 田敬仲完世家第十六

陈（田）完避难，奔于齐（大）姜；始居（辞）齐国（羁旅），终成（然）凤凰。物无（莫）两盛，五代（代五）其昌。二君连杀（比犯），三晋争强。和始为君（擅命），因齐（威遂）称王。逼（祭）急燕、赵，绝祀齐康（弟列康、庄）。秦尊（假）田地（东帝），莒立法章。田（王）建失国，松柏苍苍。(24)

47. 孔子世家第十七

孔子之先（胄），出于商国。宋河（弗父）能让，正考鼎刻（铭勒）。防叔来奔，鲁国（邹人）立（掎）足。尼丘得孔（诞圣），杏坛（阙里）生德。七十升堂，四方取则。卯诛宫阙（两观），宾（摄）相夹谷。歌凤遂（遽）衰，哭（泣）麟何促！各家（九流）仰慕（镜），万古驻足（钦躅）。(22)

48. 陈涉世家第十八

天下汹汹（匈匈），海内无（乏）主，逐（掎）鹿先登（争捷），观（瞻）乌何（爱）处。陈胜首义（事），其（厥）号"张楚"。鬼怪是凭，鸿鹄自许。葛婴东下，周文西拒。始亲朱房，又任胡武。故人（伙颐）被（见）杀，亲信（腹心）不与。庄贾何人，反杀（噬）城父？(16)

49. 外戚世家第十九

《礼》贵夫妇，《易》叙男女（乾坤）。相配育人（配阳成化），美女（比月）居尊。贤惠佳偶（河洲降淑），生辉（天曜）帝（垂）轩。德著任、姒，泽（庆）流娀、原（嫄）。及至汉朝（逮我炎历），此（斯）道仍（克）存。吕后（权）干政（大宝），窦喜玄言。自此（兹）以后（降），立妃（嬖）以恩。内无常主，后

代（嗣）不繁。(31)

50. 楚元王世家第二十

汉封同姓，楚有美（令）名。已（既）灭韩信，王于彭城。穆生置礼（醴），韦孟作程。刘（王）戊弃德，与吴连兵。窦氏（太后）命封（礼），为楚罪轻。文、襄继立，世重（挺）豪（才）英。如何赵遂，自杀（代殒）无（厥）声！兴亡之端（兆），所任宜明。(13)

51. 荆燕世家第二十一

刘贾初从，首定"三秦"。既渡白马，遂围寿春。始迎英（黥）布，招降（绝间）周殷。赏功封王（胙士），与楚为邻。刘泽（营陵）始封（爵），功（勋）由击陈。田生游说，受赐千斤。谋（权）激诸吕，事成（发）荣身。转（徙）封传承（嗣），亡于郢人。(13)

52. 齐悼惠王世家第二十二

汉矫秦制，封王（树屏）自强。临（表）海大国，尽（悉）封齐王。吕后发（肆）怒，乃献城阳。刘襄（哀王）继（嗣）立，其力不量。刘章（朱虚）仕汉，功大谋（策）长。兴居（东牟）受赏，反叛（称乱）遭（贻）殃。刘昂（胶东）、刘贤（济北），雄渠，辟光。齐虽七国，忠孝者昌。(20)

53. 萧相国世家第二十三

萧何为官（吏），作义（文而）无害。佐助（及佐）兴王，举宗从沛。关中既守，后勤（转输）是赖。汉军屡败（疲），必送兵（秦兵必）会。约法长（可）久，收图可大。指兽发踪，其功为（实）最。政称"画一"，居非安（乃非）泰。汉建得宠（继绝宠勤），嘉功传代（式旌砺带）。(24)

54. 曹相国世家第二十四

曹参初起，为沛法（豪）吏。始为（从）中涓，乃（先）围善驿（置）。封官（执珪）、拜爵（执帛），攻城略地。柱天（衍氏）既诛，昆阳失位。北擒（禽）夏说，东讨田既。剖符定封，功绩无（无与）二。市、狱勿扰，清净无（不）事。迎娶（尚主）平阳，世（代）享其利。(17)

55. 留侯世家第二十五

张良风流（留侯倜傥），志怀愤怨（惋）。五代相韩，一朝归汉。黄石假托（进履宜假），运筹神算。韩成（横阳）已（既）立，司（申）徒为（作）捍。霸上扶危，固陵靖（静）乱。人称"三杰"，论说（辩推）"八难"。绝食人间（赤松愿游），光阴（白驹）难绊。叹那（嗟彼）雄才（略），曾非伟（魁）岸。(28)

56. 陈丞相世家第二十六

曲逆穷巷，门多长者。分（宰）肉先均，助（佐）丧后罢。魏、楚更用，亲信（腹心）难假。弃印封金，遇刺（刺船）露裸。悄悄（间行）归汉，归于（委质）麾下。荥阳计全，平城围解。卖（推）陵让勃，损（哀）多增（益）寡。应变合宜（权），能（克）定宗社。(15)

57. 绛侯周勃世家第二十七

周勃（绛侯）佐汉，敦厚质朴（质厚敦笃）。始击砀东，亦围尸北。所攻必取，所讨皆（咸）克。陈豨被（伏）诛，臧荼破国。送旧奉新（事居送往），让平（推功）服（伏）德。垂范归国（列侯还第），被诬（太尉）下狱。继相亚夫（条侯），续（绍）封平曲。惜哉贤将，父子皆（代）辱！(25)

58. 梁孝王世家第二十八

刘恒（文帝）少子，转（徙）封于梁。太后钟爱，广筑睢阳。耀武扬威（旌旗警跸），势比（拟）汉皇（天王）。功挡（捍）吴、楚，计丑孙、羊。窦婴正议，袁盎刺亡（劫伤）。汉查（穷）梁案（狱），冠盖相望。祸成骄子，如（致）此猖狂。分立（虽分）五国，终（卒）是（亦）不昌。(20)

59. 五宗世家第二十九

景子十三（十三子），五房（宗）亲睦。栗姬被（既）废，刘荣（临江）折轴。阏于早死（薨），刘德（河间）儒服。余好宫苑，端事驰逐。刘非（江都）有才，刘胜（中山）祈（褆）福。刘发（长沙）地小，刘寄（胶东）造镞。仁贤传承（者代），叛（悖）乱灭（者）族。儿姁四子（王），分封为六。(24)

60. 三王世家第三十

三子（王）封王（系），文辞（旧史）灿（烂）然。褚氏后补，封（册）书存焉。去病建议，青翟上言。刘彻谦让（天子冲挹），志在求（急）贤。太常备（具）礼，请立齐、燕。闳国临（负）海，且社唯（惟）玄。奸（宵）人不近（迩），匈奴（荤粥）远边。明哉鉴（监）戒，是（式）防其（厥）侵（愆）。(22)

61. 伯夷列传第一

天道平分，常与善人（与善徒云）。贤而饿死，盗且聚群。吉凶倚伏，报施纠纷。子罕言命，得自前闻。叹那（嗟彼）隐（素）士，不附青云。(7)

62. 管晏列传第二

管仲（夷吾）助（成）霸，晏婴（平仲）称贤。粟乃实仓（廪），肉（豆）不遮盘（掩肩）。转祸为福，直（危）言获全。孔赖左服（衽），史羡（忻）执鞭。

成礼而去，威（人）望存焉。(13)

63. 老子韩非列传第三

老子（伯阳）立教，清净无为。道尊孔子（东鲁），迹隐（窜）西垂。庄子（蒙）可喜（栩栩），申子（害）奋勉（卑卑）。刑名有术，脱困（说难）难（极）知。悲那（彼）严（周）防，终亡李斯。(16)

64. 司马穰苴列传第四

燕侵齐国（河上），齐师败绩。婴荐穰苴，凭（武）能退（武）敌。斩贾以徇，三军惊惕。齐兵（我卒）既强，燕军（彼寇）退壁。法行《司马》，实赖宗威。(8)

65. 孙子吴起列传第五

《孙子兵法》，一十三篇。美人已（既）斩，良将得焉。其孙去膝（膑脚），谋杀（筹策）庞涓。吴起相魏，论德（西河）称贤。惨急（礉）事楚，死后行（留）权。(9)

66. 伍子胥列传第六

谗人无（罔）极，扰（交）乱四国。叹那（嗟彼）伍氏，遭此（被兹）凶恶（慝）。员独忍辱（诟），志复冤毒。霸吴起师，攻（伐）楚逐败（北）。鞭尸雪耻，挖（抉）眼弃德。(11)

67. 仲尼弟子列传第七

教兴阙里，道在陬乡。弟子成行（异能就列），贤人（秀士）升堂。倡（依）仁通（游）艺，志合（合志）同方。将师官吏（宫尹），祭器（俎豆）琳琅。惜哉不霸，空侍（臣）素王！(14)

68. 商君列传第八

卫鞅入秦，景监是因。王道不用，霸术被（见）亲。政必改革，礼岂因循？既欺魏将，亦怨秦人。如何变（作）法，馆舍（逆旅）不宾？(4)

69. 苏秦列传第九

苏秦（季子）周人，师事鬼谷。学业已成（揣摩既就），《阴符》伏读。合纵（从）离横（衡），挂（佩）印者六。周（天）王清（除）道，家人趴伏（扶服），贤哉代、厉，继荣亲（党）族。(14)

70. 张仪列传第十

仪未遇（遭）时，屡（频）被困辱。及相嬴驷（秦惠），先韩后蜀。连横

（衡）齐、魏，倾危狂（诳）惑。陈轸挟权，犀首逞（骋）欲。如何三晋，继有此（斯）德？（8）

71. 樗里子甘茂列传第十一
樗里（严君）名疾，其（厥）号"智囊"。既亲且重，兴（称）兵外攘。甘茂并相，初佐魏章。始推向寿，乃攻宜阳。甘罗少年（妙岁），终（卒）起张唐。（7）

72. 穰侯列传第十二
魏冉（穰侯）智识，应变无方。内倚太后，外辅昭王，四登相位，两增（再列）封疆。攻（摧）齐扰（挠）楚，破魏围梁。一夫开说，忧愤而亡。（6）

73. 白起王翦列传第十三
白起、王翦，皆（俱）善用兵。相（递）为秦将，攻（拔）齐破荆。赵用（任）赵括（马服），长平被（遂）坑。楚陷李信，王翦（霸上）出（卒）行。贲、离继出，三代无名。（10）

74. 孟子荀卿列传第十四
六国之末，战胜相雄。孟（轲）游齐、魏，其说不通。退而著书（述），称"吾道穷"。荀子（兰陵）事楚，邹衍谈空。建造府第（康庄虽列），不（莫）见有（收）功。（10）

75. 孟尝君列传第十五
靖郭之子，因齐（威王）之孙。既强其国，实高其门。好客喜士，见重平原。鸡鸣狗盗，魏子、冯谖（煖）。如何刹那（承睫），薛县无（徒）存？（6）

76. 平原君虞卿列传第十六
赵胜洒脱（翩翩公子），天下才气（奇器）。笑姬被杀（从戮），客（义）士解（增）气。兵解李同，盟定毛遂。虞卿远至（蹑蹻），受赏治（料）事。困于（及困）魏齐，著书现（见）意。（16）

77. 魏公子列传第十七
无忌（信陵）下士，邻国相倾。以公子故，不敢加兵。颇知朱亥，尽礼侯嬴，遂解（却）邯围（晋鄙），终辞赵城。毛、薛见重，万古传（希）声。（6）

78. 春申君列传第十八
黄歇谋（辩）智，权略秦、楚。太子得（获）归，身作首（宰）辅。炫珠

（珠炫）赵客，封于（邑开）吴土。熊完（烈王）无子（寡胤），李园献女。无妄
成灾，朱英白（徒）语。(12)

79. 范睢蔡泽列传第十九

范睢（应侯）始困，托载而西。说行计立，贵平宠稽。倚秦凌（市）赵，终
（卒）报魏齐。蔡泽善辩（纲成辩智），范睢招携。势利相（倾）夺，一言成蹊。
(9)

80. 乐毅列传第二十

乐毅（昌国）忠诚（谠），人臣所无。连兵五国，齐都（济西）为墟。燕王受
间，空闻报书。义士贤能（慷慨），刘邦赞誉（明君轼间）。间、乘继将，家风
（芳规）不渝。(13)

81. 廉颇蔺相如列传第二十一

清风（飙）凛凛，壮气熊熊。各尽（竭）诚义，相（递）为豪（雌）雄。和
璧能（聘）返，渑池好通。负荆知惧，屈节让功（推工）。安边定策，颇、牧之用
（功）。(6)

82. 田单列传第二十二

军法以正，实尚奇兵。断轴自免，反间先行。群鸟惑（或）众，千（五）牛
扬旌。终（卒）破骑劫，皆复齐城。法章（襄王）即（嗣）位，乃封安平。(6)

83. 鲁仲连邹阳列传第二十三

鲁连达士，高才远致。释难解纷，辞官（禄）随意（肆志）。齐将挫败（辩），
燕军丧（沮）气。邹阳（子）遭（遇）谗，被毁（见诋）法（狱）吏。悲（慷）
慨陈词（献说），梁（时）王所器。(14)

84. 屈原贾生列传第二十四

屈原（平）正道（行正），以事怀王。瑾瑜同（比）洁，日月争光。忠而被
（见）放，谗者益彰（章）。赋《骚》现（见）志，《怀沙》自伤。百年之后，空悲
吊湘。(6)

85. 吕不韦列传第二十五

不韦钓奇，奇货（委质）子楚。华阳立嗣，邯郸献女。及封河南，乃号"仲父"。
迁（徙）蜀惩徒（谤），悬金发（作）语。奇（筹）策既成，富贵是（斯）取。(7)

86. 刺客列传第二十六

曹沫盟柯，返鲁侵地。专诸刺僚（进炙），阖闾（定吴）篡位。彰弟哭市，报

主涂厕。荆轲刺秦（刎颈申冤），操袖行事。嬴政失（暴秦夺）魄，世人（懦夫）增气。（13）

87. 李斯列传第二十七

鼠在所居，人固择地。斯效智力，功立名遂。置酒咸阳，人臣极位。一夫狂（诳）惑，颠覆（变易）神器。国灭（丧）身亡（诛），本同末异。（5）

88. 蒙恬列传第二十八

蒙氏秦将，内史忠贤。长城首筑，万里安边。赵高矫制，扶苏死焉。绝地何罪？戍兵（劳人）是怨（愆）。呼天欲诉，三代良然。（3）

89. 张耳陈余列传第二十九

张耳、陈余，天下豪俊。忘年之交（羁旅），生死（刎颈）相信。耳围巨鹿，余兵不进。张既怨恨（望深），陈乃去印。势利相（倾）夺，终成祸（隙末成）衅。（10）

90. 魏豹彭越列传第三十

魏咎兄弟，因时而王。豹后属楚，其国遂亡。越（仲）起昌邑，归汉外黄。往来声援，再续军粮。征兵不往，醢刑（菹醢）何伤？（3）

91. 黥布列传第三十一

英布（九江）初卜（筮），当刑而王。徒役骊山（既免徒中），聚盗江上。再雄楚军（卒），屡（频）破秦将。病为羽疑，归受汉杖。被毁贲赫（贲赫见毁），终（卒）致无妄。（14）

92. 淮阴侯列传第三十二

君臣一体，自古所难。萧何（相国）力（深）荐，韩信（策拜）登坛。沉沙决水，拔帜传餐。与汉汉重，归楚楚安。三分不听（议），钟室（伪游）可叹！（8）

93. 韩信卢绾列传第三十三

韩仓（襄）庶孙（遗孽），始从汉中。剖符称王（南面），迁都（徙邑）北通。颓当归国，韩曾（徙邑）有功。卢绾受宠（亲爱），群臣不（莫）同。旧燕是王，奔（东）胡计穷。（13）

94. 田儋列传第三十四

秦汉（项）之际，天下交兵。六国复立（树党），自置豪英。田儋被杀（殒

寇），立市相荣。楚封田（王）假，齐破郦生。兄弟相（更）王，海岛传声。(6)

95. 樊郦滕灌列传第三十五

豪杰（圣贤）影响，云蒸龙变。樊哙（屠狗）、灌婴（贩缯），攻城野战。仗（扶）义西上，受封南面。郦况卖友（交），樊哙（舞阳）内援。滕、灌更侍（王），枝（奕）叶繁衍。(9)

96. 张丞相列传第三十六

张苍主计，天下作程。孙臣始黜（绌），秦历仍（尚）行。御史亚相，相国阿衡。申屠面折，周昌（子）廷争。其他碌碌（娖娖），无所发明。(5)

97. 郦生陆贾列传第三十七

郦生（广野）大度，始冠侧注。军（踦）门不拜（长揖），刘邦（深器）知（重）遇。说齐历下，趋（趣）鼎何惧？陆贾使越，尉佗惊（慑）怖。说相（相说）国安，成书（书成）主悟。(10)

98. 傅靳蒯成列传第三十八

傅宽（阳陵）、靳歙（信武），结发从汉。动乱（叶）人谋，功业（实）天赞。定齐、破项，汉（我）军常冠。周緤忠诚（蒯成委质），遇（夷）险不乱。主上称"忠"，人臣扼腕。(12)

99. 刘敬叔孙通列传第三十九

厦凭（借）众梁（干），裘非一狐。推车（委辂）献计（说），郊演（绵蕞）陈书。刘邦（皇帝）知（始）贵，车驾西都。既安太子，又和匈奴。刘敬（奉春）、叔孙（稷嗣），其功可图。(13)

100. 季布栾布列传第四十

季布、季心，扬名（有声）梁、楚。百金一（然）诺，十万能（致）拒（距）。出守河东，亲信（股肱）是与？栾布哭越，犯禁被捕（见虏）。赴鼎不（非）冤，诚知所处。(10)

101. 袁盎晁错列传第四十一

袁盎（丝）正（公）直，亦多附会。阻驰（揽辔）见重，退坐（却席）是（翳）赖。晁（朝）错建策，屡陈利害。尊主卑臣，家危国泰。悲那（彼）二子，名立身败。(9)

102. 张释之冯唐列传第四十二

释之（张季）未遇（偶），见识袁盎。刘启（太子）惧法，啬夫无状。惊马罚金，

盗环悟上。冯唐（公）白首，味哉论将。因说（对）李齐，功成（收功）魏尚。(9)

103. 万石张叔列传第四十三

石奋（万石）孝谨，家自似（自家形）国。石建（郎中）数"马"，石庆信服（内史匍匐）。绾无他肠，塞有阴德。长者（刑名）张欧，垂泪（涕）判（恤）狱。敏行讷言，皆为贤属（俱嗣芳躅）。(19)

104. 田叔列传第四十四

田叔长者，重义轻生。洗白张敖（张王既雪），汉中是荣。孟舒被（见）废，相争（抗说）得（相）明。察（按）梁以礼，相鲁得情。田（子）仁坐事，刺举有声。(10)

105. 扁鹊仓公列传第四十五

上池秘术，长桑所传。始候赵简，知梦游（钧）天。预言太子（言占虢嗣），休克（尸蹶）活（起）焉。仓公赎罪，阳庆重（推）贤。效果（验）多验（状），皆著（式具）于篇。(13)

106. 吴王濞列传第四十六

吴、楚勇（轻）悍，刘（王）濞背（倍）德。富因铸钱（采山），仇（衅）成掷（提）局。骄奢（憍矜）二心（志），连结七国。命婴（婴命）始监，诛错（错诛）未塞。刘启（天之）悔祸，叛乱惨败（卒取奔北）。(20)

107. 魏其武安侯列传第四十七

窦婴、田蚡，势利相雄。皆（咸）倚外戚，或凭（恃）军功。灌夫自喜，借（引）重其中。杯酒意气（意气杯酒），关注（辟睨）两宫。判处（事竟）不正（直），冤哉二公！(10)

108. 韩长孺列传第四十八

安国忠厚，初为梁将。因事犯（坐）法，免罪（徒）任（起）相。死灰复（更）燃，敌寇（生虏）失防。推贤见重，贿金遭（贻）谤。泪下（雪泣）悟主，品（臣）节忠良（可亮）。(13)

109. 李将军列传第四十九

长（猿）臂善射，实恃（负）其能。解鞍退（却）敌，圆阵摧锋。边郡屡守，大军再从。失道被（见）斥，数奇不封。惜哉名将，天下无双！(4)

110. 匈奴列传第五十

犬戎（猃狁）、匈奴（薰粥），居于北面（边）。既称夏后（裔），周咏诗（式憬周）篇。颇随畜牧，屡生（扰）尘烟。及从（爰自）冒顿，尤聚弓（控）弦。
虽空府库（帑藏），仍然掠边（未尽中权）。(19)

111. 卫将军骠骑列传第五十一

君子多（豹）变，贵贱何常？青本奴虏，忽升戎行。姐（姊）配皇上（极），
自娶（身尚）平阳。宠荣是越（斯僭），违（取）乱纲常（彝章）。去病（嫖姚）
继后（踵），再靖（静）北（边）方。(15)

112. 平津侯主父列传第五十二

公孙（平津）大（巨）儒，晚年始遇。外示宽俭，内怀嫉妒。备受恩宠（宠
备荣爵），胸有城府（身受肺腑）。主父推恩，观时立（设）度。生食五鼎，名败
身诛（死非时蠹）。(16)

113. 南越列传第五十三

中原鹿失（走），群雄不（莫）制。汉事西进（驱），越占（权）南裔。陆贾
驰（骋）说，尉佗（他）去帝。樛后朝汉（内朝），吕嘉叛逆（狼戾）。君臣不协，
终被（卒从）灭（剿）弃。(14)

114. 东越列传第五十四

勾（句）践之后（裔），是为（曰）无诸。备受（既席）汉宠，实因秦余。
驺、骆为姓，福建（闽中）是居。驺（王）摇之立，处于（爰处）东隅。后继无
（嗣不）道，白相诛除（锄）。(13)

115. 朝鲜列传第五十五

卫满燕人，朝鲜是王。王险置都，路人作相。右渠首错（差），涉何欺（罔）上。
祸从此出（兆祸自斯），猜忌（狐疑）二将。山、遂伏法，纷乱（纭）无状。(9)

116. 西南夷列传第五十六

西南界外（外徼），庄蹻首通。汉因大夏，乃命唐蒙。劳浸、靡莫，异俗殊
风。夜郎最大，邛、笮（筰）称雄。及立（置）郡县，万代为（推）功。(4)

117. 司马相如列传第五十七

相如放纵（纵诞），私逗（窃赀）卓氏。其学无量（方），其才足倚。《子虚》
过夸（吒），《上林》非侈。持节使（四马还）邛，县令负矢（百金献伎）。惜哉封
禅，遗文卓矣（尔）。(14)

118. 淮南衡山列传第五十八

刘长（淮南）多横，举事不（非）正。刘恒（天子）宽仁，其过不更。囚

（轞）车致死（祸），"斗粟"成咏。刘（王）安谋反（好学），刘（女）陵帮凶（作诇）。兄弟不和，灭（倾）国丧（殒）命。(15)

119. 循吏列传第五十九

奉职遵（循）理，为政之先。安民为（恤人体）国，良史述焉。叔孙、郑产，自昔称贤。拔葵去（一）利，赦父情牵（非恕）。李离伏剑，为法而然。(7)

120. 汲郑列传第六十

汲黯（河南）矫制，自古称贤。淮阳（南）卧理，刘彻（天子）服（伏）焉。积薪兴叹，抗（伉）直弥（愈）坚。当时（郑庄）荐贤（郑庄推士），天下称（翕）然。世态（交道）炎凉（势利），翟公讨厌（怆怵）。(17)

121. 儒林列传第六十一

孔氏之衰，经书错（绪）乱。研究（言诸）"六经（学）"，始自兴（炎）汉。著令立官，四方欣欢（扼腕）。曲台坏壁，《书》《礼》之冠。传《易》言《诗》，云蒸雾散。教（兴）化治（致）理，弘业（鸿猷）点（克）赞。(12)

122. 酷吏列传第六十二

太上失德，法令滋起。破方（觚）为圆，禁暴不止。奸伪暴烈（斯炽），酷吏（惨酷）从（爰）始。"乳兽"扬威，"苍鹰"侧视。舞文弄墨（巧诋），生民（怀生）何恃！(10)

123. 大宛列传第六十三

大宛之迹，原（元）因博望。始究河源，又观（旋窥）海上。条枝西入，天马内向。葱岭无尘，盐池息浪。旷哉西（绝）域，往往亭障。(4)

124. 游侠列传第六十四

游侠豪爽（倨），皆慕其（藉藉有）声。威（权）行乡（州）里，力折公卿。朱家脱季，剧孟定倾。急人之难，免仇于更。伟哉郭解（翁伯），荣（人）貌美（荣）名。(11)

125. 佞幸列传第六十五

《传》称"令色"，《诗》刺"巧言"。戴羽（冠鹖）入侍，涂（傅）粉承恩。邓通（黄头）赐蜀，李谈（宦者）同轩。新声都尉，金（挟）弹王孙。伤（泣）鱼私（窃）驾，出（著）自前论。(11)

126. 滑稽列传第六十六

滑稽善辩（鸱夷），圆滑出奇（如脂如韦）。敏捷应（之）变，多才多艺（学

不失词）。淳于大笑（索绝），赵国兴师。优孟扮（楚优拒）相，敖儿（寝丘）获祠。伟哉智（方）朔，褚氏纪之。（21）

127. 日者列传第六十七

日者之名，由来久（有自来）矣。吉凶占候，著于《墨子》。齐、楚异法，书亡无（罕）纪。后人是（斯）继，季主独美。或缺（取免）赢（暴）秦，此事（焉）终否？（9）

128. 龟策列传第六十八

三王异龟，五帝殊卜。或长或短，若瓦若玉。其记已亡，其辞（繇）后续。江龟（使）触网，被（见）留宋国。神能托梦，不卫其足。（3）

129. 货殖列传第六十九

货殖之利，工商是营。坐商行贾（废居善积），倚市获（邪）赢。白圭富国，计然强兵。倮参朝请，女筑怀清。素封千户，卓、郑齐名。（5）

130. 太史公自序第七十

太史良才，继承（寔纂）先德。周游观（历）览，东西南北。事详（核）词简，是称"实录"。报书任安（任投书），辩护李陵（申李下狱）。惜哉残缺，后人（非才）继（妄）续！（14）

终上所述，《述赞》原文字数为 6640 字，在不改变韵脚的情况下，改动 1820 字，占总字数 27.4%。通过改动，使其文文通义顺，焕然一新。

《史记》徐广注引书考

＊本文作者孙利政。南京大学文学院博士研究生。

《史记》徐广注征引古书总计 45 种 333 条，虽然从数量上来说并不十分可观，但所引涉及经史子集，且均是魏晋时期甚至更早的本子，对于今天我们辑佚古书和校勘古籍方面具有重要的文献价值，有必要进行系统的梳理和研究。

一、《史记》徐广注称引古书的方式

《史记》徐广注称引古书的方式主要分为以下几种：

1. 称引作者及书（篇）名，如刘歆《历谱》、左思《蜀都赋》等

（一）《鲁周公世家》"三十七年，悼公卒"徐广注："自悼公以下尽与刘歆《历谱》合。"

按：《汉书·楚元王传》谓刘歆"考定律历，著《三统历谱》"，又谓"《三统历谱》考步日月五星之度"①，即此书。《隋志》著录刘歆《三统历法》三卷，两《唐志》著录刘歆《三统历》一卷。本篇徐广另有两条注文援引刘歆之说，疑亦出此书。

（二）《五帝本纪》"顾弟弗深考"徐广注："左思《蜀都赋》曰'弟如滇池'。"

按：今见《文选》卷四。又《佞幸列传》"埒如韩嫣也"徐广注引《蜀都赋》："卓、郑埒名。"

2. 称引书名及篇名，如《周书·度邑》《汉纪·张酺传》等

（一）《周本纪》"我南望三涂，北望岳鄙，顾詹有河"徐广注："《周书·度邑》曰'武王问太公曰，吾将因有夏之居也，南望过于三涂，北詹望于有河'。"

按：今本《逸周书·度邑》："我南望过于三涂，我北望过于有岳，丕愿瞻于河，宛瞻于伊雒。"② 文有讹误，详下文。

（二）《张耳陈余列传》"寿为乐昌侯"徐广注："《汉纪·张酺传》曰张敖之子

---

① 班固：《汉书》，卷 36，中华书局 1964 年版，第 1972—1973 页。

② 黄怀信、张懋镕、田旭东：《逸周书汇校集注》（修订本），卷 5，上海古籍出版社 2007 年版，第 481 页。

寿封乐昌侯，食细阳之池阳乡也。"

按：今本荀悦《汉纪》、袁宏《后汉纪》无此文。范晔《后汉书·张酺传》云："敱子寿，封细阳之池阳乡。"① 李人鉴据此谓"'汉纪'二字乃'后汉书'之误。"② 考《吕太后本纪》"寿为乐昌侯"徐广注"食细阳之池阳乡"盖与此同源。然范晔（398—445）与徐广（352—425）同时而稍后，徐广所引必非范晔《后汉书》③。姑存疑。

3. 或直称书（篇）名，如《左传》《南都赋》等

（一）《秦本纪》"取王官及鄙"徐广注："《左传》作'郊'。"

按：见《左传·文公三年》。

（二）《李将军列传》"以大黄射其裨将"徐广注："《南都赋》曰'黄闲机张'。"

按：今见《文选》卷四。

4. 或直称书中篇名，如《地理志》《光武纪》等

（一）《孝景本纪》"置南陵及内史、祋祤为县"徐广注："《地理志》云文帝七年置。"

按：见《汉书·地理志上》。

（二）《高祖本纪》"以沛宫为高祖原庙"徐广注："《光武纪》云'上幸丰，祠高祖于原庙'。"

按：《后汉书·光武帝纪》："秋七月丁丑，（光武帝）幸沛，祠高祖原庙。"④ 丰邑属沛县。然徐广不得见范晔书，而《孔子世家》"会于夹谷"徐广注引有司马彪之说，疑此或出司马彪《续汉书》⑤。

5. 或直称编著者姓名，如刘向、司马彪、吕静等

（一）《龟策列传》"龟千岁乃游莲叶之上，著百茎共一根"徐广注："刘向云龟千岁而灵，著百年而一本生百茎。"

按：引文疑出刘向《洪范五行传论》。《汉书·楚元王传》："（刘向）乃集合上古以来历春秋六国至秦汉符瑞灾异之记，推迹行事，连传祸福，著其占验，比类相从，各有条目，凡十一篇，号曰《洪范五行传论》。"⑥ 《汉书·艺文志》著录

---

① 范晔：《后汉书》，卷45，中华书局1973年版，第1528页。

② 李人鉴：《太史公书校读记》，甘肃人民出版社1998年版，第1259页。

③ 《宋书·范晔传》："元嘉九年（432）冬，……左迁晔宣城太守。不得志，乃删众家《后汉书》为一家之作。"则范晔撰《后汉书》在元嘉九年（432）以后，其时徐广已死八年，无由称引范书。

④ 范晔：《后汉书》，卷1，第39页。

⑤ 《晋书·司马彪传》："彪乃讨论众书，缀其所闻，起于世祖，终于孝献，编年二百，录世十二，通综上下，旁贯庶事，为纪、志、传凡八十篇，号曰《续汉书》。"《旧唐志》作"《后汉书》"。《隋志》、两《唐志》著录为八十三卷。后人取其八志三十篇以补范晔《后汉书》之阙，纪、传则佚。

⑥ 班固：《汉书》，卷36，第1950页。

"刘向《五行传记》十一卷"①，盖一书异名。《太平御览》引《洪范五行》"龟之言久也，十②岁而灵"③，又引《洪范五行》"蓍之为言耆也，百年，一本生百茎"④，即引此书。

（二）《孔子世家》"会于夹谷"徐广注："司马彪云今在祝其县也。"

按：引文疑出司马彪《续汉书·郡国志》。《十二诸侯年表》"公会齐侯于夹谷"《索隐》："司马彪《郡国志》在祝其县西南。"司马彪《续汉书·郡国志》："春秋时曰祝其，夹谷地。"⑤

（三）《留侯世家》"鲰生"徐广注："吕静曰鲰，鱼也，音此垢反。"

按：《隋志》："《韵集》六卷，晋安复令吕静撰。"⑥《魏书·江式传》："（吕）忱弟静别放故左校令李登《声类》之法，作《韵集》五卷。"⑦ 两《唐志》亦著录为五卷。《秦始皇本纪》《楚世家》《南越列传》诸篇徐广注亦引吕静语，疑皆出《韵集》。

6. 徐广援引诸书有省称的情况

如称《今文尚书》省称《今文》，《春秋外传》省称《外传》，《汲冢纪年》省称《纪年》，尤其在援引《史记》篇目时常常省称。比如称引诸表，《三代世表》省称《世表》，《十二诸侯年表》省称《年表》《诸侯表》，《六国年表》省称《年表》，《秦楚之际月表》省称《月表》，《高祖功臣侯者年表》省称《功臣表》，《汉兴以来将相名臣表》省称《将相表》等等，甚至有时泛称《表》。

7. 徐广注有泛引古书的情况

这里需要对统计援引各书的条目作一些简要的说明：

（一）《五帝本纪》"顾弟弗深考"徐广注："弟，但也。《史记》《汉书》见此者非一。"

（二）《齐世家》"鲁人更立厘公"徐广注："《史记》'僖'字皆作'厘'。"

按：上2例泛引《史记》《汉书》，计援引《史记》2条，《汉书》1条。

（三）《夏本纪》"泥行乘橇"徐广注："他书或作'蕝'。"

（四）《孝武本纪》"三元以郊得一角兽曰元狩云"徐广注："案诸纪元光后有元朔，元朔后得元狩。"

（五）《礼书》"情文俱尽"徐广注："古'情'字或假借作'请'，诸子中多有

---

① 班固：《汉书》，卷30，第1705页。

② 十，文渊阁《四库全书》本《太平御览》作"千"，是。

③ 李昉等：《太平御览》，卷931，中华书局1995年版，第4137页。

④ 李昉等：《太平御览》，卷997，第4412页。

⑤ 司马彪：《续汉书·郡国三》，中华书局1973年版，第3458页。

⑥ 魏征、令狐德棻：《隋书》，卷32，中华书局1982年版，第944页。

⑦ 魏收：《魏书》，卷91，中华书局1974年版，第1963页。

此比。"

（六）《鲁周公世家》"太公、召公乃缪卜"徐广注："古书'穆'字多作'缪'。"

按：上 4 条泛引诸纪、诸子及他书、古书。第 4 例诸纪指《史记》十二《本纪》，故计引《史记》1 条。而第 3、5、6 例指向不明，故未计入统计范畴。

（七）《五帝本纪》"便章百姓"徐广注："下云'便程东作'。"

（八）《孝武本纪》"因以祭云"徐广注："上言'从行荐之，或曰祭鼎乎'。"

按：徐广称引《史记》同篇上下文一般用"上言""下云"等词。上 2 例计援引《史记》2 条。

（九）《苏秦列传》"包两周"徐广注："张仪曰'下河东，取成皋'也。"

（十）《春申君列传》"又并蒲、衍、首、垣"徐广注："苏秦云'北有河外卷、衍'。"

按：上 2 例称引张仪、苏秦之语分别见《张仪列传》和《苏秦列传》，其他像称引苏代等人之语均作为称引《史记》的内容。

（十一）《赵世家》"复与赵武田邑如故"徐广注："《左传》于此说立赵武事者，注云'终说之耳，非此年也'。"

（十二）《货殖列传》"乃用范蠡、计然"徐广注："谚曰'研、桑心筭'。"

按：《赵世家》注"终说之耳，非此年也"刘文淇《春秋左氏传旧注疏证》辑为旧注[1]，韩兆琦《史记笺证》引为杜预注[2]，今杜预《春秋经传集解》无此注，未详何据。《货殖列传》《索隐》引徐广注作"研、桑心计"，《汉书·叙传（答宾戏）》："研、桑心计于无垠。"[3] 筭、计义通。徐广是否引自班固《答宾戏》，未敢遽定。上 2 例待质，未计入统计范畴。

二、《史记》徐广注称引四部古书的数量

《史记》徐广注援引文献共 45 种 333 条，详目如下：

1. 经部 15 种 36 条

（一）书类 3 种：《今文尚书》4 条；《尚书序》2 条；《尚书洪范五行传论》1 条。

（二）诗类 1 种：《毛诗·齐风·猗嗟》1 条。

（三）礼类 1 种：《礼记·乐记》3 条。

（四）春秋类 4 种：《春秋》4 条；《左传》6 条；《春秋外传》5 条；《春秋外

---

① 刘文淇：《春秋左氏传旧注疏证》，科学出版社 1959 年版，第 849 页。（按：此《赵世家集解》，《疏证》误引作《晋世家集解》。）

② 韩兆琦：《史记笺证》，江西人民出版社 2004 年版，第 2910 页。

③ 班固：《汉书》，卷 100，第 4231 页。

传国语》虞翻注1条①。

（五）论语类1种：《论语》孔安国注1条。

（六）孟子类1种：《孟子》1条。

（七）小学类4种：《尔雅》1条；《尔雅》孙炎注1条；《三苍》1条；《韵集》4条②。

2. 史部17种274条

（一）正史类4种：《史记》159条③；《汉书》37条；《汉书音义》2条；《续汉书》2条。

（二）编年类2种：《汲冢纪年》11条；《汉纪》2条④。

（三）别史类2种：《周书》3条、《帝王世纪》26条⑤。

（四）杂史类2种：《战国策》6条、《古史考》5条。

（五）传记类2种：《列女传》1条；《益部耆旧传》1条⑥。

---

① 《五帝本纪》"自黄帝至舜、禹，皆同姓而异其国号，以章明德"徐广注："虞翻云'以德为氏姓'。又虞说以凡有二十五人，其二人同姓姬，又十一人为十一姓，西、祁、己、滕、葴、任、荀、厘、姞、儇、衣是也，余十二姓德薄不纪録。"按：《隋志》："《春秋外传国语》二十一卷，虞翻注。"《旧唐书·经籍志》同。今本《国语》无此注。

② 四条为：1.《秦始皇本纪》"饭土塯"《集解》："徐广曰：'吕静云饭器谓之篹。'"2.《楚世家》"罗鷃"《集解》："徐广曰：'吕静曰鷃，野鸟也。音龙。'"3.《留侯世家》"鲰生"《集解》："徐广曰：'吕静曰鲰，鱼也，音此垢反。'"4.《南越列传》"犁旦"《集解》："徐广曰：'吕静云犁，结也，音力奚反。结，犹连及、逮至也。'"《集解》另有三条吕静注：1.《平准书》"而奸或盗摩钱里取鋊"《集解》："徐广曰：'音容。'吕静曰：'冶器法谓之鋊。'"2.《万石张叔列传》"取亲中裙厕牏，身自浣涤"《集解》："徐广曰：'牏，筑垣短板也，音住。厕牏谓厕溷垣墙，建隐于其侧浣涤也。一读'牏'为'窦'，窦音豆。言建又自洗荡厕窦。厕窦，泻秽恶之穴也。'吕静曰：'械窬，裹器也，音威豆。'"3.《司马相如列传》"右夏服之劲箭"《集解》："徐广曰：'韦昭云夏，夏羿也。矢室名曰服。'吕静曰：'步叉谓之服也。'"按：此三条窃疑亦为徐广引文，然无确证，姑从点校修订本标点。

③ 《高祖本纪》"因杀魏豹"徐广注："案《月表》，三年七月，王出荥阳。八月，杀魏豹。而又云四年三月，周苛死。四月，魏豹死。二者不同。项羽杀纪信、周苛、枞公，皆是三年中。"按：此"项羽"乃《项羽本纪》之省称，非专名，当标书名号。《项羽本纪》载汉三年项羽杀纪信、周苛、枞公，不著月，徐广引此以资比参。若为专名线，则为徐广按断三人被杀在三年，语义迥然有别。唐钞本《高祖本纪》"项羽"下有"纪"字，语义极明！又《秦楚之际月表》"七月王出荥阳"徐广注《项羽》《高纪》七月出荥阳，可相参验。

④ 《大宛列传》"东则扜罙、于寀"《集解》："徐广曰：'《汉纪》曰拘弥国去于寀三百里。'"本条《索隐》云："《汉纪》谓荀悦所撰《汉纪》。"《后汉书·西域传》"（拘弥国）西接于寀三百九十里"王先谦《集解》引惠栋云："《东观记》云：去于寀三百里。"王叔岷疑徐广"所引《汉纪》盖《汉记》之误，非荀悦所撰者也。"今从《索隐》说。

⑤ 《周本纪》"安王立二十六年，崩"《集解》："皇甫谧曰：'安王元庚辰，崩乙巳。'"唐钞本《史记集解周本纪》"皇甫谧"前有"徐广曰"三字。此条未纳入统计。

⑥ 《历书》"而巴落下闳运算转历"徐广注："陈术云徵士巴郡落下闳也。"按：本条《索隐》云："姚氏案：《益部耆旧传》云'闳字长公，明晓天文，隐于落下，武帝徵诏太史，于地中转浑天，改《颛顼历》作《太初历》，拜侍中不受'。"《三国志·蜀书·李譔传》："（陈术）字申伯，亦博学多闻，著《释问》七篇、《益部耆旧传》及《志》，位历三郡太守。"

（六）载记类 3 种：《世本》14 条；《世本》宋忠注 2 条①；《吴越春秋》1 条。

（七）地理类 2 种：《畿服经》1 条②；《吴地记》1 条③。

3. 子部 8 种 17 条

（一）天文算法类 1 种：《三统历谱》3 条。

（二）杂家类 6 种：《墨子》1 条；《随巢子》1 条；《慎子》1 条；《尸子》3 条；《淮南子》许慎注 2 条；《风俗通义》5 条④。

（三）道家类 1 种：《庄子》1 条。

4. 集部单篇 5 种 6 条

（一）《东京赋》1 条⑤；（二）《南都赋》1 条；（三）《蜀都赋》2 条；（四）《大言赋》1 条⑥；（五）《典引》1 条。

三、《史记》徐广注引书的文献价值

《史记》徐广注引用文献计 45 种，共 333 条，涉及经史子集，为我们研究古代典籍提供了较为丰富和珍贵的文献资料，具有重要的学术价值。今从辑佚、校勘两个方面阐述其文献价值。

---

① 二条为：《鲁周公世家》"炀公筑茅阙门"徐广注："一作'第'，又作'夷'。《世本》曰'炀公徙鲁'，宋忠曰'今鲁国'。"《晋世家》"哀公大父雍，晋昭公少子也，号为戴子"徐广注："《世本》作'相子雍'，注云戴子。"按：《隋志》、两《唐志》著录宋衷《世本》四卷。"宋衷"即"宋忠"。窃疑《鲁周公世家》徐广注止于"一作'第'，又作'夷'"，"《世本》曰'炀公徙鲁'，宋忠曰'今鲁国'"云云乃《集解》引文，非徐广引文。又《秦始皇本纪》"名为政"《集解》："徐广曰：'一作"正"。'宋忠云：'以正月且生，故名正。'"窃疑此"宋衷"云云乃徐广注引，非《集解》引文。然无确证，姑从点校修订本标点。

② 《太史公自序》"而太史公留滞周南"徐广注："挚虞曰古之周南，今之洛阳。"按：《隋志》："挚虞依《禹贡》《周官》，作《畿服经》。……凡一百七十卷，今亡。"

③ 《秦始皇本纪》"乃西百二十里从狭中渡"徐广注："盖在余杭也。顾夷曰'余杭者，秦始皇至会稽经此，立为县'。"按：《夏本纪》"震泽致定"《正义》引作"顾夷《吴地记》"。《隋志》著录顾夷撰《吴郡记》一卷，又晋本州主簿顾夷撰《吴郡记》二卷。

④ 《秦本纪》"终黎氏"《集解》："徐广曰：'《世本》作"钟离"。'应劭曰：'《氏姓注》云有姓终黎者。'"按：此条窃疑亦为徐广引文，然无确证，姑从点校修订本标点。

⑤ 《淮南衡山列传》"振女"《集解》："徐广曰：'《西京赋》曰"振子万童"。'"按：《西京赋》无其文，当作《东京赋》。《文选·东京赋》："伈子万童。"

⑥ 《司马相如列传》"于是楚王乃登阳云之台"《集解》："徐广曰：'宋玉云楚王游之阳云之台。'"按：《汉书·司马相如传》"于是楚王乃登阳云之台"颜师古引孟康注："云梦中高唐之台，宋玉所赋者，言其高出云之阳也。"李笠《广史记订补》卷一一引此注，并云："《高唐赋》'楚襄王与宋玉游于云梦之台'，徐广曰'阳云之台'，盖语有脱误。"则李笠以徐广所引为宋玉《高唐赋》，故谓其脱误。汤漳平《宋玉作品真伪辩》则称司马相如和徐广引用的都是《小言赋》。今不取二人之说，徐广所引当为《大言赋》（载陈仁子《文选补遗》卷三一）首句"楚襄王与唐勒、景差、宋玉游于阳云之台"。

1. 辑佚价值

《史记音义》征引的 45 种古代文献，有 20 种几乎全部亡佚：经部 6 种，史部 9 种及子部 5 种。其中像经部的《韵集》、史部的《汲冢纪年》《帝王世纪》《世本》、子部的《尸子》等佚书后世皆有辑本，而徐广注则是其重要的来源之一。此外像司马彪《续汉书》虽然没有全部亡佚，但也仅存八志三十篇。应劭《风俗通义》、赵晔《吴越春秋》等虽存于世，也有不少篇卷亡佚。有些虽是片言只句，但也弥足珍贵，可补今传本之阙。

（一）有引文仅见于《史记音义》者。如《司马相如列传》"右夏服之劲箭"徐广注："韦昭云夏，夏羿也。矢室名曰服。"又"狄鞮之倡"徐广注："韦昭云狄鞮，地名，在河内，出善倡者。"《隋志》、两《唐志》著录韦昭撰有《汉书音义》七卷，此两条引文即出此书，仅见徐广称引。《汉书·司马相如传》颜注未引。

（二）有引文最早见于《史记音义》者。如《货殖列传》"千瓿"徐广注："孙叔然云瓵，瓦器，受斗六升合为瓵。音贻。"《索隐》引作"瓵，瓦器，受斗六合"。检《尔雅·释器》"瓯瓿谓之瓵"下无此注。又《吴太伯世家》"公子光伐楚"徐广注："《世本》云夷眛生光。"《索隐》："检《系本》今无此语。"可见唐时司马贞所见《世本》已佚此句，赖徐广注而存，弥足珍贵。

（三）有引文可补传本之脱佚者。如《赵世家》"赵王迁，其母倡也"徐广注："《列女传》曰邯郸之倡。"《张释之冯唐列传》"会赵王迁立，其母倡也"《索隐》引《列女传》同。按：今本《列女传·孽嬖篇·赵悼倡后传》作"倡后者，赵悼襄王之后也"，无此语。梁端《列女传校注》据徐广注和《索隐》于"倡后者"后校增"邯郸之倡"四字[①]，可从。又应劭《风俗通义》，《隋志》、两《唐志》均著录三十卷，另有目录一卷，今传本仅十卷，无《氏姓》[②]，而徐广注引《氏姓注》之文计 3 条，可作为《氏姓篇》辑佚之参考。

（四）有引文可正他书及《史记》传本均有脱佚者。《周本纪》"王赧谓成君。楚围雍氏"徐广曰："阳翟雍氏城也。《战国策》曰'韩兵入西周，西周令成君辩说秦求救'，当是说此事而脱误也。"按：徐广引《战国策》证《周本纪》"王赧谓成君"下有脱误，然徐广引《战国策》之文今本《战国策》亦无。

2. 校勘价值

徐广注引文的校勘价值，主要体现在考辨史实、校订《史记》文本和勘正他书错讹三个方面。

（一）考辨纪年。

徐广考辨《史记》纪年之抵牾、谬误，以匡正其史实。如《惠景间侯者年表》

---

① 梁端：《列女传校注》，卷 7，《四部备要》本，中华书局 1989 年版，第 54 页。

② 徐广称引应劭《氏姓注》凡四条，而苏颂《校风俗通义题序》（《苏文公文集》卷六六）列《风俗通义》佚篇名，作"姓氏"。

"中五年五月丁丑，侯蟜元年"徐广注："案《本纪》乃前五年，非中五年。"《孝景本纪》："（五年五月）丁卯，封长公主子蟜为隆虑侯。"此徐广引《史记》内证驳正纪、表纪年之抵牾。又《魏其武安侯列传》"故以（五年）十二月晦论弃市渭城。其春，武安侯病……专呼使巫视鬼者视之，见魏其、灌夫共守，欲杀之。竟死"徐广注："蚡疾，见魏其、灌夫鬼杀之，则其死共在一春内邪？《武帝本纪》'四年三月乙卯，田蚡薨'，婴死在蚡薨之前，何复云五年十二月邪？"据《汉书·武帝纪》及《百官公卿表》，魏其侯窦婴卒于元光四年冬，田蚡卒于四年三月，此徐广引《汉书》驳正史传窦婴死于"五年十二月"之误。

（二）校订《史记》文本，有四个方面的内容。

其一，徐广引文有校正《史记》讹字者，如《游侠列传》"陕韩孺"徐广注："陕，疑当作'郏'字，颍川有郏县。《南越传》曰'郏壮士韩千秋'也。"

其二，有引书以证实《史记》文字不误者，如《五帝本纪》"顾弟弗深考"徐广注："弟，但也。《史记》《汉书》见此者非一。又左思《蜀都赋》曰'弟如滇池'，而不详者多以为字误。学者安可不博观乎？"盖前人有不解"弟"义，遂以为误字，徐广泛引《史记》《汉书》及《蜀都赋》以释"弟"为"但"义，以证《史记》原文"弟"字不误。

其三，有引书以注解字词、分析异文者，如《五帝本纪》"便章百姓"徐广注："下云'便程东作'，然则训平为便也。"《周本纪》"黎民始饥"徐广注："《今文尚书》云'祖饥'，故此作'始饥'。祖，始也。"

其四，有列异文以存疑者，如《楚世家》"卷章生重黎"徐广注："《世本》云老童生重黎及吴回。"徐广引而不断，谯周、司马贞谓老童和卷章是一人。卷章、老童形近，前人如戴震等以《史记》"卷章"为是①，徐灏等以"老童"为是②，莫衷一是。现在所见出土的楚简作"老僮"，无作"卷章"者③，可知"卷章"当为"老童"之形讹。

现在我们主要利用徐广注引文来校正《史记》诸多文本问题，略举三例：

第一例，正今本文有脱夺。如《田敬仲完世家》"其后三晋之王皆因田婴朝齐王于博望，盟而去"徐广注："《表》曰三年，与赵会博望伐魏。"今《六国年表》："（齐宣王三年）与赵会，伐魏。"梁玉绳《史记志疑》据徐注云："今本脱'博望'二字。"④又《傅靳蒯成列传》"终无离上心"徐广注："蒯成侯，《表》云遇淮阴侯军襄国，楚汉约分鸿沟，以綐为信武侯。战不利，不敢离上。"今《高祖

---

① 戴震：《东原文集》卷3《再与卢侍讲书》，《戴震全书》第6册，黄山书社1995年版，第288页。

② 徐灏：《读书杂释》，卷8，中华书局1997年版，第140页。

③ 如《包山楚简》："举祷楚先老僮、祝融、鬻熊各两？"（第238简）《江陵望山沙冢楚墓》："先老僮、祝融、鬻熊各一羊。"（第119、120、121简）《新蔡葛陵楚墓》："举祷楚先老童、祝融、鬻熊各二羊。"（第187、189简）

④ 梁玉绳：《史记志疑》，卷9，中华书局2006年版，第419页。

功臣侯者年表》"以缕为信"下无"武侯"二字。梁玉绳《志疑》据徐广注云："今本脱'武侯'二字。"①

第二例，正今本文有错讹。如《秦始皇本纪》"（秦始皇三十六年）有坠星下东郡，至地为石"徐广注："《表》云石昼陨。"今《六国年表》："（秦始皇三十六年）石昼下东郡。"梁玉绳《志疑》据徐广注云："'下'字亦'陨'之讹。"② 又《天官书》"荧惑为勃乱"徐广注："以下云'荧惑为理，外则理兵，内则理政'。"《天官书》："荧惑为孛，外则理兵，内则理政。""孛"当为"李"之形讹，"理""李"同音义通③。

第三例，正今本文有衍羡。如《韩世家》"贞子卒，子简子代。简子卒，子庄子代。庄子卒，子康子代"徐广注："《史记》多无简子、庄子，而云贞子生康子。班氏亦同。"张文虎《校刊史记集解索隐正义札记》："据徐广说，《史》云'贞子生康子'，则今本《史》文简、庄二代后人所增。"④ 李人鉴据《汉书·古今人表》列"韩贞子、韩康子（贞子子）"等世系，云："与此《世家》悉无异，则此《世家》'贞子卒'句下接'子康子代'句，本无'子简子代。简子卒，子庄子代。庄子卒'十四字。"⑤ 又《穰侯列传》"诛季君之乱"徐广注："《本纪》曰'庶长壮与大臣公子谋反。伏诛'。"今《秦本纪》："庶长壮与大臣、诸侯、公子为逆，皆诛。"《穰侯列传》《索隐》引《秦本纪》亦无"诸侯"二字。《会注》："古钞本无'侯'字。《通鉴》亦无（'诸侯'二字）。"⑥ 据古钞本则"侯"为衍文。

（三）勘正他书错讹

徐广援引他书之文，或可证他书传本之讹者。举三个例子：

第一例，《周本纪》"我南望三涂，北望岳鄙，顾詹有河"徐广注："《周书·度邑》曰'武王问太公曰，吾将因有夏之居也，南望过于三涂，北詹望于有河'。"

按：今《逸周书·度邑篇》："我南望过于三涂，我北望过于有岳，丕愿瞻过于河，宛瞻于伊雒。"⑦ 王念孙《读逸周书杂志》："卢（文弨）本依《史记·周本纪》改'丕'为'鄙'，改'愿'为'顾'。念孙案：《史记》作'北望岳鄙，顾詹有河'，则此亦当作'我北望过于岳鄙，顾瞻过于有河'。徐广《史记音义》引此亦云'北詹望于有河'，今本'有'字误入上句'岳'字上，则与《史记》及徐广所引皆不合。"⑧ 此勘正《逸周书》讹误者。

① 梁玉绳：《史记志疑》，卷 11，第 555 页。
② 梁玉绳：《史记志疑》，卷 9，第 453 页。
③ 方勺：《泊宅编》卷中《史记》'皋陶为大理'，一本作'大李'。《天官书》曰'荧惑为李'，徐广注曰：'外则理兵，内则理政。'又《黄帝》有《理法》一篇，颜师古注曰：'李者，法官之号，总兵刑政，故其书曰《理法》。'则'理'与'李'其义自通。"
④ 张文虎：《校刊史记集解索隐正义札记》，卷 4，中华书局 1977 年版，第 442 页。
⑤ 李人鉴：《太史公书校读记》，第 782 页。
⑥ 泷川资言：《史记会注考证》，上海古籍出版社 2016 年版，第 293 页。
⑦ 黄怀信、张懋镕、田旭东：《逸周书汇校集注》（修订本），卷 5，第 481 页。
⑧ 王念孙：《读书杂志》，上海古籍出版社 2014 年版，第 30 页。

第二例，《张释之冯唐列传》"梁相山都侯王恬开"徐广注："《汉书》作'启'。启者，景帝讳也，故或为开。"

按：《汉书》诸本或作"王恬咸"，王念孙《读汉书杂志》据《史记》及徐广注云："《史记》以避讳作'开'，则《汉书》作'启'明矣。《高惠高后文功臣表》《百官公卿表》并作'启'。"① 中华书局点校本《汉书》据殿本及王念孙说改②。此勘正《汉书》讹误者。

第三例，《周本纪》"秦破韩、魏"徐广注："《战国策》曰秦败魏将犀武于伊阙。"

按：《战国策·西周策》："秦攻魏将犀武，军于伊阙，进兵而攻周。"③ 王念孙《读战国策杂志》："上'攻'字当作'败'。今作'攻'者，因下'攻'字而误也。……《集解》引此《策》曰'秦败魏将犀武于伊阙'，是其证。"④ 此勘正《战国策》讹误者。

四、引文的缺陷与不足

由于种种原因，徐广引文也存在一些缺陷与不足，如：

1. 引用篇名有误例

如《韩世家》"于是楚解雍氏围"《集解》徐广注："《甘茂传》云……又云'周赧王十五年，韩襄王十二年，秦击楚，斩首二万，败楚襄城，杀景缺'。修订本《校勘记》："'又云'，疑当作'表云'。按：此非《甘茂传》之文，不当称'又云'。据本书卷一五《六国年表》，周赧王十五年，当韩襄王之十二年，秦表云'击楚，斩首三万'；楚表云'秦取我襄城，杀景缺'。"⑤ 又《淮南衡山列传》"振女"徐广注："《西京赋》曰'振子万童'。"检《西京赋》无其文，当是"东京赋"之讹。《文选·（张衡）东京赋》："侲子万童。"⑥ "振""侲"同音通用。

2. 引用篇名较为随意例

《封禅书》"上有所幸王夫人"徐广注："《外戚传》曰赵之王夫人幸，有子，封为齐王。"《魏其武安侯列传》"竟死"徐广注："《武帝本纪》'四年三月乙卯，

---

①　王念孙：《读书杂志》，第 775 页。

②　班固：《汉书》，第 2311 页。

③　诸祖耿：《战国策集注汇考》（增补本），凤凰出版社 2008 年版，第 68 页。（诸祖耿已据王念孙说改正。）

④　王念孙：《读书杂志》，第 93 页。

⑤　《校勘记》谓"又"为"表"字之误，可从。另"败楚襄城"，《秦本纪》"拔新城"《正义》引《年表》亦作"秦败我襄城"，《六国年表》作"秦取我襄城"。用"败"用"取"本无一定，此处"取"字义长。

⑥　萧统编，李善注：《文选》，卷 3，中华书局 1977 年版，第 63 页。

田蚡薨'。"此两条看似引自《汉书·外戚传》和《史记·武帝本纪》，但实际上分别引自《史记·外戚世家》和《汉书·武帝纪》。徐广引用篇名有时较为随意，尤其是引用《史》《汉》篇名，虽不能视为错误，但须核实原文。

3. 引文存在讹脱例

如《司马相如列传》"爰周郅隆"徐广注："《孟子》称'文王生于毕郢'。"张文虎《札记》："'生'当作'卒'。"[①]《孟子·离娄下》："文王生于岐周，卒于毕郢，西夷之人也。"[②] 或徐广注"生"下脱"于岐周卒"四字。又《扁鹊仓公列传》"此岁中亦除肉刑法"徐广注："案《年表》孝文十二年除肉刑。""十二年"当作"十三年"。修订本《史记》《校勘记》："本书卷一〇《孝文本纪》除肉刑在文帝十三年，《汉书》卷四《文帝纪》、卷二三《刑法志》同。"按：《史记·汉兴以来将相名臣年表》孝文帝十三年："除肉刑及田租税律、戍卒令。"

4. 称引同书而字异例

《秦本纪》"卒先吴"徐广注："《外传》云吴王先歃。"《晋世家》徐广注引《外传》作"吴公先歃，晋公次之"，《秦本纪》注"王"是"公"之误字。修订本已据高山本改正。又《秦本纪》"十八年，错攻垣、河雍"徐广注："《汲冢纪年》云魏哀王二十四年，改宜阳曰河雍，改向曰高平。向在轵之西。"《赵世家》徐广注引《纪年》作"魏哀王四年改阳曰河雍，向曰高平"，《秦本纪》注"二十""宜"疑衍。当然，此类或系传刻之误。

5. 引用俗本而误例

如《五帝本纪》"幼而徇齐"徐广注："《墨子》曰'年踰十五，则聪明心虑无不徇通矣'。"按：《索隐》引"十五"作"五十"，谓"俗本作'十五'，非是。案：谓年老踰五十不聪明，何得云'十五'?"

6. 徐广注存在错简例[③]

《河渠书》"悲《瓠子》之诗而作《河渠书》"徐广注："《沟洫志》行田二百亩，分赋田与一夫二百亩，以田恶，故更岁耕之。"此引文与正文无涉，当为错简[④]。

---

① 张文虎：《校刊史记集解索隐正义札记》，卷5，第692页。

② 焦循：《孟子正义》，卷8，中华书局1987年版，第538页。

③ 今本《史记》徐广注引书的错简问题，拙文《〈史记〉徐广注错简考》（《版本目录学研究》第10辑，第255—266页）亦有提及。

④ 张文虎《札记》卷三谓此注自有脱误，本在前文"引漳水溉邺"下，"疑《史》文传本已阙，后人漫附《集解》于篇末耳。"泷川资言《史记会注考证》认为"当上文'收皆亩一钟'《集解》。"易平《日藏唐写本裴注〈史记·河渠书〉残卷末〈集解〉来历新证》（《华中科技大学学报（社会科学版）》2007年第3期）认为此条《集解》与正文不相比附，"乃因其所注《史》文有缺误，是承其所出本之祖本，即六朝《史记》夹注本而来。"

7. 多称引而少论断例

如《秦本纪》"蜚廉为纣石北方"徐广注："皇甫谧云作石椁于北方。"《索隐》："'石'下无字，则不成文，意亦无所见，必是《史记》本脱。皇甫谧尚得其说。徐虽引之，而竟不云是脱何字，专质之甚也。"

8. 论断有误例

如《司马相如列传》"爰周郅隆"徐广注："'郅'盖字误。皇甫谧曰'王季徙郢'，故《周书》曰'维王季宅郢'。《孟子》称'文王卒于毕郢'。或者'郅'字宜为'郢'乎?"《索隐》："爰，于，及也。郅，大也。隆，盛也。……以言文王改制，及周而大盛也。"徐广以"郅"当作"郢"，释为地名，甚误。

9. 引书体例不周例

《周本纪》"王赧谓成君。楚围雍氏"徐广曰："阳翟雍氏城也。《战国策》曰'韩兵入西周，西周令成君辩说秦求救'，当是说此事而脱误也。"《索隐》："如徐此说，自合当改而注结之，不合与'楚围雍氏'连注。"如《索隐》说，引《战国策》云云指"王赧谓成君"而言，宜别出在上句出注，今与"楚围雍氏"连注，易生歧义，体例不周。

10. 引文虽与今本合，然须存疑待考例

如《魏世家》"(魏惠王) 二十一年，与秦会彤。赵成侯卒"徐广曰："《年表》云二十七年，丹封名会。丹，魏大臣也。"今《六国年表》魏惠王二十七年："丹封名会。丹，魏大臣。"对于《表》文，张文虎《札记》谓"'丹封名会'四字不可解"，"(丹，魏大臣) 四字是徐广语，后人误增入《表》。"[1] 梁玉绳《志疑》谓"'名会'乃'于浍'之讹。浍为魏地，'丹封于浍'犹言'齐封田婴于薛耳'。"[2] 周尚木《史记识误》："徐广所云'二十七年'乃'二十五年'之误，谓赵成侯之卒，《年表》云立二十五年也。至'丹封名'等九字乃所以释彤。彤本古丹字，与彤弓、彤矢字异读，魏地名也。……细审此九字原文当为：彤，地名，音丹，魏之邑也。"[3] 周氏之说颇具启发，录以备考。

五、小结

《史记》徐广注征引古书总计 45 种 333 条，涉及经史子集，其中征引《史记》最夥，达 159 条。虽然徐广引书存在一些缺陷与不足，但瑕不掩瑜，所引诸书均是魏晋时期甚至更早的古本，对于今天我们辑佚古书和校勘古籍方面仍然具有十分重要的文献价值，值得全面、系统地梳理和研究。

---

① 张文虎：《校刊史记集解索隐正义札记》，卷 2，第 152 页。
② 梁玉绳：《史记志疑》，卷 9，第 417 页。
③ 周尚木：《史记识误》，《史记订补文献汇编》本，北京图书馆出版社 2004 年版，第 477 页。

《史记音隐》佚文的注音方法与撰作时代

* 本文作者姚军。宝鸡文理学院文学与新闻传播学院副教授。

司马贞在其《史记索隐后序》中说："然古今为注解者绝省，音义亦希。始后汉延笃乃有《音义》一卷，又别有《音隐》五卷，不记作者何人，近代鲜有二家之本。"这说明延笃的《史记音义》以及无名氏的《史记音隐》可能在隋代已经亡佚，唐代的司马贞未能见到。

《后汉书·延笃传》云："延笃字叔坚，南阳犨人。少从颍川唐溪典受《左氏传》，旬日能讽之，典深敬焉。又从马融受业，博通经传及百家之言，能著文章，有名京师。……笃论解经传，多所驳正，后儒服虔等以为折中。所著诗、论、铭、书、应讯、表、教令，凡二十篇云。"延笃本传没有提及他作《史记音义》，可见他所作的《史记音义》在当时影响不大，流传也不广，《隋书·经籍志》也就没有著录此书。

五卷无名氏的《史记音隐》虽然在隋代已经亡佚，但是《史记》三家注中的两家却保留了部分《史记音隐》的佚文。《史记集解》注引《史记音隐》共8处，全为音注，《史记索隐》转引的《史记集解》中有《史记音隐》佚文1处，是解说文字。8处音注的注音方法主要有两种，一种是直音法，另一种是反切法。

直音法，就是用一个音同或音近的汉字给另一个汉字注音的方法。典籍中注为"音某""音某某之某""读曰某""读与某同"等都是直音法。《史记音隐》佚文中有两处采用的是直音法，其注音模式为"某音某"。

《史记·卫康叔世家》："嗣伯卒，子庢伯立。"《史记集解》："《史记音隐》曰：'音捷'。"按，《说文解字》："捷，猎也。军获得也。从手，疌声。"音捷，捷，疌声，庢、捷、疌三字在上古音中属从母、叶部。

《史记·屈原贾生列传》："博闻强志，明于治乱，娴于辞令。"《史记集解》："《史记音隐》曰：'音闲。'"按，《说文解字》："娴，雅也。从女，闲声。"娴音闲，是用同音字注音，二字在上古音中属匣母、元部。

反切法，是用两个字来表示一个字读音的注音方法。这种注音方法是用两个字组成切语，切语的上字取声母，下字取韵母（含调），两者合起来就成了被切字的读音。《史记音隐》中有6处采用的是反切法，其注音模式为"某，某某反"或"某，音某某反"。

《史记·五帝本纪》："陶河滨，河滨器皆不苦窳。"《史记集解》："'《史记音隐》曰：音游甫反。'骃谓窳，病也。"按，《说文解字》："窳，污窳也。从穴，㼌声。朔方有窳浑县。"《史记音隐》的被切字读音和《说文解字》相同，读作"宇"，两者的上古音均属余母、鱼部。

《史记·平准书》："敢私铸铁器煮盐者，鈦左趾，没入其器物。"《史记集解》："'（鈦）《史记音隐》曰：鈦音徒计反。'"按，《说文解字》："鈦，铁钳也。从金，大声。"《史记音隐》的切语和《说文解字》大徐本的切语"特计切"相同，均读作"第"，两者的上古音均属定母、月部。

《史记·李斯列传》："胡亥曰：'废兄而立弟，是不义也；不奉父诏而畏死，是不孝也；能薄而材谲，强因人之功，是不能也。三者逆德，天下不服，身殆倾危，社稷不血食。'"《史记集解》："（谲）《史记音隐》宰显反。"

《史记索隐》："《音义》云'宰珍反。'"《史记音隐》的被切字读音与《史记音义》的被切字读音相同。

《史记·李斯列传》："十公主矺死于杜。"《史记集解》："（矺）《史记音隐》曰：'矺音贮格反。'"按，《说文解字》："磔，辜也。从桀，石声。""矺"是"磔"的古字，指的是一种分裂肢体的酷刑。《史记音隐》的被切字读音在上古是端母、月部，《说文解字》中"磔"的读音在上古也是端母、月部，两者的上古音相同。

《史记·万石张叔列传》："御史大夫张叔者，名欧，安丘侯说之庶子也。"《史记集解》："（欧）《史记音隐》曰：'欧，於友反。'"按，《说文解字》："欧，吐也。从欠，区声。"其读音是"呕（呕吐）"，《史记音隐》的被切字读音是"欧（欧罗巴洲）"，两者的声调不同，但上古音均属影母、侯部。

《史记·高祖本纪》："文之敝，小人以僿，故救僿莫若以忠。"《史记集解》："徐广曰：'（僿）一作薄。'骃案：《史记音隐》曰：'僿音西志反。'郑玄曰：'文，尊卑之差也。薄，苟习文法，无悃诚也。'《史记索隐》曰：郑音先代反，邹本作'薄'，音扶各反。本一作'僿'，而徐广云一作'薄'，是本互不同也。然此语本出《子思子》，见今《礼·表记》，作'薄'，故郑玄注云'文，尊卑之差也。薄，苟习文法，不悃诚也。'裴又引《音隐》云'僿音西志反'者，塞、僿声相近故也。盖僿犹薄之义也。'"'僿'字，郑玄说是"先代反"，《史记音隐》则说是"西志反"，这两种注法的读音是一样的。"先"在上古是心母字，"代"在上古是职部字；"西"在上古也是心母字，"志"在上古也是职部字。'僿'字的读音在《广韵》，一为"先代切"，同于郑玄说；一为"苏则切"，"苏"是心母字，"则"是职部字，与上古读音也是一样的。

解说文字的只有一处。《史记·楚世家》："十一年，齐桓公始霸，楚亦始大。十二年，伐邓，灭之。十三年，卒，子熊囏立，是为庄敖。"《史记集解》："《史记音隐》云：'囏，古艱字'。"按，《说文解字》："艱，土难治也。从堇，艮声。囏，籀文艱，从喜。"段玉裁注："引申之，凡难理皆曰艱。"《说文解字》言："囏，籀文艱。"《史记音隐》则言："'囏'，古'艱'字。"同样是解说古今字，《说文解字》的解说有条理，《史记音隐》的解说则更通俗。

东汉时期，一些文字学家和诠释古书的古典文献学家，如贾逵、许慎、郑玄、高诱、刘熙等人，在他们的著作里都给不常用的字加注读音，注音方法主要有两种，一种是譬况法，这种说法在许慎的《说文解字》和其它古书的汉代注解中应用较多。《说文解字》的注音总说"读若""读与某同"，例如："璁，读若葱。璹，读若淑。倐，读若傲。芮，读若汭。雀，读与爵同。喦，读与聂同。"这种"读若"与"读与某同"的例子挺多，其中大部分与直音相同。另一种就是直音法，便捷易懂，为人们所普遍采用。

但是，直音法也有缺点，遇到没有合适的同音字，就无法注出读音；若同音字少，所采用的同音字又生僻难认，也就失去了注音的作用；对于识字较少的人，即使有适当的同音字可取，有时也未必认得。于是，东汉末年出现了另一种更先进、更有效的注音方法——反切。

《史记音隐》佚文所采用的注音方法，反切有六条，直音有两条，反切留存的数量远高于直音，可以推知无名氏的《史记音隐》当作于许慎、郑玄、服虔之后，撰作时代应为东汉末期。《史记音隐》佚文所注的字音，如娴、廑、鈇等，与大徐本《说文解字》《广韵》和《集韵》的被切字读音相同，说明绝大部分字从上古音到中古音几乎都是相袭而成的，变化不大，但部分字却有重要变化。

浅谈日本学者奥田尊
对《史记评林》的校订①

*本文作者李月辰。西安外国语大学中文学院讲师。

《史记评林》亦称《百五十家评史记》，是明万历时期凌稚隆编纂的一部《史记》辑评之书，被誉为《史记》评点的集大成之作，是研究《史记》必不可少的资料。由于《史记评林》的内容与版本都具有很大价值，它问世之后就受到了广大读者和《史记》研究者的普遍关注，并传播至日本、朝鲜等国。《史记评林》的东传对日本《史记》研究产生了巨大的影响，日本学者对此书给予了持续关注，除了有井范平等学者对它进行增补之外，还有研究者将此书作为《史记》的一种版本来接受，他们对此书作了校订，以求得到一个文字准确的《史记》善本，明治时期的奥田尊就是其中的一位。他对明万历间熊氏种德堂刊李光缙增补本《史记评林》进行考订，将异文以校勘记的形式列于《史记评林》天头处。经过奥田尊校订的版本名曰"校字史记评林"，于明治十二年（1897）由同人有志刊刻发行。

对于校订《史记评林》的目的，奥田尊在同人有志刻本《史记评林》的题识中说：

> 《史记》世乏善本，《索隐》《正义》文字颇多误谬，今据皆川淇园先生《捃柁》、中井履轩先生《雕题》以订其讹，附鄙见于其间，并揭之栏上。但以纸幅有限，不复一一识别，他日当做一书以审之。②

奥田尊所作的工作是根据皆川愿《史记捃柁》和中井积德《史记雕题》来考订《史记评林》的谬误，以求得到一个文字准确的《史记》善本。奥田尊对《史记评林》文本中存在的讹、脱、衍、倒都有校正，校正讹误如《夏本纪》正文"命后稷予众庶难得之食"，校曰："'命'疑'令'字讹。"《殷本纪》"见玄鸟惰其卵"，校曰："'惰'疑'堕'字讹。"《周本纪》"乃料民于太原"下有双行小注"南国江汉之门"，校曰："注'门'字疑'间'字讹。"校正脱文如《补史记·三皇本纪》

① 本文为国家社科基金重大招标项目"中外《史记》文学研究资料整理与研究"（13&D111）阶段性成果。

② ［明］凌稚隆辑，［日］奥田尊校正：《校字史记评林》卷首，明治十二年同人有志刻本。

正文"结网罟以教佃渔，故曰宓犠氏"下有双行小注"按：事出《汉书历》"，校曰："按：'汉书'下脱'律'字。"《五帝本纪》正文"分命羲仲，居郁夷，曰旸谷"下有双行小注"羲仲主东方之官，若《周礼·春官》"，校曰："《正义》'春官'下恐脱'卿也'二字。"《夏本纪》正文"壶口治梁及岐"之下双行小注"岐山岐州岐山县东北"，校曰："注'岐山'下疑脱'在'字。"校正衍文如《五帝本纪》正文"淳化鸟兽虫蛾"下有双行小注"蛾音牛绮反，一作豸，豸言淳化广被及之"，校曰："注：'作豸'，下'豸'恐衍字。"《夏本纪》正文"震泽致定"下双行小注"西连太湖、游湖，在北二十里，在长山东湖西口"，校曰："注'在北二十里'五字疑衍。"《周本纪》正文"公行不下众"，校曰："'不'字衍。"校正倒文如《五帝本纪》正文"岁二月东巡狩至于岱宗柴"下有双行小注"柴祭东岳者，考绩柴燎也"，校曰："郑注'柴燎'恐颠倒。"《周本纪》"襄王会之河阳践土"下有双行小注"按：王城则所作在践土城内"，校曰："注'王城'之'城'疑当作'宫'字，'则'字当在'作'字下。"同篇正文"不如以地资公子咎为请太子"，校曰："'为请'疑倒。"

除了文本的讹、脱、衍、倒之外，奥田尊还对文章断句、文字读音、通假字等问题作了批校。断句问题如《补史记·三皇本纪》篇首司马贞按语"太史公作史记古今君臣宜应上自开辟"，校曰："按：'史记'二字宜连读。"《夏本纪》正文"壶口治梁及岐"，校曰："'壶口'二字《蔡传》属上。"《秦本纪》正文"还无所报，为坛霍太山"，校曰："'报'字句。"《秦始皇本纪》正文"欲立婴便为王异军苍头特起"，校曰："'欲立婴'云云十二字，一气读。"文字读音如《秦本纪》"而卒车裂，以狥秦国"下有双行小注"为官者五千石，其爵名一为公土，二上造，三簪袅"，校曰："注'袅'当作'里'，音乃了反。"《秦始皇本纪》正文"还兵攻汲，彗星复见西方"，校曰："'还兵攻汲'四字属上句读。"同篇正文"得地而不予人利"，校曰："'予'读为'与'。"通假字如《五帝本纪》"即求，尝在侧"，校曰："'尝'与'常'通。"《高祖本纪》正文"高祖常繇咸阳"，校曰："'常'与'尝'通，盖假借。"同篇正文"遂围成皋，汉王跳"，校曰："'跳''逃'字通，《项羽纪》作'逃'。"

著名历史学家陈垣在其著作《校勘学释例》中将校勘方法归纳总结为对校、本校、他校、理校四种。奥田尊对这四种方法都有使用，尤其以理校法最为频繁。理校是指遇到无本可据，或数本互异，而无所适从之时，综合运用文史等诸种知识，据理作出推断的校勘方法。上文所举诸例中"某字疑某字讹""某字下恐脱某字""某字恐衍"等校勘方法都属于理校。还有一些校勘记较为详细地展现了据理推断的过程，如《秦本纪》"始皇帝五十一年而崩"，校曰："始皇十三而立，在位三十七而死，年正五十矣，'一'字盖衍。"《高祖本纪》正文"秦二世二年，陈涉之将，周章军西至戏而还"，校曰："是时秦关未破，恐未得至戏，《秦纪》作'将西至戏'，盖得实。"这些校勘记根据前后文内容作出推断，纠正了文本的讹误。

对校即"以同书之祖本或别本对读"①，遇有不同之处则注于其旁，这是最便捷稳妥的校勘方法。奥田尊也多有使用，如《五帝本纪》正文"舜举八恺，使主后土"下有双行小注"杜预曰：后土，地官"，校曰："杜预'地官'之'官'，一本作'也'。"同篇正文"毁信恶忠，崇饰恶言，天下谓之穷奇"下有双行小字"服虔曰：谓共工氏也，其行穷奇好奇"，校曰："服虔'穷其'之'其'一本作'而'。"《周本纪》正文"闻古公仁，亦多归之"，校曰："'古公仁'一本作'贤'。"这些是奥田尊将底本与其他版本的《史记评林》对校之后撰写的校勘记，可使我们了解不同版本之间的文字差异。

本校即"以本书前后互证而抉摘其异同，则知其中之谬误"②，常用于未得祖本或别本之时。《补史记·三皇本纪》篇首司马贞按语"又帝世皆叙自黄帝已下"，校曰："'帝世'下文作'帝系'。"《五帝本纪》正文"贪于饮食，冒于货贿，天下谓之饕餮"下有双行小注"言三苗性似，故号之"，校曰："注'故号之'下据上文例宜有'也'字。"《周本纪》正文"公何不与周地发质使之楚"下有双行小注"使秦疑楚，又得不信周也"，校曰："注'又得'之'得'疑衍，下注无'得'字却明。"皆是以同版《史记评林》之上下文进行校勘，并指出了文本中的不当之处，是本校法成功运用的范例。

他校即"以他书校本书，凡其书有采自前人者，可以前人之书校之；有为后人所引者，可以后人之书校之；其史料有为同时之书所并载者，可以同时之书校之。此等校法范围较广，用力较劳，而有时非此不能证明其讹误"③。奥田尊也使用了这种校对方法，引用古代经典著作校对《史记》正文及三家注的相关段落，如《夏本纪》正文"浮于江沱潜于汉"，校曰："'潜于'之'于'羡文《尚书》无之。"同篇正文"令天子之国以外五百里甸服"下有双行小注"孔安国曰：为天子之服治田去王城，回五百里内"，校曰："按：《尚书》孔传无'天子'之下字。"都是用了儒家经典《尚书》来校对相关内容；《秦本纪》"四十一县，为田开阡陌"，校曰："《通鉴》'四十'作'三十'，未知孰是。"同篇正文"七年，公子卬与魏战，虏其将龙贾，斩首八万"，校曰："据《通鉴》虏龙贾者犀首也，'公子卬'疑误。"《秦始皇本纪》正文"将军日夜引兵渡三户"，校曰："'日'字疑衍，《汉书》无'日夜'二字。"则是使用史学著作《资治通鉴》《汉书》校勘。奥田尊还将本校和他校结合使用，如《秦本纪》正文"八年，使将军芈戎攻楚，取新市"，校曰："'取'字推前后文例，疑当作'虏'或'杀'，《通鉴》作'杀'。"

奥田尊不仅校勘方法使用得当，校勘态度也十分谨慎，对于无法判断正误的异文，他仅以"某字某本做某"的方式列出异文，而未妄下论断，如《五帝本纪》正文"南至于江，登熊湘"下有双行小注"在岳州巴陵县南八十里也"，校曰：

---

① 陈垣：《校勘学释例》卷六《校例》，中华书局 2016 年版，第 135 页。
② 同上，第 136 页。
③ 同上，第 137 页。

"注'八十'一作'十八'。"《周本纪》正文"郑居王于汜"下有正文小注"《括地志》云故汜城在许州襄城县一里",校曰:"注'汜城'一本作'汜城'。"《秦始皇本纪》正文"不如因其机而遂取之",校曰:"'机'一本作'饥'。"对于某些异文,奥田尊也会在校勘记中评判优劣,提出自己的见解,如《补史记·三皇本纪》篇首司马贞按语"近代皇甫谧作《帝王代纪》",校曰:"按:'帝王代纪'或作'世纪',宜皆作'世纪'。"《五帝本纪》正文"掩义隐贼,好行凶慝,天下谓之混沌"下有双行小注引《庄子》云"南海之帝为倏忽,北海之帝为混沌,倏忽乃相遇于混沌之地,混沌待之甚善。倏与忽谋欲报混沌之德,曰:'人皆有七窍,以视听食息,此独无有,尝试凿之。'日凿一窍,十日而混沌死",此段前两句《庄子》原文作:"南海之帝为倏,北海之帝为忽,中央之帝为浑沌。"奥田尊评曰:"注'南海之帝为倏忽'疏,宜引《庄子》全文。"

对于一些疑误之处,奥田尊也一一批注,以引起读者注意,如《补史记·三皇本纪》正文"都于陈,东封太山,立一十一年崩"下有双行小注"按:皇甫谧:伏羲葬南郡。"校曰:"'皇甫谧'下恐脱'帝王世纪'四字。"《五帝本纪》正文"舜饬下二女于妫汭"下有双行小注"《括地志》云妫源汭水出蒲州",校曰:"《括地志》'妫源汭水'疑当作'妫汭水源'。"《夏本纪》"浮于潜,达于河,华阳黑水,惟梁州"之下双行小注"《括地志》云黑水源出梁州城固县西北太山",校曰:"《括地志》'西北'下疑脱文。"这些大多是文句不通而导致疑误,奥田尊多以"恐脱""疑当作""疑脱文""疑有误"等字眼标明问题所在。

奥田尊对《史记评林》的校勘十分细致,发现并校正了此书流传刊刻过程中存在的诸多问题,对《史记评林》的研究具有重要价值。但因为各种原因,奥田尊的校勘也存在一些值得商榷之处,如《周本纪》正文"今又将兵出塞攻梁"下有双行小注"郦元《水经》云:两山相对,望之若阙,伊水历其间,故谓之伊阙",校曰:"注龙门是河水,非伊水。"郦道元《水经注》中所谓"伊水历其间"并无讹误,而奥田尊所谓"龙门是河水,非伊水"则是以不误为误。总的来说,奥田尊是唯一一位对《史记评林》全文校勘的学者,弥补了国内《史记评林》接受与研究的缺憾。他的校勘显示了他扎实的文献功底,可以代表明治时期日本学者的研究水平,也具有日本学者细读文本的特色。

清代的《史记索隐》研究①

＊本文作者王璐。西安电子科技大学人文学院教师。

　　正如劳崇光在《皇清经解》之《补刻后序》中所言"考据之学至本朝而精，故撰着之书至本朝而盛"。清人好考据，亦善考据，故而以《史记索隐》中的内容作为材料或者考证讨论对象的，如顾祖禹《读史方舆纪要》、何焯《义门读书记》、李锴《尚史》、杭世骏《诸史然疑》《史记考证》、牛运震《读史纠谬》、计大受《史林测议》、梁玉绳《史记志疑》、洪亮吉《四史发伏》《晓读书斋杂録》、洪颐煊《诸史考异》、陈宗起《丁戊笔记》、陈澧《东塾读书记》、胡林翼《读史兵略》、李慈铭《越缦堂读史札记》、李笠《史记订补》，等等，可谓难以胜数。

　　而因为汲古阁的刊刻使得单行本《史记索隐》得以重新流传于世，所以较之于前代，清人对《史记索隐》的讨论，还增加了对汲古阁刻单行本《史记索隐》本身的关注。这种关注主要包括以下几个方面。

一、书目的著录与介绍

　　及至清代，汲古阁刻《史记索隐》的收藏者颇伙，有关汲古阁刻《史记索隐》在清代书目的著录情况，将在下文汲古阁刻《史记索隐》的流传与保存部分详细介绍，此处暂置不叙，而仅就几部有提要的官私书目中的有关介绍加以论述。

　　清代乾隆年间纂修《四库全书》，其中史部即收録有单行本《史记索隐》三十卷，而其据以抄録之底本，便是毛晋汲古阁刻单行本《史记索隐》。因而，《四库全书总目》与《四库全书简明目録》皆有对此单行本《史记索隐》的介绍。《总目》中的介绍较为详细，根据《史记索隐》中的几篇序文及其中具体内容，阐述了司马贞作《史记索隐》的原因，条列了司马贞曾经意欲更订《史记》篇目的计划大纲，并指出明代监本合刻《史记》与三家注时多有删削，"人人明知其非，而积重不可复反"，最后说明正是由于毛晋得到此北宋秘省刊本并重新刊刻流布，才使得人们

　　①　本文属于国家社科基金重大招标项目"中外《史记》文学研究资料整理与研究"（13&D111）阶段性研究成果；国家社科基金后期资助项目"史记索隐集注集校"（17FZW005）阶段性研究成果。

"可以见司马氏之旧，而正明人之疏舛焉"。① 从《总目》对单行本《史记索隐》的介绍来看，四库馆臣们对于单行本《史记索隐》的价值还是抱持了十分肯定的态度的。而《简明目录》中的介绍则确实比较简明，只是言曰："唐司马贞撰。是书因裴骃《集解》而作，首注骃序一篇，载其全文。于司马迁书，则如陆德明《经典释文》之例，惟标所注字句，盖经传别行之古法。末二卷为《述赞》百三十篇，又《补史记条例》，终以《三皇本纪》，并自注之。"② 仅说明其撰述原因、内容形式等。

　　清代私家目录中著录有《史记索隐》的不在少数，但其目下写有解题的，倒不算很多，下面简要论述之。

　　周中孚《郑堂读书记》的"《史记索隐》三十卷"条，先说明《史记索隐》在前代书目中的著录情况，其后依《四库全书总目》阐明司马贞作书之缘由，全书之形式体例。对于司马贞欲改补《史记》的计划，周氏评价曰"诚不知而作"，并称说此事之所以未能成行，乃是"后亦自悔其穿凿，俱仍旧贯，而聊附其说于此"。而对于其中注解，周氏以为"颇极详赡"。而对司马贞与张守节著书不相谋，周氏持怀疑态度。周氏还指出王念孙作《读书杂志》，其中《史记》部分与此本相校考证。最后说明根据此本末尾毛晋之两篇跋文，"知其以北宋秘省大字本校刊，而附于裴氏《集解》之后云尔"。③

----

① 《四库全书总目》卷四五，史部正史类，第398页。案，此条提要全文为：《史记索隐》三十卷江苏巡抚采进本。唐司马贞撰。贞，河内人，开元中官朝散大夫、宏文馆学士。贞初受《史记》于崇文馆学士张嘉会，病褚少孙补司马迁书多伤踳驳。又裴骃《集解》旧有《音义》，年远散佚。诸家《音义》延笃音隐，邹诞生、柳顾言等书亦失传，而刘伯庄、许子儒等又多疏漏。乃因裴骃《集解》，撰为此书。首注《骃序》一篇，载其全文。其注司马迁书，则如陆德明《经典释文》之字，盖经传别行之古法。凡二十八卷。末二卷为述赞一百三十篇，及《补史记条例》。欲降《秦本纪》《项羽本纪》为系家，而《吕后》《孝惠》各为《本纪》。补《曹》《许》《邾》《吴芮》《吴濞》《淮南》系家，而降《陈涉》于《列传》。《萧何》《曹参》《张良》《周勃》《五宗》《三王》各为一传，而附《国侨》《羊舌肸》于《管晏》，附《尹喜》《庄周》于《老子》，附《韩非》于《商鞅》，附《鲁仲连》于《田单》，附《宋玉》于《屈原》，附《邹阳》《枚乘》于《贾生》。又谓《司马相如》《汲郑》传不宜在《西南夷》后，《大宛传》不合在《游侠》《酷吏》之间，欲更其次第。其言皆有条理。至谓司马迁《述赞》不安，而别为之，则未喻言外之旨。终以《三皇本纪》，自为之注，亦未合阙疑传信之意也。此书本于《史记》之外别行。及明代刊刻监本，合裴骃、张守节及此书散入句下，恣意删削。如《高祖本纪》"母媪""母温"之辨，有关考证者，乃以其有异旧说，除去不载。又如《燕世家》"启攻益事"，贞注曰："经传无闻，未知其由。"虽失于考据《竹书》（案今本《竹书》不载此事，此据《晋书·束皙传》所引），亦当存其原文。乃以为冗句，亦删汰之。此类不一，漏略殊甚。然至今沿为定本，与成矩所刊朱子《周易本义》，人人明知其非，而积重不可复返。此单行之本，为北宋秘省刊板，毛晋得而重刻者。录而存之，犹可以见司马氏之旧，而正明人之疏舛焉。

② 《四库全书简明目录》卷五，史部正史类，第179页。

③ ［清］周中孚《郑堂读书记》卷一五，史部正史类，第263页。案，此篇解题全文为：《史记索隐》三十卷汲古阁刊本。唐司马贞撰。《四库全书》着录。《新唐志》《崇文目》《读书志》《书录解题》《通考》《宋志》俱载之。是书因裴骃《集解》而推广之，其于《史记》惟标所注之字，如陆氏《经典释文》之例。首注裴序一篇，载其全文。前二十八卷采徐广、裴骃、邹诞生、刘伯庄旧注，兼下己意，按文申义，《自序》一篇附于末。其二十九卷及三十卷之上半卷，则贞嫌元本述赞未善，而重为一百三十篇之赞，下半卷则《补序》一篇，自述其补之缘由，又逐段论其改删升降之意，然后继以补《三皇本纪》一篇，自为之注。按贞之改补，诚不知而作，后亦自悔其穿凿，俱仍旧贯，而聊附其说于此。其注颇极详赡，与张守节同时，而著书各不相谋，其有裨于裴注则一也。此据臧恭生说，乃说谎也。王氏《读书杂志》有《史记》四卷，系摘句摘字为题而考证之。此本后有毛子晋二跋，知其以北宋祕省大字本校刊，而附于裴氏《集解》之后云尔。

　　莫友芝《宋元旧本书经眼录》的"《史记索隐》"条，简要说明了自家此本书的来历乃是姚声澄所赠，而得到此书后，莫友芝"约略检勘"后发现，此本与现行官私诸本颇有异同，有较之他本胜之者，亦有毛氏刊误者，而将所校勘出的内容，在书中零散标注，并以中统本作为佐证。最后说明对于《史记索隐》的校对仅是粗粗一过，并期他日可以细审。① 据《中国古籍善本书目》及《中国古籍总目》所载现存的《史记索隐》批校本中，确有一本为莫友芝批校而由莫绳孙过录的本子，② 藏于上海图书馆。有关这个本子的情况，将在后文详细论述。此处暂置不论。

　　陈树杓《带经堂书目》乃是将其祖父陈征芝之藏书录为书目，其中有"《史记索隐》三十卷"条，称说乃是"卢抱经先生手校本"。其后则録卢文弨《抱经堂文集》中的《史记索隐校本序》一篇，卢氏此文详细介绍了自己在得到毛晋汲古阁刻单行本《史记索隐》后，方才解开之前读三家注本《史记》中所感觉到的《索隐》的前后矛盾之处，乃是缘于司马贞原本"意欲改史公体例，自成一书"，但因为后来又发觉"此书传世已久，忽加穿凿，难允物情"，所以放弃了补史改史之意，仅是为其作注而已。司马贞原本改订《史记》的计划是在《史记索隐》一书的最后，可是宋代以来合刻《史记》三家注时则将这个计划中的条目分散列在了相应的篇章之中，因而读之让人颇觉有"割截牵并之失"，而看过毛晋汲古阁所刻单行本《史记索隐》，方得以知晓司马贞之原意。但是，卢氏还指出，毛氏所刻单行本中，也不免错漏百出，因而他便与一三家注本互校，将异文书于三家注本之上，以便择善而从。其后又"令人略加展拓重抄之，稍序其先后，辨其离合"，于是便有了这个手校本。③ 从这里可以得到两个十分重要的信息，一是卢文弨虽觉毛氏汲古阁刻《史记索隐》中亦错讹不少，然而因其保留了司马贞《史记

---

　　① ［清］莫友芝：《宋元旧本书经眼录》，附录卷一，书衣笔识，第 98 页。案，此篇解题全文为：《史记索隐》。汲古阁仿宋刊单行本。同治壬戌六月，皖口行营，姚声澄士赠此本。约略检勘，足补现行官、私诸本各条以千计，而毛氏刊误亦自不少。七月五日重装。散标所见于卷端，时摘取中统本为佐证。三日粗粗一过，未得细讐，期以他暇日也。漫识。

　　② 案，《中国古籍善本书目》史部卷五纪传类通代着录："《史记索隐》三十卷。（唐）司马贞撰。明末毛氏汲古阁刻本。清莫绳孙录清莫友芝校并跋。"见本书上册第 11 页。《中国古籍总目》着录："《史记索隐》三十卷。（唐）司马贞撰。明末毛氏汲古阁刻本。……上海（清莫绳孙录清莫友芝校并跋）。"

　　③ 案，此处所言《带经堂书目》者，乃是国家图书馆所藏稿本，此篇解题全文为：《史记索隐》三十卷。卢抱经先生手校本。唐司马贞撰。《抱经堂文集》："始余初读三家注《史记》本，见《索隐》之说往往互歧。首卷已既载《索隐》述赞矣，又云右述赞之体，深所未安。余初疑后语不出于小司马，后得毛氏单行《索隐》本，始知小司马初意欲改史公体例，自成一书；后以此书传世已久，忽加穿凿，难允物情，遂辍不为，而但为之注。其欲改刓之规模，别见于后本，不与注混。赵宋时始合《集解》《正义》，俱系之《史记》正文下，遂致有割截牵并之失。今幸有单行本为正。然毛氏所梓，亦有次第颠倒，脱讹讹字，难可尽据，则仍当以三家本正之。余向以单行本记于三家本上，犹未知择善而从也。今虽可为之正，而年已老矣。且毛氏本行密字小，不便增改其上，于观览亦不适。因令人略加展拓重抄之，稍序其先后，辨其离合；而于文字之间，尚未能以尽正，不无望于后之人。后之人因余书而复加以考订之功，亦庶乎其易为力矣。乾隆五十三年十月既望序。"其中所引《抱经堂文集》中文字，乃是卢文弨所作《史记索隐校本序》，见［清］卢文弨：《抱经堂文集》卷四，中华书局 1990 年版，第 39 页。

索隐》的原始面貌，而使得在阅读三家注合刻本时所产生的一些矛盾疑惑之处豁然开朗，故而应该充分肯定汲古阁刻《史记索隐》的价值。除过此篇《史记索隐校本序》外，卢文弨在其《钟山札记》卷三"史记集解索隐正义"条中对单行本之特点亦有所称赞："其《索隐》之注尤多猥，并有非注而亦系注者，读之反足以致惑。汲古阁有单行《索隐》本，殊自井然，凡小司马欲以己意更定者，不以入注，附刻全书之后，乃为善耳。"① 二是可以得知，卢文弨曾经以一个三家注本《史记》与汲古阁所刻单行本《史记索隐》相校，将单行本中与合刻本《史记》中不同的文字写在了用以校对的三家注本《史记》之上，并且后来还令人将其中异同之处重新抄录。根据卢文弨所言，陈氏所藏此《史记索隐》三十卷，大约当是卢文弨昔日命人重抄之本，也未可知。

二、与合刻本比勘考辨

梁启超《清代学术概论》称："清儒之有功于古学者，更一端焉，则校勘也。古书传习愈希者，其传抄踵刻，讹谬愈甚，驯致不可读，而其书以废，清儒则博征善本以校雠之，校勘遂成一专门学。"② 因而，在清代有不少学者对汲古阁刻单行本《史记索隐》与诸合刻三家注本《史记》中的文字进行比勘，指出异同，或进行考辨评论。

上文已述卢文弨对校并令人重新抄录《史记索隐》之事，此处不再赘述。前文所述周中孚《郑堂读书记》载王念孙作"《读书杂志》有《史记》四卷，③ 系摘句摘字为题而考证之"。据王念孙《读史记杂志序》，王氏因好校勘考证之学，而《史记》书中又颇有"亟宜辩正者"，所以"参考经、史、诸子及辇书所引，以厘正讹脱"，付印之前，将其中与钱大昕《史记考异》、梁玉绳《史记志疑》中不谋而合的条目删去，"尚存四百六十余条"。④ 其书中之考证对毛晋汲古阁刻单行本《史记索隐》多有征引，或称"索隐单行本"，⑤ 或称"单行索隐本"，⑥ 还有径称

---

① ［清］卢文弨：《锺山札记》卷三，清抱经堂丛书本。

② 梁启超：《清代学术概论》，岳麓书社 2010 年版，第 56 页。

③ 案，今点校本《读书杂志》中《读史记杂志》共有六卷。

④ ［清］王念孙：《读书杂志》，第一册，上海古籍出版社 2015 年版，第 177 页。

⑤ 案，王念孙《读史记杂志》六卷，其中共有 6 条提到"索隐单行本"，分别是：《史记弟一·夏本纪》之"厥田斥卤厥贡盐絺"条（第 180 页）、《史记弟一·项羽本纪》之"蠡起"条（第 199 页）、《史记弟二·高祖功臣侯者年表》之"盅逢"条（第 213 页）、《史记弟二·建元以来侯者年表》之"将卒官卒将"条（第 215 页）、《史记弟三·燕召公世家》之"北迫内措"条（第 254 页）、《史记弟五·张丞相列传》之"子类"条（第 370 页）。其中页码出自［清］王念孙：《读书杂志》，第一册，上海古籍出版社 2015 年版。

⑥ 案，王念孙《读史记杂志》六卷，其中共有 4 条提到"单行索隐本"，分别是：《史记弟二·历书》之"商横涒滩"条（第 228 页）、《史记弟二·天官书》之"河戒"条（案，此条中另有一处作"毛刻单行索隐本"，第 240 页）、《史记弟四·仲尼弟子列传》之"冉季字子产"条（第 303 页）、《史记弟六·司马相如列传》之"相如乃与驰归家居徒四壁立"条（案，此条作"汲古阁单行索隐本"，第 401 页）。其中页码出自［清］王念孙：《读书杂志》，第一册，上海古籍出版社 2015 年版。

"索隐本"者，① 阐明单行本与合刻本《史记》的异文，并考证其正误。而最后一卷卷末还有一篇《索隐本异文》，称曰：

---

① 案，王念孙：《读史记杂志》六卷，其中径称"索隐本"者较多，共有 102 条，分别是：《史记弟一·吕后本纪》之"吕氏立三王"条（第 205 页）、《史记弟一·孝文本纪》之"置传"条（第 207 页）、《史记弟二·十二诸侯年表》之"堵敖""立其弟"条（第 210、212 页）、《史记弟二·高祖功臣侯者年表》之"蛊逢""张越""彭祖"条（第 213、214 页）、《史记弟二·建元已来王子侯者年表》之"侯刘章侯刘忠侯刘延年侯刘贾侯刘成"条（第 216 页）、《史记弟二·汉兴以来将相名臣年表》之"元鼎六年"条（第 216 页）、《史记弟二·礼书》之"上大戴"条（第 220 页）、《史记弟二·历书》之"又不由人"条（第 224 页）、《史记弟二·天官书》之"斗魁""名曰三能"条（第 229 页）、《史记弟二·封禅书》之"羡门子高最后""赛"条（第 243、244 页）、《史记弟二·平准书》之"通适""郡国""市列肆"条（第 247、248 页）、《史记弟三·吴太伯世家》之"憾"条（第 250 页）、《史记弟三·齐太公世家》之"崔杼归"条（第 251 页）、《史记弟三·鲁周公世家》之"哀姜""衢"条（第 252 页）、《史记弟三·晋世家》之"唐叔虞"条（第 257 页）、《史记弟三·楚世家》之"二十年""邹""必万之于虎"条（第 261、262 页）、《史记弟三·越王句践世家》之"镇""导谀"条（第 263 页）、《史记弟三·郑世家》之"甫瑕"条（第 266 页）、《史记弟三·田敬仲完世家》之"春温"条（第 278 页）、《史记弟三·陈涉世家》之"次近所旁"条（第 281 页）、《史记弟三·曹相国世家》之"东阿""颗若画一"条（第 283、285 页）、《史记弟三·三王世家》之"俾"条（第 292 页）、《史记弟四·伯夷列传》之"可谓善人者非邪""跖"条（第 294 页）、《史记弟四·老子韩非列传》之"姓李氏名耳字伯阳谥曰聃""始秦与周合而离离五百岁而复合合七十岁而霸王者出焉"条（第 295、296 页）、《史记弟四·仲尼弟子列传》之"邦巽"条（第 303 页）、《史记弟四·商君列传》之"收司"条（第 305 页）、《史记弟四·苏秦列传》之"取淇卷""见破于人见臣于人""塞鄯陀"条（第 306、308、313 页）、《史记弟四·张仪列传》之"王业""论其故""不得待旱日"条（第 314、315、319 页）、《史记弟四·孟尝君列传》之"偶人"条（第 324 页）、《史记弟四·平原君虞卿列传》之"发"（第 327 页）、《史记弟四·范雎蔡泽列传》之"湖关""为友结友""持国秉政"条（第 331、334、335 页）、《史记弟四·乐毅列传》之"嚼秦"条（第 337 页）、《史记第四·廉颇蔺相如列传》之"广成传舍""秦破赵杀将扈辄"条（第 339、341 页）、《史记弟四·鲁仲连邹阳列传》之"包尧舜之术"条（第 344 页）、《史记弟五·屈原贾生列传》之"自投""而宝康瓠""请对以臆""其生若浮兮其死若休""养空而游"条（第 349、350、351 页）、《史记弟五·吕不韦列传》之"所养母"条（第 352 页）、《史记弟五·刺客列传》之"范中行氏""释""生得失"条（第 352、353、354 页）、《史记弟五·李斯列传》之"郡小吏""秋霜降水摇动"条（第 357、359 页）、《史记弟五·淮阴侯列传》之"何所不"条（第 363 页）、《史记弟五·田儋列传》之"无不莫能图"条（第 368 页）、《史记弟五·刘敬叔孙通列传》之"胪句传"条（第 372 页）、《史记弟五·张释之冯唐列传》之"昂"条（第 376 页）、《史记弟五·扁鹊仓公列传》之"皆异之"条（第 385 页）、《史记弟五·魏其武安列传》之"郡国诸侯"条（第 387 页）、《史记弟六·匈奴列传》之"橐驼驒騱""弯""士卒"条（第 390、391、393 页）、《史记弟六·卫将军骠骑列传》之"使人先遣使向边境要遮汉人令报天子要边"条（第 396 页）、《史记弟六·西南夷列传》之"地方三百里""道西北牂柯"条（第 399、400 页）、《史记弟六·司马相如列传》之"不能复""邛都""结轨""阻深""绸缪""蔵？罹？沉潏樗？先荔枝斌媚杏渺葴蕤"条（第 401、402、403、404 页）、《史记弟六·汲郑列传》之"段宏"条（第 409 页）、《史记弟六·酷吏列传》之"上党郡""捕其为可使者""徙诸名祸猾吏""以烕大豪"条（第 412、413 页）、《史记弟六·大宛列传》之"善眩人""本纪所谓昆仑者""余不敢言之也"条（第 417、419 页）、《史记弟六·游侠列传》之"况"条（第 420 页）、《史记弟六·佞幸列传》之"抗"条（第 421 页）、《史记弟六·滑稽列传》之"治郑"条（第 423 页）、《史记弟六·龟策列传》之"诸灵数箭"条（第 427 页）、《史记弟六·货殖列传》之"币""什倍其偿""椎髻"条（第 428、432 页）、《史记弟六·太史公自序》之"圣人不朽""其极则玩巧并兼兹殖""俟后世圣人君子"条（第 435、438、441 页）。

　　案：《史记》《汉书》每多古字。《汉书》颜注即附于本书之下，凡字之不同于今者，必注曰"古某字"，是以后人难于改易，而古字至今尚存。《史记》则《索隐》《正义》本系单行，其附见于本书者，但有《集解》一书，注与音皆未赅备，是以《史记》中古字多为浅学人所改。后人以《集解》《索隐》《正义》合为一书，乃不肯各仍其旧，而必改从今本以归画一，殊失阙疑之义。今《正义》已无单行本，唯汲古阁所刻《索隐》本尚存，其今本中正文、注文皆经改易者，已附辩于各篇之下，其余异文尚多，略记百余字，以资考正。①

　　除此之外，王念孙在《读书杂志》还谈及毛晋汲古阁刻本《史记索隐》中似有剜改补刻的现象。如《史记弟二·高祖功臣侯者年表》之"蛊逢"条有：

　　　　《索隐》本作"虫达"，注曰："虫，音如字。《楚汉春秋》云'夜侯虫达'，盖改封也。"今本并注文亦改为"蛊"，［唯"达"字未改。］且删去"虫音如字"四字，其失甚矣。［汲古阁所刻《索隐》单行本初刻作"虫"，后复依今本改为"蛊"，并注内两"虫"字亦改为"蛊"，而字体较大，笔画较粗，剜改之迹显然。］②

　　案，查汲古阁刻《史记索隐》此条，大字小字中共三"蛊"字，小字中两"蛊"字确实字画较其他字略粗略黑。然不知王氏所言"初刻作虫"语，乃是真的目验过所谓作此之初刻本，还是只是据理推测。

　　又《史记弟六·司马相如列传》之"相如乃与驰归家居徒四壁立"条有：

　　　　汲古阁单行《索隐》本本作"居徒四壁立"，后补入"家"字，而自字形长短不一，补刻之迹显然。③

　　案，查汲古阁刻《史记索隐》此条，"家居徒"三字与其他大字大小一致，而"四壁立"三字明显较其他大字小些。然亦不知王氏所言"本作居徒四壁立"语，乃是目验或只是推测。④

　　王念孙之外，还有一位充分利用汲古阁刻本《史记索隐》校勘《史记》并取得重要成果的学者，便是曾主持金陵书局，并重新校勘刻印出今中华书局本《史记》底本的张文虎。张文虎十分肯定汲古阁刻本《史记索隐》的价值，认为其"所出正文，每胜通行之本"，但也指出其不足："然其注改宋本大字为小字，颇有混淆。又或依俗改窜，反失小司马之真。"加之其他两家注亦有互相重复错乱的内容，而前贤时哲亦多指出，故而张文虎意欲充分利用有关《史记》已有的校勘成果，加之自己与同僚的校对核定，刊刻出一个新的《史记》版本，于是便有了今时今日因为被中华书局点校出版而使得流传最为广泛的金陵书局本《史记》。

---

① ［清］王念孙：《读书杂志》第一册，上海古籍出版社 2015 年版，第 441—442 页。
② 同上，第 214 页。
③ 同上，第 401 页。
④ 案，此汲古阁刻《史记索隐》中所刻之字，多有不甚统一的情况。后文将有详细论述。

除此之外，张文虎另作有《校刊史记集解索隐正义札记》，"附记各本异同，及所以去取意"。① 后亦由中华书局点校出版。金陵书局本《史记》有一个重要的特点就是，它有意识地保留了汲古阁刻单行本《史记索隐》所出《史记》正文的异文。中华书局《史记点校后记》对此有所说明："张文虎把单刻《索隐》本所出史文跟其他刻本不一样的，都给纳入《索隐》注文中。"② 也就是说，张文虎为了保留单行本《史记索隐》的样貌，便在单行本《史记索隐》所出《史记》正文与金陵书局所用《史记》正文有异文的时候，在附入《史记》正文《索隐》注文时，保留了单行本《史记索隐》大字的内容，让人们可以相互参考其异同。而中华书局在整理金陵书局《史记》时关注到了这个问题，并有所说明。了解到这一点后，其实在阅读金陵书局《史记》时，对于单行本《史记索隐》与通行本《史记》的异文，也是可以有一个约略的认识的。

三、校订考证其他典籍

除过通过比对汲古阁本《史记索隐》与合刻本《史记》中文字异同从而发现有关《史记》或《史记索隐》本身的种种问题外，还有一些学者已经在有意识地利用单行本《史记索隐》中的文字校订其它书籍，与此同时或也有发现单行本《史记索隐》的种种问题。略举数例，可见一斑。

如陈树华在其《春秋经传集解考正》卷一九有小注曰："此所采《索隐》从汲古阁重刻单行本及《史记》刻本注重所载互参，故字句有异。"③ 王筠《说文释

---

① 案，上文所引，见张文虎《校刊史记集解索隐正义札记跋》，见《舒艺室杂着》甲编卷下。令人不解的是，中华书局点校本《校刊史记集解索隐正义札记》中竟没有收录此篇跋文，不知何故。兹录全文如下：《史记》自汉已残缺窜乱，迄今又千数百年，展转传写，积非成是，盖有明知其误而不能改者矣。裴氏《集解序》称采经传百家并先儒之说，豫是有益，悉皆抄纳。今史文之下笺注寥寥，大非完帙。惟《索隐》有汲古阁单刻所出正文，每胜通行之本。其注改宋本大字为小字，颇有混淆。又或依俗改窜，反失小司马之真。张氏《正义》，仅存于南宋以来之合刻本，删削既多，舛误弥甚。三家注又有互相重复错乱者。先是嘉兴钱警石学博泰吉，尝汇校各本历三十余年，点画小殊，必详记之。乌程周缦云侍御学濬借其本过录，择善而从。同治五年，请于署江督肃毅伯今相国合肥李公以属学博高弟海宁唐端甫文学仁寿覆校付釆。及明年春，侯湘乡曾文正公自淮北回金陵，命文虎同校。文虎与侍御及唐君以新釆史文及注，皆不主一本，恐滋读者疑。请于釆竣之后附记各本异同，及所以去取意。文正颔之。七年冬，公将移任畿辅，命凡已刻之卷有宜改者，随时剜补以是。至九年夏，始克印行，乃属橐为札记。是年冬，公复任江督，文虎以先成橐二卷呈，公以为善。去冬既藏事，请公序其简端，公命先以札记援梓氏，并附述缘起于末。乌乎，执意写未竟而公薨，不及为之序乎。所记异同，大半取资于钱校本，其外兼采诸家绪论，则梁氏《志疑》、王氏《读书杂志》为多。文虎与唐君管见所及，不复识别，其有偶与前贤闇合者，悉归之前贤，以避攘善之讥。余例散见记中，限于闻见，不免挂漏。有志于校史者以此为质而益精考之，以成善本，庶有当于两爵相嘉惠来学之意云。
② ［汉］司马迁撰：《史记》，［南朝宋］裴骃集解，［唐］司马贞索隐，［唐］张守节正义：《史记》（修订本），中华书局 2014 年版，第 10 册，第 4099 页。
③ ［清］陈树华：《春秋经传集解考正》，《续修四库全书》编纂委员会编：《续修四库全书》经部·春秋类，上海古籍出版社 1996 年版，第 143 册，第 143 页。

例》卷九《说文与经典交易字》中有曰："《纲目集览》樗里子下引《索隐》曰：'樗当作？兕，音摅。'案，此说与《说文》篇韵相合，而汲古阁刻《索隐》单行本未见此语。"① 柳兴恩《谷梁大义述》卷二三《述长篇·史部》有曰："《吴太伯世家》'次曰余昧'，《索隐》曰：《史记》《公羊》作'余昧'，《左氏》《穀梁》并为'夷末'。述曰：此据明李光缙增补《史记评林》本。至汲古阁《索隐》单行本误为：《史记》作'余昧'，《左氏》及《公羊》并为'余祭'。此小司马辨'夷末'之名，非辨'余祭'之名也。"② 而上文所提到的王念孙《读书杂志》，更是将单行本《史记索隐》运用到了除过《史记》之外其他书籍的校订与考辨之中，所提之处，难以胜数。由此可见，在毛晋重新刊刻单行本《史记索隐》之后，使得无论是《史记》的研究还是其他典籍的研究，又多了一种新的可资参考的材料，而从另一个角度来看，这也是清代学者对于单行本《史记索隐》价值的最大肯定。

---

① ［清］王筠：《说文释例》，中华书局 1987 年版，第 201—202 页。
② ［清］柳兴恩：《谷梁大义述》，《续修四库全书》编纂委员会编：《续修四库全书》经部·春秋类，上海古籍出版社 1996 年版，第 132 册，第 263 页。

《史记》思想文化研究

司马迁人格思想的准确定位

——韩兆琦先生"司马迁人格思想超前说"述评

＊本文作者刘丽文。中国传媒大学文学院二级教授，博士生导师。

古往今来研究司马迁《史记》的人多矣，尤其是近现代以来，随着社会的发展，政治的变迁，人们更加认识到了司马迁巨大的价值。其中最著名、评价最高的莫过于鲁迅的"史家之绝唱，无韵之《离骚》"了。应该说，"史家之绝唱"，系指《史记》的史学价值和思想价值，"无韵之《离骚》"，系指《史记》的文学特点和文学价值；而"绝唱"，则有前无古人、后无来者之意。

那么，具体说来，司马迁哪些地方称得上是"绝唱"令今人拍案叫绝膜拜不已呢？在众多研究司马迁思想的成果中，我认为，韩兆琦先生的司马迁人格思想超前说深中肯綮。

司马迁人格思想超前说，是韩兆琦先生《史记》研究的重要学术思想之一。1990年，韩先生在《司马迁与先秦士风的终结》中说[1]："他（司马迁）的思想是在浩繁的先秦典籍和汉初那种回潮的战国风气的熏染下形成的，所以表现在他那部集先秦汉初文化之大成的《史记》里，就突出地显露着他与当时那种政治、经济、军事、法律、道德、思想、学术等一切问题上的观点理论的不合拍。对此，我们可以说司马迁是落后了，因为当时的社会已经进入了专制集权的时代，而他的思想人格还固守在先秦或汉初；但换一个角度讲，我们也可以认为司马迁的思

---

[1] 韩兆琦：《史记通论》，北京师范大学出版社1990年版；后收入商务印书馆2016年出版的《史记与史传文学二十讲》。

想人格是超前了，因为司马迁的理论观点、思想人格已经不是先秦的，先秦还没有专制主义；司马迁的理论观点、思想人格是在和专制主义做血的抗争中发展起来的，所以他在某种程度上又是属于未来民主革命范畴的。"①

这段文字简要地表述了两层意思：一是司马迁人格思想中有许多"属于未来民主革命范畴"的东西，超越了他所生活的历史时代，即"超前"；二是司马迁的超前人格思想源于战国而又不同于战国。

韩先生说司马迁人格思想超前，就是思想和人格都超前。人格超前，韩先生解释说，一是"以道自任"②；二是"不屈体于王侯"③，有"敢于批逆鳞，冒天下之大不韪的勇气"④；三是"士为知己者用"，"用人者与被用者之间的双向选择"⑤。我认为这是司马迁思想超前的前提。这个前提使他"卓识巨胆，洞达世情，敢质言而不为高论。"⑥ 而思想超前，则体现在他的"政治、经济、军事、法律、道德、思想、学术"⑦ 等方方面面。

我认为，"超前说"对司马迁人格思想进行了较为准确的定位，揭示了《史记》之所以在今天仍有巨大价值和魅力的原因及奥秘。下面仅就对韩先生"超前说"理解最深的三个方面谈一下自己的心得。这三方面是：经济思想中的人欲动力论、物质决定精神论、市场调节论；伦理观念上的民主意识和平等思想；思维方式上的反圣化思维。

一、经济思想超前

1. 人欲社会发展动力论

关于司马迁的人欲社会发展动力论，是韩兆琦先生 1985 年提出来的。韩先生在《试析司马迁的经济思想》中说：司马迁"肯定追求物质利益、追求财富占有是人的本性，任何人都有这种要求，认为这是社会生产发展的动力"。⑧ ——这是我第一次明确看到对"《史记》人欲历史动力论"这一思想的阐述。

韩先生认为，司马迁通过以下辩证思维表述了他这一历史观：第一，揭示了追求财富是人的本性，有其合理性。韩先生说："司马迁在《货殖列传》中说：'夫神农以前，吾不知矣。至若《诗》《书》所述虞夏以来，耳目欲极声色之好，口欲穷刍豢之味，身安逸乐，而心夸矜执能之荣使。俗之渐民久矣，虽户说以眇

① 韩兆琦：《史记与传记文学二十讲》，商务印书馆 2016 年版，第 1 页。
② 同上。
③ 同上。
④ 同上，第 5 页。
⑤ 同上，第 6—7 页。
⑥ 钱钟书：《管锥编》，中华书局 1979 年版，第 382 页。
⑦ 韩兆琦：《史记与传记文学二十讲》，商务印书馆 2016 年版，第 10 页。
⑧ 韩兆琦：《试析司马迁的经济思想》，《人文杂志》1985 年第 2 期。

论，终不能化。'""'天下熙熙，皆为利来；天下攘攘，皆为利往。夫千乘之王，万家之侯，百室之君，尚犹患贫，而况匹夫编户之民乎?'人活着就需要衣食住行。把自己的衣食住行搞得更好些，这是人所共有的欲望。劳动人民这样，统治阶级更是这样。①"第二，司马迁指出了人的这种本性即财富欲具有贪婪、无止境的特点，这种特点使某些人无视法禁、罔顾道德，不择手段，因此，财富欲在具有合理性的同时，又有了恶的属性，韩先生说："（司马迁）带着一种愤激的情绪，尖刻地写道：'贤人深谋于廊庙，论议于朝廷，守信死节隐居岩穴之士设为名高者安归乎? 归于富厚也。是以廉吏久，久更富，廉贾归富。富者，人之情性，所不学而俱欲者也。'接着他一一列举了士兵的攻城先登，陷阵却敌；强盗的攻剽椎埋，劫人作奸；倡女的目挑心招，不择老少；吏士的舞文弄法，刻章伪书等等，都是为了富贵钱财。上至将军宰相，下至士农工商大家的本性都一样，只是有些人不肯公开承认而已。"② 第三，司马迁认为具有合理性的、与恶的属性纠缠的人的财富欲，在遏制其破坏性的前提下，具有促进社会发展的动力的作用。他说：人为了追逐财富，"此有知尽能索耳，终不馀力而让财矣"，极尽智能，最大限度地调动了创造力；而作为"民所衣食之原"的物质财富的丰厚，又能"上则富国，下则富家"，即人的主观上为个人谋取私利的财富欲，客观上促进了社会的繁荣、历史的发展。

　　人欲社会发展动力论是超前的吗? 当然是。

　　历史发展的动力是什么，是古今中外一切历史学家长久以来探讨的话题。而在十八世纪之前的漫长历史中，人们或是将其归之于神灵、上帝，或是归之于道德，或是二者兼而有之，古今中外莫不如此。在西方，被认为最早明确提出人的情欲甚至是卑劣的情欲与历史发展具有关联这一具有真理意义的思想的，是被称为"历史哲学之父"的意大利哲学家巴蒂斯塔·维科，时间是十八世纪。之后，德国哲学家康德、黑格尔、以及恩格斯等都有进一步阐述。人们最常引用的就是恩格斯的这段话："黑格尔指出：'人们以为，当他们说人本性是善的这句话时，他们就说出了一种很伟大的思想；但是他们忘记了，当人们说人本性是恶的这句话时，是说出了一种更伟大得多的思想。'……在黑格尔那里，恶是历史发展的动力借以表现出来的形式。……自从阶级对立产生以来，正是人的恶劣情欲——贪欲和权势欲成了历史发展的杠杆……"③

　　司马迁的"人欲历史动力论"思想较之西方早了十八个世纪。

2. 物质决定精神论

　　在《试析司马迁的经济思想》中，韩先生共以五点论证了司马迁的经济思

---

① 韩兆琦：《试析司马迁的经济思想》，《人文杂志》1985 年第 2 期。

② 同上。

③ ［德］恩格斯：《路德维希·费尔巴哈和德国古典哲学的终结》，《马克思恩格斯选集》（第四卷），人民出版社 1997 年版，第 233 页。

想，其中两个谈的是司马迁对物质与精神关系的看法：第一，司马迁"指出物质财富的占有决定着人的社会地位，社会上的等级、阶层就是由此形成的"；[①] 第二，"指出经济的发展是一个国家强弱盛衰的基础，经济发展的程度决定着一个阶级、一个集团的政治动向……"[②]。

以上两点，韩先生都有充分的论证。如第一点，韩先生就《货殖列传》中"今有无秩禄之奉，爵邑之入，而乐与之比者，命曰素封"，以及"凡编户之民，富相什则卑下之，伯则畏惮之，千则役，万则仆，物之理也"等论述说："这样透彻精辟的话在司马迁之前没有人说过。""在奴隶制度、封建制度下，一般地说有了政治地位和权力就有了一切；但实际上还有一种人们不大注意的力量在起着作用，被司马迁明确指出来了。"[③]"这样来认识社会上阶级阶层的形成，是多么深刻、多么准确啊！"[④]

关于第二点，韩先生说："《货殖列传》说：'农不出则乏其食，工不出则乏其事，商不出则三宝绝，虞不出则财匮少。财匮少而山泽不辟矣。此四者，民所衣食之原也。原大则饶，原小则鲜。上则富国，下则富家。贫富之道，莫之夺予，而巧者有余，拙者不足。'并以姜子牙与管仲为例证进一步说明之。《平准书》说：'魏用李克，尽地力，为强君。'《河渠书》说：'(郑国)渠就，用注填阏之水，溉泽卤之地四万余顷，收皆亩一钟，于是关中为沃野，无凶年，秦以富强，卒并诸侯。'这几段精采文字都明确地指出了经济发展对国家富强的作用。这样突出地强调经济问题，与先秦儒家认为只要国君实行仁政，天下的百姓就都将'襁负其子女而至矣'，国家就将'无敌于天下'的那种夸夸其谈，形成了鲜明的对照。"认为司马迁"这种从经济的角度出发来分析认识国家上层建筑领域里的一切问题的方法"，是"难能可贵的"。[⑤]

读了韩先生的分析，我当时有两个感觉，一个是司马迁的经济思想真是很了不起！有的地方——如关于人的经济基础决定社会地位的说法，的的确确是很超前，简直跟马克思主义的一些观点都很接近！二是感到自己过去对《史记》的学习真是太肤浅了。——我看到韩先生这篇文章是在 1995 年了。

3. 社会经济市场调节论

市场调节是司马迁从汉代商业发展、商人经营的规律中总结出来的很了不起的思想。韩先生说：司马迁"总结了商业活动的若干规律。如在《货殖列传》中，司马迁引计然的话指出了经商要有预见性，要能够'旱则资舟，水则资车'。看到事物的发展变化而预为之备；要'无息币'、'财币欲其行如流水'。加强资金货

---

① 韩兆琦：《试析司马迁的经济思想》，《人文杂志》1985 年第 2 期。
② 同上。
③ 同上。
④ 同上。
⑤ 同上。

币的周转；要掌握'贵上极则反贱，贱下极则反贵'的物价规律，要看准行情的起落；以及什么样的商品该经营，什么样的商品不该经营，如此等等。这样有实践证明，有理论依据的生意经，在司马迁以前是鲜有著论的。"① 更为难能可贵的是，司马迁通过商业活动规律，发现了市场对整个社会经济的平衡发展所起的巨大调节作用——在《货殖列传》开头，司马迁在大致罗列了从山西到山东以至江南等地的物产之后说，"此其大较也。皆中国人民所喜好，谣俗被服饮食奉生送死之具也。故待农而食之，虞而出之，工而成之，商而通之。此宁有政教发徵期会哉？人各任其能，竭其力，以得所欲。故物贱之徵贵，贵之徵贱，各劝其业，乐其事，若水之趋下，日夜无休时，不召而自来，不求而民出之。岂非道之所符，而自然之验邪？"——即各地有不同的物产，都是老百姓日常生活离不开的养生送死东西。所以，要靠农民种田供给食物，靠虞人开发山林供给原材料，靠工匠把原材料制造成用品供人使用，靠商人转运物资互通有无。这一切都不用朝廷发布政教命令、征调安排，人们自然会按照自己的特长和市场的需求选择自己的职业，并各尽其能、竭尽全力地工作，以得到自己想要的东西。某种东西贱了，说明它过剩了，于是人们接着就会不经营或少经营它了；某种东西贵了，说明它供不应求了，于是人们就会多去经营它。市场通过价格的变化，不断地调节着全社会所需物质的结构、产量和布局，供求自然就趋向了平衡。人人都努力从事自己的行业，乐于做自己的事，就好像水顺流而下，无休无止，无须谁去号召、谁去要求，皆出于自愿。这种顺应市场和人心的社会经济发展方式，是符合大道、符合自然的规律的。

司马迁上边说的，就是现代经济学上说的市场调节。韩先生说，这"在司马迁以前是鲜有著论的。"② 的确如此！在这个问题上，司马迁确实是超前了，而且超的不止一点点。关于市场调节经济发展，在西方，最早提出的是英国经济学家亚当·斯密，时间是公元后 18 世纪。亚当·斯密 1776 年出版的《国富论》认为，市场是用"看不见的手"（第四篇《论政治经济学体系》）在操控着经济。他的这一思想一经提出，便获得广泛的赞誉，其《国富论》被称为"市场经济的圣经"，甚至将其看成是与 1766 年美国《独立宣言》同样重大的革命事件③。

比亚当·斯密早一千八百多年提出这一思想的司马迁没那么幸运，其价值和意义不仅古人没看到，今人也未给予充分的估量。——其原因，大概有三：一是思想的传世需要条件——这是经济学家张五常先生说的，我认为很有道理。以自给自足的小农经济为主的中国古代社会，市场经济不发达，这一理论缺少存在和传播的土壤。二是司马迁的市场调节论是通过史书非专门经济学论著表述的，它淹没在浩繁的其他文字之中。而从世界范围看，市场调节这一经济规律，是亚当

---

① 韩兆琦：《试析司马迁的经济思想》，《人文杂志》1985 年第 2 期。

② 同上。

③ [美] 罗伯特·海尔布罗纳著，蔡受百、马建堂、马君潞译：《几位著名经济思想家的生平时代和思想》，商务印书馆 1994 年版，第 32 页。

·斯密阐述之后人们才意识到其巨大价值的，这是司马迁的相关论述引起人们注意的前提。三是司马迁对汉武帝经济政策的不满，使一些研究者误以为他只是强调顺其自然的"因之"，反对国家调控，与新中国成立初期一段历史时期计划经济为主的国策相悖，一定程度上冲淡了人们对司马迁市场调节论价值的重视。

今天，市场调节是经济发展的重要规律之一，已为全世界认可。如此，我们不能不惊叹司马迁眼界的宏阔远大。

韩先生《史记选注集评》中说："《货殖列传》与《平准书》是我国古代第一批进入历史科学领域的经济名著。""作品中还有许多关于商业竞争的经验之谈，讲法则，讲规律都非常精辟，很有辩证法。①"韩先生说的，就包括司马迁的上述观点，说这些思想业已"进入了历史科学领域"，一点儿没错！

二、伦理思想超前

韩先生认为，司马迁的伦理思想超前，主要体现在其"士为知己者用"的人际关系准则上。这一准则所倡言的"用人者与被用者之间的双向选择"，以及"被用者的人格利益要受到尊敬与维护"，"这里面有某种民主性的东西"②。具体而言就是犹如"大禹、皋陶等在帝舜面前的讨论治道"；犹如张释之冯唐与汉文帝君臣之间好似"家人父子"的那种如切如磋；犹如乐毅与燕王君臣之间那种推心置腹；犹如魏公子与门客之间的"咨诹善道，以义相扶"等等③。

也就是说，韩先生认为，司马迁是把君臣关系放到人与人关系的大坐标系上论述的，即司马迁并没有认为君臣关系与主客、与朋友之间关系有什么不同；君臣也好，主客也好，朋友也好，信任是彼此的，选择是双向的，理解是相互的，人格是平等的。正是基于这种对君臣关系的认知，他赞许伍子胥对楚平王掘坟鞭尸，说"隐忍就功名，非烈丈夫孰能致此哉！"（《伍子胥列传》）也正是基于这种认知，他发挥《春秋》的宗旨，说"孔子知言之不用，道之不行也，是非二百四十二年之中，以为天下仪表，贬天子，退诸侯，讨大夫，以达王事而已矣。"（《太史公自序》）硬给孔子加上一个"贬天子"的桂冠，"为了打鬼而借力于钟馗④"，加强自己在《史记》中贬天子的"合法性""合理性"和"合礼性"。所以，他对董仲舒说的"恶皆归臣，善皆归君"（《春秋繁露·阳尊阴卑》）充耳不闻，我行我素，不隐君恶。比孔子"为君讳"强多了！

总之，韩先生认为，司马迁伦理观念特别是君臣观念中的民主精神，对先秦士人的思想并不只是继承，还有"进一步发展强化"⑤，他的"这种'宁知其不可

---

① 韩兆琦：《史记选注集评》，广西师范大学出版社 1995 年版，第 566 页。
② 韩兆琦：《史记与传记文学二十讲》，商务印书馆 2016 年版，第 6—7 页。
③ 同上，第 8 页。
④ 同上，第 5 页。
⑤ 同上，第 6 页。

而为之'的精神，使孔丘、墨翟、孟轲等都无法仰望其项背①"——因为他太超前了，这是近现代才有的思想！

民主和平等的对立面是专制和等级，中国自秦汉之后，进入了君主专制社会，这个社会的一个重要特点，就是君权至高无上，臣民绝对服从君主的权威。这种绝对君权本是法家理论，秦始皇是第一个实践者。秦短命而亡，君权崇拜却被继承并通过新的理论论证进一步强化了它的合理性。这种"论证"，秦之后规模最大、最集中的有两次，一次是汉武帝罢黜百家独尊儒术，一次是宋明理学。

汉代那次，正是司马迁写《史记》的时候。汉武帝用董仲舒学说，把自然伦理化、神性化、意志化，说君主是天所立的，所以称天子；而"天者，百神之君也"（《春秋繁露·郊义》），所以君权既是天授的，也是神授的，是代表天意和神意的，是神圣不可侵犯的，天下人必须绝对服从。董仲舒还说世间万物都是分阴阳的，"阳贵而阴贱，天之制也。"（《春秋繁露·天辨在人》）在君臣关系中，君为阳，臣为阴；阳对阴即尊对卑、贵对贱有绝对的统治权；而阴对阳，即臣对君则应该绝对忠诚与服从；要"善皆归于君，恶皆归于臣"。（《春秋繁露·阳尊阴卑》）

宋明那次更厉害。宋代理学用"天理"这个新的范畴论证了汉代董仲舒相同的观点，更强调宗法制度下君权、父权、夫权的绝对合理性了，把君权至上说成是天理的必然，宇宙的规律了！将人的思想越发引向了僵化和奴化。

董仲舒学说被汉武帝推崇，成为官方哲学，统治汉代数百年，笼罩几乎全部意识形态。司马迁在这个时候，敢说君臣平等，敢直书汉高祖和汉武帝的丑和恶，敢对当朝皇帝说三道四，甚至公然说可以对君主挖坟鞭尸复仇，胆子够大的了，民主的"尺度"也够大的了！司马迁君臣观念中体现的近代性与民主性，在中国古代大概只有明清之际的黄宗羲可与之比肩吧！

所以说，在君主权威至高无上已成无可非议的事实的情况下，司马迁所倡言的在君臣关系上的民主性，实际上是与汉代业已占统治地位的专制意识形态对抗，也可以说是与后来延续了两千年的强大的封建社会意识形态对抗。从这个意义上说，司马迁君臣观是属于两千年后推翻了封建帝制之后的民主主义的，也不为过。

此外，作为一个思想巨匠，司马迁的民主意识和平等思想还有其他表现。韩先生认为，他对所谓贱者的看法，对商人的评价，也同样具有民主性和近代性。

中国古代是等级社会，等级思想是随着等级制度而产生的，它无孔不入地体现在政治、经济、文化、日常生活社会生活的方方面面。尽管在每一历史时期其表现内容和程度不尽一致，但始终存在于整个中国古代社会。所谓等级制度就是把人分成三六九等贵贱不同的级别。如政治上有君臣，则君贵臣贱；性别分男女，则男尊女卑；国家有编户齐民，则分良民和贱民；良民有士农工商，则士最高而商最卑；贱民有部曲、官私奴婢，则部曲高而奴婢低；门第上有士族和庶

---

① 韩兆琦：《史记与传记文学二十讲》，商务印书馆 2016 年版，第 6—7 页。

族，则士族高庶族低；士族中有不同姓氏，则王卢崔李郑高而其他姓氏低（魏晋南北朝）……等级不同，服饰、饮食、婚葬、居住、入仕、科考、使用法律等等都有不同的标准。等级越高，享受的待遇就越高，特权就越多；反之，等级越低，就权利越少而义务越多，如同等级内婚配，贱民甚至商人都不能做官，妻状告丈夫有罪等等。等级最低者，人格至微，甚至不能掌控自己的生命，如爱妾换马，被看作风流佳话。在观念上，贱民受歧视，认为"上智下愚"，是全社会尤其是高等级者较为普遍的心态。

司马迁时代上边种种等级有的还不存在，有的则还未成"传统"，但君臣、男女、夫妻、父子的伦理等级是先秦早就有了的；重农抑商，贬低商人也是汉代国策；倡优仆妾属于贱职贱民也是无疑义的。而《史记》对属于低等级的商人和倡优都有传。其立传的原则是他们有业绩，有堪可名垂青史的事迹——《滑稽列传》中司马迁写的三个人：淳于髡、优孟、优旃。司马迁说："淳于髡仰天大笑，齐威王横行。优孟摇头而歌，负薪者以封。优旃临槛疾呼，陛楯得以半更。岂不亦伟哉！"伟大，了不起。韩兆琦先生说："司马迁在本文中高度评价了淳于髡、优孟、优旃三个人的思想品格和他们在当时所起的社会作用。这些赘婿、倡优，在当时的地位极其低下，甚至为一般平民所不齿；但是他们的操行见解，以及他们那种批逆鳞、论大事的智慧和勇气，却又往往为那些衮衮诸公所不及，这是司马迁极为赞赏，而又感慨极深的。《史记》中出现这么一篇《滑稽列传》，这本身就是对汉代上流社会的一种莫大的'滑稽'与讽刺。"显而易见，司马迁的意思是，所谓的贱者，很有才干和品格，把人按照身份职业分成贵贱是不可取的！而高居庙堂之上的所谓高贵者，倒是滑稽可笑的。

《货殖列传》就更光辉了！司马迁给那些操"末业"的商人专门写了个传，说"商不出则三宝绝"，没有商人则农工虞的产品就无法流通交换，商与农工虞一样是百姓衣食之源；他称赞优秀商人夙兴夜寐的勤劳，善于把握商机的敏锐，如用兵行法的智慧；说商人的活动"上则富国，下则富家"，对于国民经济非常重要……。全文如滔滔江水，排山倒海，气势磅礴。在他看来，"布衣匹夫之人，不害於政，不妨百姓，取与以时而息财富，智者有采焉。"（《太史公自序》）——普通老百姓，在国家政策许可的范围内经营商业活动，不妨害政治，不妨碍百姓，不失时机地买进卖出而积累财富，不少有智慧的人就是这么做的。——司马迁这里表现了一种平等思想！为什么？因为在那个等级社会，商人是不应该超越他应该享受的待遇的！——班固不就说了吗："四民食力，罔有兼业。大不淫侈，细不匮乏，盖均无贫，遵王之法。靡法靡度，民肆其诈，偪上并下，荒殖其货。侯服玉食，败俗伤化。（《汉书·叙传》）"——商人是一介平民，而且还是平民中的低等级，好年成不愁吃不愁喝就行了，坏年成饿不死就行了，怎么能"侯服玉食"像贵族一样吃好的穿好的呢？简直是伤风败俗啊！这样的话还了得？"古者天子建国，诸侯立家，自卿大夫以至于庶人各有等差，是以民服事其上，而下无觊觎。（《汉书·游侠传》)"自古以来天子建国就是有等级的，从上到下，各等级之间衣食住行都是有差别的，这样老百姓才能"上下序而民志定"《汉书·货殖传》，老老实实地服侍他的上级，没有不臣之心，君主专制社会才能万古长存！毫无疑问，班马的不同，源于思想立场，班固是属于现实现世的，司马迁则是属于未来的。——近代启蒙主义认为，"人人生而平等，他们从他们的造物主那里被赋予了某些不可转让的权利，其中包括生命、自由和追求幸福的权利。[①]"而民主、自由、平等、公正等早已是当今社会主义中国核心价值观的重要组成部分。司马迁的平等意识当然达不到这个程度，但单就他认为君臣人格是平等的，低等级的人也有追求财富和幸福生活的权利——这一点上看，属于近代才有的民主思想是毫无疑义的。

　　史书历来是给帝王将相们预备的，没有平民百姓什么事。司马迁则对此很有些遗憾，他在《伯夷列传》中说："君子疾没世而名不称焉。……伯夷、叔齐虽贤，得夫子而名益彰。颜渊虽笃学，附骥尾而行益显。巖穴之士，趣舍有时若此，类名埋灭而不称，悲夫！闾巷之人，欲砥行立名者，非附青云之士，恶能施于后世哉？"《游侠列传》说："自秦以前，匹夫之侠，湮灭不见，余甚恨之。"因此，将商人、游侠、俳优这些平民中的特出者写进史书，彰显的无疑是一种代表未来的民主平等意识。

三、思维方式超前：反圣化思维

　　所谓圣化思维，就是以圣人之思想为思想，以圣人之是非为是非。这是中国古人的一大毛病。这一思维认为，圣人道德完美，人格高尚，思想深刻，能力超凡，"道无所不通，明无所不照，闻声知情，与天地合德，日月合明，四时合序，鬼神合吉凶。"(《白虎通义·圣人》)圣化思维《周易》中就有了的，如"昔者圣人之作易也"(易传·说卦)，"圣人设卦观象系辞焉，而明吉凶"(《易传·系辞上》)，"天生神物，圣人则之，天地变化，圣人效之"(《易传·系辞上》)等等；包牺（伏羲）、神农、黄帝、尧、舜等在《周易》中都是圣人。汉武帝罢黜百家、独尊儒术后对孔子的圣化达到高峰，孔子成为万民敬仰的圣人，儒学受到前所未有的尊崇，人们笃信传达了圣人思想的五经之书，学之用之（董仲舒甚至用《春秋》决狱）阐释之，不厌其烦地在儒家经典中寻求圣人的微言大义。其流弊，到了西汉晚期，被国家推崇的今文经学竟如刘歆所说，至"分文析字，烦言碎辞，学者罢老且不能究其一艺。(《汉书·楚元王传》"。古文经学好一些，但皓首穷经地训释经文宗旨体察圣人之意则也是万变不离其宗。魏晋之后，又出现了九经、十三经，人们不断地为经做注、为注做疏，于是乎几个十几个几十个字的经文，用上百言、上千言乃至洋洋万言来解释成为家常便饭。更有甚者，对经的阐释还有遵家法、遵师法、疏不破注等一系列禁忌，后学弟子与世代承传的"师门""家门"理解上有出入都不行。到了明清的科举考试，更将这种圣化思维发展到极

① 〔美〕卡尔·贝克尔著，彭刚译：《论〈独立宣言〉》，商务印书馆 2017 年版，第 4 页。

致，规定必须在指定的几部经书中出题，考生回答必须代圣贤立言，不得有自己的发挥。这就进一步将原本看似还属于研究方法的学术问题，变成了培养选拔官员必须遵守之原则的政治问题。于是，人们思想越发禁锢，思维越发狭窄、固化。当然对圣化思维也有人批评，东汉王充和明代李贽就反对圣化孔子，反对以孔子之是非为是非，力倡独立思考，但两千年中这么几个"异端"分子根本不能撼动整体的思维大势。

司马迁写《史记》时，汉武帝罢黜百家独尊儒术业已三四十年，圣化孔子正走向如火如荼如醉如痴，司马迁也对孔子充满了无上的崇敬，他将孔子比之于诸侯，立《孔子世家》，称之为"至圣"，说"高山仰止，景行行止"，敬仰之情溢于言表；他要学习孔子著《春秋》，也写一部史书，用韩先生的话说，就是要做第二个孔子，第三个周公。所以，过去一个相当长的时期，我多注意的是司马迁对孔子的无比尊崇，虽然他的《太史公自序》引用其父司马谈的《论六家要旨》，批评儒家"博而寡要，劳而少功"，但觉得他也就是说说而已，在我的意识中这种批评被他对孔子的巨大尊崇态度所掩，而有意无意地忽略了；进而认为，汉代对孔子的"造圣运动"，司马迁参与了并且起的作用不小。

我曾在电话中就《史记研读随笔》向韩先生请教几个问题，其间提到了司马迁对孔子的态度。韩先生让我仔细读一下《鲁周公世家》，说：《鲁周公世家》中有一段，写周公对伯禽就封三年之后方才报政的批评、对齐国太公就国五月即报政的比较，以及对齐鲁两国未来的推测，其实就是以历史事实对儒学的一种批评。韩先生还说，历史上是否真的有周公批伯禽这件事还不好说，司马迁把它拿出来当成一件不小的事来说，实际上就是表达他自己对鲁国积贫积弱的一种态度。这种批评在《史记》的其他地方——甚至《孔子世家》中都有。

按照韩先生指点，我仔细阅读了《鲁周公世家》下面这一段

鲁公伯禽之初受封之鲁，三年而后报政周公。周公曰："何迟也？"伯禽曰："变其俗，革其礼，丧三年然后除之，故迟。"太公亦封于齐，五月而报政周公。周公曰："何疾也？"曰："吾简其君臣礼，从其俗为也。"及后闻伯禽报政迟，乃叹曰："呜呼，鲁后世其北面事齐矣！夫政不简不易，民不有近；平易近民，民必归之。"

韩先生说的没错！这就是司马迁借周公之口批评鲁国伯禽，进而揭示儒学"博而寡要，劳而少功"，形式主义，抓不住要害，对治国、救世都不那么适用的弊端。

后来，我在韩先生的《史记研读随笔》中看到了韩先生对《鲁周公世家》这段话的分析："司马迁……假托周公以批评伯禽的死守教条、不知变通而预言鲁国的日后必败，必然要成为齐国的藩属臣仆。这'不简不易，民不有近；平易近民，民必归之'十六个字是很有学问的，司马迁在《太史公自序》中批评孔子的学说为：'博而寡要，劳而少功'；又在《孔子世家》中通过晏婴的嘴批评孔子的

学说为'滑稽而不可轨法'；说它'倨傲自顺，不可以为下；崇丧遂哀，破产厚葬，不可以为俗；游说乞贷，不可以为国'；说它'盛容饰，繁登降之礼，趋详之节，累世不能殚其学，当年不能究其礼'。这些都是司马迁所认同的对儒家学说的定论。"

我在对韩先生上述分析折服的同时，也深感惭愧——《鲁周公世家》我看了不知多少遍了，竟然对司马迁的这段话视而不见，麻木不仁，没有感觉，以至于影响了自己对司马迁思想深度的认知。

于是乎，我重新审视了司马迁对儒学、对孔子的态度。是的，司马迁尊崇孔子，可能也参与了"造圣运动"，但是他尊崇的是孔子的道德人格、事业理想，并没有因为这种尊崇对孔子政治思想的迂腐不适用而"爱屋及乌"、一概肯定；而是将这些缺点毫无保留地、一针见血地指了出来，并不失时机地"证之以历史"。

在汉武帝罢黜百家独尊儒术，孔子地位如日中天的时候，司马迁头脑清醒，不为潮流左右，以独立之精神对儒学进行实事求是的评价，是难能可贵的，体现了杰出思想家的必备的重要品格。从整个中国古代经学史看，这种不以孔子是非为是非，不以圣人之思想为思想的意识，相对于汉代举朝上下的沉溺"五经"、为挖掘圣人一句话的微言大义而吭哧吭哧、皓首穷经地做注的风气；相对于后来的什么"守家法""疏不破注"的思维的僵化，不是很了不起吗！进一步看，这种圣化思维实乃中国古代权威崇拜的一种，它严重束缚了社会的发展和人思想的自由，是培养奴隶道德和奴隶人格的温床。试想，对"圣人"不敢说半个"不"字，不敢有半点怀疑，对权威绝对服从，这社会还能进步吗?!

司马迁这种对圣人的态度，源于他的接近于近代社会的人格和思想，其意义即使在今天的中国，仍不可低估。

综上所述，我认为，韩兆琦先生的"超前说"对司马迁人格思想进行了较为准确的定位，揭示了《史记》之所以在今天仍有巨大价值和魅力的原因及奥秘。司马迁思想超前的结果就是"与当时那种政治、经济、军事、法律、道德、思想、学术等一切问题上的观点理论的不合拍"，而这种不合拍，从某种意义上说，才是司马迁悲剧遭际的最根本原因。

《史记·淮南列传》辨疑

——兼论汪春泓先生的相关论点和论据

＊本文作者刘国民。中国社会科学院大学人文学院教授，博士生导师。

一

《史记·淮南列传》颇有嫌疑之处。淮南王刘安及其宾客同著《淮南子》，把儒道两家思想集结起来，可算得"思想史上的伟绩"①。刘安才思敏捷，作《离骚传》，其中，"《国风》好色而不淫，《小雅》怨悱而不乱，若《离骚》者，可谓兼之。蝉蜕浊秽之中，浮游尘埃之外，皭然泥而不滓。推此志，虽与日月争光可也"特为著名，司马迁《屈原列传》采之。刘安应是一位博学理智之士，但《史记》本传中刘安似不明事理，是童呆愚稚之辈。其一，刘安在天下已定、自身力量弱小的情况下，处心积虑地谋叛朝廷。孝景三年（前154），"吴楚七国反，吴使者至淮南，淮南王欲发兵应之"，到元狩元年（前122）谋反被诛，前后有三十多年。其二，建元二年，刘安入朝，武安侯田蚡迎之霸上说："方今上无太子，大王亲高皇帝孙，行仁义，天下莫不闻。即宫车一日晏驾，非大王当谁立者！"刘安大喜，遂"厚遗武安侯金财物。阴结宾客，拊循百姓，为叛逆事"。武帝才即位，年十七八岁，如何能断定他不能生子呢？刘安竟相信此言，并积极地谋叛逆之事，实令人不解。其三，刘安被汉廷削地之后，"诸使道从长安来，为妄妖言，言上无男，汉不治，即喜；即言汉廷治，有男，王怒，以为妄言，非也"。武帝有无儿子，汉廷治与不治，当基于事实的根据；刘安岂能因使者的妄说而或悲或喜？其四，学人或认为，司马迁同情刘安，作《屈原列传》，采录刘安《离骚传》，且对武帝用诬陷的手段诛杀刘安甚为不满。但《淮南列传》详细叙述刘安谋反不法的具体过程和诸多事实，且把刘安从世家降为列传，包含了价值的评价，"太史公曰"指责刘安云"不务遵藩臣职以承辅天子，而专挟邪僻之计，谋为叛逆，仍父子再亡国，各不终其身，为天下笑"。这与同情之说相矛盾。

关于《淮南列传》中存在嫌疑之处的原因，学人多认为，司马迁写此传的主

---

① 徐复观：《两汉思想史》（第二卷），华东师范大学出版社 2001 年版，第 108 页。

要材料来自朝廷的"官文书"、伍被的"自供词",这里有许多诬陷和缘饰的成分,因而形成了矛盾和可疑之处。也有学人认为,作为富有理性和批判精神的历史学家,司马迁不会犯有这样的错误,嫌疑之处是"微言"。所谓微言,即隐约之言,主要表现为史家有意在行文中造成前后的矛盾,以暗示所记录的并非真实。史家本该"实录",但有时为了不冒犯当代权势者的忌讳而引起阻挠和灾祸,故以微言的书法暗示历史的真实。《史记·匈奴列传》:"孔氏著《春秋》,隐、桓之间则彰,至定、哀之际则微。为其切当世之文,而罔褒,忌讳之辞也。"孔子生活在定、哀之世,叙述当代史时往往用"微言"的书法。韩兆琦论述《史记》的矛盾性书法时说:"就是有意造成一种前后文的矛盾,令人读而生疑,以达到披露隐情的目的。"① 因此,读者当推见至隐,以把握微言背后的真实内容,这是历史文本之理解和解释的关键。港台学者徐复观说,司马迁认为刘安的谋反是出自汉廷的诬陷,是一大冤案,《淮南列传》在叙述刘安的诸多谋反事实时,故意用矛盾的言辞即微言,暗示其叙述的并非真实。② 笔者认为,此传的一些地方可能有司马迁的微言,但众多谋反事实的明白叙述,很难都用微言来解释;且微言之说也难以确断,不免流于猜想。

汪春泓认为,此传存在的一些矛盾表明,它不是司马迁所作,而是参与治淮南狱的宗正刘受与刘德根据"定谳之词"而写,后经刘向和刘歆的修改而成。③ 再延伸阅读汪先生的相关文章,也是否认司马迁对《史记》中一些篇章的著作权,而认定是刘德、刘向窜写的;例如《读〈史记·屈原贾生列传〉献疑》一文认为,司马迁没有撰写此传,是刘德、刘向窜写的。④ 这种大胆而新奇的观点是需要坚强证据的,但细读汪先生的文章,即可发现他的相关论点、证据,多是强词武断,持之无故。这是《史记》辨伪中的一件大事。学术乃是天下的公器。学术上的认真讨论和批评,能引起双方的深切反省,而有助于对问题的解决,是推动学术进步的重要方法之一。笔者不揣浅陋,特为《淮南列传》辨疑,并对汪先生的相关论点和论据予以反思和批评;不当之处,敬请方家正之。

二

我们怀疑司马迁对《淮南列传》的著作权,主要是我们以为,司马迁认为刘安的谋反被诛是出于汉廷诬陷的一件大冤案。因此,我们有必要检讨《史记》中其他的篇章对刘安之谋反事的载录和评价。

《史记·魏其武安侯列传》:

　　淮南王安谋反觉,治。王前朝,武安侯为太尉,时迎王至霸上,谓王曰:

---

① 韩兆琦:《史记通论》,广西师范大学出版社 1996 年版,第 59 页。

② 徐复观:《两汉思想史》(第二卷),华东师范大学出版社 2001 年版,第 111 页。

③ 汪春泓:《关于〈史记·五宗世家〉之"河间献王"事迹疏证》,《北京大学学报》2010 年第 4 期。

④ 汪春泓:《读〈史记·屈原贾生列传〉献疑》,《文学遗产》2011 年第 4 期。

"上未有太子，大王最贤，高祖孙，即宫车晏驾，非大王立当谁哉!"淮南王大喜，厚遗金财物。上自魏其时不直武安，特为太后故耳。及闻淮南王金事，上曰："使武安侯在者，族矣。"

刘安与田蚡的对话，是刘安谋反事觉后为汉廷所查知而成为刘安谋反的一个证据。司马迁当据汉廷的"官文书"载录此事。此事亦见于《淮南列传》。

《史记·平准书》：

> 自公孙弘以《春秋》之义绳臣下取汉相，张汤用峻文决理为廷尉，于是见知之法生，而废格沮诽穷治之狱用矣。其明年，淮南、衡山、江都王谋反迹见，而公卿寻端治之，竟其党与，而坐死者数万人，长吏益惨急而法令明察。

刘安有"谋反迹"。这与《淮南列传》中胶西王端议刘安罪"谋反形已定"相同，即显示谋反的一些特征，但未公然地举兵反叛。汉廷对有谋反动机且暗做一些准备的刘安等人，是以实际的谋反罪论处。公卿寻端穷治其狱，深文周纳，广为株连，严刑酷罚，死者数万人。

《史记·儒林列传》：

> 仲舒弟子遂者：兰陵褚大，广川殷忠，温吕步舒。褚大至梁相。步舒至长史，持节使决淮南狱，于诸侯擅专断，不报，以《春秋》之义正之，天子皆以为是。

董仲舒的弟子吕步舒，参与决淮南狱，以《春秋》之义正之，即《平准书》之谓"自公孙弘以《春秋》之义绳臣下取汉相"。公孙弘是西汉第一位封侯拜相的儒者，他所学的是《春秋》公羊学。所谓《春秋》之义，即《公羊传》庄公三十二年"君亲无将，将而诛焉"、《公羊传》昭公元年"君亲无将，将而必诛焉"。"将"，即行为的动机和念头，臣子如果动了弑杀君亲的念头，即使未付之行动，也须予以诛绝。汉代公羊学继承和发展此一思想，标举"贵志""诛心"之论，这在汉代的政治冤狱中发挥了很大作用。人的动机和目的深藏于内，同样的动机和目的可发出不同的行为，同样的行为可有不同的动机和目的，因此难以察知。徐复观说："个人立身行己在动机的隐微之地，下一番反省澄汰的功夫，当然是好的。但在政治上，也要追及到动机隐微之地，以此为判罪的原则，则社会上可死者必者，冤死者亦也必众。"[①]《史记》本传录胶西王端议曰："淮南王安废法行邪，怀诈伪心，以乱天下，荧惑百姓，背叛宗庙，妄作妖言。《春秋》曰'臣无将，将而诛'。安罪重于将，谋反形已定。臣端所见其书节印图及他逆无道事验明白，甚大逆无道，当伏其法。"胶西王所引"臣无将，将而诛"，即指刘安有谋反的动机和目的，虽未付诸行动，但须以实际的谋反罪论处。

---

① 徐复观：《两汉思想史》（第二卷），华东师范大学出版社 2001 年版，第 188 页。

《史记·酷吏列传》：

> 上问汤，汤曰："此愚儒，无知。"狄山曰："臣固愚忠，若御史大夫汤乃诈忠。若汤之治淮南、江都，以深文痛诋诸侯，别疏骨肉，使蕃臣不自安。臣固知汤之为诈忠。"于是上作色曰："吾使生居一郡，能无使虏入盗乎?"曰："不能。"

博士狄山并未否认刘安的谋反，而是指责张汤在治淮南狱时，深文痛诋，穷治其狱，牵连太多，杀伤太重。

《史记·汲黯列传》：

> 然好学，游侠，任气节，内行修洁，好直谏，数犯主之颜色，常慕傅柏、袁盎之为人也。善灌夫、郑当时及宗正刘弃……淮南王谋反，惮黯，曰："好直谏，守节死义，难惑以非。至如丞相，如发蒙振落耳。"

丞相即公孙弘，《淮南列传》所谓"而说丞相下之，如发蒙耳"，与此传正同。

要之，司马迁在《史记》的其他传记中，基本上认定刘安因谋反事被诛，也指出刘安有谋反形，即有谋反的动机和目的且为谋反暗做一些准备，而没有实际的公然反叛；汉廷断淮南狱以《春秋》之义正之，深文周纳，穷究党羽，严刑酷罚，司马迁是持批评态度的，而认为刘安之谋反被诛有一定的冤屈。

我们再细读《淮南列传》，了解刘安谋反的发展过程和诸多事实，分析刘安谋反的主要原因，解释此传中存在的某些嫌疑之处。

刘安的祖母赵氏，是高祖路过赵王张敖的封地时赵王所进献，赵氏得幸而有身。后因贯高等谋反而牵连赵王，一并收捕而系于狱中。赵氏以怀孕之事告吏，吏以上闻，高祖正怒赵王，不理赵氏。赵氏在狱中生下刘安的父亲刘长后，即愤而自杀。高祖事后颇有悔意，令吕后母之。高祖十一年，击灭黥布，立刘长为淮南王。长颇有材力，勇毅，骄矜，放恣，数不奉汉法，引起文帝及其大臣的猜忌。文帝六年，厉王刘长以谋反废徙蜀，在路上愤而不食以死。文帝十四年，封刘长的三子安、勃、赐为王，三分刘长的封地。安为淮南王，继承其父的封号。刘安自然是念念不忘其祖母、父亲的冤死，复仇种子早已孕育心中，并一天天地成长。吕思勉说："汉人之重复仇，观淮南王事可以知之。审食其之于厉王母，特未能争于吕后耳，非有意杀之也；而厉王处心积虑，必致之死。王安躬行仁义，通达道术，必非利天下者。……《史记》云云安时时怨、望厉王死，欲叛逆；《汉书》云江淮间多轻薄，以厉王迁死感激安。此盖安谋反之由，他皆不足信也。"①吕思勉认为刘安谋反的主要原因是复仇，并非有夺取天下之心，所谓"有利天下之心也"。笔者也认为，刘安在帝室中是二世含冤的一支，一方面祖母及父亲的冤死在他的心中种下复仇的种子；另一方面，他因不断受到汉廷的窥伺、压制和逼迫，而负有沉重的压力感，不得不生谋反之心，暗做谋反的准备。

---

① 吕思勉：《吕思勉读史札记》（中），上海古籍出版社 2005 年版，第 566 页。

　　孝景三年，吴楚七国反，吴使者来到淮南，刘安欲发兵应之。刘安因二世含冤，而早有复仇谋叛之心；"欲发兵应之"，即有发兵的念头，但未付诸行动。此事应是在元狩二年刘安谋反事觉后，为汉廷所追讨。如果在当年（孝景三年）即知，则刘安难逃惩处。司马迁叙述此事，应根据汉廷的"官文书"。

　　建元二年，刘安入朝，素善武安侯田蚡。田蚡时为太尉，迎于霸上，曰："方今上无太子，大王亲高皇帝孙，行仁义，天下莫不闻。即宫车一日晏驾，非大王当谁立者！"按人情之常，武帝才即位，只有十七八岁，为何断定不能生子呢？武帝春秋正富，而刘安此时约四十岁，如何能说"宫车一日晏驾，非大王当谁立者"。田蚡是武帝的亲舅舅，正受重用，也不能这样说。但田蚡是一个典型的势利小人，相貌丑陋，阴险狡诈，极善逢迎，其发迹主要依靠王太后的外戚关系。司马迁对田蚡甚为痛恨，观《魏其武安侯列传》可知。刘安是武帝的叔父，此时受到武帝的敬重。田蚡为了巴结刘安，而昧着良心说话。刘安大喜，厚遗田蚡金财物，并阴结宾客，为叛逆事。刘安因祖母、父亲的冤死而悲愤郁于心中，感情往往遮蔽理智，他的行为是可以理解的。这次朝见中，刘安应武帝之命，作《离骚传》，"旦受诏，日食时上"。徐复观说："刘安的《离骚传》，是借屈原之冤，以明自己之志。其叙述中所流露出的'信而见疑，忠而被谤'的烦冤悲愤之情，不仅是表白屈原，亦实际是表白他自己。"[1]

　　淮南王安、皇后荼、太子迁、女儿陵等，皆相谋而有复仇汉廷之心，也为谋叛作了一些积极的准备。女儿陵到长安，多带金钱，约结武帝左右的近臣。元朔五年，太子迁与郎中雷被比剑，产生了冲突。雷被受到刘安及太子的斥免和打击。他欲募击匈奴，而离开淮南，但为刘安及太子所禁。他逃到长安，上书自明。这件事违背汉律"诏书募击匈奴，而阻遏应募者，汉律所谓废格"。汉廷准备逮捕太子，"王、王后计欲无遣太子，遂发兵反。计犹豫，十余日未定"。此事"踪迹连王"，公卿欲逮捕刘安。安与太子谋划，准备刺杀汉廷的使者，举兵反。但汉廷并未逮捕刘安，只是讯验。刘安自度无罪，不发。汉廷虽赦刘安之罪，但削其两县。刘安及太子不准雷被募击匈奴，虽违汉律，也不是什么大罪，可汉廷轻罪重罚，一再传出要逮捕太子和刘安。汉廷又以此为借口，削淮南两县，以实现"强干弱枝"的目的。这可见汉廷对刘安防备甚严，逼迫太紧，使刘安不得不准备谋反。刘安遭到贬斥且削地后，复仇谋反之心益甚，几乎丧失了理性，从而为使者的妄言或悲或喜，"诸使道从长安来，为妄妖言，言上无男，汉不治，即喜；即言汉廷治，有男，王怒，以为妄言，非也"。

　　刘安日夜与伍被、左吴等谋划，准备反叛朝廷。伍被是著名的谋臣，其游说之词颇有战国策士的风格，善于铺排、夸饰，文辞宏富，情溢于理。他起初不赞成刘安的谋反，通过秦亡汉兴、吴王濞谋反被诛等两件事，从正反两方面说明功成者要知时而动；并指出，此时天下安宁，淮南力量弱小，如果谋反，"诚逆天道

---

　　① 徐复观：《两汉思想史》（第二卷），华东师范大学出版社 2001 年版，第 112 页。

而不知时也"，就必然败亡。后来他在刘安威逼的情况下，不得已为谋反划策。在刘安谋反事将发觉时，伍被"自诣吏，因告与淮南王谋反，反踪迹具如此"。他是一个"忠不终而诈雠"（《汉书》本传）的人。司马迁所录的游说之词，当采自伍被的"自供词"。"自供词"屡次称引汉廷之美，一再表明自己规劝刘安不要谋反，且陈述自己是在刘安逼迫的情况下参与谋反，其缘饰的内容昭然。

淮南国谋反之事的发觉，主要是因为内部的争斗。刘安的孽子刘不害及其子刘建与太子刘迁之间有太多的恩怨情仇，这难有是非善恶的判断。元朔六年，建告太子迁的许多阴事于朝廷。刘安患之，恐国之阴事将觉，几次欲发兵。刘安从伍被的建议，准备伪造汉廷的诏书向山东各地发出，徙郡国豪杰、任侠、有罪者及其家属至朔方郡；又准备伪造朝廷狱书，逮捕诸侯太子幸臣，以造成诸侯、郡国对朝廷的怨恨，引起社会政治的动乱，从而乘势公然反叛。这些计谋皆是纸上谈兵，很难实行；即使实施，也需要较长的时日。汉廷逮捕太子迁急迫，刘安又准备诛杀淮南相、内史、淮南中尉等，"王犹豫，计未决"。就在这时，伍被自诣吏，告刘安谋反。丞相公孙弘"乃疑淮南有叛逆计谋，深穷治其狱"。汉廷围淮南王宫，捕刘安、太子、王后及其宾客。刘安自刭杀。王后荼、太子迁等参与谋反者皆被灭族，牵连列侯二千石豪杰数千人，皆以罪轻重受诛。

综上所述，刘安之谋反历经三十多年的发展，由最初因祖母、父亲的冤死而对汉廷产生许多不满、怨恨，到后来汉廷愈来愈严重的猜忌、压制、威逼，而使刘安的谋反之心不断充实扩大，而暗作实际的准备，终成"谋反形"，但未公然反叛。《史记》本传在叙述诸多谋反事时，一再用"欲如何""未发"等语。刘安具有文人的性格，《汉书》本传"淮南王安为人好书，鼓琴，不喜弋猎狗马驰骋，亦欲以行阴德拊循百姓，流名誉。招致宾客方术之士数千人，作为《内书》二十一篇，《外书》甚众，又有《中篇》八卷，言神仙黄白之术，亦二十余万言"，虚华不实，优柔寡断，感情用事，因复仇情感强烈而遮蔽理性，有时做出非理性的行为，这是《史记》本传中有时童呆愚稚的原因。《淮南列传》是司马迁所作，这不容置疑：一是此传与《史记》其他篇章在述刘安的谋反事时，总的看法基本一致；二是深究刘安其人其事，则此传存在的嫌疑之处可以得到合理的解释。司马迁作《史记》，"其文直，其事核，不虚美，不隐恶，故谓之实录"（《汉书·司马迁传》），"官文书""自供词"是在他的反思和批评中使用的，绝非照录。

三

汪春泓认为，《淮南列传》不是司马迁所作，而是刘受、刘德所写，后经刘向、刘歆修改而成；因为司马迁对刘安颇为欣赏和同情，且认为刘安的谋反被诛完全是汉廷诬陷的千古冤案，故不可能撰写今本的《淮南列传》。

证据之一，淮南王狱属于冤案，此在案发当时，就属天下共识。观《汉书·淮南衡山济北王传》，朝廷严惩淮南王，铁证之一，就是淮南王所养谋士伍被的证词，伍被或许是揭发淮南王谋反之最力者，亦或许是朝廷假借伍被之名，捏造莫须有之词。如何在史书中处置伍被其人，《汉书》在《淮南王传》后，紧接着就是《蒯伍江息夫传》，此传中蒯通之与韩信、伍被之与淮南王、江充之与戾太子、息夫躬之与东平王，此蒯、伍、江、息夫四者，皆仲尼所谓"恶利口之覆邦家"者，四人均属利欲熏心胆大包天之险士，其生平都与前汉一桩人神共愤的冤案相联系，而此传不置于韩信、戾太子及东平王传后，唯独列于淮南王传后，其意指太明确不过了，显然，史家的安排意在说明淮南王一案与韩信、戾太子等一样，同属遭致陷害的千古奇冤。①

汪先生认为，淮南王狱属于冤案，在当时是天下共识；但他一方面不能提供坚实的材料予以证明，另一方面也不能征引时人的言论予以证实，而是推测班固作《汉书·蒯伍江息夫传》之动机目的：此传置于《淮南王传》后，表明伍被是诬陷刘安的小人，与其他三位小人陷害其主同类；也说明淮南、韩信、戾太子等谋反罪是同属遭致陷害的千古奇冤。这种推见至隐或有一定的合理性。既然如此，则班固为何在《汉书·武帝纪》中明确地记载刘安的谋反之事："（元狩元年）十一月，淮南王安、衡山王赐谋反，诛。党与死者数万人。"《汉书·淮南衡山济北王传》基本上照录《史记》而有所损益，把伍被的游说之词略去，置于《蒯伍江息夫传》中。这表明班固认为刘安基本上是谋反被诛的。班固之述西汉史，可不必像司马迁因畏惧现实政治权势的打击而出之于"微言"。在《蒯伍江息夫传》中，班固征引孔子言"恶利口之覆邦家"，意谓四人皆是善于权变的巧辩之士，他们所游说的主人最终皆遭遇了灭顶之灾；至于原因，而有所不同，例如韩信之被诛，并不是因为蒯通的诬陷。刘安的谋反处心积虑，伍被一再规劝，后事情将觉，伍被自诣吏，告刘安谋反。这只能如班固所批评："伍被安于危国，身为谋主，忠不终而诈儡，诛夷不亦宜乎！"《盐铁论·晁错》："大夫曰：'《春秋》之法，君亲无将，将而必诛。故臣罪莫重于弑君，子罪莫重于弑父。日者，淮南、衡山修文学，招四方游士，山东儒、墨咸聚于江淮之间，讲议集论，著书数十篇。然卒于背义不臣，使谋叛逆，诛及宗族。'"大夫即儒生可代表时人的一般看法。

汪先生说，司马迁认为刘安的谋反是天下奇冤，其证据之一是《史记·酷吏列传》；他以博士狄山批评酷吏张汤"治淮南、江都，以深文痛诋诸侯，别疏骨肉，使藩臣不自安"作为证据。但笔者认为，这只能说张汤在治淮南狱时深文周纳，严刑酷罚，痛诋诸侯，不能说明张汤所治淮南狱是冤假错案。

汪先生说：

　　若按《史记·淮传》所谓"太史公曰"，以地理环境决定论来诠释淮南王父子"再亡国"的宿命，此与伟大史学家司马迁的史学观相悖，此"太史公曰"实属可疑。②

————————

① 汪春泓：《关于〈史记·五宗世家〉之"河间献王"事迹疏证》，第78页。

② 汪春泓：《关于〈史记·五宗世家〉之"河间献王"事迹疏证》，第78—79页。

地理环境对人的性格和命运有一定的影响，是可以肯定的，但如果过分地夸大其影响而成为地理环境决定论，则显然是片面的。人的性格和命运受到多方面因素的作用，例如时代的背景、人生的遭遇、学问的传承、个性人格等。环境决定论也含有为当事人开脱其行为责任的内容。人应对自己的行为及其结果负责，这贯穿着坚强的道德伦理的筋脉，"善有善报，恶有恶报"。作为伟大的史学家，司马迁自然不能主张环境决定论。

《淮南列传》：

> 太史公曰：《诗》之所谓"戎狄是膺，荆舒是惩"，信哉是言也。淮南、衡山亲为骨肉，疆土千里，列为诸侯，不务遵藩臣职以承辅天子，而专挟邪僻之计，谋为叛逆，仍父子再亡国，各不终其身，为天下笑。此非独王过也，亦其俗薄，臣下渐靡使然也。夫荆楚骠勇轻悍，好作乱，乃自古记之矣。

细读这段文字，司马迁认为，刘长、刘安父子亡国的原因，主要是自己的过失，也受到荆楚地方"骠勇轻悍，好作乱"之风俗及臣下不良言行的浸染。"此非独王过也"，即不都是王的过失（但负主要责任）。这种论断是合理的，岂如汪先生所理解"以地理环境决定论来诠释淮南王父子'再亡国'的宿命"。学人的治学是以基本材料为立论的依据，这不仅指对基本材料的搜集是否完整或典型，也指对基本材料的理解是否合理。

汪先生说：

> 证据之二，按照汉家制度，惩治诸侯谋反之事例由宗正参与，施行朝廷"家法"，而宗正深悉事情的原委，可以认为，《史记·淮传》本是一份证成淮南冤狱的定谳之词，宗正当与此文所记录的淮南王事迹存在不解之缘。……作为主办淮南王案的宗正刘受和参与其事的侄孙刘德，事后，理当撰成一篇结案谳词，《汉书·武帝纪》元狩元年夏四月丁卯诏曰："日者淮南、衡山修文学，流货赂，两国接壤，怵于邪说，而造篡弑，此朕之不德。"武帝已为此案定调，所以谳词也必须与此相符，现在看来，《史记·淮传》与武帝的定调几乎一致，并不敢越雷池半步，这可以证明此一列传的性质，确乎是一篇定谳之词，换言之，《史记·淮传》是迎合武帝上述诏书的口径来撰写的，而此篇出自刘受、刘德之手笔，后经刘向、刘歆之润饰，其可能性完全存在。①

首先，宗正掌管王室亲族的事务，同姓诸侯王谋反，宗正参与治之，但非主办者，也不负责撰写定谳之词。《淮南衡山列传》："丞相弘、廷尉汤等以闻，天子使宗正以符节治王。"公孙弘、张汤把刘安的谋反事详告于武帝，论刘安为谋反，武帝才派宗正惩治刘安。其次，汪先生据《汉书·百官公卿表》指出，参与治淮南狱的宗正为刘受；又据《汉书·楚元王传》"更生父德武帝时治淮南狱得其

---

① 汪春泓：《关于〈史记·五宗世家〉之"河间献王"事迹疏证》，第79—80页。

书"，而认为刘德也参与治淮南狱，深知此狱的本末，"而此篇出自刘受、刘德之手笔，后经刘向、刘歆之润饰，其可能性完全存在的"。但考史者早已指出刘德未治淮南狱。据《楚元王传》记录，昭帝即位，"辟强子德待诏丞相府，年三十余，欲用之"，淮南王谋反事觉在元狩元年，至昭帝即位，有三十六年，则淮南狱起时，刘德尚未出生，故刘德不可能参与治淮南狱。① 刘德在昭帝始元元年（前86），作为宗正丞，参与治刘泽谋反狱。王先谦《汉书补注》："德传言治刘泽诏狱是也。此因向得淮南书而附会。"因此，淮南狱起时，刘德尚未出生，则汪先生之谓刘德参与治淮南狱而撰成定谳之词，且以之为基础而成《淮南衡山列传》，即是凿空之论。再次，汉家在太初元年（前104）行太初历前，用的是秦的历法，秦历以十月为岁首，故元狩元年十一月是在元狩元年四月前。这是先有定谳之词，证成刘安谋反，才有武帝的诏令；而非先有武帝的诏令，再有刘受、刘德为迎合武帝而撰写的定谳之词。汪先生谓"武帝已为此案定调，所以谳词也必须与此相符……《史记·淮传》是迎合武帝上述诏书的口径来撰写的"，不能成立。

四

汪先生说，从《淮南列传》中可读出刘德、刘向与诸侯大臣之间的恩怨情仇，这也成为刘德、刘向撰成此传的又一证据。

> 证据之三，在《史记·淮传》中，夹杂着一些朝廷诸侯、皇帝后戚之间的恩怨情仇，此固为向之读《史记》者，不甚明其缘由。②

《淮南衡山列传》：

> 及建元二年，淮南王入朝。素善武安侯，武安侯时为太尉，乃逆王霸上，与王语曰："方今上无太子，大王亲高皇帝孙，行仁义，天下莫不闻。即宫车一日晏驾，非大王当谁立者!"淮南王大喜，厚遗武安侯金财物。

汪先生认为，这段文字的背后透露出刘德、刘向与窦婴、田蚡之间的恩怨。《汉书·楚元王传》："初，休侯富既奔京师，而王戊反，富等皆坐免侯，削属籍。后闻其数谏戊，乃更封为红侯。太夫人与窦太后有亲，恶山东之寇，求留京师，诏许之。富子辟强等四人供养，仕于朝。"刘富没有被削籍，主要是因为他数次劝谏刘戊不要谋反而有功；刘富一支因与窦太后有亲戚关系而受惠顾，未回封地而仕于朝廷。这非如汪先生之谓"楚元王后人刘富一支幸亏与窦太后尚存较近的亲戚关系，才免去了'削属籍'的厄运，因此，刘辟强和刘德以至其子孙自然对窦氏感恩戴德"③。汪先生说，刘富一支与窦太后有亲，窦婴是窦太后的外侄，则刘

① 参见钱大昕：《廿二史考异》卷八，上海古籍出版社2004年版。
② 汪春泓：《关于〈史记·五宗世家〉之"河间献王"事迹疏证》，第80页。
③ 同上文，第80页。

富一支自然与窦婴亲近，共同反对与窦婴相对立的田蚡，故在刘安谋反的定谳之词（《淮南衡山列传》据此）中，突显刘安与田蚡的对话，意在打击田蚡。这段史料也见于《魏其武安侯列传》。汪先生为了弥缝其观点的漏洞而认为，《魏其武安侯列传》记录的这段史料，"此一并属于非司马迁所撰文字，极可能是有心者羼入本传"①，此有心人即是刘德、刘向。

首先，根据《魏其武安侯列传》，魏其侯窦婴是窦太后从兄之子，为人耿直，也逆太后之意，"太后由此憎窦婴。窦婴亦薄其官，因病免。太后除窦婴门籍，不得入朝请"。孝景三年，吴楚反，景帝拜窦婴为大将军，"窦婴守荥阳，监齐赵兵。七国兵已尽破，封婴为魏其侯。诸游士宾客争归魏其侯。孝景时每朝议大事，条侯、魏其侯，诸列侯莫敢与抗礼"。因此，窦婴是一位有才能且正直敢言的外戚。武安侯田蚡，是孝景后同母之弟，是武帝的亲舅舅，"以王太后故，亲幸"。他未得志时，窦婴已成为重臣，田蚡"往来侍酒魏其，跪起如子姓"。后来，田蚡得势，而轻视窦婴，时时倾轧之，足见田蚡是一个势利小人。他们皆是以外戚得势，其间的争斗是权力间的斗争，虽难以是非论断，但窦婴值得尊重和同情，而武安侯令人厌恶。《魏其武安侯列传》云："太史公曰：魏其、武安皆以外戚重，灌夫用一时决策而名显。魏其之举以吴楚，武安之贵在日月之际。然魏其诚不知时变，灌夫无术而不逊，两人相翼，乃成祸乱。武安负贵而好权，杯酒责望，陷彼两贤。呜呼哀哉！迁怒及人，命亦不延。众庶不载，竟被恶言。呜呼哀哉！祸所从来矣！"魏其是凭借在吴楚叛乱中突出贡献而得到重用，而武安贵在日月之间；武安负贵好权，因杯酒小事而陷彼两贤，迁怒于人，自己的命也不能长。司马迁颇为同情魏其，甚厌恶武安。因此，《魏其武安侯列传》《淮南衡山列传》对田蚡的批评态度相同，皆为司马迁所作。

其次，《淮南衡山列传》录伍被的游说之辞："夫吴王赐号为刘氏祭酒，复不朝，王四郡之众，地方数千里，内铸消铜以为钱，东煮海水以为盐，上取江陵木以为船，一船之载当中国数十两车，国富民众。行珠玉金帛赂诸侯宗室大臣，独窦氏不与。"吴王财力雄厚，曾经大肆贿赂诸侯宗室大臣。汪先生说："必须关注文中'独窦氏不与'，此种叙述无疑可以视作对窦氏恩德的酬谢，其投桃报李之痕迹也就昭然若揭了，说明此传的作者袒护窦氏，且不遗余力。"②吴王叛乱在景帝三年，"独窦氏不与"，当是史实。伍被述及此事，未必就有什么居心。且此言出自伍被的供词，官方当有记载，也非刘德、刘向能任意胡说的。汪先生认为刘德、刘向用伍被的这句话来酬谢窦氏的恩德，且成为刘德、刘向撰写《淮南王传》的证据之一，这是深文周纳。伍被是善于权变的小人，刘德、刘向是谦谦君子，犯不着用伍被之言来酬谢窦氏。"独窦氏不与"的确切注释，可观于《史记·外戚世家》。窦太后出身微贱，其兄是窦长君，质朴老实。其弟窦少君，年少家

① 汪春泓：《关于〈史记·五宗世家〉之"河间献王"事迹疏证》，第80页。
② 同上。

贫，四五岁被人掠卖，辗转迁移数家，最终与太后生死重逢。两人虽封侯，但"退让君子，不敢以尊贵骄人"。窦婴也封侯，耿直有将帅之才，对景帝忠诚，当窦太后欲要景帝传位于梁王时，他义正词严："天下者，高祖天下，父子相传，此汉之约也，上何以得擅传梁王！"因此，窦氏三侯，皆非吴王所能贿赂。

再次，《淮南衡山列传》："使人伪得罪而西，事大将军、丞相；一日发兵，使人即刺杀大将军青，而说丞相下之，如发蒙耳。"这是说明丞相公孙弘没有气节，曲学阿世，很容易为刘安的游说与贿赂所打通。汪先生又录《史记·汲黯列传》："然好学，游侠，任气节，内行修洁，好直谏，数犯主之颜色，常慕傅柏、袁盎之为人也。善灌夫、郑当时及宗正刘弃……淮南王谋反，惮黯，曰：'好直谏，守节死义，难惑以非。至如丞相，如发蒙振落耳。'"汪先生认为，宗正刘弃是楚元王的后代，当与刘德、刘向一支交好；灌夫是窦婴的死党，也属于刘德、刘向一路的人；刘德、刘向在这里有意表彰灌夫、刘弃，即是暗中支持窦婴，而打击公孙弘，"此正是出自楚元王后人如刘德、刘向及刘歆之手的缘故"[①]。人与人之间的关系本不简单，政治中的人际关系更为复杂，其矛盾和融合是多方面的，且不断地变化发展。宗正刘弃是楚元王的一支，未必即与刘德、刘向一支相交好，政治中的父子、兄弟都容易反目成仇。灌夫与窦婴亲厚，刘德、刘向就支持灌夫吗？汲黯、灌夫、刘弃相善，与公孙弘相对立，刘德、刘向就打击公孙弘吗？刘德、刘向岂因曾得窦氏的帮助而不分青红皂白地反对与窦氏对立的大臣呢？刘德、刘向与窦婴的关系如何，也不能仅凭当初刘富之受到窦太后的惠顾，即认为与窦婴交好。窦太后与窦婴尚有矛盾分合，何况当初的这点情谊甚微，且不断地变化。休侯一支与窦婴有何交接，与田蚡、公孙弘有何关系，皆无史实来说明。

要之，汪先生依据《淮南衡山列传》中片言只语来发掘刘德、刘向与诸侯大臣之间的恩怨情仇，多是以想象代替逻辑论证。笔者认为，学人读史应关注史家记录的史实及其史实本身所表现的意义，而不必追究史家记录史实的动机目的，这本是没有根据的推论和妄猜。汪先生似得意于此，自以为独得史家著述的微言大义。

> 证据之四，在《史记·淮传》中，一些关于灾异的叙述方式出自刘向而非司马迁。《史记·淮传》记载："建元六年，彗星见，淮南王心怪之。或说王曰：'先吴军起时，彗星出长数尺，然尚流血千里。今彗星长竟天，天下兵当大起。'王心以为上无太子，天下有变，诸侯并争，愈益治器械攻战具，积金钱赂遗郡国诸侯游士奇才。诸辨士为方略者，妄作妖言，谄谀王，王喜，多赐金钱，而谋反滋甚。"如此将十分晚近的政治事件与天象相关联，作出实用主义的解释，覆按诸《史记·天官书》，其中并无相同的记载。……据此，更可知《史记·淮传》所出现的上述言灾异的文字绝非司马迁所作。[②]

记录天象灾异，是太史令的职责之一。孔子修《春秋》，重视日食等天象灾异的

---

① 汪春泓：《关于〈史记·五宗世家〉之"河间献王"事迹疏证》，第81页。
② 同上。

记录。把天象灾异与政治人事结合起来，这是非常古老的传统。汉初皇帝见天象灾异，以为是天警惧自己的不德，而总是下诏反省自己的罪责。《孝文本纪》："（二年）十一月晦，日有食之。十二月望，日又食。上曰：'朕闻之，天生蒸民，为之置君以养治之。人主不德，布政不均，则天示之以灾，以诫不治。乃十一月晦，日有食之，谪见于天，灾孰大焉！……'"董仲舒特重视天人相与之际。《天人三策》："臣谨案《春秋》之中，视前世已行之事，以观天人相与之际，甚可畏也。国家将有失道之败，而天乃先出灾害以谴告之，不知自省，又出怪异以警惧之，尚不知变，而伤败乃至。"这是天人感应的思想。司马迁受师于董仲舒，自然受其影响。因此，司马迁之关注和记录天象灾异，且与政治人事相结合，应是题中之义。

《史记·天官书》：

> 吴楚七国叛逆，彗星数丈，天狗过梁野；及兵起，遂伏尸流血其下。元光、元狩，蚩尤之旗再见，长则半天。其后京师师四出，诛夷狄者数十年，而伐胡尤甚。越之亡，荧惑守斗；朝鲜之拔，星茀于河戍；兵征大宛，星茀招摇：此其荦荦大者。若至委曲小变，不可胜道。由是观之，未有不先形见而应随之者也。

司马迁认为天象灾异与人事相感应。景帝三年，吴楚七国叛逆，彗星出现，数丈，预示天下将有大的兵灾，后果然如是。元光、元狩年间，蚩尤之旗两次出现，长则半天，后来京师四出征伐，数十年不息。因此，天象灾异先见，随之应于社会政治人事，所谓"未有不先形见而应随之者也"。这正是把晚近的政治事件与天象相结合，且作出实用主义的解释。

《天官书》记录的天象灾异是荦荦大者，而建元六年彗星出现的灾异，是委曲小者，所以未录。《淮南衡山列传》说，（建元六年）彗星出现，天下兵当大起。彗星出现而预示天下将要兴兵，本是古老的看法，《天官书》所载甚明。《汉书·武帝纪》以为这是预兆武帝此后对四夷大规模地用兵："（建元六年）秋八月，有星孛于东方，长竟天。闽越王郢攻南越。遣大行王恢将兵出豫章、大司农韩安国出会稽击之，未至，越人杀郢降，兵还。"《汉书·五行志》："武帝建元六年六月，有星孛于北方。刘向以为，明年淮南王安入朝，与太尉武安侯田蚡有邪谋，而陈皇后骄恣。其后，陈后废；而淮南王反，诛。"刘向十分重视以天象灾异说政治人事，他的解释是，这预兆刘安的谋反与陈后的被废。因此，《淮南衡山列传》与刘向对此灾异的解释不同，可见此传非出自刘向之手。

综之，汪先生以上的四条证据，似难以成立，故不能否定司马迁对《淮南列传》的著作权，更不能承认刘德、刘向等是此传的真正作者。司马迁基本上认定刘安是谋反被诛，而认为有一定的冤屈，这表现在汉廷时时的猜忌、逼迫、打击，也表现在汉廷以"谋反形"为实际的谋反罪论处，且深文周纳，穷究党羽，严刑酷罚。司马迁据官文书而有反省和批评，且以实地的考察和闻见，而撰写《淮南列传》，对淮南王刘安寄寓一定的同情。

《史记》与"隐君子"老子

＊本文作者崔茂新。曲阜师范大学文学院教授。

　　如果说春秋末期孔子开创的原初孔学是中国思想史上第一个民间学派，孔子殁后，经由七十子及后学，此学派的巨大社会影响形成了战国时期百家争鸣的思想界空前活跃和繁荣的局面，大致是不错的。支持此陈述的一个客观事实是，从战国时期各学派的思想倾向来看，除以子思及孟、荀为代表的儒家把阐释、弘扬孔子思想的丰富内涵与精义视为追求之外，其余各家莫不是假手"超越"、批判原初孔学以开辟其思想论域的。用一位儒家学者的话说，孔子成为了战国时期除儒家之外"各家各派共同的靶子"①。尽管上述说法基本可信，但同时也存在一种颇为流行且与之相反的历史叙述，那就是《史记》当中关于孔子问礼于老聃以之为师的记载。据此，有论者认定道家的最主要典籍《老子》为孔子所严事的老聃所撰，《老子》研究专家陈鼓应、刘笑敢、赵锋等均主此说②，并认为《老子》的成书年代是春秋时期，甚至早于《论语》。这就与前一观点形成了尖锐的矛盾，从探究历史真相的角度判断，真理只有一个，不可能二者同真。如果对两种观点持中立态度，就有效地探寻和研究中国思想的源流与发展脉络。

　　关于孔子在世与《论语》成书的年代，学术界没有太大或曰根本性的分歧，应该可以说一个学术定论。孔子的在世时段为公元前551年至公元前479年之间，而《论语》的成书则可以断定是在公元前479年至孔子年龄和辈分都最小的弟子亦是孔子嫡孙的子思离世之前这一时段，其中的主体部分应该完成于公元前479年孔子殁后弟子心丧3年以及子贡庐墓6年这一时段。由于孔子行年与《论语》真实而确定，而孔子及其主要门徒七十子所代表的原初孔学对中国文化有着主导性的巨大影响，这就使得孔子及《成为》学术界关于中国历史叙事与思想源流探究一个独特且不可或缺的史实坐标。这就使得战国时期的思想争鸣的各家各派，无一不是借助攀缘与孔子及原初孔学或直接或间接、或真或假的思想及情感联系来建构自己的历史叙事策略的。有鉴于此，学者若要在学术上厘清春秋战国时期的历史和思想总体发展脉络，就不能简单采信战国时期各个学派自重倾向明显真

----

① 这个话为北京大学哲学系干春松教授在微信群"论语汇"担任论语晨读导读老师时所讲。
② 陈鼓应著有专论《老学先于孔学》。刘笑敢《老子古今》根据其列举的行文受《诗经》影响的例证认定《老子》成书于春秋时期。赵锋则在"知止中外经典读书会"讲读老子时径直表示"《史记》关于孔子问礼于老聃"的记载应当是可信的。

实程度值得怀疑的历史叙事，而应当秉持探寻历史真实的严谨学术态度，审察、探究并考证其就本学派创始人与孔子及原初孔学之关系所作叙事的源起及真伪，然后才能建立经得起学术质疑和时间考验的自己独到的历史叙事。而这，正是笔者联系《论语》《老子》等相关史籍，研究《史记》中的"隐君子"老子和写作本文的目的所在。

一、"孔子问礼于老子"质疑

《史记》关于老子其人的记载，具有相当大的模糊性和不确定性。在其本传当中，司马迁虽然首先言之凿凿地说"老子者，楚苦县厉乡曲仁里人也，姓李氏，名耳，字聃，周守藏室之史也"，随后又不加辨析地提到了老莱子、太史儋及简略事迹，说及"周太史儋见秦献公"之事还特别加了一句："或曰儋即老子，或曰非也。老子，隐君子也。"接着叙述了"老子之子名宗，为魏将"及后代世系。这似乎表明司马迁倾向于认同战国时代的太史儋即老子。

然而，与此相反的是，司马迁在《孔子世家》和老子本传当中，却两次叙述了"孔子问礼于老子"之事。为了便于比对和辨析，现分别摘引如下：

> 鲁南宫敬叔言鲁君曰："请与孔子适周。"鲁君与之一乘车，两马，一竖子俱，适周问礼，盖见老子云。辞去，而老子送之曰："吾闻富贵者送人以财，仁人者送人以言。吾不能富贵，窃仁人之号，送子以言，曰：'聪明深察而近于死者，好议人者也。博辩广大危其身者，发人之恶者也。为人子者毋以有己，为人臣者毋以有己。'"孔子自周反于鲁，弟子稍益进焉。

> 孔子适周，将问礼于老子。老子曰："子所言者，其人与骨皆已朽矣，独其言在耳。且君子得其时则驾，不得其时则蓬累而行。吾闻之，良贾深藏若虚，君子盛德，容貌若愚。去子之骄气与多欲、态色与淫态，是皆无益于子之身。吾所以告子者，若是而已。"孔子去，谓弟子曰："鸟，吾知其能飞；鱼，吾知其能游；兽，吾知其能走；走者可以为罔，游者可以为纶，飞者可以为矰。至于龙，吾不能知其乘风云而上天。吾今日见老子，其犹龙邪！"

就世家的记载而言，孔子适周的目的是拜见老子问礼，奇怪的是，老子之所答不仅无一言涉及礼，反倒十分谦虚地说自己"窃仁者之号"，接着对孔子进行了一番郑重其事的教导，其教导内容的核心为"毋以有己"，这固然与《老子》当中"俗人昭昭，我独昏昏。俗人察察，我独闷闷"（第 20 章）（"自见者不明，自是者不彰"（第 24 章）"知其雄，守其雌，为天下溪"（第 28 章）"圣人去甚，去奢，去台"（第 29 章）"知足不辱，知止不殆，可以长久"（第 44 章）"坚强者死之徒，柔弱者生之徒"（第 76 章）等语所阐发的"长生久视之道"（第 59 章）有相通之处，其中"为人子者毋以有己，为人臣者毋以有己"等语，甚至与法家尊君卑臣的崇势抑道倾向相通，但却与真正意义上的"仁"或"仁者"完全不搭界，更与孔子"以道事君，不可则止"（《论语》先进篇。以下只注篇名。）"勿欺也，而犯之"（宪问篇）"当仁不让于师"（卫灵公篇）和当仁不让于君父（参见《孝经·净谏章》）等语一贯倡导的道尊于势或道大于君的思想截然悖反。尤为值得注意的是，固然在孔子之前"仁"字就已经出现，但系统阐发持续体认"仁"的丰富深邃内涵无疑是孔子对中国古代乃至整个人类之哲学的独特思想贡献，老子此处以"仁者"自居却言不及"仁"，这除了无来由地宣称孔子"仁"的思想来自老子之教以外，没有任何事实和思想渊源的意义。总之，孔子问礼于老子却没有得到老子任何关于"礼"的回答，这就不能不使人产生一个疑问，孔子问礼于老子，是不是所问非人？

在列传当中，老子所答更甚于世家当中老子对礼的不感兴趣，直接就斥责孔子说："子之所言者，其人与骨皆已朽矣"。难道幼年就"为儿嬉戏常陈俎豆，设礼容"的孔子，三十多岁专程适周"观先王之遗制，考礼乐之所极"反而不知道以周公为代表的制礼作乐者"其人与骨皆已朽矣"了吗？更有甚者，孔子前来恭敬拜见，虚心求教，老子又是依据什么断言孔子有"骄气与多欲、态色与淫态"毛病的呢？就现今所知的古代典籍当中，有任何能表明孔子有"骄气与多欲、态色与淫态"毛病的文字记载吗？孔子虚心问礼学礼，会有"骄气与多欲、态色与淫态"吗？万物古今一理，从逻辑上说，老子此处对孔子的斥责，是非常不合常理的。至于其中有益于身的全身远祸之术，则与今本《老子》的"长生久视之道"息息相通。

在本传当中，更加不可理解的是，孔子受过老子训斥之后面对弟子们那番对老子极尽崇拜和颂扬的赞誉。须知，孔子的话既不是受教之后对自己所念念不忘"礼"之新感悟，也不是对老子所教之道的诠释和阐发，给人的印象却颇与《庄子·逍遥游》中化鲲（鱼）为鹏（鸟）之寓言有染。钱穆对《老子》成书于《庄子·内篇》之后因为更在论语成书之后这一点，在《庄、老通辨》[①] 一书中有非常详尽的论述，可作为此处笔者之推断的一个有力旁证，有兴趣者可参读。

总之，《史记》所记"孔子问礼于老子"形迹疑点甚多，不可以信史视之。在司马迁时代因无从判断诸纷乱之说的是非真伪，老子就是一个不知其详甚至不知其有无的"隐君子"，至今仍是。

二、《老子》成书年代问题

也许"无风不起浪"的俗语有着人们难以想象的潜在影响力与意识控制力，正因为《史记》有"孔子问礼于老子"之传闻的记载，尽管司马迁坦然承认对几个"老子"当时就"世人莫知然否"，而有关叙述又在常识和事理层面说不过去，在人们的一般认识上，或相当一些学者心目中，断定孔子问礼于老子"实有其

① 钱穆：《庄、老通辨》，三联书店 2002 年 9 月版。

事"，这种判断又依据《老子》之历史文化存在，反过来"证实"《老子》为与孔子同时代年辈长于孔子的那个"老子"的所撰，这样一种根深蒂固的成见，实际上是缺乏坚确事实依据的循环论证之谬误。

在孔、老孰先孰后问题上争执不休的现象，很大程度上由司马迁在老子本传当中所谓"世之学老子者则黜儒学，儒学亦黜老子"所致。成见使人不见事实真相，弱化了探讨历史真实的学术意志。比如，陈鼓应《老子先于孔学》① 一文，就忽视了如下两个基本事实：

首先，老学与孔学的存在形态不同，《论语》仅仅是七十子在孔子殁后对以孔子为中心及与孔子息息相关的事迹、行谊、言说的回忆和追记，孔学思想则是后人对《论语》记言记事的提炼和总结，《老子》则是对"老子"本人以"道"为中心之思想的系统论述和阐发，如果两种思想有交集之可能的话，无论如何，个人系统深入地论述和阐发一种思想学说的著作不可能产生在简略、质朴的众人记言记事的著作之前。

其次，仅仅根据二书皆有"无为而治""以德报怨"等语，就声言孔子受老子思想影响，其实是把一种可能性当成事实接受，从而断然否定另外两种可能性的存在，即：《老子》受《论语》影响之可能，"无为而治""以德报怨"等观念先于孔、老而存在二人皆受其影响之可能。若深究其详的话，显而易见的事实是，在《论语》当中，孔子仅仅是赞颂舜这位古之圣王"恭己正南面而已矣"为"无为而治者"，《老子》则是系统阐发无为而治的政治哲学思想，人类思想发展的轨迹和逻辑，难道不正是先有零星散乱的无为而治的人或事而后才有哲人对无为而治思想的集中提炼和系统阐发的吗？

其实，钱穆在《庄、老通辨》一书通过前后二十多年写的三篇论文，对老子成书年代进行了详细深入、鞭辟入里、卓有识见的考释和论证，认定《老子》成书于《庄子·内篇》写成之后的战国末期，自然比《论语》成书晚很多年。尤为难能可贵的是，钱穆不是为成书年代而论成书年代，而是着眼于文献典籍的文体流变和思想理念从无到有、由浅入深的发展演化轨迹之大历史观念进行考察，给人诸多启发。比如"道"，在《论语》仅仅是一个笼统朴拙的概念，孔子不言"性与天道"而却终身"志于道"，"道"虽寄托了孔子生命的终极关怀，但孔子从不布道传道，而仅仅是在自己的生命存在中体道悟道，由此透露出来的是孔子"志于道，志于仁，志于学，三者一也"（马一浮语）的人格精神，换句话说，"志于道"仅仅是孔子整体人格精神的一个侧面，与此相反，"道"却是《老子》一书一以贯之的核心和灵魂，对"道"的理解远比《论语》更为玄妙、抽象、精深、丰富，这就从一个侧面说明《老子》是一部通过阐发以高深玄远而又无处不在的"道"之宗旨和内涵的道哲学向侯王建言的书。再如"贤"，《论语》讲"贤贤"（学而）"见贤思齐"（里仁）"举贤"（子路），"事其大夫之贤者"（卫灵公），到

---

① 陈鼓应：《老庄新论》，商务印书馆 2008 年版。

《墨子》才明确提出其一贯坚持的"尚贤"之政治哲学概念,《老子》则通过主张"不尚贤"实现其阐发道哲学思想与批判超越孔、墨之双重目的,演变轨迹非常明显。又比如"圣人",在《论语》中极少提到,孔子不仅自己推辞而不居,曰"若圣与仁,则吾岂敢",更慨叹"圣人吾不得见之矣"(述而),与天子、《老子》则"圣人"凡 30 见,皆指行不离道的有着至高智慧的政治统治者,或者说是把治身、治国统一于"道"之人,是有资格"治天下"的"侯王""人主""万乘之主",孔子仅仅阐述君子治国之仁德道义与礼乐教化,老子却发为圣人"治天下"或曰"王天下"的道,治天下的人是最智慧最贤明的圣人,由于"民之难治,以其智多",故圣人"非以明民,将以愚之"(65 章),治天下就要使社会"绝巧弃智",以便达到让天下万民百姓"少私寡欲"而社会"盗贼无有"的治理效果。这就通过在观念上把"圣人"与"帝王"的合一,把人间最高的政治统治者置于了道德和智慧的绝对制高点上,秦始皇一统天下,君师合一的政治传统,中国延续两千多年的皇权专制,很难说不是从《老子》获得思想启发和创作灵感的,《史记》把老子与韩非合传,是大有深意的。

考察迄今为止时代最早的郭店楚简本《老子》,可以作为上文所述钱穆论证的补充。试举几例:

> 有状混成,先天地生,寂寥独立不改,可以为天下母,未知其名,字之曰道。吾强为之名曰大。大曰逝,逝曰远,远曰反。天大,地大,道大,王亦大。国中有四大,王居一焉。人法地,地法天,天法道,道法自然。①

对"道"做形象描述,借以确立"道"作为全书论证的核心概念。其中把"王"与"道"置于同等重要的位置,"行道"与"尊王"就成了以道哲学统治天下的一体两面。在《论语》中一方面"道"与"天"的界限还不太分明,时而以天道称之,另一方面,没有与"国"相联系的"王",只有与"邦"相联系的"君"。在道与君的关系上,是"道"大于"君",故此,大臣应当"以道事君,不可则止"(先进);君无"道"之时,臣应当"勿欺也,而犯之"(宪问)。两相比较,把"道"与"王"相提并论的思想,郭店简《老子》的成书只能在战国时期。

> 为学者日益,为道者日损。损之又损,以至无为。无为而无不为。绝学无忧。②

值得注意的是孔子与老子对"学"的态度的截然悖反。孔子首创私学,打破学在官府的知识垄断,把接受文化教育获得知识的权利推展到民间,其本人更是终其一生好学乐学,主张"博学于文,约之以礼"(雍也),贫穷困苦,流离颠沛,老迈衰微,均不足以止其学,故能"饭疏食饮水,乐意在其中矣","发愤忘食,乐以忘忧,不知老之将至"(述而)。学风之盛,孔子有"弟子三千,贤人七十"

---

① 李零:《郭店竹简校读记》,中国人民大学出版社 2007 年 8 月版,第 5 页。
② 同上,第 27 页。

之美誉。正因为如此，才有原初孔学对后世的文化影响与风气习染，极大地促进了战国时期诸学蜂起、游学盛行的局面形成。与此同时，由于很多人不能像孔子那样把"志于学"与"志于道""志于仁"三者统一起来，只是一味地迷信学痴迷于学，于是功名利禄之学、巧言令色之学、狡诈阴谋之学、游说巧辩之学亦借势而起，造成了世风日下和社会秩序的混乱，《老子》在此社会背景下，创"绝学无忧"之论，在某种程度上有着切中时弊的社会纠偏之意图和作用。故此，楚简本《老子》只能产生在原初孔学产生了巨大社会影响并出现了不正学风的战国时期。

　　大道废，焉有仁义。六亲不和，焉有孝慈。邦家混乱，焉有贞臣。①

　　本章在今本《老子》中的文字是："大道废，有仁义；慧智出，有大伪；六亲不和，有孝慈；国家混乱有忠臣"（18 章），不少学者据此指出《老子》对孔儒之学的仁义、孝慈、忠臣持一种批判态度。从楚简本来看，最早的老学对仁义、孝慈、贞臣未必是批判态度，而是强调，尽管大道与仁义、孝慈、贞臣不相矛盾，但它们的关系并不是平行的，可以行仁义、和六亲、理邦家的"道"才是超越于仁义、孝慈、贞臣之上的根本。据此可以断定，只有在原初孔学创设阐发和大力弘扬的仁、义、孝、慈、忠、正广泛流布之后，《老子》才会有这番议论，亦区别并超越于《论语》的把"志于道"与"志于仁"等量齐观。附带地说，《论语》只有分别说"仁"说"义"之言，从来没有"仁义"之说，"仁义"之说，自《孟子》始。

　　以上之论旨在表明，《老子》一书的存在不足以证明老子先于孔子，不足以证明《史记》关于"孔子问礼于老子"的记载不具有信史之实的性质，老子其人，依旧是一个不知其详甚至不知其有无的无法作为信史人物对待的"隐君子"。流行的"孔子师老聃"之说亦无从谈起。

结　语

　　本文的目的在于打破把传闻性质的"孔子问礼于老子"当作信史之实对待的学术成见，还老子以史实之真衡量具有诸多模糊性和不确定性的"隐君子"之本来面目，发扬司马迁作《史记》追求信史之实的精神，厘清原初孔学与战国诸子的本真的思想渊源，为对中国思想的发展脉络与历史流变作符合客观真实的描述，打下坚实的基础。

---

① 李零：《郭店竹简校读记》，中国人民大学出版社 2007 年 8 月版，第 34 页。

司马迁《夏本纪》与王权国家之启示

＊本文作者徐日辉。浙江工商大学人文学院教授。

司马迁生活在统一的西汉帝国，在汉武帝的强权阴影下度过了不如意的一生。正因为如此，引发了他对社会发展的探索，作为"究天人之际"的内核之一，司马迁由"王"到"皇"从"天"到"人"进行了深刻的探讨，过程是由黄帝到夏禹，而节点正在《夏本纪》。可喜的是中华文明探源工程作为 21 世纪我国最重要的国家级社会科学类大项目，从 2001 年启动预研究开始，到 2016 年四期完成结项，其丰硕的成果为司马迁的大一统国家概念提供了坚实的支撑。

一、从黄帝到夏禹的历史进程

五千年文明是中华儿女引以骄傲的历史，作为实证，2018 年 5 月 28 日上午，"中华文明起源与早期发展综合研究"（简称探源工程）成果发布会在北京国务院新闻办公室举行，由国家文物局、教育部、科技部有关领导和专家进行介绍，标志着历时 16 年之久的国家级研究工程画上了圆满的句号。中华文明探源工程实际上就是要证实中华文明 5000 年的传统说法，结论是在距今 5000 年前，我国已经进入文明阶段，出现了国家，并且进入"古国时代"。

中华文明探源工程的起始点是从司马迁《五帝本纪》的黄帝开始，但是上线突破了黄帝时代，超出了 5000 年。黄帝时代至今有不同的观点，著名的历史学家李学勤先生认为黄帝生活的时代"是在距今四千七百多年到五千年之间，我们保守一点说四千七百年左右"。[1] 考古学家许湛顺先生认为公元前 4420 年～前 2900 年为黄帝时代[2]。曹桂岑先生则认为黄帝时代"应是距今 4559～4700 年之间"。[3] 我一直认为黄帝时代应该在距今 5000～4500 年比较合理[4]。事实上，对于黄帝年代的认识，一般都没有超过距今 5000 年，也就是说，在黄帝之前还有一段比较长的历史，至少炎帝是被认同的一位，我们之所以称炎黄子孙，而不是黄炎子孙，

① 李学勤：《〈史记·帝本纪〉讲稿》，三联出版社 2012 年版，第 8 页。
② 许湛顺：《五帝年寿评说》，载《河南文物考古论集》，大象出版社 2006 年版。
③ 曹桂岑：《从世界四大文明古国文明进程看中国五千年文明》，载《河南文物考古论集》，大象出版社 2006 年版。
④ 徐日辉：《"史记·五帝本纪"之黄帝考疏》，载《逐鹿中原》，陕西人民教育出版社 2006 年版。

关键也正在于此。

　　探源工程证实中华文明 5000 年的结论来之不易，是集考古学、历史学、年代测定、环境科学、物理学、天文学、地质学、植物学、动物性、生物学、体质人类学、化学、冶金学等十多学科交叉研究的成果，颇为不易可圈可点。探源工程的另一成果，被认为 5000 年的中国已进入文明阶段，出现了国家及进入"古国时代"等，如浙江的良渚等，探源工程用事实上消除了司马迁对 5000 年前史实不敢十分确定的想法，因为司马迁曾经说过：

　　　　学者多称五帝，尚矣。然《尚书》独载尧以来；而百家言黄帝，其文不雅驯，荐绅先生难言之。孔子所传《宰予问五帝德》及《帝系姓》，儒者或不传。余尝西至空桐，北过涿鹿，东渐于海，南浮江淮矣，至长老皆各往往称黄帝、尧、舜之处，风教固殊焉，总之不离古文者近是。予观《春秋》《国语》，其发明《五帝德》《帝系姓》章矣，顾弟弗深考，其所表见皆不虚。《书》缺有间矣，其轶乃时时见于他说。非好学深思，心知其意，固难为浅见寡闻道也。余并论次，择其言尤雅者，故著为本纪书首。①

　　从司马迁自己表述的这一段话看，他本人相信中国的历史是从黄帝开始的，对此不容怀疑。但同时他又对黄帝的史实吃不透，下笔时颇有难处，因为他所接触到的官方典籍里鲜有黄帝的记载，而考察资料多为口耳相传。所以"于是卒述陶唐以来，至于麟止，自黄帝始"。有意义的是，司马迁在撰写这段历史的过程中隐隐约约感觉到黄帝时期可能有国家的存在，但不是汉武帝时期的王权。所以他在《太史公自序》中说：

　　　　维昔黄帝，法天则地，四圣遵序，各成法度；唐尧逊位，虞舜不台；厥美帝功，万世载之。作五帝本纪第一。……余述历黄帝以来至太初而讫，百三十篇。

　　作为力主大一统的历史学家，司马迁的用意十分明确，就是要为一家之言找出一个起点。当然了，黄帝并非空穴来风，确有历史之素的。不过，在司马迁的眼里，真正的王朝是从大禹开始的。从黄帝到夏王启，司马迁经过了王权国家概念的形成，演进与突变，均在《夏本纪》当中。

　　司马迁创十二本纪，通过帝王交替的客观事实，叙述他所知的三千年历史进程和社会变迁，包含着深刻的思想内涵。他合黄帝、颛顼、帝喾、唐尧、虞舜为一纪，体现出国家的初兴和王权渐进的历史过程。思想家们认为："历史是人和存在相互作用的产物。可以推测人和存在的某一部分之间先行的相互作用，导致建构起社会、国家或某种人类组织。"② 司马迁撰写《史记》之所以站在时代的高

---

　　① 《史记·五帝本纪赞》。

　　② 保罗·韦斯，冯·沃格特著，何其敏、金仲译，丘仲辉校：《宗教与艺术》，四川人民出版社1999 年版，第 26 页。

度，关键是基于他对历史的认识，确定人在社会发展过程中的作用，特别是对黄帝的表述，即在社会变革与国家建立的过程中，有意识或者无意识地体现出"人和存在的某一部分之间先行的相互作用"，从理性中获取有助于构建历史发展体系，

可以认为：《五帝本纪》是他从传说中展示理想，而《夏本纪》则是由理想进入阶级社会，由部落首领、部族联盟大首领到王权国家的转变，通过鲧、禹、启祖孙三代人的努力，将历史演进到新的起点。

二、鲧禹治水的历史机缘

夏王朝是大禹创建的，不是舜指定的；舜认同大禹做他之后的首领实属迫不得已，他万万没有想到大禹会建立自己的王朝，更想不到由此开创近乎 4000 年父传子家天下的国体。

司马迁对于王权国家的概念是逐步形成的，是随着他笔下历史发展进程而完善，为连续思考的结果，亦是一家之言的深层之处。作为撰写《史记》的春秋笔法，他在《五帝本纪》称"黄帝者，少典之子，姓公孙，名曰轩辕"；《夏本纪》称"夏禹，名曰文重"；《殷本纪》称"殷契，母曰简狄……"；《周本纪》称"周后稷，名弃"。稍加对比，就可以清楚地看出，从黄帝以下的夏、商、周三代，均是以国名为起首的，唯有黄帝仅仅是一个称号。可见司马迁在对待黄帝和夏禹不同社会时期的认识，侧重点非常明显，符合社会发展的规律。

夏：禹所封地，后为国号。《史记正义》曰："夏者，帝禹封国号也。《帝王纪》云：'禹受封为夏伯，在豫州外方之南，今河南阳翟是也。'"阳翟，战国时所设，一直延续到明朝初年撤阳翟并入钧州州治，长达 1700 多年。万历三年（1575年）为避朱翊钧讳，改钧州为禹州。1912 年改禹州为禹县。1988 年撤县设市，今为河南禹州市。

禹，为名，亦为号。北宋宣和五年（1123 年）出土于齐国古都临淄的《齐侯钟镈》铭文曰："处禹之堵"；1919 年出土于甘肃省天水西南乡的春秋时期《秦公簋》铭文曰："鼏禹宅迹"；新出西周中期偏晚的《遂公盨》铭文曰："天命禹敷土"，佐证甚明。司马迁将夏置于禹的前面，正是将国家置于个人的前边，凸显个人必须从属于国家的意义。由此可见在司马迁的时代人们认识是"夏禹"，而不是今天的"大禹"，也就是国名和地名是在人名的前边，是因国居地而称，也正是我们探讨大禹立国夏建王权的前提。所以司马迁提出"维禹之功，九州攸同"[①]，就是承认大禹统一九州建立统一国家的伟大功绩，九州遂成为中国大地的代名词。

通过分析，我们得知司马迁在黄帝和大禹的记载不同之处就在于"史官们从

---

① 《史记·太史公自序》。

黄帝开始序列，反映出中华民族大一统的历史观。考察历史发展的过程，黄帝作为历史时期的杰出代表，在整个中华民族发展史的长河中，是作为一种认同始祖的文化信息来认识的。"①而夏王朝是作为中国一统政权的开始，彰显大禹统一九州建立国家的伟大功绩②。因为在大禹之前中国没有国名，是以部族为名号，至禹建国号夏开始，中国才真正有了国名。

诚如前边所言，夏王朝的创建不是舜的恩赐，而是鲧、禹、启祖孙三代舍生忘死与水奋战造福于民的结果，真正来之不易。《史记·夏本纪》记载：

> 夏禹，名曰文命。禹之父曰鲧，鲧之父曰帝颛顼，颛顼之父曰昌意，昌意之父曰黄帝。禹者，黄帝之玄孙而帝颛顼之孙也。禹之曾大父昌意及父鲧皆不得在帝位，为人臣。

需要说明的是颛顼不是鲧的父亲，中间隔着好几代，司马迁不知何故没搞清楚。所以，《史记索隐》考证曰："皇甫谧云：'鲧，帝颛顼之子，字熙。'又《连山易》云：'鲧封于崇，'故《国语》谓之'崇伯鲧。'《系本》亦以鲧为颛顼子。《汉书·律历志》则云：'颛顼五代而生鲧。'按：鲧既仕尧，与舜代系殊悬，舜即颛顼六代孙，则鲧非是颛顼之子。盖班氏之言近得其实"。对此，《汉书·律历志》称：

> 伯禹《帝系》曰：颛顼五世而生鲧，鲧生禹，虞舜禅以天下。土生金，故为金德。天下号曰夏后氏。继世十七王，四百三十二岁。

《汉书·律历志》所言颇为有理。鲧是颛顼的后代毋庸置疑，并有着第五代孙和第六代孙两种说法，虽目前尚无法精确还原，但颛顼不是鲧之父亲可以定论。作为旁证，《史记·秦本纪》曰：

> 秦之先，帝颛顼之苗裔，孙曰女修。女修织，玄鸟陨卵，女修吞之，生子大业。大业取少典之子，曰女华。女华生大费，与禹平水土。

大费，即伯益。伯益与大禹一起治水有功，受到舜的封赐。其后舜赐伯益姓"嬴"，是为秦、赵之祖先。《史记·赵世家》曰："赵氏之先，与秦共祖。"凤翔秦公一号大墓出土的残磬铭文亦有"天子匽喜，龚（共）桓是嗣。高阳又（有）灵，四方以鼏（宓）平"是为印证。"③显而易见，颛顼以下至鲧有缺环，具体原因不得而知。大禹虽然根红苗正，但是上几代均是乏善可陈的无闻之辈，所以史家一笔带过又未尝不可。不过，在我看来是由于部落之间打仗消耗相关，也不排除没有赶上好机遇。《淮南子·天文训》曰：

① 徐日辉：《伏羲与炎黄之考察》，载《中华伏羲文化研究论文集》，甘肃文化出版社 2012 年版。
② 徐日辉：《"史记·五帝本纪"之黄帝考疏》，载《逐鹿中原》，陕西人民教育出版社 2006 年版。
③ 王辉、焦南峰、马振智：《秦公墓石磬残片考释》，载《史语所集刊》（台北）67 本，1996 年版，第 263 页。

　　　昔者共工与颛顼争为帝，怒而触不周之山，天柱折，地维绝。天倾西
　　北，故日月星辰移焉，地不满东南，故水潦尘埃归焉。

　　鲧禹之祖是颛顼，颛顼是上古时期的五帝之一，属于东夷少昊文化系统，影
响甚大。史书记载颛顼熟知天文擅长治水，与共工同为水神。然而，颛顼与共工
部落之间的战争是两败俱伤，共工部一蹶不振，颛顼部则很长一段时间没有恢复
过来，直到鲧时形势才发生了变化，直接起因是治水。千载难逢的大洪水为鲧禹
父子登场创造了客观条件，而关键是鲧禹掌握着治水的技能，而且从颛顼到鲧禹
是一脉相传之家学。所以说，机遇永远是留给有能力有准备的人，正所谓时势造
英雄。《史记·夏本纪》记载：

　　　当帝尧之时，鸿水滔天，浩浩怀山襄陵，下民其忧。尧求能治水者，群
　　臣四岳皆曰鲧可。尧曰："鲧为人负命毁族，不可。"四岳曰："等之未有贤于
　　鲧者，愿帝试之。"于是尧听四岳，用鲧治水。九年而水不息，功用不成。于
　　是帝尧乃求人，更得舜。舜登用，摄行天子之政，巡狩。行视鲧之治水无状，
　　乃殛鲧于羽山以死。天下皆以舜之诛为是。于是舜举鲧子禹，而使续鲧之业。

　　鲧，亦称伯鲧，大禹的父亲，著名的水利工程专家，《史记》等史书有着明确
记载，是可信的历史记录。"距今 4500～4000 年之间，黄河中下游地区进入仰韶
温暖期，降雨量比现在多出 200～500 毫米。"[1] 作为四千多年前中国境内的一场
特大洪水，重灾区主要集中在人口密度最大、文化最先进的黄河中下游地区，直
接影响着中华民族的生死存亡。在此关键时刻，大首领尧召集会议商讨治水专家
的人选。当时在场各位大臣和主管四方的诸侯（四岳），一致推荐鲧为治水的领
导。尽管尧对于鲧领导治水不大同意，但未能说服各方首领，权衡利弊，尤其在
治水工程方面鲧是唯一的人选。

　　遗憾的是，伯鲧治水九年虽历尽千辛万苦，结果却并不理想，于是受到了严
厉的惩罚。伯鲧治水真的失败了吗，还是有其他因素的干扰。我"仔细疏爬伯鲧
治水失败的前后经过，有一些隐情值得关注。首先，从结果讲，可能与尧和首领
们的期望值太高有关，没有达到预想的目标；其次，"堵水"方略极有可能是尧
与四岳等集体会议决定的，作为具体的执行者，鲧自然成为代人受过的牺牲品；
再次，舜之所以推出大禹，除了鲧禹家族掌握的治水技术之外，可视为一种安慰
和补偿，若按照《墨子》等典籍的记载，亦不排除向鲧禹部族妥协。"[2] 事实上，
伯鲧治水无论失败的程度大小，在客观上都给儿子大禹提供了宝贵的实践经验，
禹参与了父亲鲧治水的全过程，并且从中学到了不少实践知识并且悟出了教训。
毫不夸张地说，大禹治水的成功是建立在鲧失败的基础之上，在父亲开创的基础

　　① 王开发、张玉兰：《根据孢粉分析推论沪杭地区一万年来的气候变迁》，载《历史地理》创刊
号，上海人民出版社 1981 年版。
　　② 徐日辉：《〈史记〉载述伯鲧治水史迹的考察》，载《渭南师范学院学报》2020 年 6 期。

上，继续父亲的未尽事业。所以《山海经·海内经》记载："禹鲧是始布土，均定九州"。意思是说所谓禹定九州，实际上是鲧与禹父子二人的智慧结晶，确切的讲应该是鲧禹治水，而不是大禹一个人的功绩。

三、夏与王权国家

中国第一个王权国家诞生在夏王朝，是由鲧禹治水成功之后，经过启的巩固发展，终于完成了历史转折。司马迁通过《夏本纪》的载述，充分表达了他从五帝到鲧禹启重大社会变的认识，以及对王权国家概念的形成。

大禹治水，是人类征服大自然的自信心表现，是中华民族的骄傲和象征，其"德治"又为古代帝王所推崇。作为司马迁记载夏代历史的重要篇章，他在《夏本纪》中重点突出了大禹治水的不世之功和仁德治国的业绩，是他"稽其成败兴坏之理"观点的具体表现。司马迁认为：政权的兴衰、王朝的更替与个人的品行关系密切，夏代之兴，就是大禹年复一年日复一日为民造福的"德政"回报，而不是什么上天所赐。他说：

> 昔虞、夏之兴，积善累功数十年，德治百姓，多摄行政事，考之于天，然后在位。①

司马迁撰写《史记》核心是彰显人在社会发展过程中的重要作用，他以人为本通过重大的历史事件，突出人在历史发展进程中的主导作用，以人叙事，以事彰人，以对社会的贡献与社会认同及影响，描述历史发展前进的规律。大禹创建夏王朝，是"积善累功数十年"的结果，恰如《国语·鲁语》所称："禹能德修鲧之功。"说的正是这个道理。

大禹治水是功，治国是德，是以德治国的典范。《左传·昭公元年》记载："刘子曰：'美哉禹功，明德远矣！'"事实上，大禹以德治国理念的形成，与皋陶有关，来自他们在舜组织的一次讨论。《尚书·皋陶谟》记载：

> 曰若稽古，皋陶曰："允迪厥德，谟明弼谐。"禹曰："俞！如何？"皋陶曰："都！慎厥身，修思永。敦叙九族，庶明励翼，迩可远在兹。"禹拜美言曰："俞！"皋陶曰："都！在知人，在安民。"禹曰："吁！咸若时，惟帝其难之。知人则哲，能官人。安民则惠，黎民怀之。能知而惠，何忧乎驩兜，何迁乎有苗，何畏乎巧言善色佞壬？"皋陶曰："都！亦行有九德。亦言其人有德，乃言曰，载采采。"禹曰："何？"皋陶曰："宽而栗，柔而立，愿而恭，乱而敬，扰而毅，直而温，简而廉，刚而塞，强而义。彰厥有常吉哉！"

九德，泛指多，比喻所具有的种种美德。这次讨论，对于大禹以德治国理念的形成有着十分重要的作用，也就是说通过此次讨论奠定了大禹后来仁德治国的

① 《史记·六国年表序》。

理论基础。出土文献证实了元典的记载，清华简、上博简、郭店简等相继发现，其中有不少涉及禹德的内容，使我们大开眼界。例如，《清华简·厚父》记载：

> 王若曰："父！遹闻禹□□□□□□□□□□□川，乃降之民，建夏邦"。

十分遗憾，该简中缺 11 字。但因为遂公盨的出现，所以整理专家根据遂公盨，拟补为"受帝命，敷土定九州，随山濬，"如是，则全文为"厚父！遹闻禹受帝命，敷土定九州，随山濬川，乃降之民，建夏邦"，与遂公盨及《尚书》记载相吻合。意思是太甲说：厚父，我听说大禹接受帝的命令带领百姓勤恳劳作，治理洪水，始定九州，建立了夏朝。厚父至少保留了西周时期的资料，多处提到"德""敬德""保教明德"等，再次证实大禹以德治国的实施。

1993 年出土于湖北省荆门市郭店一号楚墓的竹简，被称之为郭店简的同样有关于禹德的记载。其《唐虞之道》称：

> 唐虞之道，禅而不传。……爱亲尊贤，虞舜其人也。禹治水，益治火，后稷治土，足民养生。①

《尚书·吕刑》记载："皇帝清问下民鳏寡有辞于苗。德威惟畏，德明惟明。乃命三后，恤功于民。伯夷降典，折民惟刑；禹平水土，主名山川；稷降播种，农殖嘉谷。三后成功，惟殷于民。士制百姓于刑之中，以教祗德。"这段话就集中体现了这一思想。"三后"指的正是大禹和伯益，稷三位首领。

我们看到：在司马迁笔下五帝时期有国家的倾向，大禹治水实践了国家概念，九州的确立、税赋制度的完成，标志着王权国家在东方的出现，正是他王权国家概念之所在。

---

① 李零：《郭店楚简校读记》，中国人民大学出版社 2009 年版，第 123—124 页。

酎金夺侯的法家思维

——封爵世袭与集权中央的矛盾与修正

＊本文作者林聪舜。台湾清华大学中国文学系教授。

刘邦得天下后，为巩固军功集团对帝国的效忠，功臣受封者百有余人，《史记·高祖功臣侯者年表》载封爵之誓曰："使河如带，泰山若厉。国以永宁，爰及苗裔。"封爵的誓词承诺受封功臣子孙与帝国同享无穷国祚，裴骃《史记集解》引东汉应劭对这段誓词的解读，曰："封爵之誓，国家欲使功臣传祚无穷。"

功臣封侯即使如《高祖功臣侯者年表》所言："始未尝不欲固其根本"，然至武帝太初百年之间，刘邦所封功臣百余侯仅余五侯，"见侯五，余皆坐法殒命亡国，耗矣。"功臣侯国传祚无穷的愿望落空了。

高帝大封功臣为侯之后，历经惠吕朝、文景至武帝，军功封侯仍持续进行，加上外戚侯、恩泽侯、外国归义侯等，尤其是武帝元朔年间采用主父偃推恩政策分封的大量王子侯，封侯者颇众。这群人享有政治、经济、法律特权，爵位又可世袭，逐渐形成庞大的贵族阶级，但终武帝之世，因犯法、无后、违背礼制以及政治斗争等因素失侯者极多，其中坐献黄金酎祭宗庙不如法夺爵者最多也最得探讨。

酎金律是朝廷加在侯国身上的紧箍，武帝充分加以利用，《史记》《汉书》记载因坐酎金失侯者共一百三十多人，超过失侯者人数的一半，数目可谓惊人。对于此一重大的历史事件，本文将探讨酎金夺侯具有的法家思维，特别是对汉代大举封侯形成世袭趋势的修正，说明封爵世袭趋势与集权中央的矛盾，则酎金夺侯此一"欲加之罪，何患无辞"的措施，正与当时的历史趋势息息相关，具合理性的一面。

一、酎金律与酎金夺侯

酎金律是文帝将祭祀礼仪法律化的产物，司马彪《后汉书志·礼仪上》刘昭注引丁孚《汉仪》曰："酎金律，文帝所加，以正月旦作酒，八月成，名酎酒。因令诸侯助祭贡金。"① 酎金律的基本内容，刘昭注另引《汉律·金布令》曰：

---

① ［南朝宋］范晔：《后汉书》，中华书局 2010 年版，第 3104 页。

　　皇帝斋宿，亲帅群臣承祠宗庙，群臣宜分奉请。诸侯、列侯各以民口数，率千口奉金四两，奇不满千口至五百口亦四两，皆会酎，少府受。又大鸿胪食邑九真、交址、日南者，犀角长九寸以上若瑇瑁甲一，郁林用象牙长三尺以上若翡翠各二十，准以当金。

　　皇帝亲承祠宗庙，诸侯、列侯献金助祭，南方边远地区则以犀角、象牙等物替代黄金。普天之下诸列侯共同助祭，政治意涵上是皇权的宣示；另外，"率千口奉金四两"，是朝廷要求诸、列侯将部分收入上缴，透过礼法仪式达到经济目的。因此，酎金律虽是礼法结合思想的体现，其强化皇权的本质更接近法家思维。

　　诸、列侯献金助祭，金重量、成色不足者皆有严厉处罚，《史记·平准书》"而列侯坐酎金失侯者百余人"下，裴骃《史记集解》引如淳曰：

　　《汉仪注》王子为侯，侯岁以户口酎黄金于汉庙，皇帝临受献金以助祭。大祀日饮酎，饮酎受金。金少不如斤两，色恶，王削县，侯免国。

　　可见在汉礼仪律令中，对于诸列侯所献酎金不合规定者有严厉罚则。就常理而言，诸列侯所献酎金"金少不如斤两"的情况不易出现，"色恶"也会尽量避免，所以文景朝一直相安无事，到武帝元鼎五年才爆发"酎金案"。"酎金案"发生有其导火线，看得出是武帝刻意罗织的大案，《史记·平准书》载：

　　南越反，西羌侵边为桀。……齐相卜式上书曰："臣闻主忧臣辱。南越反，臣愿父子与齐习船者往死之。"天子下诏曰："卜式虽躬耕牧，不以为利，有余辄助县官之用。今天下不幸有急，而式奋愿父子死之，虽未战，可谓义形于内。赐爵关内侯，金六十斤，田十顷。"布告天下，天下莫应。列侯以百数，皆莫求从军击羌、越。至酎，少府省金，而列侯坐酎金失侯者百余人。

　　帝国烽烟四起，左支右绌，武帝希望臣下以卜式为榜样，主动出钱出力，共赴国难，特下诏奖励卜式，标榜其义行，结果"布告天下，天下莫应。列侯以百数，皆莫求从军击羌、越"。拥有巨大财富，甚至私人武力的列侯既然漠然不应，武帝想起手中掌握的武器酎金律，酝酿出一件大案，以列侯酎金不足的借口，失侯者百余人。

　　酎祭时由少府省金，黄金斤两虽有客观标准，"色恶"与否却是由少府判定，完全是主观的。一次夺侯百余人，说明这次酎金案完全体现了武帝意志，他以此为借口，大规模收回列侯的财富，也打击了列侯集团政治势力，进一步集权中央。

二、大举封侯如何形成世袭新贵

　　刘邦大封功臣为侯，一开始就誓言与功臣共享帝国利益，传之子孙，"国以永宁，爰及苗裔"。封爵之誓外，《汉书·高惠高后文功臣侯表序》云："于是申以丹书之信，重以白马之盟，又作十八侯之位次。高后二年，复诏丞相陈平尽差列侯之功，录弟下竟，臧诸宗庙，副在有司。"这是用各种盟誓的方式，保障列侯的权益，拉拢此一庞大的集团。此外，更下诏保证列侯嗣子世袭罔替，《汉书·高后纪》载：

> 二年春，诏曰："高皇帝匡饬天下，诸有功者皆受分地为列侯，万民大安，莫不受休德。朕思念至于久远而功名不著，亡以尊大谊，施后世。今欲差次列侯功以定朝位，臧之高庙，世世勿绝，嗣子各袭其功位。其与列侯议定奏之。"

高后二年诏重申列侯世袭罔替的保证，并以"臧于高庙"的神圣仪式作为担保，刻意拉拢，可见嗣子世袭是列侯集团的核心利益与共同愿望。

刘邦大封功臣为侯后，历朝军功封侯仍持续进行，但规模缩小很多，到武帝是另一高峰，以军功获侯者广义而言有75人。除了军功封侯外，陆续出现外戚侯、恩泽侯、外国归义侯等，而数量最大的则是王子侯。《汉书·王子侯表上》所载高帝至武帝时所封王子侯共179人，其中元朔二年正月，武帝采纳主父偃的建议，颁行"推恩令"①，元朔二年至元朔四年的三年中，即封王子侯104人，约等于高、惠、吕、文、景五朝所封王子侯总数的四倍，若加上元光六年、元朔元年所封王子侯12人，数量更大。

侯爵世世勿绝的诏令以律令的方式落实，《二年律令·置后律》载："疾死置后者，彻侯后子为彻侯，其无嫡子，以孺子□□□子。关内侯后子为关内侯。"依此，侯级爵位的继承是按原爵位继承，彻侯、关内侯的嫡长子可继承为彻侯、关内侯。彻侯如无嫡长子，其姬妾之子仍可继承。另外，也规定嫡长子以外其他诸子的爵位继承方式，《二年律令·傅律》载：

> 不为后而傅者，关内侯子二人为不更，它子为簪袅；卿子二人为不更，它为上造；五大夫子二人为簪袅；它子为上造；公乘、公大夫子二人为上造，它子为公士。

这条律令除说明爵位继承方式外，还说明高爵者之子，在继承其父爵位以后，有为官的权利，即至少在吕后二年之前，仍实行官爵合一的制度。②

这群为数众多的列侯，食邑少者数百户，多者上万户，或至四万，《史记·高祖功臣侯者年表》载："后数世，民咸归乡里，户益息，萧、曹、绛、灌之属或至

---

① 《汉书·武帝纪》与《资治通鉴》将武帝颁布推恩令系于元朔二年，董平均认为此记载不可靠，应在元光六年或元朔元年，可参考。见董平均：《汉武帝下推恩令非元朔二年考》，《首都师范大学学报（社会科学版）》2001年第4期，第49—51页。那么，元朔二年的诏令，是推恩令的进一步扩大。

② 参看高敏：《从二年律令看西汉前期的赐爵制度》，《秦汉魏晋南北朝史论考》，中国社会科学出版社2004年版，第143页。至于条文未提彻侯，朱绍侯认为大概是因为彻侯有封国，彻侯的诸子可以在封国内自行安排。见朱绍侯：《从二年律令看军功爵制有关的三个问题》，《河南大学学报》2003年第1期，第1—5页。

四万，小侯自倍，富厚如之。子孙骄溢，忘其先，淫嬖。"他们享有种种政经、法律特权，子孙又可世袭罔替，庇荫及于嫡长子以外诸子，于是形成庞大的贵族阶级，但也很快腐化，多陷法禁，殒命亡国。司马迁委婉批评朝廷"罔亦少密焉"，也批评这群贵族阶级"然皆身无兢兢于当世之禁云"，但只是点到为止。众多列侯多陷法禁，殒命亡国，在大结构上反映了封爵世袭趋势与帝国走向的矛盾与修正，"酎金案"是此一矛盾最集中的爆发与修正。

三、封爵世袭与帝国法家思维的矛盾

战国法家变法的基本路线都是以军功爵制取代贵族制，并且将权力集中到国君手中，达到富国强兵的目标。《史记·吴起列传》载楚悼王任命吴起为相，主持变法，针对楚国宗室封君太重的局面，"明法审令，捐不急之官，废公族疏远者，以抚养战斗之士。要在强兵。"《韩非子·和氏》也记载吴起行封君三世而收爵禄之法，以尊主富强，造成他与封君的矛盾，其云：

> 昔者吴起教楚悼王以楚国之俗曰："大臣太重，封君太众，若此则上偪主而下虐民，此贫国弱兵之道也。不如使封君之子孙三世而收爵禄，绝灭百吏之禄秩，损不急之枝官，以奉选练之士。"悼王行之期年而薨矣，吴起枝解于楚。

商鞅在秦变法，更彻底以军功爵制取代宗室贵戚，《史记·商君列传》载：

> 有军功者，各以率受上爵；为私鬭者，各以轻重被刑大小。……宗室非有军功论，不得为属籍。明尊卑爵秩等级，各以差次；名田宅，臣妾衣服以家次；有功者显荣，无功者虽富无所芬华。

法家的精神就是以军功爵制打破贵族世袭制，以商鞅律为基础的秦律更是此一精神最具体的呈现。汉初，一方面继承秦律，另为了拉拢功臣集团，做了妥协与修正，军功爵的身份继承规定彻侯和关内侯可以原级继承。汉制承袭秦制，虽逐渐发展出儒法结合或礼法结合的折衷路线，承袭秦制而来的汉制必然也承袭了法家思维，承袭中央集权的政治路线。但承袭秦制的汉军功爵制，却逐渐形成新的贵族世袭制，这是法家思维、中央集权与现实的矛盾，此一矛盾终究要爆裂，要调整。严苛运用酎金律，即是凭借法律化的祭祀礼仪强化皇权，加紧中央集权的政治运作。

汉初的政治权力结构，是皇权与诸侯王、军功集团共享天下的三角权力关系。景帝平定七国之乱后，诸侯王已丧失与皇权抗衡的有效力量；随后军功集团第二代领袖周亚夫以"君侯纵不反地上，即欲反地下耳"的莫须有罪名下狱，不食五日，呕血而死，是军功集团力量式微的里程碑，帝国正式走入皇权独尊时代。

当诸侯王、军功集团已无力抗衡皇权，朝廷更能随心所欲收回下放的权力，朝向全面的中央集权与专制皇权迈进，体现汉承秦制的法家思维。武帝采纳主父偃的建议颁行"推恩令",是用柔性的方式裂解王国,加上左官律、附益阿党之法等,诸侯王国更为式微,强干弱枝、尊主卑臣的帝国秩序确立。

推恩政策产生了大批王子侯,加上武帝开边以军功封侯者、各类型的封侯者及其继承者,侯国为数颇众。他们占有可以世袭的大量土地、人民及政经特权等帝国资源,而朝廷外攘四夷,内兴功利,府库空虚,天下虚耗,面对扩张政策引发的经济危机,包括盐铁酒专卖、铸钱权由中央垄断、平准均输、告缗等压榨性财政措施——颁布,仍从不敷出。朝廷将矛头指向掌握大量资源的侯国,酎金夺侯,让侯国封君收入归入少府与大司农,成为帝国的财政收入,就成为必然的发展。

元鼎五年爆发酎金案,夺侯者百余人,导火线是武帝希望臣下以卜式为榜样,出钱出力,共赴国难,结果布告天下,列侯漠然不应,武帝才精心酝酿酎金夺侯的大案。但酎金案的背景却是侯国拥有大量帝国资源,逐渐形成新的贵族世袭制,与汉帝国逐步集权中央、独尊皇权的政治现实产生矛盾,也与"汉承秦制"而来的法家思维产生矛盾,酎金案只是此一矛盾破裂最具代表性的呈现。

四、结　语

刘邦在"非有功不得侯"的原则下,大封功臣为侯,基本上是秦代军功爵制的延续,功臣集团大多出身寒微,是下层阶级的大翻身,赵翼《二十二史札记·汉初布衣将相之局》曰:

> 汉初诸臣,惟张良出身最贵,韩相之子也。其次则张苍,秦御史;叔孙通,秦待诏博士。次则萧何,沛主吏掾;曹参,狱掾;任敖,狱吏;周苛,泗水卒史;傅宽,魏骑将;申屠嘉,材官。其余陈平、王陵、陆贾、郦商、郦食其、夏侯婴等皆白徒。樊哙则屠狗者,周勃则织薄曲吹箫给丧事者,灌婴则贩缯者,娄敬则挽车者,一时人才皆出其中,致身将相,前此所未有也。……其君起自布衣,其臣亦自多亡命无赖之徒,立功以取将相。[①]

汉初以军功封侯,犹有战国法家以及商鞅律以军功爵制打破贵族世袭制的特色。然而,随着军功封侯持续进行,加上王子侯、外戚侯、恩泽侯、外国归义侯等,侯国趋于膨胀。他们享有种种政经、法律特权,子孙又可世袭罔替,庇荫及于嫡长子以外诸子,于是形成庞大的世袭的贵族阶级。

逐渐形成的新的贵族世袭制,不但与"汉承秦制"而来的法家思维矛盾,也与集权中央、皇权独尊的政治趋势矛盾,此一矛盾必然走向破裂,必须重新调整。武帝严苛运用酎金律,虽有其导火线,大趋势上却是凭借法律化的祭祀礼仪强化皇权,加紧中央集权的政治运作。酎金夺侯事件,正可由此一政治趋势去

---

① ［清］赵翼:《二十二史札记》,广文书局 1972 年版,第 26—27 页。

了解。

　　因此，除了元鼎五年列侯坐献黄金酎祭宗庙不如法夺爵者百六人，以及后续较小规模的酎金夺侯外，因其他原因失侯者比比皆是，封侯者很难善始善终。马端临《文献通考·封建考》统计终武帝朝侯国失侯的情况，论曰：

　　　　汉之所谓封建，本非有公天下之心，故其予之甚艰，而夺之每亟。至孝武之时，侯者虽众，率是不旋踵而襫爵夺地。方其外事四夷，则上遵高帝非功不侯之制，于是以有功侯者七十五人，然终帝之世失侯者已六十八人，其能保者七人而已。及其外削诸侯，则采贾谊各受其祖之分地之说，于是以王子侯者一百七十五人，然终帝之世失侯者已一百一十三人，其能保者五十七人而已；；外戚恩泽侯者九人，然终帝之世失侯者已六人，其能保者三人而已。……禁网既苛，动辄得咎，而坐宗庙酎金失侯者尤重……盖当时国计不给，方事诛求，虽庶人之多赀者，亦必立告缗之酷法以取之，宜其不容列侯坐享封君之富也。①

　　马端临比对了武帝夺侯的惊人比例，得出"汉之所谓封建，本非有公天下之心，故其予之甚艰，而夺之每亟"的结论，他看到了皇权的私天下特质，但主要由"国计不给，方事诛求"的经济因素着眼。马端临的论点自有其卓见，本文则由更大的视野看武帝夺侯的政治操作，"侯者虽众，率是不旋踵而襫爵夺地"，背后的结构性原因正是封侯产生的世袭贵族与"汉承秦制"而来的法家思维矛盾，也与集权中央、皇权独尊的政治趋势矛盾。当皇权已完全裂解诸侯王、军功集团的力量，朝廷很自然会向拥有大量帝国资源，逐渐形成新的贵族世袭制的侯国开刀，武帝时爆发酎金案正有其合乎当时历史趋势的合理性。

---

① ［宋］马端临撰，上海师范大学古籍研究所、华东师范大学古籍研究所点校：《文献通考》，中华书局 2011 年版，卷 267，第 7312 页。

《史记·伯夷列传》析论三题

＊本文作者李伟泰。台湾大学中国文学系教授。

　　《伯夷列传》（以下简称"本篇"）最显著的特色是传记的成分少，感慨议论的成分反而居其大半。全文 788 字，"其传曰"之下传记部分（自"伯夷、叔齐，孤竹君之二子也。"至"遂饿死于首阳山。"，凡 215 字（均不含标点符号）。钱钟书评论《管锥篇》说："此篇记夷、齐行事甚少，感慨议论居其泰半，反论赞之宾，为传之主。马迁牢愁孤愤，如喉鲠之快于一吐，有欲罢而不能者。"① 而传记部份，史实也多不足信。梁玉绳《史记志疑》列举十证，以为"《史》所载俱非也"。② 然而我们如果将本篇视为司马迁借题发挥，抒发感慨之作，则史实部分是否真实，可以不必深究。本文集中评说本篇抒发的司马迁"欲罢不能"的怨愤情怀，以及本篇列为列传之首的意义，拟为三题。

一、司马迁心中的怨愤情怀

1. 孔子以为伯夷、叔齐心中无怨

《论语·公冶长篇》载：

　　　子曰："伯夷、叔齐不念旧恶，怨是用希。"

邢昺（932—1010）《疏》、朱熹（1130—1200）《集注》皆解为他人怨伯夷、叔齐，③ 司马迁则理解为伯夷、叔齐心中有怨（详下文）。《述而篇》载：

　　　冉有曰："夫子为卫君乎?"子贡曰："诺。吾将问之。"入，曰："伯夷、叔齐何人也?"曰："古之贤人也。"曰："怨乎?"曰："求仁而得仁，又何怨。"出，曰："夫子不为也。"

---

　　① 《管锥编》，北京中华书局 1979 年版，第 306 页。
　　② 见氏着：《史记志疑》，卷 27，第 1113 页。收入杨家骆主编：《四史辨疑》，台北鼎文书局 1977 年版，第 289 页。
　　③ 邢昺《疏》："此章美伯夷、叔齐二人之行，不念旧时之恶而欲报复，故希为人所怨恨也。"见《论语注疏》，卷 5，嘉庆二十年江西南昌府学刊本，第 10 页下。朱熹《集注》："孟子称其'不立于恶人之朝，不与恶人言。与乡人立，其冠不正，望望然去之，若将浼焉。'其介如此，宜若无所容矣，然其所恶之人，能改即止，故人亦不甚怨之也。"见《四书章句集注》，中华书局 1983 年版，第 81—82 页。

是孔子分明以为伯夷、叔齐心中无怨。

2. 孔子虽称誉伯夷、叔齐心中无怨，然而也未尝否定怨是一种正常的情绪，且以为诗人可以抒发怨情

《阳货篇》载：

> 子曰："小子！何莫学夫《诗》？《诗》，可以兴，可以观，可以羣，可以怨。迩之事父，远之事君。多识于鸟兽草木之名。"

3. 司马迁以为伯夷、叔齐心中有怨

本篇说：

> 孔子曰："伯夷、叔齐不念旧恶，怨是用希。""求仁得仁，又何怨乎？"余悲伯夷之意，睹轶诗可异焉。其传曰："……"由此观之，怨邪非邪？

《索隐》：

> 可异焉者，按《论语》云："求仁得仁，又何怨乎？"今其诗云："我安适归矣？于嗟徂兮，命之衰矣！"是怨词也，故云可异焉。

按：本段文意明白，故《索隐》据本文直解。

4. 由伯夷、叔齐等善人之遭逢恶运，司马迁质疑是否果有所谓"常与善人"之天道

本篇说：

> 或曰："天道无亲，常与善人。"若伯夷、叔齐，可谓善人者非邪？积仁絜行如此而饿死！且七十子之徒，仲尼独荐颜渊为好学。然回也屡空，糟糠不厌，而卒蚤夭。天之报施善人，其何如哉？盗跖日杀不辜，肝人之肉，暴戾恣睢，聚党数千人横行天下，竟以寿终。是遵何德哉？此其尤大彰明较著者也。若至近世，操行不轨，专犯忌讳，而终身逸乐，富厚累世不绝。或择地而蹈之，时然后出言，行不由径，非公正不发愤，而遇祸灾者，不可胜数也。余甚惑焉，傥所谓天道，是邪非邪？

"余甚惑焉"之"余"系司马迁自称，文意甚明，《索隐》亦据本文疏释：

> 太史公惑于不轨而逸乐，公正而遇灾害，为天道之非而又是邪？深惑之也。盖天道玄远，聪听暂遗，或穷通数会，不由行事，所以行善未必福，行恶未必祸，故先达皆犹昧之也。

5. 司马迁写伯夷、叔齐之怨，乃所以自写其怨

陈仁锡（1581—1636）说：

> 子长写夷、齐之怨，乃所以自写其怨，寓意颇深。孔子以夷、齐无怨，

而太史公作传，通篇是怨。然孔子所云无怨者兄弟逊国，而太史公所云者以暴易暴，之间原不相乖。①

陈氏之说或许曾经受到朱子的影响，朱子说：

> 孔子说伯夷求仁得仁，又何怨？他一传中首尾皆是怨辞，尽说坏了伯夷。②

6. 孔子尝自言其"不怨天，不尤人"（《论语·宪问》），司马迁不能无怨，迥异于孔子，遂为极度"尊马""爱马"者所不愿接受，于是以为此乃姑从世俗之见立说，其实并非司马迁本意

杨慎（1488—1559）说：

> 朱晦翁谓："孔子言伯夷求仁得仁，又何怨？今观太史公作《伯夷传》，满腹是怨。"此言殊不公。今试取《伯夷传》读之，始言天道报应差爽，以世俗共见闻者叹之也。中言各从所好，决择死生轻重，以君子之正论折之也。一篇之中，错综震荡，极文之变，而议论不诡于圣人，可谓良史矣。宋人不达文体，是以不得迁之意而轻为立论。真西山《文章正宗》云："此传姑以文取其言。"又谬。若道理有戾，即不成文，文与道岂二事乎！益见其不知文也。③

方楘（mù）如（生卒年不详，康熙 45 年［1706］进士）说"余甚惑焉"的"余"不是司马迁自称，是代他人设论。④ 方说颠覆了约定俗成对文词的理解，是这个

---

① 《陈评史记》，卷 61，录自杨燕起等编：《历代名家评史记》，北京师范大学出版社 1986 年版，第 540 页。

② 《朱子语类》，卷 122，台北正中书局 1962 年版，第 4781 页。

③ 《升庵集》，卷 47，《文渊阁四库全书》本，第 13 页。

④ 见《集虚斋学古文卷二·伯夷列传解》，《四库全书存目丛书》本，第 672 页。全文引录如下：与其书不能读，即赞与谤胥失之。吾见若读《伯夷传》而赞者矣，以谓鬼神出入，风雨合离，使人不可提搦，而不知其文之进退，一成规一成矩也。其谤者，则谓怨气满腹，与吾夫子"何怨"一语背而驰，而不知其自为客主，四五复之，凡皆为《论语》义疏也。发首曰："学者载籍极博，犹考信于《六艺》。"呜呼，尽之矣。《六艺》者，《六经》也，下所云《诗》《书》及虞、夏之文是也。考信于《六艺》，则非《六艺》何信之有？故其述由、光事，曰"何以称焉"，曰"何哉"，疑之也。一以其戾于虞、夏之文而疑，一以其不为孔子序列而疑也。孔子者，《六艺》之折衷也。本以由、光起伯夷，而反以孔子之序列伯夷形由、光，以楔出楔，文章之法也。于是遂及夷、齐，及夷、齐，而先立孔子之称夷、齐以为断，乃次轶诗而传。其传者，轶诗本传云尔，非太史公之为之也，而曰"可异焉"，则亦疑之也。疑之，将遂不信有让国饿死事与？非然也。"末世争利，维彼奔义，让国饿死，天下称之。"《太史公自序》言之矣，奚为而不信？所疑者，独《采薇》之诗尔。子曰"又何怨"，曰"怨是用希"，而轶诗乃尔。乃尔者，非怨耶，可疑也。抑孔子尝删《诗》矣，既以夷、齐为古贤人，顾编《诗》不收入者何？故曰"睹轶诗可异焉"，疑其诗，疑其轶也，则犹是考信于《六艺》之说也。然且有送难如或人者，视天梦梦，如此种种，夷、齐固有怨理，复奚疑？虽然，非其志也，无以断之，终以孔子言断之。孔子言"从吾所好"，言"岁寒后凋"，使轶诗而信，则夷、齐为无从颂而死，匪从其好，而与松柏之性异矣，岂曰能贤？是故鞶言殽乱衰诸圣，圣人作，万物睹也。夷、齐不得孔子，则传间异词，政衷与没世不称者何异。颜渊遇孔子，故显；岩穴之士不遇孔子，故埋。非埋也，盖传之非其真也。然则士有孔子，垂《六艺》之统纪于后世，乃所谓披云雾覩青天者。学者考信，将舍是焉安之？故曰"非附青云之士，恶能施于后世"，而篇以终焉。而自新都杨氏外，率如盲人瞎马，彼无异故，凡皆于中权"余甚惑焉"一语铸成错耳。不知自"是耶非耶"以上，皆太史公设为或人难端，所谓"余"者，代或人自余云尔，其下则史公之折之也。循首诡尾，熟之复之，定当拊手曰甿。

说法的致命弱点，况且《史记》中的怨词也不只见于本篇而已。

7. 复次，司马迁明言圣贤往往因发愤而著述。迁之《史记》，隐然自居为其中之一

《报任安书》说：

> 盖西伯拘而演《周易》；仲尼厄而作《春秋》；屈原放逐，乃赋《离骚》；左丘失明，厥有《国语》；孙子膑脚，《兵法》修列；不韦迁蜀，世传《吕览》；韩非囚秦，《说难》《孤愤》。《诗》三百篇，大氐贤圣发愤之所为作也。此人皆意有所郁结，不得通其道，故述往事，思来者。及如左丘明无目，孙子断足，终不可用，退论书策以舒其愤，思垂空文以自见。仆窃不逊，近自托于无能之辞，网罗天下放失旧闻，考之行事，稽其成败兴坏之理，凡百三十篇。亦欲以究天人之际，通古今之变，成一家之言。草创未就，适会此祸。惜其不成，是以就极刑而无愠色。仆诚已著此书，藏之名山，传之其人通邑大都，则仆偿前辱之责，虽万被戮，岂有悔哉！然此可为智者道，难为俗人言也。①

意之所郁结，原因多端，怨愤固为其中要素。《屈原列传》谓"屈平之作《离骚》，盖自怨生也"：

> 屈平疾王听之不聪也，谗谄之蔽明也，邪曲之害公也，方正之不容也，故忧愁幽思而作《离骚》。《离骚》者，犹离忧也。夫天者，人之始也；父母者，人之本也。人穷则反本，故劳苦倦极，未尝不呼天也；疾痛惨怛，未尝不呼父母也。屈平正道直行，竭忠尽智以事其君，谗人间之，可谓穷矣。信而见疑，忠而被谤，能无怨乎？屈平之作《离骚》，盖自怨生也。《国风》好色而不淫，《小雅》怨诽而不乱，若《离骚》者，可谓兼之矣。上称帝喾，下道齐桓，中述汤、武，以刺世事。明道德之广崇，治乱之条贯，靡不毕见。其文约，其辞微，其志洁，其行廉，其称文小而其指极大，举类迩而见义远。其志洁，故其称物芳；其行廉，故死而不容。自疏濯淖污泥之中，蝉蜕于浊秽，以浮游尘埃之外，不获世之滋垢，皭然泥而不滓者也。推此志也，虽与日月争光可也。②

是以怨愤之情固然可化为暴戾行动，但也可以成为奋发有为的动力来源，著述即

---

① 《汉书》，卷 62，中华书局 1962 年版，第 2735 页。

② 《楚辞》王逸注引班固《离骚序》说："昔在孝武，博览古文。淮南王安叙《离骚传》，以《国风》好色而不淫，《小雅》怨诽而不乱，若《离骚》者，可谓兼之。蝉蜕浊秽之中，浮游尘埃之外，皭然泥而不滓，推此志，虽与日月争光可也。"《文心雕龙·辨骚篇》说：昔汉武爱《骚》，而淮南作《传》，以为《国风》好色而不淫，《小雅》怨诽而不乱。若《离骚》者，可谓兼之。蝉蜕秽浊之中，浮游尘埃之外，皭然涅而不淄，虽与日月争光可也。"则"国风好色"以下，当本诸淮南王《离骚传》。然司马迁既取以为《屈原列传》本文，则显然首肯其旨。

为其中之一。

8. 司马迁文章之所以感人，除其艺术手法与思想内涵之外，笔锋常带感情是其中的关键因素

"不怨天，不尤人"的人生境界固然极为崇高，然而缺少激情，诉诸文章必然趋向冷静平淡，《史记》也就不成其为"无韵之离骚"（鲁迅语），无由成为令人回肠荡气的文章了！

二、司马迁的"报应"思想

《史记》全书频繁论及"报应"现象，各篇持论不一，而本篇所论者居其三：1. 善人无善报，恶人反有善报。2. 不计"报应"或得失，从吾所好。3. 借史笔的抑扬褒贬，以人道补天道的不足。既反映人间事务的复杂性，而《史记》议论互补的情形，也以本项议题最为显著。下文分条简述司马迁的"报应"思想：

1. 善人无善报，恶人反有善报

本篇说：

> 或曰："天道无亲，常与善人。"若伯夷、叔齐，可谓善人者非邪？积仁絜行如此而饿死！且七十子之徒，仲尼独荐颜渊为好学，然回也屡空，糟糠不厌，而卒蚤夭。天之报施善人，其何如哉？盗跖日杀不辜，肝人之肉，暴戾恣睢，聚党数千人，横行天下，竟以寿终，是遵何德哉？此其尤大彰明较著者也。若至近世，操行不轨，专犯忌讳，而终身逸乐，富厚累世不绝；或择地而蹈之，时然后出言，行不由径，非公正不发愤，而遇祸灾者，不可胜数也。余甚惑焉，傥所谓天道，是邪非邪？

此段论述寓有司马迁的身世之痛。董份（1510—1595）说：

> 太史公寓言为李陵遭刑之意。①

[日] 泷川龟太郎（1865—1946）评"非公正"三句说：

> 数句史公暗自道也。"非公正不发愤"六字，尤见精神。②

都是极为中肯的评论。

《游侠列传序》说有道仁人犹且遇灾，况中材而处乱世之末流，其遇害何可胜道哉：

> 昔者虞舜窘于井、廪，伊尹负于鼎俎，傅说匿于傅险，吕尚困于棘津，

---

① 《补标史记评林》，卷 61，台北兰台书局 1968 年版，第 3 页下。
② 《史记会注考证》，卷 61，通行本，第 14 页。

夷吾桎梏，百里饭牛，仲尼畏匡，菜色陈、蔡。此皆学士所谓有道仁人也，犹然遭此菑，况以中材而涉乱世之末流乎？其遇害何可胜道哉！

虞舜、傅说生当盛世，尚且不能免于困阨，则以中材而生逢乱世之末流，其遇害更何可胜言！由此可见司马迁对公道沦亡现象的痛心。

2. 善人有善报

司马迁言善人有善报之处甚多，兹择数条以为例。《齐太公世家赞》以为善人与善政，理当获蒙善报：

> 以太公之圣，建国本，桓公之盛，修善政，以为诸侯会盟，称伯，不亦宜乎？

《管晏列传》载：

> 鲍叔既进管仲，以身下之。子孙世禄于齐，有封邑者十余世，常为名大夫。天下不多管仲之贤，而多鲍叔能知人也。

此段于叙事中寓论断，示意行善者及身蒙福，且泽及其子孙。《燕召公世家》载：

> 召公之治西方，甚得兆民和。召公巡行乡邑，有棠树，决狱政事其下，自侯伯至庶人各得其所，无失职者。召公卒，而民人思召公之政，怀棠树不敢伐，哥咏之，作《甘棠》之诗。

《燕召公世家赞》说：

> 召公奭可谓仁矣！甘棠且思之，况其人乎？燕北迫蛮貉，内措齐、晋，崎岖强国之间，最为弱小，几灭者数矣。然社稷血食者八九百岁，于姬姓独后亡，岂非召公之烈邪！

此段亦言召公及身蒙福，且福泽绵远，泽及八九百岁之子孙。

3. 恶人有恶报

司马迁言恶人有恶报之处也很多，下文也择录数则以为例。《商君列传赞》说：

> 商君，其天资刻薄人也。迹其欲干孝公以帝王术，挟持浮说，非其质矣。且所因由嬖臣，及得用，刑公子虔，欺魏将卬，不师赵良之言，亦足发明商君之少恩矣。余尝读商君《开塞》《耕战》书，与其人行事相类。卒受恶名于秦，有以也夫！

《黥布列传赞》说：

> 英布者，其先岂《春秋》所见楚灭英、六，皋陶之后哉？身被刑法，何其拔兴之暴也！项氏之所坑杀人以千、万数，而布常为首虐。功冠诸侯，用

此得王，亦不免于身为世大僇。

此皆及身蒙受恶报之例，司马迁又言即或不在当世，恶报亦应在其后世子孙。《王翦列传赞》说：

> 王翦为秦将，夷六国，当是时，翦为宿将，始皇师之，然不能辅秦建德，固其根本，偷合取容，以至圽身。及孙王离为项羽所虏，不亦宜乎！

《陈丞相世家》载：

> 始陈平曰："我多阴谋，是道家之所禁。吾世即废，亦已矣，终不能复起，以吾多阴祸也。"然其后曾孙陈掌以卫氏亲贵戚，愿得续封陈氏，然终不得。

此例于叙事中兼寓论断，将陈平后世子孙不得续封之因归于陈平之多"阴祸"，与鲍叔"子孙世禄于齐"明显相对。

4. 不计"报应"或得失，从吾所好

观诸古往今来之事，无论善报或恶报皆未可期必，然则君子应否为此介怀？《孔子世家》载，昔孔子困于陈、蔡之间，尝与子路、子贡、颜回论及类似问题：

> 孔子知弟子有愠心，乃召子路而问曰："《诗》云：'匪兕（sì）匪虎，率彼旷野。'吾道非邪？吾何为于此？"子路曰："意者吾未仁邪？人之不我信也。意者吾未知邪？人之不我行也。"孔子曰："有是乎！由，譬使仁者而必信，安有伯夷、叔齐？使知者而必行，安有王子比干？"
>
> 子路出，子贡入见。孔子曰："赐，《诗》云：'匪兕匪虎，率彼旷野。'吾道非邪？吾何为于此？"子贡曰："夫子之道至大也，故天下莫能容夫子。夫子盖少贬焉？"孔子曰："赐，良农能稼而不能为穑，良工能巧而不能为顺。君子能修其道，纲而纪之，统而理之，而不能为容。今尔不修尔道而求为容。赐，而志不远矣！"
>
> 子贡出，颜回入见。孔子曰："回，《诗》云：'匪兕匪虎，率彼旷野。'吾道非邪？吾何为于此？"颜回曰："夫子之道至大，故天下莫能容。虽然，夫子推而行之，不容何病？不容然后见君子！夫道之不修也，是吾丑也。夫道既已大修而不用，是有国者之丑也。不容何病？不容然后见君子！"孔子欣然而笑曰："有是哉颜氏之子！使尔多财，吾为尔宰。"

"良农能稼而不能为穑，良工能巧而不能为顺。""譬使仁者而必信，安有伯夷、叔齐？使知者而必行，安有王子比干？"明言善行未必即有善报。"夫道之不修也，是吾丑也。夫道既已大修而不用，是有国者之丑也。不容何病？不容然后见君子！"则仁者纵令不得善报亦可无愤懑不平之心。此番对话，或尝对司马迁之"报应"思想有所启发，使其于质疑天道有无之后，转向"从吾所好"的大肯定，从而超越于"报应"或得失。本篇说：

> 子曰:"道不同,不相为谋。"亦各从其志也。故曰:"富贵如可求,虽执鞭之士,吾亦为之;如不可求,从吾所好。""岁寒,然后知松柏之后凋。"举世混浊,清士乃见。岂以其重若彼,其轻若此哉!①

明示清士重在令名而轻在富贵。《屈原贾生列传赞》言既读贾谊《服鸟赋》,瞭悟生死可等量齐观,宦途之浮沉无须在意,于是乎心境为之豁然开朗:

> 余读《离骚》《天问》《招魂》《哀郢》,悲其志。适长沙,观屈原所自沈渊,未尝不垂涕,想见其为人。及见贾生吊之,又怪屈原以彼其材,游诸侯,何国不容?而自令若是。读《服鸟赋》,同死生,轻去就,又爽然自失矣。②

据此可知,司马迁超越于"报应"的境界,明显受到儒、道两家思想的影响。就整部《史记》来看,司马迁怨愤之时较多,而释怀之时较少;但就其理智面言之,司马迁固已瞭悟君子立身行事,原在求己心之安,无须期待他人或社会的善报。

5. 借史笔的抑扬褒贬,以人道补天道的不足

唯个人的"报应"固可不计,然而世间的公道不容沦亡,司马迁遂借其史笔的抑扬褒贬,以人道补天道的不足。《史记》继承《春秋》采善贬恶的精神,贬恶方面,司马迁如实呈现权贵荣宠表相之下的不堪,故讥叔孙通惯于投机,与时变化。《叔孙通列传赞》说:

> 叔孙通希世度务,制礼进退,与时变化,卒为汉家儒宗。"大直若诎,道固委蛇",盖谓是乎?③

又谓李斯虽然对成就秦国的帝业有功,然而因为贪图爵禄,与赵高合谋废嫡立庶,故斥其非"俗议"所称的忠臣。《李斯列传赞》说:

> 李斯以闾阎历诸侯,入事秦,因以瑕衅,以辅始皇,卒成帝业,斯为三公,可谓尊用矣。斯知《六蓺》之归,不务明政以补主上之缺,持爵禄之重,阿顺苟合,严威酷刑,听高邪说,废适立庶。诸侯已畔,斯乃欲谏争,不亦末乎!人皆以斯极忠而被五刑死,察其本,乃与俗议之异。不然,斯之功且与周、召列矣。

采善方面,司马迁除将功臣世家贤大夫之业于相关篇章详加表扬之外,尤其

---

① "岂以"二句之义,叔岷师说:"两其字并承上文'清士'而言。重、轻犹贵、贱也。两若字并与在同义。(《古书虚字集释》七有"若为在字之义"之说。)……此文'彼',乃指'令名'而言,此'清士'所由称也;'此',指'富贵'而言,此举世所由混浊也。'岂以其重若彼,其轻若此哉',犹言'岂以清士贵在令名,轻在富贵哉'!"见《史记斠证》,中华书局 2007 年版,第 2008 页。

② 《说文》:"爽,明也。"爽然,谓心境开朗。自失,指上文所言"悲其志""垂涕"等种种伤怀之情为之消失。

③ 希,通"睎",迎合。希世度务,谓迎合世俗,揣度世务的需要。

用心表彰幽隐之士，《伯夷列传》明言岩穴与闾巷笃行之人，有赖立言之士表彰方能名垂后世：

> 伯夷、叔齐虽贤，得夫子而名益彰。颜渊虽笃学，附骥尾而行益显。岩穴之士，趣舍有时若此，类名堙灭而不称，① 悲夫！闾巷之人，欲砥行立名者，非附青云之士，恶能施（yì）于后世哉！

由于儒、墨两家都排斥闾巷之侠不载，致使其在秦以前之事迹皆湮灭不见，故司马迁特为闾巷之侠树立专篇，详载其事迹。《游侠列传序》说：

> 至如闾巷之侠，修行砥名，声施于天下，莫不称贤，是为难耳。然儒、墨皆排摈不载，自秦以前，匹夫之侠，湮灭不见，余甚恨之。

因此不仅功臣贤大夫之业借《史记》而流传千古，众多幽隐之士也因《史记》的成书而为后人所纪念。所以天道虽然未必能赏善罚恶，然而《史记》继承《春秋》采善贬恶的精神，司马迁借史笔的抑扬褒贬，以人道弥补天道的不足，而人间的公道乃得以借此维持不坠。这种贡献，虽誉之为与日月同光也毫不过分！

三、本篇兼具列传总序的作用

司马迁在列传首篇申明为前贤树碑立传的宗旨，故本篇除为伯夷、叔齐的传记之外，也兼具全书列传总序的作用。此意已屡为前人所提及，兹引录如下：何焯（1661—1722）《义门读书记》：

> 《伯夷列传》，此七十列传之凡例也。本纪、世家，事迹显著，若列传则无所不录。然大旨有二，一曰征信，不经圣人表章，虽遗冢可疑，而无征不信，如由、光是已。一曰阐幽，积仁洁行，虽穷饿岩穴，困顿生前，而名施后世者，如伯夷、颜渊是已。②

浦起龙（1679—1762）《史通通释》：

> 愚尝论伯夷篇之为传首也，当作七十列传总序观，非本纪、世家之比。人兼显晦、事待表章，龙门寄意于首篇，所传在伯夷，所附託乃在孔子也。③

章学诚（1738—1801）《丙辰札记》：

> 《伯夷列传》盖为七十列传作叙例。惜由、光让国无征，而幸吴太伯、伯夷之经夫子论定，以明己之去取是非，奉夫子为折衷。篇末隐然以七十列传窃比夫子之表幽显微。传虽以"伯夷"名篇，而文实兼七十篇之发凡起例，

---

① 叔岷师说："唐写本'有时'作'时有'，当从之。……此当读'趋舍时有若此类'为句。'若此类'，谓'若伯夷、叔齐、颜渊之类'也。"见《史记斠证》，中华书局 2007 年版，第 2011 页。
② 《义门读书记》，卷 14，北京中华书局 1987 年版，第 215 页。
③ 《史通通释》，卷 7，中华书局 1970 年版，第 20 页下。

亦非好为是叙议之夹行也。①

齐树楷（1869—1953）《史记意》：

> 吾言《史记》全部为一篇，考其系统，最为分明。……如《五帝本纪》黄帝，提挈全部者也。世家吴太伯、列传伯夷，则提挈本类者也。②

徐复观（1904—1982）《两汉思想史·论史记》：

> 史公的奋起作传，盖所以救天道之穷，继圣人之志。《伯夷列传》由"或曰，天道无亲，常与善人"起，到最后止，他所要说的都是这种意思。《伯夷列传》乃史公标明他写列传的大义所在，亦可视为各列传的总序论。③

叔岷师（1914—2008）《史记斠证》：

> 夫伯夷、叔齐之行，冰清玉洁（本《刘子新论·妄瑕篇》）。史公之传，寄慨遥深，犹列传之总序，非仅以传夷、齐而已。④

颜天佑（1948—2009）《〈伯夷列传〉为〈史记〉列传总序说之略探》：

> 不论称之"凡例""叙例""总序"，或指为"提挈本类"，无可置疑的是，他们都从首列的《伯夷列传》里，看出了隐约涵盖、贯串全部列传的实质和意旨。……我们当然不能就此断言，《伯夷列传》乃是史迁作为列传总序明白且刻意的安排。不过史迁有意借它来传达对整个列传的思考，这一点无论如何是可以肯定的。⑤

张大可、丁德科《史记通解》：

> （《伯夷列传》）既是一篇序论，所以有多层次的义例，主要有以下三个方面的思想内容。（一）对天道质疑，强调重人事。（二）颂扬"奔义""让国"，谴责"争利""争国"。（三）说明自己为历史人物树碑立传，使之流传后世的写作目的。……也就是说，论载各类立名立节的历史人物是史官义不容辞的历史责任。所以司马迁十分注意砥行立名的闾巷之人。七十列传除载述辅佐帝王的功臣将相、贤士大夫之外，还记述了农民起义的领袖陈涉，下层社会的侠客、医卜、隐士、商贾、俳优、博徒、屠夫、妇女等等，呈现出绚烂多彩的丰富内容。⑥

---

① 《丙辰札记》，中华书局 1986 年版，第 91—92 页。
② 录自《历代名家评史记》，北京师范大学出版社 1986 年版，第 124 页。
③ 《两汉思想史》第三卷，台湾学生书局 1979 年版，第 409 页。
④ 《史记斠证》，中华书局 2007 年版，第 1990 页。
⑤ 《〈伯夷列传〉为〈史记〉列传总序说之略探》，《中华学苑》1993 年第 43 期，第 67 页。
⑥ 《史记通解》第六册，商务印书馆 2015 年版，第 2392 页。

余　论

　　正义公理未必普遍存在于现实世界，善人未必受到世人善待，孔子早就指出这种冷酷的事实："使仁者而必信，安有伯夷、叔齐？使知者而必行，安有王子比干？"（上下文已见本文第四节之四引《孔子世家》）孔子又说："君子疾没世而名不称焉。"（《论语·卫灵公篇》，司马迁于本篇末段引述此句。）司马迁撰述《史记》，褒善贬恶，一方面使恶人即使在其有生之年得意，却在身后永远受到世人唾弃，正如孟子所说："名之曰幽、厉，虽孝子慈孙，百世不能改也。"（《孟子·离娄上》）两方面使善人得到迟来正义的肯定。文士具有以人道弥补天道不足的力量，司马谈临终遗命司马迁务必论载"明主贤君忠臣死义之士"（《太史公自序》），蔡邕在《郭有道碑文》说："金以为先民既没，而德音犹存者，亦赖之于见述也。"均充分认知并道出了文士立言的巨大力量。

王安石史传散文的翻案手法

——以《史记》相关篇章为考察

* 本文作者蔡忠道。台湾嘉义大学中国文学系教授。

一、前 言

王安石（1021—1086）在中国历史上是一位全才型的人物，他在神宗的器重下推行新政，改革时弊；他的散文和同时代的三苏、曾巩、欧阳修并称，为唐宋古文八大家之一；他也是宋诗的重要作家，诗文影响后世深远。综观历史上，在政治上能一展抱负、文学上又能有崇高地位者并不多见，王安石又是其中的佼佼者。然而，他也是中国历史上备受争议的人物之一，新政的推行以失败告终，更增添了许多批评，然而，即使是政治敌对阵营，对于荆公的人品都是一致的肯定。[1]

王安石诗文传世极多，笔者在多年前曾撰写《王安石咏史诗析论》，针对王安石六十多首咏史诗做了初步的考察。当时即注意到王安石也有为数不少的史传散文。[2] 本文仅就其史传散文的翻案手法做初步的分析，限于篇幅，主要集中在《史记》相关的篇章，包括《读孟尝君传》《伍子胥庙铭》《孔子世家议》《书刺客传后》《子贡》《伯夷》等篇章，加以归纳分析，指出其翻案手法有两个层次：商榷世俗的看法、质疑《史记》的真确。

---

[1] 兹以陆九渊为例："盖世之英，绝俗之操，山川炳灵，殆不世有。英特迈往，不屑于流俗，生色利达之习，介然无毫毛得以入于其心，洁白之操，寒于冰霜，公之质也。扫俗学之凡陋，振弊法之因循，道术必为孔孟，熏绩必为伊周，公之志也。不蕲人之知，而声光烨变，一时巨公名贤为之左次，公之得此，岂偶然哉？用逢其时，君不世出，学焉而后臣之，无愧成汤高宗。君或致疑，谢病求去，君为责躬，始复视事，公之得君，可谓专矣。"参见《陆九渊集》卷九《荆国王文公祠堂记》。陆九渊对于安石的新政有诸多批评，尤其是政策以法治政令为主，用人不当等，都相当不以为然，然而，对于安石高洁的人格、救世的理想，以及君臣之际的相知相遇、进退出处，都给予最高的评价。关于后世对于王安石的两极评价，可参考张祥浩、魏福明：《王安石评传》第八章《后世对王安石的评价》，南京大学出版社 2006 年版，第 413—458 页。

[2] 王安石的史传体散文，据笔者检索，至少有《伯夷》《伍子胥庙铭》《禄隐》《周公》《子贡》《杨孟》《夫子贤于尧舜》《鲧说》《季子》《荀卿》《老子》《庄周》《读孟尝君传》《读柳宗元传》《书刺客传后传》《孔子世家议》《中述》《夔说》《三圣人》等十九篇。

二、商榷世俗的评价

王安石的翻案文章，最著名的当属《读孟尝君传》，兹录其文：

> 世皆称孟尝君能得士，士以故归之，而卒赖其力以脱于虎豹之秦。嗟乎！孟尝君特鸡鸣狗盗之雄耳，岂足以言得士？不然，擅齐之强，得一士焉，宜可以南面而制秦，尚何取鸡鸣狗盗之力哉？夫鸡鸣狗盗之出其门，此士之所以不至也。①

孟尝君，姓田名文，其父田婴曾任齐国宰相，封于薛。田婴死后，孟尝君继承父亲爵位封地，任齐国宰相，成为薛公。孟尝君与魏国信陵君、赵国平原君、楚国春申君并称为"战国四公子"，《史记》四人皆有传。战国四公子以礼贤下士闻名于世，也透过礼贤下士，创造个人功业。王安石《读孟尝君传》对于孟尝君的礼贤下士提出质疑。全文分四小节：首节三句，总结世人对于孟尝君的印象："能得士""士归之""赖其力以脱秦"。第二小节也是三句，王安石质疑孟尝君之得士，并提出他对孟尝君的评价："鸡鸣狗盗之雄"。第三小节五句，主要从反面申论，认为齐国是东方强权，却无力对抗秦国、一统天下，可见齐国没有一流人才，而齐国的人才库就是孟尝君的三千食客，由此可知，孟尝君的门下缺乏真正的人才。最后一节"鸡鸣狗盗出其门"，所以"真正之士不至"。由于人才排挤效应，孟尝君不仅不得士，甚至于是失士了。从"能得士"到"士不至"，观点是一百八十度的转变，孟尝君只用不到九十个字的篇幅，言简意赅，发人深省。②

考察《史记·孟尝君列传》等战国四公子相关列传与《战国策》之相关记载，史公书写四公子，对于其养士事迹，也都有着墨，并集中在一位最关键的食客身上，例如，孟尝君有冯驩、信陵君有侯嬴、平原君有毛遂等，这样的写法正是传达了传主礼遇贤士的方式，四公子之中，司马迁最肯定魏公子，他对侯嬴的衷心礼遇，换来侯嬴的诚心献策，魏公子也能欣然接受，成就了一段佳话。③ 孟尝君礼遇贤士的方式是"无贵贱一与文等"的一体对待，以及"孟尝君待客坐语，而屏风后常有侍史，主记君所与客语，问亲戚居处。客去，孟尝君已使使存问，献遗其亲戚"的体贴入微。不过，孟尝君的代表性食客冯驩，他受到瞩目的

---

① ［北宋］王安石撰，李之亮笺注：《王荆公文集笺注》，巴蜀书社 2005 年版，第 1182—1183 页。

② 王安石散文简约的特点，前人早有指出，例如清·刘熙载："半山文字瘦硬通神，善用揭过法，只下一二语，便可扫却他人数大段，是何简贵。""荆公文是能以品格胜者，看其人弃我取，人取我弃，自处地位尽高。"《艺概》，华正书局 1988 年版。刘氏指出荆公文字的简约，以及以品格为主的翻案手法，别具慧眼。

③ 《史记·太史公自序》："能以富贵下贫贱，贤能诎于不肖，唯信陵君为能行之。作魏公子列传第十七。"唯字表达司马迁对于魏公子礼贤下士的高度肯定。参见 ［日］泷川龟太郎：《史记会注考证》，万卷楼图书有限公司 1994 年版，第 1377 页。

原因是主动要求非常理的赏赐，而非孟尝君的主动发掘；再者，冯驩为孟尝君经营狡兔三窟，也只是巩固了孟尝君个人的权位与利益，这与魏公子为国家储备人才，以个人的才能、影响力救赵、抗秦，成就了个人功业，也帮助国家的稳定与发展，是有相当大的差距。司马迁写战国四公子的重点有二，一是礼贤下士，一是成就功业。典型人物是魏公子，孟尝君在礼贤下士方面，未能主动发掘，一视同仁的方式，也是"诸侯宾客"与"亡人有罪"一并网罗；在成就功业方面，则偏重个人功业的成就，甚至在个人事业与国家利益之间，孟尝君的抉择是个人利益，他在齐国罢相之后，受秦昭王之邀，到秦国任相，后来处境危险，仓皇逃离秦国，鸡鸣狗盗之徒才派上用场。两人的对比，可从太史公曰的对比明显看出，"吾过大梁之墟，求问其所谓夷门。夷门者，城之东门也。天下诸公子亦有喜士者矣，然信陵君之接岩穴隐者，不耻下交，有以也。名冠诸侯，不虚耳。高祖每过之而令民奉祠不绝也。"[1] 对于魏公子无限景仰。至于孟尝君，"吾尝过薛，其俗间里率多暴桀子弟，与邹、鲁殊。问其故，曰：'孟尝君招致天下任侠，奸人入薛中盖六万余家矣。'世之传孟尝君好客自喜，名不虚矣。"[2] 司马迁到薛地考察，发现多缺乏教养暴戾子弟，而"好客自喜"一词，也是褒贬兼具。[3]

仔细对比魏公子与孟尝君的记载与评价，王安石对于孟尝君得士与失士的讨论，其实是根源于《史记》。[4] 司马迁提醒后代读者"好学深思，心知其意"[5]，希望读者善体语言之外的深意，然而，我们经常流于望文生义，在文字的表面撷取旨意，并自以为是。王安石显然深透司马迁对于孟尝君的评价，在薛地多暴桀子弟，以及"好客自喜"的认知基础上，更进一步提出孟尝君"未得士"的意见。此所谓的"未得士"，王安石并非说孟尝君未能获得士人青睐，而是指出，孟尝君未能真正得士，或者得一真正利益国家的国士，门下充斥着鸡鸣狗盗之徒，具才干的能士，如冯驩，也非国之干才，他们最大的贡献就是帮孟尝君脱困，或者营取个人长久的利益。

王安石《读孟尝君传》的翻案，是挑战世俗的见解，对于孟尝君能得士，以及战国四公子无别的俗见，而这样独到的看法，其实远超司马迁的《史记》。

王安石评论伍子胥的文章，也可以印证他善读《史记》，深体司马迁心意。荆公曰：

> 予观子胥出死亡遗窜之中，以客寄之一身，卒以说吴，折不测之楚，仇执耻雪，名震天下，岂不壮哉！及其危疑之际，自能慷慨不顾万死，毕谏于所事，此

---

① 参见《史记会注考证·魏公子列传》，万卷楼图书有限公司 1994 年版，第 965 页。

② 参见《史记会注考证·孟尝君列传》，万卷楼图书有限公司 1994 年版，第 960 页。

③ 明·董份的见解，参见《史记评林·孟尝君列传》第五册，天津古籍出版社 1998 年版，第323 页。

④ 关于王安石散文与《史记》的关系，方元珍从句法、布局等方面，有了初步的探讨，参见氏著：《王荆公散文研究》，文史哲出版社 1993 年版，第 101—104 页。

⑤ 语见《史记·五帝本纪》太史公曰。

其志与夫自怨以偷一时之利者异也。孔子论古之士大夫，若管夷吾、臧武仲之属，苟志于善而有补于当世者，咸不废也。然则子胥之义又何可少耶？①

这篇文章中，王安石对伍子胥忍辱复仇，名震天下，以及不顾万死，劝谏夫差的伟壮事迹，大加赞扬。《史记》写伍子胥分两大段，前半写复仇，后半写辅佐阖庐、夫差两任吴王。最后，太史公以烈丈夫评论伍子胥。②王安石也顺此脉络，肯定伍子胥复仇之孝与辅君之忠，并引述孔子的评价，以管仲之仁、臧武仲之智比拟伍子胥，认为子胥忠孝之节足以感动后世。

王安石对于刺客的意见，则部分继承了司马迁的见解，也提出了自己的质疑。荆公曰：

> 曹沫将而亡人之城，又劫天下盟主，管仲因勿背以市信一时可也。予独怪智伯国士豫让，岂顾不用其策耶？让诚国士也，曾不能逆策三晋，救智伯之亡，一死区区，尚足校哉？其亦不欺其意者也。聂政售予严仲子，荆轲豢于燕太子丹。此两人者，污隐困约之时，自责其身，不妄愿知，亦曰有待焉。彼挟道德以待世者，何如哉？③

司马迁写刺客，标举一个"义"字。义者，宜也，重点在于价值的抉择。刺客委命他人，挟持或刺杀帝王或权臣，是一种相当激烈的人生抉择，这样的抉择植基于"士为知己者死"的价值观，曹沫之于鲁庄公，专诸之于伍子胥、公子光，豫让之于智伯、聂政之于严仲子、荆轲之于田光、太子丹，都是这样的知己关系。王安石也肯定刺客困约污隐之时，不轻易许人，待获知赏之际，则全然奉献的价值，以聂政、荆轲为例，认为他们"不妄愿知，亦曰有待焉"，这是非常深切的体认。然而，以"售"论聂政与严仲子，"豢"论荆轲与燕太子丹，则有待商榷。④严仲子重金赠与聂政，作为聂母养老之资，聂政并未接受。聂政为严遂复仇而牺牲生命，也没有收取报酬，因此，聂政并未把自身的性命贩卖给严遂，而是珍惜严遂在他困污于市屠之时，对他的看重。就聂政而言，这就是知己。⑤荆

---

① 《王荆公文集笺注》，巴蜀书社 2005 年版，第 12 页。

② 《史记·伍子胥列传》太史公曰："向令伍子胥从奢俱死，何异蝼蚁。弃小义，雪大耻，名垂于后世，悲夫！方子胥窘于江上，道乞食，志岂尝须臾忘郢邪？故隐忍就功名，非烈丈夫孰能致此哉？"见《史记会注考证》，万卷楼图书有限公司 1994 年版，第 875 页。

③ 《王荆公文集笺注·书刺客传后》，巴蜀书社 2005 年版，第 1191 页。

④ 南宋·鲍彪曰："人之居世，不可不知人，亦不可妄为人知也。遂唯知政，故得行其志。惜乎，遂褊猵狷细人耳，政不幸谬为所知，故死于是！使其受知名主与贤相，则其所成就，岂不有万万于此者乎？"肯定严遂知遇聂政，却也为聂政报不平。见刘向编：《战国策》，里仁书局 1990 年版，第 1000 页。

⑤ 聂政曰："嗟乎！政乃市井之人，鼓刀以屠；而严仲子乃诸侯之卿相也，不远千里，枉车骑而交臣。臣之所以待之，至浅鲜矣，未有大功可以称者，而严仲子奉百金为亲寿，我虽不受，然是者徒深知政也。夫贤者以感忿睚眦之意，而亲信穷僻之人，而政独安得嘿然而已乎！且前日要政，政徒以老母；老母今以天年终，政将为知己者用。"聂荣曰："严仲子乃察举吾弟困污之中而交之，泽厚矣，可奈何！士固为知己者死。"见《史记会注考证·刺客列传》，万卷楼图书有限公司 1994 年版，第 1027 页。

轲投身燕太子丹门下，完全是因为田光的推荐，燕太子丹只是庸驽之才，加上复仇心切，对于荆轲的关顾，仅是美食、美人与珍宝；荆轲尚在准备刺杀大计之时，太子丹两次催促，终坏大事，严格说来，太子丹实非荆轲的知己。因此，"豢"字，从燕太子丹的角度而言，是贴切的；从荆轲的立场来说，则是不相应的。王安石对豫让的评论分两部分，一方面肯定豫让国士的才干，一方面则认为，豫让应该凭借智伯对自己的欣赏与信任，扭转智伯的跋扈嚣张，把他从死路拉回，而非在其死于非命之后，再以生命复仇，反而没有多大的价值。豫让能否扭转智伯的命运，关乎当时的政治现实，可能有机会，豫让或许也努力过了，只是无法实现。因此，豫让在智伯死后，才会以入宫涂厕、漆身吞炭等拙劣的刺杀手法，行刺赵襄子，最后也送上性命。刺客的抉择，在其回报知遇之恩的真切诚挚，而知遇的认知，只要他人能赏识我的才干，就是知己，即使他要我去杀人复仇，刺客也是全力以赴。这样的知己认定，就后代读者而言，或许有些轻易，然而，就这些刺客来说，一生得一知我者，就已足够。这就是司马迁"自曹沫至荆轲五人，此其义或成或不成，然其立意较然，不欺其志，名垂后世，岂妄也哉！"[1] 司马迁不以成败论英雄，也不会批判刺客对知己的认定，而是非常肯定其坚持为知己勠力的抉择。

三、商榷司马迁的书写

　　王安石史传散文的翻案手法，除了针对世俗的见解之外，也有直接针对司马迁《史记》的商榷。例如，王安石对于司马迁把孔子列入世家，就不以为然，他说：

　　　　太史公叙帝王则曰本纪，公侯传国则曰世家，公卿特起则曰列传，此其例也。其列孔子为世家，奚其进退无所据耶？孔子，旅人也，栖栖衰季之世，无尺上之柄，此列之以传宜矣，曷为世家哉？岂以仲尼躬将圣之资，其教化之盛，焉奕万世，故为之世家以抗之？又非极挚之论也。夫仲尼之才，帝王可也，何特公侯哉？仲尼之道，世天下可也，何特世其家哉？处之世家，仲尼之道不从而大；置之列传，仲尼之道不从而小。而迁也尊乱其例，所谓多所抵牾者也。[2]

　　王安石认为，司马迁把孔子列入世家世自乱体例。王安石指出，司马迁创立五体，本纪以帝王为主，世家则是辅弼帝王的皇室子弟、文武功臣。孔子列入世家，显然自乱体例。司马迁对于五体的体例有其明确的界定：关于本纪，"上记轩辕，下至于兹，着十二本纪，既科条之矣。"[3] 主要是从黄帝道汉武帝，二千五

　　① 《史记会注考证·刺客列传》之太史公曰，万卷楼图书有限公司1994年版，第1033页。
　　② 《王荆公文集笺注·孔子世家议》，巴蜀书社2005年版，第12页。
　　③ 《史记会注考证·太史公自序》，万卷楼图书有限公司1994年版，第1380页。

百年间的统治者，多数是帝王，可是不一定是帝王，例如，项羽、吕太后。"科条"，是科分条列，本纪作为《史记》全书的纲要，以编年体为主。关于世家，"二十八宿环北辰，三十辐共一毂，运行无穷，辅拂股肱之臣配焉，忠信行道，以奉主上，作三十世家。"① 司马迁指出列入世家的两个条件：一是辅弼皇室的大臣，一是能励行忠信。例如，汉初三功臣中，萧何、张良列入世家，因谋反被斩首的韩信，因不符忠信，则放入列传。司马迁把孔子列入世家，诚如王安石所言，是尊崇其至圣的地位，司马迁在《孔子世家》太史公曰，从文化传承与影响的角度，推崇孔子为至圣，文化超越政治，影响力更胜政治，司马迁对孔子的评价有其合理性与超越性。司马迁既然高度推崇孔子，把他放在世家，而非列传，为何不直接放入本纪呢？如前所言，本纪的传主都是掌握实权的统治者，孔子放入本纪，真的就是自乱体例，并不合适。再者，孔子的地位不会因为《史记》至于五体何处而有所升降，不过，我们仍可注意，孔子圣者的评价，司马迁的《孔子世家》仍是重要的里程碑。孔子列入世家，是推崇其在文化上的巨大贡献与尊崇地位，也符合世家辅弼之臣与忠信行道的两个原则，司马迁并未自乱体例，王安石的评论，显然还有商榷的余地。

王安石对于《伯夷列传》对于伯夷事迹的记载，提出质疑。王安石质疑的重点在于伯夷、叔齐对于武王伐纣的不以为然，而有扣马而谏，进而指责武王不仁不孝。《史记·伯夷列传》载：

> 伯夷、叔齐，孤竹君之二子也。父欲立叔齐，及父卒，叔齐让伯夷。伯夷曰："父命也。"遂逃去。叔齐亦不肯立而逃之。国人立其中子。于是伯夷、叔齐闻西伯昌善养老，盍往归焉。及至，西伯卒，武王载木主，号为文王，东伐纣。伯夷、叔齐叩马而谏曰："父死不葬，爰及干戈，可谓孝乎？以臣弑君，可谓仁乎？"左右欲兵之。太公曰："此义人也。"扶而去之。武王已平殷乱，天下宗周，而伯夷、叔齐耻之，义不食周粟，隐于首阳山，采薇而食之。及饿且死，作歌。其辞曰："登彼西山兮，采其薇矣。以暴易暴兮，不知其非矣。神农、虞、夏忽焉没兮，我安适归矣？于嗟徂兮，命之衰矣！"遂饿死于首阳山。②

《史记·伯夷列传》作为列传的首篇，有几个重要的内涵，一是崇尚让国。二是列传起始于商末周初的伯夷，是根据孔子的评价。三是文献取舍以六经为主。王安石的质疑，就从圣贤之论入手，王氏曰：

> 事有出于千世之前，圣贤辨之甚详而明，然后世不深考之，因以偏见独识，遂以为说，既失其本，而学士大夫共守之不为变者，盖有之矣，伯夷是也。③

① 《史记会注考证·太史公自序》，万卷楼图书有限公司 1994 年版，第 1380 页。

② 《史记会注考证·伯夷列传》，万卷楼图书有限公司 1994 年版，第 847 页。

③ 《王荆公文集笺注·伯夷》，巴蜀书社 2005 年版，第 964 页。

　　王安石认为，伯夷叔齐的事迹，圣贤已经清楚描述、评论了，原本应该是很清楚的，可是后来的学者却偏离圣贤旨意，断以己意，然而，这样的偏见却积非成是，无人破除。关于伯夷的事迹，王安石爬疏了孔子与孟子的相关意见，孔子对伯夷无怨的评价："不念旧恶，怨是用希。"①"求仁得仁，又何怨。"② 以及"不降其志，不辱其身"的逸民。③ 孟子的部分则是圣之清者、百世之师的评价，具体事迹包括避居北海之滨，廉洁的处世原则等。④ 接着，王安石批评司马迁与韩愈，未能深细考察圣贤心意，而将伯夷的事迹误导，尤其是司马迁。王安石曰：

　　　　司马迁以武王伐纣，伯夷扣马而谏，天下宗周而耻之，义不食周粟，而为《采薇之歌》。韩子因之，亦为之颂，以为微二子，乱臣贼子接迹于后世。⑤

　　司马迁写伯夷叔齐想要归养西伯，无奈到达时，文王已死，武王正统率大军，西进伐纣。伯夷扣马而谏，批评武王不仁不孝。在武王一统天下之后，选择耻不食周粟，因而饿死首阳山。韩愈接续司马迁的记载，写《伯夷颂》歌咏伯夷有自知之明，坚持理想。⑥ 王安石则深不以为然，他驳斥说：

　　　　夫商衰，而纣以不仁残天下，天下孰不病纣？而尤者，伯夷也。尝与太公闻西伯善养老，欲夷纣者，二人之心，岂有异邪？及武王一奋，太公相之，遂出元元于涂炭中，伯夷乃不与，何哉？盖二老所谓天下之大老，行年八十余，而春秋固巳高矣。自海滨而趋文王之都，计亦数千里之远，文王之兴以至于武王之世，岁亦不下十数，岂伯夷欲归西伯而志不遂，乃死于北海邪？抑来而死于道路邪？抑其至于文王之都而不足以集武王之世而死邪？如是而言伯夷，其亦理有不存者也。且武王倡大义于天下，太公相而成之，而独以为非，岂伯夷乎？天下之道二，仁与不仁也。纣之为君，不仁也；武王之为君，仁也。伯夷固不事不仁之纣，以待仁而后出。武王之人焉，又不事之，则伯夷何处乎？……

---

① 语见《论语·公冶长》，见《四书章句集注》，大安出版社 1994 年版，第 110 页。
② 语见《论语·述而》，参见《四书章句集注》，大安出版社 1994 年版，第 129 页。
③ 语见《论语·微子》，参见《四书章句集注》，大安出版社 1994 年版，第 260 页。
④ 《孟子·万章下》："伯夷，目不视恶色，耳不听恶声。非其君不事，非其民不使。治则进，乱则退。横政之所出，横民之所止，不忍居也。思与乡人处，如以朝衣朝冠坐于涂炭。当纣之时，居北海之滨，以待天下之清也。故闻伯夷之风者，顽夫廉，懦夫有立志。"参见《四书章句集注》，大安出版社 1994 年版，第 439 页。
⑤ 《王荆公文集笺注·伯夷》，巴蜀书社 2005 年版，第 965 页。
⑥ 韩愈《伯夷颂》："士之特立独行，适于义而已。不顾人之是非，皆豪杰之士，信道笃而自知明也。……当殷之亡，周之兴，微子贤也，抱祭器而去之。武王，周公，圣也，从天下之贤士，与天下之诸侯，而往攻之，未尝有非之者也。彼伯夷、叔齐者，乃独以为不可。殷既灭矣，天下宗周，彼二子乃独耻食其粟，饿死而不顾。由是而言，夫岂有求而为哉？信道笃而自知明也。……夫圣人，乃万世之标准也，余故曰：若伯夷者，特立独行，穷天地亘万世而不顾者也。虽然，非二子，乱臣贼子接迹于后世矣。"韩愈特别推崇伯夷、叔齐的特立独行，以及对于信念理想的坚持，这样的品格让后人景仰、效学。

呜呼，使伯夷之不死，以及武王之时，其烈岂减太公哉！①

王安石的意见是在《孟子》的经典基础上开展出来的。孟子认为桀纣等暴君事残贼人民的独夫，人人得而诛之。② 而伯夷在处世的原则是非其人、其处则不同处，对于污浊的人、事皆避而远之。他选择隐居北海之滨，就是又避开商纣的暴政。王安石提出几个面向的思考，首先，伯夷与太公都选择隐于海滨，表达对于商纣的鄙弃，当太公辅佐武王伐纣，就在实现伯夷的理想，伯夷如果反对，就是立场前后不一。再者，或许是伯夷年长力衰，无法负担北海之滨道西伯之都的遥远路程，虽然想归老西伯，最后，可能没有前往，或者死于路上，或者抵达了，却等不到武王伐纣。最重要的是，仁与不仁的界限分明，不容模糊。伯夷既然鄙弃暴君商纣，武王兴仁义之师讨伐商纣，与伯夷立场一致，价值相同。因此，伯夷不会，也不能反对武王伐纣；不但不会反对，而且还会勠力协助伐纣的仁义之举。王安石的批评有其正当性，其推论与印证，虽有部分揣度之处，整体而言，有经典根据，在文献上也比较站得住脚。清代梁玉绳举出十个理由驳斥司马迁关于伯夷列传的真实性。包括伯夷抵达周都的时间，根据《孟子》，是在文王为西伯之时，而非文王逝世之际。③ 武王伐纣是在继位后十一年，伯夷"父死不葬"毫无根据。武王伐纣之时，伯夷已经待在周地，不在武王谋略伐纣之际劝谏，却选在出兵之时多时扣马而谏，时间也不合理，等等。④ 因此，梁玉绳认为《史记》的《伯夷列传》关于伯夷叔齐的事迹，是没有充分文献根据的臆测。

关于子贡游说齐国等，以保全鲁国的事迹。⑤ 王安石也不同意《史记》的内

---

① 《王荆公文集笺注·伯夷》，巴蜀书社 2005 年版，第 965 页。

② 《孟子·梁惠王下》："贼仁者谓之贼，贼义者谓之残，残贼之人谓之一夫。闻诛一夫纣矣，未闻弑君也。"见《四书章句集注》，大安出版社 1994 年版，第 306 页。

③ 《孟子·离娄上》："伯夷辟纣，居北海之滨，闻文王作，兴曰：'盍归乎来！吾闻西伯善养老者。'太公辟纣，居东海之滨，闻文王作，兴曰：'盍归乎来！吾闻西伯善养老者。'二老者，天下之大老也，而归之，是天下之父归之也。"见《四书章句集注》，大安出版社 1994 年版，第 395 页。

④ 《史记志疑》卷二十七，北京中华书局 1981 年版，第 1182—1184 页。

⑤ 《史记·仲尼弟子列传》："田常欲作乱于齐，惮高、国、鲍、晏，故移其兵欲以伐鲁。孔子闻之，谓门弟子曰：'夫鲁，坟墓所处，父母之国，国危如此，二三子何为莫出？'子路请出，孔子止之。子张、子石请行，孔子弗许。子贡请行，孔子许之。遂行，至齐，说田常曰：'君之伐鲁过矣。夫鲁，难伐之国，其城薄以卑，其地狭以泄，其君愚而不仁，大臣伪而无用，其士民又恶甲兵之事，此不可与战。君不如伐吴。夫吴，城高以厚，地广以深，甲坚以新，士选以饱，重器精兵尽在其中，又使明大夫守之，此易伐也。'田常忿然作色曰：'子之所难，人之所易；子之所易，人之所难：而以教常，何也？'子贡曰：'臣闻之，忧在内者攻强，忧在外者攻弱。今君忧在内。吾闻君三封而三不成者，大臣有不听者也。今君破鲁以广齐，战胜以骄主，破国以尊臣，而君之功不与焉，则交日疏于主。是君上骄主心，下恣群臣，求以成大事，难矣。夫上骄则恣，臣骄则争，是君上与主有郤，下与大臣交争也。如此，则君之立于齐危矣。故曰不如伐吴。伐吴不胜，民人外死，大臣内空，是君上无强臣之敌，下无民人之过，孤主制齐者唯君也。'田常曰：'善。虽然，吾兵业已加鲁矣，去而之吴，大臣疑我，奈何？'子贡曰：'君按兵无伐，臣请往使吴王，令之救鲁而伐齐，君因以兵迎之。'田常许之，使子贡南见吴王。……故子贡一出，存鲁，乱齐，破吴，强晋而霸越。子贡一使，使势相破，十年之中，五国各有变。"文长，仅摘录一段，仍可看出孔子对于祖国蒙难的忧心，以及子贡由说之辞。

容，荆公曰：

> 《史记》曰：齐伐鲁，孔子闻之，曰："鲁，坟墓之国，国危如此，二三
> 子何为莫出？"子贡因行，说齐以伐吴，说吴以救鲁，复说越，复说晋，五国
> 由是交兵，或强，或破，或乱，或霸，卒以存鲁。观其言，迹其事，乃与夫
> 仪、秦、轸、代无以异也。嗟乎！孔子曰："己所不欲，勿施于人。"己以坟
> 墓之国而欲全之，则齐、吴之人，岂无是心哉，奈何使之乱欤？吾所以知传
> 者之妄，一也。于史考之，当是时，孔子、子贡穷为匹夫，非有卿相之位，
> 万钟之禄也，何以忧患为哉？然则异于颜回之道矣。吾所以知其传者之妄，
> 二也。坟墓之国，虽君子之所重，然岂有慢患而谋为不义哉？借使有慢患为
> 谋之义，则岂可以变诈之说亡人之国而求自存哉？吾所以知其传者之妄，
> 三也。①

王安石从价值抉择的角度，质疑子贡在孔子支持下，前往齐、吴等国游说，
保全了鲁国，却造成齐国动荡、吴国灭亡等国际混乱的局面，这明显违背了孔子
的恕道。此外，孔子、子贡并非鲁国公卿，也没有获得鲁君的授权，如何从事这
么大规模的外交斡旋。最后，即使保全祖国的目的具正当性，巧诈的手段仍是不
合道义的。子贡游说充满纵横家的习气，与儒者显然不同。所以，王安石总结
说："苟不义而能释君之慢，除民之患，贤者亦不为矣。"② 目的与手段的正当性
必须同时关顾。更关键的是，子用用权诈之言，不顾他国的做法，全然背离了儒
者的精神。王安石对于儒者的抉择，有清楚的辨析，他说：

> 夫所谓儒者，用于君则慢君之慢，食于民则患民之患，在下而不用，则
> 修身而已。③

儒者的抉择，诚如孟子所言，"得志，泽加于民；不得志，修身见于世。穷则
独善其身，达则兼善天下。"④ 进退出处，不外乎自身心灵的提升，以及分国君之
忧，解百姓之患。得志、不得志，并非我能决定；学与不学，学什么，则是我可
以完全自主。王安石在此文中举大禹、颜回为例，大禹治水是为尧分忧，为民除
患；颜回的时代，礼坏乐崩，民无措足之处，然而，其处民间，独居陋巷，不改
其乐。两者都是体现仁道，符顺道义的正确抉择。反观《史记·仲尼弟子列传》
的这段记载，孔子与子贡的抉择完全不符合儒家的抉择，游说又充满纵横家的辞
气，王安石的质疑相当有力。与王安石同时代的苏辙，则从文献的角度，提出质
疑，苏辙曰：

> 齐之伐鲁，本于悼公之怒季姬，而非陈恒。吴之伐齐，本怒悼公之反

---

① 《王荆公文集笺注·子贡》，巴蜀书社 2005 年版，第 975 页。
② 同上。
③ 同上。
④ 《孟子·尽心上》，见《四书章句集注》，大安出版社 1994 年版，第 492 页。

复，而非子贡。吴、齐之战，陈乞犹在，而恒未任事。所记皆非，盖战国说客设为子贡之辞以自托于孔氏，而太史公信之耳。①

苏辙从文献的真实性提出质疑。齐伐鲁，其实是齐悼公不满季姬私通季鲂侯，而吴、齐之战，齐国的主政大臣并非陈恒。② 司马迁此段记载所参考的史料，勉强牵合处甚多，苏辙认为，是从横家假托子贡之辞，而司马迁误信而采用。清代梁玉绳对于此段记载有更详细的辩证，梁氏曰：

> 子贡使齐在哀十五年鲁与齐平之后，为成叛故，何得强相牵引。……黄池之会距战艾陵二年，何言吴王不归以兵临晋？……会黄池归与越平，在哀十三年，越灭吴在哀二十二年，何云会黄池归与越战不胜见杀？越灭吴称霸，在孔子卒后七年，何云子贡之出孔子使之？五国之事会，与子贡无干，何云子贡存鲁乱齐破无强晋霸越？……倾人之邦，以存宗国，何以为孔子？纵横捭阖，不顾义理，何以为子贡？即其所言，了无一实，而津津道之。……其为六国时之妄谈可见。③

梁玉绳总结了文献真实与价值抉择两个角度，细腻地指出，子贡使齐的记载，在文献方面，不论从事件背景、年代精确等都错谬摆出；在价值抉择上，孔子与子贡的形象背离了儒家的根本精神。

四、结　语

宋人好翻案，王安石亦然。本文考察王安石史传散文中，《史记》相关篇章的翻案手法，包括商榷世俗看法以及商榷司马迁的书写。《读孟尝君传》中，荆公顺成太史公的见解，对孟尝君得士与否，提出与世俗相反的见解。可见王安石对于《史记》深入有得，这在《伍子胥庙铭》也可以得到印证。王安石《孔子世家议》，认为司马迁把孔子放在世家，是自乱体例。然而，就司马迁队五体的界定，列入世家要具备辅弼王室与忠信行道两个条件，孔子以文化传世，对于政局的长治久安贡献良多，圣者当然笃行忠信，坚持理想。两个条件都具备了，孔子理当可以列入世家。此外，王安石对《伯夷列传》中伯夷叔齐扣马而谏的相关记载，以及《仲尼弟子列传》中子贡使齐的书写，都提出质疑，其批评聚焦在价值的抉择，如果再辅以清朝梁玉绳《史记志疑》的文献考核，可以看到王安石聚焦价值抉择的特出观点，以及真知灼见。

---

① 苏辙：《古史》卷三十二，第 17 页。

② 参见《左传》哀公八年的记载。见杨伯峻：《春秋左传注》，中华书局 1990 年版，第 1647—1649 页。

③《史记志疑》卷二十八，中华书局 1981 年版，第 1214 页。

《史记·陈丞相世家》"有主者"
君臣对话的解读

＊本文作者陈连祯。高雄市立空中大学教授，前警察专科学校校长。

出将入相，位极人臣，看似为官的巅峰；其实看不到的是波涛汹涌的狠斗险恶，官宦生涯危机四伏，才有"政治很可怕"的叹息声。而文人入将，纸上谈兵，军事统御左支右绌，必然难以为继，例如战国时期赵括长平之役的惨败。而出将入相的风光，却不敌后来从肝胆相照一路走到肝胆俱裂的惊恐。至于挟洋经验自重的，必然水土不服，有如"误入丛林的小白兔"而惊慌失措。他们都是国之栋梁，国家队一时之选的治国人才，领导人任命渠等为公卿大位，都属于国家级的重要名器，却都无法胜任愉快，而多以悲剧退场。

《史记》记载周勃因失职失礼，埋下危机而不自知，于是发展出汉文帝登位不久之后一出精采的君臣问对秀，而造成周勃去留的引爆点。出将入相却缺乏领导素养，已注定其无能，其德、才、位没有妥适"考虑"，以致无法适才适所。其实政治力介入的隐性因素引导，而导致骨牌效应，让他无法收拾，只好被动全面撤守，实非战之罪。历史都说他的个性质朴、单纯，然而依照其不良前科记录，很值得怀疑。本文拟就君臣对话说起，以厘清周勃去职的真相。

一、汉文帝登位不久一场精彩的君臣对话

吕后死后，周勃与陈平合作共同诛灭诸吕，拥立汉文帝，其实这些都是右丞相陈平的计谋。汉文帝即位后已进入状况，怀着复杂的心情，展开一场别开生面的君臣对问。据《史记·陈丞相世家》记载：

> 居顷之，孝文皇帝既益明习国家事，朝而问右丞相勃曰："天下一岁决狱几何？"勃谢曰："不知。"问："天下一岁钱谷出入几何？"勃又谢不知，汗出沾背，愧不能对。于是上亦问左丞相平。平曰："有主者。"上曰："主者谓谁？"平曰："陛下即问决狱，责廷尉；问钱谷，责治粟内史。"上曰"苟各有主者，而君所主者何事也？"平谢曰："主臣！陛下不知其驽下，使待罪宰相。宰相者，上佐天子理阴阳，顺四时，下育万物之宜，外镇抚四夷诸侯，内亲附百姓，使卿大夫各得任其职焉。"孝文帝乃称善。右丞相大惭，出而让陈

平曰:"君独不素教我对!"陈平笑曰:"君居其位,不知其任邪? 且陛下即问长安中盗贼数,君欲强对邪?"于是绛侯自知其能不如平远矣。居顷之,绛侯谢病请免相,陈平专为一丞相。

汉文帝即位(前一八〇年)后,认为太尉周勃功劳最大。右丞相陈平盱衡情势,已有自知之明,迅即托病让出右丞相尊位给周勃,周勃功成名就,完成阶段性任务,却油然常常自鸣得意,没有丝毫危机意识。于是就有了名垂青史君臣对问的尴尬一幕,也造就陈平在中国史上首开宰相职权的论述。

陈平的对答,符合宰相身份及其职责。宰相是一人之下万人之上的最高文官职务,要率领文武百官向皇帝负完全责任,其专长在于懂得"分配"与"领导"。宰相处理职务分配,指挥百官各司其职,分工而合作,以完成各项任务。所以,分配—调度—管理(含考核)三元素就是领导者的核心职能。在当代公共行政学理论中,论及如何对组织做有效率管理时,首推马克思·韦伯(Max Weber)所主张建构在理想型组织的管理作为,这种行政组织又称为官僚型模理论,他形容官僚组织就是一种"科层体制"的型态,其最主要的职能和特征为:以分工—合作的方式完成组织目标,各部门既要专业分工,也要服从上司的指令及监督,并且要依典章制度来行事,强调命令与服从的关系。这种主张分工合作又分层负责的关系,正是传统公共行政学理论最主要探讨的课题。正如陈平所言,"分层负责"之后,更重要的是要做到"权责分明"的责任观,而各有职司的官署,即是依其业务职掌功能而做各项部门化的分工,这样的组织结构有横向的分部化与纵向的阶层化,交织出完整层级节制的官僚体系。陈平对帝答以"有主者"的部门化分工主张,完全符合效率管理的领导方式,也符合理性化行政行为的逻辑思维。

二、汉文帝忧患意识主政的两手策略

其一,代王刘恒时期没有强烈的企图心。《吕太后本纪》载:吕后七年秋天"太后使使告代王,欲徙王赵。代王谢。愿守代边。"吕后征询代王高升到繁荣的重要地区、更重要职务的机会,他人求之不得,而代王敬谢不敏。代王当时大概已经预知日后三位赵王的悲剧下场,是故战战兢兢,宁愿偏远的代国,持守边疆以明志,由此可知代王的忧患意识之深。

其二,代王刘恒时期充满忧患意识。高后八年高后崩逝,大臣共诛诸吕平乱。丞相陈平、太尉周勃等使人迎立代王为帝。代王收到天上掉下来的礼物讯息,几乎不敢相信,差点不能呼吸,他已有预感未来危机四伏。《史记·吕太后本纪》或言"齐悼惠王高帝长子,今其适子为齐王,推本言之,高帝适长孙,可立也"。大臣皆曰:"吕氏以外家恶而几危宗庙,乱功臣。今齐王母家驷(钧),驷钧,恶人也。即立齐王,则复为吕氏。"欲立淮南王,以为少,母家又恶。乃曰:"代王方今高帝见子,最长,仁孝宽厚。太后家薄氏谨良。且立长故顺,以仁孝闻于天下,便。"乃相与共阴使人召代王。代王使人辞谢。代王没有喜出望外,未被冲昏了头，反而多方疑虑而异常谨慎处理。《史记·孝文本纪》记载，代王首先征询左右亲近大臣，分析真伪。郎中令张武主张"称疾毋往"，而中尉宋昌认为"大臣因天下之心而欲迎立大王，大王勿疑也。"两位大臣意见分歧。代王接着问问母亲的看法，没有得到确切答案，再请太常官员卜筮算吉凶，得到天命的上上签后，代王还不敢沾沾自喜。

其三，代王还是不放心，又请舅舅薄昭入京面见太尉周勃，确定群臣迎立为帝的决定无可怀疑，才带领重要干部进京。代王于接近长安前的高陵就驻足不前，又先遣心腹中尉宋昌入京长安城外的渭桥观变。直至亲信宋昌再三确认无虞，还报丞相以下要员皆出迎之后，代王才驰至渭桥接受迎立。代王下车后，太尉周勃进曰："愿请间言。"宋昌断然拒绝周勃在紧要关头与代王单独会谈，说："所言公，公言之。所言私，王者不受私。"接着一连串的连夜应变动作，包括当夜拜宋昌为卫将军，镇抚南北军，充分流露文帝一贯的谨慎态度，以及临深履薄的忧患意识。

其四，文帝为政，虽然可以宽容，也会压抑感情用事，屈己守法，例如听取廷尉张释之的专业而持平的法律见解；又如容纳直谏大臣如对袁盎。然而为了有效领导统御群臣，汉文帝有时也多交互为用法与术，呈现比较隐饰的一面，周勃升任右丞相，竟然有骄色。这段君臣对问，绝对不是文帝临朝一时兴起，无的放矢而顺口问问而已，想必是文帝有感而发，为了解决领导问题而刻意铺垫的对问。主因是周勃的无礼，持续的自我感觉良好，有碍帝王的威严，违背了文帝执政的核心价值。

其五，汉文帝循名责实，要求名实相副，而周勃逾越了君臣尊卑的名份。《史记·儒林列传》："孝文帝本好刑名之言。"黄老刑名之学，近乎法家，重在审核刑名、循名责实，依据名分规定，以建立严格的等差秩序。而名实相应的目的，则可以因名分的严格规定，进而建立君臣尊卑的完整制度。由此可以得知，循名责实，名实相副，臣子必须遵守君臣尊卑的名份，这是汉文帝施政的核心价值，臣属不得逾分而跨越这条红线。

周勃自汉高祖以来，都自我感觉良好，毫无危机意识。虽然各有所司，宰相不是万事通，周勃答不出来，对错是一回事，经此对问，却足以证明他上任了一年还在状况外。而文帝早已对他的居功无礼，心怀不满，有意识地要找时机对周勃下马威。周勃不察，而文帝明知故问，意在立威，其实形同逼退，正是所谓的软实力，更是巧实力的轻巧运用。

三、周勃缺乏风险意识

右丞相周勃向来自我感觉良好，刘邦死后仍缺乏风险意识。这与他的出身与个性有密切关系。周勃自小不好文学，少根筋，常常忘记自己的身份，才会埋下危机。他初以养蚕编织为生，后来因缘际会追随刘邦征战；立下赫赫战功。后来与丞相陈平共同诛吕安刘的功绩，更是功盖天下。功盖天下的周勃即将面临到蒯通指出韩信的"勇略震主者身危，而功盖天下者不赏"的囚徒困境。他只做一个多月，被文帝巧夺相印；二次为相不到一年，又被"免相就国"，后来还被诬告谋反下狱。周勃下场不堪，与他的性格有关。他从一场君臣对话以后的悲惨遭遇，不是没有原因：

其一，周勃虽为开国功臣，却得意忘形。他位极人臣时，得意失态，态度得意而骄傲，连文帝也心存畏惧，对他恭敬有加，"常自送之"。文帝登帝位蜜月期，广纳谏言，从善如流。《史记·袁盎鼌错列传》载，袁盎提醒文帝"丞相如有骄主色，陛下谦让，臣主失礼，窃为陛下不取也。"文帝一听就懂。此后周勃上朝，文帝变得庄重严肃，丞相周勃再也不敢有任何骄态。

其二，知道的越多，越要低调，否则将出现狡兔死走狗烹现象。压垮周勃引退的另一根稻草是，有人不满，而派人向周勃示警。汉文帝利用君臣对话方式，已公然挫折首席丞相周勃的锐气，这只是开出弱化周勃的第一枪。正巧这时又有人趁机对周勃提出警讯，语带威胁进言，实则意在劝退："君既诛诸吕，立代王，威震天下，而君受厚赏，处尊位，以宠，久之即祸及身矣。"周勃恐将有灾难降临，于是托病自请退休，让出首席右丞相。文帝居然没有慰留，陈平于是顺理成章成为唯一丞相。陈平又回到右丞相，最后臻至专一丞相，终于一圆少年的青春梦。而周勃的噩梦才开始揭开序幕而已。

其三，《史记·绛侯周勃世家》："勃为人木强敦厚，高帝以为可属大事。勃不好文学，每召诸生说士，东乡坐而责之：'趣为我语。'其椎少文如此。"这种待人态度显示他的性格特征"不好文学""为人木强敦厚"证明不讲究礼仪、不会客套。战场上，他是刚强无畏的英雄。在复杂的朝廷人事内，军事强人反而成为不懂权变的弱者。《荀子·儒效》："秦昭王问孙卿子曰：'儒无益于人之国。'孙卿子曰：'儒者法先王，隆礼义，谨乎臣子而致贵其上者也。人主用之，则埶在本朝而宜；不用，则退编百姓而悫；必为顺下矣。'"显然诸生说士对于周勃臣不臣的态度，大为反感，当然站在其对立面的。

其四，回到绛县后的周勃，可能想起韩信在陈县被捕的前车之鉴，心里充满狐疑与不安，动辄反应过度，而引人不当联想。每次当郡守尉到绛县巡视时，他就身上经常穿着盔甲，同时命令家人手持兵器来接见守尉。其实，这是周勃多疑，怕有不测之祸。这样的过度反应，竟又引来诸多的谣言。后来河东守尉上书皇帝，检举他"欲反"，文帝交给"廷尉"处理，"廷尉"则交给长安的狱官处置。狱官立刻加以逮捕、侦讯。周勃入狱后受到欺辱，行贿狱吏，又送大笔钱给好友薄昭说情，文帝终于赦免周勃，也恢复他的爵位和食邑。

人间万事万象不一定合理，但一定有原因。司马迁在《史记·陈丞相世家》安排"有主者"的戏码，恐非太史公的好奇心设想，而是主政者为了统御老臣，使之甘心就范而不能不一问。经此惊天一问，问倒了周勃，成全了陈平，也让一群老功臣从此不敢再倚老卖老放肆无礼，否则颜面尽失，完全暴露自己的无知，其荣宠也恐将不保。这样一举数得的戏码，绝非临时起意，非出于好谋而自嘲"我多阴谋"的陈平无以致之。

四、君臣连手演出的精彩对话秀

综上举证，本文认为这场"有主者"的论辩，是一出君臣精心安排而联合演出的精彩对话秀，其中理由有远因，也有近因：近因是临深履薄而即将接帝位的代王，与拥立群臣有功而最先面对面接触的是太尉周勃。他竟然私心自用，身为最高军事将领竟然敢在关键时刻，在群臣面前，在众目睽睽之下，公然提出无理而非常突兀的要求，擅想安排要与新主两人单独密会；对新来乍到的文帝而言，确实会有被突袭的不舒服而不安全感。如在未接受国玺前而先接纳了军事将领的单独密会，势必启人疑窦，也确实难脱有密室交易之嫌，将会遗留给后人有私相授受的不当遐想空间。

其次，太尉周勃这样要求的情境与先前薄昭进行的超前部署的协调沟通默契有异，很可能频添变量，会让文帝不由得想起之前群臣迎立之议时，亲信郎中令张武等人的善意警告："汉大臣皆故高帝时大将，习兵多谋诈。"此时冒出军事将领周勃的出其不意之举，诚属节外生枝，汉文帝难道没有恐遭"谋诈"杀害的不测联想。因多此一举的太尉周勃，给代王留下不诚又不良的第一印象。

再次，周勃向来自我感觉非常良好，公众场所居功自大的态度，不把初登帝位的汉文帝放在眼里，就对于君臣尊卑自我期许的文帝而言，都是难以言喻的伤害。依文帝的个性他可以宽容功臣一时，但是文帝又雅好黄老刑名法家，要求臣属循名责实、名实相副的伦理官箴，绝无可能再长期容忍老臣恃功的骄态。在教训功臣的两难时刻，文帝会寻求奥援，势必会先找到喜爱直言的袁盎出面犯颜直谏周勃的无礼。再找到为汉高帝的左右亲信、最会出谋划策的左丞相陈平商议；何况陈平的配合度最高，忠诚度更高，因而合作设计了这场"有主者"名垂青史的君臣对话录。君臣连手有默契地演出宰相职权论辩说，而右丞相周勃被蒙在鼓里，自然一问就倒，颜面尽失。

远因是周勃向来恃功忌才，又爱组织小团体，连手攻讦新进的特殊人才而惹人怨嫌。例如周勃与灌婴前有攻讦陈平，他们在见到汉王刘邦重用刚起义来归的陈平，立刻眼红而带头群起谗言陈平"盗嫂受金"，又骂他是"反复乱臣"(《陈丞相世家》)。后又有见到文帝不次超迁贾谊为太中大夫，周勃他们又谗言贾谊："专欲擅权纷乱诸事"(《屈原贾生列传》)。由于汉王刘邦常有大度而不听谗言，反更亲信陈平，前者谗言才未遂；而后者既遂，文帝听信而疏远贾生。由他们这些不良前科素行，得知周勃表面质朴，内心实嫉才排外；只要谁被今上亲近重用，即使对方官卑职小，只是年轻小辈，他都非常眼红，绝不放过放话机会带风向，公然表达不满而带头反对，欲除之而后快。至于对读书人不尊重，自以为是，无礼、不肯兼听而累积的民怨可知。

　　当年刘邦临终前嘱咐吕后未来将相的人事布局，其中考核周勃："性情厚道却缺少灵活应变的能力，然而未来能捍卫刘家政权的人，必定是周勃，可以派他担任太尉这个军事要职。"然而好事来临的发展，出人意料。虽然"立孝文皇帝，陈平本谋也"功最大，而文帝加封太尉周勃邑万户又赐金，竟"忘记"其父汉高帝的叮嘱周勃只适合当太尉，言外之意把周勃提升为丞相将是个错误；周勃意外当上首席丞相，更是场灾难，是历史的意外，还是在文帝完全的预料之中？

　　而好学黄老治术的陈平进退自如，竟以大局为重而"不察"，退让右丞相给肯定将会不适任的周勃。汉文帝选择感恩而"遗忘"出将入相的无能，让无法发挥适才适所的周勃丑态百出。一场君臣同心同意，掌握话语权，以当众对话带风向，陈平暗中介入的隐性因素呼之欲出，进而导致骨牌效应，让周勃很快被撤职、被冷冻、被恫吓，还被复职，又很快被退职，实在都非战之罪。《史记·绛侯周勃世家》说他的个性质朴、单纯，然而依照其前科记录，令人怀疑。而文帝的仁爱之风，陈平的贤相之名，经过一场对话轨迹的检验，君臣联合导演的精彩对话秀，意在教训这位骄态的老功臣。至此老功臣知道立功固难，处功名之际更难，而居处大位尤其难上加难。汉文帝与陈平君臣默契出击，悄悄点一根火柴，满地都是汽油，就狠狠击垮周勃的气焰与气势，其实还有未浮出水面的汉初隐形政治国师陆贾都呼之欲出，一场君臣对话隐含的奥妙，值得再三玩味。

《史记》英语译介研究①

＊本文作者魏泓。淮北师范大学副教授、北京外国语大学博士、美国威斯康辛麦迪逊大学访问学者。

引　言

《史记》是体大思精的鸿篇巨制，颇受世界瞩目，其西传历史悠久。西方比较正式的《史记》翻译可能是始于 1828 年，小布罗塞（Marie—Félicité Brosset）把《史记》第 123 篇《大宛列传》翻译成法语（Pokora 1962：154）。《史记》英译亦历时久长，并仍正在进行中。国内《史记》英译研究近年来进展快速，但依然处于薄弱之势。本文基于描写、比较方法，以定性与定量研究相结合，力求对《史记》英译现象进行系统综观，以资参考与借鉴。

《史记》英语译介历程可分为三个阶段进行表述：第一阶段是中西早期接触中的零星译介阶段，第二阶段是东西对峙中的大规模节译阶段，第三阶段是多元化与全球化进程中的多元翻译与全译阶段。其中，英美两国翻译内容最多、最为重要。

一、第一阶段（1950 年之前）——《史记》"走出去"

1950 年之前，基本上是西方列强逐步侵入中国的过程，亦是英国、美国日渐压迫中国的进程。汉学研究上，1905 年法国汉学家沙畹（Edouard Chavannes）出版了五卷本的《史记》译注本，影响巨大。早期英国对《史记》的翻译多是介绍性的，出于对其中历史与文学内容以及名人传记的兴趣。美国对《史记》的关注较迟，而在第一阶段后期开始凸显，这与美国对中国的政策有关，"在美国汉学界，20 世纪 20 年代时曾数次召开'优先考虑资助中国研究'的会议"（刘正 2002：18）。

一些西方学者英译了《史记》的个别篇章。早在 1840 年，美国创办的《中国丛报》（*The Chinese Repository* Vol. IX）从 210—219 页刊载了柯立芝夫人（Mrs

① 本文是国家重点文化工程子项目（HBY201909）、安徽省哲学社会科学项目（AHSKY2019D107）的阶段性成果。

Coolidge）英译的法国汉学家雷慕沙（Abel Remusat）关于司马迁父子与其《史记》的介绍文章。1894 年，英国学者艾伦（H. J. Allen）在《皇家亚洲文会会刊》发表了《五帝本纪》卷一的译文（*Ssŭma Ch'ien's Historical Records. Introductory Chapter. Part I*）（1894：269—295），1895 年又相继发表《夏朝》（*The Hsia Dynasty*）与《殷朝》（*The Yin Dynasty*）的译文。1917 年，德裔美国人夏德（Friederich Hirth）的译文《张骞的故事，中国在西亚的开拓者：〈史记〉卷 123 英译》（*The Story of Chang K'ién, China's Pioneer in Western Asia: Text and Translation of Chapter 123 of Ssï-Ma Ts'ién's Shï-Ki*）刊登在《美国东方学会会刊》上。1926 年，英国学者金璋（L. C. Hopkins）在其《瓷碗与司马迁的〈史记〉》（*The Eumorfopoulos Bowl and the Historical Memoirs of Ssu-Ma Ch'ien*）一文中依据《史记》记载内容来修改与论证瓷碗上"鲁天子"的翻译错误。1947 年，美国学者德范克（John De Francis）在《哈佛亚洲研究》期刊上发表了《史记·淮阴侯列传》（*Biography of The Marquis of Huai-yin*）的译文。哈佛大学海陶玮（James Robert Hightower）的博士论文《韩诗外传》（*The Han-shih wai-chuan*）（1946）与其发表在《哈佛亚洲研究》上的文章《韩诗外传和三家志》（*The Han-shih Wai-chuan and the San Chia Shih*）（1948）中都有《史记》部分内容的翻译。1948 年，美国学者伯儒（Rhea C. Blue）在《哈佛亚洲研究》期刊上发表《食货志之论》（*Argumentation of the Shih-Huo Chih*）一文，里面有《史记》六篇内容的部分翻译，注释多，很精确。

西方学者涉及中国文学、历史、哲学等中国话题时，常会译介《史记》内容。1886 年，英国历史学家阿恩德（Carl Arendt）在其长达 14 页的文章《对中国历史和历史学家的补充说明》（*Some Additional Remarks on the History and Historians of China*）中编译了《史记》中窦皇后的故事以飨西方读者（1886：147—151）。1891 年，英国学者理雅各（James Legge）在其《东方的神圣之作 39：老子文本》（*Sacred Books of the East 39: The Text of Taoism*）一书中介绍与翻译了《史记》中老子与庄子的篇章（1891：33—37）。早在 1883 年，英国学者翟理斯（H. A. Giles）自费印刷了自己编译的《中国文学瑰宝》（*Gems of Chinese Literature*）的选集，1922 年，他在其修订版中节译了《史记》中《平准书》《留侯世家》《高祖本纪》、《孝文本纪》篇章的部分内容，翻译比较忠实，没有注释（1922：58—65）。翟理斯在其《中国文学的历史》（*A History of Chinese Literature*）一书中节译了《史记》中《平准书》《孔子世家》等内容，没有注释（1923：102—109）。英国学者韦利（Arthur Waley）在其《古今诗赋》（*The Temple and Other Poems*）一书中转述了《史记》中司马相如与卓文君的故事，节译了其中《子虚赋》《上林赋》文章的部分内容，没有注释（1923：41—43）。英国学者莫安仁（*Evan Morgan*）所编著的《文体和汉语范文导引》（*A Guide to Wenli Stylesand Chinese Ideals*）选集选译了《史记》中《管晏列传》（*The Lives of Kuan Chung and Yen Tzu*）的篇章内容（1931：117—127），有许多注释，翻译精确。

西方学者在研究中国人物时往往会参考《史记》的记录。美国汉学家德效骞（Homer H. Dubs）在其专著《荀子：古代孔子学说的建构者》（*Hsüntze. The Moulder of Ancient Confucianism*）中翻译了《史记》中关于荀子的介绍（1927：26—27）。荷兰学者戴文达（J. J. L. Duyvendak）在其专著 *The Book of Lord Shang* 中选译了《史记》第 68 篇《商君列传》，注释较多，翻译精确（1928：8—31）。廖文魁（W. K. Liao）在其专著《韩非子集解》（*The Complete Works of Han Fei tzǔ*）中翻译了《史记》中有关"韩非子"传记的内容（1939：xxvii—xxix）。美国学者顾理雅（H. G. Creel）所出版的《孔子：其人与神秘》（*Confucius. The Man and the Myth*）一书中有《史记》中孔子内容的翻译（1949：25—26）。

1938 年，卜德（Derk Bodde）翻译了《史记》中李斯传记的内容（Bodde 1938：12—55）。他 1940 年的节译本《古代中国的政治家、爱国者及将军：〈史记〉中三篇秦代人物列传》（*Statesman, Patriot, and General in Ancient China. Three Shih Chi Biographies of the Chin Dynasty*）翻译了《吕不韦列传》《刺客列传·荆轲》与《蒙恬列传》三篇传记内容，书中注释与讨论内容占到了全书的三分之二。此译作只有 75 页，但影响深远。

这一阶段，以卜德的《史记》翻译最为精确、最具影响力。许多西方后来的《史记》译者与研究者都会阅读、参考卜译本（1940），如克尔曼（Frank A. Kierman Jr.）的译本（1962：17）、华兹生（Burton Watson）的译本（1993：xviii）和倪豪士（William H. Nienhauser, Jr.）的译本（1994 Vol.1：214）。综合而论，《史记》的早期译介是零碎的，其接受形象是不全面的、不成体系的，其研究主要是史学角度的批评，多伴有质疑与误解。卜德研究与翻译《史记》的一个目的是把真实的中国介绍到美国，打破西方人长期以来一直顽固地认为东方是停滞不变的错误观念（Bodde 1938：前言）。

这一阶段，《史记》英语译介主要有以下特点：1. 早期《史记》译介是在西方列强逐步侵入中国中进行的，英国译介最早，美国较迟，且政治因素明显。2.《史记》译介多是零星译介，以归化为主，没有或少有注释，后期在社会需求与学术期待中注重精确性。西方学者对《史记》的认识不深、研究有限，接受中多含偏见。3. 这一阶段多种多样的零星译介起到了引导性与介绍性作用，开始让《史记》"走出去"，为后来大规模的《史记》翻译与研究拉开了序幕。

二、第二阶段（1950—1979）——《史记》"走进去"

20 世纪 50 年代，社会主义和资本主义两大阵营开始形成和全面对立。到了 70 年代，东西严重对垒的势头减弱，世界格局开始由两极向多极发展。中华人民共和国诞生后的 20 多年里，以美国为首的西方国家在总体上试图孤立、遏制中国。1971 年中国恢复了在联合国的合法席位，中西关系趋于缓和，1972 年中英正式建交，1979 年中美正式建交。

　　自从第二次世界大战以来，中国研究方面有了相当大的发展，因为不仅在欧洲、而且在美国，中国研究专业人员数量的大幅增长带来了前所未有的更高的专业化程度（Dawson 1964：xiii）。"二战"后，美国对中国特别关注，积极号召研习中国文化，加强对中国的专业化研究。余英石指出："20 世纪下半叶，主要由于美国所投注的惊人的物力和人力，'汉学'发展的重心已明显地从欧洲转移到北美"（刘正 2002：3）。美国政府和各大基金会投入大量资金，以资助中国经典的大型翻译工程。捷克汉学家鲍格洛（Timoteus Pokora）强调："最近几年，《史记》在美国得到了特别的研究"（1962：155）。美国汉学家华兹生闻名遐迩，他于1956 年获得哥伦比亚大学赞助基金"卡廷研究基金"（Cutting Fellowship）后就专注于《史记》的翻译与研究（Watson 1995：201）。他的专著《司马迁：中国伟大的历史学家》（*Ssu-ma Ch'ien, Grand Historian of China*）后面附上了《史记》部分内容的翻译（Watson 1958：183—198）。1961 年，他的《史记》译本（*Records of the Grand Historian of China*）选译了《史记》中文学性强的 65 篇，面向一般读者，注释不多。他的第二个版本是 1969 年的《〈史记〉选篇》（*Records of the Historian：Chapters from the Shih Chi of Ssu-ma Ch'ien*），选译了《史记》19 篇内容。华译《史记》均由美国哥伦比亚大学出版社出版，还被联合国科教文组织（UNESCO）收录为具有代表性的"中国翻译系列丛书"之一。20 世纪 50 年代的美国政府对待外来文化比较专断而随意，其主流诗学提倡生动、流畅的归化译文。不言而喻，当时的美国读者对中国文学与文化普遍不甚了解，甚至还存在着一些误解。华兹生本人在《史记》译本出版之前未来过中国大陆，他说："非常遗憾，我从未体验过中国的生活，许多比我年长的中国学同事在中国对美国闭关之前在北京生活过，不过这正是那段历史的表现方式"（Balcom 2005：11）。华兹生遵循西方叙事诗学的规范来改写《史记》，以便适应西方读者的审美期待。他 1961 年的译本打乱了原著中本纪、世家、列传的体例，把所译的 65 篇内容按照时间顺序与人物塑造情节推进的结构来重新编排，重组成一个汉朝的故事、一个"头、身、尾"一以贯之的 novel 叙事结构形式。在翻译中，华兹生采用系列调适方法，以便消除文化隔阂、避免文化冲突。华译从选材、结构与语言表达上都注意归化，以求"符合美国人所期待的流畅、自然"（Baker 2004：310—312）。华译由个人"惯习"使然，但更多的是受到当时的接受环境及其赞助人的影响。

　　中英两国从 1954 年建立半外交关系后，经过 15 年的停滞不前，到 70 年代初迎来了转机（王为民 2006：270）。20 世纪 70 年代，中英关系得到迅速发展。1974 年，英国学者杜为廉（William Dolby）和司考特（John Scott）出版了《史记》节译本《司马迁笔下的军阀及其他人物》（*Sima Qian：Warlords, Translated with Twelve Stories from His Historical Record*），选译了《史记》中 7 篇精彩内容，包括令西方人很感兴趣的"军事家、四君子、刺客、滑稽人物"四个部分，共有 168 页。他们为了非专家的大众读者而译，目的是强调《史记》作为一个精彩故事讲述者的吸引力（Dolby & Scott 1974：9），而且"不求完美，只求生动性"（同上：24）。杜译相当注重可接受性，语言逼真、鲜活，极富感染力。

1949 年中华人民共和国成立后，中国积极对外译介中国经典。杨宪益与戴乃迭于 20 世纪 50 年代开始翻译《史记》（*Selections From Records of the Historian*），选译了《史记》中故事性强、极具代表性的 31 篇，先是发表在《中国文学》杂志上，后于 1974 年在香港商务印书馆出版率先出版，1979 年由外文出版社在北京出版。

这一阶段，在西方文化中心主义视野下，归化的意译法颇为盛行。20 世纪 50 年代极少发现令人满意的中国文学的翻译（Birch 1995：3），要么翻译不存在、要么翻译不可靠（同上：4）。而这个阶段产生了一个精确性《史记》节译本《从四种战国后期的传记看司马迁的撰史态度》（*Ssu-ma Ch'ien's Historiographical Attitude As Reflected in Four Late Warring States Biographies*）（1962），美国学者克尔曼翻译了《史记》中四篇传记内容：《乐毅列传》《廉颇蔺相如列传》《田单列传》与《鲁仲连列传》。此书共 127 页，翻译部分仅为 28 页，而注释（Notes）等部分内容占有 79 页。

这一阶段，发表在期刊、著作或选集里的《史记》零散翻译增长快速。1955 年，杨宪益夫妇在英文杂志《中国文学》（*Chinese Literature*）上发表《司马迁·四个传记》（*Ssu-ma Chien, Four Biographies*）的译文，包括魏无忌、荆轲、李广、郭解四位人物的传记（Yang ＆Yang 1955：87—113）。施友忠（V. Y. C. Shih）在《通报》（*T'oungPao*）上发表《中国反叛思潮》（*Some Chinese RebelIdeologies*）一文，转述与翻译了《陈涉世家》的部分内容（Shih 1956：154—157）。美国学者鲁道夫（Richard C. Rudolph）在《远东》（*Oriens Extremus*）期刊上发表《史记·伍子胥列传》（*The Shih chi Biography of Wu Tzuhsu*）的译文（1962：105—120）。美国学者李斯万（N. L. Swann）的译著《古代中国的食货：公元 25 年前中国最早经济史》（*Food and Money in Ancient China: The Earliest Economic History of China to A. D. 25*）（1950）中有《史记》卷 129 的翻译。美国汉学家费正清（John K. Fairbank）在其编著的《中国的思想和制度》（*Chinese Thought and Institutions*）一书中翻译了《史记》中"赋"的内容（1957：317）。英国汉学家霍克斯（David Hawkes）的译著《楚辞：南方之歌》（*Ch'u Tz'u. The Songs of the South*）中关于"渔夫"的话译自《史记》（1959：90—91）。美国汉学家艾兰（Sarah Allan）与柯因（Alvin P. Cohen）所编著出版的著作《中国的传说与宗教》（*Legend, Lore, and Religion in China*）简述了《史记》中三个鬼故事的内容（1979：102—106）。美国汉学家狄百瑞（Wm Theodore de Bary）所主编的《中国传统渊源》（*Sources of Chinese Tradition*）选集于 1960 年由哥伦比亚大学出版社出版，华兹生在书中翻译了《史记》中《太史公自序》《报任安书》《三代世表》和《大宛列传》的部分内容（Bary 1960：268—276）。在美国汉学家白芝（Cyril Birch）所编著的《中国文学选集》（*Anthology of Chinese Literature*）中，《报任安书》是海陶玮的翻译，另外 4 篇传记作品是华

兹生的翻译（1965：95—133），此书也被选入联合国教科文中国作品代表系列。文学选集《传统的中国故事：主题与变异》（*Traditional Chinese Stories：Themes and Variations*）中有倪豪士等人翻译的《史记》部分内容（MA & Lau1978：41—49）。对《史记》人物的翻译可散见于西方专论或相关著作与选集中。英国汉学家李约瑟（Joseph Needham）在其名著《中国科学技术史》（*Science and Civilization in China*）第 2 卷中有《史记》74 篇《孟子荀卿列传》中驺衍传记内容的翻译（1955：232—233）。美国学者威厄（*James R. Ware*）的专著《孟子说》（*The Sayings of Mencius*）翻译了《史记》卷 74 篇《孟子荀卿列传》中有关孟子的内容（1960：10—11）。格里菲斯（S. B. Griffith）在其译作《孙子兵法》（*Sun Tzu：The Art of War*）中译了《史记》第 65 篇《孙子吴起列传》中有关孙子和孙膑传记的内容（1963：57—63），有些注释，翻译精确。美国学者列文森（Christopher Levenson）把德语著作译成英语《金匣子：两千年的中国小说》（*The Golden Casket：Chinese Novellas of Two Millennia*），其中有《孟尝君》（*The Prince of Meng-chang*）的翻译（1964：21—29）。刘若愚（James J. Y. Liu）在其《中国骑士》（*The Chinese Knight-Errant*）一书中译了《史记》中关于信陵君魏无忌与刺客荆轲等传记的故事（1967：23—38）。

　　这一阶段的《史记》翻译主要是其文学性强的篇章。华兹生的译本优美流畅，在西方接受最为广泛，影响最大。华译本兼具历史与文学价值，在《史记》西传中功绩卓著，呈现出"广而深"的接受特色。华兹生教授承担了翻译《史记》的艰巨任务，成功地产出了忠实而可读的英译本，虽然译者有意在文字忠实性上做出一些微小的牺牲（Cole 1962：144）。杜为廉和司考特的《史记》译本（1974）归化程度很高，"对非专家读者来说这是一部有用的译作"（Hulsewé 1976：312）。第二阶段，大规模的《史记》译介大大拓宽了《史记》的接受面，提升了读者视界。西方逐步认可中西叙事的差异，领会《史记》的编撰匠心，其研究视野逐渐开阔，不仅有对《史记》的作者研究、文本研究、历史学与哲学角度的研究，同时也开启了文学角度的研究。

　　这一阶段的《史记》主要译介特点如下：1. 社会文化语境因素对《史记》的翻译影响显著。美国因政治需求而加强了对《史记》的翻译，研究成果卓著，大大领先于英国。2. 对《史记》的选译内容多是文学性强的精彩篇章，以归化方法为主流。华兹生的《史记》翻译与研究在西方极具影响力。3. 这一阶段的译介起到了重要的普及性作用，让《史记》真正走进了西方读者的视野，促进了对《史记》的接受与认知，为更大规模的《史记》翻译与研究奠定了基础。

三、第三阶段（1980 至今）——《史记》"走'深'进去"

　　随着全球化的快速发展，世界各国经济发展与合作日趋加强，冷战后一度出现的由美国主导的"一超独霸"局面正向世界多元化方向发展。文化多元共存与

发展成为社会主流发展趋势。中国经济崛起、综合国力增强，越来越受到世界的
瞩目与尊重。20 世纪 80 年代，中美两国在政治、经济等领域的交流日益活跃。
中美之间在外交关系上有过很多起伏，至今还依然在跌宕中稳步向前。中英关系
自 20 世纪末以来迅速发展，尽管两国在政治领域还存在一些分歧，但都在积极扩
大利益的交汇点，努力拓宽合作领域。

　　这一阶段的《史记》翻译颇为注重忠实性与精确性。"与 20 世纪 90 年代对异
域文化和文学的认同相反，20 世纪 40 年代以来美国的主流翻译策略是归化法"
（Baker 2004：310—312）。90 年代后，越来越多的有识之士提倡异化翻译。韦努
蒂（Lawrence Venuti）提倡反对文化霸权主义的"异化"方法："就遏制翻译的
民族中心主义暴力而言，异化翻译在今天是非常可取的：异化翻译是对世界现状
的一种战略性文化干预"（1995：42）。

　　1994 年，道森（Raymond Dawson）所译注的《司马迁〈史记〉》（Sima Qian：
Historical Records）由牛津大学出版社作为"世界经典系列丛书之一"而出版，共
176 页。他选译《史记》秦朝部分 9 篇内容，把其组建成秦朝的精彩故事。不过，
与杜为廉与司考特的译本（1974）相比，道森的翻译则更为忠实。虽然他应用了
调适手法，如重新拟定生动的篇章标题、每篇译文前加上解释性语言，但整体上
还是相当倾向充分性的，他说："对于翻译有许多可能的态度，但我自己的翻译
方法是尽可能和原文相近，甚至冒着措辞不雅的风险"（Dawson 1994：xxi）。但
道森亦注意迎合读者接受："然而，我不得不对非专家读者妥协，例如有时会调
适人名的翻译"（同上：xxii）。道森在兼顾源语与目标语规范中更为倾向异化译
法。2007 年，道森的译作《司马迁〈史记〉中的秦始皇》（Sima Qian：The First
Emperor-Selections from the Historical Records）出版，其内容和 1994 年版的译
作几乎完全一致，只是多了篇著名汉学家白瑞旭（K. E. Brashier）长达 14 页的前
言（Preface）与多列出的一些参考书目。

　　1993 年，华兹生所修订的 1961 年版 2 卷本译作再次出版，该版本主要将地
名和人名注音转换成现代汉语拼音。同年，他选译秦朝中 13 篇内容而出版《史
记·秦朝》译本。它们都由香港中文大学出版社和哥伦比亚大学出版社联合出版。

　　美国汉学家倪豪士于 1989 年开始领衔全译《史记》，现仍正在进行中，迄今
已连续出版英译本（The Grand Scribes Records）8 卷，都由美国印第安那大学出
版社出版。倪译注释详尽、文献厚重，尽量遵循源语语言与文化规范进行翻译。
倪译陆续得到台北国立中央图书馆汉学中心、美国威斯康星大学研究生院研究委
员会、太平洋文化基金会、中国学术交流委员会的资助。倪译《史记》的诞生深
受国际局势与中美关系的影响。八十年代后中美之间官方与非官方的建设性合作
突飞猛进。美国的对外文化战略也与时俱进，认为世界上不同文化价值体系间应
互相借鉴与学习。世界文明的发展需要建立一种互通有无、互相尊重、共同发展
的多元文化关系；20 世纪下半叶兴起于美国的全球史要求客观平等地观察世界各
国不同的历史文化。精确而充分的译本益于富有成果的交流，只有呈上历史本真

原貌的翻译才拥有一再阅读、解释与研究的价值。另外，西方汉学发展很快，美国尤其进展迅速。在过去的 25 年，《史记》研究重心从传统的汉学基地法国与德国转移到俄国和美国（Nienhauser 1996：33）。刚开始倪译团队只准备翻译《史记》30 卷内容，但后来考虑到没有全译本会误导西方读者，且西方目前尚未有英语全译本，故决定全译《史记》（Nienhauser 1994 Vol. 1：xviii）。倪译迎合李克（W. Allyn Rickett）和顾传习（Chauncey S. Goodrich）等西方专家学者的期待而采用详细加注的译法（同上：iiv），认为："我们依然相信只有通过完整的注释文本，对于学术读者而言，《史记》才会被合适而'完全'地翻译过来……"（Nien-hauser 1995：19）。倪译译注谨严，实事求是。美国汉学家侯格睿（Grant Hardy）认为"倪译是里程碑式的重大事业，倪豪士运用了国际学者组合"（Hardy 2011：159）。倪译《史记》是时代选择与个人选择相结合的产物，是微观内部环境与宏观外部环境相声相契的结果。

1990 年，蔡志忠（Tsai Chih Chung）编画、郑玉娟（Tang Nguok Kiong）翻译的小书《史记·战国四大公子》（*Records of the Historian：the Four Lords of the Warring States*）由新加坡亚太图书有限公司作为《亚太漫画系列》出版，共有 126 面，以漫画与英文解说的形式讲述了《史记》中魏国信陵君魏无忌、楚国春申君黄歇、赵国平原君赵胜与齐国孟尝君田文的故事。

这一阶段，《史记》零星翻译继续增多，但增速渐缓。1983 年，美国汉学家顾传习发表了《司马迁的吴起列传》（*Ssu-ma Ch'ien's Biography of Wu Ch'i* 吴起）的译文。鲍格洛的文章《史记 127，两位历史学家的共在》（*Shih chi 127, the Symbiosis of Two Historians*）把《日者列传》中华兹生所未翻译的有关褚少孙的内容给翻译出来，非常精确（Pokora1987：215—234）。1989 年，美国汉学家何四维（Hulsewé, A. F. P.）在《通报》上发表文章《开国元勋和被遗忘的人》（*Founding fathers and yet forgotten men*），其中有《史记》卷 18、年表 6 的部分翻译（1989：78—124）。美国汉学家康达维（*David R. Knechtges*）在其选集《文选》（*Wenxuan or Selections of Refined Literature*）第二卷中翻译了《史记》117 篇《司马相如列传》中《子虚赋》与《上林赋》的内容，译文中注释多、文采斐然（1987：53—114）。美国汉学家苏炀悟（Ralph D. Sawyer）在其著作《古代中国〈武经七书〉》（*The Seven Military Classics of Ancient China*. Boulder）中译出《史记》64 卷《司马穰苴列传》的全篇内容（1993：112—114）和 65 卷《孙子吴起列传》的全篇内容（1993：193—196），译文精确，注释多。美国汉学家伊佩霞（Patricia Buckley Ebrey）在其所编译的《中国文明：原始资料》（*Chinese Civilization：A Sourcebook*）（1993）一书中翻译了《史记》中有关匈奴民族的内容。美国汉学家宇文所安（Stephen Owen）在其编译的《中国文学选集》（*An Anthology of Chinese Literature*）一书中，自译了《报任安书》《伯夷列传》《魏公子传》与《刺客·聂政传》的篇章内容（1996：136—154），其翻译注释少，可读性强。美国汉学家梅维恒（Victor H. Mair）、夏南悉（Nancy S. Steinhardt）

与金鹏程（Paul R. Goldin）在所合编的《中国传统文化》（*Hawai'i Reader in Traditional Chinese Culture*）选集中，《史记》内容由柏士荫（Alan Berkowitz）和金鹏程所翻译（2005：174—182）。美国汉学家王志民（John Knoblock）与王安国（Jeffrey Riegel）的著作《吕氏春秋：完整的翻译和研究》（*The Annals of Lu Buwei：A Complete Translation and Study*）在介绍吕不韦时主要参阅了《史记》，有时直译、有时转述其中相关内容（2000：3—28）。美国汉学家李克在其专著《管子》（*Guanzi*）中有《史记》相关内容的翻译（Rickett 2001：19）。美国汉学家戴梅可（Michael Nylan）和 Thomas Wilson 合撰的著作《孔子的生活》（*Lives of Confucius*）中编述了《史记》中关于孔子传记的内容（2010：2—25）。美国汉学家陆威仪（Mark Edward Lewis）在其专著《中华帝国——前朝与汉朝》（*Chinese Empires-Qin and Han*）中涉及《史记》内容时，多是自己翻译，如项羽"垓下悲歌"的翻译（2007：219）。

　　近年来，中国对典籍的传播与译介的力度加大。2017 年，王国振改编的 *Records of The Historian*（《〈史记〉故事》）作为"中国经典名著故事"丛书之一由北京五洲传播出版社出版，共改编有 30 个故事，207 页。《名家讲〈史记〉》（*Masters on The Records of The Grand Historian*）一书经王丽、李莉翻译，由北京五洲传播出版社作为"中国文化经典导读"（*A Classic Chinese Reader*）系列于 2016 年出版。2015 年张慈赟所编写的英文书 *Gems of Chinese Classics*（《中国历史著述》），由上海译文出版社作为"中国传统文化经典系列"出版，其 98—100 页介绍了司马迁的生平与《史记》的影响。

　　这一阶段主要是对倪译《史记》的学术性接受、对不同译本的多元接受以及译本的对比接受。倪译严谨精确，深受学者欢迎。倪译 8 卷本在美国亚马逊网上都有销售，接受度相当可观。道森的翻译平易、优雅、确切，受众较多。在第三阶段，《史记》英译本较多，每个译本都各有所短、又有所长，不同译本间交互再现、互相补充，共同促进了读者视阈的整体提升。翻译带动研究，这一阶段的《史记》研究全面而深入，西方学者从多角度来研究《史记》，其文学与叙事学角度的研究卓有成效。

　　这一阶段的《史记》译介继续加强，不仅表现在量上，更表现在质上，且进入西方学术研究的广阔天地，主要有以下特点：1. 经济全球化与世界跨文化交流进展快速，中西之间的合作更为频繁。美国的《史记》译介在英语世界遥遥领先，英国远逊于美国，但成果依然显著。2. 这一阶段的《史记》翻译多会采取保留原文异域文化色彩的异化翻译策略。倪豪士所主导的《史记》学术性全译工程甚为引人注目。3. 西方学者全面认知与解读《史记》艺术，研究视野更为开阔、成果甚为丰硕。

结　语

　　以上可见，《史记》的英语译介包括荷兰、中国、新加坡等国的成果，但以英美为主。《史记》英语译介过程是个从零星译介、到大规模的文学译介、再到全译的渐进过程，其传播与接受进程是个从片面性到全面性的认识演进过程，是从开始的误解、到逐步的认可、再到全面认知的过程。《史记》译介过程是让其逐步"走出去""走进去""走'深'进去"的进程，是个中西文化碰撞、冲突与融合的过程。《史记》译介促进了中国典籍的对外翻译与中国文化的对外传播。博大精深的《史记》走向世界的历史是中西文化交流史的缩影，展示出中西关系日渐发展的进程，映现出世界文化融合与世界文明的发展进程。

参考文献

［1］Allan，Sarah and Alvin P. Cohen（1979）.*Legend，Lore，and Religion in China*. San Francisco：Chinese Materials Center，Inc.

［2］Allen，Herbert J.（1894）.SsǔmaCh'ien's Historical Records. Introductory Chapter. Part I. *The Journal of the Royal Asiatic Society of Great Britain and Ireland*，Apr.：269—295.

［3］Arendt，C.（1886）.Some Additional Remarks on the History and Historians of China. *Journal of the Peking Oriental Society*，I：139—154.

［4］Baker，Mona（2004）.*Routledge Encyclopedia of Translation Studies*. Shanghai：Shanghai Foreign Languages Education Press.

［5］Balcom，John（2005）.An Interview with Burton Watson. *Translation Review*，70（1）：7—12.

［6］Birch，Cyril（1965）.*Anthology of Chinese Literature*：*From the Early Times to the Fourteenth Century*. New York：Grove Press Inc.

［7］Birch，Cyril（1995）.Reflections of a working Translator. In Eugene Eoyang and Lin Yao-fu（eds.）. *Translating Chinese Literature*. Bloomington：Indiana University Press：3—15.

［8］Blue，RheaC.（1948）.TheArgumentationoftheShih-HuoChih：ChaptersoftheHan，Wei，andSuiDynasticHistories. *HarvardJournalofAsiaticStudies*，11（1/2）：1—118.

［9］Bodde，Derk（1938）.*China's First Unifier*. Leiden：E. J. Brill.

［10］Bodde，Derk（1940）.*Statesman，Patriot，and General in Ancient China. Three Shih Chi Biographies of the Chin Dynasty*（255—206 B. C.）.New Haven：American Oriental Society.

［11］Cole，Allan B.（1962）.Records of the Grand Historian of China by Burton Watson. *The Annals of the American Academy of Political and Social Science*，Vol. 341，May：144—145.

［12］Creel，H. G.（1949）.*Confucius. The Man and the Myth*. New York：John Day Company.

［13］Dawson，Raymond（ed.）（1964）.*The Legacy of China*. London：Oxford University Press.

[14] Dawson, Raymond (1994). *SimaQian: Historical Records, Translated with an Introduction and Notes*. Oxford; New York: Oxford University Press.

[15] Dawson, Raymond (2007). *SimaQian: The First Emperor-Selections from the Historical Records*. Oxford; New York: Oxford University Press.

[16] Bary, Wm Theodore de, Wingtsit Chan, and Burton Watson (eds) (1963). *Sources of Chinese Tradition*, New Haven and London: Columbia University Press.

[17] Dolby, William&John Scott (1974). *SimaQian: Warlords, Translated with Twelve Stories from His Historical Records*. Edinburgh: Southside.

[18] Dubs, Homer H. (1927). *Hsüntze. TheMoulder of Ancient Confucianism*. London: Arthur Probsthain: 26—27.

[19] Duyvendak, J. J. L. (1928). *The Book of Lord Shang*. London: Probsthain and Co. : 8—31.

[20] Ebrey, Patricia Buckley (1993). *Chinese Civilization: A Sourcebook*. New York: The Free Press.

[21] Francis, John De (1947). Biography of The Marquis of Huai-yin. *Harvard Journal of Asiatic Studies*, 10 (2): 179—215.

[22] Fairbank, John King (1957). *Chinese Thought and Institutions*. Chicago: The University of Chicago Press: 310—319.

[23] Giles, H. A. (1922). *Gems of Chinese Literature*. Shanghai: Kelly & Walsh.

[24] Giles, H. A. (1923). *A History of Chinese Literature*. New York and London: D. Appleton and Company.

[25] Griffith, S. B. (trans.) (1963). *Sun Tzu: The Art of War*. Cambridge: Cambridge University Press.

[26] Hawkes, David (1959). *Ch'uTz'u. The Songs of the South*. London: Oxford University Press.

[27] Hardy, Grant (2011). Another Installment of a Crucial Translation. *China Review International*, 18 (2): 159—162.

[28] Hopkins, L. C. (1926). The Eumorfopoulos Bowl and the Historical Memoirs of Ssu-Ma Ch'ien. A WrongTranslation and Its Correction. *The Journal of the Royal Asiatic Society of Great Britain and Ireland*, 2, Apr. : 301—304.

[29] Hulsewé, A. F. P. (1976). Reviewed Work (s): SimaQian, Warlords, Translated with Twelve Other Stories from HisHistorical Records by William Dolby and John Scott. *ToungPao*, Second Series, Vol. 62, Livr. 4/5: 312—313.

[30] Hulsewé, A. F. P. (1989). Founding fathers and yet Forgotten Men: a Closer Look at the Tables of the Nobility in the Shih Chi and the Han Shu. *TP* 75, nos. 1—3: 43—126.

[31] Kierman, F. A. Jr. (1962). *Ssu-ma Ch'ien's Historiographical Attitude As Reflected in Four Late Warring States Biographies*. Wiesbaden: Otto Harrassowitz.

[32] Knechtges, David R. (1987). *Wenxuan or Selections of Refined Literature. Volume 2: Rhapsodies on Sacrifices, Hunting, Travel, Sightseeing, Palaces and Halls,*

Palaces and Halls, *Rivers and Seas*. Princeton: Princeton University Press: 53—114.

[33] Knoblock, John and Jeffrey Riegel (2000). *The Annals of Lu Buwei*: *A Complete Translation and Study*. Stanford: Stanford University Press.

[34] Legge, James. (1891). *Sacred Books of the East* 39, *The Text of Taoism*. London: Oxford University Press.

[35] Levenson, Christopher (trans.) (1964) *The Golden Casket*: *Chinese Novellas of Two Millennia*. New York: Harcourt, Brace &World, Inc.

[36] Lewis, MarkEdward (2007). *ChineseEmpires-QinandHan*. Cambridge: TheBelknapPressofHarvarduniversitypress.

[37] Liao, W. K. (1939). *The Complete Works of Han Fei tzŭ*: *a Classic of Chinese Legalism*. London: ArthurProbsthain.

[38] Liu, James J. Y. (1967). *The Chinese Knight-Errant*. Chicago: University of Chicago Press.

[39] MA, Y. W. and Joseph S. M. Lau (1978). *Traditional Chinese Stories*: *Themes and Variations*. New York: Columbia University Press.

[40] Mair, Victor H., Nancy S. Steinhardt and Paul R. Goldin (eds) (2005). *Hawai'i Reader in Traditional Chinese Culture*. Honolulu: University of Hawai'i Press.

[41] Morgan, Evan (1931), trans. The Lives of Kuan Chung and Yen Tzu. In *A Guide to Wenli Styles and Chinese Ideals*. London: Probsthain and Co.: 117—127.

[42] Mote, Frederick W. (1962). Reviewed Work (s): Records of the Grand Historian of China by Burton Watson. *ArtibusAsiae*, 25 (2/3): 199—201.

[43] Needham, Joseph (1971). *Science and Civilization in China* Vol. 4. Cambridge: Cambridge University Press.

[44] Nienhauser, W. H. Jr. (1994, 1994, 2002, 2006, 2008, 2010, 2016 and 2019). Editor and Co-Translator. *The Grand Scribe's Records*. Volumes 1, 2, 5.1, 7, 8, 9 and 10. Bloomington: Indiana University Press.

[45] Nienhauser, W. H. Jr. (1995). The Implied Reader and Translation: The *Shih chi* as Example. In Eugene Eoyang and Lin Yao-fu. *Translating Chinese Literature*. Bloomington: Indiana University Press: 15—40.

[46] Nienhauser, William H. Jr. (1996). A Century (1895—1995) of*Shih chi* Studies in the West. *Asian Culture Quarterly*, 1: 1—51.

[47] Nylan, Michael and Thomas Wilson (2010). *Lives of Confucius*: *Civilization's Greatest Sage through the Ages*. New York: Doubleday.

[48] Owen, Stephen (1996). *An Anthology of Chinese Literature*: *Beginings to* 1911. New York and London: W. W. Norton&Company.

[49] Pokora, Timoteus (1962). The Present State of the Translations from the Shih chi: To the memory of Fritz J? 惊 ger. *OriensExtremus*, 9 (2) 154—173.

[50] Pokora, Timoteus (1987). Shih chi 127, the Symbiosis of Two Historians. In Charles Le Blanc and Susan Blader (eds.) *Chinese Ideas about Nature and Society*, *Studies in Honour of DerkBodde*. Hong Kong: Hong Kong University Press: 215—234.

[51] Rickett, W. Allyn (2001). *Guanzi*. Boston · Worcester: Cheng&Tsui company.

[52] Rudolph, R. C. (1962). The Shih chi Biography of Wu Tzu-hsü. *Oriens Extremus*, 9 (1): 105—120.

[53] Sawyer, Ralph D. (1993). *The Seven Military Classics of Ancient China*. Boulder: Westview Press.

[54] Shih, V. Y. C. (1956). Some Chinese Rebel Ideologies. *T'oung Pao*, Second Series, 44 (1/3): 150—226.

[55] Swann, N. L. (1950). *Food and Money in Ancient China*. Princeton: Princeton University Press.

[56] Tsai Chih Chung (edited and illustrated), Tang Nguok Kiong (translated) (1990). *Records of the Historian: the Four Lords of the Warring States*. Singapore: Asiapac.

[57] Venuti, Lawrence (1995). *The Translator's Invisibility: A History of Translation*. London and New York: Routledge.

[58] Waley, A. (1923). *The Temple and Other Poems*. London: George Allen &Unwin Ltd.

[59] Ware, James R. (1960). *The Sayings of Mencius, A New Translation*. New York: The New American Library of World Literature: 10—11.

[60] Watson, Burton (1958). *Ssu-ma Ch'ien: Grand Historian of China*. New York: Columbia University Press.

[61] Watson, Burton (1961). *Records of the Grand Historian of China: Translated from the Shih chi of SsumaCh'ien, in Two Volume*. New York and London: Columbia University Press.

[62] Watson, Burton (1993). *Records of the Grand Historian: Han Dynasty I&II &Qin Dynasty*. Hong Kong andNew York: The ChineseUniversity of Hong Kong, Columbia UniversityPress.

[63] Watson, Burton (1995). The Shih Chi and I. *Chinese Literature: Essays, Articles, Reviews*, 17: 199—206.

[64] 刘正：海外汉学研究 [M]，武汉：武汉大学出版社，2002。

[65] 王为民：百年中英关系 [M]，北京：世界知识出版社，2006。

论《史记》在朝鲜半岛的传播与影响①

＊本文作者杨绍固、付阿敏。延安大学文学与新闻传播学院教师。

朝鲜半岛因为其独特的地理位置，和历代中原王朝都有一种特殊的政治关系，或成为中国直接统治的一部分，如汉代，或成为半独立性质的政治实体，如元代，或成为中原王朝的藩属国，奉行事大外交，如唐、宋、明、清四朝。因和中国有特殊的关系，中国史书大量传入半岛，对其史学文化、文学写作、伦理观念都产生了较为深远的影响，《史记》的传入更是如此。目前学术界一般认为《史记》在南北朝时期传入朝鲜半岛，《北史·高丽传》有"三史"（《史记》《汉书》《三国志》）传到高丽的记载，因此《史记》传入朝鲜半岛的时间最迟不晚于东晋（大致相当于高句丽时期）。

目前学术界对《史记》在域外的传播及影响关注较少，这方面的研究成果不多，在笔者的目及范围，只有几篇学术论文。张新科《〈史记〉在国外的传播与研究》，② 用凝练的文字对《史记》在朝鲜半岛传播的情况进行了大致介绍。魏泓《论〈史记〉在跨文化交流中的双重价值——从主体与客体的视角分析》简要介绍了《史记》在朝鲜半岛的传播、翻译和研究情况。③ 孙卫国《东亚视野下的中国史学史研究》阐述了中国著名史书在朝鲜半岛流传的历史和文化因素，涉及了《史记》在半岛的传播。④ 周海宁博士论文《中国文化对高丽、朝鲜时代史学之影响研究——以史学体例和史学思想为中心》，对以《史记》为代表的中国史学文化对朝鲜半岛的影响进行了深入系统的研究。⑤ 韩国学者金智昒《朴趾源"九传"中司马迁与〈史记〉的影响研究》，⑥ 认为李氏朝鲜晚期文人朴趾源的九篇小说继承了司马迁"发愤著书"的文艺理论，深受《史记》影响。韩国学者诸海星写有

---

① 本文为延安大学博士科研启动项目"元代少数民族文人与域外儒家文化"（项目编号：YDBK2018—13）的阶段性成果。

② 张新科：《〈史记〉在国外的传播与研究》，载《博览群书》2015 年第 12 期，第 92—96 页。

③ 魏泓：《论〈史记〉在跨文化交流中的双重价值——从主体与客体的视角分析》，载《渭南师范学院学报》2016 年第 17 期，第 89—93 页。

④ 孙卫国：《东亚视野下的中国史学史研究》，载《史学月刊》2013 年第 11 期，第 91—100 页。

⑤ 周海宁：《中国文化对高丽、朝鲜时代史学之影响研究——以史学体例和史学思想为中心》，复旦大学人文与传播学院 2013 年博士论文。

⑥ 金智昒：《朴趾源"九传"中司马迁与〈史记〉的影响研究》，吴兆路、林俊相、甲斐胜二主编：《中国学研究》第 18 辑，济南出版社 2016 年版，第 251—260 页。

《〈史记〉在韩国的流传及影响——以翻译介绍与研究现状为中心》①《韩国〈史记〉、〈汉书〉翻译现状的概括与评价》，② 两文主要介绍了《史记》在李氏朝鲜时期和近现代韩国的传播与研究情况。纵观以上论著，都涉及《史记》在朝鲜半岛传播与影响，张文和魏文在这方面的研究较为简略，孙文则从史学史的角度进行论述，涉及《史记》的研究不多，周文的研究较为全面系统，诸海星文侧重于介绍近现代韩国学者的研究成果，对李氏朝鲜时期《史记》传播与影响也有涉及，但侧重于数据的汇集，缺少分析。本文利用掌握的韩国文献对《史记》在古代朝鲜半岛的传播与影响进行研究，在整合上述学者有关研究的基础上，从民族文学和民族历史的角度对这一问题展开论述。

一、《史记》在朝鲜半岛传播的历史文化语境

传说朝鲜半岛的开国者是被周武王分封在此的商王室子弟箕子，《汉书》记载箕子到半岛后实施"八条之教"，得到当地百姓的拥护。③ 箕子朝鲜给半岛上的王朝奠定了在中华世界体系中一个特定的位置，也为其以后效仿中国文化提供了先例。④ 汉武帝时代在朝鲜半岛设置乐浪、玄菟、真番、临屯四郡，直接派驻官员进行管理，半岛成为中原王朝的直辖地，这一统治持续了 400 年左右。朝鲜半岛长时间作为中原王朝的直接统治地区，中国史书就有各种便利条件传入，《周书·高丽传》中就称其国"书籍有《五经》《三史》《三国志》《晋阳秋》"。⑤

中国的修史传统和史书记载给朝鲜半岛以巨大冲击，当政者有意学习和仿效。《三国史记》记载："（新罗真兴王）六年（545）秋七月，伊餐异斯夫奏曰：'国史者，记君臣之善恶，示褒贬于万代，不有修撰，后代何观？'王深然之，命大阿餐居柒夫等广集文士，俾之修撰"。⑥ 这是半岛自撰史书的开始，也是他们设立修撰史书机构的开端。高丽王朝建立不久就设有编史机构——史馆，职责为掌记时政，监修国史，后来被称为春秋馆、艺文春秋馆等名，但职责没有发生大的变化。李氏朝鲜时期延续了中央政府设置史馆机构的制度。甚至半岛文人也把本国的史官称为太史公，南秉吉曾说："先伯氏圭斋太史公，素尚经学而诗文不屑为也。"⑦

① 诸海星：《〈史记〉在韩国的流传及影响——以翻译介绍与研究现状为中心》，载《汉学研究通讯》2004 年第 4 期，第 11—20 页。

② 诸海星：《韩国〈史记〉、〈汉书〉翻译现状的概括与评价》，滕文生主编《国际儒学研究通讯》，北京：生活·读书·新知·三联书店 2015 年版，第 95—111 页。

③ 班固：《汉书》卷二八，《地理志》，中华书局 1982 年版，第 1658 页。

④ 孙卫国：《传说、历史与认同：檀君朝鲜与箕子朝鲜历史之塑造与演变》，载《复旦学报》2008 年第 2 期。

⑤ 令狐德棻：《周书》卷四九《异域上·高丽传》，中华书局 1971 年点校本，第 885 页。

⑥ 金富轼：《三国史记》卷四《新罗真兴王本纪》，首尔大学奎章阁藏书，图书编号为：贵3614，第 15 页。

⑦ 南秉哲：《圭斋遗稿》，民族文化推进会《韩国文集丛刊》第 316 册，景仁文化社 2003 年版，第 664 页。

这里的太史公明显不是司马迁，而是指本国的史官。

隋唐时期，朝鲜半岛虽然不再是中原王朝的直辖地，但也深受其文化影响。《旧唐书.高丽传》记载："（高丽）俗爱书籍，至于衡门厮养之家，各于街衢造大屋，谓之扃堂，子弟未婚之前，昼夜于此读书习射。其书有《五经》及《史记》《汉书》、范晔《后汉书》《三国志》、孙盛《晋春秋》《玉篇》《字统》《字林》；又有《文选》，尤爱重之。"①可见，高丽王朝早期贵族子弟有研读《史记》等史书的习俗。高丽、朝鲜两朝的最高统治者也挑选研习《史记》的大臣为自己讲解，如李氏朝鲜晚期文人丁若镛有《重熙堂赐对，论〈史记〉〈汉书〉，退述玉音，为咏史诗五首》组诗，②从这组诗的题目可知朝鲜王曾和他讨论《史记》。李宜哲《史记》一文记载："是日命玉堂李商凤持《史记》入侍。传曰：'今命读《鲁仲连传》，乍睡之中闻罔测四字，心胆若坠，命止读。闻其四字墨抹云。墨抹又尤何以读也？于是果梦中闻而止读者也。此有其文故。"③可见，朝鲜王曾令李商凤给自己讲解《史记》，而且二人都很熟悉书中关于鲁仲连故事的记载。

作为中原王朝的藩属国，半岛统治者既有仰慕中华文化，主动学习的意愿，也有迫于两国间巨大实力的差距，被动学习的无奈，都曾通过多种途径从中国购置书籍，其中《史记》及其注解、改纂的书籍是一大项。作为宗主国，中原王朝的中央政府也曾多次对半岛赐书，如史书记载："显宗七年（1016）民部侍郎郭元朝，宋帝赐《九经》《史记》《两汉书》《三国志》《晋书》《诸子》《日历》《圣惠方》等书。"④两宋时期中国的史官制度和史传文学对半岛影响更大。高丽政府开始仿照宋朝制度设置编修官修撰实录，《东国通鉴》记载："（高丽）平章事韩安仁奏：'睿宗在位十七年，事业宜载史册，贻厥后世，请依宋朝故事，置实录编修官'。制以宝文阁学士朴升中、翰林学士郑克承、宝文阁侍制金富轼充编修官"。⑤成书于高丽仁宗朝由金富轼等编修的《三国史记》是半岛著名史籍，该书由本纪、年表、志、列传四个部分组成，在体例上明显模仿《史记》。半岛的其他著名史书如《三国遗事》《高丽史》《朝鲜王朝实录》等无论在体例、史学观念还是写作手法上也都深受《史记》影响。

需要注意的是半岛汉文古籍中出现的"史记"，并不一定都指司马迁所著《史记》，有时代指"半岛的史书"，或是"史官记载的意思"。崔致远《奏论天征军任从海等衣粮状》：

> 右臣得都将任从海及节级状，称自赴征行，已逾五载……伏缘从海等皆是贫寒，更无营业，彼处父母亲属，便须委壑填沟。请具奏论，乞还衣粮者。

① 刘昫：《旧唐书》卷一九九《东夷·高丽传》，中华书局1975年版，第5320页。
② 丁若镛：《与犹堂全书》第一册《诗集》卷三，茶山学术文化财团2013年版，第53—54页。
③ 李宜哲：《政堂故事》第9册，首尔大学奎章阁藏本，图书编号为571，第30页。
④ 金致仁：《增补文献备考》卷二四二《艺文考一》，东国文化社1959年版，第842页。
⑤ 徐居正：《东国通鉴》卷二〇"高丽睿宗十七年九月"条，景仁文化社1973年版，第481页。

谨按“史记”释云。天子车驾所至，则人臣为侥幸，赐人爵有级数，或赐田租之半，故因谓之幸也。①

安轴《制策泰定甲子》记载：

诸生博古通今，制变之术，于此议中，确论是非，陈之无隐对。经载道，所以平理天下之大具也。“史记”事，所以劝戒后世之大法也。古之圣贤。作经修史之意。其为用也。不在彼此之殊。而与大下共之者也。②

由上述两段文字内容可知，崔文中的“史记”是指史官记载的意思，安文则是指史书中的记载。这两段文字中的“史记”虽都不是司马迁所写《史记》，但受其影响却是显而易见的。

二、李氏朝鲜时期《史记》选本的刊印

宋元以来，随着印刷技术的发展，文人的不断整理，《史记》的刊本完备起来。这些刊本也大量传到了朝鲜半岛，引起了古代朝鲜文人的重视与评论。宋明两代不少文人主张学习秦汉时期的古文，尤其提倡学习《史记》的散文，如承袭“古文运动”的宋代六大家和主张“文必秦汉”的前后七子，这种风气也影响到了朝鲜半岛。明清易代，李氏朝鲜统治者用修史的方式强化自身“小中华”的正统地位，他们修史的学习范本就是中国的史书。朝鲜世宗时期官方曾铸字刊印《史记》《汉书》和《资治通鉴》，颁赠文臣。③ 半岛普通儒士也积极参与对中朝历史的书写、评论，对《史记》的编选、评论大量增多，半岛文人对《史记》各种刊本内容的异同及其原因也越来越熟悉。

李圭景在《二十三代史及东国正史辨证说》一文写道：

《史记》一百三十卷，汉太史令司马迁撰。……及迁当李陵之祸，下蚕室，受腐刑，未竟而没。褚先生少孙补之，迁没后缺《景》《武记》《礼》《乐》《律书》数十篇。褚生足成之，裴骃解之，汉杨终受诏删之。清周亮工曰：“汉杨终，字小山，为校书郎，受诏删太史公书为十余万言。”然则《史记》曾经删定，非本书矣。更不知删去何等，或删本与原本并行，而后世独行原本欤？……《史记》外，复有苏氏古史、晋华峤《汉纪》《东观汉记》一百二十七卷、《荀子史记礼志》《史记评林》三十三卷、《史记纂》十卷、宋赵瞻《史记抵牾论》、金萧贡《注史记》一百卷、皇明张洪《史记要语》……清

① 崔致远：《桂苑笔耕集》卷五，民族文化推进会《韩国文集丛刊》第1册，景仁文化社1991年版，第28页。

② 安轴：《谨斋先生集》卷三，民族文化推进会《韩国文集丛刊》第2册，景仁文化社1991年版，第479页。

③ ［韩］诸海星：《韩国史记、汉书翻译现状的概括与评价》，载滕文生主编：《国际儒学研究通讯》，生活·读书·新知·三联书店2015年版，第95—111页。

王士祯《班马异同辨》。①

可见，此时半岛文人已熟悉《史记》流行刊本内容的异同及原因。

朝鲜《史记》的刊刻有两种模式，官方刊本和民间刊本。官方版本多是李氏朝鲜时期的官员利用行政资源对多种版本校对的结果。朝鲜世宗七年（1425），经大提学卞季良的推荐，令郑麟趾、偰循、金镔读诸史，刊刻《史记》，为经筵讲读作准备，② 这是朝鲜刊印《史记》的最早记载。明万历年间朝鲜朝的李晬光曾校对过《史记纂》并将其进献给朝鲜王，张维记载了这件事："宣庙册继妃，礼多简省，公上箚请行庙见一节。癸卯，拜谏长、兵议、副提学，校正《史记纂》，又赐廐马，拜吏曹参议。"③ 民间刊刻也多有参照版本，反复校对，最后定版。李恒福在《史纂后跋》记载了他刊印《史记》的过程：

韩集之印既已，时有事于太庙，余受戒坐斋房，赵贠外纬韩来见余。余与之虞继韩之宜，赵劝印《史记》，因以平日所自抄传来示余。李相国德馨，闻而乐之，出捐家藏一本以畀之。尹海平根寿从而赞成之，又以王弇州《史记纂》十七卷使为模楷，移书往复，论定其去就。弇州所抄，有全选、抄选之别，今于全选得五十三，抄选得二十，通共七十有三。或疑抄选太碎，余曰："折俎虽不及体荐，拣金必待淘沙，是亦文苑一例，何害焉。"其古今注？涵：删定之责，一委之车斯文天辂。凡十阅月而书克成，虽不能备全大成，亦学海中一钩。④

笔者研读了一本藏于韩国精神文化研究院的《增定史记纂》，明代凌稚隆编，图书编号为016617，刊刻于朝鲜显宗戊申年（1668），钤印：家藏；礼侣；锦城后人，四周双边，半郭，上下三叶花纹鱼尾。该书除《货殖列传》外，其他传记都夫掉了上栏的眉批，也极少夹注，仅增加了用朝鲜文字标识的句读。《货殖列传》不仅眉批多，还有大量夹注，但原刊的中国版本却没有。

《增定史记纂》中的夹注内容多是中国历史地理方面的常识，如《货殖列传》中在"鸿沟"右侧夹注"地名"，在"巨野"右侧夹注"县名"；"昔尧作，游成阳"有两个夹注，在"作"右侧夹注"起也"，在"成阳"右侧夹注"在定陶"。⑤可见，这些夹注是为了解决半岛文人对中国文化常识不足方面的问题。书中有些地方加了墨点，有强调的作用。《游侠列传》中"（解姊）怒曰：'以翁伯之义'"右侧加了墨点，⑥ 笔者认为"义"是郭解侠行的突出表现，也是司马迁要表现的

---

① 李圭景：《五洲衍文长笺散稿》[EB/OL]. http://db.itkc.or.kr/dir/nodeViewPop?dataId=ITKC_GO_1301A_0170_010_0020。

② 翟金明：《文本的力量》，中国社会科学院2017年博士学位论文，第50页。

③ 李晬光：《芝峰先生集》卷一·附录，民族文化推进会《韩国文集丛刊》第66册，景仁文化社1992年版，第326—327页。

④ 李恒福：《白沙先生集》卷二，民族文化推进会《韩国文集丛刊》第62册，景仁文化社1992年版，第196页。

⑤ 凌稚隆：《增定史记纂》，韩国精神文化研究院藏书，图书编号：016617，第1668页。

⑥ 同上，第75页。

写作主旨，所以编印者认为需要强调。《日者列传》中"天新雨，道少人"右侧加了墨点，① 这是该文的环境描写，是下文故事展开的前提，有着非常重要的铺垫作用，故用墨点标注强调。此外，书中有些句子右侧加了圈号，如《游侠列传》中"至践更时脱之"，② 《滑稽列传》中"即为孙叔敖衣冠，抵掌谈语"，③ 这两句右侧都加了圈号，这两例都是故事情节发展的关键，加圈号也是起强调作用。

和其他篇章不同，《货殖列传》有大量解释性的夹注，此外还有不少眉批，极少评论和校勘。《货殖列传》题目下注曰："《广雅》云：'殖，立也。又，殖，生也。生资货则利也。'"④ 该文第2页眉批为"铜铁铝未炼者"，⑤ 应该是交代该页内容对照的时代。第3页眉批为"九府，周有大、王（玉）、内、外、天、职内、职金，皆掌财币之官，故云府"，⑥ 解释了文中的"九府"。第5页眉批为"五行不说土者，土壤也，国语大夫种曰：'贾人旱资舟，水资车，以待也。'言米贱则农人病也，故云：'病农苦斗米'，九十则商贾病，故云：'病末'，其有余不"，⑦ 解释了对应内容五行缺土的原因。上述眉批都用汉字，只有该文第1页眉批用谚文，原文是："반드시이를써务흘작시면느즌世예民의耳目乙涂훈작시니거의行못한리라"（文中空格处是换行的地方），⑧ 大致意思是：司马迁写作方法高超，如用诗歌表达，几乎不可能有这样的效果。这段谚文眉批是该文唯一的评论性文字。大量的眉批和夹注说明半岛文人很重视这篇文章，为什么呢？笔者推测，大概是他们认为看懂此篇有助于实现追求物质利益的功利目的，因为该文有引导读者达到财富增值的作用。

《增定史记纂》附《报任少卿书》与他篇不同，保留了不少校勘内容。该文题目下注有"依《文选》六臣注本校定"，和现存中国版本相同。⑨ 五臣注本与唐代李善注本合称六臣，是《文选》最著名的两个注本，相互校勘有助于理解文意。"意气勤勤恳恳"一句下注有"五臣本勤恳勤恳"。"若望仆不相师而用"，下注有"善本作用而"。"是以独抑郁而谁与语"，下注"善本作与谁语"。"涉旬月"，下注"五臣本无月字"。这样的例子还有不少。

笔者还研读了一部《史记英选》，这部书为首尔大学奎章阁藏本，图书编号为95，由朝鲜正祖李算于1796年主持编纂的，封面信息为五卷本，实际目录为八卷本，共计35篇。其中前六卷为《史记》的内容，后两卷是《汉书》的内容。

---

① 凌稚隆：《增定史记纂》，韩国精神文化研究院藏书，图书编号：016617，第92页。

② 同上，第76页。

③ 同上，第87页。

④ 同上，第101页。

⑤ 同上，第102页。

⑥ 同上，第103页。

⑦ 同上，第105页。

⑧ 凌稚隆：《增定史记纂》，韩国精神文化研究院藏书，图书编号为016617，第101页。

⑨ 同上，页145。另参见司马迁著，凌稚隆编纂，马雅琴整理：《史记纂》，商务印书馆2013年版，第505—508页。

在体例上涉及了《史记》中的本纪、世家、列传等内容，并且在第六卷末选有《太史公自序》。在以上几种体例中以列传内容最多，除了《项羽本纪》《萧相国世家》《留侯世家》和《太史公自序》4篇外，其余所选都是列传内容，而且，以单人传居多。这部书将《史记》中有的合传拆分成单人列传，比如该书中的《平原君传》《范雎传》《屈原传》。此外《刺客列传》中仅选取了聂政与荆轲两人，命名为《刺客传》，《史记》原著中《苏秦列传》虽为单人列传，但也有苏秦其他两兄弟的内容，该选本中将其删去并夹注"苏代苏厉事删"，篇名改为《苏秦传》，《李将军列传》也舍弃了李陵的相关内容改为《李将军传》。该书中上述篇目的"太史公曰"部分仍然保留了对合传中另一人或另几人的评论性文字，针对这一现象，《范雎传》有夹注："凡同传而不并选者，论赞则不删，下仿此。"① 也有为数不多的以完整形式保存的合传，分别是：《管晏传》《张耳陈余传》《郦生陆贾传》和《魏其侯武安侯灌夫传》，但最后一篇在原标题基础上根据文本内容进行了修改，将"灌夫"也加入了题目中。该书后两卷所选除了一篇《匈奴传》出自《史记》，其他篇目均来自《汉书》，且皆是单人传记。

《史记英选》是无前言、无后记的白文本，因此少量的眉批在内容上以功能性居多，往往是为了扫清阅读障碍而进行标注，主要涉及文本中字的读音和异体字。标注读音的眉批如"歷音历""泽音释""蔽音撒""僰音北""告音紫""缴音皎""氾音泛""揭音桀""亢音刚""能音耐"等。标注异体字的眉批如"革同蔽""飉同促""张同帐""壤同穰""虞同娱""樵同谯""澹同赡""慊同嫌"等。该选本中的夹注数量很少，除了前文所提及的两处外，还有两处：其一，《屈原传》删《怀沙》之赋，夹注曰："辞赋删"；② 其二，《匈奴传》冒顿杀父自立的部分描写被删去，夹注曰："《匈奴传》旧本'左右皆可用'下，'冒顿自立'上有四十三字，'东胡强盛'下，'乃使使'上有七字。御定英选本并删，连合句行以编成之。《匈奴传》之入选，盖取其文，而冒顿之事特删，别其恶也。内阁所藏诸本用此编义例，而翻刻木（母）本则遂（随）援（原）。本传以《太史公序》附《货殖传》下。"③

总体而言，在朝鲜半岛流传、编纂刊印的《史记》版本都打上了当地的民族烙印，迎合了半岛官方主流思想和大众心理需求。

三、古代朝鲜文人笔下的《史记》及司马迁形象

《史记》在古代朝鲜的传播比较顺利，产生了许多不同版本的刻本和选本。而随着古代朝鲜文人对其内容的熟悉和重视，《史记》的影响也日渐显现，尤其

---

① 李算：《史记英选》第2册卷三，奎章阁藏书，图书编号为95，1796年，第48页。
② 同上，第67页。
③ 同上，第40页。

是在古代朝鲜的史官制度、《史记》文本研究和散文写作等方面，并且出现了古代朝鲜文人评价《史记》及其作者司马迁的情况。

《史记》是一部体量大、体例精、内容深的作品，是中国修史传统的开端，包含着司马迁深邃的史学思想和历史意识，对朝鲜半岛产生了重大影响。宋元时期高丽政府开始仿照宋朝制度设置编修官修撰实录，《东国通鉴》记载："（高丽）平章事韩安仁奏：'睿宗在位十七年，事业宜载史册，贻厥后世，请依宋朝故事，置实录编修官'。制以宝文阁学士朴升中、翰林学士郑克承、宝文阁侍制金富轼充编修官"。① 成书于高丽仁宗朝由金富轼等编修的《三国史记》是半岛著名史籍，该书由本纪、年表、志、列传四个部分组成，在体例上明显模仿《史记》。半岛的其他著名史书如《三国遗事》《高丽史》《朝鲜王朝实录》等无论在体例、史学观念还是写作手法上也都深受《史记》影响。

既然古代朝鲜贵族阶层普遍熟读《史记》，那么这些文人对《史记》文本的研究也就不足为奇。笔者根据搜集到的资料对这方面的描写进行了分类：一是直接引用《史记》原文来证实某种观点的；二是对司马迁及《史记》进行评价的。

直接引用《史记》原文的，可以分为三类：一是对《史记》有关半岛历史进行考证的；二是用《史记》记载验证所见中国的历史地理；三是借用《史记》中司马迁对历史现象的评价来品评当前本国社会现象的。

古代朝鲜文人很重视《史记》中有关本国历史的文字，往往对自己认为有疑问的地方进行考证，如下面的这四段文字：

> 《史记》既曰：'武王封箕子于朝鲜而不臣。'又曰：'箕子朝周过殷墟感而作麦秀之歌。'噫！武王既不臣之矣，箕子乃自甘为臣而作朝觐之行哉！其诬圣贤甚矣。②
>
> 《左传》僖公十五年，秦穆公曰：'吾闻唐叔之封也，箕子曰其后必大。'箕子若不朝周，何得以预知朝政。在外藩虽有言，中土人又何以知之。③
>
> 《史记·微子世家》注：'《索隐》曰杜预曰梁国蒙县有箕子冢。'又按《大明一统志》云：'蒙县无箕子墓。'山东布政司古迹条云：'平壤城外有箕子墓。'未知杜说何所考据，岂传闻之讹耶。④
>
> 涵虚子曰：'箕子之后自周亡至后汉，千余年为公孙康所纂，箕子之统绪失传焉。'今考，公孙康所纂者无据。……箕子之后为公孙康所纂云者，乃因《通典》曰：'朝鲜历千余年至汉高帝时灭，武帝元狩中开其地，置乐浪郡。至后汉末，为公孙康所有。'此与'史汉'所记略同。何尝有公孙康纂箕子后之云哉！⑤

---

① 徐居正：《东国通鉴》卷二○"高丽睿宗十七年九月"条，景仁文化社，1973年，第481页。
② 金仲见：《文献考略》第20册，首尔大学奎章阁藏书，图书编号为561，1794年版，第12页。
③ 同上，第13页。
④ 同上，第10页。
⑤ 同上，第13页。

由这四段话可以看出作者对箕子圣贤形象的维护，从内心里认同半岛人民是箕子的后代，虽然他们推崇司马迁的著作，但还是对《史记》中关于箕子的描写提出了质疑并进行考证。同时也可以看出半岛文人对中国历史典籍《左传》《史记》《通典》等书的熟悉程度。

用有关司马迁记载来考证中国历史地理的，又可细分为考证历史和地理两类。考证历史的，如李象靖《答权景晦》中的一段话："'肉辟'条注'宫刑不废'，学甫曰：'汉武时，下史迁腐刑，则不废宫刑，亦可知'"。① 作者用史书上关于司马迁的经历，来证明西汉武帝时在法律刑罚方面还存在宫刑。用《史记》记载来考证中国地理的，如《蓟山纪程》里的两段记载：

> 滹沱河，历白磵店，段家岭而至河。一名错河桥，世称汉光武冰渡处。而按《一统志》，河在保定府东鹿县南三十里，距北京三百八十里。又按《史记》，光武北至蓟州，蓟州反应王郎，光武南走，至滹沱河，以冰渡。②
>
> 太子河，在木厂铺五里。《史记》称燕太子丹走，死于衍水，即此也。③

这是李海应作为朝鲜使臣出使清朝所写，他用《史记》印证到中国后所经过的地方在历史上发生的事情而兴奋，当然在内心里也有某种自豪感。

借用《史记》中司马迁对历史现象的评价来品评当前本国社会现象的，举两例以证明之。成三问《洪州成先生遗墟碑》：

> 今累百岁，而人之歆叹慕尚，皆欲百其身者，顾在此而不在彼。岂史迁所谓'其重若彼，其轻若此者哉！'岂不以天理民彝极天罔坠，不可以威武铄。④

再如《高丽史节要》：

> 中郎将房士良，上时务十一事，……四曰："司马迁曰：'用贫求富不如工，工不如商，刺绣文不如依市门。臣亦以谓四民之中，农最苦，工次之，商则游手成群，不蚕而衣帛，至贱而玉食，富倾公室，僭拟王侯，诚理世之罪人也。'窃观本朝，农则履亩而税，工则劳于公室，商则既无力役，又无税钱，愿自今其纱罗绫段绸子绵布等皆用官印，随其轻重长短逐一收税……⑤

古代朝鲜文人对司马迁及其《史记》的评价既有批评的也有赞扬的，总体来看，以赞扬为多，批评较少。批评的发现三例，一个是《宿白石滩》一书中所写："绝

① 李象靖：《大山集》卷十九，民族文化推进会《韩国文集丛刊》第226册，景仁文化社1998年版，第689页。
② 李海应：《蓟山纪程》卷二，《韩国汉文燕行文献选编》第26册，复旦大学出版社2011年版，第215页。
③ 同上，卷五"附录·山川"条，第511页。
④ 成三问：《成谨甫先生集》卷四《附录》，民族文化推进会《韩国文集丛刊》第10册，景仁文化社1989年版，第213页。
⑤ 金宗瑞：《高丽史节要》卷三十五《恭让王》二，1452年版，第761页。

壁松声子晋笙，泊舟傍有绝壁孤松。天许壮游归此老，史迁从古擅虚名。"另一
例是李海应《蓟山纪程》中的一段话："宋朝锡圭冕，可知夫子视涂泥。史迁慨羡
青云士，未识浮名本稗稊。"① 这两段记载都批评了司马迁的理想追求，认为他写
作《史记》的目的是追求不能带来实际利益的名声。郑杭《马史删节识语》："马
史文有重复处、冗长处，自是力量阔大，不拘精密，固不为大病。然朱弦疏越，
合于古而不谐于今，后学之不能及其力量，而反有学步之讥焉。"② 他批评《史记》
有重复、冗长的小缺点，而且过于古朴，今人难学。诸海星《〈史记〉在韩国的流传
及影响——以翻译介绍与研究现状为中心》一文，在附录中搜集了 25 则关于司马迁
及《史记》评论的文献数据，这些数据从史汉两书优劣对比、李氏朝鲜文人对司马迁
的态度、《史记》与《汉书》外其他史书的对比、《史记》中个别篇章的写法三个方面
展开，多为赞扬。此外，笔者还找到了六则这方面的记载，实际的文献记载应远不止
这些。为了说明问题，笔者将掌握的材料列表如下：

表一　朝鲜半岛古典文献评价司马迁及其作品《史记》统计表

具体内容	文献出处	赞扬司马迁内容
世南之善读，史迁之普览。	李穆《李评事集》卷一《弘文馆赋并序》，民族文化推进会《韩国民族丛刊》第 18 册，1989 年，第 153 页 a 面。	知识广博
然文章近于道者，其惟欧阳文忠公、曾文定公乎！孟子曰："君子之所养可知已矣。"文忠公本于韩愈，行之以史迁之逸，昌之以正雅之和，文定公本于刘向，裁之以班固之密，泽之以秩礼之美。	黄景源《江汉集》卷之十二《宋文苑论》，民族文化推进会，民族文化推进会《韩国民族丛刊》第 224 册，1998 年，第 251 页 b 面。	对韩愈影响深远
则何扰扰焉名儒之多耶！不唯今世所不见，虽古亦少。若贾谊、司马迁、韩愈、柳子厚辈是也，以汉、唐之盛，其事业之尤着显，卓然可见者，止此而已。	林椿《西河先生集》卷四《答灵师书》，民族文化推进会《韩国民族丛刊》第 1 册，1991 年，第 243 页 a 面。	少见的名儒
自汉以来，董仲舒、司马迁、杨雄、刘向所为文，与唐名家李太白、杜子美、韦应物、柳宗元所为诗，入于灰烬，无一人能继其声。	黄景源《梅湖遗稿》序《梅湖集序》，民族文化推进会《韩国民族丛刊》第 2 册，1991 年，第 265 页 a 面。	散文写作方法后无来者

① 李海应：《蓟山纪程》卷四，《韩国汉文燕行文献选编》第 26 册，复旦大学出版社 2011 年版，第 407 页。

② 诸海星：《〈史记〉在韩国的流传及影响——以翻译介绍与研究现状为中心》，载《汉学研究通讯》2004 年第 4 期，第 11—20 页。

续表

具体内容	文献出处	赞扬司马迁内容
山冢崒崩，诗可非之欤？况伯阳父所言，非特左氏书之《国语》也。后至司马迁、班固，亦取而载之史矣。夫史者，标准万世之书也，若诬淫不经之说，则二子何取而书之耶。	李奎报《东国李相国全集》卷二十二《非柳子厚非国语论》，民族文化推进会《韩国民族丛刊》第 1 册，1991 年，第 516 页 c 面。	实录精神可贵
诗章权舆舜南风，史法隐括太史公。以诗为史继三百，再拜杜鹃少陵翁。	李穑《牧隐诗稿》卷二十一《前篇意在兴吾道，大也不可必也。至于诗家，亦有正宗，故以少陵终焉，幸无忽》，民族文化推进会《韩国民族丛刊》第 4 册，1991 年，第 285 页 d 面。	《史记》像杜甫诗，有章法

这些称赞性质的文献资料从司马迁的个人材质、《史记》的写作方法、对后世的影响几方面展开。也有部分学者对司马迁既有赞扬也有批评，如尹淮《送忠州曝晒别监吴奉教先敬诗序》："昔太史公，足迹遍天下，绅石室金匮之书，作史记百三十篇。雄深雅健？涸：荡奇伟，后之秉笔者，莫能出其范围之外，信乎良史之才矣！惜其学驳而不醇，概于道则有未也，君子不无憾焉。"[1]

赵凯先生认为：李氏朝鲜文集中涉及《史记》的史论，多为专篇论文，专著极少，且以儒家价值观关注其中的历史人物与重要事件，以评论为主，较少进行史实考证。[2] 笔者认为这个评价很恰当，整体上说这一时代关于《史记》的史论确实如此。

结　论

《史记》传入朝鲜半岛后，先后以抄本和刻本的形式流传，后随着古代朝鲜文人对其的熟悉，出现了对《史记》内容的研究，继而出现了选本的形式。《史记》的传入，对古代朝鲜王朝的史官制度、对《史记》文本的研究和散文写作等方面产生了一定的影响，这对古代朝鲜民众认识民族来历、文人学习写作经验、统治阶层汲取统治经验大有裨益。

《史记》的传入，加强了半岛民众对箕子的认同感，在一定程度上为接受以儒家文化为主的汉文化奠定了基础。半岛史书关于箕子的有关记载和评论几乎都站在维护箕子的立场上，为此，有的文献甚至对中国史料提出了质疑。李氏朝鲜

① 徐居正：《东文选》第五辑卷九十三，朝鲜古书刊行会 1914 年版，第 61 页。
② 参见赵凯、尹在硕：《域外存珍：简述韩国古代文献中的秦汉史研究资料》，载《国学学刊》2012 年第 4 期。

时期南龙翼编选的《箕雅》是朝鲜著名的三部汉诗总集之一，有着深远的影响，书名的字面意思是箕子后人的风雅，可见对箕子的认同感。

《史记》等中国史书传入半岛，不仅带动了统治者设立史馆编修自己史书的传统，也为半岛文人的历史写作树立了一个光辉的典范，《三国史记》《高丽史》等半岛著名史书在体例和写作方法上都模仿《史记》。朴趾源之子朴宗采在其著作《过庭录》中说："先君得力专在孟子马史，故气之发于文章者，可知其根基之所在也。"① 在这里马史是指司马迁的《史记》，朴趾源的写作深受马史影响。半岛文人也把本国的史官称为太史公，对《史记》开展批评时多为赞扬，较少批评，可见他们在内心深处认可司马迁。李氏朝鲜《史记》的刊本得到传播，在古文风气与"理学化"史学观念影响下，《史记》《汉书》的"事、文、义"成为被关注和利用的文本，并在文章写作与史实数据方面，产生了影响力。②

① 朴宗采：《过庭录》，《韩国汉文学研究》第 7 辑，太学社 1984 年版，第 4 页。
② 翟金明：《文本的力量——以朝鲜汉籍所涉〈史记〉〈汉书〉资料为基础的研究》，中国社会科学院 2017 年博士学位论文，第 235 页。

谈谈《史记》多样的军事人物

* 本文作者王麦巧。渭南师范学院人文学院教授。

社会的发展变化总是伴随着朝代的更迭，朝代的更迭则意味着战争，战争成就了像孙子、孙膑、吴起、蒙恬、项羽、韩信、张良、周亚夫、霍去病这样的军事人物，他们或者久经沙场，能征善战；或者运筹帷幄，决胜千里；或者谙熟兵法，垂著篇籍……宛如繁星灿烂，闪烁在中国军事的太空，辉映着中华大地。司马迁有着深刻的英雄主义情结，他崇敬军事家世罕匹敌的军事谋略和出神入化的指挥艺术，因而为之立传传诵。当我们随着史公的笔触，感受孙子吴宫教战的号令严明，体味孙膑马陵道智斗庞涓的惊心动魄，领略韩信将兵多多益善的傲气、豪气，回眸霍去病饮马翰海、封狼居胥的壮举，谁又能不为之动容！

一

军事人物成名于战争，经历了战争的洗礼，要么有显赫的战功，要么有奇谋远略，要么在军事理论方面有建树，要么兼而有之，不管是哪一方面，他们都是那个时代在军事方面首屈一指的人物。

《史记》中以军事思想著称的代表人物是孙子。提到孙子，人们马上想到《孙子兵法》，它是一部杰出的军事著作，历来被推崇为"兵经""武经"。兵法十三篇是孙子军事思想的体现，《史记》没有直接介绍孙子军事思想，而是通过吴宫教战、佐吴破楚两件事展示孙子兵法之妙。军事思想不是纸上谈兵，重在实用，为了使吴王领略自己的军法，孙子以吴宫美女为对象教习操练。孙子把她们分为两队，让吴王阖庐最宠爱的两位侍妾分别担任各队队长，让所有的美女各拿一支戟。然后命令她们说："汝知而心与左右手背乎？""前，则视心；左，视左手；右，视右手；后，即视背。"三令五申后，就击鼓发令，叫她们向右，妇人们都哈哈大笑。孙子曰："约束不明，申令不熟，将之罪也。"又三令五申，然后击鼓发令让她们向左，妇人们又都哈哈大笑。孙子曰："约束不明，申令不熟，将之罪也；既已明而不如法者，吏士之罪也。"（《史记·孙子吴起列传》）于是以"将在军，君命有所不受"为由杀了吴王的两位宠姬示众，使队伍达到了"唯王所欲用之，虽赴水火犹可也"的效果。吴宫教战的故事晓谕人们：军队必须令行禁止，纪律严明。这就是《孙子兵法》所谓"令之以文，齐之以武"的思想，部队只有旌旗鲜明，号令严肃，才能一呼百应，"犯三军之众，若使一人"，产生强有力的战斗力。佐吴破楚是孙子军事思想的运用。孙子被伍子胥引荐给吴王阖闾,为吴王手下将领,"西破彊楚,入郢,北威齐晋,显名诸侯,孙子与有力焉。"短短二十个字概括了孙子的军事才能。所谓"西破强楚,入郢"是指阖闾九年(公元前506年),吴国决定攻打楚国,孙武和伍子胥认为,要想一举攻破楚国,必须得到唐、蔡两国的支持,采取迂回作战的方略。阖闾采纳这一建议,亲自统率吴军三万人,乘船沿淮水西进,经过唐、蔡两国,至淮汭弃船登岸,从大别山麓插入楚国,大破楚军于柏举,继而深入汉水流域,乘胜追击楚军,五战五捷,攻占楚都郢城。所谓"北威齐晋,显名诸侯",是指夫差十二年(公元前484年),吴国出兵北伐,大败齐军于艾陵,并与晋国争夺霸权。"孙子与有力焉"是对孙武为将的肯定。

二

在《史记》中,既有军事谋略、又善于带兵打仗的军事人物有孙膑、吴起、李牧、韩信等。孙膑是战国时代齐国人,孙武的后代。他的军事才能主要通过驰逐重射、围魏救赵、马陵之战三件事表现出来。孙膑为齐将田忌门客时,田忌"数与齐诸公子驰逐重射",孙膑对双方赛马以及比赛情况调查之后,就对田忌说"臣能令君胜",他建议田忌,比赛时,以自己的下马对对方的上马,以自己的上马对对方的中马,以自己的中马对对方的下马。田忌赢得比赛,孙膑因此初露锋芒,得见齐威王,遂以为师。孙膑为齐军师后,指挥了多次战斗,其中最著名的是围魏救赵和马陵之战。公元前354年,魏国派将军庞涓带兵八万攻打赵国,很快包围了赵国的都城邯郸。赵国形势危急,向齐国求救。齐威王以田忌为将军,以孙膑为军师率军救援。田忌打算直奔邯郸,以解赵国之围。孙膑不同意,提出避开敌人实力强大之处,袭击敌人虚弱之处的计策;魏国攻赵,精兵大多在外,留在国内的,只不过是一些老弱残兵。趁魏国都城防务空虚,率军直奔大梁,就可迫使魏军放弃赵国回来营救。田忌听从了孙膑的意见,魏军果然离开邯郸回师,在桂陵地方两军交战,魏军大败而归。十三年后,魏国和赵国联合攻打韩国,韩国向齐国求救,齐王派田忌、孙膑前去救援,孙膑采取退兵减灶的计划诱敌深入,埋伏于马陵道,"马陵道狭,而旁多阻隘,可伏兵"。轻敌的庞涓果然中计,他"弃其步军,与其轻锐倍日并行逐之。"如此以来,战线拉长,兵力分散,优势的兵力转化为劣势。魏军一步步进入圈套,终于大败,庞涓自杀。齐军乘胜追击,彻底击溃了魏军,俘虏了魏国太子申回国,孙膑也因此名扬天下。孙膑的军事思想见《齐孙子》,《汉书·艺文志》记载,孙膑著有《齐孙子》八十九篇、图四卷,为后世留下重要的军事理论。

吴起的一生是追求功名的一生,他善于用兵,"欲就名"。他先侍奉鲁国国君,齐国军队攻打鲁国,鲁君欲任吴起为将,因吴起娶齐女为妻而怀疑他。为了坚持自己的意志、实现自我价值,吴起不惜杀妻,终于遂愿率军攻打齐国,把齐军打得大败，一战而名扬天下，赢得了人们的肯定。值得注意的是，当时鲁国是一个没落的小国，而齐国则是新兴的军事强国，国力不可同日而语，弱小的鲁国战胜强大的齐国，吴起在其中起了最为关键的作用。由于被人诋毁，鲁国国君疏远吴起，于是他投奔魏国，魏文侯任用他为主将。"吴起善用兵，廉平，尽能得士心，乃以为西河守，以拒秦、韩。"后来。吴起又来到楚国，在楚国，展现了他作为一个政治家的远见卓识："明法审令，捐不急之官，废公族疏远者，以抚养战斗之士。要在彊兵，破驰说之言从横者。于是南平百越；北并陈蔡，却三晋；西伐秦。"吴起追求功名异于李斯之流，坚持自我不出卖灵魂。"'吴起为人节廉而自喜名也。……君因召吴起而与归，即令公主怒而轻君。吴起见公主之贱君也，则必辞。'于是吴起见公主之贱魏相，果辞魏武侯。"面对功业与名，吴起选择了后者，"惜名如命"背后反映了他有强烈的独立意志，不屈服于权贵，不因功名失去自我。在吴起的功名簿上，值得一提的还有吴起兵法，"世俗所称师旅，皆道孙子十三篇，吴起兵法，世多有，故弗论。"据《汉书·艺文志》记载，《吴起》一书共 48 篇，其主要谋略思想是"内修文德，外治武备"。

李牧是战国末期赵国名将，在对匈奴作战中，他屡次重创敌军，显示了高超的军事指挥艺术。出任代郡郡守时，他根据边防形势的需要，使用坚壁清野的方针，建立了边防预警体系。每逢匈奴入侵，便以烽火传达信息，人马迅速退入营垒固守，使"匈奴数岁无所得"。对待士兵，注意休整部队，养精蓄锐，积蓄力量。"市租皆输入莫府，为士卒费。日击数牛飨士"（《史记·廉颇蔺相如列传》），每天都得到赏赐的士兵斗志昂扬，欲与匈奴决一雌雄。备战工作完成后，李牧着手准备与匈奴一战。他首先选择不同的兵种进行训练：精选的战车一千三百辆，战马一万三千匹，敢于冲锋陷阵的勇士五万人，善射的士兵十万人。通过训练，发挥了不同兵种的特长，提高了其协同作战能力。继而固守示弱，助长匈奴轻敌情绪。之后诱敌深入至预设战场，迎头痛击，大败匈奴，杀死十多万人马。此后十有余年，匈奴不敢犯境。

韩信是一位著名的军事家和军事指挥家，在楚汉战争中，他"连百方之众，战必胜，攻必取"，表现出卓越的军事才能。他创造了明修暗度、背水一战、木罂缶渡军等战术，指挥了平定三秦、破魏之战、井陉之战、潍水之战等，并且获得全胜，因此，司马光说："汉之所以得天下者，大抵皆信之功也"。韩信登台拜将后，首建之功是暗度陈仓，还定三秦。公前 206 年，刘邦决计进军关中，"东向争权天下"。当时，汉军面临的形势是十分严峻的。项羽为防止刘邦出汉中，在分封诸侯时三分关中，以秦降将章邯、司马欣、董翳为关中王，"以距塞汉王"。他企图借助天险和重兵，将刘邦封闭在巴、蜀、汉中之地。通往关中的正面要道均被章邯严密封锁，汉军要想从正面突破，非常困难。于是，韩信针锋相对，定下奇计：一面派人重修已被烧毁的褒斜栈道，造成汉军要从正面出击的假象，以迷惑章邯，一面率大军秘密从陈仓道进发，以奇兵袭击章邯侧翼。这便是著名的"明修栈道，暗度陈仓"之计。"陈仓道位于秦岭西段，汉军由南郑向西至白水，然后折向东北，走陈仓道出大散关，直趋陈仓"。① 汉军的行为完全出乎章邯的预料，章邯只好仓促应战，最后兵败自刎。汉军乘胜追击，司马欣、董翳等降汉，刘邦占领了关中全境，实现了北定三秦的宏伟战略。

韩信奇功之二是力挽狂澜，奇兵破魏。汉军在彭城败退之后，塞王司马欣、翟王董翳叛汉降楚，齐国和赵国也背叛汉王跟楚国和解。六月，魏王豹以探望老母疾病为由请假回乡，一到封国，立即切断黄河渡口临晋关的交通要道，反叛汉王，与楚军订约讲和。汉王派郦生游说魏豹，没有成功。这年八月，汉王任命韩信为左丞相，攻打魏王豹。魏王把主力部队驻扎在蒲坂，堵塞了黄河渡口临晋关。韩信故意在临晋（今陕西大荔东）虚张声势，而将主力悄悄运至夏阳，"以木罂缶渡军"，奇袭安邑，很快击垮魏军，俘虏魏王豹，平定了魏地，改制为河东郡。

背水列阵、鏖战井陉更是韩信的经典之作。韩信与张耳统兵数万，欲东下井陉攻打赵国。赵王、成安君闻知后聚兵二十万，驻扎井陉口。广武君李左车提出间道绝粮、坚守不战的计谋，可惜赵王歇和陈馀不用，而是在井陉正面摆开决战架势，而这正是韩信所希望出现的军事态势。他挑选了两千名轻骑兵，每人持一面红旗，说："赵见我走，必空壁逐我，若疾入赵壁，拔赵帜，立汉赤帜。"并传令今日破赵会餐，仗还没打就预料必胜。他不仅具体布置骑兵的行动计划，连敌军"空壁逐我"也肯定无疑，难怪将士们都不相信。接着他又派出万人的先锋队，"出，背水阵"。显然万人的先锋队伍，背水布阵是不合常规的，是违反兵书战策的，所以连敌军也"望而大笑"。两军相接，赵军倾巢出动攻击韩信的军队，韩信诈败，抛旗弃鼓，等到他的骑兵乘虚冲入赵军营垒，换上汉军赤帜后，韩信率众拼死反扑，迫使赵军想退回营垒，"壁皆汉赤帜，而大惊，以为汉皆已得赵王将矣，兵遂乱，遁走，赵将虽斩之，不能禁也。于是汉兵夹击，大破虏赵军，斩成安君泜水上，禽赵王歇。"（《史记·淮阴侯列传》）这是韩信知己知彼，灵活运用战策的结果，足见其胸中韬略之一斑了。

潍水之战是韩信继井陉鏖战后的又一次力作。公元前 203 年，韩信用蒯通之谋，袭破齐之历下军，进而攻陷临菑，项羽派大将龙且率兵往救。齐楚联军与韩信军夹潍水布阵。当时汉军兵力约数万，而齐楚联军却有二十多万，且楚军兵精将勇，战斗力很强。显而易见，韩信要想取胜绝非易事。龙且不听劝谏，倨傲而又刚愎自用，进兵与韩信战，韩信"壅水上流，引军半渡，击龙且，佯不胜，还走。"等到龙且率军渡水，"信使人决壅囊，水大至"，使得龙且军大半淹死水中，在激烈的战斗中龙且被杀死。潍水之战为韩信平齐铺平了道路。

三

从春秋战国到秦汉时期，社会动荡不安，战争不断，涌现出很多擅长带兵打

---

① 李兴斌：《韩信用兵艺术浅探》，《军事历史研究》1988 年第 2 期，第 121 页。

仗的军事人物，如白起、蒙恬、项羽、霍去病等人。他们也有军事谋略，但他们更擅长带兵打仗，注重实战经验，是在战争中成长起来的军事人物。

白起是战国时期秦国军事家，精于用兵，屡战获胜。"白起为左更，攻韩、魏于伊阙，斩首二十四万，又虏其将公孙喜，拔五城。""攻魏，拔之，取城小大六十一。明年，起与客卿错攻垣城，拔之。后五年，白起攻赵，拔光狼城。后七年，白起攻楚，拔鄢、邓五城。其明年，攻楚，拔郢，烧夷陵，遂东至竟陵"（《史记・白起王翦列传》），夺取韩、赵、魏、楚大片领土。长平之战中，他采取迂回、运动的战略战术。先佯败，引诱赵军重兵脱离有利阵地。赵军追击至秦军主力坚守的壁垒，遭到顽强抵抗。此时，白起布置在壁垒两翼的突袭部队两万五千人迂回赵军侧后，切断了赵军的后路，另一支五千骑兵的快速部队插入赵军的营垒之间，断绝了它们的联系，把赵军分割成两个孤立的部分，运粮通道也被堵住。这时秦军派出轻装精兵实施攻击，大败赵军，坑杀俘虏四十余万人，举世震惊。

蒙恬是大秦的忠臣、名将，为秦朝的巩固建立了赫赫战功。在《太史公自序》中，司马迁赞叹蒙恬"为秦开地益众，北靡匈奴，据河为塞，因山为固，建榆中。"概述了蒙恬对秦王朝建立的卓越战功。蒙恬是秦始皇时期著名的将领，是将门之后。祖父蒙骜，是秦国的大将，曾经率军伐韩，夺取十三座城池；攻赵，夺取三十七座城池；攻魏，夺取二十座城池。父亲"蒙武为秦裨将军，与王翦攻楚，大破之，杀项燕。二十四年，蒙武攻楚，虏楚王。"（《史记・蒙恬列传》）为了开拓秦国的疆土，为了秦始皇的统一大业，蒙氏父子率军攻城略地、浴血奋战、出生入死，建立了卓越的功勋。蒙恬的战功，主要集中在秦王朝巩固时期。随着时间的推移和历练，蒙恬已经成长为能征善战的优秀将领。《蒙恬列传》云："秦已并天下，乃使蒙恬将三十万众北逐戎狄，收河南。筑长城，因地形，用制险塞，起临洮，至辽东，延袤万余里。于是渡河，据阳山，逶蛇而北。暴师于外十余年，居上郡。是时蒙恬威振匈奴。"《匈奴传》又云："始皇帝使蒙恬将十万众北击胡，悉收河南地，因河为塞，筑四十四县城临河，徙谪戍以充之。"在这里，司马迁概况叙述了蒙恬两方面的功绩。一是抗击匈奴，守卫边疆。二是修筑了万里长城的防御工程，保障了北方人民安定的生产和生活。

匈奴是战国时期兴起于大漠以南的阴山与河套一带一个多部落国家，他们善于骑射，能征善战。秦统一中原的同时，他们乘机跨过黄河，占领了河套以南的大片土地，直接威胁着秦王朝首都咸阳的安全，成为秦朝最大的心腹隐患。公元前215年，蒙恬率领浩浩荡荡的大军奔赴边关，从此，拉开了他长达十余年镇守边塞的生涯。蒙恬镇守漠北，先后与匈奴单于头曼有两次大的交战。一次是公元前215年，秦朝三十万大军与匈奴军交战，秦军士气高昂，势如破竹，匈奴损兵折将数万人，蒙恬率军胜利收复了河套以南之地。一次是公元前214年，蒙恬率领大军渡过黄河，在黄河以北与头曼的十万铁骑展开了恶战，最后以大胜而结束了战斗。《匈奴列传》云：匈奴单于"头曼不胜秦，北徙"。经过这两次大的战役，匈奴被蒙恬的军队彻底打败了，他们向大漠以北遁去。秦朝北方疆域扩展到了黄河北岸、阴山南麓一带，占领了今天内蒙古乌加河以南包括鄂尔多斯高原在内的广大地区。蒙恬于是"因河为塞，筑四十四县城临河，徙谪戍以充之"。在这片区域，蒙恬建立了四十四县，又从内地迁徙三万户到这里，一边从事开垦荒田，一边防守边关。

秦军虽然收复了黄河以南的广大地区，但秦始皇对匈奴并不放心，他在思考着彻底防御匈奴等北方少数民族的长久之计，于是就假借"亡秦者胡也"的谶语，不惜血本，下令蒙恬修筑万里长城。蒙恬立即派人勘察地形，又征发七十万劳工，开始修筑万里长城这项浩大艰巨的工程。历经数年，蒙恬率领七十万劳工依随地形山势的起伏，修筑了西起临洮（今至辽东甘肃岷县）东到辽东（今辽宁东部）的万里长城。"蒙恬北筑长城而守藩篱，却匈奴七百里，胡人不敢南下而牧马，士不敢弯弓而报怨。"（《史记·秦始皇本纪》）

项羽是一个悲剧式的英雄人物，他既是一个"力拔山兮气盖世"的主帅，又是一个只知用武不谙机谋的匹夫，他勇猛善战，叱咤风云，显赫一时，最后却军败垓下，自刎乌江，令人扼腕叹息。虽然如此，项羽仍然是一个具有军事才能的将领，反秦起义、破釜沉舟、彭城之战等故事家喻户晓，历代传诵。公元前 209 年，项羽随项梁在吴中起义，杀会稽守，一府慑服，莫敢起。与刘邦在城阳以东大败秦军，接着，又西至雍丘把秦军打得落花流水，并杀死了三川郡守李由，然后乘胜回师东北，攻打外黄。反秦起义拉开了项羽军事历程的序幕，他的成名之战是钜鹿之战。公元前 207 年，秦国三十万人马包围了赵国钜鹿，赵王连夜向楚怀王求救，楚怀王派宋义为上将军，项羽为次将，带领二十万人去救赵国。宋义畏秦不前，项羽诛杀卿子冠军，"诸将皆慑服，莫敢枝梧"。"乃遣当阳君、蒲将军将卒二万渡河，救钜鹿。战少利，陈馀复请兵。项羽乃悉引兵渡河，皆沈船，破釜甑，烧庐舍，持三日粮，以示士卒必死，无一还心。于是至则围王离，与秦军遇，九战，绝其甬道，大破之，杀苏角，虏王离。涉间不降楚，自烧杀。"（《史记·项羽本纪》）钜鹿之战，楚兵以一当十，呼声动天，诸侯无不人人惴恐，从此项羽名震天下，成为诸侯上将军。李晚芳赞曰："羽之神勇，千古无二；太史公以神勇之笔写神勇之人，亦千古无二。迄今正襟读之，犹觉喑哑叱咤之雄，横纵驰骋于数页之间，驱数百万甲兵，如大风卷箨，奇观也。"①

楚汉战争中，刘邦趁项羽在齐地平叛之机率诸侯之兵讨伐楚国，占领了楚国都城彭城，掳掠了财宝、美人，并且大摆酒宴庆功。项羽陷入前所未有的危机中：齐国尚未平定，回师救楚，则腹背受敌；刘邦诸侯联军 56 万人，规模空前宏大，项羽因为两线作战，兵力不足；彭城沦陷后，楚地尽失，项羽只能孤军深入，速战速决；彭城距齐地千里之远，回救彭城需要长途跋涉，而敌人以逸待劳。面对险恶的政治、军事环境，项羽制定了一个大胆的战略计划，以诸将率领大军继续平定齐国，作为迷惑刘邦的手段，而自己亲自带领三万精兵绕道彭城后方，以彭城为钓饵引刘邦上钩，然后偷袭刘邦后方。"晨击汉军而东，至彭城，日中，大

---

①　杨燕起等：《历代名家评史记》，北京师范大学出版社 1986 版，第 349 页。

破汉军。汉军皆走，相随人榖、泗水，杀汉卒十余万人。汉卒皆南走山，楚又追击至灵壁东睢水上。汉军却，为楚所挤，多杀，汉卒十余万人皆入睢水，睢水为之不流。"彭城之战，项羽歼灭了刘邦的主力，扭转了孤立无援的政治局面，重新占据了楚汉战争的主动权。

　　霍去病是抗击匈奴的年轻军事家，曾经六出北疆，攻打匈奴，扬威大漠。从汉高祖到汉武帝初期，西汉政府一直面临匈奴的威胁，由于国力虚弱，不得已采取和亲政策。和亲换来了暂时的和平，但并没有从根本上解决问题。汉武帝时期，经过几十年的休养生息，国力渐强，西汉对匈奴的政策由防御转向进攻，拉开了汉匈战争的序幕。公元前123年，年仅十八岁的霍去病两次随卫青出师匈奴，霍去病率八百勇骑"直弃大军数百里赴利"，"斩首虏二千二十八级，及相国、当户，斩单于大父行籍若侯产，生捕季父罗姑比，再冠军，以千六百户封去病为冠军侯。"（《史记·卫将军骠骑列传》）

　　元狩二年（公元前121年）春天，汉武帝任命霍去病为骠骑将军，率领精骑一万人，从陇西出发，攻打匈奴。霍去病面对的是匈奴的右贤王部，他果然不负众望，长驱直入，势如破竹，"逾乌盭，讨遫濮，涉狐奴，历五王国，辎重人众慑慴者弗取，冀获单于子。转战六日，过焉支山千有余里，合短兵，杀折兰王，斩卢胡王，诛全甲，执浑邪王子及相国、都尉，首虏八千余级，收休屠祭天金人"。在此次战役中，霍去病采用运动战、闪电战、迂回战术，长驱直入，转战五国，快速袭击，取得胜利后就以迅雷之势转战另一部落，使各部军事力量不能联合，各个击破。此次河西之战不但在军事上取得了较大的胜利，还了解到了河西的地理环境及匈奴的一些情况，为日后大规模出兵积累了经验。

　　元狩二年夏天，汉武帝命霍去病和合骑侯公孙敖率军数万，进行第二次西征，据《史记》记载："骠骑将军踰居延，至祁连山，捕首虏甚多。天子曰：'骠骑将军踰居延，遂过小月氏，攻祁连山，得酋涂王，以众降者二千五百人，斩首虏三万二百级，获五王，五王母，单于阏氏、王子五十九人，相国、将军、当户、都尉六十三人'。两次河西战役，歼灭了匈奴在河西的主力，将河西地区纳入了汉朝版图，而且打通了连接西域各国的通道。

　　元狩四年春天，霍去病率骑兵五万出代郡，深入漠北，寻歼匈奴主力。霍去病率军北进一千多里，越过大沙漠，翻过离侯山，渡过弓闾河，与匈奴左贤王部接战，歼敌70443人，俘虏匈奴屯头王、韩王等3人以及将军、相国、当户、都尉等83人，乘胜追杀至狼居胥山，在狼居胥山举行了祭天仪礼，在姑衍山举行了祭地仪礼，兵锋一直逼至瀚海。经此一战，"匈奴远遁，而漠南无王庭"。从此，"封狼居胥"成为兵家所追求的最高荣誉。

　　《史记》军事人物因为其功业而名载史册，流传古今，千百年来被人们传唱。他们的军事思想是中国军事思想的重要组成部分，其内容博大精深，是对先秦以及秦汉时期军事思想的总结，为中国军事文化增添了绚丽的色彩，为研究古代军事思想提供了翔实的资料。

论一代明君汉文帝

＊本文作者杨波。中国劳动关系学院副教授。

汉文帝刘恒是刘邦第四子，汉惠帝异母弟，母亲薄姬。公元前 203 年，生于河南宫内成皋台。汉高祖十一年（前 196 年），刘邦在亲征平定代地诸侯陈豨的叛乱后，册立八岁的刘恒为代王，都于晋阳（今山西太原）。刘恒在他就藩代地的十五年间，与民休息，发展生产，恭俭作则，代地由是大安。与此同时，汉初复杂的政治环境和母亲的悉心教导，使他养成了谨慎沉静的性格。汉高祖去世后，吕后监国专权，汉惠帝英年早逝，诸吕掌握朝中大权。吕后去世后，太尉周勃联合丞相陈平等人粉碎诸吕势力，迎立代王刘恒进京称帝，史称汉文帝。

西汉王朝建立后，汉高祖、吕后都着力于发展农业生产，稳定统治秩序，收到了显著的成效。"高后女主制政，不出防闱，而天下晏然，刑罚罕用，民务稼穑，衣食滋殖。"（《汉书·高后纪》）尽管如此，由于连年战乱，使社会受到重创，文帝即位之时，国家财力严重不足，人民生活相当困顿。造成这种贫困的状况，是由于"一人耕之，十人聚而食之"，农民遭受残酷剥削，骄奢淫逸之风日益严重。这表明汉初一度缓和的社会矛盾，到刘恒即位时又逐渐趋于表面化。于是汉文帝从政治、经济、军事、民族等多个方面，开始了他的治国之路。

一、政治方面：稳固政权，安民惠民

1. 稳固政权

公元前 179 年，太尉周勃和丞相陈平等人一举粉碎了吕氏势力，迎立代王刘恒进京继承王位。当时刘恒仅带了身边的宋昌、张武等六人，即位后，下定决心要尽快整合皇权体制，以恢复和加强国家政权的运转能力。

汉文帝首先任命自己的心腹宋昌为卫将军，镇抚南、北二军；命张武为郎中令，巡查保卫宫中。以最快的速度掌握军队，军权是最大的权，文帝深谙此道，让心腹负责守卫皇宫、京城，从根本上保证自己的人身安全。然后，对于拥立他做皇帝的功臣们——赏赐、封官晋爵，对于被吕后贬斥的刘姓王公恢复了爵位和封地，同时，对于跟随父亲刘邦开国的功臣们分别赏赐、分封。这些措施使文帝的帝位得到巩固。

文帝即位三个月后，根据群臣的请求，文帝立长子刘启为太子。这样，自汉高祖以来，预立太子就成为汉家的定制。

除了用拉拢的手段巩固政权外，打击蛮横的重臣也是文帝的一项措施。这方面主要是对大功臣周勃的处理。周勃因为拥立文帝有功，每次退朝后，出来时总是很骄横的样子，似乎不把新帝放在眼里，而文帝对他更加有礼，经常目送他离去。有人劝说周勃说："君既诛诸吕，立代王，威震天下，而君受厚赏，处尊位，以宠，久之即祸及身矣。"（《史记·绛侯周勃世家》）周勃一听很害怕，自己也感到处境危险，于是他就向文帝请求辞职并归还相印。文帝答应了他的请求。过了一年多，丞相陈平死了，文帝又任命周勃当了丞相。十个多月之后，文帝又以列侯归封国为借口免除了周勃的相职。过了一年多，有人举报周勃要谋反，文帝责成廷尉查处此事，把周勃下狱，后查无实据，便释放了他。通过对大功臣周勃的一系列处理，使朝臣看到青年皇帝的厉害，能够引以为戒，常怀敬畏之心。

在巩固政权方面，镇压叛乱同样是文帝的一项重要举措。由于汉初大力推行无为政治，诸侯王的势力逐渐膨胀起来。文帝三年（前177年），由于皇位继承中的利益分配不均，济北王刘兴居率先发动叛乱，开启同姓王国武装反抗汉廷之先例。汉文帝派兵镇压，叛军土崩瓦解，刘兴居被俘自杀。三年后，皇弟淮南王刘长又举起了叛旗。但尚未行动，即被朝廷发觉。文帝派人传讯刘长入京，罢去他的王位，将他发配蜀郡。途中，刘长绝食而死。汉文帝用非常温和的手段处理了来自同姓诸侯王的叛乱，既处置了首犯，一举摧毁了反对势力，同时又没有乱杀无辜，赢得了老百姓的衷心拥护。政权稳定了，天下太平了，老百姓得以安居乐业了。

2. 安民惠民

汉文帝政治上安民惠民，主要体现在"循守成法"和废除酷刑上。

秦汉时期的黄老之学一个主要特征是"守法而无为"，所谓"无为"，不是毫不作为，也不是漫无边际的放任，而是不超越既定的法律规定。"法"是"无为"的界限，而无为的"道"又是"法"的根源。所以，要求"法立而弗敢废"，就是指立法之后不轻易变更，要"循守成法"。

汉初统治者坚持黄老之学"赏罚信"的思想，主张严格执法，即使皇帝也只有"执道生法"的权力，而不能犯法。汉文帝就是一位不以个人意志破坏法律规定而"循守成法"的皇帝。一次，文帝出行中路过渭桥，有人从桥下走出，使文帝乘车的马受惊而跑。廷尉张释之判处此人"罚金"（罚四两金）。文帝要求处死。张释之向皇帝解释说："法律是天子和天下人共同制定的，如果我们轻易地改变法律，就会使人们对法律失去信任，不知怎样做才对。"文帝采纳谏言，表示廷尉做得对。在帝王专制时代，惊扰圣驾，无论如何都是死罪，而文帝能够采纳廷尉的解释，主动按照法律来解决问题，这在古代帝王中是非常少见的，足以表明文帝的贤明和亲民。在"私我"与"公法"面前，最终国家法理战胜了帝王的内心意志，文帝抛却帝王尊严而遵守国法，而不像其他帝王那样将个人意志凌驾于国家之上，充分体现了文帝的"仁君"形象。

黄老思想虽然吸收了法家的"执法""守法"思想，但对法家的"重刑轻罪"主张并不首肯。黄老思想不仅要求"君正"，而且要求"法正"。在这种思想作用下，汉初统治者坚持废除暴刑苛法。汉文帝在这方面表现是最为突出的。

汉文帝元年（前179年）十二月，除"收孥连坐法"。明令宣布："废除一人犯罪，家人收为奴婢及各种株连的法律。"《史记·孝文本纪》记载：十二月，文帝下诏说："法律是治理国家的准则，用它禁止残暴，引导人们向善。现在犯法的本人被惩处后，还要使其无罪的父母、妻子、儿女与兄弟姊妹受连累治罪，以及被收为奴隶。我不赞成这样的做法，请大家讨论一下。"负责的官员们都说："平民百姓不能管好自己，所以制定法律来约束他们。实施牵连治罪和被收为奴隶，目的是让人们在在心理上恐惧，不敢轻易犯法。这种做法由来已久，我们以为还是依照旧法为好。"文帝说："我听说法律公正则百姓忠厚，惩罚得当则百姓服从。况且管理百姓引导他们从善，这是官吏的责任。官吏既不能教导百姓，又采用不公正的法律惩罚他们，那就是官吏们带头为暴，那法律还怎么能起到禁止残暴的作用呢？我看不出这种法律有什么好的地方，你们再仔细地考虑一下。"于是负责的官吏都说："皇上对百姓施加恩惠，功德浩荡，不是我们这些人所能赶得上的。让我们谨奉诏书，废除一人有罪全家牵连受惩治的法律。"

汉文帝十三年（前169年）五月，废除肉刑，改为处以笞刑和杖刑。《史记·孝文本纪》记载：文帝下诏曰："我听说在虞舜的时代，只在罪犯的衣帽上画出一些标志或是让他们的衣帽与别人的颜色有所不同，让他们感到耻辱，这就足够让所有吏民引以为戒了。为什么能这样呢？因为那是一个政治局面最美好的时代。如今对付犯罪有脸上刺字、削鼻子、断小腿三种酷刑，而犯人犯法却屡禁不止，其中的原因在哪里呢？不就是由于我的德义浅薄而教化不力吗？我深感惭愧。这都是由于我的训导无方从而使愚昧的百姓陷入罗网。《诗经》中说'平易近人的君子，是保护养育人民的父母'。现在有人一犯错误，官府不对其进行教化就施加刑法，从而使想要改过的人也无路可走。我很怜悯这些人。刑法使人断裂肢体、毁坏肌肤，这些都是终生不能恢复的，这是多么残酷多么不仁啊，这哪里还有一点为民父母的意思呢！立即废除肉刑。"

此外，文帝政治上安民惠民，还表现在"令诸侯归国""广开言路""除关无用传"和"入粟拜爵"四种政治举措上。

汉文帝二年（前178年），因当时列侯多居于长安，离封邑很远，吏卒供给输送甚为劳苦，而列侯亦无机会去德化其封邑的百姓。于是下诏让列侯都到自己的封邑去。其中有的身居高位要职与诏令恩准留京的由其太子到封邑去。

汉文帝二年（前178年），文帝下诏废除"有诽谤妖言之罪"的法律条文，效仿古代贤王的"朝有进善之旌、诽谤之木"的精神，让百姓可以发表批评意见，使直言敢谏者畅所欲言。

汉文帝十二年（前168年），"除关无用传"，即废除进出关要出示证件的法令。汉文帝即位前，中央与诸侯国之间有严格的关禁制度。文帝为了表达对诸侯王的优容，力图以"仁义恩厚"的方式实现"天下同姓一家"，于是废除了出入关要检查身份证明的制度。如此改善了中央与各诸侯国的关系。

汉文帝十二年（前 168 年），号称"智囊"的太子家令晁错向汉文帝建议："募天下之人入粟于边，以受爵免罪，不过三岁，塞下之粟必多矣。"并在其《论贵粟疏》中宣传此思想，本套思想非常符合汉文帝时期充实国力的目的。于是汉文帝采纳了这个建议，采取公开招标价卖爵的办法来充实边防军粮。晁错提出的"入粟拜爵"政策，对国家、商人和农民都有利。商人有钱，可以向农民买粮，然后用粮食向国家买爵位，也可用粮食赎罪，从而达到国家有粮，商人有爵，农民有钱的目的。该政策客观上解决了国家粮食匮乏农民贫困等实际问题。

废除酷刑，使老百姓免受酷刑之苦，是德政善政之举；令诸侯归国，可以免除百姓供给输送之苦；广开言路，有助于百姓发表意见，进而改善各级官员的执政水平；除关无用传，有助于改善中央和诸侯国的关系，也有利于老百姓行动方便；入粟拜爵，既解决了边防军粮问题，客观上也增加了农民收入。这些安民惠民的行政措施从多个方面体现了汉文帝以德治国，实行仁政，处处为百姓着想，而且虚心纳谏、重才任能、诏举贤良、奖廉惩贪，充分体现了汉文帝一代明君的形象。

二、经济方面：以农为本，轻徭薄赋

汉初，战争对经济发展的影响和破坏仍然存在，虽然经过刘邦等人的不断努力，经济有所恢复，但总体发展水平仍然不高，百姓生活仍然艰辛，朝廷的财政状况也不容乐观。《汉书·食货志》记载："白天子不能具醇驷，而将相或成牛车，齐民无藏盖"。当时的物价水平也很高，曾出现过"米至十万钱，马一匹则百金"的情况。汉文帝把经济发展放在突出位置，特别重视农业生产，在税收政策上也进行了改革，而且采取"重农宽商"政策，使经济得到快速发展。

1. 以农为本

汉文帝即位之初，便积极倡导以农为本的经济思想，并率先垂范，为天下人做表率，开创了文景期间重农、贵农的先河。

汉文帝二年（前 178 年），正月，上曰："农，天下之本，其开籍田，朕亲率耕，以给宗庙粢盛。"文帝强调农业是天下的根本，他要亲自率先耕种，来供给宗庙祭祀所用的谷物。秦汉时期思想家提出，富国强兵、保证国家财政收入和为战争提供所需物资及兵源的角度，提出把发展农业放在经济工作首位。同时，还提出加强农业就必须抑制民间工商业，以保证农业所需劳动力的供给和提高农民生产积极性。提出以农为本的理由有三：一是农业是衣食之源。"农事害"是"饥之本"，"女工伤"是"寒之源"。二是农业是国家富裕和财政收入的源泉。"田野县鄙者，财之本也"（《荀子·富国篇》）。三是农业能为进行战争提供充足的兵源。

令民"归心于农","为主守战"。应该说，汉文帝是以农为本思想的积极践行者，而且很好地传承给他的继承者汉景帝。公元前 154 年，汉景帝三年，景帝下了一个非常著名的诏书："农，天下之本也。黄金珠玉，饥不可食，寒不可衣，以为币用，不识其终始。间岁或不登，意为末者众，农民寡也。其令郡国务劝农桑，益种树，可得衣食物。吏发民若取庸采黄金珠玉者，坐臧为盗。二千石听者，与同罪。"(《汉书·景帝纪》)汉文帝"躬身玄墨，劝趣农桑"，为此专门创建了"籍田"制度，成为中国历史上第一位亲自下田耕作的皇帝。虽然这只是一个形式，但为天下臣民做出了表率，而且以农为本的经济政策奠定了"文景之治"繁荣昌盛的物质基础，使中华文明迈入了帝国时代后的第一个盛世。

2. 轻徭薄赋

为了吸引农民归农为本，汉文帝以减轻田租税率的办法，改变背本趋末的社会风气，用来激发农民的生产积极性。他下诏将税收从以前的"十五税一"改为"三十税一"，使朝廷的田租降低了一半。对比一下，秦朝的田租是"十税一"，汉高祖、吕后实行休养生息，降为"十五税一"，相比之下，汉文帝时期的田租是比较低的。特别值得一提的是，汉文帝十三年起还全部免除田租，并且实行了十多年。下面分别列出《汉书·文帝纪》中的三个诏书，便可一目了然。

汉文帝二年（前 178 年），诏曰："农，天下之大本也，民所恃以生也，而民或不务本而事末，故生不遂。朕忧其然，故今兹亲率群臣农以劝之。其赐天下民今年田租之半。"

汉文帝十二年（前 168 年），诏曰："道民之路，在于务本。朕亲率天下农，十年于今，而野不加辟，岁一不登，民有饥色，是从事焉尚寡，而吏未加务也。吾诏书数下，岁劝民种树，而功未兴，是吏奉吾诏不勤，而劝民不明也。且吾农民甚苦，而吏莫之省，将何以劝焉？其赐农民今年租税之半。"

汉文帝十三年（前 167 年），诏曰："农，天下之本，务莫大焉。今廑身从事，而有租税之赋，是谓本末者无以异也，其于劝农之道未备。其除田之租税。赐天下孤寡布帛絮各有数。"

汉文帝在减租免租的同时，还进行减役，下诏"丁男三年而一事"，也就是将成年男子的徭役由每年一次改为每三年一次，这样的减役力度在封建社会也是少见的。通过减租、减役，便可以吸引更多的劳动力到农业生产上，使"百姓无内外之徭，得息肩于田亩"(《史记·律书》)，多年下来，农业有了显著的发展。"民则人给家足，都鄙廪庾皆满"，粮食价格大幅度下降，人民安居乐业，殷实富足。

为了弥补减免田租对国家财政的影响，汉文帝在重视农业生产的同时还采取了发展工商业的政策。汉高祖将"重农抑商"作为基本的经济政策，不重视商业和手工业的发展，将山川林泽收归朝廷，不允许私人开发。汉文帝改变了这样的政策，实行"重农宽商"。汉文帝后六年（前 158 年），文帝下令，开放原来归属国家的所有山林川泽，准许私人开采矿产，利用和开发渔盐资源，从而促进了农民的副业生产和与国计民生有重大关系的盐铁生产事业的发展。弛禁的结果，"富商大贾周流天下，交易之物莫不通"（《史记·货殖列传》）。

汉文帝在位时，经济得到了很好的恢复和长足的发展，国库充盈，人民殷富，司马光称汉文帝时期"是以海内安宁，家给人足，后世鲜能及之"（《资治通鉴》卷十五《汉纪七》）。

三、军事方面：积极防御，保家卫国

汉文帝在位期间，继续对匈奴和亲。公元前177年，匈奴右贤王背弃和亲之约，率数万大军侵占河南地（今内蒙古伊克昭盟地区），并进袭上郡（今陕西绥德地区），杀略汉民，威胁长安。汉文帝派遣北部地区的骑兵八万五千人进驻高奴城，派遣丞相灌婴率领此部出击匈奴。后来匈奴人不战而退。双方虽未交兵，但这次用兵是西汉自白登之围后对匈奴第一次大规模的军事行动，表明西汉王朝并不甘于和亲政策。当国家和民众受到外族侵犯时，敢于保家卫国，只不过采取的是积极防御的政策。

公元前174年，冒顿单于去世，其子稽粥即位，号老上单于。公元前166年冬，老上单于亲率十四万大军入北地郡，进占朝那、萧关、彭阳，烧毁中宫，前锋直抵岐州雍、甘泉，距长安仅200公里，直接威胁西汉王朝的统治中心。文帝得报，立即派遣三位将军驻守在陇西、北地、上郡，又任命中尉周舍为卫将军，郎中令张武为车骑将军，驻扎在渭水北岸，当时出动的战车总数达到一千辆，骑兵达到十万人。文帝亲自到前方慰劳军队，训练士卒，申明教令，奖赏官兵。文帝准备亲自率军征讨匈奴，群臣劝阻，一律不听。后来薄太后出面坚决要求文帝留下，文帝才没有去。于是任命东阳侯张相如为大将军，命成侯董赤为内史，命栾布为将军，一同北击匈奴。苦战一个多月，老上单于方退出塞外，而汉军把敌军逐出塞外即还，没有深入匈奴腹地，充分体现了汉文帝仍旧采取积极防御的政策。外敌来犯，坚决迎击，赶出国门，随即退兵。

公元前160年，老上稽粥单于去世，其子军臣立为单于，积极准备攻汉。公元前158年，军臣单于发动战争。他以六万骑兵，分两路，每路三万骑，分别侵入上郡及云中郡，杀略甚众。文帝任命中大夫令勉为车骑将军，驻军在飞狐口要塞；任命原楚国丞相苏意为将军，驻军在句注山；任命将军张武屯兵北地；又以河内太守周亚夫为将军，率军驻扎在细柳；以正宗刘礼为将军，率军驻扎在霸上；以祝兹侯徐厉为将军，率军驻扎在棘门，共同防备匈奴。几个月以后，匈奴兵撤走，汉军返回原地。

汉文帝时期，面临北方匈奴的军事威胁，采取了防御为主，积极备战的策略，尽可能让民众免遭战争的摧残，人民得以休养生息、安居乐业。文帝认为，兴兵打仗，这是一件凶险的大事，即使能够达到设定的目标，也要使国家蒙受巨大的消耗。因而他希望通过缔结合约，相互通使，来争取北方边境的安宁。正如司马迁所说："文帝时，会天下新去汤火，人民乐业，因其欲然，能不扰乱，故百姓遂安。自年六七十翁亦未尝至市井，游敖嬉戏如小儿状。孔子所称'有德君子'者邪？"（《史记·律书》）

四、民族方面：以礼相待，和平共处

汉文帝即位后，不仅内政复杂棘手，而且外部环境也十分严峻，在国力不够强盛的情况下，文帝采取了正确的策略，取得了较好的效果。

1. 与匈奴的关系

自汉高祖白登之围以来，汉廷对匈奴一直实行和亲政策，虽然取得了一定的效果，但是并不能根本解除匈奴的威胁，双方一直处于战和不定的状态。

汉文帝在位期间，为了谋求安定的和平环境，对匈奴继续采取克制忍让的态度，执行和亲政策，避免大动干戈。然而，匈奴却不信守和亲的盟约，多次骚扰边境，汉廷急需行之有效的御边之策。

当时任太子家令的晁错上书汉文帝，分析汉朝与匈奴双方在军事上优劣短长，建议实行"募民实边"的策略。其主要内容为：在边地建立城邑，招募内地人民迁徙边地，一面种田，一面备胡；每个城邑迁徙千户以上的居民，由官府发给农具、衣服、粮食，直到他们能自给为止；迁徙边地的老百姓，按什伍编制组织起来，平时进行训练，有事则可应敌，凡能抵抗匈奴人的侵扰，夺回被匈奴人掠夺的财富，则由官府照价赏赐一半。文帝在不同程度上采纳了这个策略。

汉文帝在民间，奖励老百姓养马，实行马复令，即民间一家养马一匹，可以免除全家三人的徭役，这不仅有利于农业生产，更是极大地促进了养马业的发展，使得西汉初期，马匹数量逐渐增加，以满足对马匹的需求。汉文帝时期，关市的设立使得汉帝国与匈奴之间的贸易正式开始，为汉帝国与匈奴赢得了稳固的关系，而匈奴由于地理位置恶劣、资源匮乏导致其在经济上对汉帝国非常依赖。

汉文帝采取的这些措施产生了积极的作用：改变了单一轮换屯戍的制度，既有利于对边境的开发，又大大加强了抗击匈奴的防御力量；有利于休养和生息，使内地的社会经济迅速地恢复和发展；为后来汉武帝彻底解决匈奴问题打下了基础。

2. 与南越的关系

战国秦汉时期，中国东南沿海一带及岭南一带，聚居一种支族众多的越族，被统称为"百越"。居住在岭南地区的越人，因地处"楚之南"，被称为"南越"。秦始皇三十三年（前214年）统一岭南，在这里设置了桂林、南海、象郡。秦末农民战争起义爆发后，行南海郡事的赵佗自立为王。

汉高祖时期，赵佗接受"南越王"封号，从此"称臣奉汉约"，成为西汉王朝下的一个属国——南越国。吕后统治时期，对南越实行经济封锁政策，赵佗即以兵戎相见，与汉王朝分庭抗礼。

汉文帝即位以后，采取措施，积极改善关系，"乃为佗亲冢在真定，置守邑，岁时奉祀。召其从昆弟，尊官厚赐宠之。"（《史记·南越列传》）并派遣赵佗的老熟人陆贾出使南越国，并带去汉文帝致赵佗的一封书信，信中大致意思分为以下几部分：

第一，向赵佗简述汉帝国几任中央领导更替情况，并说明自己是如何继承皇位的。

第二，告诉赵佗，汉帝国一定会善待他留在北方的家人，管理好他父母的坟墓。

第三，答应赵佗罢免两位长沙国将军的要求。

第四，向赵佗表达了战争会给两国人民带来深重灾难。

第五，对赵佗称帝一事不予追究，对赵佗在岭南取得的既得利益给予默许，但希望双方就此罢兵，互通使者，恢复和平友好关系。

南越王赵佗见了汉文帝的书信，十分惶恐，顿道谢罪；表示愿意遵奉皇帝明诏，永为藩国臣属，遵奉贡纳职责。并且通告全国，撤销皇帝封号，供皇帝使用的车马服饰一律更换。从此汉帝国与南越化干戈为玉帛，得以和平共处。

汉文帝对周边少数民族不轻易用兵，尽力维持友好关系，以礼相待，兄弟相称，这对于加强中原人民与周边少数民族之间的团结，增进友谊，起了很好的作用，进一步促进了汉朝时期各个民族之间的融合，对中华民族的形成和发展做出了贡献。

五、结　语

公元前 157 年，汉文帝病逝，享年 46 岁。在其在位的 23 年时间，他励精图治，兴修水利，厉行朴素，废除肉刑，实现国家强盛安乐，百姓富裕小康，开启"文景之治"的发端。他谨慎对待诸侯国势力过大及匈奴入侵中原等问题。对待诸侯王，采用以德服人、以武平乱的态度。对待匈奴，采用和亲止战的方式，营造安定团结、休养生息的政治局面。从政治、经济、军事、民族各个方面都做出了巨大成绩，德厚侔天地，利泽施四海，堪称一代明君。正如班固评价的那样，汉文帝"专务以德化民，是以海内殷富，兴于礼义，断狱数百，几致刑措。呜呼，仁哉！"（《汉书·文帝纪》）

司马迁的"英雄观"论略①

＊本文作者王长顺。咸阳师范学院文学与传播学院教授、硕士生导师。

《人物志·英雄》云："夫草之精秀者为英，兽之特群者为雄。故人之文武茂异，取名于此。"陈说"英""雄"的字义内涵是"聪明秀出""胆力过人"，又云"英以其聪谋始，以其明见机，待雄之胆行之；雄以其力服众，以其勇排难，待英之智成之；然后乃能各济其所长也。……必聪能谋始，明能见机，胆能决之，然后可以为英：张良是也。气力过人，勇能行之，智足断事，乃可以为雄：韩信是也。……一人之身，兼有英雄，乃能役英与雄。能役英与雄，故能成大业也。"②说明具有"聪""明""智""胆""力""勇"六大品质的人才可以称作"英雄"。尽管这一"英雄"观念的正式形成是在魏晋时期，然《史记》中记载的一些人物，也有着"英雄"的品质。可以说，司马迁以深情的笔触书写着英雄的传奇人生和丰功伟绩，一部《史记》就是一个三千多年间英雄人物的画廊。《史记》的"英雄"书写，体现了司马迁的英雄观，并通过《史记》中"英雄"内涵的表述、对英雄人物记述以及自己的"生死观"体现出来。

一、司马迁对"英雄"品质的表述及体现

司马迁《报任少卿书》："修身者，智之符也；爱施者，仁之端也；取予者，义之表也；耻辱者，勇之决也；立名者，行之极也。士有此五者，然后可以托于世，列于君子之林矣。"司马迁认为人只要具备了智、仁、义、勇、名这五种要素的人就可以"列于君子之林"。这里的"君子"，其"智""勇""武"等品质与"英雄"品质相一致。

司马迁在《史记》中用一些"英雄"品质要素赞颂历史人物，如"神灵""谋略""聪""明""智""胆""力""勇""仁""义""贤"等。如《五帝本纪》开篇就有对黄帝的肯定："黄帝者，少典之子，姓公孙，名轩辕。生而神灵，弱而能言，幼而徇齐，长而敦敏，成而聪明。"说黄帝"生而神灵"，《史记正义》云："言神异也。《易》曰'阴阳不测之谓神'，《书》曰'人惟万物之灵'，故谓之神异

① 本文为"三秦学者"创新团队支持计划——"咸阳师范学院中国语言文学古代文学创新团队"研究成果。
② 刘邵：《人物志·英雄》，刘昞注，红旗出版社1996年版，第107页。

也。"这是说黄帝出生时，就具备了远超于常人的神异能力。再如记颛顼："帝颛顼者，黄帝之孙而昌意之子也。静渊而有谋，疏通而知事，养材以任地，载时以象天，依鬼神以制义，治气以教化，洁诚以祭祀。"作为帝王英雄，颛顼深沉稳重而智谋超群，疏旷通达而明辨事理，能够效法天地，使才任物。《五帝本纪》记载帝喾："高辛生而神灵，自言其名。普施利物，不于其身。聪以知远，明以察微，顺天之义，知民之急。"高辛帝具有与黄帝同样的聪明才智，"生而神灵，自言其名"，而且能施恩于万物。他耳聪目明，能知悉遥远，洞察隐微。

由司马迁"智""仁""义""勇""名"品质要素看来，其"英雄观"通过以下这几类历史人物得以体现。其一，以大功业者而著称于世者，如黄帝、尧、舜、汤、周文王、周武王等皆是也。因为，"'五帝时代'被称之为是中华民族的'英雄时代'，因为在这时，我们的祖先为了本民族的生存和发展，在与大自然和周边其他民族的斗争中，涌现出了一大批巨人般的英雄。"① 除五帝以外，《夏本纪》中的禹、启等；《殷本纪》中的契、成汤、太甲、盘庚、武丁等；《周本纪》中的后稷、公刘、古公亶父、周文王、周武王、周成王、周穆王等；《秦本纪》中的非子、秦仲、秦文公、秦穆公、秦献公、秦孝公、秦惠文君、秦武王、秦昭襄王等，都是成就功业的帝王"英雄"。其二，以大智慧而著称于世者，如范蠡、张良、吕望等。作为谋士的范蠡有忠义风范、智慧谋略。越国战败后，越王勾践要到吴国当奴仆。吴王夫差想劝范蠡离开勾践以辅佐自己，而范蠡毫不动摇。返国之后，勾践听取范蠡建议，劝农桑，务积谷，不乱民功，不逆天时。治民亲民，稳定社会。施民所善，去民所恶。内亲群臣，下义百姓。有人生病，勾践亲自去慰问。有人去世，就亲自去办丧事。对家里有变故的免除徭役。这一系列的措施，使百姓得到安定，军事力量也得到了恢复。其三，以勇武有力而著称于世者，如秦武之、项羽等。写项羽"项羽勇猛好武"，"气力拔山"。他有着英雄的胆识，不学书、剑，要学"万人敌"，有着"取而代"始皇的魄力。"巨鹿之战"则显现了其一往无前、力撼山岳的英雄本色。此后，降章邯、杀子婴，灭秦国，楚汉之争中，困沛公于鸿门，败汉王于彭城……成为叱咤一时的英雄。其四，以忠于职守，克己奉公而著称于世者，如诸循吏。他们有经天纬地之才，智谋超群、忠义直谏、满腹经纶，运筹帷幄之中，决胜千里之外。其五，以义薄云天而著称于世者，如众刺客。这些英雄人物之所以能够青史留名，是因为他们的死是或为了国家、民族大义，或为了自己肩负使命，或为了报答知遇之恩等。他们在生死面前，表现出了英雄人物身上所体现出的共同特点，那就是重义而轻生。除此之外，《史记》所记以仁人爱物之德行、信义、勇于革新等著称于世者，如汤、周文王、季布、秦孝公、商鞅等，在司马迁看来，他们都是"英雄"。

在《史记》记述中，司马迁不以出身论英雄，如出身社会底层的刘邦、乐毅、陈胜、吴广等；不以成败论英雄，如历史上以悲剧和失败而谢幕的英雄人物如项

---

① 张新科：《中国古典传记文学的生命价值》，人民出版社 2012 年版，第 234—235 页。

羽、赵武灵王、飞将军李广等；不以社会地位论英雄，如《游侠列传》《刺客列传》中所载的游侠和刺客等。

需要指出的是，司马迁记述"英雄"人物，其"英雄观"是有一定的历史局限的。在某种意义上说，司马迁的"英雄观"反映的是"英雄史观"。《楚元王世家》有："太史公曰：国之将兴，必有祯祥，君子用而小人退。国之将亡，贤人隐，乱臣贵。使楚王戊毋刑申公，遵其言，赵任防与先生，岂有篡杀之谋，为天下僇哉？贤人乎，贤人乎！非质有其内，恶能用之哉？甚矣，'安危在出令，存亡在所任'，诚哉是言也！"认为国家兴亡是帝王用人的结果，"一个政权的安危存亡，固然与用人当否有很大关系，但是将其视为唯一的原因，自然就是英雄造时势的观点了。司马迁在评论历史人物或历史事件中，十分注意甚至过分强调帝王将相的作用，所以说他是英雄史观。"① 但司马迁"又有些实事求是精神，具有朴素的唯物的历史观点。"②

总之，司马迁在《史记》中述及"英雄"的基本质素，以实录的精神记述历史"英雄"，肯定了"英雄"的历史价值。

二、从司马迁"生死观"看其"英雄观"

"生死观"是指人对于生存与死亡意义与价值的看法和观念。司马迁在《报任少卿书》中对"生死观"有所阐述：

> 盖钟子期死，伯牙终身不复鼓琴。何则？士为知己者用，女为说己者容。夫人臣出万死不顾一生之计，赴公家之难，斯已奇矣。
>
> 仆之先非有剖符丹书之功，文史星历近乎卜祝之间，固主上所戏弄，倡优畜之，流俗之所轻也。假令仆伏法受诛，若九牛亡一毛，与蝼蚁何以异？而世又不与能死节者比，特以为智穷罪极，不能自免，卒就死耳。何也？素所自树立使然。人固有一死，死有重于泰山，或轻于鸿毛，用之所趋异也。
>
> 且勇者不必死节，怯夫慕义，何处不勉焉！仆虽怯懦欲苟活，亦颇识去就之分矣，何至自沉溺缧绁之辱哉！且夫臧获婢妾犹能引决，况若仆之不得已乎！所以隐忍苟活，函粪土之中而不辞者，恨私心有所不尽，鄙没世而文采不表于后也。

在这里，司马迁表达了他对死亡的看法：其一，为知己而死，在所不辞。其二，为人臣子，为赴国难而死，在所不辞。其三，人固有一死，或重于泰山，或轻于鸿毛。重于泰山之死，死之值得；轻于鸿毛之死，一文不值。其四，为节义而死，值得尊敬，但壮志未酬而文章名节不著于后世就死去，实为不值。其五，生前富贵，死后名灭，不算英雄；生前受辱，而能坚强活下来，最终成就一番事业，流

---

① 施丁：《司马迁评历史人物》，《辽宁大学学报（哲学社会科学版）》，1980年第2期，第34页。
② 同上。

芳后世，才是真英雄。其六，完成自己的使命，实现自己的理想，虽遭万戮，也在所不辞。纵观司马迁的生死观，其实与其英雄观互为表里。从上面的引文可以看出，司马迁认为人为了国家、为了大义而死的就是勇，就重于泰山，就应当受到后世的敬仰和尊重；而为了使命、为了理想在遭受不公正待遇的境况下，能够坚强地活下来，最终完成使命，实现理想，也同样是英雄。对于英雄人物来说，选择生，或是选择死，都是基于其自身肩负的使命、大义和理想。因此说，"死有重于泰山，有轻于鸿毛"者，司马迁更推崇的是"重于泰山"之死。这既是司马迁的生死观，同时又是其英雄观。

此外，在司马迁看来，只要为了神圣的使命，即使遭受"奇耻大辱"，也要为完成使命，实现人生理想而忍辱负重，坚强活下去。《汉书·司马迁传》载：

> 仆窃不逊，近自托于无能之辞，网罗天下放失旧闻，考之行事，稽其成败兴坏之理，凡百三十篇，亦欲以究天人之际，通古今之变，成一家之言。草创未就，会遭此祸，惜其不成，是以就极刑而无愠色。仆诚已著此书，藏之名山，传之其人通邑大都，则仆偿前辱之责，虽万被戮，岂有悔哉！然此可为智者道，难为俗人言也。

司马迁遭受腐刑之后，之所以没有选择一死了之，而隐忍苟活，"就极刑而无愠色"，就在于他自己心中有理想，肩上有使命。若不能实现理想，完成使命，而选择就死，实际上就是他所说的"轻于鸿毛"之死，与"蝼蚁"无异。他相信自己只要坚持活下来，就一定能够完成父亲司马谈的临终遗命："余死，汝必为太史；为太史，无忘吾所欲论著矣。且夫孝始于事亲，中于事君，终于立身。扬名于后世，以显父母，此孝之大者"，完成"究天人之际，通古今之变，成一家之言"的史学著作，实现父亲对自己的期望："自周公卒五百岁而有孔子。孔子卒后至于今五百岁，有能绍明世，正易传，继春秋，本诗书礼乐之际"。因此，他选择了"就极刑而无愠色"，勇敢坚强地活下来，坚持完成了《史记》创作，实现了自己的人生使命。在司马迁看来，"人生本身就是人超越死亡的战场。在这个战场上，人们通过各种形式的拼搏，与命运对抗，以获得永存的、不朽的人生价值，从而也就取得了对死亡予以否定的胜利。"① 而司马迁的生死观是古代圣贤人物的事迹的激励下产生的。《汉书·司马迁传》：

> 古者富贵而名摩灭，不可胜记，唯俶傥非常之人称焉。盖西伯拘而演《周易》；仲尼厄而作《春秋》；屈原放逐，乃赋《离骚》；左丘失明，厥有《国语》；孙子膑脚，《兵法》修列；不韦迁蜀，世传《吕览》；韩非囚秦，《说难》《孤愤》；《诗》三百篇，大氐圣贤发愤之所为作也。此人皆意有所郁结，不得通其道，故述往事、思来者。

这些先贤圣哲英雄在遭受困厄、困难、折磨、屈辱时，"意有所郁结，不得通其

---

① 朱发建：《超越死亡：司马迁的著史心态》，《湘潭大学学报》1996 年第 5 期，第 23 页。

道，故述往事、思来者"，才使他们一方面抒发了自己内心的郁结不平之气，另一方面又成就了他们的伟大事业，实现了自己的人生价值，完成了自己的历史使命，成为彪炳史册的英雄人物。

司马迁以"不朽"超越死亡。"死而不朽"是西周以来的传统观念，是指生命个体死后的多个"灵魂"依然以肉体方式与活人影响宗族社群的血缘延续性。司马迁把"立言"作为实现"不朽"的选择："迁闻君子所贵乎道者三：太上立德，其次立言，其次立功。伏维伯陵材能绝人，高尚其志，以善厥身，冰清玉洁，不以细行荷累其名，固已贵矣；然未尽太上之所由也！愿先生少致意焉。"（《与挚伯陵书》）表明了强烈的生命不朽意识。

《史记》中不同身份、不同社会地位英雄人物面对生死的态度立场，也一定意义上体现了司马迁的生死观。如《史记·刺客列传》所载的荆轲：

> 荆轲者，卫人也。其先乃齐人，徙于卫，卫人谓之庆卿。而之燕，燕人谓之荆卿。……燕国有勇士秦舞阳，年十三，杀人，人不敢忤视。乃令秦舞阳为副。荆轲有所待，欲与俱；其人居远未来，而为治行。顷之，未发，太子迟之，疑其改悔，乃复请曰："日已尽矣，荆卿岂有意哉？丹请得先遣秦舞阳。"荆轲怒，叱太子曰："何太子之遣？往而不返者，竖子也！且提一匕首入不测之强秦，仆所以留者，待吾客与俱。今太子迟之，请辞决矣！"遂发。
>
> 太子及宾客知其事者，皆白衣冠以送之。至易水之上，既祖，取道，高渐离击筑，荆轲和而歌，为变徵之声，士皆垂泪涕泣。又前而为歌曰："风萧萧兮易水寒，壮士一去兮不复还！"复为羽声慷慨，士皆瞋目，发尽上指冠。于是荆轲就车而去，终已不顾。

荆轲刺杀秦王嬴政虽未成功，但其为了报答对自己有知遇之恩的燕王，为了燕国利益，重义轻生、勇于牺牲的精神足以彪炳史册。荆轲是为了民族大义和国家利益而从容赴死的英雄。这样的英雄人物，虽死犹生，流芳百世。

《史记·陈涉世家》记载陈胜吴广谋划起义时说："今亡亦死，举大计亦死；等死，死国可乎？"同时发出"且壮士不死即已，死即举大名耳，王侯将相宁有种乎！"的呼号，表现出面对死亡无所畏惧的精神。还有"力拔山兮气盖世"的项羽，至死不悔与命运抗争，张扬着生命的英雄气概。再如孔子一生困顿、潦倒，却百折不回，为实现其理想奔走游说，"皇皇然若丧家之犬"，以不移的意志与命运抗争。司马迁对孔子"高山仰之，景行行之，虽不能至，然心向往之"。可见其崇敬之情。记载"忍辱就功名"的伍子胥，司马迁赞叹"向伍子胥从奢俱死，何异蝼蚁，弃小义、雪大耻，名垂后世"，是自己人生悲歌的高唱。

从《史记·外戚世家》管窥

司马迁的"天命"观

＊本文作者林琳，现为新加坡南洋理工大学中文系研究生；曲景毅，现任新加坡南洋理工大学中文系长聘副教授、博士生导师。

中国的天命思想经历了从政治天命到个人天命的嬗变。司马迁在《史记》中以"究天人之际，通古今之变，成一家之言"为著史目的，政治天命和个人天命是被不断涉及和讨论的命题。目前有关司马迁"天命"观的讨论，据笔者所见，一般集中在《天官书》《封禅书》《高祖本纪》《项羽本纪》《伯夷列传》等。本文主要以《史记·外戚世家》中的"天命"观为探讨中心，尝试透过这一个案解读司马迁的史学理论与史家笔法，并提出一得之见。

一、《史记·外戚世家》中的政治天命

"政治"与"天命"之间的联系，是指以上天为有意志的主宰者，对国家或族群之间的政治发展、君权交接，具有绝对的、不容挑战的掌控权以及支配权。从中国古代思想的发展历程来看，David W. Pankenier 指出，这种本以为源自周代的政治天命思想（Mandate of Heaven），其实早在公元前 2000 年中期，商朝建立之前就已经存在，故有"惟而知惟殷人先有册有典殷革夏命"一说。[1] 对此，郭沫若和徐复观也表示"天命"思想可追溯至殷商时期，只不过在商周时期有不同的称谓罢了。徐复观将之归纳为："殷代称'帝令'，即'帝命'；周初则多称天命。"[2] Pankenier 还指出，由于从商代的成立年份公元前 1576 年到周代成立的年份公元前 1059 年，之间相隔了 517 年，正是孟子所谓"五百岁有余"，因此至少从孔子时代起，"天"神开始被期望在任何时候对人间政治进行干预，以建立一

---

[1] David W. Pankenier, "The Comso-political Background of Heaven's Mandate," *Early China* Vol. 20, (1995), 133.

[2] 徐复观：《中国人性论史·先秦篇》，上海三联书店 2001 年版，第 34 页。有关商周之际从"上帝"崇拜向"天"神崇拜嬗变的现象，可详见郭沫若《郭沫若历史集·历史编》，后来学者中有李忠林在郭沫若的基础上对此课题进行更深入的分析，详见李忠林《皇天与上帝之间：从殷周之际的天命观说文王受命》，《史学月刊》2018 年第 2 期，第 34—43 页。

个新的圣人统治者和王朝的创始人①。而"天"神的干预是以特殊天象作为标志，有大量来自周代和汉代的文献表示三代政权兴起时都曾分别出现过三次特殊的天象②。而这种特殊天象被古人视为天神对这三个政权的认可③，是天授君权的证明。例如，最经典的文王受命之说④，《墨子·非攻下》道："赤乌衔珪，降周之岐社，曰：'天命周文王伐殷有国。'"⑤ 这意味着，一个新政权得以顺利成立，它需要通过一种比自己更为伟大的力量作为支撑，以建立不容他人挑战的权威和不容置疑的权利与统治权。

作为一部以帝王将相及政治中心人物为主线的史书，《史记》通过错综复杂的历史事实以实现"究天人之际，通古今之变，成一家之言"的著史目的。"政治"与"天命"的关系是《史记》的一个重要命题。《太史公自序》云："罔罗天下放失旧闻，王迹所兴，原始察终，见盛观衰。"通过对《史记》的了解可以发现，司马迁也将"王迹所兴"的"原始"指向"天命"，强调"君权天授"的政治思想。比如，在《秦楚之际月表·序》中，他以"君权天授"作为汉高祖刘邦以平民称帝的解说："故愤发其所为天下雄，安在无土不王？此乃传之所谓大圣乎？岂非天哉，岂非天哉！"司马迁将汉高帝称为"大圣"，既为"大圣"，则受天命是自然的结果。两句"岂非天哉"是司马迁对刘氏政权的神圣性和合法性的感叹。再如，他在《日者列传》中道："自古受命而王，王者之兴何尝不以卜筮决于天命哉！"其中所谓"受命"就是"受天之命"，也是在强调"王者之兴"是"天命所归"。至于"卜筮"，据 Stephan N. Kory 的研究，是中国早期和中期王朝对"君权天授"思想继承的一种体现⑥。

这种将"政权"与"天命"进行联系的政治思维，宣扬帝王权利与地位神圣性的描写，在《外戚世家》中有非常具体的表现，开篇即云："自古受命帝王及继体守文之君。"其中的"受命帝王"即"受天之命的帝王"，自古以来的帝王皆是受天之命。除此之外，《外戚世家》中还有不少关于汉代初年中几代政权更替的叙述，从其包含的思想观念和神学材料来看，也与帝王天命的思想一脉相承。

1. 卒灭吕氏，天诱其"统"

《外戚世家》中关于众大臣讨伐诸吕、迎立代王一事的叙述，从司马迁所总

---

① David W. Pankenier, "The Comso-political Background of Heaven's Mandate," 134.

② 三次特殊的天象事件分别发生在公元前 1953 年 2 月，公元前 1576 年 12 月与公元前 1059 年 5 月。这三次天象事件从一开始就被视为天神对新政权合法性的认可，它们分别是夏、商和周的成立年份。详见 David W. Pankenier, "The Comso-political Background of Heaven's Mandate," 124.

③ David W. Pankenier, "The Cosmo-Political Background of Heaven's Mandate", 124.

④ 学术界针对"文王受命"一说有两种看法，一种是文王"受天命"，一种是文王"受殷王之命"。本文的研究课题以"天命"思想为核心，故此处"文王受命"是采用"受天命"的说法。

⑤ 吴毓江：《墨子校注》，中华书局 1993 年版，第 221 页。

⑥ Kory, Stephan N. "Cracking to Divine: Pyro-Plastromancy As an Archetypal and Common Mantic and Religious Practice in Han and Medieval China," (PhD diss., Indiana University, 2012).

结的历史经验与教训中，其所形成的思想观念与"君权天授"的天命观一脉相承：

> 高后崩，合葬长陵。禄、产等惧诛，谋作乱。大臣征之，天诱其统，卒灭吕氏。唯独置孝惠皇后居北宫。迎立代王，是为孝文帝，奉汉宗庙。此岂非天邪？非天命孰能当之？

在这段政权争夺的记述中，如若仔细阅读，便会发现司马迁连续三次提到了"天"。兹将其三个"天"罗列于下以便分析。

其一，"天诱其统，卒灭吕氏"。"统"，即我们一般意义中世代相传的帝系、相继的系统等意思，如《荀子·解蔽》云："故学者，以圣王为师，案以圣王之制为法，法其法，以求其统类，以务象效其人。"可以看出，"统"包含了一脉相承的连续关系或系统关系。所以，这里"统"可以被理解为刘氏一脉的皇统，与"卒灭吕氏"中的"吕氏"相对。《范睢蔡泽列传》中也有过类似说法："天下继承其统，守其业，传之无穷。"其中"统"也是指系统、传统等事物联系的关系。所以，"天诱其统，卒灭吕氏"可解读为以上天为最高主宰者对王权的"佑命"，引刘氏一族恢复统绪，卒灭乱党诸吕，强调刘氏政权的正当性和神圣性，并对非天授皇权之人等施以打击和报复。

其二，"岂非天邪？"这是司马迁对刘氏一族恢复政权的感叹，与《秦楚之际月表·序》中司马迁对刘邦称帝的描述十分相似。要知道吕氏一族重亲、擅权，为夺政权可谓处心积虑，可是结果却不尽如人意。司马迁的感叹是为了表示命运的走向是非个体所能驾驭和掌控的趋势，"天"才是最高的主宰者，掌握个体的吉凶祸福。

其三，"非天命孰能当之"则从受命主体，即从刘氏出发，强调刘氏是帝王天命，由"天"所授，是"天"的从属者。既因"天"之"降命"，所以刘氏受命当之①。

从对上述三处"天"的分析可以看出，司马迁笔下的王权命运与神秘的天命思想密切相关。在整体框架上，司马迁交融了历史事实和神学观念。一方面，他按照事情发展详述历史事实；另一方面，他通过联系神学思想合理化刘氏歼灭吕氏一族，恢复刘氏帝统的事实，说明他对天的意志的肯定，强调"王者之兴"、君权交接皆为天意。在一定程度上，司马迁的解释说明了刘氏扭转政治局面、恢复统治一事在当时来说可能不是一件易事，甚至可能是一件行险侥幸之事。否则，他不会对"天"和"天命"一连串地感叹，尤其是"非天命孰能当之"一句，更

---

① 汪春泓在《小议太史公"笔法"——以〈史记·外戚世家〉为例》中则认为此处"非天命孰能当之"是特指孝文帝，表示孝文帝在"母亲和皇后均出身卑贱"的情况下却"能贵为天子，皇后、皇太后之所以能母仪天下，似乎都由看不见的命运之手在操纵"。详见汪春泓《小议太史公"笔法"——以〈史记·外戚世家〉为例》，《古代文学理论研究》第26辑，华东师范大学出版社2008年版，第231页。笔者以为，"非天命孰能当之"一句，无论是在泛指刘氏一族，或专指孝文帝一人，在任何意义上都是在强调刘氏一族从吕氏手中夺回君权是天命之必然。

是直接强调"天"对政治的主导作用，似乎没有"天"的授命则刘氏不能成功。
这说明刘氏恢复统治一事在司马迁看说，颇有命运的不可思议和难以解释之处。
而这种难以言说的命运发展，既无法从自然主义（naturalism）的自然原因或自然
原理中获得解释，则只好推向于神秘的"天"。这也反证了吕氏一族在当时权倾
朝野的政治权利，所以使得刘氏夺回政权、恢复统治一事成为意料之外的事情。
当然，如若从唯物史观的无神论角度来看，这种对政治"天命"的强调，本质上
就是为政治造势、强调政权合法性的辩说，尤其对于这种非和平继承的政治局面
而言更是重要。

　　然而，《史记志疑》对"天诱其统"作出了另一番阐释，梁玉绳认为"天诱其
统"不应作"统"，应按"徐广云作'衷'，是，史公用左氏语"①。《说文解字》
解"衷"为"裹亵衣"，从其原意来看包含"内"者的蕴意，可引伸为"内心"之
意，如唐骆宾王《上吏裴侍郎书》中有云："情蓄于衷，事符则感；形潜于内，迹
应斯通。"② "天诱其衷"的"衷"即采用内心之意，如《左传·僖公二十八年》
中"今天诱其衷，使皆降心以相从也"一句，李学勤注"衷"为"中也"③，"中"
通"衷"就是指内心之意。"天诱其衷"作为一个主谓式成语，意思就是指上天引
导人心，强调上天与人事之间的关系，如《左传·襄公二十五年》中有云："天诱
其衷，启敝邑之心。"以表示上天诱导人心，启发郑国攻打陈国的念头。这一成
语出最早出自《左传》，《成公十三年》云："穆公弗听，而即楚谋我，天诱其衷，
成王陨命，穆公是以不克逞指于我。"又如《定公四年》云："周人之子，在汉川
者，楚实尽之，天诱其衷，致罚于楚。"都是在强调"天"的作用，说明上天引导
人心，人心所愿因有上天庇护而得以实现，正如沈作喆所解："古人谓事顺成而
计工，曰天诱其衷。"④ 大有上天替人行道、为人平反之意，为本质上非和平的暴
力事件提供合法性，强调事件的正义性和公正性。实际上，人之所"衷"就是天
之所"衷"，如《定公四年》云："而君又窜之，周室何罪？君若顾报周室，施及
寡人，以奖天衷，君之惠页。汉阳之田，君实有之。""以奖天衷"，即表示要完成
上天惩罚楚君、为周室平反的天意。

　　既然"天诱其衷"的原始用法与《外戚世家》中刘氏一族心如所愿，一反吕
氏一族、恢复统绪的叙事背景相贴切，那么按梁玉绳的说法把"统"作"衷"也
有其道理。不过，前提条件是在"大臣征之，天诱其衷"的句读没有更动的情况
下，才方可作"衷"。因为在以逗号切分句子时，"天诱其统"中的"其"成为前
半句"大臣征之"中"大臣"的代词。显然，"大臣"是不能以表示刘氏之统的
"统"字来作指称，所以逗号的情况下，作"衷"会比作"统"更准确。但是，如
果将"大臣征之，天诱其衷"中的逗号改为句号，则作"衷"不如作"统"为妙。

---

① 梁玉绳：《史记志疑》，中华书局 1981 年版，第 1146 页。

② 周绍良主编：《全唐文新编》，第 4 册，吉林文史出版社 2000 年，第 2253 页。

③ 李学勤主编：《春秋左传注疏》，北京大学出版社 1999 年版，第 454 页。

④ 沈作喆纂：《寓简附录》，中华书局 1985 年版，第 52 页。

泷川资言就将"大臣征之"之后的逗号改为句号，成为"大臣征之。天诱其统，卒灭吕氏"。泷川资言认为"天诱其统"应作"统"，不作"衷"，方有"天使不失高祖之统也"①之意。如果我们将两个句读版本对照来看，便会发现"统"和"衷"在本质上最大的差异在于，"衷"可以兼顾大臣和刘氏之"衷"，即按泷川资言的句读将逗号改为句号，并从梁玉绳的说法作"衷"，则"大臣征之。天诱其衷，卒灭吕氏"也是合情合理，是直接承袭《左传》的表述方式。另外，"衷"作为"内心"之意，其包容性较广，可以指任何内心所衷。相较之下，"统"则有具体的明确指向，即刘氏之统。所以，"统"只能在"大臣征之"之后作句号才能成立。不过，正因为"统"的明确性，它更强调血统和政权之意，强调政治与天命之间的关系。而"衷"字因为其本身的包容性，它可以适用在任何心之所衷之处，并不能明确地道出"天"与帝王天命之间的联系，反而更倾向于"天"与人事或个体之间的关系，如《左传·哀公十六年》云："天诱其衷，获嗣守封焉。"就并非记述国家政治，而是表达蒯聩作为个人得到上天开恩，得以继承封赏。从笔者的研究主题出发，笔者以为作"统"比作"衷"更佳好因为，从"衷"到"统"的转变是从宽泛的天命思想到"政治与天命"的细化，是对"天命"思想更深化的体现。在这一段文字记述中，它更能准确地表达刘氏恢复统治的叙事核心，凸显司马迁精湛的语言能力，体现他对《左传》表述方式的超越和升华，也更能说明他对天命有更深刻的体悟。

2. 感生神话，帝王天命

"感生神话"又名"政治神话"，它是关于圣人、帝王诞生的历史神话，叙述圣人、帝王之母如何因感天而神秘受孕，诞下身份尊贵和神圣的未来圣人、帝王。这种历史神话与一般传统意义上的神话故事不同，王倩指出："本质上说，中国正史中的帝王感生神话是晚起的政治神话，即统治者授命史官创造的神话。"②对此，赵沛霖也认为："帝王天命神话都是在某些历史事件的基础上创作的，是神话与历史的结合。"③从感生神话是被人为刻意创造的角度来看，统治者往往会对客观历史神话化，依托一种更为伟大的力量来巩固他们的权力和地位。在史官的笔下，他们将这种力量指向"天命"，试图通过勾连"天命"与王权之间的关系，塑造"君权天授"的政治意识形态，从而强化帝王的权力和地位。

《史记》中有数则感生神话。《殷本纪》中载商始祖契之母简狄因"见玄鸟堕其卵，简狄取吞之，因孕生契"。《高祖本纪》中载高祖之母刘媪"梦与神遇。是时雷电晦冥，太公往视，则见蛟龙于其上。已而有身，遂产高祖"。《外戚世家》

---

① 泷川资言：《史记会注考证》，卷四十九，文学古籍刊行出版社 1955 版，第 2970 页。

② 王倩：《感生、异相与异象："天命"神话建构王权叙事的路径》，《安徽大学学报（哲学社会科学版）》，2020 年第 1 期，第 49 页。

③ 赵沛霖：《司马迁与帝王天命神话的终结——〈高祖本纪〉和〈赵世家〉的神话学审视》，《天津社会科学》，2002 年第 6 期，第 106 页。

中也载有两段感生神话。一段是有关汉文帝的记载,太史公云:"汉王心惨然,怜薄姬,是日召而幸之。薄姬曰:'昨暮夜妾梦苍龙据吾腹。'高帝曰:'此贵征也,吾为女遂成之。'一幸生男,是为代王。"其中,薄姬"夜梦苍龙据吾腹"与太公见蛟龙于刘媪之上的情节描述颇为相似,都出现了"龙"的意象,并通过"龙""据吾腹"或"于其上"隐喻"龙"入母胎之意。可以说,"龙"就是腹中胎儿的前身。从感生神话是人为刻意为之的神话性质和政治倾向来看,"龙"是被选择成为帝王的化身,使帝王与"龙"在中国神话文化中的神力和威慑性画上等号,以彰显帝王们不同凡人的神圣性身份和地位。这种做法增加了帝王的权威,达到百姓臣服于他的目的。

另一段则是写汉武帝之母王美人怀武帝一事:"男方在身时,王美人梦日入其怀。以告太子,太子曰:'此贵征也。'未生而孝文帝崩,孝景帝即位,王夫人生男。"可以看出,武帝的感生神话与文帝和高祖的情节描写类似,都是采用因梦而生的情节,只不过在武帝的感生神话中"龙"的意象被改为"日"。不过,无论是"龙"或者是"日",其共通之处在于,都是以来自"天"的祥瑞之兆宣扬帝王与众不同的出身,并利用祥瑞之兆具有启示性的作用,强调他们注定不凡的人生命运,肩负与"龙"或"日"可相比拟的伟大使命,宣扬天命不凡、天命所授之意。本质上,它就是以"吉梦"在引导大众舆论,被古人称之为"扬梦以说众"①。相较于客观事件中神秘的、难以解说的命运发展,例如无缘称帝的项羽感叹道:"天亡我,非用兵之罪也。"他无疑是在强调帝王天命在政治斗争中的决定性作用,与司马迁感叹高祖称帝道:"岂非天哉,岂非天哉!非大圣孰能当此受命而帝者乎?"如出一辙。司马迁笔下的汉文帝与汉武帝"因梦而生"的情节则巧妙地利用了这种超自然的、难以解说的天命力量,以此宣扬帝王天命的思想,实现巩固帝王统治合法性的目的。它既不违背经验和常理,又具有一定的神秘性和神圣性,在天命观盛行之时,对于新政权的合法性,是一种有效的宣传和说明。虽然,赵沛霖指出,这种叙事传统在史学中被史学家认为是"不雅驯",又由于有一定的真实基础而被神话学家所摒弃。② 然而,它还是通过太史公之手得到传承,诚如李政富指出的,后世的后妃传"凡皇后、太后或者出生时有异兆,或生子时有灵异,奇奇怪怪,形形色色,不一而足"。③

从 Pankenier 对天象和政治的研究可以得知,作为一个说明政权合法性的"天授"预兆,帝王天命对于人们而言是可知的或可预期的。但是,在两则感生神话中,帝王天命的预兆特点却被利用为两位统治者造势的工具。这说明帝王天命思想在《外戚世家》中存在两个层面:一种是非自然主义天命观,肯定上天的

---

① 陈奇猷:《吕氏春秋校释》,学林出版社 1984 年版,第 634 页。

② 赵沛霖:《司马迁与帝王天命神话的终结——〈高祖本纪〉和〈赵世家〉的神话审视》,第105 页。

③ 李政富:《中国古代后妃外戚研究——以二十五史"后妃外戚传"为中心》,北京大学 2012 年博士学位论文,第 28—29 页。

意志，存在一切不可用自然原因或原理解释的客观存在的、真实发生的命运事件；另一种则是非自然主义天命观下的产物，利用人们对天命思想的信奉和敬畏为政治造势。

二、《史记·外戚世家》中的个人天命

关于天命思想与个人命运的关系，在郭沫若《先秦天道观之进展》一文中整理的文献资料可见，大约从孔子时代起天命思想开始从王权国祚层面走向个体。[①]在孔子之前，周初的彝铭《大丰簋》："王祀于天室降，天亡尤王。衣（殷）祀于王不显考文王，事喜上帝。文王监在上。"[②]周初的彝铭《大盂鼎》："不显文王，受天有（佑）大命。"[③]《周书·大诰》："天休于文王兴我小邦周，文王惟卜用，克绥受兹命。"[④]在这些文献中，"天"还是停留在"政治"层面。到了孔子，情况有了变化，《论语·述而》篇说"不知命无以为君子"[⑤]，《为政》篇有"五十而知命"等，"命"不再仅对政治而言，而是开始走向普罗大众，具有普世性的教育意义。《论语·先进》篇云："颜渊死，子曰：噫！天丧予！天丧予！"《宪问》篇："道之将行也与，命也；道之将废也与，命也。公伯寮其命如何？"前者是孔子从个体角度向最高主宰者的"天"表达最强烈的控诉，后者是孔子对个体命运的体察，表达对个体命运的无能为力和无可奈何。

继郭沫若之后，徐复观对天命思想从"政治"到"个体"的发展作了更全面的阐释。他的研究结果是建立在对《诗经》的研究基础上，认为天命思想在更早的周幽王时代（西纪前 781— 771）就已经开始从政治人事层面走向个体命运。[⑥]徐复观的看法，得到学者们的认同。[⑦]相较于政治天命的思想，徐复观指出，天命对个体命运而言"无明显的意志，更无什么目的，而只是一般为人自身所无可奈何的盲目性的力量"。[⑧]这与新政权顺利成立前必要的"天授"征兆完全不同，天命于个人而言是无从得知、无法预测的。所以孔子说："死生有命，富贵在天。"就是为了说明天命不是一个个体所能驾驭的范畴，所有的生死、荣辱、贫富等身外之物与人的求得之间没有必然结果。

《史记》作为一部旨在原始察终，总结历史兴衰的史书，它除了继承上古时

　　① 郭沫若：《郭沫若历全集·历史编》，第一卷，人民出版社 1982 年版，第 317—376 页。

　　② 同上，第 333 页。

　　③ 同上，第 333 页。

　　④ 同上，第 333 页。

　　⑤ 杨伯峻注：《论语译注》，中华书局 2018 年版，第 297 页。

　　⑥ 徐复观：《中国人性论史·先秦篇》，上海三联书店 2001 年版，第 33 页。

　　⑦ 相关研究，参见崔宜明：《"命运"观念的起源和理性内涵》，《中国哲学史》，1995 年第 3 期，第 22—31 页；丁为祥：《命与天命：儒家天人关系的双重视角》，《中国哲学史》2007 年第 4 期，第 11—21 页。

　　⑧ 《中国人性论史·先秦篇》，第 34 页。

期的帝王天命思想以外，也关涉对个体的人生与天命之间的探究，包含着对个体命运的深刻体会和感悟。这从其纪传体的体例看出：都是以人为叙事中心，包含各色人等，上至帝王将相，下至黎民百姓，可以说是一部众多历史人物命运的大型展示。而司马迁正是通过对这些人物命运的发展进行总结与反思，提炼出"通古今之变"的历史规律和经验教训。

《外戚世家》是一个典型的例子，它涉及的人物众多，层次有高低不同。一方面从帝王天命讲述几代帝王英雄的命运，另一方面从个人天命的角度关注数位外戚的命运发展。其中，对于个人天命的探讨，笔者认为，司马迁主要接受了孔子的天命说。《天官书》云："是以孔子论六经，纪异而说不书。至天道命，不传；传其人，不待告；告非其人，虽言不著。"《外戚世家》云："孔子罕称命，盖难言之也。非通幽明之变，恶能识乎性命哉。"此源自《论语·子罕》篇："子罕言利，与命、与仁。"认为命运具有深微、玄乎，难以言说的特点，与《论语·公冶长》"夫子之言性与天道，不可得而闻也"的意思相近。孔子之所以罕称天命，是难以宣讲之故，司马迁也注意到了这一点，他在《外戚世家》中透过"后事之明"，对命运感慨道："人能弘道，无如命何。""道"在老子的学说中已是一个超越时空的形而上学的哲学概念，而"命"在司马迁看来是比"道"更加神秘、深微、玄乎、难以言说的概念，颇有《老子》"道可道，非常道"的意味。

在《外戚世家》中，司马迁对天命"盖难言之"的思想接受，主要体现在两点：其一，从外戚的历史经历承认命运的未来发展对个人而言是无从所知、无法预料；其二，承认命运的发展非人的主观意识所能决定。司马迁从这两点告诉读者，命运的发展是跌宕起伏，难以掌控、难以捉摸的。他正是在承认命运难以掌控和难以捉摸的基础上，接受了孔子所谓命"盖难言之也"的观点，认为命运的发展规律是一个超乎人类认知水平和有限智慧的无限大问题。

1. 个体命运的未来发展无从所知、无法预料

在《太史公自序》中，当司马迁论及《外戚世家》时云："成皋之台，薄氏始基。诎意适代，厥崇诸窦。栗姬偩贵，王氏乃遂。陈后太娇，卒尊子夫。""成皋台"原是薄姬被管夫人、赵子儿嘲笑初时之约的地方，却令坐在成皋台上的汉王对薄姬心生怜悯，阴差阳错地成为薄姬召幸得宠之地，最后怀孕生下汉文帝。客观来看，管、赵肯定不是为了薄姬得宠才讥笑她，而结果却事与愿违地使薄姬步上青云之路，恐怕连薄姬自己都意想不到受辱之地会成为她后来一生荣华富贵的基石，这恰是命运发展变幻莫测、始料未及之处。这是从局中人的视角而言。司马迁在《外戚世家》中记载，薄姬在未出嫁前曾找许负看相算命，许负说她："当生天子。"如果从后事之明的角度来看，司马迁的笔法则表示，命定事件是客观存在的，只不过以薄姬有限的认知水平无法预料在何时、何地，以及与何人罢了。对薄姬而言，她也许会猜想魏王可能是许负所言的天子之父，但她无法预料结果其实是汉王。

"谄意适代，厥崇诸窦"，是指窦姬本无意去代国，却以误被迫到了代国。这显然说明天命的发展是不以人的主观意志为转移的客观发展趋势。不过，虽然命运无可奈何，但窦姬却无心插柳柳成荫地使窦氏一族得以富贵，也说明人事的发展后果并不是人的主观所能预料的。所谓"塞翁失马，焉知非福"，人们无法立刻判断事件的本身究竟是福还是祸，一切的得失成败都不在人的掌控之中。也正如《屈原贾生列传》所引述《老子》的话："祸兮福所倚靠，福兮祸所伏。""天命"深微无穷，眼前的祸可能傍着喜，眼前的福可能也藏着凶，这恰是命运诡谲难测之处。所以说："天不可与虑兮，道不可与谋。迟数有命兮，恶识其时？"

"栗姬偾贵，王氏乃遂"，是说栗姬倚仗地位尊贵而自骄于人，反而导致王氏一族得以显贵。据《外戚世家》记载，长公主嫖本欲将其女陈阿娇嫁给栗太子，但因栗姬不满长公主总是向汉景帝引荐美人，并且她们的尊荣和宠幸都超过了自己，所以拒绝了长公主的请求。无奈之下，长公主将陈阿娇嫁给了王夫人之子，即后来的汉武帝刘彻。本来，栗姬的决定是为了捍卫自己的利益而拒绝长公主。长公主却因怨恨栗姬，而"日谗栗姬短于景帝"，使景帝对栗姬"以故望之"，并"日誉王夫人男之美"，使"景帝亦贤之"。后来，栗姬因出言不逊，导致栗太子被废。为此，栗姬更是愤怒，又因不能进见景帝，忧愤而死。最终，汉景帝"卒立王夫人为皇后，其男为太子"，王氏一族得以顺达显贵。本来栗姬是为了自身的利益，没有为了王氏一族飞黄腾达而故意拒绝长公主，而结果却招致栗太子被废、自己幽愤而死。这也是无从所知、无法预料的命运发展。

"陈后太娇，卒尊子夫"是指陈阿娇擅宠骄妒，为了捍卫自己的利益，不愿与她人分享武帝的恩宠。从她的视角，她以为如此便可把武帝留在身边，谁料却反把武帝越推越远，以致荣宠浸衰，最后反使卫子夫得幸，也正反映了命运始料未及的特点。这几位外戚的命运发展，有的顷刻间权倾天下，有的顷刻间遭灭顶之灾，几乎完全无法以人的认知水平去参透和预料，反映了命运神秘莫测、难以预料的戏剧性特点。

2. 个体命运的未来发展非人的主观意识所能决定

在《外戚世家》中，司马迁对几位后妃们的命运结局感慨道："既欢合矣，或不能成子姓；能成子姓矣，或不能要其终；岂非命也哉？"意思是指妃嫔与君王"既欢合矣"，有的却不能生儿育女；有的生儿育女，却又不得能得到好的结果。生孕一事也讲求天命，能与不能之间并不能按照人的主观意识而发展，其中的缘由似乎正是天命难以宣讲之故。

其中，"既欢合矣，或不能成子姓"者，如薄皇后与陈皇后。以陈皇后和汉武帝为例，在他们的故事中，事与愿违、无法掌控的命运发展主要体现在两个方面：第一，据《资治通鉴》记载，陈皇后"擅宠而无子，与医钱凡九千万，欲以求子，然卒无之；后宠浸衰"，为求得子费尽心机，可是天不遂人愿，最终无子也无宠。第二，长公主为求争得权势，让自家的女子陈阿娇成为皇后与皇帝拉近关系，颇有效法吕太后以"敖女为孝惠皇后"和"以吕禄女为少帝后"壮母家之嫌，可谓煞费苦心，可是结果陈阿娇却惨遭被废的结局，让人徒增感慨。而那些无心插柳柳成荫的后妃，"薄太后以怜色幸，窦太后以误籍幸，王太后以强纳幸，卫皇后以讴者幸"①，却各生子而贵。所以，司马迁感慨"岂非命也哉"，有的人费尽心机也得不到，有的人无意争取却深得命运的垂青，说明命运的发展轨迹不会因为人的主观意志而发生变化。

"能成子姓矣，或不能要其终"者，如戚夫人、代王王后、栗姬、卫皇后、钩弋夫人等。以卫皇后为例，据《资治通鉴》记载，在汉武帝元狩元年，时年七岁的刘据就被武帝立为太子，武帝对他十分器重，他道："太子敦重好静，必能安天下，不使朕忧。欲求守文之主，安有贤于太子者乎！"而卫氏一族，据《外戚世家》记载："卫氏枝属以军功起家，五人为侯。"可见卫家贵震天下，真可谓"独不见卫子夫霸天下！"虽然，后来卫皇后久无宠，但她因为"善自防闲，避嫌疑，虽久无宠，尚被礼遇"。为了保全既得利益，她还"每戒太子，宜留取上意，不应擅有所纵舍。"然而，已是贵为皇后和太子的他们，离太位和皇位仅是一步之遥，平日里品行宽厚，谨言慎行，可是最终还是难逃被江充以"巫蛊之祸"刻意陷害的命运。客观的命运发展并没有因为他们的刻意小心而规避掉苦难和疼痛，最后还是"不能要其终"。

综上所述，笔者以为，从《外戚世家》可以看出司马迁的"天命"思想可以被分为政治天命和个人天命两个层面。司马迁对"天命"的理解和描述倾向于非自然主义天命观，即认为天是有意志的至上神，对王权国祚上的政权更替和个人命运的生死贫富都具有绝对的支配权和控制权。这一点尤其凸显在他对感生神话的描述上，描写非常具有神话的神奇与瑰丽色彩。虽然，有学者指出司马迁在其他传记中表现出非常积极、壮烈的人生观，认为司马迁是"重人事，轻天意"②。但是在《外戚世家》中，对于个人天命的探索，可以看到司马迁对人物命运变幻无常的感慨，对左右人物命运的神秘力量感到困惑和思索，并最终将这种难以言说的命运发展指向天命，这与孔子的天命思想内涵一致，对命运的发展皆感到无能为力、难以言说；与《李将军列传》中李广临死前感慨"岂非天哉"的无奈一脉相承。司马迁对于个体命运的关注和觉醒，是为了通过总结形形色色的人物命运而提炼出历史发展的规律，但是除此之外，是否也存在着个人因素？司马迁的父亲司马谈在生前未能完成自己著史的心愿就死去了，临死前他对司马迁泣曰："是命也夫，命也夫！"③司马迁子承父业，却因李陵事件遭受自我价值的毁灭和命运的困境。这两件痛彻心扉的体验对司马迁应该造成重大的心灵伤害，这可能也是使他更深刻地体会到天道、人事并思考命运的契机。

---

① 杨燕起、陈可青、赖长扬编：《历代名家评史记》，北京师范大学出版社1986版，第508页。
② 相关看法，参见白寿彝：《〈史记〉新论》，求实出版社1981年版，第20—37页；李彤：《论司马迁的命运观》，《广西社会科学》，2004年第3期，第128—130页。
③ 修订本《史记》，卷一百三十，第十册，第3973页。

论范增"望气"及其政治策略

＊本文作者薛从军、祝兆源。薛从军，安徽省和县一中特级教师。祝兆源，安徽省和县文化研究会会长。

　　楚汉相争时期，一个重要人物叫范增，他的出现直接影响当时政治斗争的走向。在反秦过程中，其政治策略起了关键性的作用，加速了秦的灭亡；楚汉相争时，其政治策略未能被项羽采用，且最初的政治策略又被破坏，以至于范增忠愤而离走，不幸中道而亡；项羽因误中陈平离间之计驱逐范增，不幸自刎于乌江岸。范增的智慧才略令他的对手感叹，刘邦说："项羽有一范增而不能用，此其所以为我擒也。"（《史记·高祖本纪》）可见范增的政治作用。现在论述范增文章多未涉及范增的政治策略，我在《历阳侯范增》《亚父及亚父文化》两篇论文对范增多有论述，但对其政治策略也未集中论述，似有缺憾。这里拟对此作一专题论证。

　　范增使人"望云气"，最早可见《楚汉春秋》。《水经注》卷十九引《楚汉春秋》曰："项王在鸿门，亚父曰：'吾使人望沛公，其气冲天，五色采相缪，或似龙，或似云，非人臣之气，可诛之。'"《史记》记载与此基本相同。这里"望云气"，其实是范增的一种政治策略。为了论述方便，本文按照时间顺序论证范增"望气"等政治策略。

一、范增的政治策略

　　所谓政治策略，就是指政治主体为了完成战略任务，根据政治形势的变化而确定的斗争形式和组织形式等，是为实现战略任务而采取的具体办法。范增的政治策略对当时政治走向有重大影响。范增一出场就为项梁献出政治策略。《史记·项羽本纪》云：

　　　　居巢人范增，年七十，素居家，好奇计，往说项梁曰："陈胜败固当。夫秦灭六国，楚最无罪。自怀王入秦不反，楚人怜之至今，故楚南公曰：'楚虽三户，亡秦必楚'也。今陈胜首事，不立楚后而自立，其势不长。今君起江东，楚蜂起之将皆争附君者，以君世世楚将，为能复立楚之后也。"于是项梁然其言，乃求楚怀王孙心民间，为人牧羊，立以为楚怀王，从民所望也。

　　这里包含政治策略主要有下面几点：

1. 确定"楚虽三户，亡秦必楚"的政治号召之策，具有凝聚人心的号召力

上文中"楚南公"为何人？《史记》注引徐广曰：

> "楚人也，善言阴阳。"骃案：文颖曰"南方老人也"。［正义］曰：虞喜《志林》云："南公者，道士，识废兴之数，知亡秦者必于楚。"《汉书·艺文志》云《南公》十三篇，六国时人，在阴阳家流。

这是前人注解。楚南公，直接翻译就是，楚国南方的老先生，可能是范增假托之词。"楚虽三户，亡秦必楚"虽为民间口语，但也是范增借此作为政治策略。这是当时推翻秦统治的政治口号，具有巨大的感召力。"楚虽三户"解说有多种：《史记》注引：

> 瓒曰："楚人怨秦，虽三户犹足以亡秦也。"［索隐］曰：臣瓒与苏林解同。韦昭以为三户，楚三大姓昭、屈、景也。二说皆非也。按：《左氏》"以畀楚师于三户"，杜预注云"今丹水县北三户亭"，则是地名不疑。［正义］曰：按：服虔云："三户，漳水津也"孟康云："津峡名也，在邺西三十里。"《括地志》云："浊漳水又东经葛公亭北，经三户峡，为三户津，在相州滏阳县界。"然则南公辨阴阳，识废兴之数，知秦亡必于三户，故出言。后项羽果度三户津破章邯军，降章邯，秦遂亡。是南公之善识。

"三户"解说，总括起来有：一指三户人家，表示人很少也能亡秦；二指昭、屈、景三姓，即楚国三大姓；三指地名，三户亭或三户津，即破章邯军之处。我以为，应该理解三户人家，这个口号应为一般人所能理解，才有意义，才有号召力。文中"虽"意思是"即使"，表示退一步的意思，这样表示恨秦灭秦的决心。这是作为政治口号的原因。这样说还有另一个原因：

这个口号是当时的民谣或楚谣。明杨慎《古今风谣》：

> "《三户谣》：怀王为张仪所欺，客死于秦。至王负刍，遂为秦所灭。百姓哀之，为之语曰'楚虽三户，亡秦必楚。'"

清沈德潜《古诗源》卷一：

> "《楚人谣》：《史记》楚怀王为张仪所欺，客死于秦，至王负刍，遂为秦所灭，百姓哀之。楚虽三户，亡秦必楚。哀痛激烈，比《松柏之歌》尤甚。"

《古谣谚》卷四十七："楚国百姓为王负刍，语风俗通。楚虽三户。亡秦必楚。"歌谣前的序言，突出"哀之""哀痛"，可见楚王客死秦、楚国被灭给楚国民众带来的巨大伤痛。用此作为政治口号是顺应民意。楚人为什么对秦特别恨呢？

首先是楚怀王客死秦国。这是楚人的大恨。《史记·楚世家》："顷襄王三年，怀王卒于秦，秦归其丧于楚。楚人皆怜之，如悲亲戚。诸侯由是不直秦。"楚前怀王熊槐（？—前296），公元前328—前299年在位。楚威王熊商之子，楚顷襄王熊横之父。公元前299年，秦昭襄王约怀王在武关会面。昭睢、屈原劝阻，怀王不听，决定前往武关。秦王胁迫怀王割地，怀王不肯，被扣留。扣留期间，楚人立太子熊横（前 298 年—前 263 年在位）为王，是为顷襄王。公元前 297 年，楚怀王逃走，秦人封锁通往楚地的道路。怀王逃到赵，赵不纳；逃往魏国被秦追兵捉回。公元前 296 年怀王在秦国病逝，秦国把遗体送还楚国，"楚人皆怜之，如悲亲戚"。公元前 223 年，秦军攻破楚都寿春，楚国灭亡。楚国灭亡离楚怀王死亡有 73 年。

范增的建议是在薛城之会上提出的，时间是公元前 208 年，离楚怀王之死有 88 年了。这时候楚国人不但没有淡忘这段历史耻辱，而且还剧增了对秦的仇恨。

第二，楚国的灭亡是楚人心头之恨。楚国历史悠久，又是大国，被灭是楚人难以忍辱的仇恨。楚国（？—前 223 年）是先秦时期位于长江流域的诸侯国，国君为芈姓、熊氏。周成王时期（前 1042 年—前 1021 年），封楚人首领熊绎为子爵，建立楚国。如果按照前 1021 年计算，那么楚国有 800 年的历史，可谓历史悠久。再说楚国又是大国。楚宣王、楚威王时期，国土南起南岭，北至今河南中部、安徽和江苏北部、陕西东南部、山东西南部，西起大巴山、巫山、武陵山，东至大海，幅员广阔。这样的国家被灭，楚人岂能心甘？复仇之火随时会喷发而出。

用"楚虽三户，亡秦必楚"作为政治口号和奋斗目标，的确具有号召力。宋王应麟在《通鉴答问》卷一《坑诸生》条中说道："坏秦者非妖言而坏于楚南公'三户亡秦'之一语。"可见政治口号的作用。

2. 确定"立楚怀王号令天下伐秦"之策

这一策略主要有两点：一是推翻秦国，二是建立大楚国。范增以陈涉为例，他说："今陈胜首事，不立楚后而自立，其势不长。"陈涉时，各地已经有不少立诸侯国的后代为王或自立为王。陈涉未立楚后而自立，结果被杀而亡。

当时人们的观念认为唯六国后人有资格称王，其余都不能称王。如东阳县欲立故令史陈婴为王，陈婴母说："自我为汝家妇，未尝闻汝先古之有贵者。今暴得大名，不祥。不如有所属，事成犹得封侯，事败易以亡，非世所指名。"意思是你家不是贵族，你不能称王。于是陈婴不敢为王，对其属下所言："项氏世世为将，有名于楚。今欲举大事，将非其人不可。我倚名族，亡秦必矣。"[①] 这说明当时项氏世世为将，有名于楚，本身就具有号召力和凝聚力。范增政治策略获得项梁的赞同，也得到薛城之会包括刘邦在内的众多反秦之军采纳了。范增一出场，就拉开反秦的大序幕。"从民所望也"，是其核心。这个政治决策源于民间，顺从民意，口号也好，立楚怀王也好，都是从人民意愿出发。这是反秦的根本大策。

这时候立的楚怀王为后楚怀王，叫熊心（？—前 206）。自前楚怀王排起，楚前怀王熊槐在位前 328 年—前 299 年，共 30 年；楚顷襄王熊横在位前 298 年—前 263 年，共 36 年；楚考烈王熊完在位前 262 年—前 238 年，共 25 年；楚幽王熊悍在位前 237 年—前 228 年，共 10 年；楚哀王熊犹在位前 228 年，共 1 年；楚王熊

---

① 司马迁：《史记》，中华书局 1959 年版，第 296 页。

负刍在位前227年—前223年，共5年；楚昌平君熊启在位前223年，1年，被秦所灭。秦治12年即前223—前208，共16年，为秦统治时期。楚后怀王熊心在位前208—前205，共4年。熊心，又称楚义帝。从王位排列看，后楚怀王与前楚怀王相隔7代楚君。可惜熊心后来被项羽所杀，破坏了范增的政治策略，被对手刘邦作为讨伐项羽的理由。范增的目的是从民所望，建立大楚之国。立熊心为楚王就是这个目的，可惜这一计划未能实现。

3. 用"望气"之策，试图消灭政敌刘邦集团。

范增的"望气"，《史记·项羽本纪》明确记载：

> 范增说项羽曰："沛公居山东时，贪于财货，好美姬。今入关，财物无所取，妇女无所幸，此其志不在小。吾令人望其气，皆为龙虎，成五采，此天子气也。急击勿失！"

望气，源于上古时期对云的崇拜。什么是"气"呢？许慎《说文解字》："气，云气。"所以"望气"早先应该是望云气，为生产生活服务。即观察云气的流动变化与色彩变异来判断自然状态。《史记·五帝本纪》：黄帝"官名皆以云命，为云师。"《史记集解》引应劭曰："黄帝受命，有云瑞，故以云纪事也。春官为青云，夏官为缙云，秋官为白云，冬官为黑云，中官为黄云。"古人为什么重视云气呢？古代农牧生产特别重视观察云气，以判断自然状况乃至吉凶。云气的变化所带来的自然现象的变化，在古代颇为神秘，似乎有老天的种种暗示。《授时通考》卷四："《望气经》：六月三日有雾，则岁大熟。"《授时通考》卷五："《望气经》：七月三日有雾，岁熟。""望气"很快成为古人的一种宗教活动，常常用于兵事、政治。《墨子间诂》卷十五（迎敌祠第六十八）：

> 凡望气，有大将气，有小将气，有往气，有来气，有败气，能得明此者可知成败、吉凶。

《太平御览》卷十五（宋李昉等撰）：

> 《望气经》曰：十月癸巳，雾赤为兵，青为殃。

望气常常望地域之气，判断王者之气；望人之气，推断人的富贵。但更多是根据地域之气和某人之气，判断是否为天子之气。秦汉之际流行"望气"，常常与"王气""天子之气"相连，不少与地域相关。作为统治者，最当心的是具有"天子之气"的人代替他。《史记·高祖本纪》："秦始皇帝常曰：'东南有天子气。'于是因东游以厌之。"可知秦始皇巡游与"东南有天子气"直接关联。当时，秦始皇揽方术之士，"候星气者至三百人"，包括了一些"望气者"。秦对楚地的统治终究不放心。陈胜、项梁、刘邦三者的确起兵于东南。刘邦后来果然成为大汉天子。可见，"望气"在当时社会的深刻影响。此后各个朝代很重视天子之气，很多政治行为都是"望气"造成的。例如《汉书·宣帝纪第八》：

　　至后元二年，武帝疾，往来长杨、五柞宫，望气者言长安狱中有天子气，上遣使者分条中都官狱系者，轻、重皆杀之。

《后汉书》卷六十九《（窦何列传第五十九》：

　　五年，天下滋乱，望气者以为京师当有大兵，两宫流血，大将军司马许凉、假司马伍宕说进曰："《太公六韬》有天子将兵事，可以威厌四方"。进以为然，入言之于帝。于是乃诏进大发四方兵，讲武于平乐观下。

《北齐书·补帝纪第六》：

　　初，帝与济南约不相害。及舆驾在晋阳，武成镇邺，望气者云邺城有天子气。帝常恐济南复兴，乃密行鸩毒，济南不从，乃扼而杀之。后颇愧悔。

　　古代望气已成了当时文化和学问，形成文化体系，已整理成书。郑樵撰《通志》卷六十八："翼氏《占风》一卷，《天文占云气图》一卷，《杂望气经》八卷，《候气占》一卷，《章贤十二时云气图》二卷，《天机立马占》一卷，钟湛然撰《云气图》一卷，《气象图》一卷，《天涯地角经》一卷。《占风云气候日月星辰上下图》一卷，《干象占》一卷，《云气测候赋》一卷，刘启明撰。"明孙？讠卞编《古微书》卷十四："故《汉志·天文》备言云气。其说盖本于墨子。陈平、范增皆有其书，名《望气经》。"可见古代关于望气书不少，这说明当时对此研究者也很多。

　　范增时代"望气"成熟并广泛流行。从"吾令人望其气"来说，范增似不懂"望气"；从"令"来说，范增似是主管"望气"这类的官。

　　范增是楚人，有学者认为是楚项燕手下的大将。周孝坚先生说："史载，秦始皇嬴政二十三年，年方35岁的秦王嬴政在消灭了韩、赵、魏等国之后，兵锋直指楚国。大将李信率领20万大军一举攻下楚国七座城池。楚王负刍紧急召开军事会议，派遣大将项燕率领景骐、范增等将领率兵20万前往迎战，楚军大胜，范增时年45岁。秦军大败后，改派老将王翦为统帅，秦、楚两军对峙。一年后的一天夜里，秦军突袭楚军，楚军惨败。景骐战死了，项燕自杀了，楚国都城寿春失陷了。范增家乡也遭到秦军的洗劫，妻子儿女在战乱中不知下落。唯有他与项梁经过浴血拼杀，才保护着项梁的侄子项羽冲过了秦军设在江苏、浙江边境的五道封锁线，突出了重围。"① 作者没有交代史料来源，不过，总体叙说符合事理。"楚王负刍紧急召开军事会议，派遣大将项燕率领景骐、范增等将领率兵20万前往迎战，楚军大胜，范增时年45岁。"可见范增是项燕手下的大将。这是他对项家忠心不贰的主要原因。周孝坚《亚父之庐》这篇文章似对范增史料缺憾一个小补充。薛城之会，必有人召，范增才能如约而会，正说明他也是楚国关键性人物，也佐证他为项氏集团一个重要将领。

　　范增不仅是将军，而且是政治家、军事家。政治家在于有远见，善于观察，

① 周孝坚：《亚父之庐》，《浙江档案》2001年第9期。

具体分析，能预计未来发展的趋势。譬如诸葛亮未出草庐就预计将来三国鼎立。后来果然三国鼎立。而范增从"望气"角度推测"夺项王天下者必沛公也"，这就是非常了不起，非真知灼见者不能如此。"望气"在当时已为人们接受，常常作为预测未来的一种重要方法，故范增采用此法来劝项羽杀掉刘邦。

范增并不单一依靠"望气"之法规劝，而是先具体分析刘邦政治动因与外在表现，提出有力的行为证据。采用对比方法：刘邦在山东之时，贪财好色，没有大志；而今入关，不贪财，不好色，此志向不小。这的确能说明问题。加上令人望气，形为龙虎，色为五彩，这种形与色就是天子之气。这与秦始皇"东南有天子气"又联系起来了。项羽不得不相信，准备第二天攻打刘邦。可惜被项伯出卖了，没有攻打成。范增借用望气想除掉刘邦，这是他的政治策略之一。从夺天下来说，这种策略不存在对与错。鸿门宴上想让项庄刺杀刘邦，又因项伯而未成功。

4. 采用分封诸王之策，以限制刘邦

范增欲推翻秦朝，目的已达到；欲建立大楚之国，"能复立楚之后"，尚需时日。他原定于怀王为天下之主，怀王为帝，分封诸王。可惜的是"项王欲自王，先王诸将相"。不尊怀王之令，违背范增的初衷。"项王使人致命怀王。怀王曰：'如约。'乃尊怀王为义帝。"范增只能屈从项羽，面对反秦都有功劳的各路诸侯，只能封王，先稳定后逐步实现大楚，所以赞同项羽分封。况且，当时人们还未脱离战国时分封诸侯王的思想。

项羽分封各路诸侯王，是与范增协商决定的。"项王自立为西楚霸王，王九郡，都彭城"，具有号令天下之权，相当于霸主。各路诸侯集聚于此。怀王坚持"如约"，刘邦"劳苦功高如此"，当然要分，但还是不放心，于是范增与项羽共同谋划。《史记·项羽本纪》：

> 项王、范增疑沛公之有天下，业已讲解，又恶负约，恐诸侯叛之，乃阴谋曰："巴、蜀道险，秦之迁人皆居蜀。"乃曰："巴、蜀亦关中地也。"故立沛公为汉王，王巴、蜀、汉中，都南郑。而三分关中，王秦降将以距塞汉王。

"三分关中"，似没有违背怀王的"如约"。用章邯来拒汉王，同时巴蜀、汉中之地山路险峻，难以东进，以此来困厄刘邦。当时刘邦也是无奈，只能忍辱待机。《汉书》卷三九（列传第九）：

> 羽遂屠烧咸阳，与范增谋曰："巴蜀道险，秦之迁民皆居蜀。"乃曰："蜀汉亦关中地也。"故立沛公为汉王，而三分关中地，王秦降将以距汉王。汉王怒，欲谋攻项羽。周勃、灌婴、樊哙皆劝之，何谏之曰："虽王汉中之恶，不犹愈于死乎？"[1]

"蜀汉亦关中地也"，这就符合"如约"的"约"，但汉王十分不愿意，但在诸

---

① 班固：《汉书》，中华书局 1959 年版，第 2006 页。

将的劝导下，不得不暂时隐忍。萧何的一句话，正反映一种无奈和超脱。项羽分封诸侯王，不同于西周分封诸侯国。起初，周天子有权征伐、问罪，但后来诸侯国各地为政，势力大增，不听命周天子而相互征战。此时项王似乎与各路诸王平起平坐，虽是势力较大，但不能统治各路诸侯王，不是天子与诸侯的关系，而是诸侯与诸侯霸主的关系，这为以后埋下了征战隐患。如若立怀王为天子，号令天下，则后来不是汉王朝，而是楚王朝了。

5. 采用急围荥阳之策，以消灭刘邦

刘邦被困于荥阳求和，项羽想采纳，范增反对，认为这是消灭刘邦的时候，如果放弃，将遗留后患。项羽不是政治家，对待刘邦常怀仁义之心，又有优柔寡断之意。但范增始终抓住刘邦不放。《史记・项羽本纪》：

> 项王欲听之。历阳侯范增曰："汉易与耳，今释弗取，后必悔之。"项王乃与范增急围荥阳。汉王患之，乃用陈平计间项王。项王使者来，为太牢具，举欲进之。见使者，详惊愕曰："吾以为亚父使者，乃反项王使者。"更持去，以恶食食项王使者。使者归报项王。项王乃疑范增与汉有私，稍夺之权。范增大怒，曰："天下大事大定矣，君王自为之。愿赐骸骨归卒伍。"项王许之。行未至彭城，疽发背而死。

这段文字正是证明范增与各有营垒，显示"汉王患之"这个大背景，说明范增围困荥阳之策是很有作用的。但反间计确实动摇了项羽对范增的信任。范增政治策略不但没有重用，反而被项羽认为"与汉有私，稍夺之权"。项王愚昧不明，不辨忠奸；主要原因是刚愎自用，自以为是，缺乏分析与辨别之能力。使者无能，不识其计，固不可论。范增却也未能识破，因为不知内幕，不知就里，忠心耿耿为他人奸计所算，实可悲者！范增走了，项王却"许之"，可见已是很不信任了。范增暗示了项王"自为之"，预计结局不好。

二、范增政治策略评价

范增的政治策略，历来评价不一。以苏轼为代表，认为范增是人杰；以洪迈为代表，认为范增非人杰。我们先看看历代看法。

楚汉相争时代，首推汉高祖，他认为："此三者（张子房、萧何、韩信），皆人杰也，吾能用之，此吾所以取天下也。项羽有一范增而不能用，此其所以为我擒也。"（《高祖本纪》）汉高祖认为自己善于用人才，所以能夺取天下，而项羽有一范增而不能用，所以失败。承认范增是人才，而且是胜败的关键人物，肯定了范增是人杰。陈平认为"项王不能信人，其所任爱，非诸项即妻之昆弟，虽有奇士不能用。"（《陈丞相世家》）虽有奇士不能用之，就是指范增、韩信、陈平等人。韩信、陈平原来在项羽集团，后来都跑到刘邦集团。陈平承认范增是奇士、人杰。韩信认为:"项王喑噁叱咤,千人皆废,然不能任属贤将,此特匹夫之勇耳。"
汉王及其将领都认为范增是奇士、人杰、贤将,只是不被项羽重用,这是项羽失
败的原因。

此后各个朝代都有评价。《后汉书·光武皇帝纪》卷第七:"至如乐毅之遇
于燕昭,屈原之事于楚怀,白起之用于秦王,范增之奉于项籍,虽终同颠沛,
犹一申其志,诚未足以语夫通塞者乎?"将范增与乐毅、屈原、白起三人相比,
可见其肯定。《三国志》卷〇六(《魏书六·董二袁刘传》):"昔项羽背范增之
谋,以丧其王业;绍之杀田丰,乃甚于羽远矣!"肯定项羽背弃范增的谋略而丧
失王业。《晋书》卷四八(列传第一八)评论:"秦失其鹿,豪杰竞逐,项羽既
得而失之,其咎在烹韩生,而范增之谋不用。假令羽既距项伯之邪说,斩沛公
于鸿门,都咸阳以号令诸侯,则天下无敌矣。"这种假设评论,肯定范增在夺天
下至关重要的作用。《北齐书》卷二〇(列传第一二):"昔事尔朱,固执忠义,
不用范增之言,终见乌江之祸。"《南史》卷三十七:"节下有一范增而不能用,
空议何施?"《旧五代史》卷五十八:"宜哉项氏之败亡,一范增而不能用。"史
书中人物对话,常常用"范增"作为贤者智者的代名词,足见范增在历史长河
中给人们的印象。

在没有评价范增政治策略之前,先弄清几个问题。一是范增不仅仅是谋士,
而且是带兵的将领,初为末将,后为大将、侯爵。他有自己的营垒,不是在项羽
军营中的谋士。这一点我在《论历阳侯范增》一文中已有论述,可参看此文。历
来人们认为范增只是谋士,在项羽帐中跟随项羽。这显然是误解。二是范增除了
带兵以外,还被分封历阳侯,有时需要回到历阳之地,或修缮城池,或筹措兵
力,或筹措粮草,所以司马迁叙说范增时断时续,不十分清晰,因为如此,有许
多指责是误解。

1. 范增政治策略是建立在"从民望"的民心基础之上

所谓"从民望"就是顺从民意,听取老百姓的意见。这个确定政治策略的视
点和原则值得后世执政者借鉴。其实,早在先秦时代,就有类似的论述,如《尚
书·五子之歌》:"皇祖有训:民可近,不可下。民惟邦本,本固邦宁。"说老百姓
是国家的根本。陈涉起义也是"从民望"。《汉书》卷三一 列传第一:"乃诈称公
子扶苏、项燕,从民望也。祖右,称大楚。"政治策略建立在民心的基础上,得到
后代政治评论者的肯定。清代王夫之《读通鉴论卷一·秦始皇》:"怀王之立,非
项氏之意也,范增之说,以为从民望而已。"这是对范增的从民望的肯定。楚国
文化渊源,非常关注民心与君王的举动,如屈原《离骚》:"怨灵修之浩荡兮,终
不察夫民心。"指责楚王荒淫,不能考察民心。民心是治政的中心点。

2. 立楚怀王,希冀建立大楚一统国家

立楚怀王不仅仅便于号召天下之民反秦,而且试图建立和平一统的君主制国

家。但是项羽不知政治，破坏了这一政治策略。范增因此政治理想最终未能实现，是"出师未捷身先死，长使英雄泪满襟"的悲剧人物。

立怀王之事历代有不同的看法。最突出的是清代王鸣盛在《十七史商榷》中认为："范增首唱议立怀王，其后步步为其掣肘。使沛公入关，羽得背约名；杀之江中，得弑主名。增计最拙，大误项氏。"这一观点不正确。这里讨论分为两个部分，一是初立怀王之时。苏轼认为："增始劝项梁立义帝，诸侯以此服从。"包括项羽、刘邦等各路起兵者都是积极拥护，没有反对。项梁战死后，怀王任命宋义为上将，项羽为鲁公、次将，范增为末将。宋义迟迟不进军，被项羽一怒之下杀了。此事报怀王，"怀王因使项羽为上将军。当阳君、蒲将军皆属焉。项羽已杀卿子冠军，威震楚国，名闻诸侯。"怀王的任命，项羽还是听从，杀宋义还假托怀王之命，此时项羽并不反对怀王，名声因此大震。

杀宋义，范增参与没有？据《史记·项羽本纪》记载，没有。范增几次出场，《史记》都有明确交代，如立楚怀王，鸿门宴要杀刘邦、分封诸王侯、围困荥阳、离开项羽等都有文字交代。叙说杀宋义时，并没有点明范增在场。宋义、项羽、范增为将领，三人各有营垒。项羽闯入宋义营垒杀宋义，范增并不知道。《史记》并未点明范增在场："项羽晨朝上将军宋义，即其帐中斩宋义头。"是早晨闯帐斩杀，然后，"出令军中曰：宋义与齐谋反楚，楚王阴令羽诛之。当是时，诸将皆慑服，莫敢枝梧。"出令军中之时，范增应属于诸将之列，此时才知道。所以指责"羽之伐赵，杀上将宋义，增为末将，坐而视之"（洪迈《范增非人杰》），是没有道理的。当然，项羽杀宋义并未错。

二是楚怀王的约定，清人说"步步为其掣肘"，政治对手说项羽负约。怀王之约是：先破秦入咸阳者王之。怀王这条约定没有具体施行的方案，只是一般性的约定。项羽攻打正面凶悍之敌，即章邯部队——项梁曾经战死于此部，也是诸侯畏惧的部队："诸侯军救巨鹿下者十余壁，莫敢纵兵。及楚击秦，诸将皆从壁上观。"但是"楚战士无不一以当十，楚兵呼声动天，诸侯军无不人人惴恐。于是已破秦军"。后来章邯投降。在推翻秦朝，项羽功不可没，如司马迁评论："然羽非有尺寸乘埶，起陇亩之中，三年，遂将五诸侯灭秦，分裂天下，而封王侯，政由羽出，号为'霸王'，位虽不终，近古以来未尝有也。"根据约定，刘邦先入关应该为王（王关中），项羽却后至不能为王。但是，如果没有项羽消灭章邯部队，刘邦岂能很快入关？这是项羽对怀王怀恨之始。

怀王是一面大旗，不应该废弃。范增的政策策略就是恢复大楚之国，号令天下。陈涉时民众就有"诛暴秦，复立楚国之社稷"，复立楚国，就是楚国民众的愿望。可惜项羽不懂政治，"背关怀楚，放逐义帝而自立，怨王侯叛己，难矣。"项羽"徙义帝"，"杀之江中"，实际上违背了范增设计的政治方略，破坏了建立大楚国的宏远蓝图。苏轼认为"中道而弑之，非增之意也。夫岂独非其意，将必力争而不听也"。苏轼的断言是正确的。有人指责范增，说"及羽夺王之地，迁王于郴，已而弑之，增不能引君臣大谊，争之以死"。这是对《史记》未认真研读而误判。项羽杀义帝是秘密进行的。《史记·项羽本纪》说"汉之元年四月，诸侯罢戏下，各就国"，范增被封历阳侯，显然已回历阳。这时"项王出之国，使人徙义帝，曰：'古之帝者地方千里，必居上游。'乃使使徙义帝长沙郴县"。结果"趣义帝行，其群臣稍稍背叛之"，所谓"稍稍"，就是渐渐。可见项羽这种做法违背了群臣之意。但是项羽不但未改，还"乃阴令衡山、临江王击杀之江中"杀义帝，是秘密派衡山、临江王击杀于大江。杀了怀王义帝，使范增与项羽的政治分歧增大，逐渐演变了君臣的裂痕，给刘邦陈平施反间计提供了间隙。项羽不信任，范增不得不离开项羽。苏轼说得正确："其弑义帝，则疑增之本也，岂必待陈平哉？陈平虽智，安能间无疑之主哉？"

范增与项羽的政治分歧主要有两点：（1）范增立怀王，想建立大一统的楚国；项羽却废弃楚怀王，自立为王，分封诸侯王，想做霸主，而非做天子。苏轼说："不用其言，而杀其所立，羽之疑增，必自是始矣。"（2）范增早已看出刘邦是将来夺项王天下之人，故要消灭刘邦政治集团；项羽虽然也知晓刘邦是他的政治敌手，但对刘邦下手优柔寡断，存有"妇人之仁"。

范增与项羽在性格方面有许多相互抵牾。（1）范增本是项燕手下大将，忠于项氏，精心为项氏谋划；项羽贵族后代，有许多贵族基因，能征惯战，但刚愎自用，用人以项氏为主，非项氏之人才不重用。鸿门宴信项伯之语，而绝范增之意，就是明证。（2）范增已是古稀之年，经验丰富，虽有计谋，但缺乏耐心劝说，常常以长者之身份训诫项羽，一不如意，就发火，骂"竖子"；项羽年少任职，杀宋义、败章邯，勇猛过人，威震诸侯，但很少能纳谏。韩信原在项羽账下，"羽以为郎中。数以策干项羽，羽不用"。汉之韩信、陈平原都在项羽账下，后来都跑到刘邦那里。（3）范增恨秦，是大楚亡国之恨，是国恨，意在复立楚国之社稷；项羽恨秦，是项氏家族之恨，爷爷项燕、叔父项梁均被秦所杀，项氏贵族四处亡命。项羽对秦显得特别仇雠而凶暴：坑秦卒，屠咸阳，杀子婴，烧秦宫，其恨秦之举过矣！项羽这些举动，《史记》都未点明范增在场。

三、结　论

范增是楚汉相争时一个至关重要的人物。他的政治策略设计直接影响战争的走向。"从民望"是其设计政治策略的基础，在今天具有参考价值。在反秦上，他的"楚虽三户、亡秦必楚"政治口号和"立怀王孙心"的政治策略，起了"凝聚民心、集聚民力"的反秦作用，加速了秦朝的灭亡。其功勋在反秦的战争逐渐显现。范增反对自立为王，要立楚怀王，建立楚国大一统，然而项羽违背范增的政治意图与政治策略，放逐怀王，弑杀义帝，自立西楚霸王，分封诸王侯，征伐不断，以致未能建立大楚之国。范增考察刘邦前后政治行为，结合望气，认定刘邦是夺项羽天下的政敌，这是著名的政治家的预见。有鉴于此，范增要求项羽攻打刘邦，鸿门宴上试图杀刘邦，荥阳围攻刘邦，非置刘邦死地而后快；然而项羽犹豫不决，范增政治策略最终一一失败。范增与项羽的政治分歧和性格的差异是其主要原因。范增对项氏忠心不贰，故奇计不被项羽采纳而献计仍不断。项羽不信任范增而信任项氏，故屡屡不采纳范增之计，以致误中离间计而使范增分道扬镳。范增政治理想未能实现，忠而被疑，以致郁郁病死，留下历史的遗憾。古人感叹："昔项羽背范增之谋，以丧其王业。"（《三国志》卷六）

张良迎四皓助太子的策略思维

＊本文作者黄美铃。台湾交通大学通识教育中心教授兼学务长。

刘邦晚年欲废太子，立戚夫人子赵王如意，《吕太后本纪》载："戚姬幸，常从上之关东，日夜啼泣，欲立其子代太子。吕后年长，常留守，希见上，益疏。如意立为赵王后，几代太子者数矣。"大臣虽多力挺吕后、太子，但刘邦废立的心意相当坚决，《张丞相列传》载："及帝欲废太子，而立戚姬子如意为太子，大臣固争之，莫能得。"

身为刘邦阵营头号谋士，在易储之争上，张良依然表现出他善画计策的一贯特色，他放弃强烈谏诤，透过迂回的布局，最后保住了太子的地位。张良的迂回布局，是建议吕后迎来东园公、角里先生、绮里季、夏黄公四位刘邦不能招致的贤士为太子客，迂回影响刘邦的立储判断，保住太子的地位。

东园公等四位年皆八十有余的贤士，并非具有通天本领，更非凭四人之智力可以扭转刘邦的易储心意，但四人归附太子却有极强烈的象征意义。张良看到了这层意义，所以布下迎四皓助太子的策略。此一策略思维值得细加分析。

一、刘邦欲废太子初期张良的缄默自保

天下一统，刘敬独排众议，提出建都关中的建议，得到张良的支持，终获刘邦采纳。张良从高帝入关后，开始淡出权力核心，远离政治旋涡，《留侯世家》载："留侯从入关。留侯性多病，即道引不食谷，杜门不出岁余。"强敌项王已除，旋即杜门不出，自然是张良功成身退思维下的刻意安排。

张良既想远离政治旋涡，面对夺嫡争储的凶险斗争，自然不愿积极介入，《留侯世家》载：

> 上欲废太子，立戚夫人子赵王如意。大臣多谏争，未能得坚决者也。吕后恐，不知所为。人或谓吕后曰："留侯善画计策，上信用之。"吕后乃使建成侯吕泽劫留侯，曰："君常为上谋臣，今上欲易太子，君安得高枕而卧乎？"

由此可见张良在"大臣多谏争"时，仍保持缄默，甚至仍闭门不出，这不免引起吕氏集团的抱怨。吕泽言："今上欲易太子，君安得高枕而卧乎？"语气带有埋怨，透露张良与吕后、太子及吕氏集团间颇有交情。面对吕泽的埋怨，张良曰："始上数在困急之中，幸用臣筴。今天下安定，以爱欲易太子，骨肉之闲，虽

臣等百余人何益。"张良认为刘邦欲易太子出于感情因素,外臣劝谏难以发挥作用,这固然部分是实情,但也是张良面对素有交情的吕氏集团抱怨时的辩解之辞。

张良初始不愿介入易太子的斗争,目的在于远离政治旋涡,明哲保身。但当吕氏集团强力要挟他出谋略保太子时,他已经无法置身事外,否则将得罪吕后、太子及吕氏集团,太子有功臣集团支持,易储一事如何发展仍前景未明,得罪吕氏集团的政治风险张良绝对承担不起,于是张良遂提出迎四皓助太子的策略。

迎四皓助太子,是迂回保护太子的策略,张良跳脱与刘邦间的口舌之争,却可提醒刘邦注意到太子的政治分量,强化太子继位的正当性。而且此一策略的落实,将商山四皓推到保护太子的第一线,张良则隐身于幕后,行其所无事,万一计谋不成,太子终究被废,张良也不会成为戚夫人与赵王如意秋后算账的瞩目对象。

二、四皓为太子客后的唯一谋画

吕后令吕泽使人奉太子书,卑辞厚礼,迎来四皓以为太子客后,四皓的谋划仅一见。汉十一年,黥布反,上病,欲使太子将,往击之。四皓看到太子将兵潜藏的危机,提出建言:

> 乃说建成侯曰:"太子将兵,有功则位不益太子;无功还,则从此受祸矣。且太子所与俱诸将,皆尝与上定天下枭将也,今使太子将之,此无异使羊将狼也,皆不肯为尽力,其无功必矣。臣闻'母爱者子抱',今戚夫人日夜侍御,赵王如意常抱居前,上曰'终不使不肖子居爱子之上',明乎其代太子位必矣。君何不急请吕后承闲为上泣言,'黥布,天下猛将也,善用兵,今诸将皆陛下故等夷,乃令太子将此属,无异使羊将狼,莫肯为用,且使布闻之,则鼓行而西耳。上虽病,强载辎车,卧而护之,诸将不敢不尽力。上虽苦,为妻子自强。'"

四皓看出太子并非将才,由他将兵出征,面对天下第一猛将黥布率领的淮南兵团,胜算极低。出征败还后,刘邦易太子将更具正当性,"无功还,则从此受祸矣。"此观乎后来刘邦亲征,为流矢所中,回长安后即崩逝,可见讨伐黥布,战况极其惨烈,逼得皇帝须亲冒矢石,到最危险的第一线督战,否则不易取胜。那么由太子将兵出征,四皓"其无功必矣"的判断大抵正确。刘邦虽卧病,应该也看出太子将兵出征失利后,黥布的淮南兵团鼓行而西的风险,所以最后毅然抱病亲征。

四皓的建言,避免太子将兵无功而还必须面对的责难,但仍有后遗症,这是承认太子能力不足,会让刘邦更瞧不起太子。所以刘邦虽被逼抱病亲征,但对太子非常不以为然,曰:"吾惟竖子固不足遣,而公自行耳。"言语对太子充满鄙夷,而刘邦对太子的不信任非四皓所能着力,仍待张良化解。张良具有观照全局的智慧,他观察到太子无力将兵出征,所面临的政治风险,巧施智谋加以化解,

《留侯世家》载：

> 于是上自将兵而东，群臣居守，皆送至灞上。留侯病，自强起，至曲邮，见上曰："臣宜从，病甚。楚人剽疾，愿上无与楚人争锋。"因说上曰："令太子为将军，监关中兵。"上曰："子房虽病，强卧而傅太子。"是时叔孙通为太傅，留侯行少傅事。

张良从高帝入关后即称病，此刻"留侯病"或许是真，或许是假，但在刘邦自将东征，牵动权力安排的关键时刻，张良出现了。张良一路送到曲邮，临别时向刘邦献策，他先关心刘邦平叛的风险，建议"楚人剽疾，愿上无与楚人争锋"，刘邦此时必然备感窝心。在此一情境下，张良不露痕迹地安排对太子的保护措施，趁机说服刘邦："令太子为将军，监关中兵。"

这是保护太子于无形的措施，太子无能，本可能受到刘邦谴责，张良建言"令太子为将军，监关中兵"，使太子仍受重用，不致让反对派落井下石；而且兵权在手，万一刘邦亲征发生意外，太子顺利接班也获得保证。刘邦此时虽对太子不满，但黥布叛军来势汹汹，考虑帝国稳定，也只能接受张良建议，让太子坐镇京师，并对张良动之以情："子房虽病，强卧而傅太子。"

四皓出谋划免除太子将兵出征可能面对的挫败之辱，以及伴随的被废后果，自是有功，但太子显现无能带来的风险，仍需张良的智谋化解。

三、四皓出现影响刘邦废太子的决断，只是表层原因

东园公等四皓为太子客后，对保全太子的实质谋划，仅在免除太子将兵出征挫败的风险，但在易太子一事上，最终却发挥了临门一脚的作用。然而，四皓出现影响刘邦废太子的决断，只是表层原因，此一作用的发酵，早在张良筹算之中，张良是整个事件的布局者。《留侯世家》载：

> 汉十二年，上从击破布军归，疾益甚，愈欲易太子。留侯谏，不听，因疾不视事。叔孙太傅称说引古今，以死争太子。上详许之，犹欲易之。及燕，置酒，太子侍。四人从太子，年皆八十有余，须眉皓白，衣冠甚伟。上怪之，问曰："彼何为者？"四人前对，各言名姓，曰东园公，角里先生，绮里季，夏黄公。上乃大惊，曰："吾求公数岁，公辟逃我，今公何自从吾儿游乎？"四人皆曰："陛下轻士善骂，臣等义不受辱，故恐而亡匿。窃闻太子为人仁孝，恭敬爱士，天下莫不延颈欲为太子死者，故臣等来耳。"上曰："烦公幸卒调护太子。"四人为寿已毕，趋去。上目送之，召戚夫人指示四人者曰："我欲易之，彼四人辅之，羽翼已成，难动矣。吕后真而主矣。"戚夫人泣，上曰："为我楚舞，吾为若楚歌。"歌曰："鸿鹄高飞，一举千里。羽翮已就，横绝四海。横绝四海，当可奈何！虽有矰缴，尚安所施！"歌数阕，戚夫人嘘唏流涕，上起去，罢酒。竟不易太子者，留侯本招此四人之力也。

　　四皓的出现，使刘邦惊觉太子羽翼已成，地位难以撼动，打消了易太子的念头。但这段叙述很容易让读者高估四皓的重要性，误以为四皓在易太子一事上具有不可取代的关键性影响力，诸如元稹《四皓庙》云："安存孝惠帝，摧悴戚夫人。"唐彦谦《四老庙》云："西汉储宫定不倾，可能园绮胜良平。举朝公将全无策，借请闲人羽翼成。"白居易《答四皓庙》云："心不画一计，口不吐一词。暗定天下本，遂安刘氏危。"① 这些论点都强调刘邦放弃易太子过程中，四皓发挥的关键作用。

　　然而，四皓其实只是张良布局保全太子的策略中的棋子，四皓最终能发挥作用，早在张良筹算之中。张良在建议招请四皓为太子客时，就断言四人可以发挥的作用，《留侯世家》载："来，以为客，时时从入朝，令上见之，则必异而问之。问之，上知此四人贤，则一助也。"后来情势发展果如张良所料，所以太史公记载四皓出现，刘邦放弃易太子念头，偕戚夫人以楚歌楚舞排遣无奈心情后，接着记载："竟不易太子者，留侯本招此四人之力也。"以留侯智谋收束整个事件，把不易太子的结局归诸张良筹算。

四、迎四皓阻止刘邦易储：形成张良策略思维的情境

　　张良劝吕后迎来四皓，是一种迂回的策略，此一策略的重点在于提醒刘邦认清当时的政治现实。刘邦面对大多数军功集团成员对太子的支持，处理起来已相当费力，四皓的出现，则代表基层士人对太子的支持，张良用计迎来四皓，是塑造太子对基层士人具有强大吸引力的假象，强化了太子的政治实力，弱化刘邦易太子的意志。

　　军功集团大多反对易太子，张良对吕泽说："今天下安定，以爱欲易太子，骨肉之闲，虽臣等百余人何益。"可见有百余位大臣反对易太子。《吕太后本纪》载："如意立为赵王后，几代太子者数矣，赖大臣争。"《张丞相列传》载："及帝欲废太子，而立戚姬子如意为太子，大臣固争之，莫能得。"这些记载都呈现军功集团在易太子一事上的鲜明立场，这是太子最强大的政治资本。这群人大多出身丰沛，与吕后有特殊的交情以及共同的政治利益，《史记》也特别记载周昌、叔孙通在朝廷上的激烈反对。甚至张良虽知刘邦欲易太子，非口舌之争所能改变，但身为太子少傅，职责所在，仍虚应故事，象征性参与大臣谏诤，《留侯世家》载："汉十二年，上从击破布军归，疾益甚，愈欲易太子。留侯谏，不听，因疾不视事。"懂得明哲保身的张良，面对凶险的夺嫡争储斗争，不能不稍作表态，但也不敢像周昌、叔孙通一般强力抗争，只是点到为止，谏言不听，"因疾不视事"。当然，张良在阻止易太子一事上，已经胸有成竹，他善用军功集团反对易

---

　　① 引自宋嗣廉编著：《历代吟咏〈史记〉人物诗歌选读》，吉林人民出版社 2008 年版，第 630—636 页。

太子的政治现实，掌握刘邦担心易太子导致帝国动荡的心理，迎来四皓发挥临门一脚的功能。

面对军功集团的强烈反对，刘邦在易太子一事上已遇到强大阻力，陷于两难的困境，这是张良保太子的谋略可以着力的地方。张良在此一政治现实的基础上，献策迎来四皓，是强化太子深得人心的形象，四皓出现，使刘邦误以为太子除得到军功集团支持，也得到天下基层士人的支持，由于政治实力更往太子一边倾斜，刘邦认为太子羽翼已成，即使自己仍然想易太子，已经无力镇服拥护太子的力量了。

刘邦看到四皓出现在太子身边，有极为惊讶的反应："吾求公数岁，公辟逃我，今公何自从吾儿游乎？"刘邦自己无法招致四皓，太子却做到了，这象征太子能争取到基层士人的支持，刘邦对此感到不可思议，也感到震撼。四皓伴随太子的画面击垮了刘邦易太子的意志，"四人为寿已毕，趋去。上目送之，召戚夫人指示四人者曰：'我欲易之，彼四人辅之，羽翼已成，难动矣。吕后真而主矣。'""上目送之"写刘邦心理受到冲击后的心事重重，他误以为太子羽翼已成，难以撼动，放弃了易太子的念头，刘邦与戚夫人楚歌楚舞排遣落寞心情，歌曰："鸿鹄高飞，一举千里。羽翮已就，横绝四海。横绝四海，当可奈何！虽有矰缴，尚安所施！"歌辞内容正代表刘邦面对太子羽翼丰满，只能承认此一政治现实了。

张良善用军功集团反对易太子的政治现实，迎来四皓塑造太子也得到基层士人支持的形象，使刘邦产生误判，击垮刘邦易太子的意志，四皓在张良的谋略布局中发挥了临门一脚的功能。易太子事件若由此一角度诠释，那么关键人物还是张良，四皓只是张良运用的棋子，甚至四皓的角色是可以被取代的。若迎不来四皓，张良仍可献策迎来代表基层士人的其他贤士，塑造太子得到基层士人支持的形象。前贤王守仁、刘辰翁等人都怀疑四皓非真四皓，乃子房为之、教之①，也可以透过以上的诠释视角解读。

五、结　语

吕后迎来四皓，打消刘邦易太子的念头，是汉初权力接班的重大事件。但四皓的出现虽扮演阻止刘邦易储的关键角色，整个事件其实都在张良筹划之中，他善于利用当时的政治形势，迂回布局，扭转了刘邦易太子的意志。

张良迎四皓助太子的策略思维，在于善用军功集团大多反对易太子带给刘邦的压力，看到了迎来四皓的象征意义，使刘邦误以为太子也得到基层士人的支持，强化刘邦的压力，击垮刘邦易太子的意志。四皓在张良的谋略布局中得以发挥临门一脚的功能。

太子最终得毋废，四皓的作用是表层的，他们只是张良运用的棋子。

---

① 引自凌稚隆辑校，李光缙增补，有井范平补标：《补标史记评林》卷五十五《留侯世家》，地球出版社 1992 年版，第 1641—1642 页。

《史记》中的诚信思想及其当代启示

＊本文作者张萍。西安培华学院中文系副教授。

诚信作为中华民族的优秀传统文化，具有悠久的历史，得到世代传承，对社会的发展有深远的影响。《史记》作为中国优秀文化典籍，体现和弘扬了中国传统诚信思想，具有一定的文化价值和思想价值。

一、《史记》中诚信思想的体现

《史记》作为一部伟大的历史论著，不仅具有突出的历史文学价值，也具有丰富的思想价值，是先秦叙事文学的集大成者。中国传统文化中的诚信思想在《史记》中有重要的体现，司马迁给历史人物立传时，把诚信作为历史评价的一个重要标准，研究和挖掘《史记》中的诚信思想，对弘扬发展优秀传统文化具有积极意义。

1. 对诚实守信人物或行为的肯定与赞美

《史记》中的诚信思想，首先表现在对传记中人物诚信思想的肯定。如《屈原列传》中，司马迁对屈原的忠信品质予以肯定，同时对其"信而见疑，忠而被谤"的遭际也充满感慨。《季布列传》中季布为人讲义气，有侠士之气，有名于楚，楚人谚曰："得黄金百，不如得季布一诺。"作为楚汉时期的名将，季布为项羽将时，多次困迫刘邦，后为汉将，也是一代名将，季布的声名不仅因为他的骁勇善战，还有一个重要的因素就是他的为人讲义气，重承诺。"当是时，季心以勇，布以诺，著闻关中。"写季布之弟季心之勇，亦是衬托季布之勇，当然这里更加突出的是季布的"诺"，他的重承诺，讲诚信。《张耳列传》中赵国宰相贯高，因刘邦过赵国时对赵王傲慢无礼，所以私谋刺杀高祖，事败被抓，在身无可击处、三族皆以论死的情况下，依然替赵王开脱，坚持刺杀行动是手下所为，赵王不知情状，最终刘邦赦免了赵王，并且贤贯高为人能够立然诺。贯高忠信不背主的行为也被司马迁大家肯定。

《史记》还对身处社会下层、身份卑微的游侠、刺客等人物立传，并肯定和赞美游侠具有"言必行，行必果，重义气"的品行特征；肯定刺客能够"不欺其志，名垂后世"的品质特征。《史记》之前的史书以社会上层的政治中心人物为主要撰写对象，《史记》打破这一传统，除了将对历史前进和社会发展有重要影响的人物载入史册，也使倜傥风流之人不失于时。"侠"这个群体，在中国古代，一直被排除在正统文化之外，在法家思想中，韩非子认为"侠以武乱禁"，儒家文化中，孔子不语"怪神力乱"，这里的"力""乱"即是对游侠文化的排斥，正因为如此，"自秦以前，匹夫之侠，湮灭不见"。《游侠列传》中，司马迁却能够秉笔直书，对游侠进行客观评价，对其身上所具有的诚信思想加以肯定："今游侠，其行虽不轨于正义，然其言必信，其行必果，已诺必诚，不爱其躯，赴士之厄困，既已存亡死生矣，而不矜其能，羞伐其德，盖亦有足多者焉。"司马迁对"折节为俭，以德报怨，厚施而薄望"的郭解予以肯定，对"家无余财"但却能够"专趋人之急，甚己之私"的侠者朱家大加赞赏，并对其救人于危难却不图回报的品质予以肯定。

在《刺客列传》里，司马迁对"为知己者死"的豫让予以肯定，智伯对豫让有知遇之恩，当韩赵魏三家灭智伯三分其地后，豫让却依然忠于智伯，为其报仇，其忠信的行为甚至感动了仇家赵襄子。聂政本是以屠为事的俚人，因为杀人避仇到了齐国，严仲子与韩相有郤，备宾主之礼请聂政刺杀韩相，聂政因老母健在，推脱不肯受。等到老母去世，聂政亲见严仲子，并答应替他报仇，这种讲诚信、重义气的行为，被司马迁加以肯定赞美。

《商君列传》中，司马迁肯定商君徙木立信的行为，体现了诚信的重要性，"令行十年，秦民大悦。道不拾遗，山无盗贼，家给人足。民勇于公战，怯于私斗，乡邑大治。"诚信作为一个道德标准，对人民的行为具有一定的指导作用。

综上所述，可见《史记》中的诚信思想，通过传记中人物的行为或品质表现出来。司马迁对历史人物的诚信行为或品质予以肯定，无论是忠臣良将，或是游侠刺客，其诚信精神在《史记》中都得到了肯定。

2. 对背信弃义的批评和贬斥

《史记》的诚信思想还对体现在对背信弃义行为的批评和贬斥。如《张仪列传》中，司马迁对张仪善于权变，能够"明其说，复散解诸侯"的历史功绩，进行了客观描述，而对其以商于六百里之地欺诈楚怀王之事颇有微词。《史记评林》中引余有丁语："按苏秦说六国自是事实，仪全是欺诈，反复观其说楚，可知也。"

《平原君虞卿列传》中，平原君作为战国四公子之一，最大的优长就是能听人劝谏，所以有声望于邻国被司马迁赞为"翩翩浊世之佳公子"。在传记中，司马迁记载了平原君家美人在楼上嘲笑民家一个跛脚走路的人，平原君诺杀美人，但却认为"欲以一笑之故杀吾美人，不亦甚乎！"所以并没有按照自己答应的杀了美人，但是结果是"居岁余，宾客门下舍人稍稍引去者过半"。门客认为平原君不守诚信，爱色而贱士，所以渐渐都离他而去了。直到后来平原君斩杀美人，门下的门客才渐渐回来。

《史记·周本记》中，周幽王烽火戏诸侯一事，更说明了背信弃义的严重后果。"褒姒不好笑，幽王欲其笑万方，故不笑。幽王为烽燧大鼓，有寇至则举烽火。诸侯悉至，至而无寇，褒姒乃大笑。幽王说之，为数举烽火。其后不信，诸侯益亦不至。"周幽王身为一国之君，为博得褒姒一笑，滥用职权，烽火戏诸侯。周代制度，"普天之下莫非王土，率土之宾莫非王臣"，王室有需要，诸侯国有义务进行援助，所以烽火一起，诸国国就要派兵支援王室。古代由于通信技术和交通工具的局限，再加之国与国之间有一定的距离，所以烽火就成为报信的重要方式。狼烟一起，便是有重要事件，诸侯国便会派兵前往周王室所在。这本是有紧急军情才用的方式，可是周幽王却当成儿戏，点燃烽火只是为了博取褒姒千金一笑，结果失信于诸侯。当周王室真正遭到犬戎攻击，危难之际点燃烽火求助时，诸侯们还以为是这个荒唐的周天子又一次戏弄，所以没有及时派去援兵，最终导致了西周亡国。

综上可见，背信弃义的行为轻则使一个人失信于人，重则可以亡国，司马迁在《史记》中通过对历史人物、历史事件的记载，深刻地揭示了背信弃义的危害，对背信弃义的人或行为都予以批评和贬斥。

3. 司马迁"不虚美不隐恶"的诚信创作精神

司马迁以史学家的严谨态度，对历史人物和历史事实进行实录，班固《汉书·司马迁传》中说："自刘向、杨雄博极群书，皆称迁有良史之材，服其善，序事理，辩而不华，质而不俚，其文直，其事核，不虚美，不隐恶，故谓之实录。"较之以往的史学家，司马迁以更加客观和严肃的态度，看待历史人物，对他们的生命过程，做了客观真实的剖析与描写。

(1) 不"为尊者讳、为长者讳，为贤者讳"。梁启超在《中国历史研究法》中说："孔子作《春秋》时或为目的而牺牲事实，其怀抱深远之目的，而又忠勤于事实者，唯迁为兼之。"① 《史记》记录帝王之事，并不为尊者讳而掩盖历史真相，司马迁"不虚美，不隐恶"的创作态度，体现了他的诚信思想。

司马迁在创作过程中，发扬了传统史官文化实录的精神，秉笔直书，对历史人物、历史事件进行了比较客观的评价和记载，突破了传统史书避讳的原则。传统的史官文化是为统治者服务的，所以尽管史书记载历史追求真实，但要为政治服务，所以难免与历史真实之间有出入，往往对统治者的不足，和不利于统治者的内容，会弱化或避而不谈。《史记》却能够"不隐恶，不虚美"，尽可能真实地记录历史。

对于汉代的开国皇帝刘邦，司马迁在《史记》中，一方面记载了他的功绩，另一方面也不避讳刘邦为人的缺陷。如《郦生列传》中，郦食其乡里一个在刘邦麾下的骑士告诉郦食其："沛公不好儒，诸客冠儒冠来者，沛公辄解其冠，溲溺其中。与人言，常大骂。未可以儒生说也。"当郦生被刘邦召见时，"沛公方倨床使两女子洗足，而见郦生。"《张丞相列传》中，敢于直言的周昌，有一次在吃饭

---

① 梁启超：《中国历史研究法》，中华书局 2009 年版，第 45 页。

时见刘邦奏事，刘邦方拥戚姬，于是周昌转身便走，刘邦逐得周昌并骑在周昌脖子上。以上可见刘邦傲慢和不懂礼的一面。司马迁没有因为他是帝王，就对这些内容避而不谈，让后世的读者看到了一个更加立体化真实的刘邦形象。对当朝天子汉武帝刘彻，在《武帝本纪》里，司马迁也没有一味地歌功颂德，对其开边立威几乎未及，而是以含蓄的笔法，讽刺了武帝好道求仙的行为。

《韩长孺列传》中司马迁说"安国为人多大略，智足以当世取和，而出于忠厚焉贪奢于财所推举皆廉士，贤于己者"，即肯定了韩安国"智足以应近世之变，宽足以得人"的特点，又不掩饰他贪财好货的特点。《平津侯列传》中写公孙弘"为人意忌，外宽内深。诸尝与弘有郤者，虽详与善，阴报其祸。杀主父偃，徙董仲舒于胶西，皆弘之力也。食一肉脱粟之饭，故人所善宾客，仰衣食，弘奉禄皆以给之，家无所余。士亦以此贤之。"司马迁即肯定公孙弘节衣食为百官先的孝谨节俭品质，又对其心胸狭隘的特性不加掩饰。陈平作为汉初开国功臣，在刘邦打天下时出了不少奇谋，司马迁在《陈丞相世家》里也不掩饰其"盗嫂受金"的道德缺点。

不仅对尊者不避讳，司马迁笔下对自己敬重赞美的长者、贤者也不避讳。如《李将军列传》中司马迁对飞将军李广充满了同情与赞美之情，写了李广在与匈奴抗战中治军简易、胆识超人、善于骑射、爱护将士等风采，但也不掩饰他的缺点。李广在家闲居期间，一次出门和人饮酒回来晚了，灞陵亭尉喝止李广不得夜行，李广只能宿于亭下。后来李广任右北平太守，李广让灞陵尉随从，到军中即将其杀害，这一细节描写又体现了李广心胸狭隘的特点。司马迁并没有因为个人的好恶掩饰人物的缺点而是客观全面地展现历史人物的个性特点。

（2）不以成败论英雄。《史记》的撰写体例是以人物为主体的纪传体，司马迁在本纪中主要记载帝王事迹，但是同时能够尊重人物的客观贡献，综合入传。如《吕太后本纪》《项羽本纪》二篇，吕后和项羽都不是帝王，但是司马迁却将其写入本纪，是从历史贡献的角度对二人做出的公正评价，体现了司马迁不以成败论英雄的客观公正的历史观。

吕后作为女性人物，在封建男权社会的背景下，女性是不能主政的，只能是男性的附庸。司马迁以非常客观的态度评价吕后，肯定其为政刚毅果断的一面，也不掩饰其作为女性小性残忍的一面。但对吕后把持朝政时，老百姓能够安居，社会经济能够持续发展，也加以肯定，在传后司马迁评价："孝惠皇帝、高后之时，黎民得离战国之苦，君臣俱欲休息乎无为，故惠帝垂拱，高后女主称制，政不出房户，天下晏然。刑罚罕用，罪人是希。民务稼穑，衣食滋殖。"尽管吕后不是帝王，而且身为女性，但其功有帝王之实，所以司马迁单独为其列传，并将其纳入记载帝王之事的本纪中，可见司马迁能够客观公正地对待历史人物。

中国历史发展过程中，王朝更替频繁，往往前朝是被后朝推翻的，所以后代修史，也是站在当朝统治者的角度记载历史，为当政者服务，对统治者政敌的评价难免会失之偏颇，所谓"成者为王败者为寇"。司马迁在《项羽本纪》中能够秉持公心，不以成败论英雄，他把项羽的事迹列入本纪本身就是一种"破格"。首先项羽没有称过帝，在推翻秦王朝统治后，项羽自称"西楚霸王"，而非称帝，不属于帝王之列；其次，项羽在楚汉战争中，败给了刘邦，是刘邦的政敌和手下败将，而司马迁是刘邦所建汉室的史官，无论从政治上，还是从情感上，都应该把项羽当作反面人物来写。但是《项羽本纪》中司马迁却能够肯定项羽的英勇骁战和重情重义的一面，可见司马迁之公心与其诚信的一面。

作为史官，司马迁无疑为良史，尽可能公正客观地记载历史，并且打破了传统，体现了司马迁的诚信精神。通过对《史记》文本的细读，我们发现中国传统的诚信精神在《史记》中有鲜明的体现。《史记》作为叙事文学，司马迁通过对历史人物立传叙事，表达自己的历史观和价值观。作为史官，司马迁能够"不虚美、不隐恶"，秉持公心，为历史人物立传，表达了司马迁自身的诚信精神。司马迁在传记中也通过对人物的诚实守信行为的肯定和背信弃义行为的批评表现了一定的诚信观，中国传统的诚信文化在《史记》中有非常鲜明的体现。

二、《史记》中诚信思想的要义

诚信是中华民族优秀的文化传统，人无信不立，家无信不和，国无信不兴，诚信思想是中华民族文化传统的精髓之一。诚信问题不仅关乎国民的道德素养，也关涉民族与国家的形象，是精神文明建设的重要思想依据。《史记》集中体现了中国传统的诚信思想，《史记》中的诚信思想又能为陕西的现代化发展通过一种契约精神。

1. 对传统信文化的继承与发展

诚信在中国文化中源远流长，作为中国古代最早的一部史学典籍，《尚书》因为文字古奥，佶屈聱牙而意蕴难解，但是从中也可以看到上古时期先民们对于诚信思想的强调。《尚书·尧典》中记载有："允恭克让，光被四表，格于上下。"这里的"允"就有诚信的意思。《尚书·汤誓》中说："尔无不信，朕不食言"，也强调的是诚信。

春秋战国时期，随着社会经济的发展，诸侯国之间征战越来越多，周天子对各诸侯的政治约束力和控制力越来越弱，当社会发展进入礼崩乐坏的时候，诚信便成为人与人相处、国与国相交的基本规则。这在先秦典籍中有诸多表现，如先秦史学典籍《左传》中就有许多对于诚信的肯定言论。《左传·僖公十五年传》载："信，国之宝也，民之所庇也。"《左传·文公元年传》载："忠，德之正也。信，德之固也。卑让，德之基也。"《左传·昭公六年传》载："德、刑、详、义、礼、信，战之器也。德以施惠，刑以正邪，详以事神，义以建利，礼以顺时，信以守 物。"这些都是在强调诚信的重要性。

先秦诸子里也有诸多对诚信的记载，如《论语·阳货》中记载："恭 则不侮，宽则得众，信则人任焉，敏则有功，惠则足以使人。"《论语·公冶长》中载："子曰：老者安之，朋友信之，少者怀之。"《论语·颜渊》中说："主忠信，徙义，崇德也。"《孟子》中说："诚身有道：不明乎善，不诚其身矣。是故诚者，天之道也，思诚者，人之道也。"《荀子》中说："天地为大矣，不诚则不能化万物；圣人为知矣，不诚则不能化万民；父子为亲矣，不诚则疏；君上为尊矣，不诚则卑。夫诚者，君子之所守也，而政事之本也。"从以上著述中可见，先秦诸子对诚信思想的重视与肯定，无论从修身治德，或是治国理政都是不可忽略的重要作用，并且成为儒家文化的优良传统一直影响后世。

到了汉代，汉武帝"罢黜百家，独尊儒术"，在思想上实现了以儒家思想为主的统治。诚信作为儒家文化思想的重要部分，也得以传承发展。西汉时期，董仲舒在孔孟儒学的基础上，把仁、义、礼、智、信作为基本纲常，信成为汉代文化中重要的部分。司马迁作为汉武帝时期的史官，"秉良史之才"以实录的精神记人记事，自然也以实录的笔调反映武帝时期的社会思想和时代风尚。就产生在这样的文化背景下，《史记》自然也会对儒家提倡的诚信思想，通过历史人物进行大力表现。《史记》中所体现的诚信思想是汉代"罢黜百家，独尊儒术"社会思想的体现，也是对传统的诚信思想的继承和发展，影响深远。

2. 诚信思想是中国契约精神的体现

契约精神是西方人诚信观念的体现，指存在于商品经济社会，而由此派生的契约关系与内在的原则，是一种自由、平等、守信的精神。正是这种契约精神，孕育了西方人的"诚信"观念。契约精神是资产阶级建立国家政府的价值基础，也是公民互利共赢、社会协调秩序的价值准则，成为西方缔结和谐有序社会所应该遵循的理念。"契约精神"是西方社会进行社会和国家管理的一种有效调节的价值反映。

在中国传统文化中，没有契约精神的说法，诚信精神就是没有契约的契约，是中国文化中特有的"契约精神"。作为一种道德规范，当诚信成为一种契约时，就会成为人们的行为准则，起到一定的约束作用。

诚信本是一种道德规范，自身没有太强的约束力，如要让诚信具有一定的契约精神，就要让这种道德规范超越自我约束，形成一种公共认可的约束力。《史记》对诚信的契约精神特征也有具体的描写。《司马穰苴列传》中，司马穰苴"文能服众，武能威敌"，但因为起于闾伍之间，人微权轻，所以当齐景公召他为将军时，穰苴为服众，让景公的宠臣庄贾为监军。当庄贾失时"於是遂斩庄贾以徇三军。三军之士皆振栗"。《孙子列传》中，孙子斩杀王之二宠姬立信；吴王阖闾出宫中美人让孙子试以兵法，三令五申要求后，战鼓响起，妇人大笑，于是孙子斩杀了左右队长，"妇人左右前后跪起皆中规矩绳墨，无敢出声。"

由此可见，当诚信具有一定契约精神特征的时候，也可以起到极强的约束力，中国文化里虽然没有像西方文化中的契约精神，但是中国传统的诚信精神便是一种没有契约的特殊"契约精神"。

三、《史记》中诚信思想的当代启示

诚信作为中国优秀传统文化的重要体现，在当今社会发展中也具有重要的价值和意义。司马迁通过对历史人物作传，在《史记》中集中表现了传统文化中的诚信思想，传统文化中的诚信精神体现在《史记》中，《史记》中的诚信精神又能够为当代社会提供一定的借鉴，无论对人的道德修养，或是治国理政都具有重要意义。在中华民族几千年的历史演进中，诚信被提到突出地位，是因为其对于立身、治国以至维护整个社会的安宁至关重要。

1. 以诚信作为立身处世之本

诚信是立身处世之本。所谓"信"就是"以言立身"，守信就是按照行为规范行事，言行一致，表里如一。诚信是中国人优秀的精神品质，应该予以继承发扬。

《史记》中很多例证，说明了诚信为立身处世之本这一道理，《游侠列传》《刺客列传》中的侠客与刺客虽然在正统文化中不被认可，认为他们是"以武乱禁"，有碍统治的不良不法分子，但是这个群体"言必信，行必果"，讲诚信，所以司马迁为其作传，肯定他们信守承诺的一面。

《季布列传》中司马迁多次提到季布"以诺著闻关中"，具有重承诺的诚信精神，所以在楚地赢得声望，"得黄金百，不如得季布一诺"。当项羽兵败季布被刘备辑杀时，大侠朱家能够挺身而出帮助季布，很重要的原因，是季布信守承诺的威望。《张耳列传》中贯高忠诚于张敖，当刺杀刘邦失败后，他冒死在夷三族的情况下，还要替张敖辩明清白，表明谋杀与张敖无关。其忠诚信义感动刘邦，最后释放了张敖，也赦免了贯高。尽管贯高后来自杀，但是他的诚信精神却在《史记》中名垂千古。《留侯世家》中张良在下邳遇到黄石公，替黄石公拾鞋穿履，老人认为张良孺子可教，于是约张良平明相会，张良答应后几次三番早来赴会，其恭谨诚信的态度打动了黄石公，最终黄石公传授《太公兵法》给张良。

诚信是一个人立身处世之本，司马迁对讲诚信的行为加以肯定，同时对历史人物不守诚信的行为也颇有微词。《张仪列传》中张仪为了打破楚齐盟约，诈称以秦商於六百里地许给楚王，当楚齐盟约已解，张仪反悔说"臣有奉邑六里，愿以献大王左右"，这种出尔反尔的行为是纵横家的一种外交手段，结果引发了秦楚之间的战争。但是从行为道德角度而言，张仪这种不讲诚信的做法，受到后世的非议，认为其虽有雄辩之才，却不理正词顺，在传赞中，司马迁评价其为"权变之士"。《白起列传》中，秦赵长平一战，赵军大溃投降秦国，白起却诈而坑杀四十万赵之降卒。后来当秦王赐剑使白起自裁时，说"我固当死。长平之战，赵卒降者数十万人，我诈而尽阬之，是足以死"，遂自杀。《平原君列传》中，平原君家美人，在楼上嘲笑跛脚者，平原君答应杀其美人，却没有履行诺言，结果失信于士，门客渐渐离他而去。

从《史记》中可见，诚信是立身处世之本，如果失信于人，必会受到一定的责罚。

2. 发挥诚信在治国理政中的作用和意义

《史记》中通过历史故事，揭示了诚信在治国理政中的作用和意义。《晋世家》中周成王少年时，与弟弟叔虞玩戏，削桐叶为珪以封叔虞，史佚请成王择日封立叔虞，周成王说只是和弟弟开玩笑。史佚说："天子无戏言。言则史书之，礼成之，乐歌之。"最终周成王信守承诺封弟弟叔虞于唐地。这则桐叶封侯的故事说明了古代帝王对诚信的重视，以及诚信对政治统治的重要性。《齐太公世家》和《刺客列传》中，都记载了齐桓公与鲁会于柯地而盟，在刺客曹沫的劫持下，齐桓公被迫答应归还侵占的鲁地，后桓公后悔，想杀了曹沫，并违约不还鲁地。管仲劝齐桓公："夫劫许之而倍信杀之，愈一小快耳，而弃信于诸侯，失天下之援，不可。"管仲向齐桓公讲明了背信失约会失信于诸侯，是治国理政的大忌，所以齐桓公归还了鲁地，诸侯国听说这件事后，认为齐桓公是重信守义的人，都争着和齐国交好，为齐桓公称霸诸侯打下来良好的思想基础。《秦本纪》中秦穆公重信守义，在晋国遇到自然灾害时帮助晋国，借粮食给晋，而秦国遇灾时晋国不仅不借粮食，而且趁机进攻，秦穆公不计前嫌，最后放还晋惠公。秦穆公的重信守义，使得他赢得了其他诸国的敬慕，也使秦在诸侯国中的地位越来越重要。

以上诸例说明讲诚信对治国理政有着积极意义，反之，不守诚信在为政者可能会失信于民，甚至于亡国，这在《史记》中也有所体现。

《周本纪》中周幽王烽火戏诸侯，为的美人一笑而失信于诸侯，进而失天下。《燕昭公世家》中燕王喜命宰相栗腹出使赵国，以五百金为赵王酒和赵国约好，但是燕王却想趁赵国长平新败、国无壮士之际讨伐赵国，燕国大夫将渠反对燕王喜背信的做法："与人通关约交，以五百金饮人之王，使者报而反攻之，不祥。"燕王不听，结果大败。《晋世家》中记载晋惠公因为违背和秦国的约定，所以"国人不附"。由此可见诚信是统治者重要的为政之道。

3. 发挥诚信在经济发展中的作用

诚信作为一种道德规范，不仅对人的行为和治国理政，具有一定的指导作用，对社会经济的发展也有积极意义。诚信是市场经济的道德灵魂和生命线。现代社会经济从本质上讲是一种"契约经济"，这与诚信道德有着一定联系。随着社会科学技术的发展，人的活动从物理空间、生物空间扩及网络空间。这使人们之间的交往，超越物理空间，打破地域和国界限制，愈益深广和频繁。而互联网将现实世界的各种交往关系和利益关系"电子化"或"虚拟化"，具有"匿名隐身"的特性，造成网上网下虚实不对应，从而 也多了一重风险。在这种背景下，诚实守信就显得尤为重要。

影响诚信的一个主要因素就是利益。天下熙熙皆为名来，天下攘攘皆为利往。《史记》对春秋战国礼崩乐坏的背景下，人们失信趋利的诸多事实均有记载，《张仪列传》中张仪为了让楚国和齐国绝交，所以欺骗楚怀王说，要把秦国商於六百里地献给楚，楚怀王见利忘义，便和齐国解除盟约，结果张仪却背信弃义，以自己封邑六里地回应楚使。《秦本纪》中晋惠公也是一个见利忘义、背信弃义的典型，不念秦穆公护送自己回晋国当上了君主，也不念及秦国在晋灾时救济粮食之恩，当秦遇灾求助时，反而恩将仇报趁机攻打秦国。《史记》中司马迁通过对见利忘义事例的记载，也极力批判了不诚信行为。

在对见利忘义行为批判的同时，司马迁对历史上以诚信发展经济的行为也予以肯定。如《商君列传》中商鞅徙木立信的故事，充分说明了诚信给社会经济带来的作用。"令既具，未布，恐民之不信，已乃立三丈之木於国都市南门，募民有能徙置北门者予十金。民怪之，莫敢徙。复曰"能徙者予五十金"。有一人徙之，辄予五十金，以明不欺。卒下令。"为了取信于民，商鞅立木明信，在人民中树立的威信，也为后来变法的推行奠定了基础。

在商品经济迅速发展的现代，因利失信的现象还普遍存在，为了牟利，不讲诚信的现象也很多。因此传承发扬诚信思想，对社会经济发展具有重要意义。

4. 通过道德和法律约束加强诚信建设

《史记》作为我国第一部纪传体史书，司马迁给历史人物立传时把诚信作为历史评价的一个重要标准。如何加强诚信思想，司马迁通过对历史人物历史事件的记载，给我们提供了许多可借鉴的经验。

诚信是一个道德标准，所以要加强诚信思想，要通过道德约束，把道德教化与实践养成相结合。"人无信不立，家无信不和，国无信不兴"，诚信小到对个人，对家庭，大到对社会，对国家都有重要影响。除了道德约束，诚信建设还有赖于通过法律制度的约束。作为中华民族优秀传统，诚信虽然一直被提倡，但是不诚信的现象却也处处存在。究其原因，这和我们中华民族作为土地静守民族的特点有关，在过去的几千年历史发展进程中，以农耕为主的生存方式使我们的先民重视家的观念，敬老尊老，长幼有序，有着极强的秩序观念。家即是一个小国，国即是一个大家，在家孝悌父兄，在国忠于君王。在这种土地文明的文化基础上形成了中国民族文化传统中最重要的特点——忠孝思想。如若不忠会有国法制裁，如若不孝会有家法惩罚，因此几千年以来，只要家国观念不变，忠孝思想就不会改变。相对于忠孝而言，信的约束力就弱化很多，因为没有法律约束，社会上存在失信的现象也极其普遍。

所以推进诚信建设，必须通过法律制度的约束，使道德约束与法律约束并行。《史记》记载了很多事例，如《司马穰苴列传》中，从人情角度来讲，庄贾是齐景公的宠臣，自是傲慢；从律令的角度来讲，庄贾和穰苴约好日中会于军门，却因为亲戚相送而迟到，这是不讲信用的行为，因此穰苴斩杀庄贾。庄贾与景公是个人情感，庄贾与穰苴约而失期的行为，已经突破了私人领域，所以法律约束，对诚信形成有重要意义，穰苴因斩杀庄贾树立了威信。《孙子列传》中，吴王阖闾出宫中美女让孙子试兵法，美女是吴王的宠姬，所以一开始仗着吴王的私情，不守军纪，美女在孙子的眼里是将士，已经忽略了她们宠姬的身份，所以当孙子以军法斩杀大王两位宠姬时，其他人才意识到人情与诚信在不同场合是有区别的，因而不敢出声，谨遵规矩，从而孙子也树立了威信。这些事例也说明了当诚信超越个人领域时法律约束的重要性。

女主称制，政不出房户

——论司马迁《史记·吕太后本纪》中的史家笔法

＊本文作者戴倩倩、曲景毅。戴倩倩，现任新加坡南洋理工大学中文系博士研究生；曲景毅，现任新加坡南洋理工大学中文系长聘副教授、博士生导师。

司马迁对一代女主吕雉的总体评价，最直接的是《吕太后本纪》中的论赞："孝惠皇帝、高后之时，黎民得离战国之苦，君臣俱欲休息乎无为，故惠帝垂拱，高后女主称制，政不出房户，天下晏然。刑罚罕用，罪人是希。民务稼穑，衣食滋殖。""太史公曰"看似正面的评价，细细读来却回味无穷。故笔者追本溯源，细读《吕太后本纪》的文本，分析司马迁如何运用史家笔法，记述汉初这段特殊的历史，塑造吕雉的女主形象，表达他的史官态度。

一、"为人刚毅"的吕雉和她的眼泪

《吕太后本纪》对吕雉性格的直接描述为："吕后为人刚毅，佐高祖定天下，所诛大臣多吕后力。"在《史记》中，司马迁用"刚毅"还形容过两人，一是《秦始皇本纪》："（始皇）刚毅戾深，事皆决於法，刻削毋仁恩和义，然後合五德之数。"二是《李斯列传》："长子（扶苏）刚毅而武勇，信人而奋士，即位必用蒙恬为丞相……"一是形容秦始皇，一是形容始皇长子扶苏，皆是形容男性。用一般用于形容男性的词语描述女性，其实是暗示在吕雉的性格中，缺少了女性的柔顺。吕雉的刚毅可以从文本互见中看出。"刚"，与"柔"相对，意为坚强——当其"佐高祖定天下"时，吕雉被当作人质，若是不坚强，吕雉又是如何生存下去的。"毅"，意为果决——史称刘邦"所诛大臣多吕后力"，可从诛韩信、彭越事件中看出，她没有丝毫犹豫，利用诛杀功臣树立自己的威望，虽然看似是为了捍卫高祖守住汉家天下，其实也是为了攻固自己与太子的势力。

《韩信卢绾列传》云："（卢）绾愈恐，闭匿，谓其幸臣曰：'非刘氏而王，独我与长沙耳。往年春，汉族淮阴，夏，诛彭越，皆吕后计。今上病，属任吕后。吕后妇人，专欲以事诛异姓王者及大功臣。'"此即家喻户晓的诛韩信与诛彭越事件。吕雉除去韩信，是先斩后奏，"吕后欲召，恐其党不就，乃与萧相国谋，诈令人从上所来，言豨已得死，列侯群臣皆贺。相国绐信曰：'虽疾，彊入贺。'信入，吕后使武士缚信，斩之长乐钟室。信方斩，曰：'吾悔不用蒯通之计，乃为儿女子所诈，岂非天哉！'遂夷信三族。"但是刘邦对此的态度是"高祖已从豨军来，至，见信死，且喜且怜之，问：'信死亦何言？'吕后曰：'信言恨不用蒯通计。'高祖曰：'是齐辩士也。'乃诏齐捕蒯通。"'且喜且怜'，"喜"在"怜"之前，其实暗示"喜"大于"怜"？刘邦"喜"，是因为功高震主、如鲠在喉的韩信终于被消灭。但是为何"怜"韩信呢？除了对帮助他打下汉代江山的名将有所怜惜之外，这其中是否有所隐晦，或有他意呢？《史记会注考证》中引"梁玉绳曰：'信之死冤矣'。"并认为"前贤皆极辩其无反状，大抵出于告发者之污词，及吕雉与相国文致耳。"笔者认为，以此推敲，无论韩信是否真的谋反，作为一代名将死于妇人计谋，在刘邦看来是否也应唏嘘一二？

再看诛彭越。《魏豹彭越列传》云："上赦（彭越）以为庶人，传处蜀青衣。西至郑，逢吕后从长安来，欲之雒阳，道见彭王。彭王为吕后泣涕，自言无罪，愿处故昌邑。吕后许诺，与俱东至雒阳。吕后白上曰：'彭王壮士，今徙之蜀，此自遗患，不如遂诛之。妾谨与俱来。'于是吕后乃令其舍人告彭越复谋反。廷尉王恬开奏请族之。上乃可，遂夷越宗族，国除。"对于彭越，吕雉认为他是"遗患"，在劝诫刘邦杀他以绝后患之后，又令他的门客告发彭越谋反。都是"告密"，这不禁让人联想韩信之死的真实性。

若说眼泪是女人的武器，吕雉的眼泪在司马迁的笔下却有着政治功利目的的。在《史记》中，笔者发现，记述吕雉哭泣的场景共有三次。第一次，是在高祖要将自己的女儿鲁元公主和亲匈奴时，高帝欲遣长公主，"吕后日夜泣，曰：'妾唯太子、一女，奈何弃之匈奴！'上竟不能遣长公主，而取家人子名为长公主，妻单于。使刘敬往结和亲约"。吕雉用眼泪留下了长公主。第二次："汉十一年，黥布反，上病，欲使太子将，往击之。……吕后承间为上泣涕而言，如四人意。"吕雉按照商山四皓的指点，在刘邦面前哭泣，使他御驾亲征，讨伐黥布。第三次是在自己孩子惠帝死后，只哭，泣不下："七年秋八月戊寅，孝惠帝崩。发丧，太后哭，泣不下。……太后说，其哭乃哀。吕氏权由此起。"在确认自己的权势不会受到影响之后，才"其哭乃哀"。由此可见，三次哭泣都达到了自己的目的，"哭"已经不再是一种情绪的表达，而是作为一种政治手段。

二、吕雉毒害戚夫人与召惠帝"观"人彘的解读

历史上对于吕雉将戚夫人做成"人彘"这一冷血、狠毒的行为，可谓是口诛笔伐，明代大思想家李贽，用"妒虐谋篡之后"① 来形容吕雉。吕雉发明了"人彘"这一酷刑，并将其运用在戚夫人身上，可见其内心的狠毒及对戚夫人嚼齿穿龈之恨。笔者无意旧调重弹，而是想从深层次探究吕雉如此做的原因，并以此作为延伸，对于吕雉"召惠帝观人彘"这一行为进行解读。笔者采用"互见法"进

---

① 张建业主编：《李贽文集》卷六十三，社会科学文献出版社 2000 年版，第 1190 页。

行文本细读，解析"观人彘"事件的前因后果。

1. 吕雉毒害戚夫人背后的深层原因

司马迁在《吕太后本纪》中以短短 152 个字将吕雉与戚夫人的恩怨描写得明白易懂：

> 吕太后者，高祖微时妃也，生孝惠帝、女鲁元太后。及高祖为汉王，得定陶戚姬，爱幸，生赵隐王如意。孝惠为人仁弱，高祖以为不类我，常欲废太子，立戚姬子如意，如意类我。戚姬幸，常从上之关东，日夜啼泣，欲立其子代太子。吕后年长，常留守，希见上，益疏。如意立为赵王后，几代太子者数矣，赖大臣争之，及留侯策，太子得毋废。

由此可见，刘邦是关键性人物。"吕太后者，高祖微时妃""及高祖为汉王，得定陶戚姬，爱幸"。刘邦还是一介农夫时，是否"爱幸"吕雉无从可考。在《高祖本纪》中阅读到吕雉与刘邦早期的故事，其中较多的是描写刘邦与吕雉的相识以及吕雉作为项羽人质的事情，但是对于刘邦是否喜爱吕雉却也是只字未提。从司马迁之笔下得知，"吕后年长，常留守，希见上，益疏"，戚夫人则是"戚姬幸，常从上之关东"。刘邦对于二人的亲疏实在悬殊。因为喜欢戚夫人，子凭母贵、母凭子贵，司马迁将刘邦对戚夫人的宠爱以及他想要废除刘盈而立赵王如意，放在一起叙述，其中似有深意。接着太史公略写了太子之争，只是提及："赖大臣争之，及留侯策，太子得毋废。"这是吕雉的政治资本与戚夫人的得宠资本的相互角力。

在刘邦心中，虽然"爱幸"戚夫人，却不足以为这个女人而撼动自己辛苦打下的江山。首先，看吕雉的政治资本。其一，刘氏江山可谓是夫妻二人共同打下的。刘邦落草为寇时，吕雉受连累入狱，遭到官吏轻薄举动，之后的反秦三年、楚汉相争四年，吕雉一直跟随刘邦颠沛流离。特别是在楚汉对峙之时，吕雉被迫成为人质，两年零四个月，她是项羽手中的人质牌，受尽屈辱，最终楚汉双方达成鸿沟和议，吕雉为刘邦所做的这一牺牲，是其日后在政权中的重要政治资本。其二，建政后，刘氏江山又是夫妻二人共同保住的。吕雉揣测刘邦的心思，助其铲除功臣，这些都是刘邦想做却不能做的事情，最终确保刘氏江山。无论是对于韩信的先斩后奏，或者是对于彭越的事先请示，可以窥见刘邦对吕雉政治敏感度的赞同，以及吕雉对于刘邦心意揣度的准确。而这两次的诛杀功臣也让吕雉在朝中立下威望，顺势导致朝臣的忌惮。其三，除了吕雉本身的政治才能之外，其家族力量已不容小觑，"吕后兄二人，皆为将"，她在朝中得到母家的支持。

其次，太子之争，如果透过现象看其本质，这是刘邦与吕雉在政治上从唇齿相依到势不两立的演变。戚夫人欲立赵太子如意巧夺皇后之位，而刘邦也数次欲立赵如意为太子，从而废除吕雉皇后之身份。请看《留侯世家》中的记述："（刘邦）召戚夫人指示四人者曰：'我欲易之，彼四人辅之，羽翼已成，难动矣。吕后真而主矣。'"吕后真而主矣",暗示着刘邦想要让戚夫人代替吕雉成为皇后。故此,对于吕雉而言,除了力保其子的太子之位,也是自己保住皇后及太后的权力需要。笔者认为,刘邦是否也隐约担心吕雉权势的扩张,旁敲侧击地探察朝中大臣的立场,想在其羽翼未丰时解除后患?然而,他的举动遭到大臣们振振有辞的反对,令刘邦扼腕长叹。直至最后,吕雉在刘邦面前问辅政之臣:"陛下百岁后,萧相国即死,令谁代之?"上曰:"曹参可。"问其次,上曰:"王陵可。然陵少戆,陈平可以助之。陈平智有徐,然难以独任。周勃重厚少文,然安刘氏者必勃也,可令为太尉。"吕后复问其次,上曰:"此后亦非而所知也。"这或许可佐证刘邦窥见吕雉的野心,预见到身后或有动乱,陈平、周勃共同安定社稷。司马迁在《太史公自序》中评价道:"吕氏之事,平为本谋,终安宗庙,定社稷。"而陈平与周勃自始至终都知道自己的最终目的:"陈平、绛侯曰:'於今面折廷争,臣不如君;夫全社稷,定刘氏之后,君亦不如臣。'"

《吕太后本纪》对于太子之争的记述是这样的:"赖大臣争之,及留侯策。"因为大臣们(《索隐》中言明是张良、叔孙通等)的据理力争,才得以保全刘盈的太子之位。张良的具体计谋,可在《留侯世家》中找到。根据其中的记述,太子之争是以"商山四皓"辅佐刘盈告终,似乎成为刘邦痛下决定的原因。司马光在《资治通鉴考异》中记述道:"高祖刚猛伉厉,非畏缙绅讥议者也。但以大臣皆不肯从,恐身后赵王不能独立,故不为耳。"

笔者以为,司马光一语中的,单单请到"商山四皓"怎可改变刘邦的心意,关键是这一事件让刘邦看到了吕雉的权势已然难以撼动。首先,张良为吕雉献计,说明张良成为吕雉一派的人马。曲高和寡的张良并不足够,"留侯病,自疆起,至曲邮,见上曰:'臣宜从,病甚。楚人剽疾,愿上无与楚人争锋。'因说上曰:'令太子为将军,监关中兵。'上曰:'子房虽病,疆卧而傅太子。'是时叔孙通为太傅,留侯行少傅事。"从刘邦的言语中可以得知,他洞若观火,知悉张良为太子谋事,因而在"汉十二年,上从击破布军归,疾益甚,愈欲易太子。留侯谏,不听,因疾不视事"。不听取张良的进谏。

其次,面对"商山四皓",刘邦问他们会辅佐刘盈的原因:"四人皆曰:'陛下轻士善骂,臣等义不受辱,故恐而亡匿。窃闻太子为人仁孝,恭敬爱士,天下莫不延颈欲为太子死者,故臣等来耳。'"四人的回答化解了刘邦认为刘盈"仁弱",一直想要换掉他的借口,"商山四皓"辅佐他的原因正是他的"仁孝"。除此之外,"天下莫不延颈欲为太子死者",笔者认为这句话至为关键,天下人皆想要为刘盈效力,如果刘邦硬要换太子,则会动摇自己辛苦打下的江山。刘邦出于对江山的看重,而最终选择没有废除太子,这可以由他亲自出征平定黥布造反的事件中得到印证。根据司马迁的记述,这也是刘盈面临被换掉的最大危机:"黥布反,上病,欲使太子将,往击之。""商山四皓"分析形势:"太子将兵,有功则位不益太子;无功还,则从此受祸矣。且太子所与俱诸将,皆尝与上定天下枭将也,今使太子将之,此无异使羊将狼也,皆不肯为尽力,其无功必矣。"不仅如此,他们更指出："臣闻'母爱者子抱'，今戚夫人日夜侍御，赵王如意常抱居前，上曰'终不使不肖子居爱子之上'，明乎其代太子位必矣。"所以，建议吕雉在刘邦面前哭泣而避免让太子出征。吕雉在哭泣时的言语中力陈利害："黥布，天下猛将也，善用兵，今诸将皆陛下故等夷，乃令太子将此属，无异使羊将狼，莫肯为用，且使布闻之，则鼓行而西耳。上虽病，强载辎车，卧而护之，诸将不敢不尽力。"刘邦为了不让黥布再向西而行，威胁江山稳定，故决定御驾亲征。

对于政治敏感度极高的吕雉，看到刘邦想要废除自己皇后的身份，痛恨戚夫人，也是怨恨刘邦想要铲除自己势力的企图。结果刘邦看到吕雉势力已无法撼动，故而作罢。经过上述分析可以看出，吕雉对于戚夫人以及赵如意的报复，应包含着对刘邦的怨恨之意。

2. 吕雉缘何召惠帝"观"人彘

在刘邦驾崩、刘盈继位后，吕雉对于戚夫人的报复是渐进式的。由于戚夫人的受宠，导致吕雉与刘邦这对患难夫妻长期分居，日渐疏远，吕氏对戚夫人的嫉妒愤恨可想而知。但在一开始并未直接到"人彘"这样狠毒的手段。刘邦去逝后，吕雉只是将戚夫人囚禁，但戚夫人作为失败者的一曲悲歌，及与赵如意通传信息是导致其悲剧的原因。这可从《汉书·外戚传·高祖吕皇后》中管窥一二："高祖崩，惠帝立，吕后为皇太后，乃令永巷囚戚夫人，髡钳衣赭衣，令舂。戚夫人舂且歌曰：'子为王，母为虏，终日舂薄暮，常与死为伍！相离三千里，当谁使告女？'太后闻之大怒，曰：'乃欲倚女子邪？'"吕雉听闻"相离三千里，当谁使告女？"后，"大怒"。心想戚夫人莫非还想"死灰复燃"？这不禁让人联想到刘邦曾说"如意类我"，若赵如意长大之后，得知自己母亲的惨况，一定会报复吕雉和汉惠帝。所以，吕雉处死戚夫人与赵如意以斩草除根。也因此，吕雉心中的"怒"上升到了极点，对戚夫人和赵如意展开疯狂的报复。后文中"观人彘"事件由此而来。

对于召汉惠帝观人彘的行为，可以有多重解读。

其一，想和汉惠帝一起享受复仇的快感。吕雉的残忍是从辅佐高祖定天下时就开始了，她经历过战乱，也曾为人质、阶下囚。血雨腥风似乎是家常便饭。《项羽本纪》中记述她为人质的遭遇："求太公、吕后不相遇。审食其从太公、吕后间行，求汉王，反遇楚军。楚军遂与归，报项王，项王常置军中。"在诛杀功臣的时候，不论是用尽心机或者是当机立断，手中掌握生杀大权，对于残忍的事情见怪不怪。而且在"太子之争"时，吕后曾经向周昌下跪："'陛下虽欲废太子，臣期期不奉诏。'上欣然而笑。既罢，吕后侧耳于东箱听，见周昌，为跪谢曰：'微君，太子几废。'"可见当时太子之争的激烈以及吕雉当时的心境。而吕雉自己也向周昌吐露过心声："周昌至，谒高后，高后怒而骂周昌曰：'尔不知我之怨戚氏乎？而不遣赵王，何？'"向昔日的仇人进行报复，拥有的是复仇的快感，她想将这种快感带给自己的孩子，让他知道自己向他们共同的敌人复仇了。

其二，希望用"观人彘"促使汉惠帝心狠手辣。"孝惠为人仁弱，高祖以为不类我，常欲废太子，立戚姬子如意，如意类我。"相较于刘邦与吕雉的狠毒，刘邦用"仁弱"去形容刘盈，吕雉"召"孝惠帝来看"人彘"是不是想要告诉孝惠帝，若想坐稳"帝王"之位，应该要雕心雁爪，对于政敌切不可心软懦弱，而是要将敌人置于死地。同时，笔者以为，"人彘"不仅仅是吕雉对于戚夫人仇恨的宣泄，同时也是向貌合神离之朝臣宣誓，杀鸡儆猴。

其三，对孝惠帝施以威压与恫吓。对于赵王，孝惠帝采取的是与吕雉天差地别的态度。"孝惠帝慈仁，知太后怒，自迎赵王霸上，与入宫，自挟与赵王起居饮食。太后欲杀之，不得间。孝惠元年十二月，帝晨出射。赵王少，不能蚤起。太后闻其独居，使人持鸩饮之。犁明，孝惠还，赵王已死。"赵如意曾经被议为储君，对于刘盈来说，相较于其他的兄弟，他更具有政治威胁。吕雉想要除掉赵如意，但是汉惠帝却公开地与吕雉针锋相对，尤其是站在自己最痛恨的人身边展开毫不留情的攻势，这种奇耻之辱使得吕雉歇斯底里。这也是母子对于"主导权"控制的分水岭。在杀了赵如意之后，再召汉惠帝看戚夫人成为"人彘"的样子，以此恐吓警告汉惠帝不可相背而驰。

无论吕雉的目的是什么，结果是："孝惠见，问，乃知其戚夫人，乃大哭，因病，岁馀不能起。使人请太后曰：'此非人所为。臣为太后子，终不能治天下。'孝惠以此日饮为淫乐，不听政，故有病也。"司马迁笔下的吕雉，完全是欲望控制权力而不择手段之人。特别是召惠帝"观"人彘这一行为，更加凸显了其残忍的性格。或许吕雉得到了自己想要的权势，但也由此失去了亲情。

总之，司马迁笔下的吕雉，"刚毅"地没有女人味儿，召惠帝"观"人彘（包括后来"幽杀少帝"），更是有负为人母（为人祖母）之德行。

三、"女主称制，政不出房户"的深意

《吕太后本纪》的题目应有之义是对吕雉作为女性政治家形象的塑造，但细读文本后笔者发现，司马迁对于吕雉个人的品行可谓是极尽贬义之辞，即使是看似对于她政绩的肯定，也是寓褒于贬。

其一，吕雉在诛杀功臣上是揣测到了刘邦的心思，可见她有相当高的政治敏感度；而狠毒的诛杀功臣以树威，则可见她的心狠手辣。其二，在女主称制时期，大封诸吕，步步为营，先是封吕氏为诸侯，接着"太后风大臣，大臣请立郦侯吕台为吕王，太后许之"。她采取迂回战术，循序渐进地达到自己的目的，并采取嫁吕氏女子给刘姓王的方式，从血缘上更加巩固自己的政权。其三，吕雉在政治上有清楚的认知："吕太后诚产、禄曰：'高帝已定天下，与大臣约，曰'非刘氏王者，天下共击之'。今吕氏王，大臣弗平。我即崩，帝年少，大臣恐为变。必据兵卫宫，慎毋送丧，毋为人所制。'"可见她即使是在病重时，对于时局的把握也还是十分准确的。但是却在侧面凸显了吕雉即使在病重时期，贪恋权力而不舍。

　　笔者还发现，司马迁撰写《吕太后本纪》，有着强烈的宿命感。即使是女主称制，但是刘氏江山终究还是会归于刘姓子孙。首先是刘邦死前，吕雉问刘邦相国的人选，刘邦的言语已经埋下伏笔"吕后复问其次，上曰：'此后亦非而所知也。'"正如刘邦所预测，吕雉把持朝政，直至陈平周勃。吕雉在女主称制时，"陈平、绛侯曰：'於今面折廷争，臣不如君；夫全社稷，定刘氏之后，君亦不如臣。'"陈平、绛侯是保住刘氏政权的关键人物。之后更是诛杀诸吕的功臣："绛侯乃与丞相陈平谋，使人劫郦商。"在诛杀吕产时，"产走，天风大起，以故其从官乱，莫敢鬥。逐产，杀之郎中府吏厕中。"似乎也是天亡吕氏政权。其次是吕雉在滥杀刘姓王时的天象："己丑，日食，昼晦。太后恶之，心不乐，乃谓左右曰：'此为我也。'"以及"三月中，吕后祓，还过轵道，见物如苍犬，据高后掖，忽弗复见。卜之，云赵王如意为祟。高后遂病掖伤。"在《外戚世家》中司马迁也写道："大臣征之，天诱其统，卒灭吕氏。唯独置孝惠皇后居北宫。迎立代王，是为孝文帝，奉汉宗庙。此岂非天邪？非天命熟能当之？"有拨乱反正之感。

　　对于吕雉统治的评价，太史公曰："惠帝垂拱，高后女主称制，政不出房户，天下晏然。"表面上看是对其政绩的赞誉，可是，文中对于她怎样对国家施政，基本是空白。司马迁通过为吕雉立本纪，而不为惠帝立本纪的方式记录这段历史，这在后世是有争议的①，是否正如后世所言："惠帝在位之日浅，其行事微有所见。太史公哀吕氏之乱，而欲甚奇罪，故为吕后专纪，而以帝附之，所以伤天下之无君也。然念帝之仁慈孝友，足以致治，而其年不享，复行之赞辞，以海内之晏安归之于帝，本指，见矣。读此赞，乃知'王道本乎人情'之语不为虚误，惠亦贤主也哉！"②《汉书·高后纪》这样描述："元年春正月，诏曰：'前日孝惠皇帝言欲除三族罪、妖言令，议未决而崩。今除之。'"吕雉确实是惠帝时期国家大政方针的实际推行者。

　　司马迁特意强调"高后女主称制，政不出房户"，笔者以为，原因有二：第一，暗讽吕雉称制时，一直在刘、吕两姓家族之前争权夺力。正如司马贞《索隐述赞》中所言："诸吕用事，天下示私。"对于司马迁来说，吕雉的功绩只是因为忙于巩固扩张自己的权力，诛杀刘氏，封赏吕氏，将为政的精力全部放在了"自己家"的身上，故而没有对百姓有所干涉，如此一来，百姓反而"民务稼穑，衣食滋殖"。第二，对于她的具体政绩，没有只言片语，这体现出司马迁对于外戚的态度。众所周知，司马迁为李陵申辩而惨遭宫刑，他当时攻击的是李广利——汉武帝之宠妃李夫人之兄。吕氏称制也属于外戚之祸，并开创了汉代"外戚之祸"的先河，清人龚炜（1895—1987）云："开国母后莫不贤明，独吕雉以妒悍称

①　《索隐》即认为吕雉以女主临朝，"正合附《惠纪》而论之。不然，或别为《吕后本纪》，岂得全没孝惠而独称《吕后本纪》？合依班氏，分为二《纪》"。

②　[明]沈国元 辑，李云飞、李月辰 整理，赵望秦 审定：《史记论赞》，载张天如语，张新科主编：《史记文学研究典籍丛刊》，陕西师范大学出版总社2015年版，第251页。

制，外戚之祸，汉为最烈，贻谋可不慎欤。"① 这或许是司马迁采取这样的笔法去书写吕雉的深层原因。正如《太史公自序》所云："惠之早霣，诸吕不台；崇彊禄、产，诸侯谋之；杀隐幽友，大臣洞疑，遂及宗祸。作吕太后本纪第九。"这佐证了司马迁缘何撰写《吕太后本纪》，其实是为了表明他对"外戚之祸"的拨乱反正。

---

① 龚炜撰、钱炳寰点校：《巢林笔谈》，中华书局 1981 年版，第 43 页。

《史记·滑稽列传》"滑稽"论

* 本文作者韩团结。陕西师范大学文学院博士研究生。

　　《滑稽列传》是《史记》中一篇特殊的人物传记，主要记录了淳于髡、优孟、优旃三人讽谏君王的事迹。学界认为《滑稽列传》乃"委巷所传，故老所述"，对其重视程度不足。目前，关于"滑稽"的音义，争论颇多，某些论述存在谬误和不足，亟待纠正和补充；关于"滑稽"，学者多关注文本人物本身，而忽略了司马迁撰写文本时的"滑稽"；关于文本中蕴含的讽谏艺术，还有补充的空间；关于司马迁著录滑稽人物的原则，鲜有人谈及。本文试就这些问题论述之。

一、"滑稽"的音义

　　"滑稽"的音义尤为重要，直接关系到《滑稽列传》诸多问题的解决。《滑稽列传》中有两处司马贞引用邹诞、崔浩、姚察之语的注解。《樗里子甘茂列传》中也有两处注解：第一处是司马贞引用邹诞和崔浩之语，与《滑稽列传》中的注解相同。第二处是张守节罗列了崔浩、颜师古之语，又保留了一种说法。归结起来，古人对"滑稽"音义的解释共有五种：一、"邹诞说"："滑，乱也；稽，同也。言辨捷之人言非若是，说是若非，言能乱异同也。"① 二、"崔浩说"："滑音骨。滑稽，流酒器也。转注吐酒，终日不已。言出口成章，词不穷竭，若滑稽之吐酒。故扬雄《酒赋》云'鸱夷滑稽，腹大如壶，尽日盛酒，人复藉沽'是也。"② 三、"姚察说"："滑稽犹俳谐也。滑读如字，稽音计也。言谐语滑利，其知计疾出，故云滑稽。"③ 四、"颜师古说"："滑稽，转利之称也。滑，乱也。稽，碍也。其变无留也。"④ 五、"无名氏说"："一说稽，考也，言其滑乱不可考较。"⑤ 今人姜亮夫先生指出崔浩的五处错误，姚察所言"得失相半"。他认为，"滑稽"应"训为俳谐"，音为"滑鸡"，"诙谐乃东汉人语，西汉滑稽之音变也。谐音当如皆，今闽、广之间尚如此，而百粤读滑稽音则如诙谐（音皆）"。⑥ 徐仁甫先生未

　　① 司马迁：《史记》，中华书局 1982 年版，第 3197 页。
　　② 同上，第 3203—3204 页。
　　③ 同上，第 3203—3204 页。
　　④ 同上，第 2307 页。
　　⑤ 同上，第 2307 页。
　　⑥ 姜亮夫：《滑稽考》，《思想战线》1980 年第 2 期。

说明“滑稽”的读音，用“连文互训”的方式将“滑稽”解释为：“稽谓拘泥凝滞，滑谓转利流畅。滑稽者，转利凝滞，唯其能解纷，斯无凝滞之谓也。”① 除此以外，其他观点不出以上七种。以上为“滑稽”音义的古今论争，那么，“滑稽”的音义到底为何呢？我们从以下两个方面来看：

第一，“滑稽”的上古音和“诙谐”相似。关于“滑”，《说文》：“从水骨声。”根据郭锡良的《汉字古音手册》，“骨”的上古音属“见纽物部”。所以，“滑”音为“骨”，也属“见纽物部”。关于“稽”，《说文》：“从禾从尤，旨声。”许慎的说法不太准确。“稽”，金文中最简单的字形 ，由“眉”和“儿”（“人”的变体）构成，表示一个浓眉大眼的人，突出观察的动作。更多的金文字形都在 的基础上增加了“旨”，如，、，“旨”即 观察的对象。关于“旨”，《说文》：“美也。”“旨”的本义是美味。所以，、 表示一个浓眉大眼的人在观察美味。可见，、 是会意字。小篆字形 ，由“尤”“旨”和“禾”构成。“尤”是 去掉“目”之后调整笔画的结果，“旨”仍然表示美味，“禾”为新增部分。根据郭锡良的《汉字古音手册》，“禾”和“稽”的上古音同属“见纽脂部”。由此可知， 是形声字，“禾”为声符。所以，许慎所谓的“旨声”是不准确的。” 被“隶化”时，“禾”被误写作“禾”，形成“稽”字。“滑”和“稽”的上古音同属“见”纽，“滑稽”属于双声连绵词，读音应为“骨稽”。另外，“计”的上古音属“见纽质部”，“鸡”属“见纽支部”，两字与“稽”的声母相同。“质”“脂”对转，又与“支”部可以通转，所以，“滑计”“滑鸡”“骨鸡”和“滑稽”的读音均相近。关于“诙”，《说文》未收录。根据郭锡良的《汉字古音手册》，“诙”的上古音属“溪纽之部”，“骨”属“见纽物部”。“溪”“见”属于旁纽，“之”“物”可以通转，所以，“骨”和“诙”的上古音非常接近。那么，“滑”和“诙”的上古音也非常相近。关于“谐”，《说文》：“从言皆声。”“皆”的上古音属“见纽脂部”，与“稽”相同。所以，“稽”和“谐”的上古音相同，“滑稽”的上古音和“诙谐”相似。

第二，“滑稽”的含义和“诙谐”相近。“滑稽”是双声连绵词，不能分拆解释。姜亮夫先生为此指出了司马贞的错误：“滑稽乃连绵词，不能分释，只存其音，未造专字，《索隐》之滑乱稽同，固不足为训；姚察之稽计，亦望文生训，求其本字不可得。”② 所以，邹诞、张守节、颜师古等人对“滑稽”的拆分解释都不准确。崔浩所谓的“流酒器”也不准确。《汉书·游侠传》记载扬雄《酒赋》中的“鸱夷滑稽，腹大如壶，尽日盛酒，人复藉沽”，颜师古注曰：“鸱夷，韦囊以盛酒，即今之鸱夷膊也。”“滑稽，圆转纵舍无穷之状。滑音骨。稽音鸡。”从语法上看，“鸱夷”是主语，“滑稽”是谓语，与后面的“腹大如壶，尽日盛酒”皆为形

---

① 徐仁甫：《〈史记〉“滑稽”解》，《文史杂志》1986 年第 1 期。
② 姜亮夫：《滑稽考》，《思想战线》1980 年第 2 期。

容主语"鸱夷"。所以,"滑稽"并非崔浩所谓的流酒器。姚察将"滑稽"训为"俳谐",姜亮夫先生也认可这种观点。关于"俳",《说文解字注》:"戏也。以其戏言之谓之俳,以其音乐言之谓之倡,亦谓之优,其实一物也。"段玉裁此言非常符合《滑稽列传》中滑稽人物的言行。关于"谐",《文心雕龙·谐隐》:"谐之言皆也。辞浅会俗,皆悦笑也。"刘勰将"谐"解释为"悦笑",后又将《滑稽列传》作为"谐辞"的代表进一步论述。综合起来,"俳谐"与"滑稽"意义相近,可以互训。"诙谐"和"俳谐",一字之差,两词的含义是否相近呢? 关于"诙",《康熙字典》:"《广雅》调也。《玉篇》调戏也。《类篇》讥戏也。《增韵》谑也,嘲也。《前汉·枚乘传》枚皋诙笑类俳倡。又《东方朔传》指意放荡,颇复诙谐。"可见,"诙"也有调笑、戏谑的含义,与"俳"相近。"诙谐"和"俳谐"可以互通,二者与"滑稽"也意义相近。所以,班固在《汉书·东方朔传》的论赞中引用扬雄"其滑稽之雄乎! 朔之诙谐,逢占射覆,其事浮浅,行于众庶,童儿牧竖莫不眩耀"来评价东方朔。姚察所谓的"滑稽犹俳谐",可能源于班固。司马迁对"滑稽"的理解,除了"诙谐"之外,还有价值观层面的考量,下文详述。至于颜师古所谓"圆转纵舍无穷之状"的解释,应该是诙谐之人善于调笑、多辩,给人一种圆转或圆滑的感觉罢了。

二、司马迁之"滑稽"

学者多关注文本中人物之"滑稽",而忽略了司马迁之"滑稽"。其实,司马迁也是一位"滑稽"大师,他让人物进行各种形式的表演,在不经意间揭示出深刻的内涵。司马迁撰写《滑稽列传》时所展现出的"滑稽",主要有以下三个方面:

第一,写作手法上的"滑稽"。司马迁采用"寓庄于谐"的写作手法,在不经意间展现出"滑稽"的特点。《滑稽列传》开篇便说:"孔子曰:'六艺于治一也。《礼》以节人,《乐》以发和,《书》以道事,《诗》以达意,《易》以神化,《春秋》以义。'太史公曰:'天道恢恢,岂不大哉! 谈言微中,亦可以解纷。'"以"六经"为代表的儒家思想作为官方意识形态,居于至高无上的地位。倡优以"滑稽"调笑娱人,行为低贱,为时俗所轻。司马迁敢于打破常规和世俗偏见,将最低贱的"滑稽"和最高贵的"经学"相提并论,认为两者都具有"治世"的功能,足见太史公之诙谐。所以,倪思、刘辰翁在《班马异同》卷三四中也说:"滑稽者至鄙亵,乃且从六艺壮语说来,即此太史公之滑稽也"①。姚苎田说的更为透彻:"此叙固甚有滑稽之风,然其意亦极明划,将'天道恢恢'二句,总揽六艺,将'亦可以'句顶着六个'以'字,见滑稽之雄,固将掇六艺之菁英而无不可者也。若不得其旨,即被他推堕汪洋大海中矣。"②再如,司马迁这样描写"优孟衣冠":

① 杨燕起、陈可青、赖长扬汇辑:《史记集评》,华文出版社 2005 年版,第 596 页。
② [清] 姚苎田:《史记菁华录》,上海古籍出版社 1988 年版,第 300 页。

"即为孙叔敖衣冠，抵掌谈语。岁余，像孙叔敖，楚王及左右不能别也。庄王置酒，优孟前为寿。庄王大惊，以为孙叔敖复生也，欲以为相。"① 优孟穿上孙叔敖的衣冠，并模仿其说话，达到了以假乱真的程度。楚王以为孙叔敖死而复生，欲拜其为相。姚苎田认为"此非实事也，史公妙笔写来，人不能认其蹊径耳。"② 优孟善于扮演，不管外貌和言语多么逼真，楚王也深知孙叔敖早已亡故，不可能死而复生。司马迁用妙笔夸张优孟高超的表演技巧，也让后世读者信以为真。所以，钱谦益在《为柳敬亭募葬地疏》中也说："此盖优孟登场扮演，自笑自说，如金元院本、今人弹词之类耳。而太史公叙述，则如真有其事，不露首尾，使后世纵观而自得之，此亦太史公之滑稽也。"③

第二，结构安排上的"滑稽"。《滑稽列传》依次记录了淳于髡、优孟、优旃的事迹，淳于髡之后，"其后百余年，楚有优孟"作为过渡。优孟之后，"其后二百余年，秦有优旃"作为过渡。这两句话也在结构上将三人的事迹清楚地分隔开来。但是，其中明显存在时间错误，早已被人指出。崔适《史记探源》："各本中有优孟章，遂云'髡后百余年，楚有优孟'，'孟后百余年，秦有优旃'，其谬巨甚。孟事楚庄王，髡仕齐威王。威王之立，后庄王之卒二百二十年，是则髡在孟后二百余年，此文转谓孟在髡后百余年，世次颠错至此。旃仕秦历汉，则在孟后三百七十八十年，此云二百余年，亦非也。"④ 至于出现错误的原因，众说纷纭，莫衷一是。⑤ 每种说法都没有充分的证据令人信服，所以，在没有足够的证据之前，我们不妨认为现存文本为司马迁撰写的原文。再者，《滑稽列传》按照淳于髡、优孟、优旃的出场次序进行记录，传尾的论赞依旧按照淳于髡、优孟、优旃的次序进行评价，在一定程度上，说明《滑稽列传》的结构应该没有被人篡改。这种结构上的安排，或许是司马迁有意为之，看似错误百出，实则与其近似小说的性质有关⑥。所以，换一种角度，我们也可以将其视为司马迁之"滑稽"。他用这种

---

① 司马迁：《史记》，中华书局 1982 年版，第 3201 页。

② ［清］姚苎田：《史记菁华录》，上海古籍出版社 1988 年版，第 303 页。

③ ［清］钱谦益：《牧斋有学集》，上海古籍出版社 1996 年版，第 1419 页。

④ 崔适：《史记探源》，中华书局，1986 年版，第 222 页。

⑤ 主要有五种：第一，"伪作窜入"说。如，崔适《史记探源》认为"中章妄人所续"，"此章世次既差，立言复谬，其为赝鼎显而易见"。第二，"传写致误"说。如，王叔岷《史记斠证》："窃疑'其后百余年'，乃后人传写之误，盖本作'其前二百余年'。"第三，"司马迁失误"说。如，叶大庆《考古质疑》："方疑此为传写之误，然而先绪髡而后叙孟，其列传先后如此，则又非传写之误，而《史记》真失矣。"第四，"错简"说。如，周言认为《滑稽列传》中三人前后次序颠倒且年份错误，"原因可能是因为竹书韦编错乱"。第五，"剧本汇集"说。如，孙尚勇认为"以之为戏剧的记录或较早剧本之汇集，则历来有关《滑稽列传》的所有疑惑都将涣然冰释"。

⑥ 刘勰在《文心雕龙·谐隐》中将《滑稽列传》归于"谐"，并论及"谐讔"的来源："文辞之有谐讔，譬九流之有小说，盖稗官所采，以广视听"。刘勰认为谐讔的性质如同小说，由稗官采集而来。《汉书·艺文志》也说："小说家者流，盖出于稗官。街谈巷语，道听途说者之所造也。"综合起来，包含《滑稽列传》在内的谐讔由稗官采集而来，与小说性质相似，都是民间流传的街谈巷语，由道听途说者所造。所以，《滑稽列传》中存在众多与历史事实不符的情况也就不难理解了。

方式来呼应篇名中的"滑稽",因此,邵泰衢在《史记疑问》中也说:"《滑稽传》云:'淳于髡后百余年,有优孟。'优孟以谈笑谏楚庄王。是以齐威而反前楚庄矣。夫既齐威可以前楚庄,又何不可以楚庄之事属之齐威乎?前后彼此一任错综,真可谓滑稽矣。"①

第三,语言运用上的"滑稽"。《史记》作为史书,司马迁用语非常严谨。不过,《滑稽列传》中的语言,却表现出了"滑稽"的特点。杨慎说:"太史公赞滑稽,语亦近滑稽"②。他的说法比较笼统,没有具体说明语言如何"滑稽"。我们来看几个例子。齐威王召淳于髡后宫饮酒,问他酒量几何,淳于髡对曰:"臣饮一斗亦醉,一石亦醉。"这句话听起来前后矛盾,淳于髡只是想借此引起楚王发问,足见淳于髡之滑稽。不过,淳于髡的这句话是司马迁赋予他的,这实则反映了司马迁之"滑稽"。再如,优孟谏葬马,请求"以彫玉为棺,文梓为椁,楩枫豫章为题凑,发甲卒为穿圹,老弱负土,齐赵陪位于前,韩魏翼卫其后,庙食太牢,奉以万户之邑"。优孟口中这种远超常规的葬礼,恐怕天子之礼也不过如此吧!在森严的宗法制度下,马不可能享受这么高的待遇。至于"庙食太牢",更显得荒诞可笑。所以,优孟语言上的"滑稽",也体现了司马迁之"滑稽"。我们再看文末的论赞:"太史公曰:淳于髡仰天大笑,齐威王横行。优孟摇头而歌,负薪者以封。优旃临槛疾呼,陛楯得以半更。岂不亦伟哉!"司马迁对三人的论赞,用语简练,前后构成因果关系。"齐威王横行",强调淳于髡仰天大笑,忽略了齐王的发愤图强;"负薪者以封",强调优孟摇头而歌,忽略了楚王的深恩厚德;"陛楯得以半更",强调优旃临槛疾呼,忽略了始皇的仁爱之心。它虽然给人造成了一定程度的错觉,但是,这也恰恰是司马迁语言上的"滑稽"之处!

三、"滑稽"人物的讽谏艺术

司马迁在《滑稽列传》中表现出了"滑稽"的特点,传中的淳于髡、优孟、优旃才是"滑稽"的主角,其共同特点是"滑稽"和"讽谏"。"滑稽"只是"讽谏"的手段,"济世"才是"讽谏"的目的。那么,三位"滑稽"人物是用什么方法进行讽谏呢?

第一,言语上采用类比法、归谬法和对比法进行讽谏。"类比法",侧重于同类性质的事物或事情进行类比,引出问题,启发君王。如,"齐威王之时喜隐,好为淫乐长夜之饮,沉湎不治,委政卿大夫。百官荒乱,诸侯并侵,国且危亡,在于旦暮,左右莫敢谏。淳于髡说之以隐曰:'国中有大鸟,止王之庭,三年不蜚又不鸣,不知此鸟何也?'王曰:'此鸟不飞则已,一飞冲天;不鸣则已,一鸣惊人。'于是乃朝诸县令长七十二人,赏一人,诛一人,奋兵而出。诸侯振惊,皆还

---

① [清]邵泰衢:《史记疑问》,商务印书馆(台湾)1986年版,第725—726页。
② [清]牛运震:《史记评注》,三秦出版社2011年版,第341页。

齐侵地。威行三十六年。"淳于髡将楚王比作大鸟，用大鸟"三年不蜚又不鸣"来类比楚王"沉湎不治"。楚王好隐语，淳于髡投其所好，采用隐语的形式讽谏楚王，免于伤及楚王颜面，也保证了自己的安全。楚王同样采用隐语作答，用"不飞则已，一飞冲天；不鸣则已，一鸣惊人"来表达自己发愤图强、有所作为的强烈愿望。再如，楚王让淳于髡到赵国请救兵，仅仅给他"赍金百斤，车马十驷"。淳于髡没有立即表达看法，只是"仰天大笑"，以致"冠缨索绝"。这引起了楚王的疑问，接着，淳于髡用"禳田者"以一个猪蹄、一盂酒来祈求"瓯窭满篝，汙邪满车，五谷蕃熟，穰穰满家"，用对比的手法指出了"所持者狭而所欲者奢"的问题。这与楚王的做法一致，形成类比：楚王好比"禳田者"，"赍金百斤，车马十驷"好比"一豚蹄，酒一盂"，"请救兵"好比"瓯窭满篝，汙邪满车，五谷蕃熟，穰穰满家"。淳于髡用类比法启发楚王，使其认识到自身的错误做法，主动改正。

"归谬法"，侧重于从错误的观点出发，利用逻辑推导出矛盾，从而否定错误的观点。如，优孟谏葬马："优孟曰：'马者王之所爱也，以楚国堂堂之大，何求不得，而以大夫礼葬之，薄，请以人君礼葬之。'王曰：'何如?'对曰：'臣请以雕玉为棺，文梓为椁，楩枫豫章为题凑，发甲卒为穿圹，老弱负土，齐赵陪位于前，韩魏翼卫其后，庙食太牢，奉以万户之邑。诸侯闻之，皆知大王贱人而贵马也。'王曰：'寡人之过一至此乎!'"楚王爱马，马肥病死后，让群臣吊丧，想以大夫之礼安葬。乐人优孟先是"仰天大哭"，用肢体语言引起楚王的发问。然后，优孟以"爱马"为出发点，请求用人君之礼葬马，具体措施为"以彫玉为棺，文梓为椁，楩枫豫章为题凑，发甲卒为穿圹，老弱负土，齐赵陪位于前，韩魏翼卫其后，庙食太牢，奉以万户之邑"。优孟没有明言楚王的过失，从楚王爱马的角度出发，利用逻辑推导出楚王葬马的荒谬性，使其认识到自己的过错。正如钱钟书所谓"'归谬法'，充类至尽以明其误妄也。"[1] 相似的例子还有优旃谏始皇大苑囿和谏二世漆城，不再赘述。

"对比法"，侧重通过差异对比引出问题，启发君王。如，优旃谏始皇。优旃怜悯陛楯者，欲讽谏始皇。他先是"临槛大呼"，以引起始皇的注意。然后利用与陛楯者的三重对比来突出差异：优旃为倡，陛楯者为郎，这是地位上的对比；优旃为侏儒，陛楯者则身材高大勇武，这是体貌上的对比；优旃"休居"，陛楯者则"雨立"，这是处境上的对比。这三重对比，引起了始皇的怜悯之心，成功地让始皇"使陛楯者得半相代"。

第二，利用韵语的音乐美营造出轻松愉悦的氛围，更易讽谏君王。冯沅君在《古优解》中说："《史记·滑稽列传》所载诸人的口语多是协韵的。"[2] 从司马迁所记内容来看，淳于髡、优孟、优旃的讽谏之语都存在押韵的现象。如，淳于髡

①　钱钟书：《管锥编》，三联书店 2008 年，第 603 页。
②　冯沅君：《古优解》，商务印书馆 1944 年版，第 28 页。

回答齐王"之赵请救兵"时说："今者臣从东方来，见道傍有禳田者，操一豚蹄，酒一盂，祝曰：'瓯窭满篝，汙邪满车，五谷蕃熟，穰穰满家。'臣见其所持者狭而所欲者奢，故笑之。"钱大昕说："不独'车'与'家'韵也，'瓯''窭'与'篝'韵，'污''邪'与'车'韵，'谷'与'熟'韵，'蕃'与'满'韵，'穰'重文亦韵，'五'与'车''家'亦韵，盖无一字虚设矣。"① 根据郭锡良的《汉字古音手册》，"车""家""污""邪"和"五"的上古音都属"鱼部"；"瓯""窭"和"篝"都属"侯部"；"谷"属"屋部"，"熟"属"觉部"，"屋""觉"旁转；"蕃"和"满"都属"元部"。可见，钱大昕所言不虚。再如，优孟谏楚王"葬马"曰："请为大王六畜葬之。以垅灶为椁，铜历为棺，赍以姜枣，荐以木兰，祭以粮稻，衣以火光，葬之于人腹肠。"② 其中，"棺"的上古音属"见纽元部"，"兰"属"来纽元部"，两字押韵；"光"属"见纽阳部"，"肠"属"定纽阳部"，两字押韵。姚苎田对此也评论说："语似歌谣，是乐人致语长伎。"③ 再如，优旃谏秦二世"漆城"曰："善。主上虽无言，臣固将请之。漆城虽于百姓愁费，然佳哉！漆城荡荡，寇来不能上。即欲就之，易为漆耳，顾难为荫室。"其中，"荡"的上古音属"定纽阳部"，"上"属"禅纽阳部"，两字押韵；"之"属"章纽之部"，"耳"属"日纽之部"，两字押韵。可见，三个例子都存在押韵的情况，有的甚至押多个韵。这些带有押韵字的讽谏性言语由此便具有了一定的音乐美感，讽谏者朗朗上口，君王听起来悦耳动人。再配以调笑的方式，就营造出了一种轻松愉悦的气氛，与平淡无韵的讽谏言语相比更容易让君王在不知不觉中觉悟。

第三，综合运用表演和演唱的形式，启发君王。《滑稽列传》中，优孟扮上衣冠，用表演的方式讽谏楚王，后世称为"优孟衣冠"："即为孙叔敖衣冠，抵掌谈语。岁余，像孙叔敖，楚王及左右不能别也。庄王置酒，优孟前为寿。庄王大惊，以为孙叔敖复生也，欲以为相。"优孟穿戴孙叔敖的衣冠，又模仿其形容、颜色，相像程度令楚王及左右不能分辨，以致楚王以为孙叔敖复生。优孟的这种表演方式类似于角色扮演，具有了后世戏剧的某些成分。另外，淳于髡、优孟、优旃讽谏时多用韵语，具有一定的音乐性，可以演唱出来。如，优孟扮上孙叔敖衣冠讽谏楚王时，曾"歌曰"："山居耕田苦，难以得食。起而为吏，身贪鄙者余财，不顾耻辱。身死家室富，又恐受赇枉法，为奸触大罪，身死而家灭。贪吏安可为也！念为廉吏，奉法守职，竟死不敢为非。廉吏安可为也！楚相孙叔敖持廉至死，方今妻子穷困负薪而食，不足为也！"不过，这段唱词明显不押韵，杨慎在《风雅逸篇》中对此解释说："按此无音韵章句。而史以为歌者。不可晓。岂当时隐括转换。借声以成之欤。史不能述其音。但见其义也。"④ 杨慎认为司马迁的记录可能是经他转述后的结果，只表达了大概意思，而忽略了原本的音韵。这一说法确有

---

① ［清］钱大昕：《十驾斋养新录》，江苏古籍出版社 2000 年版，第 337 页。
② 司马迁：《史记》，中华书局 1982 年版，第 3200 页。
③ ［清］姚苎田：《史记菁华录》，上海古籍出版社 1988 年版，第 303 页。
④ ［明］杨慎：《风雅逸篇》，古典文学出版社 1958 年版，第 40 页。

道理。《隶释》卷三中的《楚相孙叔敖碑》也记录了优孟讽谏楚庄王一事："孟，楚之乐长，与相君相善，虽言千金，实不负也。卒后数年，庄王置酒以为乐，优孟乃言孙君相楚之功，即慷慨而歌曰：'贪吏而可为而不可为，廉吏而可为而不可为。贪吏而不可为者，当时有污名，而可为者，子孙以家成。廉吏而可为者，当时有清名，而不可为者，子孙困穷，披褐而卖薪。贪吏常苦富，廉吏常苦贫。独不见楚相孙叔敖，廉絜不受钱。'涕泣数行，若□首王，王心感动觉悟。问孟，孟具列对，即求其子而加封焉。"① 这段记载与《滑稽列传》有所不同，没有提及"优孟衣冠"，其唱词也与司马迁所记不同。优孟讽谏楚王为孙叔敖之子求封的故事，在民间流传较广，经过后人不断地加工、改造，优孟的唱词早已面目全非。唱词出现不押韵的现象，也在情理之中。"滑稽"人物用表演和演唱这种喜闻乐见的方式进行讽谏，使君王在娱乐的过程中自我觉悟，体现了他们高超的讽谏技巧。

四、司马迁著录"滑稽"人物的标准

司马迁在《滑稽列传》中仅仅记录了淳于髡、优孟、优旃三人的事迹，褚少孙所增补的郭舍人、东方朔、东郭先生、王先生四人几乎与司马迁生活在同一时代，为何司马迁没有将他们一并入传？战国时期的西门豹为何也没有入传？淳于髡献鹄于楚的故事为何也没有附在传中？这些问题均涉及司马迁著录"滑稽"人物的标准，可以将其归结为以下四项：

第一，"匡时济世"的价值。司马迁开头便引"孔子曰"阐明"六艺于治一也"，共用六个"以"字分叙其功能，接着用"谈言微中，亦可以解纷"与"六艺"的功能进行类比，说明司马迁看到了"滑稽"人物的"讽谏"对于"济世"的重要作用。这是全传的主旨，也是司马迁作传的目的。所以，柳宗元也说："《太史公书》有《滑稽列传》，皆取乎有益于世者也。"② 据《滑稽列传》记载，淳于髡"滑稽多辩，数使诸侯，未尝屈辱"，优孟"多辩，常以谈笑讽谏"，优旃"善为笑言，然合于大道"，三人都擅长以调笑的方式讽谏君王，并且都取得了成功，有益于"济世"。褚少孙增补的"滑稽之语六章"，目的在于"览观扬意，以示后世好事者读之，以游心骇耳"，与司马迁作传的目的相比，高下立判。褚少孙仅仅以娱人的标准进行增补，将司马迁最看重的"济世"价值一笔抹杀，这种狗尾续貂式的增补与司马迁原文格格不入。所以，刘勰也说："空戏滑稽，德音大坏。"③

第二，"卑微如尘"的身份。司马迁在《史记》中记录了各类身份高贵的人

---

① [宋] 洪适：《隶释　隶续》，中华书局 1985 年版，第 38 页。

② [唐] 柳宗元：《柳宗元集》，中华书局 1979 年版，第 570 页。

③ [南朝·梁] 刘勰著、范文澜注：《文心雕龙注》，人民文学出版社 1958 年版，第 272 页。

物，却未因此而忽略对小人物的关注。传中的淳于髡、优孟、优旃都是身份低微之人。淳于髡，"齐之赘婿也。长不满七尺。""髡"即剃掉头顶周围的头发，是一种带有侮辱性的刑罚。①"赘婿"，即上门女婿，冯沅君先生认为"赘婿"的地位更低，实为"与女主人保持合法性关系的奴隶"。据史料记载，淳于髡是齐国著名的稷下学士，"终身不仕"，并非倡优，《滑稽列传》也并非倡优的类传。阎若璩这样评价淳于髡："盖髡者，俳优之流也。"②淳于髡的地位形同倡优，是倡优式的人物。优孟、优旃，是名为孟和旃的两个优人，司马迁以职业相称。③优孟、优旃只是宫廷中的两个小小的倡优，地位低下。褚少孙增补的郭舍人也是"倡"，其余几人均有一定的地位。如，东方朔公车上书，"诏拜以为郎"；东郭先生初"以方士待诏公车"，武帝召见后"拜以为郡都尉"；王先生初为"文学卒史"，武帝召见后拜为"水衡丞"；西门豹为"邺令"，是循吏的代表。东方朔、东郭先生、王先生、西门豹的地位都高于倡优。司马迁正是借助地位低下的小人物，来突出其讽谏价值。所以，司马迁在《滑稽列传》论赞中用一个"伟"字对其进行价值评判。

第三，"不流世俗，不争势力"的人格魅力。司马迁在《太史公自序》中说："不流世俗，不争势利，上下无所凝滞，人莫之害，以道之用。作《滑稽列传》第六十六。"可见，司马迁对传中所列的三位小人物都具备"不流世俗，不争势力"的人格魅力。他们虽然身份低微，却没有利用自身所长谋取私利。褚先生所增补的几个人，或多或少都存在道德瑕疵。武帝乳母深受敬重，其家子孙奴从者横暴长安城，有司请求流放。乳母请郭舍人帮忙。郭舍人帮助乳母上演"苦肉计"，使得恶人免于流放。这种行为有伤天理正义，也会助长恶人习性。东方朔被赐食，饭后"尽怀其余肉持去，衣尽污"，凸显其贪婪。他又"徒用所赐钱帛，取少妇于长安中好女。率取妇一岁所者即弃去，更取妇。所赐钱财尽索之于女子"，凸显其好色。建章宫出现一物，其状似麋。武帝问东方朔，他又强索"美酒粱饭"和"公田鱼池蒲苇数顷"，足见其贪财。东郭先生待诏公车时，为了获得官职，当道拦截卫青的车驾，劝其用五百金为王夫人之亲作寿礼。后来，东郭先生果然得官。淳于髡误失所献之鹄，为了免受罪责，用谎言欺诈楚王。王先生教太守拍武帝的马屁，将北海无盗贼归功于皇帝的神威。这些人为了名利而溜须拍马，身上的道德缺陷不符合"不流世俗，不争势力"的人格要求。

第四，"广为传颂"的事迹。《滑稽列传》中的故事被认为是"委巷所传，故老所述"，与小说性质相似。司马迁从民间采集、整理之后，在选择著录的"滑稽"人物时，必定会着重考虑在民间广为流传且有一定影响力的人物。《滑稽列传》中所记录的"滑稽"人物的事迹，多次出现在不同典籍中，表明它们在民间

---

① 关于"髡"，《说文解字》："剃发也。"

② ［清］阎若璩：《四书释地又续》，商务印书馆（台湾）1986 年版，第 380 页。

③ 关于"优"，《说文解字注》："一曰倡也。倡者、乐也。谓作妓者。即所谓俳优也。"

流传甚广，以致在传播过程中出现了内容上的差异。如，淳于髡用"大鸟"讽谏齐威王一事，还见于《史记·楚世家》，变成了"伍举刺荆王"；还见于《韩非子·喻老》，变成了"右司马谏楚庄王"；还见于《吕氏春秋·重言》，变成了"成公贾谏荆庄王"。司马迁之后，这一故事继续传播，刘向将其收入《新序·杂事》，变成了"士庆谏楚庄王"。孙尚勇认为，此事"本于成公贾或伍举谏楚庄王事"①。众多的版本均是同一故事母本在传播过程中出现的变体而已，钱穆先生认为它和《战国策》中的"邹忌讽齐王纳谏"一样，"同为齐威初年奋发之一种传说"②。再如，"优孟谏葬马"与《晏子春秋》中的"晏子谏葬狗"十分相似。钱钟书先生认为，二者与《左传·昭公十九年》"子家子谏葬马"一事，"三节合观，足为一事孳生增饰之佳例"。③ 三个故事都可以看作是一个故事母本在传播过程中被不断丰富、增饰、更易而形成的变体。由此可见，"滑稽"人物的事迹在民间广为流传，有一定的影响力，以至被人多次借用、改易。

结 语

"滑稽"和"诙谐"的音义相近，可以互通。"滑稽"一词，不仅仅是三个"滑稽"人物的标签，司马迁在写作手法、结构安排和语言运用上也表现出了"滑稽"之处。同时，他对"滑稽"的理解，还有价值观层面的考量。传中的"滑稽"人物，身份低微，却以滑稽、调笑的方式讽谏君王，发挥了自身的价值。他们身上所展现的讽谏艺术，在历史上留下了光辉的一页。另外，司马迁按照自己的标准著录"滑稽"人物，与褚先生"狗尾续貂"形成鲜明对比，使得《滑稽列传》成为《史记》中一篇独特的人物传记。

① 孙尚勇：《释司马迁〈史记·滑稽列传〉》，《甘肃社会科学》2016 年第 6 期。
② 钱穆：《先秦诸子系年》，中华书局 1985 年版，第 262 页。
③ 钱钟书：《管锥编》，三联书店 2008 年版，第 603 页。

灼灼淮阴　灵武冠世

——论韩信"将、相、王、侯"的传奇人生

※ 本文作者徐业龙。江苏省淮安市淮阴区政协文史委主任。

韩信（前230—前196），淮阴人，大汉王朝开国功臣，中国历史上赫赫有名的军事家，"兵权谋家"的代表人物。韩信用兵如神，百战百胜，龙韬虎略，独步天下，在波澜壮阔的楚汉战争舞台上，韩信运筹帷幄，自由驰骋，一展帅才雄风，谱写了一部壮丽辉煌的历史篇章，成就了自己"将、相、王、侯"的传奇人生。

一、将——连百万之军，战必胜，攻必取

韩信少时孤苦，却勤奋读书，熟演兵法，胸怀大志，在家乡淮阴经受了贫困潦倒、漂泊寄食、胯下受辱的磨炼。陈胜、吴广起义后，韩信仗剑从军，初投项梁，参加了东阿之战、定陶之役。项梁败亡，又属项羽，身历了巨鹿之战破釜沉舟九战破敌的壮举，也目睹了坑杀秦军降卒二十余万的暴行，又亲历了屠咸阳、焚宫室、杀子婴、掘始皇帝家以及收财宝、妇女的大掠夺。在项羽麾下，韩信未受重用。汉高帝元年（前206），韩信长途跋涉到了汉中，投身到刘邦帐下，初为连敖，再为治粟都尉，得到丞相萧何的赏识，经萧何力荐，刘邦拜韩信为大将。大将是韩信登上历史舞台的第一个重要职位。

大将即古代军队中的中军主将，是帝王之下的最高军事首脑。（唐）杜佑《通典·职官十一》曰："大将军，战国时官也。楚怀王与秦战，秦败楚，虏其大将军，屈匄是矣。汉高帝以韩信为大将军。初拜信，萧何曰：'王素慢无礼，今拜大将，如儿戏耳。'乃择良日，斋戒设坛，以礼拜之。又窦婴为大将军，每朝大议，列侯莫敢抗礼。武帝又置。初，武帝以卫青数征伐有功，以为大将军，欲尊宠之，故置大司马官号以冠之。后霍光、王凤等皆然。"春秋时期，军中将领统称为将军。战国时期，各国经过政治改革形成了中央集权的官僚机构，官员分为文职和武职，以"相"和"将"为其首脑，大将是最高武职。汉以前，最高军事武官有时也称为上将军，如秦之白起，燕之乐毅，秦末之宋义、项羽。陈胜、吴广起义时，赵王武臣任命陈余为大将军。刘邦在汉中拜韩信为大将，总理军事，位在诸将之上。

《史记·淮阴侯列传》记载：

及项梁渡淮，信杖剑从之，居麾下，未得知名。项梁败，又属项羽，羽
以为郎中。数以策干项羽，羽不用。汉王之入蜀，信亡楚归汉，未得知名，
为连敖。坐法当斩，其辈十三人皆已斩，次至信，信乃仰视，适见滕公，曰：
"上不欲就天下乎？何为斩壮士！"滕公奇其言，壮其貌，释而不斩。与语，
大说之。言于上，上拜以为治粟都尉，上未之奇也。信数与萧何语，何奇之。
至南郑，诸将行道亡者数十人，信度何等已数言上，上不我用，即亡。何闻
信亡，不及以闻，自追之。人有言上曰："丞相何亡。"上大怒，如失左右手。
居一二日，何来谒上，上且怒且喜，骂何曰："若亡，何也？"何曰："臣不敢
亡也，臣追亡者。"上曰："若所追者谁？"曰："韩信也。"上复骂曰："诸将
亡者以十数，公无所追；追信，诈也。"何曰："诸将易得耳。至如信者，国
士无双。王必欲长王汉中，无所事信；必欲争天下，非信无所与计事者。顾
王策安所决耳。"王曰："吾亦欲东耳，安能郁郁久居此乎？"何曰："王计必
欲东，能用信，信即留；不能用，信终亡耳。"王曰："吾为公以为将。"何
曰："虽为将，信必不留。"王曰："以为大将。"何曰："幸甚。"于是王欲召
信拜之。何曰："王素慢无礼，今拜大将如呼小儿耳，此乃信所以去也。王必
欲拜之，择良日，斋戒，设坛场，具礼，乃可耳。"王许之。诸将皆喜，人人
各自以为得大将。至拜大将，乃韩信也，一军皆惊。

汉高帝元年（前206）六月，刘邦择良日、斋戒、设坛场、具礼，拜韩信为
大将军。在古代封建宗法制度下，一个人的出身非常重要，只有取得了身份认可
才能统兵打仗。刘邦以最隆重的礼节拜韩信为大将，公开而明确地表明自己对韩
信的态度，让一直默默无闻郁郁不得志的韩信扬眉吐气，一扫往日的阴霾，既从
感情上笼络住了韩信，又帮助韩信树立了威信。登坛拜将是韩信人生历程上的一
个重大的转折点，从此以后韩信犹如一颗璀璨的新星，在群雄逐鹿的历史舞台上
闪亮登场，开始了他纵横沙场、叱咤风云的戎马生涯。韩信感激刘邦的知遇之
恩，为刘邦纵论天下大势，运筹定三秦以东向争权天下的奇谋，继而率汉军出陈
仓、定三秦，而后别领一军平魏、破代、灭赵、降燕、伐齐，直至垓下全歼楚军。
韩信的每一次作战都是史诗般的天成之作，其出神入化的用兵艺术，若天马行
空，皆从天而下，又举重若轻。韩信卓越的军事韬略和用兵智谋为后世兵家所推
崇，他所创造的卓著业绩和经典战例堪称世界战争史上的奇观。刘邦赞曰："连
百万之军，战必胜，攻必取，吾不如韩信。"（《史记·高祖本纪》）晋人陆机赞曰：
"灼灼淮阴，灵武冠世。策出无方，思入神契。"① 南宋陈亮论曰："信之用兵，古

---

① ［晋］陆机：《陆士衡集·汉高祖功臣赞》。由于韩信是淮阴人，又曾被封淮阴侯，古人因常以
"淮阴"指代韩信。陆机《韩信》诗曰："灼灼淮阴，灵武冠世。策出无方，思入神契。奋臂云兴，腾
迹虎噬。凌险必夷，摧坚则脆。筹谋汉滨，还定渭表。京索既扼，引师北讨。济河夷魏，登山灭赵。
威亮火烈，势踰风扫。拾代如遗，偃齐犹草。二州肃清，四邦咸举。乃眷北燕，遂表东海。克灭龙且，
爰取其旅。刘项悬命，人谋是与。念功惟德，辞通绝楚。"

今一人而已。"(《酌古论》)明人茅坤对韩信推崇备至:"古今兵家者流,当以韩信为最。"(见《史记评林》卷二)茅坤还赞誉韩信为"兵仙",颇得后世嘉许。

大将为武将之首,职掌统兵征战,地位崇高。韩信以赫赫战功,成就了大将军震慑四方的威名,其摧枯拉朽的锋锐,让任何敢于出现在汉军前进道路上的对手心惊胆寒,束手无策,最终皆落花流水,灰飞烟灭。韩信对于汉王朝的建立居功至伟,如果没有韩信在楚汉战场上的胜利,就没有刘邦的最后胜利,中国历史上就不会有汉王朝。韩信不仅为开创两汉400多年基业建树了不朽的丰功伟绩,而且也为我国由秦末纷乱走向重新统一和发展做出了巨大的历史贡献。韩信去世后,汉朝大将军之职官即不常置,仅战时临时受封,战毕即除,如汉景帝三年(前154)吴楚七国之乱,刘启任命窦婴为大将军,而后刘彻以卫青为大将军,并规定大将军作为将军的最高称谓,位在三公上,卿以下皆拜。

二、相——持太阿之柄①,战诸侯,服地方

楚汉战争初期,汉军处于危险的劣势,特别是彭城之战失败后,形势急转直下,刘邦不仅损失了数十万大军,几乎把平定三秦之后挣来的本钱全都赔光,而且原来已经投降和归附他的诸侯也纷纷背叛,刘邦随时都有覆卵之危。危急关头,刘邦采纳了张良的建议,派出使者分别去策反九江王英布和鼓动彭越加紧在项羽后方活动以尽力牵制楚军,同时要发挥大将韩信"独挡一面"的才能。"及魏王豹反,使韩信将兵击之,因举燕、代、齐、赵。"(《留侯世家》)韩信别领一军,淋漓尽致地展现了自己的军事才华,破魏、灭代、平赵、胁燕、下齐,立下了赫赫战功,先后被拜为左丞相、相国。

相是我国古代封建帝王的股肱,典领百官,辅佐帝王治理国政,无所不统,为百官之长。相有相国、丞相之别,相国又称相邦,起源于春秋晋国,是战国、秦及汉朝廷臣最高职务。相是看管、看守的意思,相国就是看守一个国家的人,是帝王的大管家。丞意同辅佐,丞相就是辅佐相国的人,是相国的副手。战国时期各诸侯国纷纷设置相国之职,后来因为工作实在太多太杂,相国一人忙不过来,就设立丞相来帮助相国。秦统一后,相国吕不韦权力过大,秦始皇在处死吕不韦后,痛定思痛,为了消除隐患,决定暂封相国这个职务,只设左、右丞相,丞相成为最高文职官员。《史记·淮阴侯列传》记载:"其八月,以信为左丞相,击魏。"刘邦为汉王,最初只设萧何一丞相,后任韩信为左丞相。萧何是最早跟

---

① 语出〔宋〕苏轼:《淮阴侯庙记》:"当嬴氏刑惨网密,毒流海内,销锋镝,诛豪俊,将军乃辱身污节,避世用晦,志在鹊起豹变。食全楚之租,故受馈于漂母;抱王霸之略,蓄英雄之壮图。志轻六合,气盖万夫,故忍耻胯下。泪乎山鬼反璧,天亡英族。遇知己之英主,陈不世之奇策。崛起蜀汉,席卷关辅。战必胜,攻必克。扫强楚,灭暴秦,平齐七十城,破赵二十万。乞食受辱,恶足以累大丈夫之功名哉!然使水行未殂,火流犹潜,将军则与草木同朽,麋鹿俱死。安能持太阿之柄,云飞龙骧,起徒步而取王侯?噫,自古英伟之士,不遇机会,委身草泽,名湮灭而无称者,可胜道哉!"

着刘邦创业的伙伴之一，是发现并举荐韩信的伯乐，韩信左丞相的地位仅略次于丞相萧何。

汉高帝二年（前 205）四月，刘邦采纳陈平的计谋，率诸侯联军共 56 万东进，占领了楚都彭城。未想刘邦进入彭城后就把防务丢在一边，遍搜宝货美人。正在与齐军鏖战的项羽听说彭城失守，急率三万精骑星夜赶回，一战将刘邦击败。韩信闻讯从关中赶来收集溃败的部队，会刘邦于荥阳，并成功地进行了阻击战，在京县、索亭之间大败楚军，使项羽西进的兵锋顿挫，战线最后在荥阳稳定了下来。刘邦进取彭城失败后，魏王豹叛汉与楚联合，截断黄河临晋关（今陕西大荔县东）的交通，对汉军的侧背构成严重威胁。八月，刘邦以韩信为左丞相，率曹参、灌婴等击魏。刘邦任韩信为左丞相是楚汉战争形势所迫，刘邦要借韩信之力解当时危困之局，左丞相没有什么具体的职责和权利，可以看作刘邦对韩信的赏赐。刘邦加封大将军韩信为左丞相，率兵征讨魏王豹，韩信果然不负刘邦之望，采取声东击西、避实击虚的战术，一举击败魏王豹，尽定魏地，不仅解除了汉军侧翼存在的威胁，使关中后方更为稳固，也破坏了项羽拟议中的右翼进攻。

韩信灭魏，拔掉了扎在汉军背上的芒刺，但黄河以北代、赵、燕、齐等诸侯国雄据一方，与楚联和，为楚之翼，战略形势十分不利于汉。汉军正面受到了很大的压力，荥阳、成皋两次失守，艰苦而又长期的拉锯战，使得刘邦一度想放弃这些重要的战略据点，退守巩、洛。在这关键时刻，韩信总揽全局，估量了当时楚汉双方的力量对比和客观形势，分析了彭城之战和灭魏之战的经验教训，及时向刘邦提出一个重要战略建议："愿益兵三万人，臣请以北举燕、赵，东击齐，南绝楚之粮道，西与大王会于荥阳。"（《汉书·韩彭英卢吴传》）刘邦采纳韩信的建议，给韩信数万军队，让韩信去进攻赵、燕、齐等国。随之，韩信灭代、平赵、胁燕、下齐，用战场上的一个又一个胜利，验证了自己正确的建议。

刘邦在建立西汉王朝的过程中，还恢复了相国这个职位，因为自己的名字叫刘邦，为了避讳就把相邦改成了相国，汉朝第一任相国就是韩信。《史记·淮阴侯列传》记载："六月，汉王出成皋，东渡河，独与滕公俱，从张耳军修武。至，宿传舍。晨自称汉使，驰入赵壁。张耳、韩信未起，即其卧内上夺其印符，以麾召诸将，易置之。信、耳起，乃知汉王来，大惊。汉王夺两人军，即令张耳备守赵地。拜韩信为相国，收赵兵未发者击齐。"汉高帝三年（前 204）六月，项羽击败彭越，西上克荥阳、成皋，刘邦战事失利，逃往赵地，夺韩信大军，召集诸将，对各将领的职位重新作了一番调整和部署。此时的刘邦正处于危难之际，身边无一兵一卒，他要带领从韩信手上夺来的军队去解救正面战场上的危机。与此同时，刘邦拜韩信为相国，命韩信征发赵地尚未入伍的青年，组建一支新军去攻打齐国。韩信为相国，地位在丞相萧何之上，在汉营中地位仅次于刘邦。事实上，相国一职对韩信来说更像是一个爵位，是一个象征荣誉的称号，职以能授，爵以功赏，刘邦拜韩信为相国，是把韩信兵权夺下之后对韩信的精神补偿，也是对韩信救主之功的嘉奖。

刘邦拜韩信为相国,让韩信在赵国这片新占领的地盘上重组一支新军去攻打齐国,因为不攻下齐国也就无法从根本上战胜项羽。结果,韩信再次大放异彩,汉高祖四年(前203)十月,韩信率汉军从赵地东进击齐,迅速占领齐都临淄。齐王田广败逃高密,向楚求救。项羽急遣龙且率军20万北上救齐,楚军与齐军会合于高密。十一月,韩信率汉军与齐、楚联军夹潍水对阵。韩信鉴于敌众我寡,命所部用一万多条沙袋,乘夜在潍水上游垒坝塞流。拂晓,韩信亲自引兵经断流的潍河攻击齐、楚联军,随后佯败退回西岸。龙且误以为汉军胆怯,率领主力渡潍水追击。待齐、楚联军半渡时,韩信命部属掘开上游堤坝,把龙且大军分割在潍水两岸。韩信乘势反击,全歼渡河的齐、楚联军,斩杀龙且。阻隔在东岸的齐、楚联军不战而溃。韩信率领汉军渡过潍河,追击至城阳(今山东鄄城北),俘齐王田广,平定了齐地。

韩信天纵英才,将数万新军北略中原,席卷诸侯,对楚汉战争全局影响极大。韩信战诸侯,服地方,不断以魏、代、赵、燕、齐精兵充实成、荥防线,给刘邦的正面战场以强有力的支持,给项羽以极其沉重的打击,项羽一步一步地陷入汉军的战略包围之中,并最终在垓下一战击灭项羽。短短三年多时间,韩信以破竹之势,几乎一手打下了整个天下,当韩信破魏平赵,收燕伐齐,刘邦拜韩信为左丞相、相国,这绝非刘邦随意使然。汉朝第一任丞相是萧何,萧何对汉王朝的建立也是立有汗马功劳,《史记·萧相国世家》记载:"上已闻淮阴侯诛,使使拜丞相何为相国。"楚汉战争胜利七年后,萧何与吕后密谋,将韩信骗到宫中杀害,萧何才晋位为相国,足见韩信在刘邦心目中的地位和作用是何等重要。纵观楚汉战争之起伏转折与刘项之兴亡成败,韩信确实起到了举足轻重的作用。

三、王——悬两主之命:汉王惧,项王恐

汉大将军相国韩信潍水之战的巨大胜利,使汉军不仅在战略上而且在兵力上也占据了优势,汉军终于实现了由弱到强的根本转变。潍水之战胜利后,为了镇抚战乱之后的三齐之地,韩信于汉高帝四年(前203)十一月遣使修书于刘邦,请封为"假王",即代理齐王。

《史记·淮阴侯列传》记载:

> 汉四年,遂皆降平齐。使人言汉王曰:"齐伪诈多变,反覆之国也。南边楚,不为假王以镇之,其势不定,愿为假王便。"当是时,楚方急围汉王于荥阳,韩信使者至,发书,汉王大怒,骂曰:"吾困于此,旦暮望若来佐我,乃欲自立为王!"张良、陈平蹑汉王足,因附耳语曰:"汉方不利,宁能禁信之王乎?不如因而立,善遇之,使自为守;不然,变生。"汉王亦悟,因复骂曰:"大丈夫定诸侯,即为真王耳,何以假为!"乃遣张良往立信为齐王,征其兵击楚。

王是封建社会皇族或功臣的最高封爵，地位仅次于整个国家的君主，王爵一般都是皇帝的直系亲属，或者是开国的元勋，有赫赫战功的人才封王，没有军功不封王，这与那些仅拥有爵位封号但没有军政控制权的亲王，以及仅拥有暂时管理权的地方军政长官都有本质的区别。诸侯王是拥护帝国中央统治并且独自掌握军政控制权的分封诸侯国的君主，或是武装割据一方的军阀，诸侯王必然拥有属于自己的军队和领地，经营属于自己的独立王国。自春秋末期以来，各国新兴地主阶级为了夺取政权，颁行赐爵制度，竞相奖励军功，有功即应被封赏成了当时通行的法则，这种思想深深地植根于人们的头脑中。秦失其鹿，六国旧贵族纷纷据地称王，项羽不得不承认其合法地位的存在，从而使分封制又盛，在这样的历史条件下，韩信请封也在情理之中。此前，刘邦已拜韩信为相国，韩信在连续平定魏、代、赵、燕、齐等国之后，又击破了龙且二十万楚军，这样大的功劳封王也是顺理成章的事情。

韩信请封为齐王并非恃功要官，韩信对潍水之战后的形势有清醒的认识，齐人反复无常，齐地向来很难控制，齐国的南部与楚国相连，很容易通敌闹事，如果不册封一个齐王来进行安抚和统治，已经取得的胜利就难以巩固。齐是东方大国，地大物博，人口众多，如果建立一个比较巩固的根据地，这对刘邦无论在军事上还是在政治上都是非常有利的。如果镇守不住，丢掉了这个根据地，汉军不仅失去了一部分兵源、物资的供应，更重要的是汉军难以实现对楚军的战略包围。韩信请封为假王，是从全局战略上来考虑的，是无可非议的。韩信经营齐地，雄踞黄河以北，与刘邦、项羽形成三足鼎立之势，韩信的势力达于顶峰。鉴于楚汉多年的拉锯战，兵力消耗之大，刘邦、项羽双方都疲惫不堪。雄踞东方的韩信是一支可以依靠的力量，谁得到他的援助谁就能取得最后的胜利。韩信对楚汉双方的分量，在请封假王过程中充分体现了出来，刘邦作为韩信的上司也不得不就范，生怕韩信生出异心从背后插上一刀。在与项羽争锋的关键时刻，刘邦别无选择，听从了张良、陈平的意见，直接封韩信为齐王，让韩信来镇守齐国。

封王之后，韩信占据齐地，天下很快就出现楚、汉、齐三大势力中心。诚如蒯彻所言："当今两主之命县于足下。足下为汉则汉胜，与楚则楚胜。"项羽和刘邦相持于成皋、荥阳难分胜负。韩信挟破赵定齐之功，手握重兵，威震天下，占据着魏、代、燕、赵、齐的大片地区，其势力直出于刘邦、项羽之上。韩信有左右大局之力量，亦有统一天下之才智，很多有识之士看到了这种局面，都纷纷给韩信出谋划策，劝韩信应抓住时机，脱离刘邦，自己独立。"楚已亡龙且，项王恐，使盱眙人武涉往说齐王信。"项羽派武涉前去游说韩信背汉自立，韩信不为所动。齐人蒯彻也劝韩信独立于楚汉之外，三分天下，鼎足而居，韩信在这一关系国家前途命运和个人根本利益的问题上，始终以大局为重，没有动摇，最终帮助刘邦打败项羽，完成了统一大业。

任何权力都是排他性的，当权力遇到干扰甚至威胁时，必然要采取一定的措施。项羽败亡，天下已定，对于刘邦来说，韩信不仅已失去了使用价值，韩信的存在反而成了威胁。刘邦做了皇帝后，为加强中央权力，对韩信等几位诸侯王的封国作了调整。《史记·高祖本纪》记载："皇帝曰义帝无后。齐王韩信习楚风俗，徙为楚王，都下邳。"刘邦以义帝无后、韩信习楚风俗为名改封韩信为楚王，仅占有淮北，完全剥夺了韩信的三齐之地。刘邦十分清楚，齐地负山固海，形势险要，物产丰饶，古称大国，而且同燕、赵相连，战略地位重要。且燕、赵皆韩信所攻取、降服之国，容易联成一气。把韩信徙往淮北，其南有淮南王英布，其西有梁王彭越，刘邦自占齐地，从而三面包围韩信，断绝其同燕、赵的联系，以利于孤立和控制韩信。由此可以看出，此时刘邦已将韩信视为汉王朝的最大威胁。

四、侯——戴震主之威，高鸟尽，良弓藏

俗话说"打江山容易，坐江山难"，这打江山和坐江山完全是两码事。打江山的时候，刘邦需要诸侯王为他卖命，故有求必应，大家表面上一团和气，还说得过去。坐江山的时候，刘邦把天下看成了自家的，异姓王就成了潜在的威胁。身历推翻秦王朝的战争，作为项羽分封的 18 个诸侯王之一，刘邦亲见项羽大封诸侯，结果导致天下大乱，在汉王朝建立以后，他清醒地认识到以韩信为首的强大的异姓王拥兵自重，是中央集权的严重障碍，对刘氏政权的巩固构成了很大的威胁。异姓王当中，刘邦最不放心的人便是韩信，韩信功绩太突出了，实力也太强大了，更因为韩信实在太有能力了。防人之心不可无，刘邦不能寄希望于韩信对他的忠心，他要防患于未然，牢牢把握这场斗争的主动权。韩信到楚地为王时，刚刚经历战乱的楚国还不稳定，出于安全等多方面问题的考虑，韩信每巡行县邑都带着军队。当刘邦了解到这些情况以后，为了防止韩信的势力再次增人，形成尾大不掉之势，便以伪游云梦之计诈擒韩信，废为淮阴侯。《史记·高祖功臣侯者年表》记载："六年（前201）四月（徙封为淮阴）侯。"又云："（韩信）座擅发兵，废为淮阴侯。"淮阴侯是韩信最后的封爵。

侯是古代爵位名，战国时期秦国商鞅变法，设置二十等爵，彻侯为最高爵，以一县为食邑，并得以自置吏于封地。西汉沿用秦二十等爵制度，另增设王爵，异姓诸侯王有七人，国大者列郡数十，小的也有数郡，皆由诸侯王自治其国。刘邦大封功臣，诸侯王以下受封列侯者一百四十三，列侯亦赐与封邑，侯的封邑也称为国，侯国大者数万户、小者五百户。刘邦一辈子最怕的两个人，一个是项羽，另一个就是韩信。项羽已灭，刘邦整日惦记的就是韩信了，削王为侯并加以拘束是刘邦立国后对韩信的基本策略。韩信由楚王降封为淮阴侯，顿时威风扫地，处境尴尬至极。而且韩信这个淮阴侯还与别的侯不一样，别的侯可以住在自己的封地上，对自己的封地实行有效的管理，韩信的淮阴侯有名无实，既不能自由出入自己的封地，也不能任命官员管理自己的封地。韩信的封地由汉政府派去的官员管理，韩信只从封地得到收入，安享俸禄。

　　刘邦先预设了一个敌对的立场，并步步进逼，使韩信委屈、难堪，韩信被徙封为淮阴侯，对刘邦虽有怨言，但在他人矮檐之下自己也不得不低头，韩信不知道自己该向何处去。刘邦也深知韩信心中的不平，韩信"果若人言：'狡兔死，良狗烹；高鸟尽，良弓藏；敌国破，谋臣亡。'天下已定，我固当烹！"的诘责让刘邦面红耳赤，无言以对，但在刘邦看来，必须防患于未然，为国家百年安稳，牺牲韩信也是万不得已之事，假若不这样做，谁能担保韩信始终忠心向汉呢?！韩信被贬为淮阴侯之后，居住在洛阳和长安，度过了几年郁闷的时光。韩信深知刘邦畏恶其能，常常装病不参加朝见或跟随出行，对于和绛侯周勃、颖阳侯灌婴等处在同等地位感到羞耻。在此期间，韩信与张良"序次兵法，凡百八十二家，删取要用，定著三十五家。"这是我国历史上第一次大规模整理兵书，为我国军事学术研究奠定了科学的基础。韩信还与萧何收集、修订了军中律法。韩信曾著有《韩信》兵法三章，可惜该书久已失载，未得流布。

　　勇略震主者身危，功盖天下者不赏①。韩信身挟不赏之功，虽然已经被解除兵权，但是刘邦深知韩信用兵天下无人能敌，韩信的用兵智慧以及他在军队中的影响一直是令刘邦寝食难安的心头大患。汉高帝五年（前202）七月，燕王臧荼反汉，刘邦更立卢绾为燕王。汉高帝六年（前201）九月，韩王信以马邑投降匈奴。汉高帝九年（前198）正月，赵王敖因"谋反"，被废为宣平侯。汉高帝十年（前197）八月，赵相国陈豨谋反代地。异姓王及心腹重臣的相继"谋反"和叛离，使刘邦更加清醒地认识到，以韩信为首的异姓王对西汉中央政权构成严重的威胁。为了巩固刘氏天下，刘邦与吕后最终确立了剪除异姓王的政策，决心采取断然手段将在楚汉战争中建立卓越功勋的韩信、彭越、英布等异姓王一一消灭。韩信必须死在刘邦前面，这是刘邦心中坚定的想法，虽然一再犹豫，但为了王朝安稳，年过花甲，风烛残年，自知将不久于人世的刘邦不再犹豫，汉高帝十一年（前196）正月，刘邦、吕后不顾君臣信义，以莫须有的"谋反"罪名将韩信杀害。帅才不及帝王术，功臣末路断头颅，是韩信最恰当的人生写照。

　　刘邦一生干的最有魄力的事就是拜韩信为大将，干的最得意的事就是玩弄韩信于股掌之中。刘邦一方面利用韩信不世出的军事才能攻城略地，为消灭项羽、建立汉王朝立下赫赫战功，同时又畏恶其能，对其时时加以防范。在楚汉战争中，当韩信在北线破魏平赵，收燕伐齐，便虚抚韩信，先后封他为左丞相、相国、齐王。楚汉战争胜利后，刘邦旋即袭夺韩信的兵权，并徙封为楚王，使其远离根基深厚的齐地。后又以无端的借口将其贬为淮阴侯，软禁在自己的身边，并最终

_____

　　① ［汉］司马迁：《史记·淮阴侯列传》（卷九十二）载蒯通语："且臣闻勇略震主者身危，而功盖天下者不赏。臣请言大王功略：足下涉西河，虏魏王，禽夏说，引兵下井陉，诛成安君，徇赵，胁燕，定齐，南摧楚人之兵二十万，东杀龙且，西乡以报，此所谓功无二于天下，而略不世出者也。今足下戴震主之威，挟不赏之功，归楚，楚人不信；归汉，汉人震恐：足下欲持是安归乎？夫势在人臣之位而有震主之威，名高天下，窃为足下危之。"

以"谋反"之罪将其诛杀。韩信冠绝古今的军事成就，他的睿智，他的谋略，成为人们心目中不灭的神话，而加诸他身上的诡诈、心机，又让后世的人们生发无限的感慨与深思。韩信的一生短暂而精彩，他的结局注定悲凉。天生非常之人，具非常之才，值非常之时，建非常之功，而罹非常之祸，韩信跌宕起伏的人生旅程，千载之下犹令人唏嘘感叹！

功可名世　恶足切齿

——论李斯的人生悲剧

＊本文作者郑靖、康清莲。郑靖，四川外国语大学古代文学硕士研究生；康清莲，四川外国语大学教授，古代文学硕士导师。

李斯，战国末期楚国上蔡（今河南省上蔡县西南）人。李斯功勋卓著，协助秦始皇消灭六国，统一天下；官居丞相，富贵之极。秦统一之后，李斯参与制定了秦朝的法律和完善了秦朝的制度，废除分封制，实行郡县制；统一文字、货币、度量衡；奠定了中国两千多年政治制度的基本格局。同时，李斯建议焚书坑儒，给中国文化带来无法估量的损失；秦始皇死后，他在赵高胁迫下，篡改诏书，杀扶苏、立胡亥，倒行逆施，建议秦二世督责，严刑酷法，使得民变蜂起，为秦王朝灭亡埋下祸根，自己也走向了毁灭，惨死于权力斗争之中。李斯是改写中国历史进程的人，功可名世，恶足切齿。

一、仓鼠哲学，实用功利

李斯年少时，任郡小吏，司马贞注曰："乡小吏。刘氏云'掌乡文书'"。李斯只不过是一个下层掌管文书的小官，但李斯绝非屈居尘下之人，他想要实现自己的远大抱负，但其卑微的身份和处境让理想的实现十分渺茫。一次偶然，他观察到了"厕鼠"和"仓鼠"的不同境遇，并由此感叹自我人生遭遇。据《史记·李斯列传》，李斯年少时，为郡小吏。见吏舍厕中鼠食不洁，近人犬，数惊恐之。斯入仓，观仓中鼠，食积粟，居大庑之下，不见人犬之忧。于是李斯乃叹曰："人之贤不肖譬如鼠矣，在所自处耳！"由鼠及人，李斯认识到，人和老鼠的本质无差，富贵或是贫贱皆由所处的环境决定，和聪明才智关系并不太大，关键在于自己能否抓住机会借此改变命运。他对于"仓鼠哲学"的信奉也从根本上影响了他一生的选择。于是他毅然决定辞去郡小吏，到齐国向荀卿学习帝王之术。待其学业有成，他离开了故国，西入秦国。李斯具有高度的政治敏感度和形势分析能力，他认识到秦国最有统一天下的资本，能够让他建功立业、施展抱负。在辞别荀卿时的一段话也充分体现了李斯人生哲学的实用理念："故诟莫大于卑贱，而悲莫甚于穷困。久处卑贱之位，困苦之地，非世而恶利，自托于无为，此非士之情也。"

在李斯看来卑贱是人生最大的耻辱，贫穷是人生最大的悲哀，长久处于卑贱的地位，贫穷的境地，反而讥讽富贵，厌恶禄利，以自托于无为来自我安慰和解脱，不过是无能而已，决非有志之士应有的情怀。李斯渴望改变现状，改变卑贱的命运。但李斯将金钱和地位当作人生信条时，就为其悲剧命运埋下了伏笔。

从李斯观"鼠"、到辞官师从荀卿、最后离开楚国选择秦国都可以看出他是一个不甘于向命运屈服的人，一个善于分析形势并扼住命运咽喉的人，一个不讳言自己对富贵荣华的热望、不达目的誓不罢休的人。这种实用功利深刻于李斯心中，为了达到目的他可以不择手段，可以说造成他悲剧的一个源头是他的信仰。反观其师荀卿，同样是强调借势的重要性，但两者采取的立足点却截然不同。荀卿在《劝学》中写道："吾尝终日而思矣，不如须臾之所学也；吾尝跂而望矣，不如登高之博见也。登高而招，臂非加长也，而见者远；顺风而呼，声非加疾也，而闻者彰。假舆马者，非利足也，而致千里；假舟楫者，非能水也，而绝江河。君子生非异也，善假于物也。"作为荀子的学生，李斯自有师承荀子的地方，看到了借势的重要，平台的关键，但却投机钻营，流于小道。

二、佐秦统一，居功至伟

1. 游说秦王，首战告捷

入秦后，李斯先是成为吕不韦的舍人，后抓住有利时机向秦王进谏："胥人者，去其几也。成大功者，在因瑕衅而遂忍之……今诸侯服秦，譬若郡县。夫以秦之强，大王之贤，由灶上骚除，足以灭诸侯成帝业，为天下一统，此万世之一时也。今怠而不急就，诸侯复强，相聚约从，虽有黄帝之贤，不能并也。"李斯纵论天下形势，一语中的，三句话不离本心，强调时机的重要性。李斯以出色的辞令、卓越的见识最终赢得了秦王的赏识和信任。"秦王乃拜斯为长史，听其计，阴遣谋士赍持金玉以游说诸侯。诸侯名士可下以财者，厚遗结之，不肯者，利剑刺之。离其君臣之计，秦王乃使其良将随其后。秦王拜斯为客卿。"秦王听取李斯的计策，使用"离间计"，成功地挑拨了各个诸侯国君臣的关系，为日后秦国统一天下奠定了基础。此后，李斯更加得到了秦王的信任和重用，很快便官居客卿。

2. 书谏逐客，切中肯綮

可正当李斯人生顺遂之际，就碰到了第一个障碍。韩国派郑国给秦国修渠道，假借此事来窃取秦国机密，相当于间谍身份，但后来被发现。这时，秦国的宗室大臣向秦王上书，"诸侯人来事秦者，大抵为其主游间于秦耳，请一切逐客。"王公大臣认为六国来秦的人大都是间谍，应该将他们全部驱逐。秦王听取了这个意见，准备全部驱逐，李斯亦在此列。听闻此消息之后，李斯并没有放弃，而是奋笔疾书，写成了名传千古的《谏逐客书》。鲁迅曾评价道："秦之文章，李斯一人而已"①。此文从秦国立足统一天下这个伟业出发，到"中原诸物不出于秦，而秦用之，犹人才不出于秦，而秦不用，反复议论"②。最后成功地让秦王废除了逐客令，为秦国留住了大量的能人志士。"秦王乃除逐客之令，复李斯官，卒用其计谋，官至廷尉。二十余年，竟并天下，尊主为皇帝，以斯为丞相。夷郡县城，销其兵刃，示不复用。使秦无尺土之封，不立子弟为王，功臣为诸侯者，使后无战攻之患。"在秦王除逐客令之后，李斯升至廷尉。在李斯的帮助下，秦国在二十余年之后，消灭六国，统一天下，李斯也被任命为丞相。

3. 力驳分封，定制颁法

在秦始皇统一天下后，李斯协助秦王"明法度，定律例"，"攘四夷"，巩固了秦国的地位。公元前 213 年，秦始皇在咸阳宫设宴招待群臣。席间，淳于越进谏，提出"封子弟功臣"，法先王，学古法。当时不少大臣也认为原楚国、燕国、齐国等地的领土都远离秦国，主张实行分封，授各地贵族予世袭的诸侯名份，惟身为廷尉李斯认为分封制是周朝诸侯混战的根源，已经被证实是一个政治灾难。周王室的亲戚一旦取得了他们的土地，立刻互相疏远和进行战争，而天子则无力阻止他们，所以结论是"置诸侯不便"。在李斯的建议下，秦始皇设三十六郡，每郡有守（相当于省长）、尉（相当于防区司令）和监（相当于监察专员）各一。郡下辖县；郡（守）与县（令），由皇帝直接任命。郡县制下的郡守和县令都是由皇帝直接任免，从而使君主有效地加强了中央集权，有利于政治安定和经济发展。李斯力主的郡县制从根本上否定了分封制，使功臣没有了实际封邑，限制和削弱了秦国军功贵族的实力，打破了西周以来分封割据的状况，加强了中央对地方的管理。

4. 上书秦始皇，实行愚民政策

在否定分封制的基础上，李斯认为"五帝不相复，三代不相袭"，"不师今而学古，以非当世，惑乱黔首"。于是向秦始皇上书，主张推行"焚书令"和"禁私学"，以便使人民愚昧无知，使天下人无法用古代之事来批评当朝。"臣请史官非秦记皆烧之。非博士官所职，天下敢有藏《诗》《书》、百家语者，悉诣守、尉杂烧之。有敢偶语《诗》《书》者弃市。以古非今者族。吏见知不举者与同罪。令下三十日不烧，黥为城旦。所不去者，医药卜筮种树之书。若欲有学法令，以吏为师。"违令者被判处黥刑并罚做筑城苦役，"聚谈诗书"则斩首，"是古非今"则灭族。李斯为了加强整个帝国的中央集权统治和思想统一，同时也为了巩固自己的地位，垄断知识文化，推行愚民政策，严重阻碍了文化的发展和多样性，造成了

---

① 鲁迅：《鲁迅汉文学史纲要》，人民文学出版社 1977 年版，第 78 页。
② ［宋］陈骙，［宋］李涂：《文则文章精义》，人民文学出版社 1960 年版，第 60 页。

文化传承的断裂。李斯受到秦王嬴政的重用后，以卓越的政治才能和远见，辅助秦王完成了统一六国的大业，顺应了历史发展的趋势。秦朝建立以后，李斯升任丞相。他继续辅佐秦始皇，在巩固秦朝政权、维护国家统一、促进经济和文化的发展等方面做出了卓越的贡献。可以说，李斯确实是一位具有深谋远虑的政治家，具备治理国家的才干与远见。但是他建议实行的愚民政策，钳制文化，剿灭读书人，其所作所为像恶性肿瘤，给中国文化带来的痼疾贻害千年。

三、出卖灵魂，为虎作伥

李斯由上蔡布衣，闾巷之黔首，位至三公之尊，一人之下万人之上，可谓富贵冲天。李斯也曾喟然叹曰："当今人臣之位无居臣上者，可谓富贵极矣。"但他同时也认识到："物极则衰，吾未知所税（脱）驾也。"认识到这一点之后，李斯开始为自己的前途担忧。如果此时他能够功成身退，那么他的人生将会截然不同，也会流芳千古。但李斯所信奉的"仓鼠哲学"是不会允许自己退位的，挖空心思也要追求更高的权力和地位。事实也正如李斯所担心的那样，当他身居高位时，也正是他人生悲剧的开端。为了保住自己的地位，李斯开始出卖自己的灵魂，走进了人生悲剧的舞台。

1. 合谋矫诏，为二世帮凶

始皇三十七年（前 210 年），秦始皇生平最后一次出巡。李斯、胡亥、赵高从行，冯去疾留守。巡游时秦始皇在途中突然去世，遗诏令公子扶苏主持葬礼，意即使之返都即位。此时扶苏正在上郡督促蒙恬的军队，管理诏书的赵高却发动了阴谋，威胁李斯，隐瞒秦始皇死讯，矫诏处死扶苏与蒙恬。回到咸阳后，他们拥立公子胡亥为皇帝，这就是著名的沙丘政变。在这次政治阴谋中，可以看到李斯的一个心理变化过程。先斥赵高之言为"亡国之言"——责令曰："君反其位！"——劝说："君其勿复言，将令斯得罪。"——告诫赵高道："斯其犹人哉，安足为谋！"——最后垂泪太息道："嗟乎！独遭乱世，既以不能死，安托命哉！"从盛怒到最后的完全认命，这是李斯人生重要的转折点，也是他人生的一大污点。扶苏本为秦始皇长子，又有始皇遗诏，本来就是当之无愧的新皇帝。但李斯认识到他与扶苏的亲密关系不如蒙恬兄弟，且在思想倾向上和自己相左。扶苏若继承大统成为二世，和扶苏交好的蒙氏兄弟定会各种升迁。扶苏继位后，李斯即使能继续当丞相，权力也有可能被削弱——这正是李斯不愿看到的。加之又有赵高的游说和胡亥的保证，李斯本身就十分推崇权势，为了保住自己如今的地位，他最终决定铤而走险，与赵高胡亥合谋矫诏。

2. 上《督责书》，助纣为虐

在胡亥即位之后，赵高日益掌握大权，李斯的地位受到了严重威胁。秦二世听从赵高之计实行严苛峻法、荒淫无度，群臣人人自危，人民苦不堪言。李斯明知此有亡国之祸，但他却为保全官位，曲意迎合，卖身投靠，甚至上《督责书》，助纣为虐，最终也成为自己的掘墓人："故韩子曰"慈母有败子而严家无格虏"者，何也？则能罚之加焉必也。故商君法，刑弃灰于道者。夫弃灰，薄罪也，而被刑，重罚也。彼唯明主为能深督轻罪。夫罪轻且督深，而况有重罪乎？故民不敢犯也。""书奏，二世悦。于是行督责益严，税民深者为明吏。刑者相半于道，而死人日成积于市。杀人众者忠臣。"为了迎合秦二世，李斯在《督责书》中怂恿胡亥"行督责之术"，强调对百姓实行严苛的刑法，以此来维护天下的稳定。将法家的学说推向了极端，已经没有了"以法治国"的初衷。可见，为了保住自己的地位，李斯竭力明哲保身，在与赵高的斗争中，一直显得软弱无能。他盲目上书，虽然得到了短暂的安稳，却引来了整个政局的动荡。但就算这样忍辱偷安，他还是落得了一个十分悲惨的结局。

秦二世胡亥为了修阿房宫，征发徭役，把人民推向苦难的深渊。在陈胜吴广的倡导下，各地反秦起义风起云涌，为了统治阶级的共同利益，李斯同右丞相冯去疾、将军冯劫劝秦二世胡亥停建阿房宫，减少一些徭役。当时，秦二世正与宫女宴饮作乐，见李斯等人上书十分恼怒，下令将他们逮捕入狱。当李斯被赵高所害、囚于狱中时，他仰天而叹曰："嗟乎！悲夫！不道之君，何可为计哉！昔者桀杀关龙逢，纣杀王子比干，吴王夫差杀伍子胥。此三臣者，岂不忠哉！吾必见寇至咸阳，麋鹿游于朝也。"可当他意识到这一切，为时已晚。李斯在狱中多次上书，都被赵高扣留。赵高借机诬告李斯与其儿子李由谋反，对李斯严刑拷打，刑讯逼供。李斯被迫承认谋反，在秦二世二年（前208年）七月被杀，夷灭三族。

4、临死悲鸣，千古鉴戒

在秦始皇病逝和沙丘政变之后，李斯从权倾朝野的丞相到阶下囚再到被"具斯五刑，论腰斩咸阳市"，仅仅用了两年的时间，其兴也勃，其亡也速。李斯出狱临刑之际，后悔莫及，他向着自己的次子哀叹道："吾欲与若复牵黄犬俱出上蔡东门逐狡兔，岂可得乎！"李斯的一生就在"黄犬叹"中落下了帷幕。

李斯当初向荀卿学习帝王之术，是为了建功立业，但功成名就后却曲意逢迎。由一个帮助秦始皇成就大业的奇才，在欲望的驱使下助纣为虐，最后满身污点，凄惨离世。从表面上看，李斯之死是不满秦二世横征暴敛，上书劝诫，惹恼了正在饮酒作乐的胡亥，被打入大牢。其次，由于胡亥贪图享乐，不理政事，残暴昏庸，不懂帝王之术，受制于指鹿为马的赵高。加之，赵高的权力欲很强，为了铲除异己，独揽大权，步步设陷，让李斯得罪胡亥，然后进献谗言，伪造证据，屈打成招。但其实最终导致李斯身死灭族的根源还是李斯本人对权力的渴望和极度的自私。李斯有的是聪明才干，也有的是权力，他完全可以粉碎赵高、胡亥的阴谋，但他害怕扶苏上台，自己失去权势，于是与赵高沆瀣一气，狼狈为奸。秦国政权的覆灭和李斯自己的惨死，不是覆灭惨死于敌人的强大，而是覆灭惨死于李斯私心的极度膨胀。

　　观李斯一生，他由一闾巷布衣，辅佐秦始皇统一六国，创建制度，位列三公；秦始皇死后，因畏祸贪权而卖身投靠，杀扶苏，立胡亥，助纣为虐，从而导致四海沸腾，农民起义风起云涌，到最后一身不能自保，被赵高、胡亥所杀。司马迁批判了李斯贪求功名富贵，一切以个人得失为转移的极端自私、懦弱的可耻本性。李斯的功绩本可以同周公、召公并列，但却落得身败名裂的悲惨结局。孔子说："鄙夫可与事君也与哉？其未得之也，患得之。既得之，患失之。苟患失之，无所不至矣。"① 养虎遗患，玩火自焚，真是让人唏嘘感慨！

① 杨伯峻：《论语译注》，古籍出版社 1958 年版，第 193 页。

《史记》文学艺术研究及其他

《史记》情感论

＊本文作者魏耕原。西安培华学院人文与国际教育学院教授。

《史记》抒情性，历来受到论者特别关注，然一部皇皇通史大典，当然绝对要以叙述为主要目的。作者对历史的判断与情感，只能倾注在原始察终、见盛知衰的历史陈述中。虽然其中情感激切谁都感受到，然探究却颇棘手，所以，是热点也是难题。且所见不同，分歧亦多，这似乎成为永恒的命题，值得不断思考，相继阐发。

一、寓情感于叙事之中

顾炎武曾提出《史记》寓论断于叙事[①]，《史记》抒情亦未尝不如此。司马迁对历史变迁与历史人物，不仅有深刻的思考和感慨，而且持以饱满的热情，他在《十二诸侯年表序》开头即言："太史公读《春秋历谱谍》，至周厉王，未尝不废书而叹也"。这是对时代兴废的感慨。又在《孟子荀卿列传》打破自己撰史惯例，先置一传序，开头同样即言："余读孟子书，至梁惠王问'何以利吾国'，未尝不废书而叹也。"这是对治乱的大感慨，因他认为"利诚乱之始"。还在《儒林列传序》的开头说"余读功令，至于广厉学官之路，未尝不废书而叹也。"这是对国家政

[①] 顾炎武：《日知录》卷二十六"史记于序事中寓论断"条说："古人作史，有不待论断而寓序事中，即见其指，惟太史公能之。《平准书》末载卜式语，《王翦传》末载客语，《荆轲传》末载鲁勾践语，《晁错传》末载邓公与景帝语，《武安侯田蚡传》末载武帝语，皆史家于序事中寓论断法也，后人知此法者鲜矣。"见黄汝成：《日知录集释》，世界书局 1936 年版，第 590 页。

令制度的深慨，这三次"废书而叹"，无论是古代史还是近代史，或是官制政策，始终以史学裁断眼光予以深切关注，而且以饱含情感的语言付诸笔墨。除了对历史抱有深切的大感慨外，同时借记载历史人物的痛憾，以发己之情感。《乐书序》发端即言："余每读《虞书》，至于君臣相敕（告诫），维是几安，而股肱不良，万事堕坏，未尝不流涕也。"这是看到君臣关系对国家大政具有重要作用，而深有感慨，情动于衷，不能自已。《乐毅列传》的"太史公曰"即说："始齐之蒯通及主父偃读乐毅之报燕王书，未尝不废书而泣也。"这是借他人不得于君的感泣，以浇自己心中的块垒，不，进一步说，应当是以历史人物来代替自己的感泣。在《屈原贾生列传》的"太史公曰"还说："余读"《离骚》《天问》《招魂》《哀郢》，悲其志。适长沙，观屈原所自沉渊，未尝不垂涕，想见其为人。"他理解历史也遗憾历史，对他笔下的传主，无不充斥爱憎分明的情感。他既然叙述历史和记录人物事迹，他就有了对历史材料取舍选择的权利。他的秉笔直书也有详略与安排，他又以大散文家的如椽之笔，以简朴激荡饱含感情的语言叙说历史与刻画人物，恪尽了史家与文学家的天才。

　　《史记》的情感，首先体现在对那些可歌可泣的"倜傥非常"之人物的同情与赞美。他叙写的廉颇是"忠实的老军人"（梁启超语），为赵国立下赫赫战功，晚年不被赵悼襄王所用，不得已奔魏，久之又未被信用，当时：

　　　　赵以数困于秦兵，赵王思复得廉颇，廉颇亦思复用赵，赵王使使者视廉颇尚可用否。廉颇之仇郭开多与使者金，令毁之。赵使者既见廉颇，廉颇为之一饭斗米，肉十斤，披甲上马，以视尚可用。使者还报王曰："廉将军虽老，尚善饭，然之三遗矢矣。"赵王以为廉颇老，遂不召。

这节文字冷静极了，也简朴极了！作者也无暇在跳荡的叙述中介入感情，也不忍以携带任何肯否意念以示对老将不尽惋惜，打断简略客观的叙写，甚至连外露倾向的一个字眼也看不到，然而却打动了许多人。辛弃疾即言："凭谁问，廉颇老矣，尚能饭否"——廉颇老将在异国，赵王尚且使人探问——而自己连问的人也没有，辛词的"读后感"很感人，而引发他这番同感的这种极客观的叙述，充实着动人的魔力。赵国因被秦兵数困，"赵王思复得廉颇"，而"廉颇亦思复用赵"，拿手的顶真，精彩的反复，叙说得多么情致绵绵，而且"一饭斗米，肉十斤"的夸张，读者不会计较多少，唯觉其老当益壮，英风犹在。"披甲上马"后该刺杀一番，硬是控制住了，因为对于名将是多余的，何况使"思复用赵"有了间隙，舒缓了叙述的节奏，只虚笼一笔，"以视尚可用"就够了。使者"虽老，尚善饭"，还算是如实的汇报，然"虽"字埋下了伏笔，"尚"字有多么勉强，而"顷之三遗矢"却是要老将军的命，并且有"与臣坐"为证。老将太忠实了，也想不到如果予使者金，就会机会再来。只想信他的马上演示会打动使者，也会打动赵王。然而赵王终于"以为老"，廉颇就这样失去了适逢其时的机会。后为楚将，又"无功"，盖不能信用，渴望回赵说："我思用赵人。"最后"卒死于寿春"。这真是余

音袅袅，让人感慨唏嘘！这些简括叙说与交代，简朴到不能再简朴，浸透了多少
同情之泪，首尾三个"思"字，真能催人泪下。

　　《李将军列传》也是感发人的得意文字，比起廉传更属超乘。李广身经七十
余战，司马迁又是叙述战争的高手，像写项羽垓下之围，比善叙战争的《左传》
有过之而无不及，但只写了真刀真枪的三战，付诸文字并不多。而随大将军击匈
奴一战，因卫青与汉武帝上下齐手，故因措置不当并没赶上围剿，其间曲折却予
以特别的详叙，甚至于有些"冗长"沉闷，因李将军就死在这一次不战之战中，
最后因"不能复对刀笔之吏"而自刭。于是"广军大夫一军皆哭。百姓闻之，知
与不知，无老壮皆为垂涕"，在传后的"太史公曰"里又特意重复了一番。如果联
系传首文帝的"惜乎，子不遇时"，以及公孙昆邪的"李广才气，天下无双"云
云，李广没有死在"数与虏敌战"之中，而被汉廷逼死，这正是特详于此的原因。
不平之鸣流淌在看似平静的叙事之中，《史记》文字向来"热"，这时却"冷"得
出奇。等到"一军皆哭"，百姓"皆为垂涕"，我们想司马迁的笔在疾驰中颤抖，
泪水会打湿笔下的竹简。在叙事不待言情能把情感浸含到如此程度，同样属于
"唯太史公能之"。

　　像《魏公子列传》在《史记》里可算是热情洋溢的名文，而写请侯嬴一节，
委屈备至。其中侯嬴故意絮谈磨蹭，从骑的窃骂，而"公子色终不变"，回至家的
"宾客皆惊"，以及侯嬴的一番感慨，市人皆以"公子为长者能下士也"，作者只是
忙着叙说故事，全是客观叙述，犹如记者的一场"录像"，绝对没有自己的声音，
而把魏公子礼贤下士，乃至于"夷门抱关者"——一个看管城门的老头，给予了
十二万分的礼赞，"神理处处酣畅，精神处处焕发，体势处处密栗，态味处处秾
郁，机致处处飞舞，节奏处处铿锵"[1]，而这一切热情以至热烈的礼赞，"曲折甚
多而不觉其琐碎"（陈衍《史记文学研究法》），全从旁观者的静观默察中流出。只
觉其人虚衷折节，全从好客之心性中流出，而作者赞美之热情却洋洋纸上。

　　而《赵世家》中的"赵氏孤儿"的故事，写程婴与公孙杵臼，着重于两人
"死易，立孤难耳"的对话，先写公孙之死。孤儿赵武成人后，又以程婴"我非不
能死"云云，写足两人视死如归、舍死求义的精神，又是极客观的文字，比起写
魏公子，更是一片冷文，然赞美之热情如冰下之潜流，虽然不动声色，却是生气
凛然，让人肃然起敬。而赵国代代递承，不知有多少事叙出，而特意于保孤絮絮
标出，也正见出张扬"死义"之浓墨重彩的用意。他如《管晏列传》中晏子对越
石父与车夫的举荐，《韩长孺列传》韩安国受辱于狱吏田甲，复出后而"卒善遇
之"，《张释之冯唐列传》中，王生在朝廷众目睽睽之中要张释之为之"结袜"，都
是在平静中叙述出，然而无不寄予作者深情与用意。至于像饱含感情的《项羽本
纪》《刺客列传》那样的大传长文，更是可歌可泣，都是情深独至之作。

　　《史记》讥笑与嘲弄讽刺，也是绝佳文字，特别高明的是，同样在不动声色

_____

① 汤谐：《史记半解》，商务印书馆 2013 年版，第 164 页。

中，倾露出鲜明的爱憎。《高祖本纪》写出许多怪异荒诞，诸如刘邦的"左股七十二黑子"，赊酒、老父为一家相面、斩蛇等等，甚至于逃匿"所居上常有云气"，等到举事反秦。诸父老都认为"平生之所闻刘季诸珍怪，当贵"，便推举他领头。一篇开国领袖的大文，本要写其豁达大度，不仅有如此怪异，且在开头即言其母于雷电晦暝中与蛟龙野合而"遂产高祖"，这些故事写得很逼真，以至于不少论者以为作者有天命论或迷信思想，实际是刘邦于人心反秦的乱世，为将来起事而预先制作的"天子广告"，包括以后的史书，每每盛言帝王出生的怪异，都是对此的误解。因为写得太冷静了，而没有看出属于讥讽文字。而在斩蛇后人传为"赤帝子斩之"，于是"高祖乃心独喜"。吕后每次寻找匿逃的刘邦，"常得之"。高祖怪问之，说是"居上常有云气"，而"高祖心喜"，于是"沛中子弟或闻之，多欲附者矣"。这不是一场精心设置的"双簧戏"吗，真是讥讽入骨！

被人盛赞的互见法，也是司马迁讽刺的利器。在《萧相国世家》里说："高祖以吏繇咸阳，吏皆送奉三钱，何独以五。"到了登上皇帝大位，大封功臣时，视功臣为"功狗"，独称萧何为发踪指示的"功人"，自然要列第一，并"悉封何父子兄弟十余人，皆有食邑"，而且"乃益封何二千户"，多封赏的原因是"以前帝繇咸阳时何送我独赢（多）钱二也"。《高祖本纪》所说的"喜施，意豁如也。常有大度"，于此便讥讽得淋漓尽致。在《楚元王世家》里说"高祖微时"，常带宾客到嫂家打秋风，次数多了生厌，嫂就把锅铲得声响，客去，则发现"尚有羹"，便"由此怨其嫂"。"及高祖为帝，封昆弟伯子独不得封"。还因太上皇老爸出面，则言"某非忘封之，为其母不长者耳"，于是乃封其子为"羹颉侯"。"羹颉"原为山名，"颉"有克扣义，其引申义就是给人喝稀饭还要克扣，就挖空心思想了这个"封号"，高祖的"豁达"便由此可见了。

最高明的讥讽，要算《万石张叔列传》。说万奋退休，岁时朝见，过宫门"必下车趋，见路马必式焉"。子孙为吏回家看他，"必朝服见之，不名。子孙有过失，不谯让，为便坐，对案不食。""上赐食于家，必稽首俯伏而食之，如在上前"。确实到了"恭谨无比"的程度，他的几个儿子都恭敬至极，其中小儿子为太仆，"御出，上问车中几马，庆以策数马毕，举手曰：''六马'。庆于诸子中最为简易矣，然犹如此"。而且叙万奋毕，还言："万石君家以孝谨闻乎郡国，虽齐鲁诸儒质行，皆自以为不及也"；叙石庆事毕则言："为齐相，举齐国皆慕其家行，不言而齐国大治，为立石相祠"。这是刺还是美，简直看不出来。然看石庆为相，武帝诸臣"更进用事，事不关决于丞相，丞相唯谨而已。在位九岁，无能有匡言"。长子石建为郎中令，"事有可言，屏人恣言，极切；至廷见，如不能言者。"结果"是以上乃亲尊礼之"。至此，是美是刺，便有觉察，寓讥讽"佞巧"于外似夸美之中，真是能控住感情！因他本来看重的"倜傥非常"之人物，由此可见有多种笔墨，以寄托自己的对历史人物肯否与情感。

总之，无论美刺，无论文字的冷热，无论叙事的舒缓与跳荡，司马迁都能把自己的爱憎寄寓其中，几乎很少看到不关痛痒的冷漠行文，这正是鲁迅所说的

"史家之绝唱，无韵之《离骚》"。其所以以言情之长发而为史，"惟不拘于史法不囿于文字，发于情，肆于心而为文"（鲁迅《汉文学史纲要》），这也正是与后世史书绝然不同的地方。

二、寓爱憎于议论之中

史家要求秉笔直书，方为"实录"。《史记》"不虚美，不隐恶，故为之实录"。（班固语），但《史记》又显得爱憎异常分明，而史家都以不动声色的冷静叙事为根本，以所谓"言罕褒讳，事无黜陟"为基本原则，司马迁却把爱憎灌注笔端，故贬者谓为"谤书"，然并无以一己之私而改变历史，却反而使僵硬的历史"活"了起来，使三千年可歌可泣之人物有血有肉，把史家记实的"冷"与文学家感情的"热"结合起来。《左传》是"冷"的上乘，《战国策》的恣肆有些"热"，司马迁把这些都继承起来，冷的时候写得极冷，热的时候写得极热，歌哭喜怒，肆心为文，成功解决了史学与文学的矛盾，这需要极大勇气，有敢于直面历史与现实的魄力。

史家拒绝感情，也拒绝显示陟黜的议论。《史记》不仅有深刻的议论，而且议论同样浇铸着感情。七十列传开卷首篇所写的《伯夷叔齐列传》，弟兄俩让国饿死，原本无关"原始察终，见盛知衰"的殷周替革的历史进程，甚或连"保孤"程婴与公孙杵都不及，司马迁却要为之立传，而且置于列传之首。然而与其说是记述一生大事的传记，不如说是一篇"质疑好人何以没有好报"的论文，要从此追寻三千年可歌可泣的人物为什么遭遇都那么令人无限惋惜的原因。其次以此揭示贯穿一部大书的要义与衡量历史人物，要以"尚义"为标尺，正如他在《太史公自序》里所说的此传为"末世争利，维彼争义"而作①。职是之由，特立此传，发而为论。这种写法，在《左传》《战国策》《国语》里都没有，只有《诗经》的二《雅》以议论为诗，司马迁也就继承下来，因他的《史记》原本就有"无韵之离骚"的特征②。

他以为伯夷、叔齐，可谓善人，颜回可谓好学，然或饿死或早卒。而盗跖竟以寿终，"是遵以何德"？于是提出："若至近世，操行不轨，专犯忌讳，而终死逸乐，富厚累世不绝。或择地而蹈之，时然后言，行不由经，非公正不发愤，而遇灾祸者，不可胜数也。余甚惑焉，傥所谓天道，是邪非邪？"这是以针对现实好恶颠倒发出悲世之大感慨，非发一己之屯艰的愤世之论。所以，"大史公文，悲世之意多，愤世之意少，是以立身常在高处"（刘熙载语）。与此相关的，是秉持"君子疾没世而名不称"的理念，也就是如何建功立业，以为"闾巷之人，欲砥行

---

① 刘熙载：《艺概·文概》："'末世争义，维彼弃义'，太史公于叙《伯夷列传》发之。而《史记》全书重义之旨，亦不异是。"上海古籍出版社 1978 年版，第 10—11 页。

② 刘熙载说："学《离骚》得其情者为太史公，……离形得似，当以史公为尚。"同上，第 11 页。

立名者，非附青云之士，恶能施于后世哉?"这是汉代赋予的历史使命，司马迁其所以忍辱含诟就是要完成"传之后世"的《史记》。此传议论用了近乎诗一般语言，在议论中倾注了心中的积郁。在他看来，凡是特立独行者，能做出一番大事业的人，名称后世者，即值得大笔金书。这正是借此传而要发挥的另一看法。

《屈原贾生列传》也是议论多于叙事，且看下面诗一般议论：

> 屈平疾王听之不聪也，谗邪之蔽明也，雅曲之害公也，方正之不容也，故忧愁幽思而作《离骚》。《离骚》者，犹离忧也。夫天者，人之始也；母者，人之本也。人穷则反本，故劳苦倦极，未尝不呼天也；疾痛惨怛，未尝不呼父母也。

这段议论加上叙述，就像散文诗一样，或者说以诗语发为议论。其中九个"也"字长声慢调，发为感慨。展示人在困苦屯艰时痛苦心情，他真是屈原之知音!《屈传》叙事无多，因史料所限。故此议论与言情结合，在《史记》里也算是很特殊的一篇文字。

《史记》更多的是，看是叙事，实似论断，看似论断，实则言情。这些地方，往往具有深意，富有多方面的功能。《商君列传》传未说，支持变法的秦孝公卒。反对变法的太子立。谓商鞅欲反，发吏捕之。他逃到关下，欲往客舍。"客人不知其是商君也，曰：'商君之法，舍人无验者坐之。'商君喟然叹曰：'嗟呼，为法之敝一至此哉!'"这种叙事，实际上是对其人与变法的论断，这种喟叹的形式，本身就带有情感，是一种抒情的形式，如本文开头所示，无不是一种感情的表达。刘熙载说："《画诀》：'石有三面，树有四枝。'盖笔法须兼阴阳向背也。于司马子长文往往遇之。"[1]司马迁的叙事，正是兼有"阴阳向背"的作用，寓情感于议论中，此处可见。

还有顾炎武所说的，如《魏其侯列传》的结尾，汉文帝听到田蚡与淮南王勾结，便发狠地说："使武安侯在者，族矣。"这是叙事，也是对田蚡其人的论断，同时也借他人之口表示了作者的厌憎。《袁盎晁错列传》里，七国借清君侧为名叛反，晁错被诛，景帝问邓公吴楚罢兵否。邓公曰："吴王为反数十年矣，发怒削地，以诛错为名，其意非在错也。且臣恐天下士禁口，不敢复言也!"上曰："何哉?"邓公曰："夫晁错患诸侯强大不可制，故请削地以尊京师，万世之利也。计画始行，卒受大戮，内杜忠臣之口，外为诸侯报仇，臣窃为陛下不取也。"于是景帝默然良久，曰："公言善，吾亦恨之。"这是对当时大事的记述，作者赞同所以详记其事，既是对吴楚七国之乱的论断，也是为晁错鸣冤。要说言情，这里似乎谈不上，但如果联系《绛侯周勃世家》，景帝的刻薄在错杀晁错上又一次体现。景帝"默然良久"后之言，正写出刻薄人光景口吻。景帝对晁错削藩之谋始听之，旋斩之，后又悔之，即是对刻薄人反复无常的讽刺，其中情感只是轻轻一

---

① 刘熙载：《艺概·文概》，上海古籍出版社1978年版，第13页。

点，对景帝之不满，虽然隐伏，但还是能感受得出。至于《刺客列传》末载鲁句
践语："嗟呼，惜哉其不讲于刺剑之术也！甚矣吾不知人也！襄者吾叱之，彼乃以
我为非人也！"记言当然属于记事，但这也是对荆轲其人的评论裁断，而如此一
唱三叹的语调，情感就极浓烈。陶渊明《咏荆轲》的"惜哉剑术疏，奇功遂不成。
其人虽已没，千载有余情"，前两句就是此处的"再版"；后两句则是司马迁要说
没说出来的话。这里同样把叙事、论断、言情统一起来。

　　或者把叙、论、情交融起来，如水乳交融，几乎不辨彼此。《项羽本纪》最后
写道：

　　　　项王已死，楚地皆降汉，独鲁不下。汉乃引天下兵欲屠之，为其守礼
　　义，为主死节，乃持项王头视鲁，鲁父兄乃降。始，楚怀王初封项籍为鲁公，
　　及其死，鲁最后下，故以鲁公礼葬项王谷城。汉王为发哀，泣之而去。

从叙事看，这是对项羽身后的交代；从论断看，项羽并未失尽人心。正如垓下之
围中有落井下石的田父，也有雪中送炭的乌江亭长。而且"及其死，鲁最后下"，
这对刘邦只是发怵惊心，正像《田儋列传》末了言田横自杀，高祖"为之流涕"，
而拜田横二客为都尉，二客皆自颈，"高帝闻之乃大惊"，因田横客尚有五百人居
岛中。还有《季布栾布列传》，季布曾率楚兵"数窘汉王。及项羽灭，高祖购求布
千金，敢有舍匿，罪及三族"。这些都是公开的敌人，至于不公开者又不知凡几。
所以对鲁之"最后下"，他心里又是多么吃紧。至于为项羽"发哀"——宣示哀
悼，而且"泣之而去"，这与对田横自杀的"流涕"同出一辙，因为田横余党有五
百人远居海岛，而"鲁不下"又预示不知多少人尚未浮出水面，因而"发哀"不
过演示给那些不露面的政敌看。因为这些人不知在何处，也不知叫什么名字，只
能用眼泪收买了。牛运震对此说："'项王已死'以下数段，回旋缭绕，此太史公
痛惜项王也，中有无限唏嘘之神。'汉（王）乃引天下兵欲屠之'，按：汉王何至
于此，此自为鲁后降壮气势耳。"[1] 就把此处的抒情说得至为透彻。

　　总之，《史记》在记事中不能没有论断，而论断最佳的方式是通过叙事表现
出来。而司马迁又是富有诗人的情感，"第论其恻怛之情，抑扬之致，则得《诗三
百篇》及《离骚》居多"[2]。而情感的寄托必然通过叙事发抒，三者结合密切自
然，这应当是《史记》兼有史家与文学家的极大本领！

三、"太史公曰"的抒情

　　《史记》在篇后大多用"太史公曰"总束上文，既是对历史人物的功过的评
断，也常于其中补其传中所未叙之事，尤其发抒了对传主批评或赞扬。后世称为
论赞或传论。这些微型评论，几乎是绝佳的史论小品，又美如抒情诗一般。于是

----

　　① 牛运震：《史记评注》，三秦出版社 2011 年版，第 56 页。
　　② 刘熙载：《艺概·文概》，上海古籍出版社 1978 年版，第 12 页。

论断、言情、补叙泾渭分明，又相融无间。他的这种写法每为论者推崇，论赞也就成为正史必不可缺少的一环。

《留侯世家》的传论言："余以为其人计魅梧奇伟，至见其图，状貌如妇人好女。"这是从形貌补其传中之未叙，然而却把一个以退为进、以柔克刚道家式的智囊人物精神实质展露无遗。其前又有："上曰：'夫运筹策帷帐之中，决胜千里外，吾不如子房。'"如此论断又与形貌配合巧妙，相得益彰。这里有"好奇"的赞叹，也有对智囊人物的赞叹，甚或蕴含对以退为进的阴柔而有微意。《陈丞相世家》传论说："陈丞相平少时，本好黄帝。孝、老子之术。方其割肉俎上之时，其意固已远矣。"补充陈平为学宗向，并与传中"使平得宰天下，亦如是肉矣"回应。《绛侯周勃世家》传论言："绛侯周勃始为布衣时，鄙朴人也，才能不过凡庸。及从高祖定天下，在将相位，诸吕欲作乱，勃匡国家难，复之平正。虽伊尹、周公，何以加哉！"周勃原以织蚕薄为生，兼营吹箫办丧事，但后来却做出一番大事业。措语抑扬尽致，为"鄙朴人"发一感慨。在世家中，《孔子世家》赞语最见企慕向往之情：

> 《诗》有之："高山仰止，景行行止。"虽不能至，然心乡往之。余读孔氏书，想见其为人。适鲁，观仲尼庙堂车服礼器，诸生以时习礼其家，余低回留之不能去云。天下君王至于贤人众矣，当时则荣，没则已焉。孔子布衣，传十余世，学者宗之。自天子王侯，中国言六艺者折中夫子，可谓至矣！

这里对孔子致以至高无尚的礼敬！想见其人，低回不去，充满无限的向往的敬慕，并把君主与之相较，突出了"至圣"影响的深远。刘熙载说："《史记》叙事，文外无穷，虽一溪一壑，皆与长江、大河相若。"[1] 以此看此节文字，亦有同样特色。金圣叹说："赞孔子又别异样淋漓文笔，一若想之不尽，说之不尽也者，所谓观海难言也。"[2] 言之不尽则咏叹之，还是诗一样的文字，前以"高山""景行"（大道）为喻。后以称"至行"结束，情致不尽！

《管晏列传》传论言："方晏子伏庄公尸哭之，成礼然后去，岂所谓'见义不为无勇'者邪？至其谏说，犯君之颜，此所谓'进思尽忠，退思补过'者哉！假令晏子而在，余虽为之执鞭，所忻慕焉。"伏庄公尸哭与犯颜直谏，传中未载，皆见之于《左传》与《晏子春秋》。"执鞭"云云则与传中车夫事呼应，前两层点出晏子大节，后一层表示企仰，情致绵深，风雅中亦寓悲愤之思。《伍子胥列传》的赞语却别有一番风格：

> 怨毒之于人甚矣哉！王者尚不能行之于臣下，况同列乎！向令伍子胥从奢俱死，何异蝼蚁？弃小义，雪大耻，名重于后世，悲夫！方子胥窘于江上，道乞食，岂尝须臾忘郢邪？故隐忍就功名，非烈丈夫孰能致此哉？

① 刘熙载：《艺概·文概》，上海古籍出版社 1978 年版，第 12 页。
② 见程馀庆：《历代名家评注史记集说》，三秦出版社 2011 年版，第 703 页。

司马迁在《报任安书》里曾谓人之死，"有重于泰山，或轻于鸿毛，用之所趋异也"。说自己其所以"隐忍苟活"，是"恨私心有所不尽，鄙没世而文采不表于后也"。伍子胥"隐忍就功名"引起他的极大共鸣，故行文反复顿挫，紧凑而悲壮。突然发端之"怨毒"正是此传的中心。由传中一路写来，到此爆发出来。末了又称美为"烈大夫"，是为情至之文！此赞以议论为主。同样以议论为主的《汲郑列传》却抓住一点，不及其余：

> 夫以汲、郑之贤，有势则宾客十倍，无势则否，况众人乎！下邦翟公有言，始翟公为廷尉，宾客阗门；及废，门外可设雀罗。翟公复为廷尉，宾客欲往，翟公乃大署其门曰："一死一生，乃知交情。一贫一富，乃知交态，一贵一贱，交情乃见。"汲、郑亦云，悲夫！

此一方面补传中所未有，翟公事亦未见于他处。门客随时聚散的势态反复见于《史记》，如《廉颇传》《孟尝君传》《魏其传》《主父传》，均有相同的叙述，世态炎凉，多次引起他的感慨。作者深陷囹圄，援救无人，这在《报任安书》里有沉痛的感慨，所谓"亲近交游不为一言"。此处借翟公的话，对于市道之交给予针砭，愤然不满亦摇曳笔端。如汲、郑这样的重臣，亦不免遭此冷落，至于一般人还能说什么呢？这也是全书数见其义的原因。宾客对比的差异，使情感激动起伏不平。牛运震说："传中论断汲、郑已尽，赞语只就宾客盛衰作感慨，但述翟公之言，不更作断语，无限苍凉。"又言："太史公感慨深情，全为自己抒写，《报任安书》所谓'交游亲近，不为一言'也，传赞中往往及之。"① 赞语凡有感触于心者，往往感慨不尽，悲愤难以自抑，故往往每有涉及。而凡此处，均能引人唏嘘不已。

对于涉及生死以及受辱时，赞语亦复如此。李广因排挤而不愿上法庭，被逼自杀。《李将军列传》的赞语就极哀感：

> 传曰："其身正，不令而行；其身不正，虽令不从。"其李将军之谓也。余睹李将军悛悛如鄙人，口不能道辞。及死之日，天下知与不知皆为尽哀。彼其忠实心诚信于士大夫也。谚曰："桃李不言，下自成蹊。"此言虽小，可以谕大也。

悲抑愤慨之情难禁，"及死"云云数语本属传语，又言说一番。"天下尽哀"这是对李将军最崇高的哀悼，而他又是不善言辞的老实人，忠实于国家的老将，而死于非命，这怎能不让司马迁对他致以同情与尊仰？引《论语》及谚语皆为不善言辞而发，正指出李广不愿上法庭的原故，这又要让人感慨一番了。"传一代奇人，而以'忠实'为归宿"（李景星《四史评议》语），而把"忠实"人逼到绝路，就有些不得不愤愤然了。所以在李将军身上，我们总觉得投射有作者的影子。

在《季布栾列传》论赞中，称季布为"壮士"："然至被刑戮，为人奴而不死，

---

① 牛运震：《史记评注》，三秦出版社 2011 年版，第 367 页

何其下也！彼必自负其材，故受辱而不羞，欲有用其未足也，故终为汉名将。贤者诚重其死。夫婢妾贱人感慨而自杀者，非能勇也，其计画无复之耳。栾布哭彭越，趣汤如归者，彼诚知所处，不自重其死。虽往古烈士，何以加哉！"这是对生死的看法，与《报任安书》如出一辙，英布舍死而欲有为，栾布却舍生而要取义。司马迁许之"壮士"与"烈士"，亦是夫子自道其一怀心事。所以论者谓"彼必自负其材"云云，"真是自写胸臆，道得蚕室著书意思出"（牛运震语）。运笔又顿挫回旋，层层转折，气势疏健，可谓为"生死论"之史论佳制。

对于韩信这样举足轻重以反被诛的人物，不能不立一大传，又不能说他不反，作为史家，又不能为之鸣冤，而《淮阴侯列传》赞语就难乎其难了：

> 吾如淮阴，淮阴人为余言，韩信虽为布衣时，其志与众异。其母死，贫无以葬，然乃行营高敞地，令其旁可置万物。余视其母冢，良然。假令韩信学道谦让，不伐己功，不矜其能，则庶几哉，于汉家勋可比周、召之徒，后世血食矣。不务出此，而天下已集，乃谋畔逆，夷灭宗族，不亦宜乎！

用意可分三层：一言志大，二言功大，三明言其反，实则谓其冤屈最大。志大是实地考擦的结论。而功大先从否定出之，若不伐功矜能则"功勋烂焉"，这是明贬实褒；而其所以"夷灭宗族"，就是不知"谦让"，而所谓"叛逆"即由伐功矜能所致。以历史之假设而推论功高又不知"谦让"，故招来杀身之祸。实际是鸣其不平，措语进退极有分寸，外似一尊当时叛罪的定论，实则以皮里阴秋方式否定强加之罪名。把真真假假的话说到这个程度，也就是寓否定于肯定，寓真意于假设，出没隐显，文外有文，变化无方而耐人寻味，真需要一复而三反，方能得其实也！

《张耳陈馀列传》赞语，先谓两人是"世所称贤者"，即就是"宾客厮役"均为天下俊杰而为卿相。然后指出：

> 然张耳，陈馀始居约时，相然信以死，岂顾问哉？及据国争权，卒相灭亡，何乡者相慕用之诚，后相背之戾也！岂非以势利交哉？名誉虽高，宾客虽盛，所由殆与大伯、延陵季子异矣。

吴大伯避贤让国，季札贤而亦让国，都是"慕义无穷"的人物。张耳陈馀微时为刎到之交，为王时争权相残，势利之交与慕义让国，于此特作一大对比，使司马迁又发一大感慨。他以尚义衡量所叙写的历史人物，在是非分明的论断中，显示出追求人生高尚价值趋向。

总之，《史记》的论赞，不是对传记的概括或复述，亦非远距离的冷淡的评说，而是走进历史，直面各种人物，深切地亲近历史与现实，无论是肯定赞美或是指其不当斥其谬误，都是站在崇尚道义的高度俯察其功过。其次以有所作为为尺度，称扬他们"倜傥非常"的人生价值。无论褒贬陟黜，总是带着感同身受的情感，文字激扬，跌宕起伏，千古之下还能感受到其间以情使文的魅力。而与传文不同，其赞亦为各异，各具风格，变化不穷。即就是补写人物面貌，项羽的重瞳子，张良的貌似美女，李广的朴拙，都能显示内在的真精神且与论者情感交融。

综上所论，无论叙事、议论、传后的论赞，在《史记》中往往与作者的情感融铸为一体，所以才能叙事生动感发人心，议论情感充沛而启人深思，对历史人物的评判又是那样爱憎分明。缘于此才有"史家之绝唱，无韵之《离骚》"两美臻至的极致。亦职是之由，《史记》是一部"热史"，也是一部"冷史"，热者用来发扬赞美，冷者用于讽刺鞭挞。也是一部"情史"，感昭无数读者，并未局限于史学之域，展现一个天才多方面的才华，而永垂后世！

《史记》中的再创作选评

＊本文作者可永雪。内蒙古师范大学中文系教授。

一、引　言

在开始进行"《史记》上溯性比较"工程的时候，我曾写过一篇"《史记》上溯性比较论说"（载《司马迁与史记论文集》第一辑，陕西人民出版社 1994 年 9 月版）的文章。其中讲到，对《史记》的比较研究，古已有之，如南宋倪思的《班马异同》、刘须溪的《班马异同评》，明代许相卿的《史汉方驾》。不过这三部书有一个共同的特点，这就是它们都是属于下袭性比较，即把《史记》与在它之后，依据它改作编纂的《汉书》进行比较。然而，在我看来，觉得比这种比较更有意义的是上溯性比较，即将《史记》与在它之前的，《史记》所据以为素材的有关史料典籍如《尚书》《春秋》《国语》《左传》《战国策》以及《诗经》《论语》《孟子》《吕氏春秋》等加以比较对照更有意义。清末文论家吴汝纶有曰："班氏之采《史记》，其文能变易者盖寡，好事者犹列其异同为书，承学之士有取焉。若《太史公书》变易《左氏》，尤可观省，非班书比也。"（见《桐城吴先生文集》卷四、《记太史公所录左氏义后》）吴氏这话说得很有道理，可他这还只是就一部《左传》说的，如果把《史记》据以为史料素材的所有重要著作都拿来加以比较，那又将如何呢？！

经过一段思考和试作，我们认识到这种上溯性比较的意义和价值，决定开展这项工程。我们拟定先以《尚书》《国语》《左传》《战国策》为主，将《史记》相关的篇章与之并列，逐字、逐句、逐段、逐篇加以比勘对照，然后把比对出的问题，以按语的形式，逐章或逐篇（依具体情况而定）加以论说，每书各有总的结论，成为四部独立的专书；之后，再以《史记》为主，依《史记》的目次顺序，逐篇逐文，都找到原史料素材（包括已作过的四部书），与《史记》文并列，也进行逐字、逐句、逐段、逐篇的比勘对照和以按语形式加以分析论说，作出全书结论，做成一部总的《史记》上溯性比勘对照的著作。这样，这一工程要共成五部书。

我们从已经取得的进展和瞻望前景中看到，这项工程一旦完成，就将为学术界从史源学、历史学、文章学，以及历史语言学乃至古文今译等多方面对《史记》进行研究，提供一个凿凿可据的基础，又可以为自己从文学角度，特别是文学再创作角度的研究铺下一条平展的道路。

　　比勘对照，是一项烦琐又必须细心的笨功夫，它既要把《史记》与据以为素材的原作一字一句，一段一篇地逐一加以比对，是一件费力费时的苦差事；而尽可能把所有用到的原史料素材的来源、出处都找到，搞清楚，更是一件难度满大的事。不过，我们在实际操作中却时时发现其中不少改动，不止饶有兴味，而且发人深思；有些改作，又出人意表，其文心文脉，令人击节称赏。经多年的实践积累，统观《史记》对原史料素材所进行的改造制作，我们自信可以得出这样一个结论：这些加工改作，不只是历史编纂，同时有文学再创作。

　　说到这里，不由得记起早些年在一篇小文——《语文学习》1980 年第 4 期"《史记》《战国策》对照举例"里提出过的一个主意：出版社在编辑大中学校写作教材时，除精选范文之外，是否可以适当地把一些名作名篇原来的手稿或原来所依据的素材也附列在课本上或参考资料里，并酌加几句指点分析性的按语，以供学生揣摩和研习。

　　所以想到这样的主意，是因为我历来觉得比较是进行学习和研究的一个有效方法。一些名人大家都曾提出，学习写作，最引人入胜的办法之一是把一些知名作者的手稿拿出来与正式发表的作品进行比较对照，因为这样往往可以从寻绎作者删削增润、更动改作的立意与用心当中，悟出好多应该怎么写与不该怎么写的门道。我国过去一些诗话、词话、文论、笔记里，就有不少这方面的内容，每当读到，都获益匪浅。

　　正是由于这些因由吧，我在进行《史记》上溯性比较研究工程时，虑及此工程费力耗时，而读者对象限于专业人员，发行量有限，即使书成，何时能够出版也难以预料，故尔生出为何不把比勘对照工程中所得到的那些对于文章写作富有启发意义的精粹篇章选出一些来，略加评赏性的按语，编成一本写作参考性质的小册子，作为《史记》上溯性比较工程的副产品先行问世。多年积累，终于成型，名之为"《史记》中的再创作选评"，愿意把它作为大中学生和社会青年学习写作和熟悉古文的参考读物，提供给"好学深思"，对提高写作能力有兴趣的朋友们，期望能够对语文写作教育和古文知识的普及，略有小补，如果有的语文老师有兴趣，把它作为参考，融入或用于教学中去，则尤所厚望焉。

　　这本小书，依其性质、内容和目的，形式上设计为：第一步是原素材与《史记》成文的比勘对照，这是最基础也是需要读者自己多用心的。比勘对照的方式各种各样（如我们在 附录："关于比勘对照"所说），这里不可能也不必要一一开列，只能选其最简明适用者，即将原素材与《史记》成文同栏并列，原素材用宋体，《史记》文用楷体；第二步，在比勘对照之后我们写了"解读与赏析"，这既是我们自己比勘对照之后的心得体会，又是我们对《史记》再创作问题的探究与阐发，是我们用力之所在，希望它能够对读者有所启发和帮助，发挥点导读作用。

　　以下选录"郦姬害申生"一则以飨读者。

二、骊姬害申生

《春秋・僖公五年》：

僖公五年，晋候使以杀太子申生之故来告。

《左传・僖公五年》：

初，晋献公欲以骊姬为夫人，卜之，不吉；筮之，吉。公曰："从筮。"卜人曰："筮短龟长，不如从长。且其繇曰：'专之渝，攘公之羭。一薰一莸，十年尚犹有臭。'必不可。"弗听，立之。生奚齐，其娣生卓子。及将立奚齐，既与中大夫成谋，姬谓大子曰："君梦齐姜，必速祭之。"大子祭于曲沃，归胙于公。公田，姬置诸宫六日。公至，毒而献之。公祭之地，地坟。与犬，犬毙。与小臣，小臣亦毙。姬泣曰："贼由大子。"大子奔新城。公杀其傅杜原款。或谓大子："子辞，君必辩焉。"大子曰："君非姬氏，居不安，食不饱。我辞，姬必有罪。君老矣，吾又不乐。"曰："子其行乎！"大子曰："君实不察其罪，被此名也以出，人谁纳我？"

十二月戊申，缢于新城。姬遂谮二公子曰："皆知之。"重耳奔蒲。夷吾奔屈。

附：此事又见《国语》之史苏论骊姬必乱晋、献公将黜太子申生而立奚齐、优施教骊姬谮申生、申生伐东山、骊姬谮杀太子申生等章；《谷梁传》之僖公九年、十年，《吕氏春秋》上德章，《礼记》檀公上等都有有关载述。

《史记・晋世家》：

五年，伐骊戎，得骊姬、骊姬弟，俱爱幸之。

八年，士蔿说公曰："故晋之群公子多，不诛，乱且起。"乃使尽杀诸公子，而城聚都之，命曰绛，始都绛。九年，晋群公子既亡奔虢，虢以其故再伐晋，弗克。十年，晋欲伐虢，士蔿曰："且待其乱。"

十二年，骊姬生奚齐。献公有意废太子，乃曰："曲沃吾先祖宗庙所在，而蒲边秦，屈边翟，不使诸子居之，我惧焉。"於是使太子申生居曲沃，公子重耳居蒲，公子夷吾居屈。献公与骊姬子奚齐居绛。晋国以此知太子不立也。太子申生，其母齐桓公女也，曰齐姜，早死。申生同母女弟为秦穆公夫人。重耳母，翟之狐氏女也。夷吾母，重耳母女弟也。献公子八人，而太子申生、重耳、夷吾皆有贤行。及得骊姬，乃远此三子。

十六年，晋献公作二军。公将上军，太子申生将下军，赵夙御戎，毕万为右，伐灭霍，灭魏，灭耿。还，为太子城曲沃，赐赵夙耿，赐毕万魏，以为大夫。士蔿曰："太子不得立矣。分之都城，而位以卿，先为之极，又安得立！不如逃之，无使罪至。为吴太伯，不亦可乎，犹有令名。"太子不从。

十七年，晋侯使太子申生伐东山。里克谏献公曰："太子奉冢祀社稷之粢盛，以朝夕视君膳者也，故曰冢子。君行则守，有守则从，从曰抚军，守曰监国，古之制也。夫率师，专行谋也；誓军旅，君与国政之所图也：非太子之事也。师在制命而已，禀命则不威，专命则不孝，故君之嗣適不可以帅师。君失其官，率师不威，将安用之？"公曰："寡人有子，未知其太子谁立。"里克不对而退，见太子。太子曰："吾其废乎？"里克曰："太子勉之！教以军旅，不共是惧，何故废乎？且子惧不孝，毋惧不得立。修己而不责人，则免于难。"太子帅师，公衣之偏衣，佩之金玦。里克谢病，不从太子。太子遂伐东山。

十九年，献公曰："始吾先君庄伯、武公之诛晋乱，而虢常助晋伐我，又匿晋亡公子，果为乱。弗诛，后遗子孙忧。"乃使荀息以屈产之乘假道於虞。虞假道，遂伐虢，取其下阳以归。

献公私谓骊姬曰："吾欲废太子，以奚齐代之。"骊姬泣曰："太子之立，诸侯皆已知之，而数将兵，百姓附之，奈何以贱妾之故废適立庶？君必行之，妾自杀也。"骊姬详誉太子，而阴令人谮恶太子，而欲立其子。

二十一年，骊姬谓太子曰："君梦见齐姜，太子速祭曲沃，归釐於君。"太子於是祭其母齐姜於曲沃，上其荐胙於献公。献公时出猎，置胙於宫中。骊姬使人置毒药胙中。居二日，献公从猎来还，宰人上胙献公，献公欲飨之。骊姬从旁止之，曰："胙所从来远，宜试之。"祭地，地坟；与犬，犬死；与小臣，小臣死。骊姬泣曰："太子何忍也！其父而欲弑代之，况他人乎？且君老矣，旦暮之人，曾不能待而欲弑之！"谓献公曰："太子所以然者，不过以妾及奚齐之故。妾原子母辟之他国，若早自杀，毋徒使母子为太子所鱼肉也。始君欲废之，妾犹恨之；至於今，妾殊自失於此。"太子闻之，奔新城。献公怒，乃诛其傅杜原款。或谓太子曰："为此药者乃骊姬也，太子何不自辞明之？"太子曰："吾君老矣，非骊姬，寝不安，食不甘。即辞之，君且怒之。不可。"或谓太子曰："可奔他国。"太子曰："被此恶名以出，人谁内我？我自杀耳。"十二月戊申，申生自杀於新城。

【解读与赏析】骊姬害申生的悲剧，是春秋时期一则社会热门话题，是史家、舆论以及民间共同关注的重要事件。其中，作为官史的《春秋》，记有"晋侯杀其世子申生"一笔，《国语》记叙最详，可称繁本，《左传》简要，可称简本，《穀梁传》兼采异闻，可称别本；还有《檀弓》和《吕氏春秋》，是在《国语》《左传》基础上的提炼或改写。而《史记》则是综合、融会和汲取各本精华之后的加工再创作，其基本思路和情节框架多依据和采用《左传》。

在《国语》和《左传》里，骊姬谋害申生，只是骊姬整个篡国夺权大阴谋中一个组成部分——当然，她设下骗申生祭母归胙（福）而乘机下毒，反诬申生谋杀亲父的毒计，是其中的关键和核心部分，也是《史记》加工再创作的重点所在。

按照《国语》《左传》的记叙，骊姬篡国夺权的阴谋，实际上经历好多步骤，从离间、疏远申生与献公的关系，到支开申生去守曲沃，率领军队去伐霍、伐东山，伺机抓申生的过错、把柄，以使献公对申生产生猜忌和恶感，决心要废掉申生立奚齐为太子。这中间又有骊姬勾结和拉拢优施、二五等屑小为其出谋划策，制造舆论等情节，在《史记》里都被大大删略，而把重点聚焦于骊姬本身。

在展开骊姬设谋归胙（福）置毒以诬申生这一核心事件之前，与《国语》《左传》相比较，《史记》有两处显著的改动：一是加强了献公在整个事件中的主动性。在《国语》《左传》当中，提出使申生主曲沃和使申生率军伐狄的都是骊姬，不过前者是贿赂二五进说，后者是亲自出马，而《史记》这两件事都改为是献公自己主动："十二年，骊姬生奚齐。献公有意废太子，乃曰：'曲沃吾先祖宗庙所在，而蒲边秦，屈边翟，不使诸子居之，我惧焉。'""十六年，晋献公作二军，公将上军，太子申生将下军。""十七年，晋侯使太子申生伐东山。"这种改法，既合于骊姬之乱，关键的或说最终的决定权和责任在献公这样的基本事实，又自别于"女人祸水说"——司马迁是不赞成这一类的事情把责任都推在女人身上的；二是独出心裁，在"献公私谓骊姬曰：'吾欲废太子，以奚齐代之'"时加了一段骊姬提出异议的泣告：

> "骊姬泣曰：'太子之立，诸侯皆已知之，而数将兵，百姓附之，奈何以贱妾之故废适立庶：君必行之，妾自杀也。'"

一般被嬖爱者，如果听到"我想废掉太子，以你的儿子取代"的话，不知该多高兴，甚至会感恩不迭！而骊姬听到，却哭着表示异议，这不是有点令人奇怪么？再说，她的这番泣告，本是作秀，本是装假。可是你听，她所讲"太子之立，诸侯皆已知之，而数将兵，百姓附之，奈何以贱妾之故废适立庶？君必行之，妾自杀也。"这些话全都符合实际，符合当时情势，反映了人们的普遍认知，又都句句在理，堂堂正正。这里话虽不多，却足以使献公感到她的善良、贤慧和自制，感到她在政治上的成熟和识力。

只要稍事玩味，就不难考见她此番"异议"的真意。她的话突出了两点：一者申生作为太子在诸侯间、在国际上享有的地位和影响；二者，申生领兵作战的能力和他在民众中所得到的拥护。而这，正是骊姬所深虑的。她知道，如今献公虽然明确表态要行废立了，可要彻底扳倒太子，谈何容易！她深知，扶保太子的势力树大根深，上述两项，就是摆在废立道路上不容忽视的巨大障碍。她在异议中，特别予以提出，实在内含对献公的巧妙提醒。

在《国》《左》等素材中骊姬的谗害阴谋和行动是一步步逐层展开和暴露的，而在《史记》里，她以谠言正论的君子面目首次出场，这是为何？刘操南教授指出："此泣出人意表。观所云云，盖虑及率而兴谗，或不见纳，乃先借此泣以为之地，而坚其信。欲擒先纵，是谓透过一层办法，骊姬毒辣哉。"（《史记春秋十二诸侯史事辑证》卷二，一〇一页，天津古籍出版社 1992 年版）实际上，这是写骊姬的谗术，有正有反，高出一般枕边谗佞多多。这种改法，或于原本史实有违，然而若从人物典型化的要求上讲，却是跨出了重要一步。

《史记》所加这段情节，还有一个作用，就是"逼"出归胙（福）置毒的毒计，把悲剧推向高潮。

要实现废立阴谋，必须扳倒申生；而要彻底扳倒申生，非有置申生于死地的

绝招不可。申生至孝，在晋国又素有声望，非有大恶，难以遽废。于是，假借
"君梦齐姜"的名义，利用申生孝心，骗其祭母归胙（福），以便乘机下毒的一出
好戏，便由骊姬策划出场了!

《国语》《左传》《穀梁传》《吕氏春秋》，都把"归胙（福）置毒"阴谋作为叙
事重心并精彩所在，不过当中也有不免粗疏之处。那么，《史记》的加工、改写和
再创作，主要放在和体现在哪里呢？第一，它推敲、改动，使情节合理化。例如
《国》《左》《穀》《吕》诸本受胙（福）施毒都是骊姬本人，而《晋世家》改为
"置胙于宫中，骊姬使人置毒（指使人放毒）"；还把"置诸宫六日"改为"居二
日"，把献胙的人由申生、骊姬改为"宰人"。再如参据《穀梁传》和《吕氏春
秋》，补充了一个紧要情节——在"献公欲飨之"的关键时刻，加了"骊姬从旁止
之，曰：'胙所从来远，宜试之'"两句话。这些改动都是为了使情节发展更加合
情合理。因为如果按照《左传》的写法，太子归胙后"姬置诸宫六日"，胙既是骊
姬收藏的，又是骊姬献上的，中间隔的时间又那么长，事情果真如此，那骊姬自
己首先处于不利地位，她的干系甚大，何以自解？这个破绽，古人早已看出，《礼
记·檀弓上》"晋献公杀其世子申生"条孔颖达疏就有"谓毒酒经宿辄败，若申
生初则置罪（毒），经六日，其酒必坏，何以经六日，其酒尚好，明临至加药焉"
的说法。《史记》把"置诸宫六日"改为"居二日"，又改骊姬献胙为"宰人献
胙"，而当献公要吃的时候，她才出来从旁提醒，就顺理成章多了。

第二，然而最见功力和最能显示司马迁创作才华的乃是对谗词的加工再创
作。《国语》的归福现场，并没写到骊姬的谗言，《左传》写到谗言，就只一句，
是"姬泣曰：'贼由大子。'"而到《史记》的《晋世家》里，由原来的一句生发扩
展成了一大篇：

> "骊姬泣曰：'太子何忍也! 其父而欲弑代之，况他人乎? 且君老矣，旦
> 暮之人，曾不能待而欲弑之!'谓献公曰：'太子所以然者，不过以妾及奚齐
> 之故。妾愿子母避之他国，若早自杀，毋使母子为太子所鱼肉也。始君欲废
> 之，妾犹恨之；至于今，妾殊自失于此。'"

原来谗言"贼由大子"，栽赃诬陷，也够吃劲，可怎么说也只一句，而《史
记》生发成一大篇，就大不相同了，这篇谗言，要害有三：它一说太子惨无人性，
连自己的亲老子都要加以谋害，而且贪欲那么急切，连老子的死都等不及（此乃
指控申生大逆不道之罪，使之再无生路）；二说太子所以这样，都是因为嫉恨她
们母子妨害他接班掌权，因此她们母子不如逃避或自杀（此乃将献公的军，激献
公的火，使其父子关系决裂）。这里，她把太子说得多么残虐不堪，又把自己说
得多么可怜、多么隐忍；三是最后找补的那几句，又把自己说得多么心地善良，
而且那痛心疾首，自怨自责的样子又装得多么像（此乃在情感上牢牢把献公抓
住）。

这篇谗言，风霜刀剑，无所不备，真够厉害! 同时它也就把骊姬的心肝肠

肺，暴露无遗，除去她必置太子于死地的阴狠歹毒之外，更把她的虚伪、她的善于玩弄阴谋的本领和能量，入木三分地表现出来了。读过这一段，掩卷而思，你不免在心底惊呼：这个女人的心，有多么可怕！

由原来"贼由太子"一句栽赃诬陷的话，增润、生发成这样一篇精警的谗词，可以使我们领略到什么叫作再创作。自然，这种再创作，并非无来由。《左传》虽只有一句"贼由太子"，可栽赃诬陷，指申生为祸首，论其分量，已够吃劲。《穀梁传》有"骊姬下堂而啼呼曰：'天乎，天乎！国，子之国也，子何迟乎为君。'"《国语》有"见申生而哭之曰：'有父忍之，况国人乎？忍父而求好人，人孰好之？杀父而求利人，人孰利之？'"的记载。所有这些，再加上司马迁自己对谗人的贼心、贼能的深微体验，一起汇聚、发酵，凝炼、升华，最终结晶为上边那段谗词。这样一篇谗词，已经不独属于骊姬，也不属于《国》《左》《穀》或哪一家，而是具有了普遍性、典型性。事实上，经过长期的历史淘洗和选择，它已经成为一篇著名的，读者公认的经典谗词或谗词经典。

骊姬这个人物，在《国》《左》《穀》等典籍素材中，已经是一个以阴、狠、毒著称的阴谋家、潜谗者。经过《史记》的加工改造，我们看到，增润进她出人意料的表示对废立的异议，突出表现了她伪善的一面，突出了她这个潜谗者不但善于毁人，同时善于誉人，有反有正，可阴可阳。这使读者看到人物性格和面目的多侧面，看到了一个立体的人，这就大大深化了这个人物，使她的形象更加深刻和丰满，更加富有活力。作为有名的女谗人，先秦诸作，写到的谗言虽多，但大多分散，难见力度，而《史记》经过集中、焠火，无论其杀伤力还是文采，都臻乎至境，人们不由得不惊叹这位女谗人谗术之高超、高强，称她不愧为谗人的尖子、翘楚……

一句话，经过《史记》的再创作，骊姬已经由一个引人注目的历史人物，塑造成了一个堪称典型的人物形象！

杜诗引《史记》与诗史的相关性

* 本文作者李小成。西安文理学院文学院教授。

作为中国古典诗歌艺术的集大成者，杜甫不仅在创作技巧、风格上集诸家之长，而且博学约取，对前代文学遗产进行了全面的借鉴。研读清人仇兆鳌的《杜诗详注》，可以发现杜诗中引用、化用的经典很多，如《诗》《书》《礼记》《易》《史记》《左传》《论语》《庄子》《前汉书》《后汉书》等，而这也正是杜诗"无一字无来处"的原因。同时，杜诗又以其独特的艺术魅力而被誉为"诗史"，这些因素，不能不让人思考一个问题，那就是杜诗和《史记》是否存在某种联系。

一、杜诗对《史记》的显性征引

杜诗对于《史记》的征引情况，文中主要依据清人仇兆鳌《杜诗详注》进行具体统计和分析，囿于笔者的学识和能力所限，所提到的征引数据皆是来源于明引。就《杜诗详注》所做的不完全统计：杜诗约征引《史记》69 篇，涉及本纪、世家、列传、书，征引总数 423 条。

杜诗引用《史记》情况统计

类属	引用篇名	引用次数	引用篇名	引用次数	总计
本纪	《五帝本纪》	8	《夏本纪》	3	10 篇 94 次
	《殷本纪》	1	《周本纪》	9	
	《秦本纪》	11	《秦始皇本纪》	12	
	《项羽本纪》	34	《高祖本纪》	9	
	《吕太后本纪》	2	《孝文本纪》	2	
	《孝武本纪》	3			
表					0 篇
书	《礼书》	2	《律书》	1	6 篇 29 次
	《历书》	2	《天官书》	15	
	《封禅书》	4	《平准书》	5	
世家	《吴太伯世家》	2	《齐太公世家》	3	
	《宋微子世家》	2	《晋世家》	1	

续表

类属	引用篇名	引用次数	引用篇名	引用次数	总计
世家	《楚世家》	2	《越王勾践世家》	3	15 篇 53 次
	《郑世家》	1	《魏世家》	1	
	《田敬仲完世家》	1	《孔子世家》	12	
	《陈涉世家》	2	《萧相国世家》	4	
	《外戚世家》	1	《留侯世家》	15	
	《陈丞相世家》	3			
列传	《伯夷列传》	4	《管晏列传》	4	39 篇 247 次
	《老子韩非列传》	6	《司马穰苴列传》	2	
	《孙子吴起列传》	2	《伍子胥列传》	1	
	《仲尼弟子列传》	1	《商君列传》	2	
	《苏秦列传》	8	《张仪列传》	10	
	《樗里子甘茂列传》	5	《白起王翦列传》	3	
	《孟子荀卿列传》	4	《平原君虞卿列传》	10	
	《魏公子列传》	2	《春申君列传》	1	
	《范雎蔡泽列传》	15	《乐毅列传》	1	
	《廉颇蔺相如列传》	10	《鲁仲连邹阳列传》	4	
	《屈原贾生列传》	1	《刺客列传》	8	
	《李斯列传》	13	《蒙恬列传》	1	
	《张耳陈馀列传》	6	《魏豹彭越列传》	1	
	《黥布列传》	3	《淮阴侯列传》	19	
	《田儋列传》	1	《樊郦滕灌列传》	2	
	《郦生陆贾列传》	8	《刘敬叔孙通列传》	4	
	《季布栾布列传》	6	《袁盎晁错列传》	1	
	《扁鹊仓公列传》	1	《李将军列传》	7	
	《匈奴列传》	9	《卫将军骠骑将军列传》	1	
	《平津侯主父列传》	2	《东越列传》	1	
	《司马相如列传》	12	《循吏列传》	1	
	《酷吏列传》	2	《大宛列传》	2	
	《滑稽列传》	13	《日者列传》	1	
	《龟策列传》	4	《货殖列传》	16	
	《太史公自序》	6			
总计	69 篇 423 次				

杜诗对《史记》的显性征引是指杜甫在其诗歌创作中引用、化用《史记》的字、词、句以及事件的征引方式，是最明显、最直观的征引手段。其下又可细分为语典引用和事典引用，其中语典引用较多，约占总数的 80%，事典较少，只有80 条，约占总数的 20%。

1. 词典引用

语典引用是指杜诗中引用《史记》原文中的短句、字词或人物语录，将其作为诗句的一部分，根据语典引用的情况来看，又可分为两种方式：未做更改的直接引用和通过艺术再加工的间接引用。直接引用《史记》原文中的短句、字词：

（1）直接引用原文中的短句。《遣兴三首》（其三）："丈夫贵壮健，惨戚非朱颜。"①"贵壮健"引自《史记·匈奴列传》："壮者食肥美，老者食其余。贵壮健，贱老弱。"

《送韦讽上阆州录事参军》："韦生富春秋，洞澈有清识。""富春秋"引自《史记·李斯列传》："且陛下富于春秋，未必尽通诸事，今坐朝廷，谴举有不当者，则见短于大臣，非所以示神明于天下也。"

《别唐十五诫因寄礼部贾侍郎》："南宫吾故人，白马金盘陀。""吾故人"引自《史记·项羽本纪》："若非吾故人乎？"

《秋日荆南送石首薛明府辞满告别奉寄薛尚书颂德叙怀斐然之作三十韵》："努力输肝胆，休烦独起予。"引自《史记·淮阴侯列传》：蒯通曰："臣愿披腹心、输肝胆。"

这种情况在杜诗中的引用较少，这是因为二者毕竟体裁不同，对于语言的凝练程度的要求不同所造成的，诗歌比起史传文学来说需要词句的高度凝练，还要符合声律对仗等要求，所以不加改变、直引短句的情况较为少见。

（2）直接引用原文中的字、词。《空囊》："囊空恐羞涩，留得一钱看。""囊"引自《史记·平原君虞卿列传》："譬若锥之处囊中。"

《遭田父泥饮美严中丞》："高声索果栗，欲起时被肘。""肘"引自《史记·魏世家》："魏桓子肘韩康子于车上。"

《赠秘书监江夏李公邕》："宗儒俎豆事，故吏去思计。""宗"引自《史记·孔子世家》："孔子布衣，传十余世，学者宗之。"

《题张氏隐居二首》："不贪夜识金银气，远害朝看麋鹿游。""麋鹿"引自《史记·李斯列传》："麋鹿游于朝。"

《李监宅二首》（其二）："盐车虽绊骥，名是汉庭来。""汉庭"引自《史记·樊郦滕灌列传》："垂名汉廷。"

《赠翰林张四学士垍》："侥忆山阳会，悲歌在一听。""悲歌"引自《史记·项羽本纪》："悲歌忼慨。"

《桥陵诗三十韵因呈县内诸官》："流寓理岂惬，穷愁醉未醒。""穷愁"引自《史记·平原君虞卿列传》："虞卿非穷愁，不能著书以自见于后世。"

《后出塞五首》（其四）："献凯日继踵，两番静无虞。""继踵"引自《史记·范雎蔡泽列传》："继踵取卿相。"

除了以上所举的例子，杜诗中还征引的词还有"豪俊""羽翼""环佩""骸

① ［清］仇兆鳌：《杜诗详注》，中华书局1979年版。文后所引，均为此版本，兹不赘述。

骨""青云""鸣镝""烽火""间谍""疮痍""义士""高义""辟易""脱身""无敌""无双""非常""纷纷""攘攘"等等。此种引用情况在杜诗引用《史记》中最为常见，引用次数最多。其中又以名词的征引数量为最多。

（3）直接引用原文中人物的语录。《江陵望幸》："雄都元壮丽，望幸欻威神。""壮丽"引自《史记·高祖本纪》：萧何曰："且夫天子四海为家，非壮丽无已重威。"

《冬日洛城北谒玄元皇帝庙》："守桃严具礼，掌节镇非常。""具礼"引自《史记·淮阴侯列传》：萧何曰："王欲拜大将，具礼乃可。"

《送率府程录事还乡》："千载得鲍叔，末契有所及。""鲍叔"引自《史记·管晏列传》：管仲曰："生我者父母，知我者鲍叔。"

《赤谷》："天寒霜雪繁，游子有所之。""有所之"引自《史记·滑稽列传》：优孟谓孙叔敖曰："若无远有所之。"

《后出塞五首》（其五）："将骄益愁思，身贵不足论。""将骄"引自《史记·项羽本纪》：宋义曰："战胜而将骄卒惰者败。"

间接引用是指在征引《史记》时，作者对原文做出创造性改变后再使用的引用方式，具体表现为改换字简括和增字减字，例如：

（4）改换字简括。《题张氏隐居二首》："不贪夜识金银气，远害朝看麋鹿游。"前句引自《史记·天官书》："败军场，破国之虚，下有积钱，金宝之上，皆有气，不可不察。"

《高都护骢马行》："此马临阵久无敌，与人一心成大功。"前句引自《史记·项羽本纪》：项王谓亭长曰："吾骑此马五岁，所当无敌。"

《贫交行》："翻手作云覆于雨，纷纷轻薄何须数。"前句引自《史记·郦生陆贾列传》：陆贾说尉陀曰："越杀王降汉，如反覆手耳。"

《谒先主庙》："应天才不小，得士契无邻。"后句引自《史记·刺客列传》："严仲子亦可谓知人能得士矣！"

《秋日荆南述怀三十韵》："星霜玄鸟变，身世白驹催。"后句引自《史记·留侯世家》："人生一世间，如白驹过隙。"

（5）增字减字。《兵车行》："边庭流血成海水，武皇开边意未已。"前句引自《史记·范雎蔡泽列传》："流血成川。"

《西阁二首》（其二）："诗尽人间兴，兼须入海求。"后句引自《史记·封禅书》："燕人宋无忌、羡门子高之徒，称有仙道形解销化之术，齐威宣、燕昭王皆信之，使人入海，求蓬莱、方丈、瀛洲。"

《小至》："刺绣五纹添弱线，吹葭六琯动浮灰。"前句引自《史记·货殖列传》："刺绣纹不如倚市门。"

《郑典设自施州归》："敕厨倍常羞，杯盘颇狼藉。"引自《史记·滑稽列传》："履舄交错，杯盘狼藉。"

由上可知，杜诗引用《史记》的方式主要为直接引用和间接引用两种。直接引用中又以引用原字、词较多，这是因为字词的凝练程度较高，更适宜用于诗句而毫不显生硬，也更易于遣词造句，在押韵对仗方面也更为灵活。间接引用也较多，这是由于杜诗与《史记》存在文本差异而产生的结果，杜诗是诗歌文本，《史记》是散文文本，诗歌要求语言凝练，情感丰富，因此散文式的语言要经过概括和提炼才能够用于诗句之中。

2. 事典引用

事典引用是指杜诗经过艺术化的凝练把《史记》原文中记述的事件或典故用于诗句中，也就是用典的手法。此种引用情况占全部引用的20％，举例如下：

(1)《贫交行》。"君不见管鲍贫时交，此道今人弃如土。"引自《史记·管晏列传》："管夷吾者，颍上人也，常与鲍叔牙游。叔知其贤。管仲贫困，尝欺鲍叔，叔终善遇之。已而，鲍叔事齐公子小白，遂进管仲。仲既任政于齐，桓公以霸。仲曰：'生我者父母，知我者鲍叔也。'"

(2)《收京三首》（其一）。"暂屈汾阳驾，聊飞燕将书。"后句引自《史记·鲁仲连邹阳列传》："燕将攻下聊城，聊城人或谗之，燕将惧诛，不敢归。田单攻之，岁余不下。仲连乃为书约之矢，射城中，遗燕将。燕将见书，泣而自杀。"

(3)《琴台》。"茂陵多病后，尚爱卓文君。"引自《史记·司马相如列传》："司马相如，蜀郡成都人，字长卿，以赀为郎，因病免归，而家贫。时卓王孙有女新寡，好音，相如以琴心挑之。文君夜亡奔相如。与俱之临邛。尽卖其车骑，买一酒舍酤酒，而令文君当垆，相如自涤于市中。又曰：相如常有消渴病，既病免，家居茂陵。"

(4)《南极》。"乱离多醉尉，愁杀李将军。"引自《史记·李将军列传》："广家与故颍阴侯孙屏野居蓝田南山中射猎。尝夜从一骑出，从人田间。还至霸陵亭，霸陵尉醉，呵止广。广骑曰：'故李将军。'尉曰：'今将军尚不得夜行，何乃故也！'止广宿亭下。"

(5)《暮春题瀼西新赁草屋五首》（其二）。"此邦千树橘，不见比封君。"引自《史记·货殖列传》："封者食租税，千户之君岁率二十万，蜀汉江陵千树橘，其人皆与千户侯等。"

(6)《别张十三建封》。"载感贾生恸，复闻乐毅书。"出自《史记·乐毅列传》："乐毅降赵，燕惠王遗毅书，且谢之，毅亦作书报焉。夏侯湛见其书，以为知己合道，以礼终始。"

(7)《暮秋枉裴道州手札率尔遣兴寄递呈苏涣侍御》。"齿落未是无心人，舌存耻作穷途哭。"出自《史记·张仪列传》："张仪为楚相答掠，谓其妻曰：'视吾舌尚在否？'妻笑曰：'在。'仪曰：'足矣。'"

(8)《聂耒阳以仆阻水书致酒肉疗饥荒江诗得代怀兴尽本韵至县呈聂令陆路去方田驿四十里舟行一日时属江涨泊于方田》。"耒阳驰尺素，见访荒江眇。义士烈女家，风流吾贤绍。"引自《史记·刺客列传》："聂政杀韩相侠累而自死，其姊罢伏尸哭极哀,死政之傍。晋楚齐魏闻之,皆曰'非独政能也,乃其姊亦烈女也。'"还有"人非西喻蜀,兴在北坑赵。"引自《史记•白起王翦列传》:"秦白起破赵,坑其降卒四十万人。"

事典引用虽不多,但却无一不精巧,在杜甫天才的创作下,那些存于史书的历史画面仿佛重新鲜活起来了;那些平淡的叙述因被注入了丰沛的情感而变得更加深沉感人;那些掩于岁月流沙的历史人物们也经由杜甫的发掘而绽放出永恒迷人的光彩。同时,事典引用也使得杜诗浸染上了史学的气息,使得诗中有史,这就很大程度上增强了杜诗的史诗性,我认为,这一点也是杜诗被誉为"诗史"的原因之一。

二、杜诗对《史记》的隐性征引

杜诗所具有的史诗性质不仅仅表现在对于《史记》的显性征引上,还隐藏在对《史记》的隐性征引上,虽然不像显性征引那样明确具体,但也并非无迹可寻,以下将从杜甫做用诗歌写史传的尝试、部分具有自传性质的杜诗受到《史记》的影响以及杜诗从《左传》《史记》中继承而来的对话叙事手法这三个方面来进行分析与论述。

1. 杜甫做用诗歌写史传的尝试

杜甫生于书香世家,自小便博览群书,熟读经史,从他大量征引《史记》的情况来看,想必他对于司马迁的《史记》一定是非常喜欢且重视的。甚至他有意识地尝试用诗歌来写史传,比如《八哀诗》。

《八哀诗》是一组以叙述人物为主的五古诗,全诗共 486 句 2400 多字,描述了王思礼、李光弼、严武、李琎、李邕、苏源明、郑虔、张九龄八人的生平遭际和精神风貌,且八人都与杜甫有过往来,他们又都先于杜甫逝世,因此诗中还兼带作者对他们的怀念哀悼之情,《八哀诗》实可以看成是杜甫用五古诗为他们而作的人物小传了。《赠司空王公思礼》再现了王思礼的一生;《故司徒李公光弼》则截取了李光弼后半生的生活;《赠左仆射郑国公严公武》写了严武短暂的一生;《赠太子太师汝阳郡王琎》塑造了一个知礼忠勤、气宇轩昂的汝阳郡王的形象;《赠秘书监江夏李公邕》写了才士李邕怀才不遇的人生际遇;《故秘书少监武功苏公源明》写苏源明幼时艰难奋进及年老时死于饥荒的一生;《故著作郎贬台州司户荥阳郑公虔》刻画了郑虔的鲜明性格及一生履历;《故右仆射相国曲江张公九龄》记述了张九龄的履历和诗才。以《赠司空王公思礼》为例,来做具体分析:"司空出东夷,童稚刷劲翮。追随燕蓟儿,颖锐物不隔。服事哥舒翰,意无流沙碛。未甚拔行间,犬戎大充斥。短小精悍姿,屹然强敌敌。贯穿百万众,出入由咫尺。马鞍悬将首,甲外控鸣镝。洗剑青海水,刻铭天山石。九曲非外蕃,其王传深壁。飞兔不近驾,鸷鸟资远击。晓达兵家流,饱闻春秋癖。胸襟日沈静,肃

肃自有适。潼关初溃散，万乘犹辟易。偏裨无所施，元帅见手格。太子入朔方，
至尊狩梁益。胡马缠伊洛，中原气甚逆。肃宗登宝位，塞望势敦迫。公时徒步至，
请罪将厚责。际会清河公，间道传玉册。天王拜跪毕，谠议果冰释。翠华卷风雪，
熊虎亘阡陌。屯兵凤凰山，帐殿泾渭辟。金城贼咽喉，诏镇雄所搤。禁暴清无双，
爽气春淅沥。巷有从公歌，野多青青麦。及夫哭庙后，复领太原役。恐惧禄位高，
怅望王土窄。不得见清时，呜呼就窀穸。永系五湖舟，悲甚田横客。千秋汾晋间，
事与云水白。昔观文苑传，岂述廉蔺绩。嗟嗟邓大夫，士卒终倒戟。"

　　"司空出东夷，童稚刷劲翮"说王思礼出生于高丽，童年时代就与众不同。
"追随燕蓟儿，颖锐物不隔"说他少年时期就跟随父亲在朔方军中锻炼，且才能
出众。"服事哥舒翰，意无流沙碛"说他又在哥舒翰手下效命。"未甚拔行间，犬
戎大充斥"是说虽然王思礼才能出众，但在军中声名还未显，而且吐蕃正在侵扰
边境。"短小精悍姿，屹然强寇敌。贯穿百万众，出入由咫尺"描绘王思礼英勇善
战的形象，是吐蕃的劲敌。"马鞍悬将首，甲外控鸣镝。洗剑青海水，刻铭天山
石"言王思礼所建战功，深入吐蕃腹地战胜之。"九曲非外蕃，其王传深壁"指收
复九曲之地，此亦为王思礼之功。"飞兔不近驾，鸷鸟资远击"意为神马不被用
来驾车，猛禽应用于远处伏击，比喻王思礼的才能并非寻常，可堪大用。"晓达
兵家流，饱闻春秋癖。胸襟日沈静，肃肃自有适"谓王思礼通晓兵法，博览群书，
气度不凡。"潼关初溃散，万乘犹辟易。偏裨无所施，元帅见手格"是说潼关被安
禄山攻破时，虽哥舒翰为万乘之师犹辟易不敌，以致溃败，英勇如王思礼也无计
可施，元帅哥舒翰也被贼寇所擒。"太子入朔方，至尊狩梁益。胡马缠伊洛，中原
气甚逆。肃宗登宝位，塞望势敦迫"六句讲潼关战败后朝廷内部的权力归属变化
以及叛军的情况。玄宗逃难至蜀，叛军攻入后，烧杀抢掠、诛杀皇室宗亲，肃宗
在此种形势下在灵武称帝。"公时徒步至，请罪将厚责。际会清河公，间道传玉
册。天王拜跪毕，谠议果冰释"写肃宗即位，王思礼奔赴肃宗，却遭严责，险些
丧命，幸好房琯为他说情才得以活命。"翠华卷风雪……野多青青麦"叙写王思
礼守武至两京收复之事。"及夫哭庙后……事与云水白"叙王思礼立功太原及
抱憾而终。王思礼官至司空，但不甚看重高官厚禄，一直心怀国家大事，盼望平
叛大业的早日完成，不曾想却抱憾而终了，但他的功绩人们是不会忘记的。"昔
观文苑传，岂述廉蔺绩。嗟嗟邓大夫，士卒终倒戟"是对王思礼的赞叹，以廉颇
蔺相如正衬，以邓景山反衬王思礼，表达对王思礼的赞美之情。

　　本诗共 64 句，采用顺序笔法完整地叙述了王思礼的一生，中间还穿插多处史
实，相关历史事件都能在《旧唐书》与《新唐书》等史书中找到相应的记载，其
余几首也是如此。由此可见，杜甫的《八哀诗》实是学习司马迁写人物传记的成
果，这是杜甫在《史记》的熏陶下对史家笔法的自觉吸收和大胆尝试，并且这种
尝试在今天看来无疑是成功的。虽然也有人诟病《八哀诗》为追求史传效果而存
在"累句""失轻重之体"等误区，且诗作庄严典雅，于是难懂，为了叙事的完整
性，有些地方甚至略显生硬，于诗歌本身上的艺术成就而言就显得不够高了。虽

说如此，《八哀诗》仍是杜甫学习《史记》的伟大尝试，这一点也可证明杜诗对《史记》的征引和学习是对成就杜诗史诗性质有着重要意义的。

2. 部分具有自传性质的杜诗受到《史记》的影响

研读杜诗不难发现，杜甫的某些诗是带有自传性质的。如《壮游》《昔游》《北征》《自京赴奉先咏怀五百字》等。而通过与《史记·太史公自序》的比较分析，可以发现二者是有相通之处的。先看《太史公自序》：它叙述了作者司马迁的生平家世，叙述了自己写作《史记》的时代条件、个人动机以及受刑后忍辱著书的毅力，介绍了《史记》其书的规模体例，以及其中各篇的基本内容。根据其内容，我们可以把它看成是司马迁个人的自传，需要说明的一点是：班固的《汉书·司马迁传》就是将《太史公自序》与《报任安书》二者合并而成的。再看杜诗《壮游》：杜甫客居夔州时写的，是他出蜀前对自己生活经历的一次回忆和总结，"七龄思即壮，开口咏凤凰。九龄书大字，有作成一囊。性豪业嗜酒，嫉恶怀刚肠。脱略小时辈，结交皆老苍"回忆幼时生活，一个小神童就跃然纸上了，七岁就能作诗，九岁就书写大字了，性格是疾恶如仇，而且早熟，小小年纪就喜欢和有学识的大人们结交而不喜与同龄人嬉闹。再后面，他收拾起行囊，开始了壮游，去饱览祖国的大好河山，去结交有识之士，去拜访亲朋好友。"东下姑苏台，已具浮海航……剡溪蕴秀异，欲罢不能忘"叙吴越之游，其间还描绘了吴门古迹、越中胜境，甚至还有吴越奇闻传说。"归帆拂天姥，中岁贡旧乡……忤下考功第，独辞京尹堂。放荡齐赵间，裘马颇清狂。……苏侯据鞍喜，忽如携葛强。"写齐赵之游、赴京赶考、肆意漫游。"快意八九年，西归到咸阳。……曳裾置醴地，奏赋入明光。天子废食召，群公会轩裳。脱身无所爱，痛饮信行藏。……举隅见烦费，引古惜兴亡。"接着写了长安之游，献赋皇帝，待诏集贤院，会面天子群公，眼看可以入仕了，却偏偏遭遇佞臣把持朝政、祸乱朝纲，他只好"脱身"叹兴亡了。"河朔风尘起，岷山行幸长。两宫各警跸，万里遥相望……备员窃补衮，忧愤心飞扬……廷争守御床。君辱敢爱死，赫怒幸无伤……哭庙灰烬中，鼻酸朝未央"写安史之乱起，明皇幸蜀，两宫相望，玄肃父子异地，作者亦奔赴凤翔，扈从回京，后肃宗亲征，公千里追随，又自述拾遗始末及公疏救房琯，帝怒不测，面对这一切，诗人不禁悲从中来，忧心国家危亡。"小臣议论绝，老病客殊方。郁郁苦不展，羽翮困低昂。……吾观鸱夷子，才格出寻常。群凶逆未定，侧伫英俊翔。"叙贬官以后，久客巴蜀之故，议论绝，不复献言矣，又兼之病体，郁郁寡欢，战乱无定，杜甫渴望有贤能之士拨正乾坤，早日平乱。通观全诗，我们可以看到杜甫这一生的主要经历及各阶段的生活、精神状态全都囊括其中了，实可谓是杜公自传了，这与《太史公自序》简直是有着异曲同工之妙。

3. 杜诗从《左传》《史记》中继承而来的对话叙事手法

杜诗对《史记》的隐性征引还体现在写法上，尤其是杜甫的叙事诗，创造性地引入了《左传》《史记》中的对话叙事手法，使得杜甫叙事诗闪动着有别于其他叙事诗的艺术魅力。我们以"三吏"为例来进行探析：

《新安吏》："客行新安道，喧呼闻点兵。借问新安吏：'县小更无丁？''府帖昨夜下，次选中男行。''中男绝短小，何以守王城？'肥男有母送，瘦男独伶俜。白水暮东流，青山犹哭声。'莫自使眼枯，收汝泪纵横。眼枯即见骨，天地终无情！我军取相州，日夕望其平。岂意贼难料，归军星散营。就粮近故垒，练卒依旧京。掘壕不到水，牧马役亦轻。况乃王师顺，抚养甚分明。送行勿泣血，仆射如父兄。'"先是客问新安吏"县小更无丁？"新安县小，应该已经没有壮丁可征了吧？但官吏却说州府昨夜已下军帖，要挨次往下抽中男出征。客见律法难压，改以情动人，又问中男瘦小单薄，怎能守住王城呢？但是官吏却不答话了。客只好将目光投向别处，只见"肥男有母送，瘦男独伶俜。"何其凄惨，周围的哭号声到了日暮还未止，仿佛青山也在痛哭。此时此景，令人感伤心痛不已，出征已成定局，无可奈何的客只能安慰几句：莫再哭泣了，终是天地无情徒伤身罢了，战场上战壕挖得浅，牧马劳役较轻，主帅郭子仪对待士卒亲如父兄。

《石壕吏》："有吏夜捉人，吏呼一何怒，妇啼一何苦。"在官吏的粗暴征兵下，老妇只好让老翁逾墙而逃，然后独自面对恶吏："三男邺城戍。一男附书至，二男新战死。存者且偷生，死者长已矣！室中更无人，惟有乳下孙。有孙母未去，出入无完裙。老妪力虽衰，请从吏夜归，急应河阳役，犹得备晨炊。"直如声声泣血，虽不见官吏说话，但可以想见必是在他们的苦苦相逼之下才引发出老妇的沉痛陈述。

《潼关吏》："借问潼关吏：'修关还备胡？'要我下马行，为我指山隅：'连云列战格，飞鸟不能逾。胡来但自守，岂复忧西都。丈人视要处，窄狭容单车。艰难奋长戟，万古用一夫。''哀哉桃林战，百万化为鱼。请嘱防关将，慎勿学哥舒！'"客与潼关吏的一番对话反映出作者对潼关关防的关注和守关将士的昂扬斗志。这三首诗都夹带问答，不同的是《新安吏》是客与"新安吏"和送行人之间展开的对话；《石壕吏》是"吏"与"老妇"间的对话；《潼关吏》则是"我"与守关吏的对答。这种巧妙的对话叙事在叙事诗中独具特色，不仅起到了推动故事发展的作用，而且贴合不同人物形象的语言也使得诗歌内容显得更为真实可信，增强了艺术感染力。

以上就是杜诗对《史记》的隐性征引，虽不如显性征引那样直观，但其对于成就杜诗史诗性质绝对有着不可替代的作用。隐性征引对于杜诗诗歌内部结构，行文笔法等方面的影响无疑是巨大的，不应该被忽略而要多做探究。

三、杜诗诗史性与《史记》实录精神的一致性

司马迁撰写《史记》坚持"不隐恶""不虚美"的实录精神，这种精神不仅对后世史家著史产生了巨大影响，同时也影响了后世的许多现实主义诗人。杜甫就

是其中最著名的一个，杜诗之所以被誉为"诗史"，其中一个很大原因是杜诗的史诗性与《史记》的实录精神存在一致性。

1. 杜诗与《史记》对当代史的重视

杜诗与《史记》的内在一致性在于二者对于当代史的重视，就是说司马迁写《史记》着墨最多的是他所处的那个时代，而同样杜甫也是更为关心当下，他叙写时事、用诗发表政论、即事名篇的做法暗合《史记》用大量笔墨抒写当代史的方法。

首先，《史记》十二本纪中《五帝本纪》《夏本纪》《殷本纪》《周本纪》《秦本纪》《始皇本纪》是收集历代史料而编成的前代史，剩下的均为秦末至汉武帝时期的历史，当代史占了一半。十表中《秦楚之际月表》《汉兴以来诸侯年表》《高祖功臣侯者年表》《惠景间侯者年表》《建元以来侯者年表》《王子侯者年表》《汉兴以来将相名臣年表》都是当代史之年表，占十分之七。八书是分门别类的摘录，不算在内。三十世家中，从《陈涉世家》到《三王世家》共十三篇是当代史，也将近占总量的一半了。七十列传中，除去前二十八篇和《循吏列传》《儒林列传》《酷吏列传》《游侠列传》《佞幸列传》《滑稽列传》《日者列传》《龟策列传》《货殖列传》九篇，剩下三十三篇为当代史，也占列传总数的一半。整体看来，司马迁写《史记》主要都是对当代史的捕捉。

其次，杜诗以仇兆鳌的《杜诗详注》为底本，共计诗歌 1171 首，据粗略统计，涉及当代之事之人的诗约六百首。从这个统计中可看出杜甫也是十分关注当下的，很多著名诗篇都是写时事或缘事而发的，尤其是奠定杜诗"诗史"称号的一些诗，主要是安史之乱时期的诗作，如"三吏""三别"《哀王孙》《悲陈陶》《悲青坂》《春望》《北征》《喜闻官军已临贼境》《收京三首》《洗兵马》《留花门》《闻官军收河南河北》等诗，除了这些，还有安史之乱之前的一些，如《前出塞五首》《后出塞五首》《兵车行》《丽人行》《秋雨叹》《自京赴奉先咏怀五百字》等，还有后期的《有感五首》《大麦行》《冬狩行》《王命》《征夫》《承闻河北诸道节度入朝欢喜口号绝句十二首》等等。正如萧氏门人郑庆笃先生所说："杜诗被誉为'诗史'，其根本所在，是杜甫以诗歌形式反映出当世社会重大历史事变安史之乱；还在于杜诗反映了当时重大的社会主题，将民生疾苦、朝政得失之君国大事，诉诸笔端。"[①] 杜甫以他敏感细腻的内心打量着唐王朝这个庞大复杂的国家；以卓越的才能抒写着时代的风云变幻和人民的悲辛疾苦；以他悲悯的爱国情怀感慨着个人与国家的坎坷。作为中国最伟大的现实主义诗人，杜甫始终将诗歌创作的根茎深深插进现实生活的泥土之中，从而汲取到了无穷的能量，写下了一篇篇动人心魄的佳作。

以上，可以看出杜甫与司马迁均将对当代史的把握与书写放在极其重要的位

---

① 郑庆笃：《杜诗诗史之誉》，《杜甫研究学刊》1990 年第 4 期。

置上，二人都立足于各自身处的那个风云变幻的时代下，再以雄奇的笔力尽情挥洒出来，这才成就了"史家之绝唱，无韵之《离骚》"的《史记》和誉为"诗史"的杜诗！

2. 司马迁《史记》的实录精神对杜甫的影响

《史记》的直笔精神对后代的史学产生了巨大影响，尽管后来随着史官制度的完善、史书撰写的日益规范化以及封建政权对私家著史的限制，这种"书法不隐"的精神在史学领域越来越淡薄，但由于司马迁实录精神内核的强大感染力，这种精神其实已经渗透到中国思想学术的各个方面，在文学领域这一块，最为典型的就是杜诗。

凡是研读过杜诗的人可以发现，杜诗中有许多赞美司马迁和直笔良史的诗句，如"美名光史臣，长策何壮观"（《舟中苦热遣怀奉呈阳中丞通简台省诸公》）、"直笔在史臣"（《八哀诗·故司徒李公光弼》）、"祸首燧人氏，厉阶董狐笔"（《写怀二首》）、"波涛良史笔"（《八哀诗·故右仆射相国张公九龄》）等，表明杜甫对于司马迁这种敢于直陈实事的史官是十分敬佩的，再加上司马迁个人的不幸遭遇以及发愤著书的顽强奋斗精神深深地感动激励着无数像杜甫这样的后世知识分子，更有《史记》这样一部奇史巨著的加持，因此在创作时，杜甫便自然而然地受到了司马迁《史记》的熏陶与影响。

杜甫与太史公的相像处，后世很多学者都有谈论。苏轼在《荔枝似江瑶柱说》："昨日见毕仲游。仆问：'杜甫似何人？'仲游云：'似司马迁。'仆喜而不答，盖与囊言会也。"① 明人冯时可说"太史公之文与杜甫之诗，皆深浑高厚，其叙世隆污盛衰，及人惨舒悲喜之变，如口画指撝，咸具神化橐龠之妙也。迁有繁词，甫有累句，不害其为大家。迁剪其繁则经矣，甫加以穆则雅矣。"② 清人浦起龙评《八哀诗》说："太史公作《史记》，杜公作诗，都是借题抒写。彼曰'成一家之言'，此曰'自我一家则'，意在斯乎。"③ 以上这些言论都是从文学创作或表现手法上来谈杜诗对《史记》的继承。但在更深层次上，杜诗对《史记》的继承还体现在批判现实的精神方面。

虽然杜甫身上有着传统儒士的忠君思想，但他在皇帝荒淫无道时却能毫不掩饰地表达不满、讥讽，在其作品中多有彰显。比如他在《兵车行》中说："边庭流血成海水，武皇开边意未已。"在《前出塞九首》（之一）中写到"君已富土境，开边一何多。"都表达出他对天宝年间玄宗穷兵黩武的不满，在《宿昔》中写"落日留王母，微风倚少儿。"深刻揭露玄宗沉湎酒色、骄纵外戚以致朝政混乱，还有《忆昔》刺代宗，《洗兵马》揭露玄、肃父子"宫闱隐情"……诸如此类的批判

① ［北宋］苏轼：《苏诗文集》，孔凡礼点校，中华书局1986年版，第2363页。
② ［明］冯时可：《雨航杂录》，中华书局1985年版，第4页。
③ ［清］浦起龙：《读杜心解》，中华书局1961年版，第159页。

锋芒毕露力量十足，且不加掩饰，直书不隐，这正体现了杜诗作为"诗史"的"实录"精神，与《史记》的实录精神可谓一脉相承，可见杜甫对《史记》的"不虚美""不隐恶"的精神的继承和发扬！

　　司马迁是中国古代最伟大的史学家，杜甫是中国古代最伟大的诗人，他们二人在很多方面都有着惊人的相似点，囿于篇幅所限，就不再一一列举。之前所述种种，意均在论证杜诗史诗性与《史记》之关联，我们发现通过考察杜诗征引《史记》的情况以及杜诗在继承发扬《史记》的实录精神等方面，可以得出这样的结论，那就是杜诗的史诗性质与《史记》是有着莫大关系的，明面上体现在杜诗对《史记》原文的显性征引上，内涵方面杜诗的笔法、精神承接于《史记》的写法及实录精神下。可以说如果没有《史记》这部伟大的史书珠玉在前，没有杜甫以天才创造力对《史记》进行多方面的继承和引用，就不可能成就杜诗的"诗史"美誉！

《史记》虚词的文学表达功能举隅

——以单音词为中心

＊本文作者陶长军。陕西师范大学文学院博士。

清代学者袁仁林在其虚词专著《虚字说》中云："虚字者，语言衬贴，所谓语辞也。盖说时为口吻，成文为语辞，论字为虚字，一也。"① 袁氏意思即为：虚字即没有实在意义（语言衬贴）、专用来模拟人的口吻的词。这些词出现在书面语里就是"语辞"，从词汇学上来讲就是"虚字"。他又说："口吻者，神情声气也。当其言事言理，事理实处，自有本字写之；其随本字而运以长短、疾徐、死活、轻重之声，此无从以实字见也，则有虚字托之，而其声如闻，其意自见。故虚字者，所以传其声，声传而情见焉。"② 这就说得更明白，虚词能够济实词之穷，表现实词无法传达出的作者的"神情声气"。司马迁尤其擅长用虚字传情，他往往通过一两个虚词的巧妙运用，来表现自己内心的丰富情感，这是我们在阅读《史记》时要予以留心的。

一、"竟"字例说

《史记·外戚世家》通篇以"命"字为眼目，或议论，或叙事，总以一"命"字为根，紧紧跟定，不曾偏离。叙事又善用虚词点逗生情，流露出人们在命运面前的万般无奈。虽贵为皇室，权倾天下，亦得乖乖各安天命，容不得半分勉强。如"吕太后以重亲故，欲其生子万方，终无子。"此一"终"字极冷，见出人们在命运面前的各种不安分、各种挣扎终是徒劳。又如"陈皇后求子，与医钱凡九千万，然竟无子"。这里的"九千万"与吕太后的"万方"或许稍显夸张，但透过这些数字，我们还可依稀想见她们当初怎样满怀着希冀，怎样经历着一次次的失望，又怎样在一次次的失望后倔强地同命运抗争着，最后终于不得不接受命运的作弄，被迫臣服了。"然竟无子"，此一"竟"字，有着多少丰富的内涵，又挟藏了多少陈皇后的心酸与眼泪呵！这即是虚词的力量，虽在达意上见不得有多么重要，然在传情方面，其作用实在不容小觑，再如：

---

① 袁林仁：《虚字说》，中华书局 2004 年版，第 11 页。
② 同上，第 128 页。

卫皇后字子夫，生微矣。盖其家号曰卫氏，出平阳侯邑。子夫为平阳主讴者。武帝初即位，数岁无子。平阳主求诸良家子女十余人，饰置家。武帝祓霸上还，因过平阳主。主见所侍美人，上弗说。既饮，讴者进，上望见，独说卫子夫。是日，武帝起更衣，子夫侍尚衣轩中，得幸。上还坐，欢甚，赐平阳主金千斤。主因奏子夫奉送入宫。子夫上车，平阳主拊其背曰："行矣，强饭，勉之！即贵，无相忘。"入宫岁余，竟不复幸。武帝择宫人不中用者，斥出归之。卫子夫得见，涕泣请出。上怜之，复幸，遂有身，尊宠日隆。

这个"竟"字也同样用得十分绝妙传神，它给我们展示了命运的不可捉摸，不可期许。在一定程度上让我们体验到生命本身所具有的一种无法言明的鬼使神差般的神秘感。卫子夫"生微矣"，"为平阳主讴者"。一则说她出身不好，"良家子"都够不上（按：这从"盖其家号曰卫氏"之"盖"字可以想见），这样的人岂能成为母仪天下之皇后，恐怕在子夫自身来说也是不敢想的。"平阳主求诸良家子女十余人，饰置家"，"主见所侍美人"。二则又交代她不在平阳主进献之列。这固然是由于子夫家声不好，但同样也可想见她容貌才艺未必出众，至少同"主见所侍美人"比起来，大概是不占优势的。但"上望见，独说卫子夫"，只是远远地望上一眼，便按捺不住地喜欢。且"独说卫子夫"，这个"独"字，不是鬼使神差又是什么？司马迁讥讽卫青封侯为"天幸"，就是她的姐姐，不也得着上天特别的垂青吗！紧接着便是龙颜大悦，太史公十分形象地为我们描绘了两个热恋中的青年人的"壮举"。他们借故寻求独处的机会，他们无暇顾及别人的眼光，他们来不及寻找更加合适的场所，就在一个简陋的更衣室中，子夫"得幸"了。皇帝依旧意兴未尽，于是"上还坐，欢甚，赐平阳主金千斤"，看来这个子夫真有些让皇帝为之神魂颠倒了。然而这还不够，"子夫上车，平阳主拊其背曰：'行矣，强饭，勉之！即贵，无相忘。'"就连皇帝的姐姐似乎都在有意向她示好，和她套近乎了。特别是"即贵，无相忘"，仿佛子夫的贵幸就在眼前，马上唾手可得了。然结果却是"入宫岁余，竟不复幸。"这个"竟"字写得情势急转直下，就如同迎头泼来的一桶冷水，把前面武帝满怀的激情、平阳主的热心操持，瞬间冲刷得干干净净。皇帝依旧贵为天子高高在上，对她是那样的遥不可及。命运就是这样喜欢和人们开玩笑，它会在你毫无准备的时候"惠然肯来"，又会在你对它满怀期望时"掉臂不顾"。这是我们都曾体验过的生活经验，但自太史公笔下写来，却是那样的深情而别有韵致。推源其本，大概便是得力于虚词的巧妙运用。后来在子夫已然对武帝绝望，"涕泣请出"时，上却又见而"怜之"，"复幸，遂有身，尊宠日隆"了。瞧，一个人的命运是多么的神奇而不可捉摸，造化又是多么善于弄人呵！又如：

秦割汉中地与楚以和。楚王曰："不愿得地，愿得张仪而甘心焉。"张仪闻，乃曰："以一仪而当汉中地，臣请往如楚。"如楚，又因厚币用事者臣靳

尚，而设诡辩于怀王之宠姬郑袖。怀王竟听郑袖，复释去张仪。(《屈原贾生列传》)

晚唐诗人唐彦谦《楚世家》诗云："偏信由来惑是非，一言邪佞脱危机。张仪重入怀王手，驷马安车却放归。"此诗即是针对引文中这段史实而发，而诗中"驷马安车却放归"中的"却"字和引文中这个"竟"字真可谓有异曲同工之妙，都对怀王的放归张仪深表扼腕。怀王被张仪玩弄于股掌之间，对其真有寝皮食肉之恨，为了报复张仪，于怀王十七年（前312年）一年中对秦国竟发动"丹阳之战"与"蓝田之战"两次大规模战役来宣泄其愤怒，均已惨败告终。怀王十八年（前311年），"秦割汉中地与楚以和"，怀王依旧盛怒未消，"不愿得地，愿得张仪而甘心焉"，对张仪的仇恨真是深入骨髓。而今张仪就在眼前，日思夜念的复仇机会终于盼到，但"怀王竟听郑袖，复释去张仪。"这个"竟"字，含义真是丰富极了，有震惊、有怨望、有疑惑、有慨叹，而所有这些又都最终归结为无情的嘲讽。震惊的是怀王居然把一个切齿的仇敌就这样轻易赦免了；怨望的是怀王何以对得起两次大战中那些为其捐躯的鬼雄；疑惑的是靳尚、郑袖到底使用什么蛊惑人心的手段熄灭了怀王的腐心之恨；慨叹的是为什么那些谗佞邪僻之徒的伎俩总是这么轻易得逞；嘲讽的当然是怀王的昏聩糊涂、正邪不分。"怀王以不知忠臣之分，故内惑于郑袖，外欺于张仪，疏屈平而信上官大夫、令尹子兰。兵挫地削，亡其六郡，身客死于秦，为天下笑，此不知人之祸也。"(《屈原贾生列传》)这是司马迁的慨叹；司马光亦感慨道："楚自祝融、鬻熊以来，其有国几何年矣。方其盛也，奄有南国，凭陵诸夏；及怀王放废忠良，亲近谗慝，惑张仪之口，而耳目不能自守，见败而不悟，亡师而不悔，以客死于秦，使其子孙衔涕忍耻，以事仇雠，强之女而不敢辞，陵庙焚而不敢怨，兔逃鼠伏，自屏于陈，束兵不战而攻之不解，割地请和而侵之不止，卒不见赦而国以沦亡，不亦悲乎！"[1] 对怀王之偏听误国，真是古今同慨。又如：

元狩二年，弘病，竟以丞相终。(《平津侯主父列传》)

武帝元朔三年（前126年），御史大夫张鸥免，武帝以公孙弘为御史大夫。元朔五年（前124年），又擢公孙弘继薛泽为丞相，封平津侯。元狩二年（前121年），公孙弘病逝。计公孙弘从元朔三年至元狩二年身居三公之位共六年。六年是一段相当长的时间，且又身居要职，是足以干一番为人称道的事业的。但公孙弘的一生，实在是乏善可陈，又岂止这六年。这从《太史公自序》司马迁自陈本篇的作意可以看出："大臣宗室以侈靡相高，唯弘用节衣食为百吏先，作《平津侯列传》。"这样看来，公孙弘一生大事只在"为布被""食一肉脱粟之饭"之节衣缩食上面了，这对于本该竭忠尽智辅弼天子以达于"蒸蒸治"的社稷之股肱，不是一个莫大的讽刺吗？我们姑且让一步吧，把兴社稷、利元元这些事关国体的大

---

① 周振甫：《史记集评》，重庆大学出版社 2010 年版，第 138 页。

事暂且抛到一边，对公孙丞相要求再低一些：他不是要身体力行提倡节俭么？他不是要为弹压大臣宗室的以侈靡相高作出表率而愿为"百吏先"吗？如果把这件事做成了，朝廷百官人人尚俭，对于国家也未尝不是大功一件。可这件事的结果如何呢？"公孙弘以汉相，布被，食不重味，为天下先。然无益于俗，稍骛于功利矣。"（《平准书》）看吧，结果恰恰适得其反，引得人们更加为功利而奔走了。何以如此呢？太史公借戆直的汲黯为我们言道："弘位在三公，俸禄甚多，然为布被，此诈也。"孔子不说过"其身正，不令而行；其身不正，虽令不从"的话吗？靠着诈伪，又焉能成事？自古皆然，岂独公孙丞相耶！对于自己的平庸驽骀，公孙弘亦有着清醒的认识，为此太史公特意为他安排了一段内心独白，让他对自己的备员充数作了一回深刻检讨。事情原委是这样的：淮南王刘安欲谋反，曾扬言朝中大臣除了卫青和汲黯，其他人他都不放在眼里。不放在眼里也就罢了，可他偏偏又特别提到"至如说丞相弘，如发蒙振落耳。"（《汲郑列传》）这话深深刺戟了公孙丞相，使他的自尊心受到极大打击，痛定思痛之余，也迫使他对自己为何被他人这般轻视作一次内省："弘病甚，自以为无功而封，位至丞相，宜佐明主填抚国家，使人由臣子之道。今诸侯有叛逆之计，此皆宰相奉职不称。"这也是司马迁惯用的一种讽刺手段，他擅长让讥刺对象"不打自招"。就是这样一位丞相，能给人留下多少好感呢？因此当他元狩二年病逝时，太史令司马迁记载："弘病，竟以丞相终。"这个"竟"字，下得多么无情、狠辣，流露出对公孙弘十二分的不值和不满，言下大有责怪苍天不开眼的味道。其意盖谓就这么一个人物，怎配得上终老于丞相之位呢？上天真是太过于优待他了！这个"竟"字和《伯夷叔齐列传》"盗跖日杀不辜，肝人之肉，暴戾恣睢，聚党数千人横行天下，竟以寿终"之"竟"字用意相同，都有些痛其不早死的味道；又与《魏公子列传》"魏王日闻其毁，不能不信，后果使人代公子将。公子自知再以毁废，乃谢病不朝，与宾客为长夜饮，饮醇酒，多近妇女。日夜为乐饮者四岁，竟病酒而卒"之"竟"字用意相反，一个怨其有天幸，一个惜其天不幸。同样一个词，却能传达出两种截然不同的意思，这便是虚词的神奇处。

二、"终"字例说

> 尧知子丹朱之不肖，不足授天下，于是乃权授舜。授舜，则天下得其利而丹朱病；授丹朱，则天下病而丹朱得其利。尧曰："终不以天下之病而利一人。"而卒授舜以天下。《五帝本纪》

"尧知子丹朱之不肖，不足授天下，于是乃权授舜。""于是乃"，是"于是"与"乃"两个副词的同义连用，"乃"这里也是于是、然后的意思。何以要把意思相同的两个虚词叠加在一起使用呢？钱钟书先生《管锥编》论《鲁仲连邹阳列传》有"稠叠其词"之说："鲁仲连曰：'吾始以君为天下之贤公子也。吾乃今然后知君非天下之贤公子也！''乃今然后'四字乍视尤若堆叠重复，实则曲传踌躇迟疑、非所愿而不获己之心思语气；《水浒》第一二回：'王伦自此方才肯教林冲坐第四位'，适堪连类。苟省削为'今乃知'、'才肯教'之类，则只记事迹而未宣情韵。《逍遥游》写鹏待风厚方能振翼曰：'而后乃今培风，……而后乃今将图南'，明远大之事匪可轻举也。均稠叠其词，以表郑重。"① 这里的"于是乃"，一方面有着"王伦自此方才肯教林冲坐第四位"的踌躇迟疑，同时也兼具大鹏"而后乃今"的审慎计虑，见出这个决定下得极为艰难，内心有迟疑、有挣扎。据司马迁《五帝本纪》记载，唐尧实为中国禅让传国的第一人，他之前的颛顼、帝喾包括他自己都是靠着和黄帝的血亲关系践位继统的。尧虽深知自己的儿子丹朱没有才能，不足以把天下交付到他手里，但要把天下拱手让给别人，心里还是着实不甘，他的内心是经历着一番踌躇挣扎与反复掂量的。这是圣人之不离人情、温情脉脉的一面。"授舜，则天下得其利而丹朱病；授丹朱，则天下病而丹朱得其利"，这句是在为唐尧写心，写他反复考虑、左右掂量的心理活动，实则即是"于是乃权授舜"的具体权衡内容。这里用两个"则……而……"句式营造出一种两难选择的忧虞光景，煞是传神。可贵的是，在这样一个痛苦的抉择过程中，尧始终把"天下"的利与病当作首要的衡量标准，（看天下二字在句中的位置可知。其实这句话远没有"授舜，则天下得其利而丹朱病；授丹朱，则丹朱得其利而天下病"来得顺畅、悦耳，这里史公宁肯牺牲句子的音乐性而选择使用拗句，盖有深意存焉。）以示"天下"的利病才是问题的关键。这是圣人之目光敏锐、大义为公的一面。"终不以天下之病而利一人"，下一"终"字，乃痛定思痛之语，正与前面"于是乃"流露出的迟疑、挣扎和两个"则……而……"句式构成的两难处境相呼应，见出这个决心下得非常沉痛。这是圣人之明于决断、聪明睿达的一面。这段文字体贴人情细致入微，字里行间处处充塞、激荡着浓厚的人伦之至情，细细品读，犹似一股暖流周浃于人身之四体百骸，所到之处，无不熨帖、舒泰，真《史记》中第一高格文字。然其妙达神旨处，尤得力于几个虚词的巧妙运用。

　　虞将军欲与之鲜衣，娄敬曰："臣衣帛，衣帛见；衣褐，衣褐见。终不敢易衣。"（《刘敬叔孙通列传》）

李长之说："大抵司马迁在写合传的时候，如果不用对照律，便往往用对称律。"②《刘敬叔孙通列传》就非常纯熟地使用了对照律。刘敬、叔孙通俱为汉初刘邦的重要谋臣，都为汉家的制度建设积极出谋划策。然刘敬的献计，是发自内心的主张，其为人质实而不徇流俗；叔孙通的谋划，则为了希世度务、周旋人情，其为人软熟圆通，擅长迎合时变。然二人这种种之不同，太史公只在"更衣"一事上为他们出色一番，则二人之灵魂与精神自见。"叔孙通儒服，汉王憎之；乃变其服，服短衣，楚制，汉王喜。""乃变其服"之"乃"字正与此处"终不敢

　　① 钱钟书：《管锥编》，北京三联书店 2008 年版，第 519 页。
　　② 李长之：《司马迁之人格与风格》，北京三联书店 2013 年版，第 326 页。

易衣"之"终"字形成鲜明对照，一个见其缺乏操守，惯于逢迎；一个见其秉直守节，坚持原则。"臣衣帛，衣帛见；衣褐，衣褐见。终不敢易衣"，著一"终"字，则刘敬之人品风度自不待言，故下文直入刘敬谏都关中事，省却多少笔墨，此史公以小御大之术也。

> 韩信犹豫，不忍倍汉，又自以为功多，汉终不夺我齐，遂谢蒯通。（《淮阴侯列传》）

《淮阴侯列传》全文七千余字，载武涉及蒯通劝说韩信背汉之语近两千字，几占全部篇幅的四分之一。虽二人之雄辩滔滔、百端谕说，陈说得失利害委屈详尽至极，逗引得韩信时或心动而犹豫，然信终不忍背汉。本传中详载二人之语，正以明韩信之不反，此正史公文章之"别有用心"处。而班固《汉书》则别立《蒯通传》，尽删《韩信传》中蒯通之语而载之于《蒯通传》中，此失龙门之旨也远矣！对于韩信之冤死，前贤辩之甚详，如梁玉绳《史记质疑》云："信之死冤矣！前贤皆极辨其无反状，大抵出于告变者之诬词及吕后与相国文致之耳。史公依汉廷狱案叙入传中，而其冤自见。一饭千金，弗忘漂母；解衣推食，宁负高皇？不听涉、通于拥兵王齐之日，必不妄动于淮阴家居之时；不思结连布、越大国之王，必不轻约边远无能之将。宾客多，与称病之人何涉？左右辟，则絷手之语谁闻？上谒入贺，谋逆者未必坦率如斯；家臣徒奴，善将者亦复部署有几？是知高祖畏恶其能，非一朝夕。胎祸于蹑足附耳，露疑于夺符袭军，故禽缚不已，族诛始快。从豨军来，见信死，且喜且怜，亦谅其无辜受戮，为可悯也。"[1] 梁氏所谓"不听涉、通于拥兵王齐之日"，良有以也。今观《淮阴侯列传》韩信谢绝二人之语，一则曰："汉王解衣衣我，推食食我，故吾得以至于此。夫人深亲信我，我倍之不详，虽死不易。"二则曰："汉王遇我甚厚，载我以其车，衣我以其衣，食我以其食。吾闻之，乘人之车者载人之患，衣人之衣者怀人之忧，食人之食者死人之事，吾岂可以乡利倍义乎！"再则犹豫不忍又为自己找借口忖度曰"（我）功多，汉终不夺我齐。"心心不离汉王之厚恩，念念不忘报答以深情。"汉终不夺我齐"，这个"终"字用得真是一往情深，见出韩信实心为汉，铁了心认定汉王必不负我。他是用最大的善心来期许对方，压最大的赌注来深信友情，然最终仍不免"兔死狗烹"的下场。千载之下，犹让人为之动容。"足下涉西河，虏魏王，禽夏说，引兵下井陉，诛成安君，徇赵，胁燕，定齐，南摧楚人之兵二十万，东杀龙且，西乡以报，此所谓功无二于天下，而略不世出者也。今足下戴震主之威，挟不赏之功，归楚，楚人不信；归汉，汉人震恐。足下欲持是安归乎？"这才是韩信被诛灭的真正原因，史公特借蒯通之口申明之，只恨淮阴当日不听其劝耳。唐罗隐有诗云："翦项移秦势自雄，布衣还是负深功。寡妻稚女俱堪恨，却把余杯奠蒯通。"亦深惜其不用蒯通之言矣。

---

① 杨燕起、陈可青、赖长扬：《历代名家评史记》，北京师范大学出版社 1986 年版，第 640—641 页。

　　清代刘淇说："构文之道，不过实字虚字两端，实字其体骨，而虚字其性情也。"[①] 实词用来达意，虚词擅长传情。司马迁是使用虚词的行家里手，他擅长太极拳式的以轻就重、以虚御实，往往能通过一两个虚词传达出人类异常丰富的情感体验。《史记》一书是一座虚词的宝库，司马迁给我们展示了精妙使用虚词的范例，值得我们深入探究。

---

　① 刘淇：《助字辨略》，中华书局 2004 年版，第 1 页。

项羽之死的描述缘何真实生动

＊本文作者薛引生。陕西省传记文学学会会长，中国史记研究会常务理事。

《项羽本纪》堪称《史记》中最精彩的名篇，其中"项羽之死"的描写更是妙笔生花，乃精彩之中的精彩。

对于"项羽之死"，《史记》在《项羽本纪》中是这样描述的：垓下突围以后，项羽渡过淮河，经过阴陵，来到东城。在东城境内发出了"此天之亡我，非战之罪也"的感慨，然后布置身边仅存的"二十八骑"打了一次堪称经典的突袭战——"溃围，斩将，刈旗。"司马迁记叙这场战事说，"于是项王大呼驰下，汉军皆披靡，遂斩汉一将。"楚军的突然行动，使汉军猝不及防，队列被打乱，军阵被撕开，项羽遂斩杀汉将一员。就在这个时候，赤泉侯出现了。"是时，赤泉侯为骑将，追项王，项王瞋目而叱之，赤泉侯人马俱惊，辟易数里，与其骑会为三处。"精彩吧！赤泉侯与项羽撞个正着，被怒目圆睁的项羽一声呵斥，马受惊，人失态，掉头狂奔。

这位赤泉侯，在随后的"项羽乌江自刎"中又出现了："于是项王乃欲东渡乌江。乌江亭长檥船待，谓项王曰：'江东虽小，地方千里，众数十万人，亦足王也。愿大王急渡。今独臣有船，汉军至，无以渡'。项王笑曰：'天之亡我，我何渡为！却籍与江东子弟八千人渡江而西，今无一人还，纵江东父兄怜而王我，我何面目见之？纵彼不言，籍独不愧于心乎？'乃谓亭长曰：'吾知公长者。吾骑此马五岁，所当无敌，尝一日行千里，不忍杀之，以赐公。'乃令骑皆下马步行，持短兵接战。独籍所杀汉军数百人。项王身亦被十余创。顾见汉骑司马吕马童，曰：'若非故人乎？'司马童面之，指王翳曰：'此项王也。'项王乃曰：'吾闻汉购我头千金，邑万户，吾为若德。'乃自刎而死。王翳取其头，余骑相蹂践争项王，相杀者数十人。最其后，郎中骑杨喜，骑司马吕马童，郎中吕胜、杨武各得其一体。五人共会其体，皆是。故分其地为五：封吕马童为中水侯，封王翳为杜衍侯，封杨喜为赤泉侯，封杨武为吴防侯，封吕胜为涅阳侯。"

对于《史记》中关于"项羽之死"的描写，历史上赞誉声不绝于耳。清初学者吴见思认为，《项羽本纪》的记述项羽之死"精神笔力，直透纸背，静而听之，殷殷阗阗，如有百万之军，藏于隃麋汗青之中，令人神动"。[①] 清代文学家徐于乔说："写羽神勇……画尽态极。至写羽兵法，东城二十八骑时，尚分为二，分为

---

① ［清］吴见思：《史记论文·项羽本纪》，张新科、高益荣、高一农：《史记研究资料萃编》，陕西出版集团三秦出版社 2011 年版，第 471 页。

四，阵势战势，如绘神笔也。"① 清代女才李晚芳在《读史管见》卷一《项羽本纪》中认为："羽之神勇，千古无二；太史公以神勇之笔写神勇之人，亦千古无二。"② 晚清文人郭嵩焘认为：《项羽本纪》中的"巨鹿、鸿门、垓下三段，自是史公《项羽本纪》中聚精会神极得意文字"。③ 吾虽不揣浅陋，但也以为，司马迁着墨不多的"项羽之死"的描写，既真实可信，又生动精彩。为什么呢？因为司马迁关于这一历史事实的材料来源于事件的直接当事人赤泉侯。

垓下之役后，斩杀项羽的五位汉军将士皆受封为列侯，从此青史留名。赤泉侯即其中的一位。赤泉侯何许人也？此乃弘农杨氏之后杨喜是也。杨喜，汉代内史华阴人，全程参与追击项羽的战役亲历者，历史事件的当事人。

过去阅读这段历史，常常有不可思议之感：为什么司马迁在精彩而简洁的记事中会插上这么一段？相隔近百年的历史事件，他为什么能了解得如此详尽？

去年（2019 年）春上，到陕西省潼关县参加"渭南市政协文史资料工作会议"，会议参观"'四知'廉政教育展览馆"时，偶尔看到一幅"弘农杨氏世系表"。

秦汉时期弘农杨氏世系表

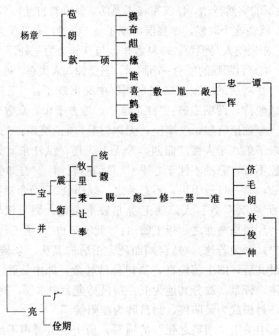

---

　　① ［清］徐与乔：《经史辨体·史部·项羽本纪》，张新科、高益荣、高一农：《史记研究资料萃编》，陕西出版集团三秦出版社 2011 年版，第 471 页。

　　② ［清］李晚芳：《读史管见》卷一《项羽本纪》，张新科、高益荣、高一农：《史记研究资料萃编》，陕西出版集团三秦出版社 2011 年版，第 472 页。

　　③ ［清］郭嵩焘：《史记札记》卷一《项羽本纪》，张新科、高益荣、高一农：《史记研究资料萃编》，陕西出版集团三秦出版社 2011 年版，第 475 页。

汉初受封赤泉侯的杨喜，爵位由其子杨敷承袭，敷传子杨胤，胤生二子，杨孟尝、杨敞。

按常理，杨喜受封赤泉侯是垓下之役之后，司马迁记述垓下之役应称作杨喜，而不应称作赤泉侯。他为什么在文中称作赤泉侯呢？看来，他是先知赤泉侯，后知垓下之役。

杨敞（？—前73年）字君平。初在大将军霍光府担任长史，不久升迁大司农、御史大夫，官运亨通，一直做到丞相，被封为安平侯。

元平元年（前74年），昭帝崩，帝位传予昌邑王刘贺。那时霍光大权在握，以刘贺"信用谗谀""所为狂悖"为由，密谋废除昌邑王。拥立汉武帝的曾孙刘询（本名病已）即位，是为汉宣帝。杨敞因为拥立宣帝有功，继续担任丞相，而且得到了三千五百户的封赏。

据史书上说，霍光主持制定了废立方案后，由大司农田延年到相府向杨敞通报。杨敞生性谨慎，"闻讯惊惧，汗流夹背，不知所措"。时敞夫人借机从内走出，急劝敞道："此系朝廷大事，大将军既已做出决策，通报九卿，只有与将军同心，岂容犹豫，否则受诛无疑。"这时敞始恍然大悟，遂参与签署废立事宜。尽管在废立大事上有过犹豫，但在关键时刻，杨敞听取夫人谏言，果决加入，使西汉政权得以平稳过度，为大汉王朝的中兴之业，起了一定作用。不久，杨敞去世，长子忠承袭爵位，幼子恽任职郎官。

这位在杨氏家族命运悠关的关键时刻站出来拿主意的杰出女性，就是司马迁的女儿司马英。杨敞夫人是司马迁的女儿，杨敞乃司马迁的女婿。司马迁倾其一生所著《史记》，完成后抄写两部传世。史书记载，副本收藏于朝廷，正本藏之名山，实际上收藏于女婿杨敞府中。

杨敞生于汉武帝元光年间，他在元封年间结婚，此时年纪在25岁左右。他父亲杨胤和司马迁年纪不差上下。

对于杨家来说，杨喜追杀项羽有功而封侯，是家族发迹的起点，也是杨家最引以为自豪的伟业。汉高祖刘邦封赏杨喜为赤泉侯，颁发有丹书铁券，用红笔将封状写在铁板上，与相关的档案文书一道，作永久性的保存。丹书铁券，是一分为二的合符，一半保存在汉朝宗庙，另一半保存在杨家世代流传。丹书铁券结尾处有这样几行文字："使河如带，泰山若厉，国以永宁，爰及苗裔。"意思是说，即使黄河干涸变成衣带，泰山崩塌变为砺石，封赐之国仍将永存，绵绵不绝传给子孙。

杨喜的故事世代传颂，讲到第三代、第四代（司马迁的亲翁杨胤和女婿杨敞）仍很新鲜。司马迁是汉朝的大史令，他正为写《史记》网罗天下的放失旧闻，收集世间的传言故事。言者也许无心，听者定然有意。在与亲翁、女婿津津有味的交谈中，探知此事，事后将这些生鲜的口耳相传的历史记录下来，写进《史记》。第一手的史料，经过第一流的历史学家司马迁的加工编撰，写成了第一流的史学名篇，堪称古代口述史的经典。尔后，《史记》（《太史公书》）由杨敞的儿子、司马迁的外孙杨恽奏请汉宣帝恩准刊行公之于世，一切便顺理成章。

　　我喜欢《史记》，它是伴随我一生的读物，我已经记不清读了多少遍了。《史记》堪称中国历史叙事的顶峰，精彩动人的叙事，有根有据的史实，深藏微露的思想，是《史记》魅力无穷之所在。仔细阅读《史记》最为精彩的篇章《项羽本纪》中的"项羽之死"，我感慨万端地发现，"项羽之死"之所以感人而流传千古，不是出于司马迁编造故事的能力，而是出于司马迁忠实于历史的表现定力。"项羽之死"出于当事人杨喜的口述家传。司马迁与杨喜的第三代、第四代杨胤、杨敞的交往是"项羽之死"既真实可信、又生动精彩的基础。读到这里，我豁然开朗，真实才是力量，真实才能长久，真实才可以魅力无穷，真实才可以生动感人。

唐宋诗词中的司马迁形象

＊本文作者梁中效。陕西理工大学教授。

司马迁的人生悲剧与《史记》的文化经典地位，使司马迁成为千百年来文人墨客崇拜的偶像、学习的楷模和同情的对象、惋惜的同类，留下了许多歌咏司马迁及《史记》的诗词，展示了司马迁的人格魅力与《史记》的崇高地位，值得我们研究和珍视。

一、"司马迁文亚圣人，三头九陌碾香尘"

司马迁的悲剧人生和《史记》的不朽著作，使得百世同情，千载敬仰，万代宗奉，成为中国文化史上永恒的话题。《史记》被鲁迅先生誉为"史家之绝唱，无韵之离骚"，列为前"四史"之首。因此司马迁被后世尊称为"史迁""史圣"，与司马相如合称"文章西汉两司马"。唐代追求大一统的盛世，需要借助司马迁的《史记》大一统精神；宋代文人高举批判大旗，重建儒家道统，也需要司马迁的独立人格榜样。"文以载道"，"文以明道"，司马迁的雄文与《史记》的文化精神，自然成为唐宋文人学习的楷模。

唐代开疆拓土，文治武功超过汉朝，尤其是科举取士，《史记》与《汉书》《后汉书》一起，被列为"三史"科进行考试，以《史记》为代表的"前四史"地位空前提高。《唐会要》卷七十六记载：长庆二年二月，谏议大夫殷侑奏："历代史书，皆记当时善恶，系以褒贬，垂裕劝戒。其司马迁《史记》，班固、范晔两《汉书》，音义详明，惩恶劝善，亚于六经，堪为世教。伏惟国朝故事，国子学有文史直者，宏文馆宏文生、并试以《史记》《两汉书》《三国志》，又有一史科。近日以来。史学都废，至于有身处班列，朝廷旧章，昧而莫知，况乎前代之载，焉能知之。伏请置前件史科。""敕旨。宜依。仍付所司。"（《唐会要》）唐穆宗批准了殷侑的建议，"史科"得以延续。值得注意的是，唐人认为"三史"仅次于"六经"，地位崇高。其"音义详明，惩恶劝善，亚于六经，堪为世教"。正是在此大背景之下，司马迁受到唐人的崇敬。唐代诗人贯休在《在上卢使君二首》中说："司马迁文亚圣人，三头九陌碾香尘。"唐代诗人同情司马迁的不幸，白居易《杂感》诗云："君子防悔尤，贤人戒行藏。嫌疑远瓜李，言动慎毫芒。都尉身降虏，宫刑加子长。吕安兄不道，都市杀嵇康。斯人死已久，其事甚昭彰。是非不由己，祸患安可防。使我千载后，涕泗满衣裳。"千载之后，仍为司马迁受刑而感伤。他的《咏怀》诗云："冉牛与颜渊，卜和与马迁。或罹天六极，或被人刑残。顾我信为幸，百骸且完全。五十不为夭，吾今欠数年。"有感于司马迁"被人刑残"，珍惜自己的生存现状。他的《读诗五首》诗云："马迁下蚕室，嵇康就囹圄。抱冤志气屈，忍耻形神沮。当彼戮辱时，奋飞无翅羽。商山有黄绮，颍川有巢许。何不从之游，超然离网罟。"面对司马迁遭受酷刑，他想借道家的退避来免祸。但司马迁没有选择逃避，因此是时代英雄。唐人牟融的《司马迁墓》诗："落落长才负不羁，中原回首益堪悲。英雄此日谁能荐，声价当时众所推。一代高风留异国，百年遗迹剩残碑。经过词客空惆怅，落日寒烟赋黍离。"诗人在为司马迁悲伤时，更敬仰他的英雄气概。唐人常将司马迁与班固放在一起，称为"班马"，赞美他们是文章高手、文学大家。杜牧《冬至日寄小侄阿宜诗》诗："我家公相家，剑佩尝丁当。旧第开朱门，长安城中央。第中无一物，万卷书满堂。家集二百编，上下驰皇王。多是抚州写，今来五纪强。尚可与尔读，助尔为贤良。经书括根本，史书阅兴亡。高摘屈宋艳，浓薰班马香。李杜泛浩浩，韩柳摩苍苍。近者四君子，与古争强梁。愿尔一祝后，读书日日忙。一日读十纸，一月读一箱。"杜牧喜爱侄子，精心培养，教导他读经史子集。"经书括根本，史书阅兴亡。高摘屈宋艳，浓薰班马香。"希望侄子学习屈原、宋玉与司马迁、班固，成为文学大家。白居易在《谈氏小外孙玉童》诗中说："中郎余庆钟羊祜，子幼能文似马迁。"用司马迁之文，东汉蔡邕、西晋羊祜来形容谈氏父、女、外孙的文学才华。皎然《讲古文联句》诗："屈宋接武，班马继作。"也将"屈宋"与"班马"相提并论，称为文学大家。唐人黄滔的《遇罗员外衮》诗云："绮园难贮林栖意，班马须持笔削权。"赞美"班马"的史学成就。唐代也有人赞成司马迁为李陵辩护，司空图的《狂题十八首》诗云："交疏自古戒言深，肝胆徒倾致铄金。不是史迁书与说，谁知孤负李陵心。"肯定了司马迁为李陵辩护。韩、柳倡导的古文运动，以司马迁《史记》为榜样。韩愈认为，汉朝人莫不能文，独司马相如、太史公、刘向、杨雄之为最。认为司马迁作品的风格是"雄深雅健"，《史记》成为韩愈作文的样本。柳宗元认为《史记》文章写得朴素凝练、简洁利落，无枝蔓之疾；浑然天成、滴水不漏，增一字不容；遣词造句，煞费苦心，减一字不能。因此，司马迁对唐代古文运动产生了深远影响。

宋朝守内虚外，重文轻武，经济繁荣，文人地位高，敢于议论时政，但国力不强，更加同情司马迁为李陵辩护。宋代诗人林同《司马迁》诗云："悲哉执手泣，论著谨毋忘。岂识迁它日，能紬石室藏。"同情司马迁的遭遇，赞美《史记》的不朽。王安石的《司马迁》诗云："孔鸾负文章，不忍留枳棘。嗟子刀锯间，悠然止而食。成书与后世，愤悱聊自释。领略非一家，高辞殆天得。虽微樊父明，不失孟子直。彼欺以自私，岂啻相十百。"赞许司马迁忍辱负重，完成名著。秦观的《司马迁》诗云："子长少不羁，发轫遍丘壑。晚遭李陵祸，愤悱思远托。高辞振幽光，直笔诛隐恶。驰骋数千载，贯穿百家作。至今青简上，文彩炳金騰。高才忽小疵，难用常情度。譬彼海运鹏，岂复顾缯缴。区区班叔皮，未易议疏略。"

秦观认为司马迁的人生挫折，导致他发奋图强，完成巨著。这两首诗都将司马迁的"愤悱"与"高辞"相联系，其人生的巨大灾难，变成了其文章的奔放不羁。秦观的《无题二首》诗云："君子有常度，所遭能自如。不与死生变，岂为忧患渝。西伯囚演易，马迁罪成书。性刚趣和乐，浅浅非丈夫。"因获罪的悲愤，才有了《史记》的巨著。赵希逢《和寄苕溪故人》诗云："蚕室史迁非有罪，从来文士例多穷。"刘克庄《夜读传灯杂书六言八首》诗云："麟经之笔既绝，蚕室之书遂行。聘非二子同传，齐鲁两生失名。"这里的"麟经"指的是孔子《春秋》，"蚕室之书"应该是《史记》。宋人在同情司马迁的同时，更赞美司马迁是文学巨匠。宇文虚中的《题平辽碑》诗云："百年功业秦皇帝，一代文章太史公。"将司马迁的文章与秦始皇统一天下相提并论。宋代文豪大都推崇司马迁的史传文学，称他为文章高手。黄庭坚《写真自赞五首》诗云："吏能不如赵张三王，文章不如司马班扬。"他的《东坡先生真赞三首》诗云："子瞻堂堂，出于峨眉，司马班扬。"将苏轼与司马迁、班固、扬雄相提并论。辛弃疾《沁园春·灵山齐庵赋，时筑偃湖未成》词云："我觉其间，雄深雅健，如对文章太史公。"称赞司马迁文章"雄深雅健"。陆游在《感兴》："文章天所秘，赋予均功名。吾尝考在昔，颇见造物情。离堆太史公，青莲老先生，悲鸣伏枥骥，踏蹭失水鲸；饱以五车读，劳以万里行，险艰外备尝，愤郁中不平。"陆游的《夜观严光祠碑有感》诗云："生陋范晔，琐琐何足录！安得太史公，妙语写高蹑。"陆游认为司马迁的雄文，既与他游历天下得江山之助有关，更与他"愤郁中不平"的生命历程相联系。方回《赠朱师裕》诗云："故因高韵如袁粲，岂但雄文似史迁。"文同的《奉送少讷还青神》诗云："词章直如子长健，辩论不比仲连黠。"两位诗人都赞许司马迁是文章高手。读书是作文章的前提和基础，宋代文章学把读《史记》作为学习文章的主要范本。朱熹《朱子类语·论文》："今日要做好文者，但读《史》《汉》、韩、柳而不能，便请斫去老僧头去。"宋人认为，司马迁胸中有侠气，作传则"分外精神"。楼昉《过庭录·史公有侠义》云："太史公作苏秦、张仪、范雎、荆轲传分外精神，盖子长胸中有许多侠气，所谓爬着他痒处，若使之作董仲舒等传，则必不逮，以其非当行也。"说明作者胸中之"气"，影响文章风格。李流谦的《峡中赋百韵》云："杜陵半九州，诗史人嘉话。马迁多经践，有文资博雅。"诗人将司马迁博雅宏放的文章与与杜甫忧患天下的诗史相媲美，反映了宋人对司马迁文学地位的认同与推崇。

二、"马迁信史炳丹青，黄老搀先六籍名"

唐朝建立后，贞观君臣以史为鉴，总结隋亡唐兴的经验教训，设馆修史，以司马迁的《史记》为榜样，《史记》的正史地位得以确立。唐代科举有"三史"之目，即《史记》《汉书》《后汉书》列为科举考试科目，鼓励士人研习"三史"，并通过科举选拔治史人才，对于《史记》在社会上的普及起到了推动作用，在文人士子中掀起了研究史记的热潮，羊士谔《郡中即事三首》："青门远忆中人产，白首闲看太史书。"衰老之身，仍读《史记》。因此在唐代诗人的笔下，普遍肯定和推崇《史记》的史学地位。唐太宗李世民《咏司马彪续汉志》："二仪初创象，三才乃分位。非惟树司牧，固亦垂文字。绵代更膺期，芳图无辍记。炎汉承君道，英谟篡神器。潜龙既可跃，逸兔奚难致。前史殚妙词，后昆沉雅思。"这里的"前史"，即司马迁的《史记》，证明李世民熟读《史记》。唐代诗人黄滔在《遇罗员外衮》中说："绮园难贮林栖意，班马须持笔削权。"强调了司马迁的秉笔直书的"史德"。崔湜的《春日赴襄阳途中言志》："一朝趋金门，十载奉瑶墀。入掌迁固笔，出参枚马词。"也同样赞许司马迁的秉笔直书。皎然的《讲古文联句》："屈宋接武，班马继作。"将班固与司马迁相提并论，强调了他们并驾齐驱的史学与文学地位。沈佺期《三日独坐驩州思忆旧游》："禊堂通汉苑，解席绕秦楼。束皙言谈妙，张华史汉遒。"在赞许张华史才的同时，将《史记》与《汉书》相提并论。高适的《过卢明府有赠》："我行抱高风，羡尔兼少年。胸怀豁清夜，史汉如流泉。"赞美卢明府精通《史记》与《汉书》。宋之问的《游禹穴回出若邪》："著书闻太史，炼药有仙翁。"即太史公司马迁。王维的《和尹谏议史馆山池》："洞有仙人箓，山藏太史书。"赵硷的《江亭晚望》："无愁自得仙翁术，多病能忘太史书？"戴叔伦的《曾游》："碑留太史字，词刻长公调。"这三首诗中的"太史书"即《史记》。王起的："滞周惭太史，入洛继先贤。"罗隐的《封禅寺居》："周南太史泪，蛮徼长卿书。"指的是司马迁与司马相如。从唐诗可以看出，由于唐太宗等唐朝皇帝的率先垂范，由于科举考试中的"三史"考试，在唐代社会盛行读《史记》、学《史记》、用《史记》，所以唐人大都赞美司马迁的《史记》。

宋朝虽然文化发达，文人士大夫待遇优厚，但软弱无能屈辱外交和屡战屡败的对外战争，迫使文人士大夫学习汉唐盛世开拓进取的龙马精神；知识分子主体地位的提高，也使得他们主动学习司马迁浩然独行的人格。这二者使得宋代诗人对《史记》与司马迁的研究远远超过唐代。

首先，宋代文人敬仰司马迁的人格，赞美他著史的品德。宋代诗人常将苏武、李陵、司马迁这三位重然诺、有气节、敢担当的英才放在一起，彰显了文弱书生司马迁的人格与品德。赵希逢的《和读苏武李陵司马迁传》："不爱其身过易于，尽判一死外无余。麒麟阁上没公议，却把芳名最后书。"刘过的《怀古四首为知己魏倅元长赋兼呈王永叔宗承载》："煌煌太史公，逸气横八方。"黄然的《题涪翁亭》："清音妙绝东坡老，方响名高太史公。"这两位诗人都将司马迁视为名满宇宙的文化巨匠，将他与文豪苏东坡相比。司马迁不惜为真相、为朋友一死，这不仅是做人的品德，更是良史的美德。华岳的《读苏武李陵司马迁传》："河梁一别子卿归，删后无诗始有诗。若把李陵从反汉，马迁膏鼎亦何辞。"也为司马迁鸣不平。吴龙翰的《读十七全史岁久而彻》："灯火青编结兴长，可能历历记兴亡。董狐笔底风霜重，班马书边兰蕙香。往事输赢棋几局，浮名今古纸千张。重重公案休拈起，中有灵台定否臧。"将《史记》与《汉书》视为十七史的楷模，但诗人更崇敬司马迁的人格。宋人常将司马迁的通史与杜甫的诗史相提并论。徐瑞的

《元日题仲退漫游四后》："奇探马迁作史意，老气杜陵出峡年。何当囊笔挪杖屡，与君篇名山川。"李处权的《亨仲家兄擢居谏省诗以贺之》："诗似少陵多教化，文从太史有波澜。"周端臣的《送翁宾旸荆湖》："莫如子长子美但能事文章，蚤归来献平戎策。"这三位诗人不约而同地将司马迁与杜甫相并肩，实际上司马迁与杜甫虽然异代，但忧国忧民的情怀与人生坎坷的经历大体一致。他们是德操与才学俱佳的汉唐文学与文化的标志。

其次，宋代诗人认为司马迁是超越左丘明的史学巨匠，《史记》是名垂千古的信史。欧阳修是北宋文坛领袖，也是史学大家，他学习司马迁。他的《新营小斋凿地炉辄成五言三十七韵》："兴亡阅今古，图籍罗甲乙。鲁册谨会盟，周公彖凶吉。详明左丘辩，驰骋马迁笔。金石互铿鍧，风云生倏忽。"他的《绿竹堂独饮》："予生本是少年气，瑳磨牙角争雄豪。马迁班固自歆向，下笔点窜皆嘲嘈。客来共坐说今古，纷纷落尽玉麈毛。"有时也不免轻狂。柴元彪的《送侄一斋游武林》："长安草木成焦枯，暗暗落日栖平芜。凄凉往事增欷嘘，子长一部太史书。寄在名山大泽区，之子安肯侣樵渔。"诗人鼓励他的侄子向司马迁学习，写出像《史记》那样藏之名山的巨著。王安石的《王子直挽辞》："多才自合至公卿，岂料青衫困一生。太史有书能叙事，子云于世不徽名。"政治家的王安石还是希望以司马迁、扬雄为榜样显达于世，有用于时。曾丰《寄题双清亭》："马迁史里万古具，张说诗中四时俱。诗编史峡一关目，姑掇余甬清冰肉。床头拈出周易读，更悟太清清蜕骨。"在诗人的阅读中，将司马迁《史记》放在首位。陈起的《史记送后村刘秘监兼致欲见之悰》："嘱以马迁史，文贵细字雕。名言犹在耳，堤柳凡几凋。兹焉得蜀刻，持赠践久要。会晤知何时，雾色审来朝。"陈起将将自己得到的蜀刻《史记》送给朋友，因为司马迁的史书文史俱佳。胡寅的《和范元作五绝》："马迁法左氏，实录系日月。孰传经世学，觉可论绝笔。"认为司马迁《史记》可与日月共辉。张明中的《延昌观道纪堂》："马迁信史炳丹青，黄老挽先六籍名。清净元非人纪有，虚无幻出道家声。"认为司马迁《史记》可以彪炳千古。李觏的《读史》："子长汉良史，笔锋颇雄刚。"赞美司马迁是大史学家，而且文史优长。张镃的《次韵王耘之秋兴二首》："派自王摩诘，才分马子长。"赞许司马迁才气纵横。大文豪辛弃疾以读司马迁《史记》为精神享受。他的《汉宫春·会稽秋风亭观雨》说："千古茂陵词在，甚风流章句，解拟相如。只今木落江冷，眇眇愁余。故人书报，莫因循、忘却莼鲈。谁念我，新凉灯火，一编太史公书。"伴词人度过寒冷长夜的是温馨的《史记》。

再次，唐宋文人推崇司马迁与班固，常将二人称为"马班"或"班马"，将《史记》与《汉书》并称为"史汉"。陈鉴之《陪守斋至玉湖书院作》说："读易发妙蕴，不惟评马班。著述五百卷，星芒照人寰。"赞美司马迁《史记》与班固《汉书》，文化之光照人寰。曾巩《之南丰道上寄介甫》："方投定鉴照，即使征马班。相期林兰楫，荡漾穷川湾。"作为唐宋八大家之一的曾巩，以司马迁为楷模。方岳《次韵张录携书见过》："君家自有神奇在，底用浓熏到马班。黄石一编灯火外，紫芒双剑斗牛间。"将司马迁与班固视为文史群星中最耀眼的星座。蒲寿宬《纯阳洞读书和中山陈礼郎韵》："羞羡鹤俯仰，空悲马班醒。终南在何许，得去何须还。"为司马迁的遭遇而悲伤。唐宋诗人也常用"班马"指代司马迁与班固。杜牧的《冬至日寄小侄阿宜诗》："我家公相家，剑佩尝丁当。旧第开朱门，长安城中央。第中无一物，万卷书满堂。家集二百编，上下驰皇王。多是抚州写，今来五纪强。尚可与尔读，助尔为贤良。经书括根本，史书阅兴亡。高摘屈宋艳，浓薰班马香。李杜泛浩浩，韩柳摩苍苍。近者四君子，与古争强梁。"杜牧教导侄子多读书，不仅要读"屈宋"与"李杜""韩柳"，更要读"班马"的《史记》与《汉书》。从这首诗中衍生出成语"摘艳薰香"，指文辞华美。唐人皎然的《讲古文联句》："屈宋接武，班马继作。"与杜牧一样，也将"屈宋"与"班马"并提。温庭筠的《病中书怀呈友人》："班马方齐鹜，陈雷亦并驱。"宋人程公许的《送别魏校书借参预李先生韵》："词华班马富，道术鲁邹醇。"推许"班马"是文章高手。喻良能《送洪右史赴召三首》："上追班马真辈行，下视燕许如儿嬉。"将汉代的司马迁、班固与唐朝"燕许大手笔"张说、苏颋相提并论。方逢辰的《题卢文峰十二知丞文集》："骈花俪叶妙天下，文赋直追古班马。"赞扬班马的文章妙天下。彭龟年的《和临江庚子鹿鸣宴诗韵》："笔下雄深过班马，马中洒落似张程。"也是赞许班马的雄文宏深。唐宋诗人们常将《史记》与《汉书》并称为"史汉"。梅尧臣的《依韵答宋中道》："史汉抉精深，文字光粲粲。"《史记》《汉书》是精深的史学巨著。陆游的《散怀》："遗文诵史汉，奇思探庄骚。"他的《书志示子聿》："载笔敢言宗史汉，闭门犹得读庄骚。"可见陆游不仅自己读《庄子》《楚辞》与《史记》《汉书》，而且也让儿子阅读。方回的《后秋思五言五首》："诗与风骚迫，文兼史汉长。"也将"风骚"与"史汉"相提并论。晏殊的《癸酉岁元日中书致斋感事》："却展旧编探史汉，更惭高步接夔龙。"大词人也常常研读《史记》《汉书》。总之，司马迁《史记》是唐宋文人案头必备的文史著作，特别是唐代科举有"三史"科目，促进了唐宋文人对《史记》《汉书》的阅读与研究。

三、"何异周南太史家，西上九疑东访禹。"

唐宋时期文化的繁荣，主要在思想领域的三教争衡与兼融并包，更得益于科举制之下文人们向司马迁学习，读万卷书、行万里路，览山川之胜，得江山之助，写锦绣华章，抒凌云壮志。

首先，唐宋文人学习司马迁读万卷书、行万里路，书写祖国山川的豪情壮志。王安石的《拟寒山拾得二十首》："我读万卷书，识尽天下理。"方回的《送康彦博文夫吉州教长句二十韵》："子曾精读万卷书，子又远游万里路。"陆游的《闻鼓角感怀》："平生空读万卷书，白首不识承明庐。时多通材臣腐儒，妄怀孤忠策则疏。"宋代的超级大文豪，都有像司马迁那样读万卷书、行万里路的人生历练。宋人裘万顷《送范光伯北行》："有客当此时，中流驾风樯。欲学太史公，穷汶泗

沅湘。"希望像司马迁那样探索湘江流域。楼钥《次韵翁处度同游北山》:"伊余历
聘佳山水,爱奇切慕太史迁。"他的《游龙瑞宫》:"子长直爱奇,万里探禹穴。"
诗人欲学司马迁对山水有好奇心,以此游天下。赵蕃《登岳阳楼》:"太史南游上
会稽,爱奇端欲助文辞。萧骚白发离骚国,不到巴陵终欠诗。"诗人也将司马迁
的南游会稽视为"爱奇",诗情得江山之助。曾丰的《广东黄漕改除广西帅过郡
送行》:"包笼天地孟轲篇,收管山川马迁记。仰观俯察易象真,更勘画前精入
神。"也认为司马迁遨游山川之间增添了《史记》的魅力。文天祥《长溪道中和张
自山韵》:"夜静吴歌咽,春深蜀血流。向来苏武节,今日子长游。"他的《有感》:
"故旧相思空万里,妻孥不见满三秋。绝怜诸葛隆中意,赢得子长天下游。"文天
祥的游历既有忧患,更有苦痛,所以他最能理解司马迁游历天下时的内心世界。
马元演《游洞霄纪实》:"虽慕子长游,未学子真逸。"诗人仰慕司马迁游历生涯,
但希望能超凡脱俗。周端臣的《送翁宾旸荆湖》:"君不见司马子长志横秋,少年
足迹不肯休。胸中盘屈奇伟气,笔力直与造化侔。又不见杜陵子美夸壮游,一身
几走半九州。吟怀吐纳天地秀,作为篇章光斗牛。"作者认为《史记》与"杜诗"
之所以能"篇章光斗牛",与司马迁、杜甫在游历时"胸中盘屈奇伟气"有密切关
系,可谓抓住了司马迁、杜甫游历天下的奥秘,这正是他们与常人游历山川的最
大不同。丘葵的《呈张尚友》:"吏部文章悬日月,子长史记在山川。"也是将司马
迁、杜甫游历天下相提并论。陈著《次韵梅山弟醉吟七首》:"隐处是甪里先生,
放游是司马子长。试问梅山老居士,判断两家谁最香。"可能司马迁的放游比
"商山四皓"对于国家民族更馨香。王奕《呈申屠御史忍斋二首》:"壮游久负子长
才,斥鷃几成困草莱。"诗人认为司马迁以博大的胸怀壮游天下。喻良能《次韵
马叔度再用前韵见寄》:"善弈从来数弈秋,胜游今作子长游。"向往司马迁的胜
游。陈长方《赠画者徐琛》:"我行江南江北山,真赏会心那可数。独爱黄陵古庙
前,四水粘天迷浦溆。胸中历历着山川,有句如枝不容吐。欲将写作无声诗,笔
底愧非韦与许。""何异周南太史家,西上九疑东访禹。君能点染出江山,造物炉
锤困掀悔。李成不作郭熙死,谁谓今人不如古。"诗人认为绘画的"点染出江山"
与诗文的"得江山之助"有异曲同工之妙。总之,宋代文人生活优越而精神苦
闷,在忧国忧民之时寄情山水,学习司马迁壮游天下,但很少能体会到司马迁、
杜甫放游天下时的奇伟之气。

　　其次,唐宋文人效法司马迁之父司马谈滞留周南要求司马迁继承遗志完成
《史记》的精神,用"周南太史"来激励自己。《史记・太史公自序》:"是岁(元
丰元年,前110年)天子始建汉家之封,而太史公(指司马谈)留滞周南不得与
从事,故发愤且卒。"后因以"周南留滞"为壮志未酬。杜甫《寄韩谏议注》诗:
"周南留滞古所惜,南极老人应寿昌。"罗隐的《封禅寺居》:"周南太史泪,蛮徼
长卿书。"陆游《闻虏政衰乱扫荡有期喜成口号》:"博士已成封禅草,单于将就会
朝班。孤臣老抱周南恨,壮观空存梦想间。"宋祁《感怀》:"俯首周南泪未干,惊
开鱼素得双盘。"刘克庄《用厚后弟强甫韵》:"岁晚归休老学庵,敢嗟白首滞周

南。"这些唐宋诗人的诗作，都有壮志未酬之意，从而借司马谈的"周南留滞"，来赞美司马迁继承父志，完成文史巨著《史记》。唐宋诗人也借"周南留滞"来表达司马迁行游天下或羁旅他乡，借以抒发诗人的感情。唐代诗人岑参《送史司马赴崔相公幕》："珍禽在罗网，微命若游丝。愿托周南羽，相衔溪水湄。"杜甫《敬简王明府》："叶县郎官宰，周南太史公。神仙才有数，流落意无穷。"白居易《咏身》："周南留滞称遗老，汉上羸残号半人。"唐诗中的这些诗句，表达了司马迁行游天下对后世的影响。宋人也有许多类似的诗作。宋人张耒《出京寄无咎二首》："长安城里谁相识，只有周南太史公。"他的《遣兴次韵和晁应之四首》："露下风悲萤火流，周南羁客意悠悠。山川老去三年泪，关塞秋来万里愁。"他的《官舍岁暮感怀书事》："北风吹雁去翩翩，流滞周南又一年。"这些诗都表达了行游或羁客之意，既不失原典意义，又表达了新的寓意。刘克庄的《送陈叔方侍郎二首》："君归定访耆英社，问讯周南太史公。"他的《再和四首》："留落周南众，萧条冀北空。"李若水《次颜博士游紫罗洞》："逸兴未忘河朔饮，羁踪已分周南留。"陈棣《送郑舜举赴阙》："酒病诗愁应有梦，鸟啼花发正争妍。君空冀北今行矣，我滞周南岂偶然。"廖行之《和松坡刘迁诗四首》："平生湖海敝貂裘，一笑周南底滞留。豪放不妨诗李白，峥嵘何意更朱游。"这些宋代文人的诗作，虽然创作的时间不同，心境各异，但都表达了"滞周南"的意境，从而抒发了对"周南太史公"司马迁父子的敬意。

小　结

　　诗人们对司马迁和《史记》的赞美、歌咏应该是唐宋"史记学"的重要内容之一，但以往学术界对此关注不够。

　　唐宋是"史记学"繁荣发展的时期，司马迁《史记》的研读与普及，为唐宋人才的培养和文化的繁荣奠定了基础。唐代科举考试的"三史"之一即《史记》，《新唐书》卷四十四《选举志上》云："凡弘文、崇文生，试一大经、一小经，或二中经，或《史记》《前后汉书》《三国志》各一，或时务策五道。经史皆试策十道。经通六，史及时务策通三，皆帖《孝经》《论语》共十条通六，为第。"宋代科举继承唐代的"三史"考试《玉海》卷四九引《两朝志》："国初承唐旧制，以《史记》、两《汉书》为三史，列于科举。有患传写多误，雍熙中，始诏三馆校定摹印。"正是科举考试这个神圣的"指挥棒"，使得唐宋文人将《史记》的研读变成了"童子功"，进而促进了唐宋诗词中对司马迁和《史记》的赞许，也出现了以《史记》为题材的许多诗词佳作。"唐代掀起的古文运动，举起了向《史记》文章学习的旗帜，使《史记》所蕴藏的丰富的文学宝藏才得到空前未有的认识和开发。"① 而唐诗与宋词深受《史记》的影响。"唐诗作为中华五千年文明史上的一颗璀璨的明珠，闪烁着夺目的光辉，而其中就有《史记》的功劳。"②

----

　　① 张新科、俞樟华：《史记研究史略》，三秦出版社 1990 年版，第 4 页。
　　② 俞樟华、虞黎明、应朝华：《唐宋史记接受史》，吉林人民出版社 2004 年版，第 115 页。

　　唐宋是中华原典创新的第二个高潮，诗人们在学习《史记》的基础之上固本拓新，在以《史记》为诗词创作题材的同时，还将司马迁的心路历程、人格德行、行游天下、秉笔直书等方面作为学习榜样，尤其敬仰太史公"欲以究天人之际，通古今之变，成一家之言。草创未就，会遭此祸，惜其不成，是以就极刑而无愠色。仆诚以著此书，藏之名山，传之其人，通邑大都，则仆偿前辱之责，虽万被戮，岂有悔哉！"这种献身精神和"三不朽"的追求，让唐宋诗人们敬佩不已，固而在他们的笔下司马迁的形象高大而神圣、真实而崇高、多才而悲壮！主要表现为：

　　其一，"司马迁文亚圣人"。唐宋是中国文章学的巅峰时期，司马迁则是以唐宋八大家为代表的文学家们学习的榜样。唐人认为"三史"仅次于"六经"，地位崇高。其"音义详明，惩恶劝善，亚于六经，堪为世教"。在大唐三教争鸣和宋朝儒家重整的时代，司马迁特立独行的人格与百科全书的《史记》，给文人们树立了"三不朽"的榜样和"内圣外王"的楷模。宋人说"百年功业秦皇帝，一代文章太史公"。

　　其二，"马迁信史炳丹青"。唐宋是中华历史学的繁荣时代。唐宋诗人们都认为司马迁是一代"良史"，宋人刘克庄在《题杂书卷六言三首》说："论笃惟昌黎伯，史法止太史公。"他希望像司马迁那样遨天下写信史，他的《谒南岳》说："茫茫鬼神事，荒幻难穷悉。吾师太史公，江淮遍浪迹。"邓有公在《送曾子华游赣》也说："昔年子长游，落笔妙信史。"诗人们希望像司马迁那样漫游名山大川，成一代信史，写锦绣文章。

论咏史诗对《史记》"范蠡辞越"的接受

* 本文作者殷陆陆。陕西师范大学文学院博士。

　　中国古代历史中，忠君之臣不胜枚举，劳苦功高的功臣同样不少，但是尽忠立功之后得以善终的臣子却不多。出仕则成功辅佐越王灭吴复国、建立功业，退居又积富行德、实现功成身退的范蠡是众多士子们向往的对象。历代文人对范蠡的智慧谋略、佐越之功、辞越归隐、行商经历叙写颇多，以历史人物和历史事件为吟咏题材的咏史诗自然也是频频着墨，从不同角度丰富深化范蠡之事。但是吴越战争虽是春秋末期一次重要的争霸战争，《春秋》有著录，但因其"春秋笔法"的撰写原则，记述故事简略，经、传中都没有范蠡的记载。《国语》虽记录范蠡的言论，但以治国言论为主，其他信息无载。其他关于范蠡的只言片语散见在汉初典籍之中，不成体系。直到《史记》，司马迁在承继前人作品记述的基础上加以发展，将范蠡故事分著于《越王勾践世家》和《货殖列传》之中。在司马迁娴熟自然的叙事技巧和精练传神的描写下，《史记》中的范蠡事迹更为全面，形象也丰富立体，是后代文人了解范蠡的重要文本。咏史创作作为诗人对历史的一种阐释，难免要自史书取材。后世吟咏范蠡的咏史诗自然会受到司马迁评说观点不同程度的影响。现谨以"范蠡辞越"一事为切入点，探讨后世咏史诗歌对《史记》所载"范蠡辞越"的承继与发展。

一、司马迁《史记》对"范蠡辞越"的叙写

1. "范蠡辞越"的起因
　　"范蠡辞越"一事最早见著于《国语·越语下》：

　　　　反至五湖，范蠡辞于王曰："君王勉之，臣不复入越国矣。"王曰："不穀疑子之所谓者何也？"对曰："臣闻之，为人臣者，君忧臣劳，君辱臣死。昔者君王辱于会稽，臣所以不死者，为此事也。今事已济矣，蠡请从会稽之罚。"王曰："所不掩子之恶，扬子之美者，使其身无终没于越过。子听吾言，与子分国。不听吾言，身死，妻子为戮。"范蠡对曰："臣闻命矣。君行制，臣行意。"遂乘轻舟以浮于五湖，莫知其所终极。①

---
① 徐元诰撰，王树民、沈长云点校：《国语集解》（修订本），中华书局 2002 年版，第 588 页

《国语》的记载中，范蠡认为为人臣子，如果君主有烦忧之事，这是臣子的耻辱，如果君主受到侮辱，这是臣子该死，应当为君死节。在范蠡看来，夫椒之战，越王被困于会稽山下，这是自己身为臣子没能成功辅佐君主。兵败之后，越王入吴为质，遭受侮辱，这更是范蠡身为臣子的罪过。范蠡之所以没有及时以死谢罪，只是为了辅助君主一雪前耻。如今君主已经成功复仇，灭掉吴国，自己也该为先前使君主被困受辱接受惩罚。所以，范蠡乘舟而去，泛于五湖，不知所终。在《国语》的叙写中，范蠡的辞越是因让君主受辱而自我惩戒，源于忠君思想。

　　除了《国语》，《史记》之前尚有《战国策》论及"范蠡辞越"。《战国策·秦策三》中，善辨的蔡泽为了说服范雎辞官让贤，以盛极则衰之理对之进行劝说，"语曰：'日中则移，月满则亏'，物盛则衰，天之常数也。进退盈缩，变化，圣人之常道也。"蔡泽再举商鞅、白起、吴起、文种建立功业却不得善终的反面教训警醒范雎，并说明此四子功成身死的原因就在于不知物盛则衰的常道。而明哲保身的范蠡能及时身退，驾舟而去，得以善终，是因为他知道盛极则衰的道理，"范蠡知之，超然避世，长为陶朱。"① 在《战国策》的这段记载中，范蠡是建立功勋者的正面之例，他选择功成身退是保全自我的智慧之举。

　　"任何文本都是对过去的引文的重新组织。"重组的过程中，材料的择选、编排受作者创作理念、学术观念、价值取向的指导。《史记》史学著作的本质决定了它的完成离不开先秦的史典资料作为司马迁的取材来源，而《史记》能传至今日仍是学界热议的巨作，它的撰写更得益于司马迁匠心独运的天才创作。就"范蠡辞越"一事，司马迁在对前人资料认真分析、精心择选、细致润色的基础上，重新对范蠡辞越进行了深刻的描写。

　　司马迁在《史记》中没为范蠡单独立传，范蠡之事分散在《越王勾践世家》与《货殖列传》两篇。《越王勾践世家》前篇以越王为主，范蠡为陪客，在越王勾践攻吴、会稽被困、入吴为奴、复仇灭吴等一系列事件中作为越臣为君主建言献策，尽显谋臣之智。越王平吴称霸后，太史公简单交代了范蠡与文种两位功臣的结局：

　　　　范蠡遂去，自齐遗大夫种书曰："蜚鸟尽，良弓藏；狡兔死，走狗烹。越王为人长颈鸟喙，可与共患难，不可与共乐。子何不去？"

　　以越国事为主体的部分撰写完毕，司马迁在《越王勾践世家》后半部分将笔墨转向范蠡，为范蠡撰写了一篇"附传"。此传开始仅以三言两语再现范蠡辅助越王勾践灭吴复越的劳苦功高，随即再次叙写范蠡辞越：

　　　　还反国，范蠡以为大名之下，难以久居，且句践为人可与同患，难与处安，为书辞句践曰："臣闻主忧臣劳，主辱臣死。昔者君王辱于会稽，所以不死，为此事也。今既以雪耻，臣请从会稽之诛。"句践曰："孤将与子分国而有之。不然，将加诛于子。"范蠡曰："君行令，臣行意。"乃装其轻宝珠玉，

① 何建章注释：《战国策注释》，中华书局1990年版，第205页。

自与其私徒属乘舟浮海以行，终不反。

　　第一段文字中，司马迁将范蠡辞越归咎为君主的猜忌寡恩，越王勾践的"不可共乐"是逼迫范蠡辞越隐退的深层原因。司马迁对范蠡辞越的原因探析受他在古代君臣关系中"贬君主"思想的影响，是言勾践，是影刘邦，也是言历史规律。《文子·上德》篇有"狡兔得而猎犬烹，高鸟尽而良弓藏"，《韩非子》也说"狡兔尽则良犬烹，敌国灭则谋臣亡"，"兔死狗烹、鸟尽弓藏"的例子在历史长河中俯拾皆是，特别是在司马迁生活的汉朝初期。《史记》中记载了多位佐助刘邦建立汉朝的良臣将相，这些开国功臣在刘邦建立政权初期确实封侯拜相，风光无两，实现了建功立业的抱负。但忠良之臣常有，善终者却不多。波谲云诡的政治手段下，受到君王猜忌的功臣们多以惨死为结局。韩信、卢绾、韩王信皆因各种原因被诛，百般保全性命的功臣，张良"杜门不出"，曹参沉湎于饮酒，陈平酒色相伴不涉政事，不得不令人叹息帝王的寡恩少义。司马迁对忠臣惨死的惋惜、对帝王阴险无情的指责表现在范蠡辞越一事中，认为越王勾践猜忌迫使范蠡辞越，就如刘邦平定天下后猜忌诛杀功臣一般。是范蠡审时度势，懂得急流勇退，远害避祸，才最终逍遥洒脱，实现功成身退。

　　司马迁的第二段文字基本承自《国语》，仅增添了范蠡离去时"装其轻宝珠玉，自与其私徒属乘舟浮海"细节，保留范蠡"君辱臣死"的言论。

　　综上，司马迁对范蠡为何不返越国有两种解释，一是君辱臣死的忠君思想，一是避祸远害的自保之举。但是进一步阅读文本会发现，解释范蠡辞越的两个原因时司马迁采用了春秋笔法，两种解释有所偏重。司马迁记载的范蠡遗书文种之事，《史记》之前的典籍中概无记载。范蠡辞别越王时的这封书信可谓是范蠡辞越的心理剖白，司马迁借此道出对范蠡辞越之因的见解。司马迁增设该情节，一方面是表达对范蠡辞越两种解释的取向。在司马迁的安排下，"君辱臣死，请从会稽之诛"通过言论传达，而"蜚鸟尽，良弓藏；狡兔死，走狗烹。越王不可与共乐"写在书信里。前者是范蠡向君主辞别时的话语，是面对面的辞别之言，而后者是友人间的书信，具有隐私特质，两者谁更真实深刻，发自肺腑，不言而喻。司马迁认为"君辱臣死"是范蠡对越王请辞的托言，是表面原因。不回越国的真正原因在避祸远害，保全自身性命。另一方面是有意将范蠡与文种形成对照。司马迁特意安排"范蠡劝过，文种未听"，既能凸显范蠡远谋之智，也使范蠡因为越王辞越更为合理可信，毕竟留在越国的文种最终因谗言被杀，证实越王此人确实会诛杀功臣，不可共乐。《淮阴侯列传》中，蒯通劝韩信时说"大夫种、范蠡，存亡越，霸句践，立功成名，而身死、亡。"何谓"亡"？流亡也，逃亡也。一个"亡"字再次佐证司马迁的观点，范蠡辞越是因君主的猜忌会导致杀身之祸，不回越国也是不能回越国。

2. 范蠡辞越后的生活

　　不同于《国语》记载范蠡辞别越王后泛于五湖，"莫知其所终极"，也不仅仅如《战国策》一般简言范蠡"长为陶朱"，《史记》生动描写了范蠡辞越之后积富行德的经历。范蠡辞越，携带珠宝与随从浮海而去，到了齐地之后，范蠡变更姓名，自号鸱夷子皮，与儿子苦身劳力，耕于海畔。经商有道的范蠡随时逐利，很快就治产数十万。齐人听闻他的贤名，拜之为相。范蠡感叹久受尊名并非祥事，于是归还相印，散尽家产后再次离开齐地，定居陶地，自称陶朱公，重新置办家产，很快又积累了巨资。

范蠡在齐、陶二地的经商经历外，司马迁以较长的篇幅生动地讲述了范蠡居陶时期发生的一次家庭变故。范蠡次子因杀人被囚，范蠡本欲安排二子前往营救，却因长子固请改派长子，但是长子处事不善，最终次子身亡。

3.《史记》对范蠡辞越的评价

纵观而言，司马迁记载范蠡辞越一事既采用春秋笔法，认为君王的猜忌无义是范蠡不回越国的深层原因，"君辱臣死"是范蠡向君主辞别时的托辞。君主"兔死狗烹""鸟尽弓藏"，很多功臣都不得善终，范蠡却能功成身退，司马迁对其是颇为赞赏的。司马迁有意将范蠡和同为勾践功臣却因谗言被杀的文种形成比照，和身为大汉开国功臣却被夷族诛杀的韩信形成参照，凸显范蠡深谋远虑，保全自身的智慧。这种机智在于范蠡深谙水满则溢、月满则亏的道理，如《田叔列传》赞语所言"夫月满则亏，物盛则衰，天地之常也。知进而不知退，久乘富贵，祸积为祟。故范蠡之去越，辞不受官位，名传后世，万岁不忘，岂可及哉！后进者慎戒之"。物盛则衰是天地之常道，为人处世要知进退明得失，学会审时度势，善于观察和取舍。范蠡大智，知晓此理，所以在看透越王本性、生命面临威胁之际及时远退，所以在齐、陶二地经商时能随时逐利，积累财富。不如范蠡的文种、韩信，一个因小人谗言就被辅佐的君主所杀，一个被囚时才意识到"狡兔死，良狗亨。高鸟尽，良弓藏。敌国破，谋臣亡"，为时晚矣。

二、后世咏史诗对《史记》"范蠡辞越"的吟咏

咏史诗是以历史为客体来抒写主体情志的诗歌，诗人以历史人物和历史事件为吟咏对象，或以凝练的语言再现古事，或怀古抒情激发感叹，或褒贬人物、以古鉴今。"一个叙述就其本质而言已然是一种解释的形式。"① 诗人创作咏史诗常自史料取材，除了一些借以抒发个人情感的的作品外，不论是叙述述古、重现史事，还是褒贬人物、总结历史经验，本质上都是咏史诗人对相关史实的阐释。因为创作主体所处社会环境、所受文化熏陶、价值取向、文学素养、审美追求等多种因素的综合作用，不同诗人的阐释呈现不同的情感倾向。"《史记》为咏史诗的创作提供了厚重的文化积淀和文学参照，对其发展作出了重大贡献。"② 《史记》

---

① ［美］阿瑟·丹图撰，周建漳译：《叙述与认识》，上海译文出版社 2007 年版，第 253 页。

② 蔡丹：《古代诗人接受〈史记〉论稿》，陕西师范大学 2012 年博士学位论文，第 3 页。

记载的"范蠡辞越"一事，较之前的史料典籍生动深刻，比其后的杂传小说真实可信，后世诗人以叙事述古吟咏"范蠡辞越"时，多以《史记》所载史料为基础。《史记》不仅为后世诗人吟咏"范蠡辞越"提供创作素材，司马迁对范蠡为何辞别越国、离越后的经历以及对范蠡能功成身退的评价，或多或少对诗人的创作主旨、情感倾向也产生影响。后世诗人对范蠡辞越或褒或贬，或向往或批评，总体而论，有与司马迁的观点一致，产生共鸣的作品，也有另辟蹊径，对范蠡辞越一事扩展补充，表达与司马迁不同见解的诗歌。

1. 关于范蠡辞越的起因

咏史诗是诗人在阅读相关历史人物的资料传记之后的诗性创造，一定程度上能够反映出不同诗人对同一人物或史事的评价或认知，身份不同、知识结构不同、价值观不同，所处时代背景的差异等众多原因都会使诗人产生情感差异。后世论及范蠡辞越的咏史诗中，很多诗人就范蠡选择离越的原因阐发见解，多以司马迁《史记》表达的两种解释相合。

有的认为范蠡辞越是考虑到君主少义，不可同乐，范蠡是为了全身远害才离开越国。如"已将勋业等浮鸥，鸟尽弓藏见远谋。越国江山留不住，五湖风月一扁舟"（宋赵楷《览梦得所藏李伯时画吴中三贤像因各书绝句·范蠡》），"前者越王不作曹瞒语，杀贼今年正为渠"（宋萧立之《范蠡祠二首》），"只缘乌喙难容物，致使将军就高洁"（明史谨《题范蠡归湖图》），"乌喙无情奈若何，功成只合理渔蓑。跃身吴越兴亡外，一舸江湖风月多"（宋郑思肖《范蠡扁舟图》），"鸱夷归去五湖秋，高谢人间万户侯。却笑功臣大夫种，不知鸟喙可同忧"（金王寂《咏五湖》），"功名富贵尽危机，烹狗藏弓俱可悲。范蠡浮家子胥死，可怜吴越两鸱夷"（清张裕钊《咏史》），"狩罢吴郊鸟兔空，果烹猎犬废良弓。大夫自为知几晚，岂是陶朱计不忠"（宋王十朋《大夫种》）均表达相同观点。

有的诗人则认为范蠡是受"君辱臣死"的影响自愿离开的越国，与君主的猜忌无关。此观点以清蒋士铨的《范大夫祠》为代表："筹国谋真远，知几去独先。自看湖水月，不受介山烟。姓字埋犹变，身躯铸岂坚？功臣是何物，藏骨必祁连？伏腊思遗泽，灵威走越巫。清风被湖渚，古庙立城隅。才大都无恋，功高不受诛，恐彰君父恶，岂但为全躯？"

《史记》中并无范蠡西施的故事，甚至没有西施之名，"勾践欲杀妻子，燔宝器，触战以死。种止勾践曰：'夫吴太宰嚭贪，可诱以利，请闲行言之。'于是句践乃以美女宝器令种闲献吴太宰嚭。嚭受，乃见大夫种于吴王。"越国所献的美女也是为了贿赂嚭，与吴王无关。东汉《越绝书》改写为"越乃饰美女西施、郑旦，使大夫种献之于吴王。"① 自此，西施与范蠡被联系在同个事件中，但此时两人没有交集。到了《吴越春秋》，再改为是范蠡献两个美人入吴宫。范蠡与西施

---

① ［东汉］袁康撰，李步嘉校释：《越绝书校释》，中华书局 2013 年版，第 322 页。

首次有了交集。唐陆广微《吴地记》曰："县南一百里，有语儿亭。勾践令范蠡取西施以献夫差，西施於路与范蠡潜通。三年，始达於吴，遂生一子。至此亭，其子一岁，能言，因名语儿亭。"① 可见，发展至唐代，范蠡与西施之间有着情感纠葛的故事已在民间流传。虽然史籍文献均不记载，范蠡西施故事仍然散见在文学作品中，唐宋诗词中对此多有涉及。元明清时期，随着戏曲小说的兴起，在前代范蠡西施故事积累流传的基础上，曲剧、传奇、杂剧、小说的故事性使得范蠡西施故事得到进一步铺衍与发挥。不仅范蠡与西施之间的情感纠葛更为复杂，灭吴之后范蠡、西施各自的归宿也有了不同的说法。一说西施被沉湖，一说西施随范蠡同去。

历代文人对范蠡西施故事的重写改编扩充使得"范蠡辞越"在《史记》记载的基础上增加了新的意蕴，一些诗人对范蠡辞越起因也有了不同于《史记》的看法。典型之作是清代赵翼《古诗二十首（其七）》：

> 范蠡既覆越，一舸�泽中。手挟西施取，同泛烟蒙蒙。人谓谋身智，吾谓谋国忠。惟恐浣纱人，又入越王宫。荒燕再酿乱，覆辙蹈甬东。所以绝祸水，脂粉一扫空。贤士既致君，更虑鲜克终。徒以远害论，犹未测其衷。

不同于司马迁等人所论"范蠡辞越是自谋之智"，赵翼认定范蠡辞越是忠君忠国的表现，而且这种忠君之举与"君辱臣死"无关。赵翼别出心裁，融合后世"范蠡挟西施一同离去"的说法，认为范蠡辞越是为了不使自己的君主重蹈吴王覆辙，"惟恐浣纱人，又入越王宫"。为了杜绝美人祸水，范蠡选择将西施带离越国。在赵翼看来，前人"范蠡辞越是为远害避祸"的论断根本不理解范蠡离开的初衷，毕竟"贤士既致君，更虑鲜克终"，真正的贤良之臣既已选择辅佐君主，哪里会再考虑个人安危呢？忠贤的范蠡自然不会因个人性命离开越国。

赵翼长于治史，范蠡西施故事经杂传、小说等文学作品加以扩展，范蠡挟西施同去或非史实，按理来讲，不会为赵翼这样的史学家采纳。《古诗二十首》是赵翼早期之作，咏史诗作为诗人对历史的一种阐释，虽然不可随意歪曲篡改历史，但是也"不必凿凿指事实"。作为一种文学作品，诗中的历史自然不能要求如史书般确切真实。如同鉴赏《念奴娇·赤壁怀古》时，争论苏轼是否到过赤壁之战的古战场意义不大，分析赵翼这首诗的思想内容和艺术成就，也不能因没有依据史实判其对错。赵翼重塑的范蠡忠且贤的典范形象虽与司马迁记载不同，也当是一家之言，是赵翼依据自身作出的审慎思考。

一方面，创新是赵翼诗学观与史学观的重心。赵翼强调历史的发展变化，看待历史不能因袭相因，不必拘泥于一定，反向思维是赵翼评价古人古事常用的思维模式。赵翼在文学创作中同样追求创新，主张阐发新解新意，视角要新颖，阐发要深刻。"这种发展、变化的观点，融入到咏史诗的写作中，就形成了勇于在叙事中真实表达不同与史的主观看法，以及创造性文学加工的叙事特色。"② 另一

---

① ［唐］陆广微：《吴地记》，台湾商务印书馆 1986 年版，第 59 页。

② 刘钰娴：《赵翼咏史诗研究》，河南大学 2019 年硕士学位论文，第 53 页。

方面，赵翼之所以发出与司马迁不同的声音，与维护正统儒家思想与秩序的社会文化、家学家风以及自身的用世思想等等皆有关联。"究知前世兴衰治乱，贤人哲士之始终"，赵翼评判历史事件、褒贬历史人物的主要目的是总结可用的历史经验，以古鉴今。纵观赵翼其他咏史作品中对王阳明、王安石、文天祥等人的态度会发现，赵翼推崇实干，认为虚名无用，为君主为国家殚精竭虑、鞠躬尽瘁死而后已的臣子远比为保全名节而死的殉国者更值得敬佩。故而，在赵翼笔下，"美人误国""女人祸水"，被士大夫们视为理想的范蠡不会考虑"君辱臣死"，也不会为自谋远害避祸，他纵然离去也是为国为君，是忠君忠国的体现。赵翼重塑的忠贤形象才是他认为出仕之人当学习的楷模。

与赵翼观点相通的有明高启《三高祠三首（其一）》："功成不恋上将军，一舸归游笠泽云。载去西施岂无意，恐留倾国更迷君。"高启认为范蠡离开越国时是特意将西施带走，以免她留在越国迷惑越王，重蹈覆辙。范蠡离越之际还能替越国谋算，为国为君的忠臣形象跃然纸上。

2. 关于范蠡辞越后的经历

前文已述，司马迁在《越王勾践世家》和《货殖列传》两篇生动描写了范蠡辞越之后在齐陶经商、治产、散金、拒相印、救子之事。司马迁以较多笔墨叙写范蠡定居陶地时的一场家庭变故，生动精彩，但范蠡在这个故事中与先前为保全性命不返越国的形象完全不同。韩兆琦先生在《谈〈史记〉中的范蠡形象》一文中，转引《史记志疑》观点："赦中子杀人一节必好事者为之，非事实也。徇儿女子之言而致中男死为不仁，以褊悖之庄生而托以爱之为不智，岂具霸越沼吴之识竟失算若是乎？庄生之不廉不直，更弗论矣。"[①] 事关次子性命，范蠡已经预知到长子不会成功解救次子，仍改派长子，没有坚持预先的安排；面对次子尸首，众人哀之，范蠡却"独笑"并向他人展示自己的先知先觉，司马迁该故事中的范蠡"荒诞不近人情"。也有学者认为司马迁安排此情节是为了凸显范蠡之智，"恰恰反映了范蠡与常人不同的智慧，对人性认识的通透"，"看似无情的言语中透露的确是对人之本性观察的细致与冷静"[②]。此说也有一定道理，范蠡智慧非凡，对人性看得通透，所以才能识明越王不可共乐的本质。

针对范蠡辞越后的生活，尽管学者研究《史记》时对救子之事存在争论，但《史记》至今的咏史诗歌论及范蠡经商与救子之事的寥寥无几，更无人就此展开议论。"却嗟爱子犹难免，霸越平吴事总虚"（清吴伟业《谒范少伯祠》），仅仅借范蠡次子之死抒发感慨。如"为问功成肥遁后，不知何术累千金"（宋吕本中《谒陶朱公庙》）。诗人更多着笔在范蠡与西施的一同归去。如"忽忆鸱夷范大夫，竟

① 韩兆琦、陈曦：《谈〈史记〉中的范蠡形象》，《周口师范高等专科学校学报》2000 年第 17 卷第 3 期，第 27 页。

② 朱芝芬：《范蠡西施故事流变与文化意蕴考论》，陕西理工大学 2010 年硕士学位论文，第 13 页。

将此水沼全吴。不知偷载西施去，也有今宵月子无。"（清舒位《月夜出西太湖作)》，"载得蛾眉共五湖"（宋萧立之《范蠡祠二首（其二)》），"况有绝代姿，提携充妾媵"（宋邹浩《范蠡冢》）。

诗歌较之文章、小说等文学作品，篇幅短小，在有限的篇幅中抒情、议论、叙述史事，不仅要独具慧眼，还得别出心裁，兼备一定的史识与诗情才能创出佳作。诗人对《史记》所载史事的理解角度和咏史创作的切入点不同，取材倾向自然不同。中国古代文学作品中，美人常配英雄。出仕则成功辅佐越王灭吴复国、建功立业，退居又能积富行德的范蠡在文人眼中自然堪称"英雄"，这样的人物身边怎能没有美人相伴？经过《越绝书》《吴越春秋》《浣纱记》等文学作品的铺衍，范蠡西施的爱情故事深入人心。陷于政治斗争的英雄与美人自然更能引起文人墨客的关注与接受。因此描写范蠡辞越生活的诗歌中，范蠡多与西施洒脱超然、携手同归。再次证实，后世吟咏"范蠡辞越"的咏史诗对《史记》的记载有承继有择选有扩展。

3. 对范蠡辞越的评价

出仕为官、实现建功立业的抱负是每个士子的理想，保全自我、善始善终又是出仕者欲求的结局，如何在波云诡谲如履薄冰的政治斗争中平衡二者，范蠡的功成身退为他们提供了理想的模式。不论范蠡辞越是功高震主，君主猜忌，还是"君辱臣死""杜绝祸水"的忠君之举，范蠡泛舟五湖、实现功成身退的结局才是宦海沉浮之人更为向往与赞赏的。所谓"不知战国官荣者，谁似陶朱得始终"（唐人汪遵《五湖》），"迹高尘外功成处，一叶翩翩在五湖"（唐周昙《范蠡功成能退也》），"功成却羡陶朱子，一叶扁舟弄云水"（明杨基《姑苏台》），"独羡鸱夷子，轻舟去江湄"（明袁凯《古意二十首》）是他们共同的心声。"兔死狗烹"的教训在历史中接连发生，伍子胥、文种、韩信这般建立功业却惨死为局的功臣们，诗人以范蠡与之对照，更为认可范蠡选择的及时身退才是出仕者最佳的退路。"子胥烹吴鼎，文种断越铍。屈原沉湘流，厥戚咸自贻。何不若范蠡，扁舟无还期"（唐吴筠《览古十四首（其五)》），"伍胥忿怒三闾怨，争似鸱夷一钓舟"（宋柴望《范蠡》），"筑坛拜日恩虽重，蹑足封时虑已深。隆准早知同鸟喙，将军应起五湖心"（宋黄好谦《题淮阴侯庙》）皆是此论。

综上所述，不论是叙事述古、重现史事，还是褒贬人物、总结历史经验，咏史诗本质上也是诗人对相关史实的一种阐释。因为创作主体所处社会环境、所受文化熏陶、价值取向、文学素养、审美追求等多种因素的综合作用，不同诗人的阐释呈现不同的情感倾向。《史记》不仅为后世诗人吟咏"范蠡辞越"提供创作素材，司马迁对范蠡为何辞别越国，离越后的经历以及对范蠡能功成身退的评价，或多或少对诗人的创作主旨、情感倾向产生影响。后世诗人对范蠡辞越或褒或贬，或向往或批评，总体而论，或承自司马迁，与之共鸣，或另辟蹊径，扩展《史记》的记载，表达独创的见解。纵观这些吟咏"范蠡辞越"的作品，不管是以古鉴今、揣测范蠡离开的原因，还是描写范蠡辞越后的生活，或是表达对范蠡功成身退的向往，都是诗人们对范蠡相关史料阅读与思考之后，对之选择、锤炼，再同自己的情感体验相结合，以诗歌的形式表达出的一种认知与接受。用恩格斯的话来说，情节大致相同的同样的题材，在海涅的笔下会变成对德国人的极辛辣的讽刺；而在倍克那里仅仅成了对于自己和无力的沉溺于幻想的青年人看作同一个人的诗人本身的讽刺。诗人的时代不同，立场不同，着眼点不同，对历史的认识不同，即使面对同一个历史人物也有着不同的诗意，不同的褒贬态度。我们应该承认这种差异，正是基于此才有了诗坛立论新颖、观点独特的优秀诗作，是诗歌艺术的魅力价值所在。

《史记》的文学高度

＊本文作者刘德奉。重庆市文化和旅游研究院院长。

司马迁的《史记》是对中国史学、中国文学做出过重大贡献的作品。近两千年来，一直被史学界、文学界所重视，甚至也被其他相关学科界所关注，形成了丰富的研究成果，为今人学习和了解《史记》发挥了积极作用。本文从文学高度的角度浅谈一点意见，以有教于方家。

毋庸讳言，《史记》是一部史学著作，同时也是一部文学作品。其叙事的手法，故事的跌宕，语言的丰富，音韵的节奏，情感的植入，作者的在场等，都充分体现了文学的特点。读者在阅读过程中，无论从史学的角度，或是从文学的角度，都会被人物、情节、情感、知识性所感染，都会享受到其中的文学贡献。鲁迅先生说《史记》是一部"无韵之《离骚》"是一个形象而准确的比喻。

同时，它还是一部非常有文学高度的文学著作。其所表达的博大的社会胸襟，圣人般的国家担当，深刻的规律求索，宏大的历史叙事，丰富的人文精神，充分体现了司马迁的创作高度、《史记》的文学高度，人们在阅读和欣赏过程中有一种高度性的分享。总之，其文学高度的价值影响了过去近两千年，也必将继续影响着未来。

一、博大的社会胸襟

追求文学创作的高度是古往今来所有文学作家的努力，也是他们的目标。曹丕在《典论论文》中说："盖文章，经国之大业，不朽之盛事。"叶燮在《原诗》中说："志高则言洁，志大则辞宏，志远则音永。"还说"诗之基，其人之胸襟也"。而司马迁也是要追求"究天人之际，通古今之变，成一家之言"。正因为如此，中国历史上才有了无数的经典流传，才有了无数圣人的出现，才有了百读不厌、宏大而深远的《史记》巨著。

博大的社会胸襟，这是《史记》所呈现的首要高度。一部《史记》，130篇，52余万字，所包含的内容涉及帝王将相、公卿贵族、士农工商、医卜游侠、市井小民，政治、经济、军事、文学、民族、宗教、天文、地理等等，真所谓百科齐备、百业齐备、百态齐备。如果从史学角度讲，将其影响历史发展的帝王将相、重要人物、重要政治军事事件叙述，即可完成载史功能。然而司马迁却不仅如此，还要呈现影响社会发展、对历史有着贡献、对未来可以启迪的其他一些相关内容，如《刺客列传》《循吏列传》《酷吏列传》《游侠列传》《佞幸列传》《滑稽列传》等。这些大部分列传开启了史学著作的先河，同时也成了绝后的主题，这充分体现了司马迁独特的大社会思想和全方位观念。司马迁在《太史公自序》中关于为什么作《刺客列传》时说，是为了表彰曹沫、荆轲、豫让等这些人"不欺其志"的精神。用现代人的思维看，这些人的行为有违国家交往规则、有违国家法律精神，但在封建社会这种特定的历史环境，他却发挥了一定正义性作用，甚至成为人们颂扬的一种英雄。《酷吏列传》说，是为了表达"其廉者足以为仪表，其污者足以为戒"的创作初衷。这一着眼点对于现代社会的治理仍有教育和警示作用。《滑稽列传》则专门书写了一些不起眼的小人物，并将他们的精神提高到古代"六艺"的地位，可见其对社会的关照度是十分用心的。《佞幸列传》也十分特别，将善于揣度皇帝好恶，从而讨得皇帝欢心，可以更便于接近皇帝的弄臣专列一章，将其卑劣行为彰于史书，可见其对这类士宦之人的厌恶程度。

如果说文学和史学有区别，更多的在于其叙事方式、叙事语言。文学的结构更强调故事性，史学的结构更强调逻辑性；文学的语言更强调形象思维，史学的语言更强调准确性。而《史记》却兼而有之。但更重要的是，从文学的角度，文学所表现的手法重要，而其所表现的内容更重要，没有实质内容的文学表达是空洞的、飘浮的、言之无物的。自古及今能流传的文学作品都是言之有物，物有高度。如屈原的国家情怀，杜甫的民胞物与，苏东坡的人文精神。同时，也可以说高度越高流传越广、影响越大。古人讲"文以载道"，这个"道"中就有文学高度的含义。《史记》载史三千年，凡经国之大事全列于此，真可谓摄揽全局，纵横网络。不仅如此，更从国家发展角度探索其"古今之变"，深究其兴盛得失，寻找其发展规律，一种国家情怀的高度呈现于字里行间。从内容上讲，纵向的有十二本纪，从五帝、夏、殷、周、秦到汉，上下贯通三千年。横向的涉及帝王将相、王公贵族、士农工商、文人雅士。从国家发展主体上讲，有政治、军事、经济、社会管理、文学艺术、民族统一等。把一国之筋骨、一国之细胞，一揽于文字之中。读其文可以将三千年历史、文化、社会尽收眼底。这是《史记》的史书特质，同时，也是作为文学《史记》的文化和精神贡献。

二、圣者的国家担当

从"文以载道"的角度讲，《史记》在追求"通古今之变"的一种国家情怀，即努力地探索着中国历史三千年来发展变化的规律特征。《史记》叙述一代代历史，一国国兴衰，一件件史事，一个个行业，在列举史实的同时，下功夫认真分析，科学论述。据张大可先生统计，包括《太史公自序》在内的篇前论、篇末赞等多种形式的史论达 134 篇，30000 余字，成为"通古今之变"的重要思想、"一家之言"的重要表现。

从史实的叙述中，从言语的感叹中，从事实的详约中，从论赞的观点中，我们大可感受到《史记》的国家情怀、国家思想、国家态度、国家精神，归纳起来主要有：天下一统、顺民仁治、德政为上、任贤使能等。这些思想既是传统思想的综合提炼，又是近两千年来中华传统思想的重要著作。

比如《五帝本纪》开卷就论中华民族的起源。用一种十分自信、十分敬仰的笔触叙述黄帝、尧、舜兴起发展的事迹和思想观念。首篇就寓意、颂扬天下一统。在《秦始皇本纪》中专门记载了这样一段史实，对一统之后的国家管理问题，秦始皇说："天下共苦战斗不休，以其侯王，赖宗庙，天下初定，又复立国，是树兵也，而求其宁，岂不难哉！"所创立的郡县制不仅成了千古以来的国家管理最佳机制，沿用到今，且重要的是解决了诸侯分割、民族一统、国家安宁的根本问题。《秦始皇本纪》在引用琅邪台石刻资料中同样体现了这一思想，其文曰："古之帝者，地不过千里，诸侯各守其封域！或朝或否，相侵暴乱，残伐不止，犹刻金石，以自为纪。古之五帝，三王，知数不同，法度不明，假鬼神以欺远方，实不称名，故不长久。其身未殁，诸侯倍叛，法令不行，今皇帝并一海内，以为郡县，天下和平。"司马迁对于一统天下的帝王将相们的言行也是大嘉褒扬，特别是在叙述边境和平、民族发展的过程中，这一思想尤为突出。

善于顺民仁治，在《史记》中也体现得很多，特别是在涉及帝王将相的管理思想、管理行为，涉及国家发展政策等，顺民意、重仁道是一个重要观念。比如在《秦始皇本纪》中就批评始皇自以为"功过五帝，地广三王，而羞与之俦，善哉乎贾生推言之也！"意即始皇不重仁义治天下，以暴力为重。对于汉高祖的仁政却加以赞扬："故汉兴，承敝易变，使人不倦，得天统矣。"（《高祖本纪》）在《汉兴以来诸侯王年表序》中强调："形势虽强，要之以仁义为本。"孔子说："夫君者舟也，人者水也，水可载舟，亦可覆舟。君以此思危，则可知也。"这一民为邦本思想贯穿《史记》，同时也成为中国古今执政者、管理者的重要理念。

在《史记》篇章中，德政也是司马迁的主张之一，且随处可见，并且成为判断官员政绩、为人的重要标准。《史记》首篇所载的《五帝本纪》中就详细记载了尧禅位于舜的故事，尧看重的就是舜的品德，而舜推让就国也体现了其大德。这个故事的真实性我们不必探究，重要的是他彰扬了一种国家治理的思想。在《吴太伯世家》中也有"太伯可谓至德矣，三以天下让，民无得而称焉"。更在《建元以来王子侯者年表》序中感叹"盛哉，天子之德！一人有庆，天下赖之"。可见其德之重要。及今数千年来，这样的思想观念一直承传，不可不赞叹啊！

天下兴衰，人才为重，任贤便能也成为《史记》的重要国家观念。在纪、世家、列传里留下了大量为国奉献的贤相良将的光辉事迹。秦并天下，就使用了大量贤才，《史记》对此有很多篇章记载，如《商君列传》《张仪列传》《吕不韦列传》《李斯列传》等。《高祖本纪》中说："夫运筹策于帷帐之中，决胜于千里之外，吾不如子房；镇国家，抚百姓，给馈饷，不绝粮道，吾不如萧何；连百万之军，战必胜，攻必克，吾不如韩信。此三人者，皆人杰也，吾能用之，此吾所以取天下也。项羽有一范增而不能用，此其所以为我擒也。"可见人才对于国家之重要。

三、深刻的规律求索

一部文学作品的贡献，除了它的美学功能，还有它的知识功能。在知识功能中，也有常识性、基础性，同时也有理论性、思想性。前者应系普及性、大众性，而后者则具深远性、久长性，或者说是影响人类、社会、国家、民族发展的重要动力，因此具有高度性。如果说一部作品的影响要广，那么它的内容高度一定要高。《史记》探求了人类社会发展中很多特点、规律，而且具有积极的当代价值，当然是具有很高的高度。

黑格尔在《世界史的概念》一书中把论述历史的方法分为三个层面，即原始的历史学，只记录原始的所见所闻；反思的历史学，对史实有一定的观点和思考；哲学的世界史，把历史上升到"各个民族的一种精神原则和这种原则的历史。"这三个层面越往后其高度越高。《史记》从史学的角度讲兼具有这三个层面，当然，位于第二个层面的性质更为充分。那么，从文学的角度讲，兼具这三个层面更具有文学的高度。因为，只有史实只是知识性，有了反思则具有思想性，上升到哲学当具有理论性。这三个层面互为作用，更具有可读性、欣赏性。特别是如果只有反思、只有哲学思考，那么，他只是一些论说文，辑在一起最多不过只是一部论文集，大大失去了文学的特征。所以，其中在史实基础上的规律性探讨，成了《史记》文学高度的重要组成部分。同时，也是司马迁"一家之言"追求高度的充分体现。

《史记》是一部体大思精的著作，其思精就是探求和贡献了一系列国家、社会、政治、经济、军事、文学、民族等观念和思想。这些观念和思想既有宏观的，也有微观的，只要叙事所及，大都夹叙夹议，或者前序后赞。这些观念和思想虽然仅是一些观点，并非一篇又一篇系列论文，或者逻辑性长篇大论，但在史实叙述的同时，加以自己的论述，表达了司马迁的思想和观点，把这些观点总揽起来，仍具有一定的系统性，甚至有的可以上升到理论层面。这些观点总结了历史、社会发展规律，探求了事物发展本质，对历史是一大贡献。更重要的是这些观点有的仍具当代价值，甚至有的已经成为中华文化发展中的优良细胞，对历史、今人、未来有着积极作用。所以，读其文，想见其人，无不敬而仰之。

《史记》有一系列的本纪、表、列传，特别是从历史人物的叙述中，呈现了三千多年来的历史发展，有国家层面的，有时代层面的，有宏观层面的，有个体层面的，但无论如何呈现，都给我们贡献了一幅宏大而久远的历史画卷，让我们在文字之中感受其历史，感受其兴盛，也哀叹其衰亡。这些虽然已成历史，用生动的画面和深刻的评论结合在一起，让我们领略到了历史发展规律、社会发展规律、行业发展规律。

特别是那些如儒林、循吏、酷吏、游侠、佞幸、滑稽、日者、龟策、货殖等社会百业百态的叙述，既可了解百业百态发展，还能认识其基本特征、规律。如

《货殖列传》是一篇关于经济方面的发展史，同时也是一篇经济史论。其观点之深刻，以至于千年以来仍然影响着当今的人们。文中所言：如果农民不种地就会缺少食物，工匠不做生产就会缺少用器，商人不做买卖就会造成财物短缺，财物匮乏就不能开发自然。农、工、商、虞这四个方面是人民的衣食来源，本源大就会生活富裕，本源小就会生活贫困。上富其国，下富其家。还说："仓廪实而知礼节，衣食足而知荣辱。"可见其经济发展对于国家、社会、民众的重要性。文中还说："天下熙熙，皆为利来；天下攘攘，皆为利往。夫千乘之王，万家之侯，百室之君，尚犹患贫，而况匹夫编户之民乎？"揭示了经济在人民生活中的重要作用和经济发展的本质。

《酷吏列传》则充满了法治与德治相统一的精神，文中引用了孔子的话：用政令来管理人民，用刑法来整治人民，人民只是暂时免于犯罪，却不知道廉耻为什么。用道德和礼教来引导人民，人民才能从心里归服。司马迁说汉朝建立以来，国家和法律宽缓，提倡朴实无华，官员又亲民，老百姓平安无事。由此说，治理国家要重视德教，而不是用严刑。传中所呈现的就是那些酷吏者的事例，老百姓背弃仁义而生巧诈，违法犯罪，官吏们又不能引导教化，只好用严厉的刑法来制裁，这是本传所要表达的思想。其实，我们可以反过来阅读本传，那些官吏不重教化而用酷刑治民的典型就是我们学习的反面教材。

《儒林列传》是中国的第一部教育史传，不仅记载了众多的在教育史上的重要人物，而且叙述了中国教育自孔子开创以来的发展历程，论述了教育的重要作用，特别是教育与官吏素质的关系。司马迁在文中高度赞扬了汉朝的教育："自汉兴以来，则公卿大夫士吏斌斌多文学之士矣。"这一思想与"学而优则仕"的观念，成为中国古代教育和官吏制度结合的典型思想，一直延续到中国历史上的科举制度。

四、宏大的历史叙事

一般来讲，一部有文学高度的作品，除了其思想境界有高度外，其内容也需要相当丰富，世上没有哪一部内容单一的作品被称之为有高度的，《三国演义》《水浒传》《红梦楼》就是典型的例证。《史记》之所以能够广泛流传，并发挥着重要的文学影响，其内容的博大、叙事的宏大，有着重要的作用。

翻开《史记》，就会受到震撼，从古至汉直叙三千年，从帝王公卿到将相，从文人雅士到士农工商，从国家治理到市井生活，从重大战争、重大国事、重大政治事件、到细微之处的家长理短，从重大历史宏观叙述到文人雅士小集，从思想理论观念论述到诗词歌赋讨论，从政治军事社会到风俗理趣，真是博大、广大、宏大。不仅是一幅历史长河的宏大画卷，还是一部百科式的全景展示，尤其是用文学的笔调、文学的结构，让读者在历史的画卷中欣赏到宏大而又生动的朝代兴替、人物风云、山川变幻，以及优美或者悲苦的生活场景。这笔调如意地指挥着一代帝王来了又去，去了又来；如意地命令着王公贵卿、文人雅士驰骋生活、事业成败、情感喜乐；如意地展示着百业百态兴旺发展，甚至小人物、小故事在宏大画卷中精彩点缀。这笔调虽然成于千年之前，但读来犹在目前。指尖翻动着书页犹如我轻松地与文中人物、事物亲切交流，甚至还有亲密感、认同感。如历场景、如历事件，与之同悲、同喜、同生死。掩卷而思，无不兴奋而敬仰，同时也无不三叹而意绵长。当你走出书卷，辗转反侧，你会收获丰满，甚至新生臆想。也会激励读者更好生活，更好工作，更加努力奋进。特别是在应对一些艰难险阻，当会充满信心。至少在我阅读之后，更加深刻地认识到作为一个个体，在历史长河中、在大千世界中、在百业百态发展中之渺小如尘；更加深刻地认识到要在历史长河中留下哪怕一小点痕迹，需要极大的勇气、极大的胸怀、极大的智慧、做出极大的贡献。

比如《五帝本纪》，只有 4600 余字，虽然记载的只有一百多年历史，虽然大多资料来源于传说，但却有纵横中华民族源流的广大、历史的久远，特别是人物、地名、故事虚实结合，史实与评说相生，读来很有真实感。比如黄帝葬于陕西桥山，有墓为证，有千年古柏为证，有历代文献为证。假如是文学手法的结构，我们应当感谢司马迁在收罗万象资料后的伟大叙述。

比如《周本纪》，文章不太长，只用一万余字，记载了周朝八百年。从创立到发展，从兴盛到衰亡，从德让到争权夺利，从天下太平到战争四起，从家人和睦到刀剑杀虐，读来让人敬、让人惊、让人叹，特别是如此多的战事、如此多的场景、如此多的大事小事，一一呈现于文字之间，其司马迁胸中不知容纳几千万事物，才有如此精准、如此生动、如此条分理析，而又牵人魂魄的叙事雄笔。这笔墨仅一个朝代就已经很宏大了！

这样的事例还很多，真个是不胜枚举。我没有做过详细统计，《史记》至少涉及数千人物、数千故事、数千场景，且将三千年历史，纵横于笔墨之间，岂不是伟大的作品耶！

五、丰富的人文精神

具有丰富的人文精神，也是《史记》文学高度的重要组成部分。

人文情怀，人文精神，是文学作品的基本要素。一部有高度的文学作品，当有高度的人文精神。小说、诗歌、散文、童话、民间故事等，都是涉及人。没有人的作品不是文学作品，否则就是科普、是学术、是理论。《史记》的初衷是写史，笔法、结构、人文关怀、作者在场，却又具有文学作品的可读性、吸引力。

而这样的人文情怀贯穿于《史记》全书，充实着每一个篇章，融入每一个局部，无论是写帝王将相、贵族公子，还是写文人雅士、士农工商，无论是叙史、叙事、叙人、叙物，还是对话、议论、评论、引文，都充满着人文情怀。这些人文情怀有的呈现于人物的言行之中，有的呈现于事物发展之中，有的则呈现于思想表达之中，有的呈现于故事情节跌宕、兴衰成败哀叹、作者在场体验等之中。一个篇章之后、一个故事之后、一个人物之后，总让人滋养颇多，获益匪浅。如此丰富的人文著作，其高度能不高乎！

　　一部文学作品的价值，总是让人读了之后可以修心、可以养德。《史记》重要的价值就在于这一点。司马迁满篇彰显了中华民族的美德，字里行间充满着道德情怀，一个德字可以概括《史记》的人精神。开篇《五帝本纪》就重德。轩辕黄帝能够做到"诸侯咸来宾从"。与其德布天下有关。能够"修德振兵，治王气，艺五种，抚万民，度四方"，与其德有关。对尧帝的评价也是："其仁如天。""富而不骄，贵而不舒。""能明顺德，以亲九族。""百姓昭明，合和万国。"对舜帝的赞许也是"二十以孝闻"。在《孝文本纪》中还赞叹道："汉兴，至孝文四十有余年，德至盛也。"齐太公姜子牙，这是民间传颂最为广远的一个人物。因其品德高尚，得为封国。司马迁专门作了《齐太公世家》。但是，这一品德传之数世后，其子孙不孝者令人咋舌。文中有一个故事，读之无不惊异：齐桓公病重时，五个儿子各自为党，竞相争立王位。及当齐桓松病故，五个儿子相互攻伐，齐桓公死了 67 天，尸体腐烂生虫，虫子爬到门外，他们仍然不管。这一不德故事完整地载于《史记》之中，以教育后人。司马迁在《高祖功臣侯者年表》序中说："居今之世，志古之道，所以自镜也，未必尽同。"就是说把古今兴衰事呈于读者面前，其目的是以之借鉴。从史书的角度讲是这样，从道德的角度也是这样。与此类似的反面事例还很多。司马迁说得好，就是要让"贤者记其治，不贤者彰其事"。（《太史公自序》）其爱憎之分明如此。

　　文学是人学，人学的重要一点就是关注人的生命。《史记》中叙述了很多这样的内容。《淮阴侯列传》一开始就讲了两个故事，一个是韩信饥饿时受了大娘赠饭。一个是胯下之辱。这两个故事都寓意深刻，对韩信影响致深。这两个故事充满励志和人性，具有教育和启迪作用。《廉颇蔺相如列传》中讲述的廉颇老矣，尚能饭否的事故，与"老当益壮"的态度，也成了很多中老年人良好精神面貌的代名词。尤其是在一些文人列传里这类故事更多。屈原是一位文臣，同时又是一位文学家。其《屈原贾生列传》中所记载的屈原的一生，屈原的灾难，屈原的贡献，屈原的精神，读之无不让人动容。就是作者司马迁本人也在文末叹息不止："余读《离骚》《天问》《招魂》《哀郢》，悲其志。适长沙，观屈原所自沉渊，未尝不垂涕，想见其人。及见贾生吊之，又怪屈原以彼其材，游诸侯，何国不容，而自令若是。读《鵩鸟赋》，同死生，轻就去，又爽然自失矣。"今人读来也与作者一样，既惋惜，又遗憾啊！

　　如果说体现在《史记》中的人文情怀十分丰富，那么这种情怀更来自司马迁本人的人文追求。司马迁自己就说，要达到"究天人之际，通古今之变，成一家之言"的境界，这本身就是《史记》人文关怀的一种高度。他这样立下了誓言，也向着这个目标，将其一生贡献于此。他虽然谦虚地说，这只是"整齐百家杂语"（《太史公自序》），其实是发愤著书。完成了 526500 字的皇皇大著，流传了近两千年而仍受读者喜爱。特别是每当读毕《太史公自序》《报任安书》，更敬其人。所以说《史记》的人文精神不仅在文中，还在司马迁一生追求的精神状态中。同时，也期待读者在书内与书外不断求索，究其人文精神，将之传承久远。

清代越南使臣咏豫让

＊本文作者李帅、李荣。李帅，广西民族大学古代文学研究生；李荣，广西民族大学古代文学研究生，桂林旅游学院教师。

豫让，春秋战国时期最著名的刺客之一，誓死为其主智伯向赵襄子报仇，付出了各种努力却未果，最后自杀。豫让"士为知己者死"忠义的精神受到历代文人墨客的推崇，诗歌、小说、戏曲都有不少以豫让为题材的作品。豫让的事迹在《吕氏春秋》《战国策》《史记》《淮南子》等著作中都有记载，但塑造豫让形象最成功的无疑是《史记》。"《史记》本身所具有的浓厚诗性，加上事件情节、人物形象共同构成了创作母题和原型，《史记》也因此成为历来诗人写作咏史诗的取材渊薮。"① 赵望秦、蔡丹、张焕玲等编著的《史记与咏史诗》一书统计收录了自东汉到清代一千多年间中国诗人们对《史记》人物的吟咏，其中收录专咏豫让诗共28首，唐宋时期9首，元明清时期19首。中国诗人在诗中或抒发对于豫让之死的惋惜，或赞扬豫让报恩的忠义。

《史记》作为一部集文、史于一身的鸿篇巨著，不仅影响了中国的诗人，也传播到了国外。越南作为与我国山水相连的国家，《史记》对越南人的影响不小，如研究越南历史的重要史书《大越史记全书》的编撰就学习了司马迁的《史记》。葛兆光先生提出"从周边看中国"的概念，他认为从这种彼此"对视"之中，可以看到传统中国文化在古代越南的长久影响。中国历代咏豫让的诗虽然不少，但当豫让出现在异国人的笔下，就足以引发我们的关注。由复旦大学文史研究院、越南汉喃研究院合编的《越南汉文燕行文献集成》（以下简称《集成》），共二十五册，原版影印了元明清三代五十三位越南使节的七十九部作品。在这部《集成》中，越南使臣咏豫让诗共12首，全部写于清代。本文拟通过对越南使臣咏豫让诗的注评，分析越南使臣对豫让形象的接受。

一、《越南汉文燕行文献集成》咏豫让诗概况

越南使臣燕行路线大致是由陆路至凭祥镇南关（今友谊关）进入中国，途经广西、湖南、湖北、江西、安徽、江苏、山东、河北等多个省市，最终到达北京。

① 赵望秦，蔡丹，张焕玲等：《史记与咏史诗》，三秦出版社2012年版，第6页。

由于古代交通不便，越南到北京路途遥远，一般越南使臣一次燕行活动需要两年左右。越南在来华使臣的选任问题上十分重视，能够入华充当使臣者大多是在科举中有所中第之人。在漫漫旅途中，饱读诗书的越南使臣在观览中国的名山大川、名胜古迹时不免有所感触，吟叹于口，写作韵文，借诗歌抒怀。越南使臣燕行的汉文作品绝大部分存放于越南汉喃研究院的汉喃书库（越南汉喃书籍的主要收藏地），由于这些著作仅在越南国内流传，中国读者很难窥其风貌。2010 年《集成》的出版使我国读者有机会一睹其风貌，这对研究中国古代与周边国家之间的外交活动，通过"异域之眼"看中国等都有着重要意义。

《集成》收录的 12 首咏豫让诗分布在第 8、9、10、11、12、14、20、23 册，其中阮攸作两首，郑怀德、吴仁静、黎光定、丁翔甫、黄碧山、潘辉注、张好合、李文馥、阮思僩、阮述各作一首。诗歌体裁包括五言绝句、五言律诗、七言律诗等。越南使臣吟咏豫让，除了赞扬豫让的精神外，还有一些别具意义的纪咏，即对河北邢台豫让桥的记录。

越南使臣咏豫让的 12 首诗中有 11 首以"过豫让桥"为主题，豫让桥即以纪念豫让而命名的桥梁。值得注意的是，越南使臣诗歌中记录的"豫让桥"都是位于河北邢台的豫让桥。黎光定《过豫让桥有感》序曰："桥在邢台城内。"[①] 黄碧山《豫让桥》序中说："邢台县城之北十余里，路旁有石碑，刻'豫让桥'三字。"[②] 潘辉注《冀州览古五首之豫让桥》序曰："在邢县北三里。"[③] 张好合《过豫让桥》序云："桥去顺德北门五里。"[④] 顺德府即今河北邢台市。但是因前人史籍中并未明确指出豫让桥确址，而后世又有诸多歧义，故中国方志中对豫让桥的记载有六处之多。其中最著名的两处，一是位于今山西省太原市赤桥村的豫让桥；二是位于今河北省邢台市邢台县的豫让桥。2005 年《山西日报》刊登了《豫让桥确址考》一文，文中根据《吕氏春秋》记载，提出赤桥村豫让桥原是战国之初赵襄子修的围中之梁。[⑤]《晋阳文史资料》记载：桥东西向，跨晋水北河，南北砌石栏，近年桥埋于地下，仅露出 40 厘米栏柱三个，高 40 厘米，南一北二，柱子呈方形，长宽各 30 厘米，柱头呈园形，下部抹成六角形，据遗迹实测，桥东西长 52 米，南北宽 9.2 米，呈扁形，桥西有古槐观音庙，前壁上嵌有"古豫让桥"四字题词，诗句等石刻，碑高 0.68 米，宽 0.38 米，刘丽中书。旁有乾隆年的邑令殷峄《豫让桥诗》，系同治六年立（1867）。[⑥] 现基本确定豫让刺杀赵襄子未遂

---

① 复旦大学文史研究院，越南汉喃研究院：《越南汉文燕行文献集成》，复旦大学出版社 2010 年版，第 9 册，第 135 页。

② 同上，第 11 册，第 325 页。

③ 同上，第 12 册，第 71 页。

④ 同上，第 12 册，第 181 页。

⑤ 王剑霓：《豫让桥确址考》，《山西日报》2005 年 1 月 18 日。

⑥ 杜锦华主编：《晋阳文史资料》第 5 辑，政协太原市晋源区文史资料委员会 2001 年版，第 145 页。

而自刎的遗址是山西省太原市赤桥村的豫让桥。但在河北邢台，"豫让桥"作为一个地域标志也较有名气。行政上它是一个办事处，辖区有一个豫让桥市场。大明万历十八年（1600 年），邢台县知事朱诰曾在此修建豫让祠，把豫让作为本地知名历史人物引人们前来拜祭。但是此处的豫让桥及豫让祠在抗日战争其间被毁坏，桥边所载豫让事迹的碑刻，也在重修京广公路时被用作桥洞基石而不复存在。如今为纪念豫让的忠义之举，在此处建了豫让公园，供人们瞻仰与缅怀。清代越南使臣的留下的诗篇可作为河北邢台豫让文化的补充研究资料。

二、越南使臣咏豫让诗注

1. 豫让桥

> 仇赵难销豫让魂，赵家终破豫让桥。
> 存怒翻雄浪里城，震气吐长虹晋水。
> 尊柱掛苔衣铭旧，击碣藏岁石记余。
> 吞至今国士风犹壮，激发人思遇我恩。

见郑怀德《艮齐观光集》，《集成》第 8 册，第 336 页。郑怀德（1765—1825），一名安，字止山，号艮齐。此集写于嘉隆元年夏至次年冬（清嘉庆七年至八年，1802—1803）出使清朝期间。

晋水，古水名。《水经》："晋水出晋阳县西悬瓮山，又东过其县南，又东入于汾水。"[1] 智伯与韩康子、魏桓子联合讨伐赵襄子，围攻晋阳。战争难分胜负，于是智伯想出一计，引晋水水淹晋阳城。但韩、魏两家倒戈赵襄了，三家联合，反决堤防，引晋水倒灌智伯大营，智氏被屠灭殆尽。"吞"，应为衍字。国士，一国之中的杰出人物。《史记·刺客列传》豫让曰："臣事范、中行氏，范、中行氏皆众人遇我，我故众人报之。至于智伯，国士遇我，我故国士报之。"[2]

2. 过豫让桥

> 豫让桥边雨浥尘，平明秋过认前真。
> 泉声石咽思吞炭，柱色苔斑拟漆身。
> 岸口虽埋衣溅血，江边遗恨马惊人。
> 至今国士风犹在，长使忠臣每问津。

见吴仁静《拾英堂诗集》，《集成》第 9 册，第 57 页。吴仁静（约 1763—1813），字汝山，嘉定人。清嘉庆七年（1802）出使清朝。

---

① 安捷主编：《太原府志集全》，山西人民出版社 2005 年版，第 682 页。
② 韩兆琦译注：《史记》，中华书局 2010 年版，第 5468 页。

平明，天刚亮的时候。《荀子·哀公》："君昧爽而栉冠，平明而听朝。"[1] 李白《游太山》诗之三："平明登日观，举手开云关。"[2] 咽，拟人，状石间泉声低沉。吞炭，豫让为了伪装自己，吞炭伤喉，使声音变嘶哑。苔斑，苔藓丛生如斑点之状。漆身，豫让以漆涂身，使之如患癫病。衣溅血，豫让临死前请求在赵襄子的衣服上砍几刀，当作他报了仇。马惊人，豫让埋伏在赵襄子所要经过的桥下，赵襄子来到桥头，忽然马惊了。赵襄子意识到肯定是豫让，派人搜查，豫让刺杀行动失败。

3. 过豫让桥有感

序云：桥在邢台城内。

　　　邢台城里驾征鞍，一带长虹著眼看。
　　　梁下月低吞炭影，板头霜印漆身寒。
　　　众人今日经过易，国士当年去住难。
　　　赵孟基图随逝水，桥名终古占江干。

阮素如曰：胸次高迈，造语壮旺。

见黎光定《华原诗草》，《集成》第 9 册，第 135 页。黎光定（1759—1813），字知止，号晋齐，承天富荣人。清嘉庆七年至八年（1802—1803）出使中国。

征鞍，指征马，旅行者所乘的马。长虹，指虹彩。梁下，桥下，此处指豫让桥下。赵孟，春秋时代人们对晋国赵氏历代宗主的尊称，非特定单指一个人。孟，长也，故赵孟意为赵氏大宗的宗主。此处指赵襄子。

4. 豫让桥桥首行

　　　晋阳城下滔滔水，智伯漆头为溺器。
　　　无人报仇诚可悲，其臣豫让身当之。
　　　漆身为癞剔须眉，妻子相逢仍不知。
　　　身挟匕首伏桥下，怒视仇腹甘如饴。
　　　杀气冻冻不可近，白日无光霜雪款。
　　　再复再舍心不移，临死犹能三击衣。
　　　滚滚奇气干霄上，自此桥名更豫让。
　　　君臣大义最分明，国士众人各异尚。
　　　愧杀人臣怀二心，千古闻之色惆怅。
　　　岂是荆轲聂政徒，甘人豢养轻其驱。
　　　血气之勇不足道，君独铮铮铁大夫。

---

① 方达评注：《荀子》，商务印书馆 2016 年版，第 546 页。
② 管士光：《李白诗集新注》，上海三联书店 2014 年版，第 419 页。

路经三晋皆丘土，注目桥边如有睹。

西风萋萋寒逼人，征马频嘶惊失路。

匕首当时七寸长，独有万丈光芒亘今古。

见阮攸《北行杂录》，《集成》第 10 册，第 56 页。阮攸（1765—1820），字素如，号清轩，河静省宜春县仙田社人。著有汉文诗集《清轩诗集》《南中杂吟》《北行杂录》等，其最著名的作品是以喃文写作的六八体长诗《金云翘传》。本书是清嘉庆十八年（1813）阮攸以正使身份北使中国纳贡期间撰写的诗集。

晋阳，因在晋水之阳，取名晋阳，故址在今山西省太原市。赵襄子将晋阳作为赵国都城。溺器，即尿壶。《史记·刺客列传》记："赵襄子与韩、魏合谋灭智伯，灭智伯之后而三分其地。赵襄子最怨智伯，漆其头以为饮器。"[1] 无人报仇，智氏被灭族，智伯没有后人报仇。剔须眉，《吕氏春秋·恃君》："豫让欲杀赵襄子，灭须去眉，自刑以变其容"[2]。三击衣，豫让临死前"拔剑三跃而击"赵襄子的衣服。愧杀人臣怀二心，豫让的朋友劝豫让假装去为赵襄子效力，便很容易刺杀成功。但豫让不愿意怀着二心去侍奉人。《史记·刺客列传》："既已委质臣事人，而求杀之，是怀二心以事其君也。且吾所为者极难耳！然所以为此者，将以愧天下后世之为人臣怀二心以事其君者也。"[3] 荆轲，战国末期受燕太子丹之托刺杀秦王，未遂被杀。聂政，《史记·刺客列传》所载刺客之一。韩大夫严仲子因与韩相侠累廷争结仇，献巨金为聂政母庆寿，与聂政结为好友，求其为己报仇。聂政待母亡故守孝三年后，独自一人仗剑刺杀侠累于阶上。豢养，比喻收买并利用。指荆轲、聂政的刺杀行为是因为受人金钱收买。三晋，指赵、魏、韩三国故地。

5. 豫让桥

豫让区身刺襄子，此地因名豫让桥。

豫让既杀赵亦灭，桥边之草空萧萧。

君臣正论堪千古，天地全经尽一朝。

凛烈寒风冬日薄，奸雄过此尚魂消。

见阮攸《北行杂录》，《集成》第 10 册，第 58 页。

正论，正确合理的言论，指豫让关于君臣的几段话。全经，指秦始皇焚书之前未经散乱的儒家经书。凛烈，即"凛冽"。

6. 豫让桥

侠士今何在，平桥水自东。

---

[1] 韩兆琦译注：《史记》，中华书局 2010 年版，第 5463 页。

[2] 杨坚点校：《吕氏春秋·淮南子》岳麓书社 2006 年版，第 154 页。

[3] 韩兆琦译注：《史记》，中华书局 2010 年版，第 5466 页。

重恩何厚落，犹是众人中。

见丁翔甫《北行偶笔》，《集成》第 10 册，第 165—166 页。丁翔甫，生平不详。清嘉庆二十四年（1819）充任贺寿使如清，贺嘉庆皇帝六十大寿。

7. 豫让桥

序云：邢台县城之北十余里，路旁有石碑，刻"豫让桥"三字。

一日惊襄子，千年豫让桥。

后图心已绝，前报志难消。

国士恩宁忽，溪头水自漂。

可能逢智伯，孤魄一相招。

见黄碧山《北游集》，《集成》第 11 册，第 325 页。黄碧山（1791—?），号懒齐，北宁龙编人。平生好游历，善为诗，而一生贫困。清道光五年（1825）随师团北使中国。

8. 冀州览古五首之豫让桥

序云：在邢县北三里。

豫让志何苦，国士酬所知。

可怜伏桥日，临死终靡移。

仇赵固不成，报智良不贞。

虽非百炼金，亦是颓波柱。

逝矣三晋事，陈迹余此桥。

我来一凭节，秋清野寂寥。

依稀烈士思，水急风萧萧。

见潘辉注《华程续吟》，《集成》第 12 册，第 71 页。此书写于潘辉注道光十一年（1831）第二次出使中国期间。

9. 过豫让桥

序云：桥去顺德北门五里。评：古人难处心事，一语道出。

月落桥边露始晞，此来郑重一江岐。

众人不少驰驱日，义士惟难去就时。

亲友并非同步识，国思多在到头知。

百年此地今犹古，未散溪边带雨悲。

见张好合《梦梅亭诗草》，《集成》第 12 册，第 181 页。张好合，号亮齐，新隆新庆人。清道光十一年（1831）、清道光二十五年（1845）曾两度出使中国。

10. 咏史之豫让

> 国士众人看得破，漆头衣血恨俱消。
>
> 当年便死中行氏，千古谁知豫让桥。

见李文馥《镜海续吟草》，《集成》第 14 册，第 29 页。李文馥（1785—1849），字邻芝，号克齐，河内永顺人。

中行氏，东周时期晋国六卿之一，豫让曾做过中行氏的门客，但默默无闻，后转投智伯，受到智伯的尊宠。中行氏被灭后，豫让没有为中行氏报仇。

11. 过豫让桥

> 人以国士报，桥以国士名。
>
> 如今桥下水，清浅不闻声。

见阮思僩《燕轺诗文集》，《集成》第 20 册，第 109 页。此书是阮思僩在清同治七年（1868）出使清朝时的诗文合集。

12. 豫让桥

> 桥下水不波，天阴无日色。
>
> 思讐事已灭，国士碑犹勒。

见阮述《每怀吟草》，《集成》第 23 册，第 68 页。阮述（1842—?），字孝生，号荷亭，广南人。本书是光绪六年（1880）阮述以正使身份使清时诗作的结集。

讐，同"仇"。勒，雕刻。

三、越南使臣对豫让形象的接受

这 12 首越南使臣咏豫让诗，基本秉承了中国咏史诗的特点。对历史沧桑的感慨，情感真切，如"赵孟基图随逝水，桥名终古占江干"[①]"路经三晋皆丘土，注目桥边如有睹"[②] 等句，感慨赵国早已不存在，但豫让桥仍存。使臣对于豫让品行的评价，与史书所载差别不大，越南使臣诗中对豫让形象的接受主要为两个方面。

其一，"士为知己者死"的气节。"士为知己者死"是司马迁在《史记》中极力赞扬的行为，多次出现在《刺客列传》中。第一次就出自豫让之口："嗟乎！士为知己者死，女为悦己者容。今智伯知我，我必为报仇而死，以报智伯，则吾魂魄不愧矣。"[③]"士为知己者死"是刺客对知己知遇之恩的感恩回报。春秋战国是

① 复旦大学文史研究院，越南汉喃研究院：《越南汉文燕行文献集成》，复旦大学出版社 2010 年版，第 9 册，第 135 页。

② 同上，第 10 册，第 56 页。

③ 韩兆琦译注：《史记》，中华书局 2010 年版，第 5463 页。

一个战火纷飞的时代，国与国之间的吞并战争时有发生，食客士人们国家意识不强，他们在乎的是个人价值的实现，获得社会对自身价值的承认及尊重。豫让给范氏、中行氏做门客时都没有受到重用，而在智伯处，智伯对豫让十分礼遇，得到权势之人的尊重，这令豫让感觉到个人价值得到了肯定，将智伯引为知己，这也就是为何豫让为智伯报仇而没有为范氏、中行氏报仇的原因。李文馥感叹："当年便死中行氏，千古谁知豫让桥。"① 豫让若为中行氏而死，那只是普普通通的为主而死，只有为知己而死，才是豫让个人价值的体现。正如孟子云："君之视臣如手足，则臣视君如腹心；君之视臣如犬马，则臣视君如国人；君之视臣如土芥，则臣视君如寇仇。"② 豫让在为知己报仇中所表现的慷慨赴难的勇气和舍生取义的精神为越南使臣所钦佩。如"至今国士风犹壮，激发人思遇我恩。"③ "至今国士风犹在，长使忠臣每问津。"④ "豫让志何苦，国士酬所知。"⑤ 经过豫让桥，豫让的"国士"精神仍旧感染着越南使臣。

其二，豫让的忠义。豫让的忠义体现在他的复仇方式上，从他与朋友的对话中可知，只要豫让假装投靠赵襄子，获取赵襄子的信任，便很容易找到机会下手，豫让刺杀成功的概率会大大增加。但是豫让选择了硬碰硬的方式，不惜忍受极大的痛苦，吞炭漆身来伪装自己去刺杀。因为豫让认为，如果投靠赵襄子之后，再为了报旧主智伯的仇而杀了新主赵襄子，那就是怀有二心，不管是对于旧主还是新主，都是不仁不义的行为。司马迁在《太史公自序》中说："曹子匕首，鲁获其田，齐明其信；豫让义不为二心气。作《刺客列传》第二十六。"⑥ 司马迁赞扬豫让的忠诚守信、不欺其志。与之相反，另一个同时代的刺客要离为了帮吴王阖闾刺杀公子庆忌，先让吴王阖闾砍掉他的右手，再杀死他的妻子，以此来获得公子庆忌的信任，借机刺杀他。虽然最后要离刺杀成功，但是其行为的不义并不符合司马迁的道德标准，由此《刺客列传》不载要离。豫让不怀二心，吞炭漆身的忠义行为令越南使臣印象深刻，在诗中多有提及，如"泉声石咽思吞炭，柱色苔斑拟漆身"⑦ "梁下月低吞炭影，板头霜印漆身寒"，阮攸直抒"愧杀人臣怀二心，千古闻之色惆怅"⑧，表达对豫让忠心的敬佩。此外阮攸在诗中还将豫让与荆轲、聂政相比，"岂是荆轲聂政徒，甘人豢养轻其驱。"⑨ 司马迁首次将曹沫、

---

① 复旦大学文史研究院，越南汉喃研究院：《越南汉文燕行文献集成》，复旦大学出版社 2010 年版，第 14 册，第 29 页。

② 缪天绶选注：《孟子》，崇文书局 2014 年版，第 51 页。

③ 复旦大学文史研究院，越南汉喃研究院：《越南汉文燕行文献集成》，复旦大学出版社 2010 年版，第 8 册，第 336 页。

④ 同上，第 9 册，第 57 页。

⑤ 同上，第 12 册，第 71 页。

⑥ 韩兆琦译注：《史记》，中华书局 2010 年版，第 7722 页。

⑦ 复旦大学文史研究院，越南汉喃研究院：《越南汉文燕行文献集成》，复旦大学出版社 2010 年版，第 9 册，第 57 页。

⑧ 复旦大学文史研究院，越南汉喃研究院：《越南汉文燕行文献集成》，复旦大学出版社 2010 年版，第 10 册，第 56 页。

⑨ 同上，第 10 册，第 56 页。

专诸、豫让、聂政、荆轲五位刺客的事迹集中到一起作《刺客列传》。据此看，阮攸应该熟悉中国史书的内容，否则不会将他们进行对比。阮攸认为荆轲、聂政的刺杀是为了金钱而替人卖命，而豫让的刺杀是纯粹为知己报仇的忠义，这与《史记》中司马迁赞扬荆轲、聂政的态度大相径庭，可谓是别出新论。中国诗人中的刘克庄也有类似的看法，《豫子》："纷纷荆聂辈，犹有利而为。智氏已无后，先生欲报谁。"①

总的来看，清代越南使臣十分敬重豫让重知己而轻生死的品质，在诗中赞扬豫让的忠义精神。"忠""孝""仁""义"本就是中国儒家思想的内容，越南效仿中国实行科举制，文人亦受到儒家思想的影响。越南阮朝科举的考试内容与明清类似，"以乡试考试内容为例，清朝乡试士子各报考一经，解经标准概宗宋儒程朱学说，《四书》以《朱子集注》，《易经》以《程朱二传》，《诗经》以《朱子集传》，《书经》以《蔡氏传》，《春秋》以《胡氏传》，《礼记》以《陈澔集说》为主。"② 从上述清代越南使臣的汉文诗中可以看出越南文人对中华文化、文学的接受与认同。豫让是中国古代忠义之士的代表人物，其舍身取义的精神感动了中国人，也感动了清代的越南使臣，使得他们在路经邢台豫让桥时留下了一首首缅怀豫让的诗作。在利己主义较为盛行的今天，豫让知恩图报、忠贞不屈的精神仍值得我们传承发扬。

① 北京大学古文献研究所编：《全宋诗》，北京大学出版社 1999 年版，第 58 册，第 36327 页。
② 刘志强：《中越文化交流史论》，商务印书馆 2013 年版，第 170 页。

《秦本纪》对穆公形象的建构与意义

——以故事重述为中心^①

＊本文作者曹阳。陕西师范大学文学院博士研究生。

秦穆公（前659年—前621年）是秦国历史上声名卓著的君主之一，《史记》记载其执政期间，"益国十二，开地千里"，"东服强晋，西霸戎夷"，"与齐桓、晋文中国侯伯侔矣。"秦穆公所开创的霸业在秦国的发展史上起着非常关键的作用，为之后秦国统一天下打下了坚实的基础。马非百《秦集史》曰："秦人异日一统之基，实自穆公建之，此不可不知者也。"^② 秦穆公也是司马迁在《秦本纪》中着墨最多的人物。在《秦本纪》秦穆公相关文本中，突出表现秦穆公形象的故事叙述占据了百分之七十的篇幅。这部分叙述主要包括"羊皮换贤""秦晋乞籴""穆公亡马""穆公归夷吾""由余降秦""穆公悔过"六个故事，六个故事皆有所本。司马迁通过对故事的重新叙述多维构建了秦穆公的形象，总结了历史的经验教训，传达出了他的历史观念。

一、"羊皮换贤"与百里傒故事的重述

秦穆公五年，晋灭虞、虢，虞国大夫百里傒^③被虏，晋国将百里傒作为媵臣送往秦国，百里傒逃脱后被楚国人所捕。秦穆公听闻他非常贤能，使计将其用五张羊皮赎回，授予大夫之职。《秦本纪》载：

> 五年，晋献公灭虞、虢，虏虞君与其大夫百里傒，以璧马赂于虞故也。既虏百里傒，以为秦缪公夫人媵于秦。百里傒亡秦走宛，楚鄙人执之。缪公闻百里傒贤，欲重赎之，恐楚人不与，乃使人谓楚曰："吾媵臣百里傒在焉，请以五羖羊皮赎之。"楚人遂许与之。当是时，百里傒年已七十余。缪公释其囚，与语国事……语三日，缪公大说，授之国政，号曰五羖大夫。

① 基金项目：国家社科基金重大招标项目"中外《史记》文学研究资料整理与研究"（13&ZD111）；"中央高校基本科研业务费专项资金资助"（Supported by the Fundamental Research Funds For the Central Universities）（2019TS097）。
② 马非百：《秦集史》，中华书局1982年版，第21页。
③ 《史记》"百里傒"在不同文献中或作"百里奚"。

百里傒的故事,《孟子》《吕氏春秋》《韩诗外传》中均有叙述,但是在百里傒如何得遇上,与《秦本纪》所叙不同,主要有以下两种说法。

其一,百里傒自卖五羖羊皮,为秦穆公饲牛,得遇。《孟子·万章上》载:"万章问曰:"或曰:"百里傒自鬻于秦养牲者,五羊之皮,食牛,以要秦穆公。"信乎?孟子曰:"否,不然。好事者为之也……自鬻以成其君,乡党自好者不为,而谓贤者为之乎?"① 虽然孟子的回答否定了这一传言,但是万章的这一疑问也证明了当时确有百里傒自卖五羖羊皮的说法。《韩诗外传》云:"百里傒自卖五羊之皮,为秦伯牧牛。"② 认为百里傒自卖五羊皮,为穆公饲牛,后来得遇。

其二,百里傒被卖五羖羊皮,在秦国饲牛,转而被公孙枝所得,公孙枝将其献给秦穆公,百里傒得遇。《吕氏春秋·慎人篇》云:"百里奚之未遇时也,亡虢而虏晋,饭牛于秦,传鬻以五羊之皮。公孙枝得而说之,献诸缪公,三日,请属事焉。缪公曰:'买之五羊之皮而属事焉,无乃为天下笑乎?'公孙枝对曰:'信贤而任之,君之明也;让贤而下之,臣之忠也……夫谁暇笑哉?'缪公遂用之。"公孙枝除了举荐百里傒之外,还巧妙地化解了秦穆公关于"买之五羊之皮而属事焉,无乃为天下笑乎"的发问,其举贤之功可见。

司马迁必定见过上述史料,并有目的地进行了选取。因为《商君列传》载赵良之语云:"夫五羖大夫,荆之鄙人也。闻秦缪公之贤而愿望见,行而无资,自粥于秦客,被褐食牛。期年,缪公知之,举之牛口之下,而加之百姓之上,秦国莫敢望焉。"保存了百里傒自卖五羖羊皮,为秦穆公饲牛而得遇的说法。司马迁在《秦本纪》与《商君列传》中的不同叙述,可能是司马迁依据了不同的材料所致。这一现象在《史记》文本中多次出现,可视为"不同传记间的两存",即将两种不同说法分列在不同传记中进行记录,如《殷本纪》《周本纪》文本编排中对"比干谏纣"的两存、《秦本纪》《赵世家》文本编排中对"造父之御"的两存。③

秦穆公以五羖羊皮买百里傒的故事今不见于《史记》之前的传世文献,除了司马迁所本的材料可能失传外,司马迁在《秦本纪》中将以五羖羊皮买百里傒的主体选定为秦穆公很可能有特殊的考虑。司马迁所刻画的秦穆公是一位选贤举能的明君形象。因而,他以此为中心组织材料,侧重凸显出秦穆公的重贤与谋略,是为了突出叙述主题。此外,相对于《孟子》《吕氏春秋》《韩诗外传》中的叙述,《秦本纪》中对百里傒故事的叙述还有部分细节上的增添。如"恐楚人不与"句,牛运震《史记评注》评:"此数语写缪公求贤爱才之意曲至。"又如"吾媵臣百里傒在焉,请以五羖羊皮赎之"句,牛运震评:"'吾媵臣'三字,口吻如生。"④ 这

① 〔清〕阮元校刻:《十三经注疏》,《孟子注疏》卷九下《万章章句上》,中华书局 2009 年版,第 5958—5960 页。

② 〔汉〕韩婴撰,许维遹校释:《韩诗外传集释》,中华书局 1980 年版,第 244 页。

③ 刘彦青:《〈史记〉十二本纪文本生成研究》,陕西师范大学 2018 年博士学位论文,第 125—126 页。

④ 〔清〕牛运震撰,崔凡芝校释:《空山堂史记评注校释》,中华书局 2012 年版,第 31 页。

些细节描写使得穆公"重贤"情态毕现。

　　此外，在"羊皮换贤"的故事后，司马迁还叙述了百里傒荐蹇叔一事。百里傒被授以国政，成为大夫后，辞让说："臣不及臣友蹇叔，蹇叔贤而世莫知……"于是，秦穆公"使人厚币迎蹇叔，以为上大夫"。秦穆公的这一行为无疑是其"重贤"之心的彰显。

二、"秦晋乞籴"与"韩原之战"原因的重述

　　秦穆公十二年，晋国因旱灾造成了饥荒，向秦国求救。秦穆公没有听从丕豹伐晋的建议，将粮食运往晋国。两年后，秦国发生了饥荒，晋君听取虢射建议，想要乘机发兵攻打秦国。两两相较，晋国以怨报德的举动将秦穆公"厚德尚义"的形象衬托得更加鲜明。《秦本纪》载：

　　　　十二年……晋旱，来请粟。丕豹说缪公勿与，因其饥而伐之。缪公问公孙支，支曰："饥穰更事耳，不可不与。"问百里傒，傒曰："夷吾得罪于君，其百姓何罪？"于是用百里傒、公孙支言，卒与之粟。以船漕车转，自雍相望至绛。

　　　　十四年，秦饥，请粟于晋。晋君谋之群臣。虢射曰："因其饥伐之，可有大功。"晋君从之。十五年，兴兵将攻秦。

　　"秦晋乞籴"的故事正是秦晋韩原之战的直接起因。《秦本纪》中"秦晋乞籴"的文本主要源于《左传》《国语》，司马迁在这些材料的基础上，主要进行了以下简化与改易。

1. 秦输粟于晋

秦输粟于晋故事，在《左传·僖公十三年》作：

　　　　冬，晋荐饥，使乞籴于秦。秦伯谓子桑："与诸乎？"对曰："重施而报……无众必败。"谓百里："与诸乎？"对曰："天灾流行，国家代有，救灾恤邻，道也。行道有福。"郑之子豹在秦，请伐晋。秦伯曰："其君是恶，其民何罪？"秦于是乎输粟于晋，自雍及绛相继，命之曰泛舟之役。

在《国语·晋语》作：

　　　　晋饥，乞籴于秦。丕豹曰："晋君无礼于君……君其伐之，勿予籴！"公曰："寡人其君是恶，其民何罪？天殃流行，国家代有。补乏荐饥，道也，不可以废道于天下。"谓公孙枝曰："予之乎？"公孙枝曰："……不若予之，以说其众……"是故泛舟于河，归籴于晋。

　　在秦输粟于晋这一事件上，司马迁主要对秦国君臣的对话内容进行了改易。《左传》中与秦穆公进行讨论的是子桑、百里傒、子豹三人。子桑、百里傒二人赞

同输粟于晋，而丕豹建议乘机伐晋，穆公认为"其君是恶，其民何罪"，将粮食卖给了晋国。《国语》中与秦穆公进行讨论的则是丕豹、公孙枝。丕豹建议乘机伐晋，公孙枝则言明利害，秦穆公听从了公孙枝的意见，"归粟于晋"。而《秦本纪》中与秦穆公进行讨论的则是丕豹、公孙枝、百里傒三人。公孙枝所言与《国语》不同，其"饥穰更事耳，不可不与"之言应出自《左传》所载百里傒所言"天灾流行，国家代有"。百里傒所言与《左传》亦不同，"夷吾得罪于君，其百姓何罪"之言应出自《左传》所载秦穆公所言"其君是恶，其民何罪？"《国语》中"寡人其君是恶，其民何罪？"相对于《左传》《国语》，司马迁借两贤臣之口将输粟于晋的两条理由道出，将秦穆公之语借百里傒之口叙出，并言秦穆公"用百里傒、公孙支言，卒与之粟"，较《左传》《国语》更为简明扼要。在整个故事中秦穆公并未发声，而是作为一个从谏如流的君主出现。这表面上凸显了公孙支、百里傒的贤德，实际则旨在借此刻画秦穆公知贤、重贤的明君形象。

2. 秦乞粟于晋

秦乞粟于晋故事，在《左传·僖公十四年》作：

> 冬，秦饥，使乞粟于晋，晋人弗与。庆郑曰："背施无亲，幸灾不仁，贪爱不祥，怒邻不义。四德皆失，何以守国？"虢射曰："皮之不存，毛将焉附？"庆郑曰："弃信背邻，患孰恤之？无信患作，失援必毙，是则然矣。"虢射曰："无损于怨而厚于寇，不如勿与。"庆郑曰："背施幸灾，民所弃也。近犹仇之，况怨敌乎？"弗听。退曰："君其悔是哉！"

在《国语·晋语》作：

> 秦饥，公令河上输之粟。虢射曰："弗予赂地而予之粟，无损于怨而厚于寇，不若勿予。"公曰："然。"庆郑曰："不可。已赖其地，而又爱其实，忘善而背德，虽我必击之。弗予，必击我。"公曰："非郑之所知也。"遂不予。

在秦乞粟于晋的事件中，《左传》中与晋惠公进行讨论的有两位臣子，记载庆郑言论三次，虢射言论两次。庆郑从德行的角度出发主张输粟于秦，而虢射从眼前实际利益出发认为这将会"无损于怨而厚于寇"，主张"不如勿与"。《国语》中对此事件的载录较《左传》简明，参与讨论的人物与《左传》记载相同，但只记载各自言论一次。虢射反对输粟于秦，理由与《左传》所载基本相同。而庆郑从史实和德行的角度出发主张输粟于秦，认为"已赖其地，而又爱其实"，忘善背德，将会招致战争。司马迁在《秦本纪》中则不载庆郑之言，仅记载了虢射反对的言论，且所载虢射言论与《左传》《国语》不同。在《左传》《国语》中，虢射仅提出不输粟于秦的建议，并未提出借此机会攻打秦国，司马迁却称虢射提出"因其饥伐之，可有大功"，晋惠公听从了虢射的意见。

在秦输粟于晋事件中，司马迁载穆公未听从丕豹的建议，采纳了百里傒、公孙支的意见。而秦乞籴于晋的事件中，司马迁略去庆郑主张输籴于秦的意见，仅载录了虢射主张乘机攻秦的说法，似乎晋无明事、重德之臣，这一改易使得史实似乎呈现出了不一样的面貌。程馀庆云："丕豹阻籴劝伐，为父仇也。虢射何为者？晋臣不及秦远矣！"①《秦本纪》沿袭了《左传》《国语》对秦晋两国遇借籴事件的态度、言论进行对比的方式，并有意对材料进行了裁剪、改易，在比较中凸显了秦国明君、贤臣的形象组合。

在记载由此引起的韩原之战时，《左传·僖公十五年》云："秦饥，晋闭之籴，故秦伯伐晋。"《国语·晋语》云："六年，秦岁定，帅师侵晋，至于韩。"均称秦国发动了这次战争。《秦本纪》亦提出是秦国先发兵攻晋，"十五年，兴兵将攻秦。缪公发兵，使丕豹将，自往击之。九月壬戌，与晋惠公夷吾合战于韩地。"但是却补叙说晋国将要发兵攻秦之际，秦国才发兵攻晋。一定程度上为秦国先发动战争的事实进行了回护，使秦军"有道伐无道"的正义之师姿态得以呈现。

三、"穆公亡马"与"韩原之战"过程的重述

岐下野人将秦穆公的好马盗走并宰杀分食，穆公的手下追捕到了这些人，想要依法惩处。穆公却没有怪罪食马人，反而以美酒相赠。后来，秦穆公被晋军围困，食马人"驰冒晋军"，使穆公在韩原之战中转败为胜。《秦本纪》载：

> 九月壬戌，与晋惠公夷吾合战于韩地……缪公与麾下驰追之，不能得晋君，反为晋军所围。晋击缪公，缪公伤。于是岐下食善马者三百人驰冒晋军，晋军解围，遂脱缪公而反生得晋君。初，缪公亡善马，岐下野人共得而食之者三百余人，吏逐得，欲法之。缪公曰："君子不以畜产害人。吾闻食善马肉不饮酒，伤人。"乃皆赐酒而赦之。三百人者闻秦击晋，皆求从，从而见缪公窘，亦皆推锋争死，以报食马之德。于是缪公虏晋君以归。

《左传·僖公十五年》载秦穆公虏晋惠公时云："壬戌，战于韩原，晋戎马还泞而止。""郑以救公误之，遂失秦伯。秦获晋侯以归。"《国语·晋语》载："晋师溃，戎马泞而止。公号庆郑曰：'载我！'庆郑曰：'……郑之车不足以辱君避也！'梁由靡御韩简，辂秦公，将止之，庆郑曰：'释来救君！'亦不克救，遂止于秦。"《左传》《国语》记载"韩原之战"过程时，并未记载秦穆公先被晋军所围，后来转败为胜。也没有载录"穆公亡马"一事，更未言及这一事件对战争胜败的影响。"穆公亡马"见载于《吕氏春秋·爱士》与《淮南子·泰族训》。司马迁对这一事件的叙述应主要采自《吕氏春秋·爱士》，情节上较之简明，几乎没有出入，对话上则对秦穆公之语进行了改易。《吕氏春秋·爱士》载：

> 昔者，秦缪公乘马而车为败，右服失而野人取之。缪公自往求之，见野

---

① ［清］程馀庆：《历代名家评注史记集说》，三秦出版社 2011 年版，第 76 页。

人方将食之于歧山之阳。缪公叹曰："食骏马之肉而不还饮酒，余恐其伤女也！"于是遍饮而去。处一年，为韩原之战，晋人已环缪公之车矣，晋梁由靡已扣缪公之左骖矣，晋惠公之右路石奋投而击缪公之甲，中之者已六札矣。野人之尝食马肉于歧山之阳者三百有余人，毕力为缪公疾斗于车下，遂大克晋，反获惠公以归。

《爱士》载秦穆公语曰："食骏马之肉而不还饮酒，余恐其伤汝也！"而《秦本纪》中载秦穆公语云："君子不以畜产害人。吾闻食善马肉不饮酒，伤人。"司马迁于秦穆公口中叙出"君子不以畜产害人"，一方面从侧面对穆公之行进行了评价，另一方面则体现了穆公行事有君子之风，"宽厚"而"爱人"，以君子之德为准则。

此外，在叙述顺序上，司马迁将这一事件插叙于韩原之战未决胜负之时。秦穆公所赦野人为回报其厚德、爱人而拼死力战，使得秦穆公在韩原之战中扭转乾坤，转败为胜。高诱注《吕氏春秋•爱士》云："食马肉人为缪公死战，不爱其死，以获惠公是也。"《史记评林》引王维桢云："人种德，缓急终有赖。"① 司马迁的这一处理方式更直接地展现了穆公施德在战争胜败间所起到的关键作用。

四、"韩原之战"后，"穆公归夷吾"及其原因的重述

"韩原之战"中秦国打败了晋国，"虏晋君以归"，秦穆公将用晋惠公来祭祀上帝。因为周天子与穆公夫人的求情，穆公与晋惠公缔约后，将其放归晋国。《秦本纪》载：

> 于是缪公虏晋君以归，令于国，"齐宿，吾将以晋君祠上帝"。周天子闻之，曰"晋我同姓"，为请晋君。夷吾姊亦为缪公夫人，夫人闻之，乃衰绖跣，曰："妾兄弟不能相救，以辱君命。"缪公曰："我得晋君以为功，今天子为请，夫人是忧。"乃与晋君盟，许归之，更舍上舍，而馈之七牢。十一月，归晋君夷吾，夷吾献其河西地，使太子圉为质于秦。秦妻子圉以宗女。是时秦地东至河。

《国语•晋语》记载"穆公归夷吾"时，称秦穆公回到王城后，与公子絷、公孙枝商谋后，从利益得失考虑，"归惠公而质子圉"，"秦始知河东之政"。并在晋国吕甥对晋国国内两派意见分析的影响下，"改馆晋君，馈七牢焉。"《左传•僖公十五年》的记载与《国语》类似。除了与大臣商议后"许晋平""改馆晋侯，馈七牢"两事外，《左传》还载录了穆公夫人以死相逼为晋惠公求情之事。《秦本纪》中关于穆公夫人"衰绖跣"的相关叙述应是对《左传》中"穆姬闻晋侯将至，以

① ［明］凌稚隆辑校，［明］李光缙增补：《史记评林》，天津：天津古籍出版社1998年版，第288页。

大子絷、弘与女简、璧登台而履薪焉，使以免服衰绖逆……"的简述。相对于《左传》《国语》中的相关说法，司马迁略去了秦国君臣商谋与晋国臣子以得失巧说穆公两事，将"穆公归夷吾"的原因归于周天子、穆公夫人"为请晋君"。这样的归因凸显了秦穆公"尊王""重情""宽厚"的形象，使穆公这一形象更为有血有肉。

五、黄老思想与"由余降秦"故事的重述

戎王听闻秦穆公贤明，使臣子由余"观秦"。秦穆公与由余谈话，发觉由余非常贤能，便向内史廖请计。秦穆公听从并使用了内史廖的离间之计，后来得使由余降秦。《秦本纪》载：

> 戎王使由余于秦。由余，其先晋人也，亡入戎，能晋言。闻缪公贤，故使由余观秦。秦缪公示以宫室、积聚。由余曰："使鬼为之，则劳神矣。使人为之，亦苦民矣。"缪公怪之，问曰："中国以诗书礼乐法度为政，然尚时乱，今戎夷无此，何以为治，不亦难乎？"由余笑曰："此乃中国所以乱也。……上含淳德以遇其下，下怀忠信以事其上，一国之政犹一身之治，不知所以治，此真圣人之治也。"
>
> 于是缪公退而问内史廖曰："孤闻邻国有圣人，敌国之忧也。今由余贤，寡人之害，将奈之何？"内史廖曰："戎王处辟匿，未闻中国之声。君试遗其女乐，以夺其志；为由余请，以疏其间；留而莫遣，以失其期。戎王怪之，必疑由余。君臣有间，乃可虏也。且戎王好乐，必怠于政。"缪公曰："善。"因与由余曲席而坐，传器而食，问其地形与其兵势尽察，而后令内史廖以女乐二八遗戎王。戎王受而说之，终年不还。于是秦乃归由余。由余数谏不听，缪公又数使人间要由余，由余遂去降秦。缪公以客礼礼之，问伐戎之形。

"由余降秦"的故事见于《韩非子》《吕氏春秋》《韩诗外传》等文献。《秦本纪》所载"由余降秦"一事应主要取材于《韩非子》与《韩诗外传》，与之相比，主要呈现出以下几点差异。

在情节方面，主要有三处。第一，增添了"闻缪公贤，故使由余观秦。秦缪公示以宫室、积聚"的情节。《韩非子·十过》云："昔者戎王使由余聘于秦"，《韩诗外传》言："昔戎将由余使秦。"在叙述秦穆公与由余相见的原因时，只是交代戎王派遣由余去秦国，并未提出是因为戎王听闻穆公贤德。司马迁增添这一情节，凸显了秦穆公贤德之名远扬，甚至传到了西戎。而"秦缪公示以宫室、积聚"的情节，则引起了下文由余向穆公阐述关于治国理政的观念一事。第二，增添了"因与由余曲席而坐，传器而食"的情节。李笠《广史记订补》注云："'曲'，折也。古者席地而坐，令近己也。下句'传器而食'，则'推食食我'之意。"① 这

---

① 李笠：《广史记订补》，复旦大学出版社 2001 年版，第 31 页。

一举动表达了对由余的礼待与尊崇，凸显了穆公"重贤"。第三，增添了"缪公又数使人间要由余"的情节。"间要"即暗中邀请。这一增添更见穆公求贤苦心。除了有增补外，司马迁也删去了一处细节。《韩非子·十过》云："因为由余请期。戎王许诺。"《韩诗外传》云："为由余请期，戎王大悦，许之。"而《秦本纪》中则对为由余请期，戎王许诺一事避而不谈。并称戎王"受女乐"终年不还后，"于是秦乃归由余"。这一删削和细节的安排使秦穆公为留贤不择手段的苦心立现。

在人物言辞方面，穆公问政由余处与《韩非子》《韩诗外传》所载亦有不同。《韩非子·十过》《韩诗外传》中均载由余以恭俭、骄奢一段论明主得国之道，《秦本纪》则将这段对话内容分为两层。首先，秦穆公示以宫室、积聚，由余评价说劳神苦民。其次，秦穆公问戎夷没有"诗书礼乐法度"，何以治政，由余以"一国之政犹一身之治，不知所以治，此真圣人之治也"作答，充满了黄老色彩。程馀庆评由余之答云："此种议论，全是老、庄学问，大旨在简易以便民而无强之。"①由余的这段答言与《匈奴列传》所载文帝时期中行说反击汉使"匈奴俗贱老"时所言非常相似，"君臣简易，一国之政犹一身也……"这段辩答凸显了戎人与汉不同的"简易"治国理念。清人郭嵩焘、郭立山均认为司马迁对此处的材料处理与汉武帝时期的政策法令相关。郭嵩焘《史记札记》曰："史公当武帝时，法令烦苛，心有所郁结，而藉由余以发之。要之自汉以来，夷狄侵陵中国，其势常胜，中国常不足以自给，其原实由于此，莫能易其说也。"②郭立山说："史公愤时民穷财殚而帝饰以儒术，故有取焉。然后世中国之所以弱，夷狄之所以强，举由于此，莫能易其说也。"③司马迁在此处的重述与汉代现实政治密切相关，相对于之前材料中的俭奢之说上更深一层，也更具现实意义。

六、"穆公悔过"与崤之战故事的重述

秦穆公三十二年，晋文公卒。穆公不听取百里傒、蹇叔的建议，"使百里傒子孟明视，蹇叔子西乞术及白乙丙将兵"，乘机攻打晋国，却被晋国在崤山打败。晋国"虏秦三将以归"，晋襄公被文嬴说服后，"归秦三将"。《秦本纪》载：

> 三将至，缪公素服郊迎，向三人哭曰："孤以不用百里傒、蹇叔言以辱三子，三子何罪乎？子其悉心雪耻，毋怠。"遂复三人官秩如故，愈益厚之。
>
> 缪公于是复使孟明视等将兵伐晋，战于彭衙。秦不利，引兵归。
>
> 三十六年，缪公复益厚孟明等，使将兵伐晋，渡河焚船，大败晋人，取王官及鄗，以报殽之役。晋人皆城守不敢出。于是缪公乃自茅津渡河，封殽

① [清] 程馀庆：《历代名家评注史记集说》，三秦出版社 2011 年版，第 78 页。
② [清] 郭嵩焘：《史记札记》，商务印书馆 1957 年版，第 34—35 页。
③ [清] 郭立山：《广顾亭林言考前代史书中国不如外国义》，载江标编校《沅湘通艺录》卷二，中华书局 1985 年版，第 61 页。

中尸，为发丧，哭之三日。乃誓于军曰："嗟士卒！听无哗，余誓告汝。古之人谋黄髪番番，则无所过。"以申思不用蹇叔、百里傒之谋，故作此誓，令后世以记余过。君子闻之，皆为垂涕，曰："嗟乎！秦缪公之与人周也，卒得孟明之庆。"

三将归秦后，秦穆公并未怪罪他们，反而"素服郊迎"，哭述已过，"复三人官秩如故，愈益厚之。"彭衙之战，秦将"引兵归"，秦穆公仍然厚待诸将。至秦穆公三十六年，孟明等人"将兵伐晋"，终于"大败晋人"，"以报殽之役"。秦穆公宽厚明理，悔过自强是殽之战之仇终以得报的重要基础。吕祖谦《东莱先生左氏博议》评此云："秦穆惩崤之败，仍用孟明增修国政，竟刷大耻。夫子骤列其悔过之誓，于二帝三王之后者，抑有意焉，一悔可以破百非，一善可以涤百利。……自时厥后，晋有邲之败，齐有鞍之败，楚有鄢陵之败，其余败军者，未易概举。如秦之惩败而悔过者，则无闻焉。"① 通过与晋、齐、楚的对比，对秦穆公的悔过之心和改过之行进行了盛赞。"穆公悔过"的故事背景为秦晋崤之战，《左传》对这次战役的前因后果记载得非常详细，《秦本纪》中的这一文本也主要采自《左传》。

1. "蹇叔哭师"

"蹇叔哭师"记载了秦国攻打晋国前，蹇叔劝阻秦穆公，穆公不听一事。这一事件贯穿了崤之战前后，是"穆公悔过"叙事中的伏笔，起到了铺垫的作用。

《左传·僖公三十二年》载：

> 穆公访诸蹇叔，蹇叔曰："……"公辞焉。召孟明、西乞、白乙，使出师于东门之外。……蹇叔哭之，曰："……"公使谓之曰："……"蹇叔之子与师，哭而送之，曰："……"秦师遂东。

《史记·秦本纪》载：

> "缪公问蹇叔、百里傒，对曰："……"缪公曰："……"遂发兵，使百里傒子孟明视，蹇叔子西乞术及白乙丙将兵。行日，百里傒、蹇叔二人哭之。缪公闻，怒曰："……"二老曰："……"二老退，谓其子曰"……"

与《左传》相较而言，司马迁在蹇叔哭师的情节中增加了百里傒这一人物。而《左传》中记载秦晋崤之战前后均无百里傒参与。梁玉绳《史记志疑》云："史公叙袭郑之事依《公》《谷》，故与《左传》异，然《公》《谷》但云二老哭送其子而已，未尝谓三帅即其子也，乃《史》取而实之。"② 认为司马迁这一材料取自《公羊传》《谷梁传》。

《公羊传·僖公三十三年》载：

---

① [宋] 吕祖谦：《东莱先生左氏博议》卷二十一，中华书局 1985 年版，第 213—214 页。
② [清] 梁玉绳：《史记志疑》，中华书局 1981 年版，第 128 页。

秦伯将袭郑，百里子与蹇叔子谏曰："千里而袭人，未有不亡者也。"秦
伯怒曰："若尔之年者，宰上之木拱矣，尔曷知！"师出，百里子与蹇叔子送
其子而戒之曰："尔即死，必于殽之嵚岩，是文王之所辟风雨者也，吾将尸
尔焉。"子揖师而行。百里子与蹇叔子从其子而哭之。秦伯怒曰："尔曷为哭
吾师？"对曰："臣非敢哭君师，哭臣之子也。"

《谷梁传•僖公三十三年》载：

秦伯将袭郑，百里子与蹇叔子谏曰："千里而袭人，未有不亡者也。"秦
伯曰："子之冢木已拱矣，何知？"师行，百里子与蹇叔子送其子而戒之曰：
"女死必于殽之岩唫之下。我将尸女于是。"师行，百里子与蹇叔子随其子而
哭之。秦伯怒曰："何为哭吾师也？"二子曰："非敢哭师也，哭吾子也。我老
矣，彼不死则我死矣。"

从《公羊传》《谷梁传》中"哭师"相关文本可见司马迁撰写这一情节时，确
实对其有所采用。那么，为何司马迁在叙述这一文本时以《左传》为蓝本，却要
使用《公羊传》《谷梁传》中的材料，将百里傒插入这一事件呢？郭嵩焘《史记札
记》云："按《左传》不言孟明视为百里傒子，西乞为蹇叔子，以有'蹇叔之子与
师'之文，而于殽之役称'百里孟明视'，因从而为之词，此特史公附会以成文
耳。"① 《左传•僖公三十三年》载晋败秦师于殽时，以"百里"为孟明视之氏，
云："获百里孟明视、西乞术、白乙丙以归。"古人多认为孟明视与百里傒相关，
且《公羊传》《谷梁传》中载有"百里子与蹇叔子送其子"，因此，司马迁在这一
情节中增加百里傒，应是考虑到了这一情况而进行的扩充。

此外，在叙述中司马迁还删去了秦穆公怒骂蹇叔一事。《左传》载："蹇叔哭
之……公使谓之曰：'尔何知？中寿，尔墓之木拱矣。'"《公羊传》载："秦伯怒
曰：'若尔之年者，宰上之木拱矣，尔曷知！'"《谷梁传》载："秦伯曰：'子之冢
木已拱矣，何知！'"这一情节不见于《秦本纪》。《左传•文公二年》载："冬，晋
先且居、宋公子成、陈辕选、郑公子归生伐秦，取汪，及彭衙而还，以报彭衙之
役。卿不书，为穆公故，尊秦也，谓之崇德。"《左传》认为君子出于秦穆公的原
因而"尊秦"，所以不记载晋、宋、郑伐秦取彭衙之事。除去为使文本更为简洁这
一原因外，司马迁对这一情节的删削很大可能同"卿不书"的原因相同，是出于
对秦穆公的尊崇，怕有害穆公之德。

2. "穆公悔过"

"穆公素服郊迎三将而哭"与"穆公封殽中尸，哭之三日，誓于军中"是"穆
公悔过"事件的主体，在这一部分的叙述中，司马迁主要采用了《左传》中的
文本。

---

① ［清］郭嵩焘：《史记札记》，商务印书馆1957年版，第34页。

（1）穆公素服郊迎三将而哭。《左传·僖公三十三年》载：

> 秦伯素服郊次，乡师而哭曰："孤违蹇叔以辱二三子，孤之罪也。不替孟明，孤之过也。大夫何罪？且吾不以一眚掩大德。"

《左传·文公元年》载：

> 殽之役，晋人既归秦帅，秦大夫及左右皆言于秦伯曰："是败也，孟明之罪也，必杀之。"秦伯曰："是孤之罪也……孤实贪以祸夫子，夫子何罪？"复使为政。

《左传》载："秦伯素服郊次，乡师而哭曰……"，《秦本纪》中则载："三将至，缪公素服郊迎，向三人哭曰"，重点提明"三将"，并添加"愈益厚之"一语，凸显了穆公的"悔过""重贤"与"宽厚"。

（2）穆公封殽中尸，哭之三日，誓于军中。《左传·文公三年》载：

> 秦伯伐晋，济河焚舟，取王官，及郊。晋人不出，遂自茅津济，封殽尸而还。遂霸西戎，用孟明也。君子是以知"秦穆公之为君也，举人之周也，与人之壹也；孟明之臣也，其不解也，能惧思也；……《诗》曰：'于以采蘩，于沼于沚，于以用之公侯之事'，秦穆有焉。'夙夜匪解，以事一人'，孟明有焉。"

《左传》中仅载"秦伯伐晋""封殽尸而还"，《秦本纪》中则载："封殽中尸，为发丧，哭之三日"，并且增加了穆公誓于军中这一情节，言穆公曰："古之人谋黄发番番，则无所过"。秦穆公誓师一事见于《尚书》，《周书·秦誓》曰："秦穆公伐郑，晋襄公帅师败诸崤，还归，作《秦誓》。公曰：'嗟！我士，听无哗！予誓告汝群言之首。古人有言曰：'……惟古之谋人，则曰未就予忌；惟今之谋人，姑将以为亲。虽则云然，尚猷询兹黄发，则罔所愆。'"对比可见，司马迁关于秦穆公誓师这一文本应采用了《秦誓》中的材料。

然而，《秦誓》中称穆公在崤之战败归后誓于军中，而《秦本纪》中却称穆公封崤中尸后作誓，这是为何呢？梁玉绳《史记志疑》云："《秦誓》《书序》谓败崤还归而作，先儒多从之，而史公系于封崤尸之后，《前编》依以为说。《考古质疑》谓《史》误，《四书释地》又续曰：'王伯厚亦莫能折衷，但云二书各不同。以《左传》考之，《誓》当作于僖三十三年夏秦伯素服郊次乡师而哭之日，不作于文三年夏封殽尸将霸西戎之时，盖霸西戎则其志业遂矣，岂复作悔痛之词哉。'"① 因为文献缺失，我们无法考证司马迁这一说法是否有所本。然而，无论是否采用其他材料，司马迁对秦穆公在封崤中尸后作誓的载录表明了他对秦穆公以不采贤臣之言，铸成大错而痛悔之极。经年而誓的叙述明显较崤之战败后作誓更见秦穆公深切的悔过之心。而穆公对崤之战失败的痛悔，也正从侧面展现了他"重贤"

---

① ［清］梁玉绳：《史记志疑》，中华书局 1981 年版，第 131 页。

"爱人"的仁心。

七、秦穆公形象的建构及其意义

《秦本纪》中的六则故事从不同角度建构了秦穆公的贤君明主形象，相关文本的背后不仅包含了原始材料本身的客观价值导向，亦有深受儒家思想与汉代现实政治影响的史公主观认知，体现着"通古今之变，成一家之言"的撰写目的。

1. 秦穆公形象的多维建构

司马迁在《秦本纪》中刻画秦穆公这一人物时，有意地收取了各类文献材料中关于穆公的事迹，精心安排，细心属文，通过不同的故事、不同场合的表现展现出了秦穆公的多面形象。对秦穆公使用策略，以"羊皮换贤"，又"使人厚币迎蹇叔"的叙述，凸显了秦穆公惜才、爱才的"重贤"之心；用与晋国两两相较的方式，叙出"秦晋乞籴"的故事，秦穆公"厚德尚义"的仁爱之心则不言自明；在"穆公亡马"的叙述中，借穆公之口道出"君子不以畜产害人"，展现了穆公"宽厚"而"爱人"的一面；"穆公归夷吾"叙事中，将秦穆公放下与晋国的仇怨，放归晋君夷吾的原因归为受周天子与其夫人的影响，显得秦穆公"尊王""重情"且"宽厚"；为使"由余降秦"，秦穆公除用内史廖之计外，还对由余礼待有加，"与由余曲席而坐，传器而食。"可见其求贤若渴，重贤爱才；"穆公悔过"叙述中，穆公素服郊迎三将而哭，"遂复三人官秩如故，愈益厚之。"崤之战之仇得报后，封崤中尸而作誓，痛悔自己未纳贤臣之谏。由此可见秦穆公的"宽厚"与"悔过"。司马迁对"羊皮换贤""秦晋乞籴""穆公亡马""穆公归夷吾""由余降秦""穆公悔过"六个故事进行重述，从多方面鲜活生动地刻画了秦穆公这样一位难能可贵的贤君明主形象。然而，上述这些能够较为突出地刻画秦穆公形象的细节叙述，却不见于早于《史记》的存世文献中。虽然有可能存在司马迁所采文献已亡佚的情况，但即便如此，司马迁在诸多材料中的采录与删削也可以反映出他在秦穆公相关文本中的叙述目的、行文思想。这些以及更多经过改易的细节除了使文本上下衔接更为合理外，其作用还在于突出秦穆公的光辉形象。

2. 故事重述中的主客关系

司马迁以上述秦穆公的形象特征为中心来行文属事，与其撰写秦穆公相关文本时所采的原始材料紧密相关。事实上，这些原始材料本身便蕴含着对秦穆公形象认识的价值导向。除了其所载客观事件表露出来的倾向外，较为明显直接的导向主要表现在以下两个方面。

其一，对穆公行事的评价。《左传·文公二年》载："君子是以知'秦穆公之为君也，举人之周也，与人之壹也。……《诗》曰：于以采蘩，于沼于沚，于以用之公侯之事，秦穆有焉。'"赞美穆公任人以贤。《左传·文公四年》载："楚人灭江，秦伯为之降服、出次、不举、过数。大夫谏，公曰：'同盟灭，虽不能救，敢不矜乎！吾自惧也。'君子曰：'《诗》云：惟彼二国，其政不获，惟此四国，爰究爰度。其秦穆之谓矣。'"赞美秦穆公有德行，有仁心。《公羊传》曰："秦无大夫，此何以书？贤缪公也。"《荀子·大略篇》曰："《春秋》贤穆公。"均认为史家以穆公为贤。《吕氏春秋·慎人》载："缪公遂用之（百里奚）。谋无不当，举必有功，非加贤也。使百里奚虽贤，无得缪公，必无此名矣。今焉知世之无百里奚哉？故人主之欲求士者，不可不务博也。"将百里傒之贤得以施展归至穆公知贤、重贤，任人唯贤上。在这些文献材料中，有关于秦穆公的评价侧重于重贤，兼及爱人，洋溢着对穆公行事的褒美之情。其二，对穆公事迹的归类。《吕氏春秋》中"穆公亡马"的故事收录在《爱士》篇，文中评价此事说："此《诗》之所谓曰'君君子则正，以行其德；君贱人则宽，以尽其力'者也。人主其胡可以无务行德爱人乎？行德爱人则民亲其上，民亲其上则皆乐为其君死矣。"将故事主题归到穆公"行德爱人"而转败为胜上。这一归类和评价明显影响到了司马迁对这一故事的采用。

　　司马迁依据原始材料对秦穆公相关故事进行重述时，无论是主动寻求还是被动接受，他的叙事思想与历史观念显然受到了来自原始材料的价值导向影响。这一影响也使得司马迁在行文属事中有了明确的叙事目的，进而左右了其撰写时对材料的选取、改易和安排，使原本的客观材料被再次叙出时增添了一层明显的主观色彩。

3. 历史编排的结构与目的

　　在《秦本纪》中，司马迁将近三分之一的篇幅用在了叙述秦穆公的事迹上。牛运震《史记评注》云："叙缪公一代事迹，变《左》《国》古奥处为质近之调，设词则透快人情，写事则神致奕奕生动，不可谓非太史公用意之文也。"① 而司马迁之所以要这样浓墨重彩地"用意"描绘秦穆公，是因为在司马迁看来秦穆公是秦国历史上非常重要的人物，在秦国的命运中起着具有转折性的关键作用。《太史公自序》云："维秦之先，伯翳佐禹；穆公思义，悼豪之旅；以人为殉，诗歌黄鸟；昭襄业帝。作秦本纪第五。"有关秦史司马迁仅列举了三人，其中，伯翳是秦之先祖，辅佐大禹有功，后来"舜赐姓嬴氏"。秦昭襄王在位期间则攻陷东周王都洛邑，俘虏周赧王，结束了周朝的统治。在秦国诸多君王中，除了具有开创性功绩的伯翳和实际上代周称帝的秦昭襄王外，短短的二十八字提要中，秦穆公独占十六字，足见司马迁对其的重视。在《史记》其他篇目中，司马迁言语间也透露出为何对秦穆公如此青睐的原因。《秦本纪》载秦孝公语云："昔我缪公自岐雍之间，修德行武，东平晋乱，以河为界，西霸戎翟，广地千里，天子致伯，诸侯毕贺，为后世开业，甚光美。"《秦始皇本纪》云："自缪公以来，稍蚕食诸侯，竟

---

　　① ［清］牛运震撰，崔凡芝校释：《空山堂史记评注校释》，中华书局 2012 年版，第 36 页。

成始皇。"均提明了秦穆公功业对秦国的重大影响。

然而，司马迁在记述秦穆公时期史事的过程中，叙述目的并不在穆公逐步建立的功业上，而是选取相关史料刻画了秦穆公的多面形象。那么，司马迁为何将秦穆公的功业数语带过，却重点刻画其形象呢？司马迁在《报任安书》中言及作《史记》的方法与宗旨时称："网罗天下放失旧闻，略考其行事，综其终始，稽其成败兴坏之纪……亦欲以究天人之际，通古今之变，成一家之言。"司马迁在《秦本纪》中撰述秦穆公相关文本时也必然以此为纲，想要借对秦穆公建树宏大功业原因的探寻，总结出可资借鉴的治政经验。而通过对"天下放失旧闻"的考辨，司马迁认为秦穆公功业的建立与其修德行惠是相辅相成的。因而，在叙述中，司马迁便将秦穆公的道德品行与其所建立的功业相联系，传达出了修德行惠有助于建功立业的历史观念。如崤之战败后，"益厚孟明等"，终于"大败晋人，取王官及鄗，以报崤之役"。再如礼待由余，使其降秦后，"用由余谋伐戎王，益国十二，开地千里，遂霸西戎。"这一系列的顺势衔接呈现出秦穆公有德行，行仁义，故而得以"为后世开业"。《孔子世家》中也记载了孔子对秦穆公德行与功业因果关系的论述，"齐景公与晏婴来适鲁，景公问孔子曰：'昔秦穆公国小处辟，其霸何也？'对曰：'秦，国虽小，其志大；处虽辟，行中正。身举五羖，爵之大夫，起累绁之中，与语三日，授之以政。以此取之，虽王可也，其霸小矣。'"司马迁的载录也从侧面展现了对孔子观点的认可和儒家思想对司马迁历史观念的深刻影响。司马迁对秦穆公光辉形象的精心刻画、多面展现，实际上正是为了借此传达出他的"一家之言"，即君王德行对个人功业以及国家未来的命运有着举足轻重的影响。

拨开迷雾看李广，透过飞将思马迁^①

——司马迁与李广形象的生成

　　*本文作者王福栋、彭宏业。王福栋，河北工程大学副教授；彭宏业，河北工程大学教师。

　　我国传统史官在撰写历史方面一直都秉承着"实录"的精神，并引以为荣，但正如历史学家贝奈戴托·克罗齐（Benedetto Croce）著名的观点"一切历史都是当代史"所说的那样，历史只要被人撰写下来，就必定反映着撰写者的意志，我们能读到的历史，从来都不是客观的记录。从这个角度来说，任何历史记录其实都是创作，其最关键的则是历史记录者所秉持的创作观念。创作必定会借他的作品反映创自己的意志、情感，使作品具有不同程度的主观意味。《史记》也是这样的，尽管班固曾高度评价司马迁的"实录"精神，但从总体而言，《史记》仍然是创作，《史记》中的《李将军列传》同样也是这样。所以探讨李广形象生成的原因，既有创作论意义，同时对于认识司马迁的心理也有重要意义。

一、司马迁将李广塑造为名将的方法及李广原型

　　笔者曾撰文《〈史记·李将军列传〉与〈汉书·李广传〉的比较研究》^②，结论是班固创作风格是严谨而客观，司马迁则满怀激情并善于在人物传记中寄予自己的爱恶，记事、写人力求生动。也就是说，李广笔下的李广早已不是历史上的李广，而是司马迁塑造出来的一个李广，那么他是如何塑造的呢？具体说来大约有这样几种方法。

1. 移花接木
　　李广擅射是司马迁着意塑造的李广的特点之一，其与匈奴射雕手一决高下、人长而猿臂、与人居则画军阵射阔狭以娱、以大黄射匈奴裨将等都表现了李广之擅射。可能司马迁觉得还缺一个典型的射箭事件，于是乎如拙文《李广射石故事的形成与演化》^③ 所分析的那样，司马迁将熊渠子射箭入石的故事放到了李广身

---

①　2019 年度河北省社科基金一般项目"《史记》人物与唐诗意象研究"（HB19ZW014）。
②　《渭南师范学院学报》2016 年第 9 期。
③　《渭南师范学院学报》2015 年第 15 期。

上，李广擅射之特点因此而深入人心。以至于后人只知道李广曾经射箭入石，不知道也不理会熊渠子才是真正的射箭入石之人。司马迁此处的移花接木应该说是十分成功的，擅射，因此成了李广形象重要的特点之一。

2. 借人写人

《李将军列传》中除李广之外，还有很多人物，这些人物与李广多少有些联系，但并不密切，他们出现在李广传记中，多是出于司马迁塑造人物之需要。比如李蔡、程不识等人，尤其李蔡，其因军功而封侯，并位至丞相，终因侵孝景园墙地而获罪自杀。正如鄙文《〈史记·李将军列传〉当中的人物对比研究》①所言，《李将军列传》中李蔡的出现是为了与李广形成对比，通过李蔡人品之低、立功封侯、拜相来突出李广品格之高尚与未能封侯之境遇。就整个西汉历史来说，程不识实在是个微不足道的人物，其在《史记》中出现过两次：一次是《李将军列传》，一次是《魏其武安侯列传》著名的"灌夫骂座"中武安侯田蚡和灌夫的对话。田蚡对灌夫说："程李俱东西宫卫尉，今众辱程将军，仲孺独不为李将军地乎？"灌夫则说："今日斩头陷匈，何知程李乎！"李广在《汉书》中出现过三次，除与《史记》相应的《李广苏建传》和《窦田灌韩传》外，还在《武帝纪》中还出现过一次："卫尉李广为骁骑将军屯云中，中尉程不识为车骑将军屯雁门，六月罢。"这是司马迁有意识地将两人放在一起说。程不识曾经说过一句话："李广军极简易，然虏卒犯之，无以禁也；而其士卒亦佚乐，咸乐为之死。我军虽烦扰，然虏亦不得犯我。"所以司马迁就顺势用程不识的这句话将两人联系了起来，目的则是通过对比来衬托李广独特的带兵方法。可见程不识在《史记》中存在的价值仅是为了突出李广。

卫青与公孙敖，是李广传记中的次要人物，却对李广形象的塑造有重要作用。尤其公孙敖与李广并无关联，那么他的作用是什么呢？司马迁在提到公孙敖的时候是这样说的："元狩四年……大将军青亦阴受上诫，以为李广老，数奇，毋令当单于，恐不得所欲。而是时公孙敖新失侯，为中将军从大将军，大将军亦欲使敖与俱当单于，故徙前将军广。"从这段材料来看，卫青之所以不同意李广担任前锋，汉武帝在出征之前对卫青的嘱咐应该是主要原因。刚刚丢掉了侯爵之位的公孙敖颇受卫青的喜爱，司马迁说："公孙敖新失侯，为中将军从大将军，大将军亦欲使敖与俱当单于，故徙前将军广。"想必这里也有司马迁的猜测在里面。既然不让李广担当先锋是汉武帝的意思，则司马迁这段话即便不说也不会有任何影响，但他还是说出了这段话，其意图很明显——司马迁想强调李广此战中未被重用，还因为卫青有私心——他想把好机会留给自己的亲信公孙敖。卫青和公孙敖都在执行各自上级的命令，司马迁此语一出，就将读者的关注引向卫青之私心。李广一生未能封侯，司马迁并没有从李广本身找原因，却给李广"找"了

① 《凯里学院学报》2015年第4期。

一个重要的外在原因——社会黑暗，这进一步增加了"李广难封"的悲剧性，是司马迁给读者的一种有意的暗示。

3. 反复强调

能力超群与品格高尚是《李将军列传》中的李广留给后世读者重要的两个印象特点，其实从创作角度来看，这是司马迁有意而为之的结果，他通过反复的强调，一再加强李广的这两个特点。李广擅骑射，尤其擅长射箭，司马迁从头到尾都在描写李广的这个特点。李广传记开头说李广"用善骑射，杀首虏多，为汉中郎"。接着引用汉文帝的评价并交代了李广在平定吴楚七国之乱中的"取旗"，后面典属国公孙昆邪说"李广才气"，之后李广在"中贵人事件"射死匈奴射雕手，被俘虏后靠着高超的骑射技能返回汉营，射箭入石，李广天生猿臂、喝酒亦好以射为乐及李广被匈奴左贤王四万骑兵围困而以大黄射杀匈奴裨将等数人，这么多的材料都在叙说李广高超的射艺，在司马迁的努力下，李广的射艺成了他最重要的特点之一。李广高尚的品质同样是司马迁反复强调的内容之一，《李将军列传》开头说李广爱国——"孝文帝十四年，匈奴大入萧关，广以良家子从军击胡"；接着说李广廉洁自律、爱兵如子；接着以李蔡衬托李广品格之高——"蔡为人在下中，名声出广下甚远"，李广自刎前还非常勇于担当自认——"诸校尉无罪，乃我自失道。"以上我们发现司马迁一直在反复地描写李广高超的射艺和高尚的品格，他成功了，后世读者确实是这样看待李广的。

4. 类比引导

同韩信、李斯、孔子等悲剧人物相类比。《史记》中的著名传主基本都是杰出人物，是对当时社会有重要影响的人物，而其中又以悲剧人物居多。包括李广在内的韩信、李斯、项羽等人是司马迁描写得最成功的几个人物，所以很容易让读者觉得李广同韩信、项羽等人一样是一位杰出的历史人物。司马迁刻意的类比引导不能不说又成功了，很多读者都以为李广是一位能力高强、性格善良的杰出人物。其实以李广之能力和影响，远远不能和韩信、白起等人比肩。

分析至此，我们已经明确了司马迁为塑造他心目中的李广形象所采取的方法，那么我们接下来只要把这些描写方法都去掉，就可以大致总结出历史上的真实的李广的特点：（1）李广出身军人世家，射艺虽高，并无射箭入石之事；（2）李广爱国爱兵，责任心强，廉洁自律；（3）李广的个人作战能力很强，但并不是一个优秀的统帅，没有立过像样的军功，这是李广难封的直接原因；（4）李广心胸狭窄、缺乏政治头脑，这是李广难封的一个重要原因；（5）李广难封，与卫青、公孙敖无关，与社会黑暗无关。即李广个人作战能力很强但头脑简单，品格高尚却并无军功，李广难封的深层原因是李广个人能力不足，与卫青等人并无关系，更涉及不到社会黑暗。他之所以是名将，应该归功于司马迁，是司马迁将他塑造成了一个名将。客观而言，李广与韩信、项羽等人相比，实在渺小得很，汉文帝以及公孙昆邪等人对李广的评价也是夸大其词。如果没有司马迁的塑造，仅凭李广的军功与声名，恐怕难以在史书中留下如此辉煌的传记。

二、司马迁将李广塑造为名将的深层原因

当我们明白了李广不过就是个平凡的将领之后，我们不禁要问，司马迁为什么要将这样一个战绩平平的李广塑造成一个怀才不遇的名将呢？笔者以为其深层原因有如下几点。

1. 深沉的悲剧心理

作家的创作是其思想的表达，所以作家的心理特征，尤其是总的心理趋向就决定着作家的创作基调。学术界关于司马迁悲剧心理的基本认识早就形成了共识，论者也不少，然而论述最精者当属武汉大学的李建中教授。李建中教授在 20 世纪 90 年代末发表过一篇名为《自卑情结与悲剧意识——司马迁悲剧心理探幽》①的论文，其认为司马迁悲剧心理本质是自卑。李教授认为司马迁的自卑又不仅仅源于司马迁身遭宫刑，还进一步从其父司马谈的自卑谈起。其认为，司马谈、司马迁父子俩相见于河洛之间，司马谈因不能参加汉武帝封泰山的典礼而执司马迁手泣曰"后世中衰，绝于予乎？"（《史记·太史公自序》）②是一种自卑。笔者以为，这并不能算是自卑，而是一种深沉的担忧和未能实现家族崛起理想的遗憾。李教授又言："老太史公于弥留之际，叮嘱司马迁要'扬名于后世，以显父母'之时（《汉书·司马迁传》），无意中将他的自卑感传给了儿子。"笔者觉得李教授此言略显牵强，这种应该是一种理想未能实现的遗憾和对儿子寄予的厚望交织在一起的复杂感受，其中可能有自卑的成分，但完全以"自卑"论之，恐难涵盖。之后李教授分析了司马迁继任太史令之后的心理状态，虽然不足百字，却很透彻："作为一位官吏，他简直是从上到下，从内到外，都渗透着自卑。"当然，司马迁最大的自卑还是来自李陵之祸引发的宫刑。李教授的贡献在于他并没有孤立地看待司马迁的自卑而是从他的家庭分析，从司马迁的仕宦心理分析，并认为是腐刑将其自卑感推向了极限，这是很了不起的。李教授进一步指出，司马迁的极度自卑正是其悲剧心理的主要内容，或者说（司马迁的）自卑情结演变成了他的悲剧意识——"这一点，对于司马迁的悲剧创作有着重要的心理学意义。"于是悲剧意识便成了司马迁写作《史记》的心理基调，而且他认为他的悲剧心理对他的创作来说是一种巨大的推动力，他在历史上找到了很多这样的例子。例如他在《太史公自序》中说："昔西伯拘羑里，演《周易》；孔子厄陈、蔡，作《春秋》；屈原放逐，著《离骚》；左丘失明，厥有《国语》；孙子膑脚，而论兵法；不

---

① 载《唐都学刊》1994 年第 4 期。
② 本文所引《太史公自序》的材料均出自中华书局 2009 年版《史记》，后文不再重复注明出处。

韦迁蜀，世传《吕览》；韩非囚秦，《说难》《孤愤》；《诗》三百篇，大抵贤圣发愤之所为作也。此人皆意有所郁结，不得通其道也，故述往事，思来者。"悲剧心理，给了司马迁巨大的创作推动力，这就是李建中教授所谓"超越"。作为一个伟大的历史学家，司马迁不但悲己，他更习惯于关注历史上那些同样具有悲剧命运的历史人物，形成了他笔下的悲剧人物群像。我们知道，《史记》作为以人物为中心的"纪传体"通史，人物传记有 112 篇，其中涉及悲剧人物的篇目就有 70 篇之多。司马迁自身已是悲剧，而又喜好记录、塑造悲剧历史人物的情况，在细数包括自己在内的诸多悲剧人物之时，获得对自我的认同和肯定，并获得抒发的愉快和满足感。正如《悲剧心理学》所言"沉湎于忧郁本身又是一种心理活动。它使郁积的能量得以畅然一泄，所以反过来又产生一种快乐。""当生命力成功地找到正当的发泄途径时，便产生快感。所以，任何一种情绪，甚至痛苦的情绪，只要能得到自由的表现，就都能够最终成为快乐。"① 李广是一个典型的悲剧人物，其一生征战只为封侯却并未实现，其品行高尚却并无寸功足以晋升侯爵，其身为老将最后却不得不面对刀笔之吏的盘问。这些充满矛盾的悲剧特点自然吸引司马迁。

2. 强烈的"好奇"之心

　　司马迁撰《史记》而"好奇"是历代评论者的共识。扬雄最早以批评的口吻指出了司马迁在叙事上"尚奇"的特点，他说："仲尼多爱，爱义也；子长多爱，爱奇也。"刘勰在《文心雕龙·史传》中也评价司马迁"爱奇反经之尤"，司马贞在《史记索隐后序》中说："夫太史公纪事，上始轩辕，下讫天汉，虽博采古文及传记诸事，其间残阙盖多，或旁搜异闻以成其说，然其人好奇而辞省，故事覆而文微，是以后之学者，多所未究。"这里讲的"旁搜异闻"即指"好奇"。前引鲁迅先生《汉文学史纲要》中的"畸人"，就是"奇人"，就是具有特异言行的历史人物。奇，异也，段玉裁《说文解字注》说"不群之谓"。而李广又确实是个"奇人"：李广年轻时就被汉文帝评价为有万户侯之才，而且曾在平定吴楚七国之乱时有夺旗之功；他天生猿臂，射艺高超，曾亲射匈奴射雕手，镇守右北平时被匈奴称为"汉之飞将军"；它曾被匈奴俘虏，而后又凭借骑射之能而独自逃回；因为霸陵尉不让他夜间入城，他竟将霸陵尉无辜杀死；李广的运气不好，他的部下有的都封侯了，而李广却一直未能封侯，最后一次进攻匈奴时竟然因为没有向导而迷路，导致打仗失败。同处西汉之初，李广的这些传奇经历司马迁肯定会有所耳闻，那"好奇"的司马迁怎么可能不动心呢？但问题是《史记》可以写的上下三千年之中的人物何止千万，即使司马迁依《左传》《国语》《战国策》《楚汉春秋》所写的人物也有几千百人之多。这些被司马迁精选出来的并为之树碑立传人物，除少数有较高社会地位的帝王将相外，多数是各个历史时期功业卓著，品德

---

① 朱光潜：《悲剧心理学》，江苏文艺出版社 2009 年版，第 144 页。

高尚的佼佼者。司马迁所选的西汉人物如韩信、彭越、张良等人都对西汉历史、社会有重要影响。但这些人身上的"奇"却并不多，引不起司马迁的兴趣。反观李广，着实一个"奇人"，却又没有什么丰功伟绩，这就是悲剧了。这样一个既"奇"又"悲"的历史人物，很可能会吸引司马迁的注意并激起他强烈的创作欲望。

三、重"名"的人生价值观

决定司马迁最终要为李广立传的核心原因，是司马迁的价值观。史书的写作是一项难度很大的工作，各种取舍尤其能体现作者的能力和思想倾向。我们知道，《史记》是我国第一部纪传体通史，其记载时限上至上古传说中的黄帝时代，下至汉武帝太初四年，共3000多年。那么在这3000年中要选择哪些人物并为之写作传记就是个很难抉择的问题，毕竟《史书》的容量有限，而历史上的杰出人物又太多。所以，司马迁最终选择的结果一定蕴含着他的思想倾向及创作观念，而起决定作用的当是他的人生价值观。

《史记》的承载量是有限的，而历史人物则多到无法计算。《史记》共有130篇，这其中的"书""表"涉及不到传主，而"世家"和"本纪"的传主又没有太大争议。"列传"是问题的关键。70篇"列传"当中除了最后1篇《太史公自序》、6篇周边国家传记、1篇复仇人物传记（《伍子胥列传》）和2篇反叛人物传记（《淮南衡山列传》《吴王濞列传》）外，实际上只剩下60篇人物传记。这60篇传中的半数（27篇）是独传，其他33篇中有24篇是两个历史人物的合传（其中《樊郦滕灌列传》是4个人的传记），合计51篇，余下的是9篇集体人物传记，一共有160位传主。那么问题紧接着就来了，要从3000年的历史当中遴选出160位杰出人物，谁会被司马迁选中呢？这就涉及司马迁独特的价值观和创作观了。

1. 司马迁的"功名"观念

班固在《汉书·司马迁传》最后的赞中评价司马迁道"是非颇缪于圣人"，意即他的某些观念与固有的某些观念有很大不同，应当说这是非常准确的。那么司马迁的核心观念是什么呢？司马迁在《悲士不遇赋》说："没世无闻，古人唯耻；朝闻夕死，孰云其否？"他在《报任安书》中说："鄙陋没世，而文采不表于后也"，"成一家之言"。他在《太史公自序》也说要："扬名于后世，以显父母，此孝之大者。"要"成一家之言"。如此看来，司马迁最在乎的应该是"名"，即司马迁希望自己能够凭借《史记》而"青史留名"。那么该如何理解这个"名"呢？这就触及司马迁的人生价值观了。

司马迁确实非常注重"名"，是他人生价值最直观的表现方式，那么如何实现"名"呢？无疑是"功"。所谓"功成名就"就是指此——"功"与"名"是一体的——"功"是人的实际作为，而"名"是接下来出现的结果与影响。关于此，司马迁在很多地方也都提过。《太史公自序》是研究司马迁创作思想的重要材料。司马迁在此文中记述了其父给他的临终遗言，其中明确谈到了"功名"的问题："余先周室之太史也。自上世尝显功名于虞夏，典天官事。后世中衰，绝于予乎？汝复为太史，则续吾祖矣。"司马谈对于他的家族荣誉是非常引以为荣的，而且他对于家族事业"中衰"的情况很是担心，因此他要求司马迁子承父业，续写家族荣誉。司马谈还进一步强调了"功名"与"孝"的关系："且夫孝始于事亲，中于事君，终于立身。扬名于后世，以显父母，此孝之大者。"司马谈此论源于儒家思想，《孝经·开宗明义》曰："身体发肤，受之父母，不敢毁伤，孝之始也。立身行道，扬名于后世，以显父母，孝之终也。夫孝始于事亲，中于事君，终于立身。"正如以上所述，无"功"何以立"名"？"立身扬名"实质就是"功成名就"。儒家理论以伦理为基础，"孝"是其核心观点。儒家关于"孝"的观点十分的通透，所谓"孝"并非只是"能养"（父母）、"敬"（父母）、"父母唯其疾之忧""三年无改于父之道"，这些做法都直接与父母相关。最重要的是，儒家还强调，"孝"的最高境界是"显父母"，即让父母也跟着自己荣光起来，那么如何实现呢？儒家说的很清楚——"立身"，即我们现在所谓的人生价值的自我实现，也就是说要对国家社会有所贡献，而不仅仅是对父母的照顾、赡养，强调的是自身的发展。自己先要有"功"，然后才有"名"，然后才会"显父母"。

2. "功"的层次性

　　司马迁重"名"，但"功"才是其实质。他以"功名"作为自己人生价值的目标——"名"是"功"的结果，必须有"功"，然后才能有"名"。如果没有"功"，则所获之"名"，要么是"恶名"，要么是"虚名"，相信司马迁是绝不会对这样的"名"感兴趣的。同时他还将此作为衡量历史人物价值的标准，"功"字反复地出现在《太史公自序》当中，尤其需要在谈到七十篇列传的创作主旨时说："扶义俶傥，不令己失时，立功名于天下，作七十列传。"青史汤汤，人海茫茫，如何在历史的长河中将那些杰出人物选出来是一个难题，标准最重要。在这里，司马迁唯以"功名"为标准，足见司马迁对"功名"的重视。

　　接下来要考虑的就是"功"的实现途径问题。"名"是"功"的结果，那么"功"从何而来呢？也就是如何实现人生价值呢？我国古代关于人生价值及其实现途径有过很多探讨，其中最经典的论述当属"三不朽"，即"大上有立德，其次有立功，其次有立言，虽久不废，此之谓不朽"。（《左传·襄公二十四年》）司马迁对此是十分认可的，例如他曾在给挚峻的信中说："迁闻君子所贵乎道者三：太上立德，其次立言，其次立功。"（《与挚峻书》）如上分析，在《史记》的70篇列传当中，核心是那51篇人物传记。对这51篇列传按照人物的作为进行分类我们就会发现，这51篇列传的传主大致可以分为三类：一类是少数的思想家、哲学家传记，以及一些著名的道德体现者传记，一共12篇；一类是历史上的功勋人物，合计35篇；余下的一类6篇则为在历史上留下著述的人物，即以立言而闻名

的人物传记。由上可以看出，司马迁也确实是按照"三不朽"原则来区分历史人物的。那么"功名"之"功"与"三不朽"中"立功"之"功"的关系就很明确了：

"功名"即司马迁的的人生价值观。"功"是人生价值的内容，"名"是人生价值的体现。"三不朽"之中"立功"的"功"当是具体的人物之"功"，即军事功绩、政治功绩等。所以"功名"之"功"与三不朽"立功"之"功"是整体与部分的关系。

如此，我们就得到了这样一个结论："功名"是司马迁人生价值观的核心，它源于司马谈的教诲，是"孝"的至高表现。司马迁重"名"与重"功"是一体的，都是他人生价值观的体现。他所崇尚的是建功立业，是人生价值的实现，而这在 70"列传"中得到了最充分的体现。在他看来，能够抓住历史机遇并建功立业的"义"士才有资格进入"列传"行列。

3. 有关李广之"名"的探讨

下面我们再回到司马迁缘何为李广立传的问题。笔者以为，司马迁之所以把李广写进《史记》，在人生价值观层面，司马迁对李广无疑是非常认可的。这集中体现在"名"的问题上：一是司马迁认为李广的"名"足以进入"列传"行列；二是司马迁在"名"的问题上与李广在某种程度上是一致的，得到了司马迁的认可。

（1）"名将"与"良将"之辨。司马迁对李广的"名"是非常认可的，因此才将他选入"列传"行列。那么李广的"名"来自何"功"呢？李广在"立德""立功""立言"之中占哪条呢？我们不妨用排除法来解决这个问题。李广作为一个武将，并无诗文传世，他说过的话也并没有几句流传下来足以惊醒后人，看来不是"立言"；作为军事将领，"军功"似是评价李广最合适的标准。然而当我们真的讨论李广的军功时却发现李广并无像样的军功，司马迁也并未提到过李广的军功，正如李广对自己的评价："自汉击匈奴而广未尝不在其中，而诸部校尉以下，才能不及中人，然以击胡军功取侯者数十人，而广不为后人，然无尺寸之功以得封邑。"广西民族大学的杨宁宁教授有一篇论文《从汉匈战争中认识真实的李广》[①]通过对比李广与霍去病、卫青等人的军功发现，李广并无像样的军功，那么他又如何凭军功来实现封侯理想呢？杨宁宁教授此文发表之前是在 2005 年《史记》国际学术会上宣读的，这个题目前还有一句话"徒有虚名的李广"。笔者认为这个评价虽有伤司马迁的情感，却道出了实情：李广虽然勇猛，但他确是一个徒有其名的名将，并非战功可言。这就涉及"名将"和"良将"的问题，以及李广到底应该归属哪一类的问题。

"名将"，顾名思义就是指有"声名"的将领，而这个声名到底是什么却并不

---

① 载《中央民族大学学报》2005 年第 5 期。

明确，即这个将领到底因什么而闻名却并无一定之规，可能与战功有关，也可能与战功无关而与战功之外的某些因素有关。李广就是这样一个"名将"。李广的"名将"之称由来已久，据《李将军列传》记载："孝景崩，武帝立，左右以为广名将也。"这则材料告诉我们，在朝廷之中李广是被视为"名将"的，紧接着司马迁又写道："是时汉边郡李广、程不识皆为名将"，看来李广在边境地区也确实有"名"——李广在朝廷内外都很有声名，这可能与他能征善战有关，却不一定与军功有关。汉以后的很多类书也都将李广归为"名将"，少数类书也有将李广归为"良将"的，比如《太平御览·兵部六·良将上》等。那么"良将"与"名将"到底有什么不一样呢？关于此，南宋潘自牧的意见比较明确。他在《记纂渊海·兵戎部·良将》中说："子良将，刚则法天可望而不可干，柔则法渊可观而不可入。去如收电可见而不可追，留如丘山可瞻而不可动。"潘自牧对"良将"的形容略显抽象，但后面所举的例子就非常具体了，他后面接着说："吴起所在，寇不敢敌，得之国强，失之国亡，是为良将。"然后又列举了李牧和赵充国："李牧者，赵之北边良将也。"李牧是战国末年赵国最杰出的将领。深得士兵和人民的爱戴，有着崇高的威望。他屡次重创敌军而未尝败，显示了高超的军事指挥艺术。尤其是赵破匈奴之战和肥之战，前者是中国战争史中以步兵大兵团全歼骑兵大兵团的典型战例，后者则是围歼战的范例。赵充国就更了不起，他善于治军，爱护士兵。行必有备，止必坚营，战必先谋，稳扎稳打。不但军功卓著，而且深谋远虑，他的留兵屯田之策不仅在当时具有战略意义，而且对后世亦有深远影响，为"麒麟阁十一功臣"之一。潘自牧所举的这三个"良将"人物足以说明"良将"特征，那就是不但能征善战、军功卓著，而且对国家具有举足轻重的作用。紧接着，潘自牧还提到了"名将"李广："汉边郡李广程不识皆为名将。"即李广虽能征善战却并无军功，其"名"并非来自军功和对国家的巨大贡献与影响。笔者以为，潘自牧对"名将"的理解是非常实际而又准确的。李广作为一个将军，虽然有"名"却并非因为军功，对国家也并无实际影响。

（2）李广之"名"与"立德"。那么接下来我们就需要考虑李广之"名"到底来自哪里——既然无"功"，亦无"言"，那么就剩"德"可以考虑了。从《李将军列传》来看，李广身上有很多特征标签，例如他的擅射、勇猛、廉洁、正直、爱兵如子、悲剧命运等。这些标签里面"擅射""勇猛"于武将特点来说比较常见，而"悲剧命运"是一种总的概括，于《史记》人物特点来说也有很多。唯"正直""廉洁"和"爱兵如子"属于"德"，是他不同于其他武将的地方。我们知道《史记》最后的"太史公曰"是对历史人物总的评价，那么李广作为一个武将，司马迁对他的评价是怎样的呢？

　　《传》曰"其身正，不令而行；其身不正，虽令不从"。其李将军之谓也？余睹李将军悛悛如鄙人，口不能道辞。及死之日，天下知与不知，皆为尽

哀。彼其忠实心诚信于士大夫也！谚曰"桃李不言，下自成蹊"。此言虽小，可以谕大也。（《史记·李将军列传》）

从这段话里面，我们可以提取到李广的哪些特点呢？司马迁用《论语》里面的"其身正，不令而行；其身不正，虽令不从"评价李广，可见"身正"无疑是李广的核心特点。"忠实""心诚"可以视为对"身正"进一步的解释。而"桃李不言，下自成蹊"则明显是就李广身后的声名而言。很明显这些都属于"德"，那么关于李广，司马迁是否有更精练的评价呢？有，司马迁在《太史公自序》里面总结撰写李广传记的缘由就更凝练了：

勇于当敌，仁爱士卒，号令不烦，师徒乡之。作李将军列传第四十九。

"勇于当敌"是谓"勇"，"仁爱士卒"是谓"仁"，"号令不烦"是谓"简"，"师徒乡之"是人格特点的回响，类似于前述之"桃李不言，下自成蹊"。这里面"勇""仁"都是"德"。《礼记·中庸》说："知、仁、勇三者，天下之达德也。"天下三"达德"而李广有其二，足见司马迁对李广评价之高。也正因此，司马迁认为李广之"功"足以被选入"列传"诸君子行列之中。

李广之"德"当然不能比肩孔孟等人，那司马迁何以给李广作传并将他与孔孟等人同置《史记》之中呢？关于这点，古人其实早已说明。《论语·子张》中子夏曾说："大德不逾闲，小德出入可也。""德"有大小之分，但这个"德"是指"德"本身呢？还是指有"德"之人呢？关于这个问题的理解历来有分歧。北宋邢昺的意见比较有代表性，他在《论语注疏》中是这样解释这句话的："大德之人，谓上贤也。所行皆不越法则也；小有德者，谓次贤之人，不能不踰法，有时踰法而出，旋能入守其法，不责其备，故曰可也。"邢昺认为有"德"之人分为两类，一是"大德之人"，一是"小德之人"。我们还可以换个角度来看"大德之人"与"小德之人"，孔孟等人当然是"大德之人"，因为他们是"德"的提出者、设计者。而其他人则只能是"德"的体现者、实践者，而其中的特出之人，我们姑且称为"小德之人"。《史记》之中这样的人还有很多，比如以"义"闻名之伯夷叔齐、刺客游侠，以"节""廉"闻名之张叔众人、平津侯等。如此说来，李广就是这样一个"小德"之人，司马迁认为李广是武将中"德"的杰出代表，是一个以"德"为"名"的武将，于是将他写进了《史记》。

综上所述，司马迁非常看重李广之"名"，其实司马迁本人同样重"名"，在这一点上他与李广是一致的。李广之"名"源于"立德"，司马迁作为一个史官当然是建立在"立言"的基础上，关于此，司马迁不止一次地表达过。在《太史公自序》中司马迁谈到自己"序略"的写作目的时说"以拾遗补艺，成一家之言，厥协《六经》异传，整齐百家杂语"，而在《报任安书》中他则更明确地道出了《史记》的撰写目的——"鄙陋没世，而文采不表于后也。""亦欲以究天人之际，通古今之变，成一家之言。"——司马迁非常清楚自己的"功名"是建立在"立言"上的，这是他的使命，更是他实现人生价值的需要和唯一的实现方式。为了能够"成一家之言"以垂后世，他只能选择和忍受比死亡更加残酷的折磨——腐刑所带来的巨大的声名的侮辱。司马迁做到了，他时时刻刻都体验着屈辱："是以肠一日而九回，居则忽忽若有所亡，出则不知其所往。每念斯耻，汗未尝不发背沾衣也！"但是他觉得这是值得的，所谓"仆诚以著此书，藏之名山，传之其人，通邑大都，则仆偿前辱之责，虽万被戮，岂有悔哉！"

（3）司马迁与李广的"生前名"。就如前述"功"有两个层次一样，"名"其实也有两个层次。"名"首先是人生价值的体现，例如司马迁给李广树立的"立德"之"名"和司马迁的"立言"之名就是指此。"名"其实还有一个层次，那就是被"士"视之为生命的"名节""尊严"，也叫"名"。关于这两个层次的"名"的关系，辛弃疾《破阵子·为陈同甫赋壮词以寄之》有一句"赢得生前身后名"说得很分明。"生前名"当是指"士"之"名节"与"尊严"，强调活着的时候；"身后名"当是指人生价值，强调一生的作为、功名，需要"盖棺定论"，即司马迁所谓"死日然后是非乃定"。

司马迁重"名"，既重李广的"名"，也重自己的"名"；既重"身后名"，也重"生前名"。而李广则尤重"生前名"，例如他曾经找王朔算过命，而起因就是他认为自己"声名"很高却并未封侯——"蔡为人在下中，名声出广下甚远，然广不得爵邑，官不过九卿，而蔡为列侯，位至三公。"李广自杀前对他的部下说："且广年六十余矣，终不能复对刀笔之吏。"这非常明显地体现了是儒家之士的精神信条——"士可杀不可辱"——尊严和气节要大于生命。儒家重"名节"。作为一个"士"，在面对即将到来的牢狱之祸时，为了保卫自己的"生前名"，"引节"即自杀，是最好的选择。在这一点上，司马迁是非常认同李广的做法的，认为他能"早自裁绳墨之外"便"引节"，因此保住了自己"桃李不言，下自成蹊"的声名。

李广在受审之前用死捍卫了自己的尊严，在某种程度上实现了司马迁的人格理想。司马迁也想保住被"士"视之为生命的"名"，却没有做到，这让司马迁对李广很是羡慕。他在《报任安书》中说："传曰'刑不上大夫。'此言士节不可不勉厉也。""故士有画地为牢，势不可入；削木为吏，议不可对，定计于鲜也。""夫人不能早自裁绳墨之外，以稍陵迟，至于鞭箠之间，乃欲引节，斯不亦远乎！"司马迁告诉我们，士大夫尤其要注意名节，远离狱吏的审讯。如果不幸犯罪，士大夫就要在庭审或牢狱之前考虑自杀，这样才能保住士大夫的气节，如果等到受刑之后才想到自杀，那就太迟了——名节无存而且饱受侮辱。而且，司马迁所要承受的辱不仅仅是面对刀笔之吏的审问，而是腐刑这样的奇耻大辱，其伤害完全是可以预想到的，这与他受辱之后的感受是一致的。他深知"腐刑"是多么残酷，递进式的叙述让人了解至深："太上不辱先，其次不辱身，其次不辱理色，其次不辱辞令，其次诎体受辱，其次易服受辱，其次关木索、被箠楚受辱，其次剔毛发、婴金铁受辱，其次毁肌肤、断肢体受辱，最下腐刑极矣！"司马迁在《太史公自序》中两次说到"腐刑"之极端："诟莫大于宫刑""最下腐刑极矣！"而且他知道这种刑法很早就有了："所从来远矣。"了解这种刑法的残酷，却又主动选择了这种刑法，司马迁的感受则是无比惨痛的。他说自己"大质已亏缺"，说自己是"刀锯之余""扫除之隶"，说自己会被天下耻笑："茸以蚕室，为天下观笑""适足以发笑而自点""重为乡党所笑"，这三个"笑"足以令司马迁"积毁销骨"，而且这种"污辱"会"虽累百世，垢弥甚耳！"司马迁这样描述自己遭刑后的感受："肠一日而九回，居则忽忽若有所亡，出则不知其所往。每念斯耻，汗未尝不发背沾衣也！"

刑前能够预见到的"辱"和刑后切实感受到"辱"都说明了选择"死"是多么必要。"死"可以避大辱，可以保住"生前名"，这是"士"在不得已之下的最好选择，也是司马迁将李广写入《史记》的重要思想原因——司马迁多么希望自己能够像李广那样一死解百忧——死，竟成了一种最合适和最体面的结局。可以说，李广在"引节"以避"辱"这件事上实现了司马迁的护"名"理想，而这是司马迁很看重的一点，于是乎，司马迁将李广写进了他的《史记》。

四、司马迁的价值观与《李将军列传》的书写

司马迁与李广虽未曾谋面，但从《史记》的写作来看，他们似乎是一种互相成就的关系。司马迁发现李广、挖掘李广并动用了他所有的描写手段来塑造李广，使李广成了一个名将，并传之后世，以至于妇孺皆知。李广也间接地成就了司马迁，只不过李广不知道也不可能知道，而且方式也极其残酷——李陵的投降给司马迁带来的痛苦遭遇促使司马迁深刻地看待人生、思考历史——司马迁完成了人生价值上的自我提升，同时也写就了"史家之绝唱，无韵之离骚"的《史记》。当我们分析了司马迁塑造李广形象的深层次原因——对于"名"的追求，我们发现我们对司马迁的理解也加深了。作为一个具有历史胸怀的史学家，司马迁的思想深度必然超越李广。孟子说："天将降大任于斯人也，必先苦其心志，劳其筋骨……"身被历史使命的司马迁对于"勇敢"和"死"进行了重新的思考，他最终做到了超越生死，实现了"不朽"的理想。

司马迁以为"勇""怯"之分并非以"死"而论，即使是为了"节义"，也不能以是否敢"死"论英雄。"不必"这个词非常重要，彻底剥离了"死"和"勇"的关系，也就是说有时候"死"能证明一个人是勇敢的，这点很多人都能做到；但也有的时候，"不死"才是真正的勇者，这个很少人能理解，也很少有人能做到。即司马迁认为"生前"勇敢地死，只是能够护住"生前"之"名"，这当然重要。但更重要的是，一个人能够为了树立"身后"的不朽之"名"而选择勇敢地、屈辱地活着。司马迁就是这样一个人，他说："亦欲以究天人之际，通古今之变，成一家之言。草创未就，会遭此祸，惜其不成，是以就极刑而无愠色。仆诚以著此书，藏之名山，传之其人，通邑大都，则仆偿前辱之责，虽万被戮，岂有悔哉！"司马迁因为《史记》没有完成，所以不能像李广一样在面对刑罚时选择自

杀，而只能勇敢地接受腐刑。他只期望《史记》能够被广为传颂，这样也就补偿了他受到的所有侮辱，即使受再多的侮辱也不会后悔。这与"所以隐忍苟活，幽于粪土之中而不辞者，恨私心有所不尽，鄙陋没世，而文采不表于后也"是一个意思。从创作角度来说，司马迁喜欢李广身上的"奇"，理解李广身上的"悲"，挖掘李广的"立德"之名，欣赏李广舍身护名的举动，于是《李将军列传》便产生了。但同时，司马迁也完成了对于李广的超越。与其说司马迁的《李将军列传》是在书写李广，倒不如说他是在书写自己，司马迁的人生价值观由此可以一窥无遗。对此，我辈后人不但不会"观笑"，反而会愈加钦佩司马迁，正如古语所云："仰之弥高，钻之弥坚。"（《论语·子罕》）司马迁让李广成了"名将"，他自己也最终实现了"不朽"之名，为更多人所理解，太史公于地下可以瞑目矣。

两个东方朔：从《答客难》文本变异
看东方朔之史传形象

＊本文作者黎梦圆。四川外国语大学中文系硕士研究生。

刘勰《文心雕龙·杂文》曰："自《对问》已后，东方朔效而广之，名为《客难》，托古慰志，疏而有辨。扬雄《解嘲》，杂以谐谑，回环自释，颇亦为工。"① 将宋玉《对问》、东方朔《答客难》、扬雄《解嘲》，都归为"对问"文体一脉。然而《文选》卷四五"对问体"只录宋玉《对问》一篇，② 继而辟"设论"类，首篇录东方朔《答客难》，其后录扬雄《解嘲》、班固《答宾戏》，③ 这似乎暗示了"设论体"为东方朔之首创。刘勰在"对问"一脉又论及崔骃《达旨》、张衡《应间》、崔寔《客讥》、蔡邕《释诲》等，谓诸篇"迭相祖述"；④ 张溥亦言"东方曼倩……始设《客难》"。⑤ 观《解嘲》《答宾戏》之形式结构皆仿《答客难》，主旨思想亦同其趣，大概其后仿作皆如此类。可知"《答客难》文体"于汉世以来影响颇深，张溥称"学者争慕效之，假主客，遣抑郁者，篇章叠见"，⑥ 余嘉锡亦称"作者继起，遂自成一休"，⑦ 故而萧统不得不考虑文体类目的容量，在"对问体"外另设一支。《答宾戏》之序曰："又感东方朔、扬雄自喻以不遭苏张范蔡之时，曾不折以正道，明君子之所守，故聊复应焉。"⑧"《答客难》文体"也在士大夫心目中成了"士不遇文体"的一种文学书写范式。

《答客难》一文，今见录于今本《史记》《汉书》及《文选》，又为《艺文类聚》所辑录。作为早期文本，《答客难》文本见载于今本《史记·滑稽列传》，但传文中并未提及《答客难》之题名，甚至此篇在《史记》列传录文中也是极其特别的一篇。今检《史记》列传，录文共 16 篇，往往以"其辞曰"或"××曰"形式引出其文（见表 1），尤其是采辑文学性较强的文章时更是如此。或许出于东方

① 刘勰著，詹锳义证：《文心雕龙义证》，上海古籍出版社 1989 年版，第 498 页。
② 萧统编，李善注：《文选》卷四五，中华书局 1983 年版，第 627—628 页。
③ 萧统编，李善注：《文选》卷四五，中华书局 1983 年版，第 633 页。
④ 刘勰著，詹锳义证：《文心雕龙义证》，上海古籍出版社 1989 年版，第 501 页。
⑤ 张溥著，殷孟伦注：《汉魏六朝百三家集题辞注》，人民文学出版社 1963 年版，第 10 页。
⑥ 同上。
⑦ 余嘉锡：《古书通例》，上海古籍出版社 1985 年版，第 60 页。
⑧ 萧统编，李善注：《文选》卷四五，中华书局 1983 年版，第 633 页。

朔本传为褚少孙续作之故，本传载录《答客难》文本时，一反《史记》录文之常
例，完全没有出现司马迁所惯常使用的引用标志，如果没有提前读过东方朔《答
客难》，读者在此是无法区分其历史书写和文学文本载录的。

表1　《史记》列传录文情况

序号	篇目	引用标志	出处
1	伯夷叔齐采薇之歌	其辞曰	《伯夷叔齐列传》
2	屈原怀沙之赋	其辞曰	《屈原贾生列传》
3	贾谊《吊屈原赋》	其辞曰	
4	李斯上秦始皇书	斯乃上书曰	《李斯列传》
5	徐乐上书	徐乐曰	《平津侯主父列传》
6	严安上书	严安上书曰	
7	司马相如《天子游猎赋》	其辞曰	
8	司马相如《喻巴蜀檄》	檄曰	
9	司马相如《难蜀父老》	其辞曰	
10	司马相如《长杨赋》	其辞曰	《司马相如列传》
11	司马相如《哀二世赋》	其辞曰	
12	司马相如《大人赋》	其辞曰	
13	司马相如《封禅书》	其书曰	
14	张苍上书	以"臣"的形式表示	《淮南衡山列传》
15	公孙弘上书	乃请曰	《儒林列传》
16	东方朔《答客难》	—	《滑稽列传》

褚少孙续作中的《答客难》文本如是开端：

时会聚宫下博士诸先生与论议，共难之曰："苏秦、张仪一当万乘之主，
而都卿相之位……"

又以"于是诸先生默然无以应也"收尾。因此褚少孙对《答客难》文本的处理手
法是将其与历史书写融合为一，试图让读者了解到，这是东方朔与宫下博士诸先
生之间发生了一次真实的对论，而以东方朔辞胜为最终结果的一个历史事件。并
且文中并未出现"客"这一人物，如果按照褚少孙的文本，《答客难》的题名似应
改为《答宫下博士诸先生难》为宜。然继而读《汉书·东方朔传》，读者就不得不
怀疑这一对论的真实性。《汉书·东方朔传》谓："朔尝至太中大夫，后常为郎，
与枚皋、郭舍人俱在左右，诙啁而已。久之，朔上书陈农战强国之计，……终不
见用。朔因著论，设客难己，用位卑以自慰谕。其辞曰：……"此外，《汉书》中
的《答客难》文本未曾提及"博士诸先生"，文末也无这一对论的最终胜负结果。
这已经昭示，《答客难》的创作并非源于东方朔与博士诸先生之间的一场真实对
论，这场对论实际上是东方朔为自喻其志而虚设的。

褚少孙为西汉元、成间人，今本《史记》东方朔传载褚少孙语："臣幸得以经
术为郎，而好读外家传语。窃不逊让，复作故事滑稽之语六章，编之于左。可以

览观扬意,以示后世,好事者读之,以游心骇耳,以附益上方太史公之三章。"可知其史料来源于"外家传语",则褚少孙续作中的《答客难》之底本存在两种情况。其一为"外家传语"载录文本,在这种情况下,褚氏能看到的《答客难》文本至少有以下有两种:一种是"外家传语"文本,一种是"外家传语"之外的流传文本;其二是"外家传语"原未载录,褚氏另据当时所流传的文本编录。易言之,无论处于以上何种情况,褚少孙载录《答客难》文本时,至少会面对当时流传的"外家传语"之外的《答客难》文本。至于班固,其载录《答客难》文本于东方朔本传之前,则至少面对两个《答客难》文本:一为褚少孙文本,一为班固生活时代流传的文本。

《汉书・艺文志》载东方朔文辞二十篇,班固谓"朔之文辞,此二篇(指《答客难》及《非有先生论》)最善。……凡(刘)向所录朔书具是矣。"可知《汉书》所载《答客难》文本以刘向所录为底本。而褚少孙与刘向生活时代有交叉,据褚少孙所述,其"以通经术,受业博士,治《春秋》,以高第为郎,幸得宿卫,出入宫殿中十有余年",则刘向校理群书时所得见《答客难》文本,褚少孙亦很可能得见。也就是说,褚、班二人当都能看到相同的《答客难》文本。

综上所述,褚少孙与班固既然都能看到同样的《答客难》文本,却在编撰《东方朔传》时,采取了截然不同的文本处理方式。这让我们不得不揣测,二者对东方朔的形象塑造也很可能存在偏差。

一、两个东方朔的塑造

褚少孙将东方朔传附益于《滑稽列传》,与淳于髡、优孟等合为一传,合传开篇即有太史公曰:"天道恢恢,岂不大哉!谈言微中,亦可以解纷。"从开篇立意来看,司马迁对滑稽人物是持充分肯定与欣赏态度的。褚少孙不止一次坦言好读《太史公书》,如"臣幸得以文学为侍郎,好览观太史公之列传","窃好《太史公传》",则其续补《滑稽列传》,当在一定程度上秉承史迁作意。此从东方朔传(后文简称"褚传")所描绘的正面形象亦可看出。传中分别载其公车上书、以所赐钱帛娶少妇、据地作"避世金马门"之歌,及临终谏"远巧佞,退谗言"等事,而占据本传一半以上篇幅的与博士诸先生之间的对论,则系于据地作"避世金马门"之歌后。通篇传文展示的是东方朔旷达自适的大隐形象,"陆沉于俗,避世金马门",也成为大隐形象的早期描述。

"陆沉"一词采自《庄子・则阳》,其文曰:"是自埋于民,自藏于畔。其声销,其志无穷,其口虽言,其心未尝言,方且与世违而心不屑与之俱。是陆沉者也",《庄子》中的"陆沉"方式是藏于民间。因此褚传中的东方朔形象不但已经被饰上了一层隐形的道家色彩,而且还以"藏于庙堂"的方式对道家的"陆沉"进行了超越与升华。明乎此,才能理解褚传对《答客难》文本的处理方式。

暂且不论东方朔是否与宫下博士诸先生进行过一场对论,可以得知的是褚传不仅将《答客难》文本浑然地嵌入其历史书写中，而且还有意地以文本改造的方式来完善、补充东方朔旷达超然的个性。将褚传与《汉书》中两个《答客难》文本（后文分别作"褚传文本"及"《汉书》文本"）进行对读，可以发现褚传文本的容量被大大地缩减了（见表2）。

表2 褚传文本与《汉书》文本比较

分段	褚传文本	《汉书》文本
第Ⅰ段	时会聚宫下博士诸先生与论议，共难之曰："苏秦、张仪一当万乘之主，而都卿相之位，泽及后世。今子大夫修先王之术，慕圣人之义，讽诵诗书百家之言，不可胜数。著于竹帛，自以为海内无双，即可谓博闻辩智矣。然悉力尽忠以事圣帝，旷日持久，积数十年，官不过侍郎，位不过执戟，意者尚有遗行邪？其故何也？"	客难东方朔曰："苏秦、张仪一当万乘之主，而都卿相之位，泽及后世。今子大夫修先王之术，慕圣人之义，讽诵《诗》《书》百家之言，不可胜数，著于竹帛，①唇腐齿落，服膺而不释，好学乐道之效，明白甚矣；自以智能海内无双，则可谓博闻辩智矣。然悉力尽忠以事圣帝，旷日持久，官不过侍郎，位不过执戟，意者尚有遗行邪？②同胞之徒无所容居，其故何也？"
第Ⅱ段	东方生曰："是固非子所能备也。彼一时也，此一时也，岂可同哉！夫张仪、苏秦之时，周室大坏，诸侯不朝，力政争权，相禽以兵，并为十二国，未有雌雄，得士者强，失士者亡，故说听行通，身处尊位，泽及后世，子孙长荣。"	③东方先生喟然长息，仰而应之曰："是固非子之所能备也。彼一时也，此一时也，岂可同哉？夫苏秦、张仪之时，周室大坏，诸侯不朝，力政争权，相禽以兵，并为十二国，未有雌雄，得士者强，失士者亡，故谈说行焉。身处尊位，④珍宝充内，外有廪仓，泽及后世，子孙长享。"
第Ⅲ段	"今非然也。圣帝在上，德流天下，诸侯宾服，威振四夷，连四海之外以为席，安于覆盂，天下平均，合为一家，动发举事，犹如运之掌中。贤与不肖，何以异哉？"	"今则不然。圣帝流德，天下震慑，诸侯宾服，连四海之外以为带，安于覆盂，动犹运之掌，贤不肖何以异哉？⑤遵天之道，顺地之理，物无不得其所；故绥之则安，动之则苦；尊之则为将，卑之则为虏；抗之则在青云之上，抑之则在深泉之下；用之则为虎，不用则为鼠；虽欲尽节效情，安知前后？"
第Ⅴ段	"方今以天下之大，士民之众，竭精驰说，并进辐凑者，不可胜数。悉力慕义，困于衣食，或失门户。使张仪、苏秦与仆并生于今之世，曾不能得掌故，安敢望常侍侍郎乎！（1）传曰：'天下无害菑，虽有圣人，无所施其才；上下和同，虽有贤者，无所立功。'故曰异则事异。"	"夫天地之大，士民之众，竭精谈说，并进辐凑者不可胜数，悉力募之，困于衣食，或失门户。使苏秦、张仪与仆并生于今之世，曾不得掌故，安敢望常侍侍郎乎？故曰时异事异。"

续表

分段	褚传文本	《汉书》文本
第Ⅵ段	"虽然，安可以不务修身乎？《诗》曰：'鼓锺于宫，声闻于外。鹤鸣九皋，声闻于天。'苟能修身，何患不荣！太公躬行仁义七十二年，逢文王，得行其说，封于齐，七百岁而不绝。此士之所以日夜孜孜，修学行道，不敢止也。"	"虽然，安可以不务修身乎哉！《诗》云：'鼓钟于宫，声闻于外。''鹤鸣于九皋，声闻于天。'苟能修身，何患不荣！太公体行仁义，七十有二乃设用于文、武，得信厥说，封于齐，七百岁而不绝。此士所以日夜孳孳，敏行而不敢怠也。⑥辟若鹡鸰，飞且鸣矣。传曰：'天不为人之恶寒而辍其冬，地不为人之恶险而辍其广，君子不为小人之匈匈而易其行。''天有常度，地有常形，君子有常行；君子道其常，小人计其功。'《诗》云：'礼义之不愆，何恤人之言？'故曰：'水至清则无鱼，人至察则无徒。冕而前旒，所以蔽明；黈纩充耳，所以塞聪。'明有所不见，聪有所不闻，举大德，赦小过，无求备于一人之义也。枉而直之，使自得之；优而柔之，使自求之；揆而度之，使自索之。盖圣人教化如此，欲自得之；自得之，则敏且广矣。"
第Ⅶ段	"今世之处士，（2）时虽不用，崛然独立，块然独处，上观许由，下察接舆，策同范蠡，忠合子胥，天下和平，与义相扶，寡偶少徒，固其常也。子何疑于余哉！"于是诸先生嘿然无以应也。	"今世之处士，魁然无徒，廓然独居，上观许由，下察接舆，计同范蠡，忠合子胥，天下和平，与义相扶，寡耦少徒，固其宜也，子何疑于我哉？⑦若夫燕之用乐毅，秦之任李斯，郦食其之下齐，说行如流，曲从如环，所欲必得，功若丘山，海内定，国家安，是遇其时也，子又何怪之邪？语曰'以管窥天，以蠡测海，以莛撞钟'，岂能通其条贯，考其文理，发其音声哉！繇是观之，譬犹鼱鼩之袭狗，孤豚之咋虎，至则靡耳，何功之有？今以下愚而非处士，虽欲勿困，固不得已，此适足以明其不知权变而终或于大道也。"

从表 2 的分段比较中可看出褚传对《答客难》文本存在七处明显删汰。细细推敲这七处内容可知：删去第Ⅰ段中的①②两句，减缓了对方的辩难语气，从而达到缓和对论双方紧张关系的作用；在第Ⅱ段中，第③处"喟然长息，仰而应之"的删汰，则将东方朔对时运、对自身处境的种种无奈、困窘的情绪全部都抹去了，也唯

有将此种叹息、此种无奈情绪抹去，才便于褚少孙塑造东方朔的旷达个性；在第Ⅲ段删去的第⑤部分，"绥之则安，动之则苦；尊之则为将，卑之则为虏；抗之则在青云之上，抑之则在深泉之下；用之则为虎，不用则为鼠"，这种强调皇权对人才的牵制，与褚传所欲表现的旷达自适个性颇不合，因此被删去也在情理之中；而删去第Ⅵ段和第Ⅶ段中较长的⑥⑦部分论述，似乎是试图告诉读者，在这场对论中，诸先生不仅折服于东方生的文辞，更是折服于其超脱的境界和豁达的处世态度。

一度批判司马迁"是非颇缪于圣人，论大道则先黄老而后六经"的班固，自然不会同意褚传中的这一做法。在《汉书·东方朔传》，班固虽也将东方朔视作滑稽人物，但与司马迁对滑稽人物的历史功绩之肯定态度不同，其认为滑稽是一种无奈之举，东方朔的滑稽是一种"士不遇"的体现。本传所载事迹虽详，似乎有意避开褚传所载的东方朔事迹，大体围绕东方朔调笑诙谐之滑稽形象展开叙述。写东方朔之上书，直言其"文辞不逊，高自称誉"；而后叙其待诏金马门、"为常侍郎，遂得爱幸"等升迁过程，都是明其因诙谐调笑之事而得之。虽也三载其"直言切谏"事（奏泰阶之事，谏斩董偃、劝止奢侈失农事），但这些似乎是为塑造东方朔的"士不遇"形象服务的，明其以直言切谏之才，终作滑稽诙啁之用。总而言之，班固对东方朔的历史定位及最高评价，也不过是"滑稽之雄"。传中曰："是时朝廷多贤材，上复问朔：'方今公孙丞相、兒大夫、董仲舒、夏侯始昌、司马相如、吾丘寿王、主父偃、朱买臣、严助、汲黯、胶仓、终军、严安、徐乐、司马迁之伦，皆辩知闳达，溢于文辞，先生自视，何与比哉？'朔对曰：'……臣朔虽不肖，尚兼此数子者。'"东方朔一生有诸多事迹可载，班固则取此段对话详载之；而《汉书·东方朔传》篇幅已不短，所载滑稽调笑之事已不少，如果仅仅将东方朔作为一个滑稽调笑人物来塑造，不载此段对话本也无妨，但班固似乎有意存之。通过汉武帝之口将公孙弘、兒宽、董仲舒等列为英俊贤材，又在后文将东方朔与枚皋、郭舍人等幸臣并举，以此在公孙弘、兒宽、董仲舒等英俊贤材与东方朔、枚皋、郭舍人等诙啁幸臣之间，画出了一道泾渭分明的分界线；又以汉武帝对诸多英俊贤材"程其器能，用之如不及"的态度，来衬托东方朔的"诙啁而已""终不见用"。东方朔的"士不遇"形象于兹愈加赫然可见。

而班固也不单纯以史家的角度来刻画这一形象，欲使这一形象更加真实可信，则需要借用东方朔本人的作品。于是班固将东方朔的《答客难》和《非有先生论》载录于本传中，占据了全传近半篇幅，而所录二文俱申不遇其时之意，这又起到了固化东方朔本传之"士不遇"主题的作用。

班固所录《答客难》文本异于褚传文本而详于后者，李善注《文选》与五臣注《文选》所录《答客难》文本大体上与《汉书》文本同，当以《汉书》文本为底本；《全汉文》所辑更是通篇照搬《汉书》文本。① 这似乎都可说明《汉书》文

---

① 见萧统编，李善注：《文选》卷四五，中华书局 1983 年版，第 628—629 页；萧统编，李善等注：《六臣注文选》卷四五，中华书局 1987 年版，第 839—842 页；严可均：《全汉文》卷二十五，中华书局 1958 年版，第 266—267 页。

本的权威性和可靠性。但《汉书》文本较详，就能说明班固忠实于原文而未作改动吗？恐怕并非如此。实际上《汉书》文本依然对东方朔的《答客难》进行了删汰，以褚传文本相校（见表2），得所删者二处：①

（1）传曰：'天下无害菑，虽有圣人，无所施其才；上下和同，虽有贤者，无所立功。'故曰时异则事异。

今世之处士，（2）**时虽不用**，崛然独立，块然独处，上观许由，下察接舆，策同范蠡，忠合子胥，天下和平，与义相扶，寡偶少徒，固其常也。

前述第Ⅲ段被褚传所删去的第⑤部分"绥之则安，动之则苦；尊之则为将，卑之则为虏；抗之则在青云之上，抑之则在深泉之下；用之则为虎，不用则为鼠"，强调了皇权对人才的控制，而（1）段中《汉书》文本所无的引文"天下无害菑，虽有圣人，无所施其才；上下和同，虽有贤者，无所立功"②恰与此相反，体现的是人才摆脱了政府的制约，强化了贤材出处选择的自由。或许班固正是注意到这两处的突兀之处，才刻意将对"士不遇"情怀之抒发不利的这部分删去。在（2）段中，褚传文本的"今世之处士，时虽不用，崛然独立，块然独处"，"时虽不用"四字形成了文句的转折关系，文句的重心被置于"崛然独立，块然独处"部分，强调了在"时虽不用"情况下的一种主动选择与自我调适，这与褚传所塑造的旷达自适大隐形象是相谐的；而《汉书》文本恰好缺失了"时虽不用"四字，③作"今世之处士，魁然无徒，廓然独居"，则转折关系全无，"无徒"与"独居"似乎是一种迫于不遇之时的无奈选择。《汉书》文本这两部分的缺失，恰好都具有弱化"自适"心境，强化"不遇"情怀的作用。尽管很可能班固所看到的《答客难》文本原本就缺了这两部分，但以班固刻意强调的"士不遇"主题来看，其刻意删汰的嫌疑更大。与这一历史书写主题相应，《汉书》文本在文末不可能出现"客"被东方朔的言辞所折服的这一信息反馈，因为《汉书》文本中的东方朔，是叹息、无奈、苦闷的，是为不理想的现实境况所折服的。

综上所述，褚传和《汉书》的不同《答客难》文本，企图为读者展示不同的东方朔形象，前者是旷达自适、超然独立的大隐形象，对"遇"与"不遇"有着超脱的理解，其境界是超越时代的；后者则竭力塑造了受制于时代条件，满怀无奈、苦闷情绪的不遇之士形象。同时也要注意到，史传中的录文未必忠实于原文，史家不仅对文学文本进行删汰，而且删去哪部分，保留哪部分，有史家自己谨慎的考虑。史传中的录文，也未必是可靠的。

---

① 按：下划线为所删减内容。
② 按：《文选》李善注本与五臣注本皆存。见萧统编，李善注：《文选》卷四五，中华书局1983年版，第629页；萧统编，李善等注：《六臣注文选》卷四五，中华书局1987年版，第840页。
③ 按：李善注《文选》文本存"时虽不用"四字。见萧统编，李善注：《文选》卷四五，中华书局1983年版，第629页。

二、两个东方朔史传形象的背后

上文从《答客难》的文本变异中，分析出两个不同东方朔形象的塑造，史家往往紧紧围绕历史书写的主题对文学文本进行改造。但需要注意的是，褚少孙与班固的文本改造，当不仅出于其个人的意图，背后往往或多或少地渗透了时代的因素。本文不揣谫陋，试作以下分析，敬请方家不吝赐教。

褚少孙续作的情况较为复杂，在续补时，首先要考虑是否契合司马迁的编撰意图，其次可能有意无意地残留了其史料来源"外家传语"的思想，再次则或多或少地益以褚少孙自己的思想。无论如何，三者都处在西汉时期。

就时代思潮变迁层面分析。汉初主张黄老思想，尚清静无为，司马迁时董仲舒"推明孔氏，抑黜百家"①的主张尚在起步阶段，士大夫心中未必人人都以儒家为主导思想。以作于汉文帝时期的《鹏鸟赋》为例。据学者考证，贾谊《鹏鸟赋》作于文帝七年（公元前 173 年）②，距离孝武初立（公元前 140 年）只短短 33年时间，此时赋文渗透的是道家福祸相依思想③；即便从《文选注》来看，赋文所援引典故，以《鹖冠子》最多，次为《庄子》，次为《列子》，④ 均为道家之流。可见汉武帝用董仲舒《天人三策》之前，道家典籍及思想对士大夫思维影响之深。此为"抑黜百家"之前的情况。再以太史公为例。司马谈《论六家要旨》中对道家的认识是"与时迁移，应物变化，立俗施事，无所不宜"⑤，对道家颇为认可。至天汉三年（公元前 98 年）司马迁受宫刑，作《悲士不遇赋》，文末悲叹"无造福先，无触祸始。委之自然，终归一矣！"⑥ 则即便"推明孔氏，抑黜百家"的主张已推行半百之年，司马迁依然依靠道家思想来寻找人生出路，在道家天地中寻求精神慰藉。此又为"抑黜百家"之时的情况。最后来看褚少孙的时代。褚少孙续作《东方朔传》时，尽管"推明孔氏，抑黜百家"之主张推行已逾一个世纪之久，作为通经术之博士，其抄掇外家传语时仍在传文中流露出道家者流的大隐形象，此在一定程度上仍是道家思想余绪之体现。

就褚少孙自身而言，其本人"好读外家传语"，据学者考证，褚氏"所补虽多，但其所采集材料的来源……都在儒家经籍之外"，这些"外家传语""经过褚

① 班固：《汉书·董仲舒传》，中华书局 1964 年版，第 2525 页。
② 见王学军：《〈鹏鸟赋〉写作时间考订与贾谊年谱重勘》，《北京社会科学》2018 年第 3 期。
③ 司马迁撰，裴骃集解，司马贞索隐，张守节正义：《史记·屈原贾生列传》，中华书局 2014 年版，第 3027—3030 页。
④ 萧统编，李善注：《文选》卷十三，中华书局 1983 年版，第 198—200 页。
⑤ 司马迁撰，裴骃集解，司马贞索隐，张守节正义：《太史公自序》，《史记》卷一百三十，中华书局 2014 年版，第 2994 页。
⑥ 欧阳询：《艺文类聚》卷三十，人部十四，明嘉靖时期天水胡缵宗刊本。

少孙整理写定后补入，更多的是'以示后世好事者读之'，在一定程度上遵从着司马迁《史记》'好奇'的作意。"① 此外，褚传《答客难》文末记博士诸先生为东方生所折服，这一结果安排，多少有秉承史迁肯定及欣赏滑稽人物之立意的考虑。

综合以上分析，褚传中的东方朔形象被饰上一层隐形的道家色彩，既存在时代思潮变迁的因素，同时也在一定程度上迎合了，或者说受制于司马迁本人个性与编撰意图。

褚传东方朔形象的道家色彩、所流露出的史家之肯定与欣赏态度，至《汉书》本传则荡然无存。至班固时代，武帝以来"推明孔氏"，"绌黄老、刑名百家之言"② 的主张施行已逾二百年，儒家君臣伦理观念在士大夫心中已是普遍的思维观念。正如川胜义雄所言："维护地上秩序的原理是什么呢？不是别的，正是礼。地上之国乃是天上秩序的一种证明，这一异常壮阔的普遍性国家理念，原本基于原始儒家的传统观念，后经过董仲舒得到完善，到东汉时期，成为士大夫的主要思维方式。"③ 如果国家正常秩序的进行受到牵制或阻碍，则以"致力于恢复原来的面貌"为使命的士大夫，需要"将国家引至正常的状态之中"，④ 以确保"天和于上，地洽于下，休祯符瑞，岂远乎哉"。⑤ 而士大夫捍卫"礼"、维护国家正常秩序的最基本方式之一，正是保证人才任用程序的正常进行。然而亦如川胜氏所指出，正常的选举被破坏，政界被扰乱，这种现象在东汉初期已肇其端。⑥ 人才得到任用，在以儒家思想为普遍国家理念的班固时代看来是天经地义的，这一程序一旦受到威胁，士大夫们必然要作出"士不遇"情绪的抒发，以此来反抗程序的破坏，捍卫国家正常秩序的进行，而这种反抗和捍卫，是作为士大夫的一种职责；同样的，士大夫也可以通过抒发"士不遇"的情绪，来表达维护国家正常秩序的正统立场。作为"士不遇文体"的文学书写范式，"《答客难》文体"在东汉作者继起、篇章叠见，或许与此有关。基于这种礼与儒家君臣伦理观念，班固对《答客难》文本的处理中，保留了"绥之则安，动之则苦；尊之则为将，卑之则为虏；抗之则在青云之上，抑之则在深泉之下；用之则为虎，不用则为鼠"，而删去了"天下无害菑，虽有圣人，无所施其才；上下和同，虽有贤者，无所立功"，因为在他看来，人才的任用受制于国家的招贤政策，而人才任用机制的正常启动与运行，以及人才与政府的合作才是礼或者说君臣伦理正统的体现，才是

① 参见耿战超：《褚少孙"外家传语"说考辨》，《西汉校书活动与文学形态》，东北师范大学博士论文，2017年。

② 司马迁撰，裴骃集解，司马贞索隐，张守节正义：《史记·儒林列传》，中华书局2014年版，第3788页。

③ 川胜义雄著，李济沧等译：《六朝贵族制社会研究》，上海古籍出版社2018年版，第9页。

④ 同上，第9—10页。

⑤ 范晔撰，李贤等注：《后汉书·陈王列传》，中华书局1966年版，第2165页。

⑥ 川胜义雄著，李济沧等译：《六朝贵族制社会研究》，上海古籍出版社2018年版，第6页。

国家正常秩序进行的基本保证。

　　班固在东方朔本传中竭力塑造其"不遇之士"的形象，一方面是作为士大夫维护国家基本正常秩序的意识体现，另一方面也在不断地化解传文中得遇与不遇的矛盾，体现"士不遇"主题的支配。在《汉书·东方朔传》中，只有班固个人表达东方朔的"终不见用"，在具体事迹中，我们看不到东方朔所遭遇的政治波折，反而每一事的结果都是东方朔得到汉武帝的正面反馈，如与郭舍人相冲突事，结果是"上以朔为常侍郎，遂得爱幸"；不待诏而割肉事，结果是"复赐酒一石，肉百斤，归遗细君"；奏泰阶之事，结果是"拜朔为太中大夫给事中，赐黄金百斤"；上寿止哀事，结果是"复为中郎，赐帛百匹"；谏斩董偃事，结果是"赐朔黄金三十金"；等等。诸多事迹表明，东方朔并非"不遇"。甚至扬雄也有同样的看法，其在《解嘲》中言："若夫蔺生收功于章台，四皓采荣于南山，公孙创业于金马，骠骑发迹于祁连，司马长卿窃赀于卓氏，东方朔割炙于细君，仆诚不能与此数子并，故默然独守吾太玄。"凭东方朔的历史之功或名，他已经足以跻身于蔺相如、四皓、公孙弘、霍去病、司马相如等之列，并且获得了扬雄的一番艳羡。

　　尽管在本传中存在这种得遇与不遇的矛盾，班固依然一意孤行地将东方朔打上"不遇之士"的烙印，对东方朔本传强加之以"士不遇"的主题，似乎欲通过其得遇与不遇的矛盾冲突，以及其执意的"士不遇"主题之支配来昭示读者，人才的正常任用源自国家正常秩序的进行，也最终作用于、服务于国家的正常秩序，不能为"国家—人才"这一良性循环作出积极意义，便算不上正常意义的任用，从而也没有历史功名可言。因此"滑稽之雄"东方朔，即使一生中一再得到汉武帝的赏赐和宠幸，却始终被班固认作得不到正常任用，未能为"国家—人才"之良性循环作出积极贡献，于历史功绩则无可言之处的不遇之士。

　　班固对东方朔的这种定位，在《汉书·艺文志·诸子略》中亦显露端倪。其中著录东方朔二十篇，本传又称"朔之文辞，此二篇最善。其余有《封泰山》，《责和氏璧》及《皇太子生禖》，《屏风》，《殿上柏柱》，《平乐观赋猎》，八言、七言上下，《从公孙弘借车》，凡向所录朔书具是矣"。则所著录这二十篇当至少包括了《答客难》《非有先生论》《封泰山》《责和氏璧》《皇太子生禖》《屏风》《殿上柏柱》《平乐观赋猎》、八言、七言上下、《从公孙弘借车》。余嘉锡指出"东方朔二十篇"包括了赋、诗、设论、书、论①，甚至刘师培认为《答客难》一文属纵横家之流②，然而班固将"东方朔二十篇"归在了杂家者流。在班固看来，杂

　　① 按：余嘉锡认为"东方朔二十篇"包括诗，即本传所提及的八言、七言；有赋，即《封泰山》《责和氏璧》《皇太子生禖》《屏风》《殿上柏柱》等；有书，即《从公孙弘借车》；有设论，即《答客难》；有论，即《非有先生论》等，但并未提及二十篇中有上书，见余嘉锡：《古书通例》，上海古籍出版社1985年版，第53、54、59、61页。
　　② "吾观杂文之体约有三端：一曰答问，始于宋玉，盖纵横家之流亚也；厥后子云有《解嘲》之篇，孟坚有《宾戏》之答，……亦此体之正宗也。"见刘师培：《中国中古文学史·论文杂记》，人民文学出版社1959年版，第113页。

家者流"兼儒、墨，合名、法"，本传又载东方朔曾上书"陈农战强国之计"，"其言专商鞅、韩非之语"，"辞数万言"，从班固的分类来看，这二十篇或也包括了这部数万言上书。① 同时班固也指出杂家者流之弊："及荡者为之，则漫羡而无所归心"，即辞意散漫庞杂，则没有旨归，不能使人信服。在《汉书·东方朔传》，班固对东方朔"陈农战强国之计"的上书之评价正是"指意放荡，颇复诙谐"，赞语中又称其"诙达多端，不名一行"，则东方朔很可能正是班固所批判的"漫羡而无所归心"一类。因此其上书不能使汉武帝信服，终不见用，维护国家正常秩序进行的能力也未能得到施展，这在班固看来似乎都情有可原。

颇可玩味的是，上述汉武帝所提及的英俊贤材，在《汉书·艺文志·诸子略》中，或为儒家者流，或为纵横家者流，如董仲舒一百二十三篇，兒宽九篇，公孙弘十篇，终军八篇，吾丘寿王六篇，严（庄）助四篇，俱归入儒家者流；主父偃二十八篇、徐乐一篇、严（庄）安一篇，则归入纵横家者流。总之没有一位出现在杂家者流。班固这种视"滑稽之雄"东方朔不预于具有历史功绩的英俊贤材之列，并且将"滑稽人物"与"英俊贤材"画出分界线的态度，似乎在《汉书·艺文志·诸子略》的分类中也若隐若现地表达了出来。此外仍值得注意的是，其《汉书·艺文志》同时另著录兒宽赋二篇、吾丘寿王赋十五篇、严（庄）助赋三十五篇于《诗赋略》中，即《诸子略》所著录以上英俊贤材之篇，当不包括诗赋等其他类文辞，而特地分类存录其儒家类或纵横家类篇目，则唯独东方朔文辞以选集，更确切地说以杂集的方式存录。东方朔的二十篇著录方式或承自刘向，但班固未作改动，依然"区别对待"，或许以其为杂家的缘故，对此余嘉锡亦持同样的看法："（东方朔）赋不入《诗赋略》，而入'杂家'者，以其学为杂家。"然而分析这种区别对待的根本原因时，余嘉锡则归于诗赋非东方朔所长②，即着眼点放在了东方朔身上，但这个分析实际上是站不住脚的，观《汉书·艺文志总序》："至成帝时，以书颇散亡，使谒者陈农求遗书于天下"，即知校书之初衷为搜集遗书，著录存目，并非以作者文辞所长来分类存目。又观《诗赋略》所著录赋一篇至三篇者，达 22 人，著录诗一篇至三篇者有 4 人，则东方朔之诗赋完全可以从二十篇中抽离而出，分录于《诗赋略》中。这种特殊地以杂集形式存录东方朔文辞的方式，或许出于其有助于坐实东方朔为杂家的缘故，此与班固对东方朔的历史定位及其本传的历史书写主题仍然是紧密相关的。

《汉书·武帝纪》载："建元元年冬十月，诏丞相、御史、列侯、中二千石、二千石、诸侯相举贤良方正直言极谏之士。"在东方朔本传，班固则认可了东方

---

① 按：关于《汉书·艺文志》所录"东方朔二十篇"内容，学界尚有争议。除余嘉锡认为其为东方朔文集外，另有学者认为此二十篇只是东方朔"陈农战强国之计"的上书，李江峰在其《〈汉书·艺文志〉"东方朔二十篇"考论》一文中有所论述，见李江峰：《〈汉书·艺文志〉"东方朔二十篇"考论》，《古籍整理研究学刊》2006 年第 4 期。本文在余嘉锡的观点基础之上，认为二十篇中当包含"陈农战强国之计"的上书。

② 余嘉锡：《古书通例》，上海古籍出版社 1985 年版，第 53 页。

朔的"直言切谏"之才。然而此条又继以"丞相绾奏:'所举贤良,或治申、商、韩非、苏秦、张仪之言,乱国政,请皆罢。'奏可"。而东方朔"专商鞅、韩非之语"的上书,也同时被班固记在其本传。《汉书·武帝纪》的这条材料,或许有助于揭示在班固看来,"杂家者流"东方朔具"直言切谏"之才而"终不见用"的原因,同时也说明,班固对东方朔的定位的确是与时代错位,未能得到正常任用,从而也未能建立历史功绩、创造历史价值的不遇之士。

综而述之,褚少孙和班固对《答客难》文本的不同处理方式,使我们得以在褚、班各自所撰的东方朔传中,感受到迥然不同的东方朔史传形象。尽管东方朔《答客难》的原貌已经不得而知,但其中的文本变异,很可能隐含编史者及其时代背后的诸多信息,此值得稍加留意。

历代诗人对伍子胥形象的接受研究

＊本文作者张学成。江苏护理职业学院教师。

一

《伍子胥列传》在《史记》中是非常特殊的一篇，它以伍子胥忍辱复仇为主题，以吴国为中心写了几十年中各国钩心斗角、权谋谲诈的历史。篇中的密室密谋、小人进谗、贤人遭诛、诸国争霸等曲折情节的描写，可谓波澜壮阔、险象环生、引人入胜。此传以伍子胥复仇为主线，牵连起了一个又一个复仇的故事。明代凌约言说："伍子胥不忘郢也，故一传中叙夫差，复父仇也；虽伯嚭，亦复祖仇也；申包胥，复君仇也；越王，复己仇也；白公，复父仇也，此叙事之微也。"①明代文学家钟惺说："以伍子胥报父仇为主，而郧公于平王一父仇也，夫差于越王句贱一父仇也，白公于郑、于子西，一父仇也，不期而会，不谋而合，穿插凑泊，若相应，若不相应，觉一篇中冤对债主杀机鬼气头头相值，读之毛竖，人生真不原见此境也。"②从文学的角度谈了阅读《伍子胥列传》的独特感受。无论从历史角度还是从文学角度来看，《史记》都是一部伟大的巨著，真可谓空前绝后，前无古人，后无来者，正因此，鲁迅先生才誉之为"史家之绝唱，无韵之离骚"。

近人李景星在《四史评议》中的分析更为深刻：《伍子胥传》以赞中'怨毒'二字为主，是一篇极深刻、极阴惨文字。子胥之所以能报怨者，只在'刚戾忍訽，能成大事'；偏于其父口中带出，正见知子莫如父也。而又述费无忌之言曰'伍奢二子皆贤，不诛且为楚忧。'述其兄尚之言曰：'汝能报杀父之仇。'述公子光之言曰：'彼欲自报其仇耳。'述楚申包胥之言曰：'子之报仇，其以甚乎！'一路写来，都是形容其'怨毒'之深。"③更值得注意的是李氏将本篇伍子胥的惨痛遭遇与司马迁的不幸联系起来，"又因子胥之报怨，带出郧公弟之怨，吴阖闾之怨，白公胜之怨，以作点缀；而太史公满腹怨意，亦借题发挥，洋溢于纸上，不可磨灭矣。以伤心人写伤心事，那能不十分出色！"④许多学者指出，司马迁在《史

---

① 凌稚隆：《史记评林·伍子胥列传》，哈佛大学汉和图书馆藏。
② 杨燕起，陈可青，赖长扬：《史记集评》，华文出版社 2005 年版，第 477 页。
③ 李景星：《四史评议》，岳麓书社 1986 年版，第 63 页。
④ 同上。

记》的创作当中，尤其是悲剧人物的创作当中，往往借他人酒杯来浇自己心中的块垒，像李广、屈原、贾谊等都是如此，伍子胥实际上正是不折不扣的悲剧人物形象，司马迁对伍子胥无一贬词，几乎全是正面的肯定与歌颂，也许在伍子胥的身上正寄托了司马迁期望复仇的难言的痛苦与虚幻的快意。

后来，汉代出现的《吴越春秋》《越绝书》在《史记》的基础上，作了更为具体详细的阐发，比如渡江、乞食二事，通过渔夫、击絮女甘于牺牲的行为强化了伍子胥命运的坎坷、复仇的执着以及悲剧英雄的一面。在《史记》《吴越春秋》《越绝书》等几部著作的基础上，一个相对完整、具体、复杂的故事建立起来，国家利益与个人利益、美女与权臣、阴谋加阳谋、明君与昏君、忠臣与佞臣，人性的善与恶等，包含着丰满人物形象的吴越争霸的复杂故事成为中国文学史上的浓重一笔。围绕着权谋谲诈展开的复杂曲折的斗争，成为后世戏剧、小说、散文等文学创作的丰富源泉。

中国作为诗的国度，历史人物伍子胥变成了文学人物伍子胥，上至朝臣大夫，下至草民百姓，尤其是在江浙区域，祭祀伍子胥的祠堂、庙宇多见，伍子胥形象成为文学创作和民间传说的一大主角，也成为鬼神崇拜的标范。

二

毫无疑问，伍子胥是一个非常复杂、极具争议性的特殊人物。对楚国而言，他背君叛国、雇凶杀王；对吴国而言，又忠于吴国、忠心不二，他与吴败楚、怒鞭王尸，又对夫差忠心耿耿、以死效忠。有人说他是小人，有人说他是英雄，有人说他固执守旧，不懂灵活变通，有人说他牢骚郁愤，以致丧失理智，对他的经历和遭遇，人们多报之以同情叹惋，对他的执着复仇精神，有的肯定赞美，有的批评指责。然而这么多矛盾都集中在了一个人身上，这不能不说是非常奇妙也很发人深思的事情。

中国是诗的国度，在五千年诗歌历史中，有许多脍炙人口的歌咏历史人物的诗篇，与伍子胥有关的诗歌也非常多见。现在所发现的最早歌咏伍子胥的诗歌应该出自与伍子胥同为楚国人的屈原笔下的《悲回风》，该诗大致作于自沉汨罗前不远，诗歌抒写了作者遭受邪恶势力的打击、政治理想无从实现的悲哀，"吾怨往昔之所冀兮，悼来者之愀愀。浮江淮而入海兮，从子胥而自适"①。在屈原的笔下，伍子胥与彭咸、介子推、伯夷等古代遭遇不公的贤人同列，说明在屈原的心目中，伍子胥是被褒扬、被同情的人物。但这首诗里的伍子胥并非主角，只是用来抒发个人悲愤郁闷情感的凭借，不在本文研究之类。这以后歌咏伍子胥的诗歌，代不乏有。就本人搜检结果来看，约有一百首诗歌（含词），笔者就这些诗歌谈谈自己对这个问题的认识，希望能有抛砖引玉之效。

---

① 朱熹：《楚辞集注》，上海古籍出版社、安徽教育出版社 2001 年版，第 100—101 页。

　　从时代分布来说，有关诗歌主要集中在唐宋明清四个时期，其他时代零星可见。南朝有梁鲍机《伍子胥》、简文帝《伍子胥庙》二首。金代有密璕《过胥相墓》一首，元代有赵良庆《题伍牙山子胥庙》、方行《登子胥庙因观钱塘江潮》（又题《子胥庙观潮》）二首。

　　唐诗作为唐代的一代之文学，在唐人的笔下，几乎所有题材都写尽了，历史人物自然也在歌咏之列；而且唐代文人喜欢游历，南方安定，文人多有游历东南的经历，因此有关诗歌出现较多。有李白《游溧阳北湖亭望瓦屋山怀古赠同旅》《万愤词投魏郎中》《行路难（三首其三）》三首、白居易《杂兴三首》（其三）、殷尧藩《吴宫》、周昙《春秋战国门·夫差》、徐凝《题伍胥庙》、杜牧《吴宫词二首》（其二）、许浑《姑苏怀古》、胡曾《咏史诗·吴江》《咏史诗·柏举》、罗隐《青山庙》《送王使君赴苏台》、陆龟蒙《奉和袭美馆娃宫怀古次韵》、皮日休《馆娃宫怀古五绝》（其四）、张祜《哭汴州陆大夫》、常雅《题伍相庙》《胥山伍员庙》等十八首。

　　宋诗与唐诗相比，呈现出突出的以文为诗、为学问为诗、以议论为诗的时代特征。与唐代相比，有关诗歌明显增多。有范仲淹《苏州十咏其八·伍相庙》《和运使舍人观潮》、梅尧臣《宣州杂诗二十首》（伍员奔吴日）、苏轼《王齐万秀才寓居武昌县刘郎洑正与伍洲相对伍》、蔡沈《胥村》、释文珦《读伍子胥史事》、强至《题吴山伍子胥祠》、王禹偁《伍子胥庙》（又题《胥山忠清庙》）、王令《过伍子胥庙》、李廌《伍子胥庙》、周邦彦《楚平王庙》、辛弃疾《摸鱼儿》（望飞来）、史达祖《满江红》、董颖《薄媚》、陈普《夫差伍员》、鲍寿孙《伍子胥庙》、连文凤《伍相公库存丁亥被燬》、周南《伍相庙》《又题伍相庙》、释行海的《胥山》、释智圆《吴山庙诗》《湖西杂感诗》、释善珍的《吴歌》、释智愚《海首座号怒涛》、曹既明《胥山庙》同题三首、张尧同《嘉禾百咏·胥山》、黄庚《子胥庙》、陈杰《题子胥庙》、赵元清《题江湖伟观》、程师孟《入涌泉道中》、李觏《闻喜鹊》、刘黻《钱塘观潮》、陆游《杂感十首以野旷沙岸净天高秋月明为韵》、王朝佐《贞义女祠》、胡元质《吴江怀古》、楼钥《次韵十绝·读书》、刘寅《三高祠》、文天祥《真州杂赋》等三十九首。

　　明清时期，狭义的江南即今苏南、浙江东北部平原成为经济文化最为发达的地区，有关诗歌在明清时期都有较多发现。明代有刘基的《感怀三十一首》（其第二十九）和《招隐》、高启《伍公庙》《吊伍子胥辞》《谒伍相祠》，皇甫汸《谒伍相祠》、皇甫涥《谒伍子胥庙》、沈九如《伍公庙》、徐繗《谒伍相祠》、徐渭《伍公庙》（又题《伍公祠》）、陈汝言《姑苏钱塘怀古诗次韵》、张岱《伍相国祠》、解缙《题吴山伍子胥庙》、祝允明《漂母祠》、唐寅《题伍子胥庙壁》、陈鸣鹤《伍相祠》、薛蕙《行路难》、程嘉燧《伍相废祠》等十八首。

　　清时的有关诗歌有吴伟业《伍员》、王章《过昭关作辞剑行》、王士禛《伍子胥》、王摅《谒伍相国祠》、方殿元《伍子胥》、秦松龄《伍相国祠》、周斯盛《伍员》、王锡《伍公庙》、许志进《伍相祠》、袁枚《伍员墓》、畹荃《伍相祠》、谢鸿

《谒伍相国祠》、严可均《伍子胥庙》、秦鸿甲《题间江伍相祠》、范仕义《谒伍大夫祠》等十五首。

当然，有关诗歌肯定远不止此，尤其是清代有关诗歌数量应远不止此。通过简单统计可以知道，唐代18首，宋代39首，明代18首，清代15首，其他朝代5首，有关伍子胥的诗歌主要集中在唐、宋、明、清四个时期。有关诗歌在时代上如此分布，与朝代存在的时间长短有密切关系。对于唐宋明清这四个时期的有关诗作，后文将作出具体分析。

三

从伍子胥生活的时代一直到南朝，有关伍子胥的诗歌极少。究其因，一个是当时的诗歌创作不很发达，咏史诗就为更少见，左思《咏史》八首，名为咏史，实为咏怀。再一个由于受到印刷、出版、传播等技术、经济、文化等条件的制约，《史记》等书的流传范围很窄，很多人没有机会读到大部头著作典籍。其实直到北宋时期，连大文豪苏轼都感叹"欲求《史记》《汉书》而不可得"①，一般人更是难以阅读到《史记》。又加之中国一直到唐代的安史之乱，经济中心、文化中心一直处于黄河中游及北方中原地区，南方的吴越地区被视为蛮夷之地，属于未开化地区，伍子胥的故事恰恰发生在这个地区。也正是在安史之乱以后，江浙地区经济飞速发展，江南地区社会安定，风物宜人，成了文人"未老莫还乡，还乡须断肠"的流连忘返之地。

唐代的有关诗歌，除了李白的诗歌作于盛唐时期，其他诗歌皆作于中晚唐时期。这是唐代经济发展在空间上由西北向东南转移的必然结果，也是唐人热爱游历的自然产物。殷尧藩云："吾一日不见山水，与俗人谈便觉胸次尘土堆积，急呼浊醪浇之，聊解秽耳。"② 正是当时这种风气的真实写照。

我们对以伍子胥为描写对象的诗歌进行总体研究分析，就会发现，从梁至明的诗歌多是对伍子胥遭遇的同情叹惋，以及对于其忍辱而终复父仇的肯定和赞美。但是在两宋时期却出现了些许变化。

南宋时期，政治、经济、文化中心早已转移到了江浙地区，再加上宋代文人喜好议论的风气，此期自然而然出现了大量以伍子胥为题材的诗歌。与前代相比，这个时期的诗歌仍以同情、肯定、赞美为主，但已经出现了新特点。梅尧臣《宣州杂诗二十首》有言："伍员奔吴日，苍皇及水滨。弯弓射楚使，解剑与渔人。抉目观亡国，鞭尸失旧臣。犹为夜涛怒，来往百川频。"这里指出伍子胥因个人私事怒鞭王尸实乃有亏臣节，而且死后为鬼的怨怒对行船百姓造成了极大危害，冷峻的叙事中包含责备之词。楼钥的《次韵十绝·读书》也委婉指出伍子胥的忠

---

① 苏轼：《醉白堂记》，《苏轼全集》上册，中国文史出版社1999年版，第584页。
② 辛文房：《唐才子传》，卷四，钦定四库全书·史部。

义存在问题，"佚老无如大字书，聊将遮眼度三余。有时忠义忽相激，间遇包胥与子胥"。申包胥存楚，是为了国家君王，伍子胥覆楚，是为了个人家庭，那么哪一个才是忠义之人呢?！释行海对伍子胥更是进行了直接批评，"臣节已亏因挞楚，兵筹虽用奈亡吴"（《胥山》），类似的诗歌在以往是不容易找到的。当然，这类诗歌在宋代不占主流，数量虽少，但总反映出了时代风气的变化。这正是宋代文人书卷气的表现，也是爱好思辨的风气在诗歌上的反映。

明朝的有关诗歌基本上延续了《史记》的基调，对伍子胥以同情、肯定、赞美为主，同时有对黑暗社会、残酷统治者的批评。唐寅的《题伍子胥庙壁》："白马曾骑踏海潮，由来吴地说前朝。眼前多少不平事，愿与将军借宝刀。"伍子胥有才有德，忠心耿耿，为吴国的称霸崛起建功立业，立下汗马功劳，最后却蒙冤而死，诗歌借古讽今，其人其事虽已远去，庙宇也已成为陈迹，历史虽然已经过去了上千年，王朝轮换更替，但坏人横行、小人当道、黑白颠倒、是非不分的现实却从未断绝，因此，诗人发出了深沉的感慨，表达了对公平正义的追求。毫无疑问，这是将伍子胥作为英雄、忠臣来歌颂赞美的。清代的有关诗歌，从数量上来说，远少于宋代，与唐、明时持平，但清代的诗歌却表现出与前代诗歌大不一样的风貌。我们主要针对清朝的十五首诗歌作一番较为深入的研究，看有清一代是如何评价伍子胥这个复杂性历史人物形象的。

司马迁在《伍子胥列传》的赞中说："怨毒之于人甚矣哉！王者尚不能行之于臣下，况同列乎！向令伍子胥从奢俱死，何异蝼蚁。弃小义，雪大耻，名垂于后世，悲夫！方子胥窘于江上，道乞食，志岂尝须臾忘郢邪？故隐忍就功名，非烈丈夫孰能致此哉？"在司马迁看来，其人其行"惊天地，泣鬼神"，伍子胥是"弃小义，雪大耻，名垂于后世"的青史留名的大英雄、烈丈夫，这一段赞词完全可以看作司马迁为伍子胥赋就的赞美诗。令人有些意外的是，与司马迁的态度相比，与前代相关诗歌相比，笔者掌握的清朝十五首诗歌中，对伍子胥进行肯定赞扬的并不占多数，只有王章的《过昭关作辞剑行》、方殿元的《伍子胥》和秦松龄的《伍相国祠》等少数几首。前两首都是选取伍子胥逃亡过程中的一件非常小的但又是非常关键的一个情节——渔父帮助伍氏渡江这件事来落笔的。方诗："伍员被怨毒，存躯为父兄。芦中呼渡急，所畏非死生。浩浩楚江流，匹夫怒难成。渔父哀歌起，深知穷士情。笑谢千金剑，还君报不平。"诗歌从表面上看是写渔父的仗义，他在万分危急的关头，抵挡住金钱的诱惑，不顾杀身的危险，毅然决然地救人于水火，这是一种怎样的品格呀！但笔者认为，通过这一件小事可以看出当时的楚国人对于伍氏家族的遭遇是十分同情的，对于当时的上层统治者是十分痛恨的，它间接告诉人们对于伍氏的复仇是得到了当时的人民支持的。

君臣关系在人之五伦中成为至高无上的关系，这是汉唐以来逐渐形成的传统认识，因此就多了元明清时期的许多的愚忠愚孝之举。但是在先秦时期，对一个人来说，父子关系是高于君臣关系的，当时血亲复仇盛行于世，杀父之仇不共戴天。《春秋公羊传》隐公十一年载："不复仇，非子也。"《礼记·檀弓上》载孔子语曰，父母之仇"寝苦枕干，不仕，弗与共天下也"。比如《周礼》规定，为父母报仇不担刑责，只需登记，"凡报仇雠者，书于士，杀之无罪"①。孟子也认为："吾今而后知杀人亲之重也：杀人之父，人亦杀其父；杀人之兄，人亦杀其兄。"②韩愈说："以子复父仇，见于《春秋》，见于《礼记》，又见《周官》，又见诸子史，不可胜数，未有非而罪之者也。"（《复仇状》）如果说方诗是借渔父写伍氏的话，那么范仕义的《谒伍大夫祠》就是对伍子胥的正面歌颂："仗剑潜来怨未休，父兄不共戴天仇。奔吴几失英雄路，伐楚竟成志士谋。柳外月明深夜静，芦中风起大江流。至今遗像存胥浦，飒爽惊看壮士留。"

还有一部分诗歌是对于伍氏命运的惋惜与同情。如王摅的《谒伍相国祠》："萧条古堞树栖乌，载拜祠门落日孤。报父有心终覆楚，杀身无计可存吴。英雄寂寞留陈迹，山水苍凉失霸图。回首荒台麋鹿地，属镂遗恨满姑苏。"虽然也有一些赞叹，但主要的是对于伍氏悲剧命运的叹惋。王锡的《伍公庙》也是如此，赞叹中寄寓着深深的同情，"报心苦谏娥眉进，抉目思看鸟喙来"。袁枚的《伍员墓》、谢鸿的《谒伍相国祠》和严可均的《伍子胥庙》都是这类叹惋的诗歌。

接受美学认为，任何文学本文都具有未定性，都不是决定性的或自足性的存在，而是一个多层面的未完成的图式结构，它不是独立的、自为的，而是相对的、为我的。它的存在本身并不能产生独立的意义，而意义的实现则要靠读者阅读对之具体化，即以读者的感觉和知觉经验将作品中的空白处填充起来，使作品中的未定性得以确定，最终达致文学作品的实现③。简言之，文学本文是死的东西，只有读者积极地参与其中，才能使其活起来。本文具有意义空白和意义的不确定性，正因此，通过读者的参与往往能够得出一些新的认识。有的诗人从刀光剑影的复杂纷争中，看到了历史沧桑无情的一面，感受到了人生的短暂与渺小。如婉荃的《伍相祠》："城阘抉眼恨无惨，死后吴宫漫寂寥。句贱雄图余血泪，夫差霸业总沉消。烟横越国悲秋雨，风怒钱塘卷暮潮。古庙人来思往事，千年哀怨到今朝。"还有诗人由伍子胥的复杂的人生经历出发，引出对于伍氏不懂立身处世的叹惋和批评，"须知祸福本无定，功成身退真良谋。怒涛汹涌有何益，不及鸱夷一艇浮"，当年"伍员破楚立奇功，复仇壮气贯长虹"，但是最后却落得个"无计能弥会计衅"（《题间江伍相祠》），不懂得功成名遂，急流勇退，那你的最终结局也就可想而知了。还有的诗人对伍子胥伤及无辜提出了尖锐批评，"逆施逆报总及身，血溅破楚门前草。呜乎属镂实可悲，怒涛汹汹亦何为？地下王僚若相见，千年不必恨鸱夷"（《伍员》），王僚何罪？王僚无辜！王士祯的批评更直接，更尖锐，"窃室阴谋酿祸端，鱄诸才进又要离。乱吴覆楚平生事，赐剑东门却怨谁？"（《伍子胥》）为了个人的私仇不惜杀害别国君主，搞乱吴国，吴楚交战，覆

---

① 杨天宇：《周礼译注·秋官·司寇第五》，上海古籍出版社 2004 年版，第 532 页。
② 杨伯峻：《孟子译注》，中华书局 2010 年版，第 303 页。
③ ［德］H. R. 姚斯、［美］R. C. 霍拉勃著，周宁、金元浦译：《接受美学与接受理论》，辽宁人民出版社 1987 年版，第 4—5 页。

亡楚国，百姓遭殃，生灵涂炭，他的结局当然就不值得同情了。

当然，文本有它内在的质的规定性，完全夸大读者的作用是不科学的。只有把每一个读者的接受加起来，才会最终无限接近本文所应有的意义。作为一个聚讼千古的历史人物，伍子胥在史学经学中的评价是众说纷纭的。在诗歌中也是如此，有许多诗歌对于伍氏的所作所为也持否定态度，这在以往的诗歌中是极罕见的。吴伟业这样评价伍子胥："投金濑畔敢安居，覆楚灭吴数上书。手把属镂思往事，九原归去遇包胥。"（《伍员》）王士禛在《伍子胥》中也说："窀室阴谋酿祸基，专诸才进又要离。乱吴覆楚平生事，赐剑东门却怨谁。"前一首把伍氏与申包胥作了对比，言外之意是责备伍氏的不忠。这里对伍氏的批评还是委婉的。后一首对伍子胥的覆楚、鞭楚王尸却进行了直接尖锐的批评。周斯盛的态度更为强烈，"匹夫有恨未能伸，念身不复念君臣。郢都未肆黄泉僇，鱼肠先入先王腹。句吴礼让一旦埽，饵得骄君仇亦报。逆施逆报总及身，血溅破楚门前草。呜乎属镂实可悲，怒涛汹汹亦何为。"（《伍员》）这里把伍氏完全看作了一个睚眦必报的小人。

对伍子胥的所作所为，我们应该辩证地看，为父报仇无可厚非，应给予充分肯定，如前所言，这是不共戴天之仇，但是他为了这一目的，不惜残害无辜，吴王僚有何罪过，然而伍子胥却要献专诸将其刺死而后快，还有为了个人的复仇差点将整个楚国灭掉，逼得老百姓流离失所，这不是为了达到目的而不择手段吗？有人说，公子光早已有篡弑之心，即使伍氏不献专诸，公子光早晚也会将吴王僚置于死地；但问题是吴王僚对公子光早已是倍加防范，"王僚使兵陈于道，自王宫至光之家，门阶户席，皆王僚之亲也，人夹持铍。"（《吴太伯世家》）如果不是伍氏进献了视死如归的专诸，那么就很难在这种戒备森严的环境将王僚置于死地。关于这一点，在清诗中也有所反映，像上面的周斯盛的诗歌，还有梦麟的"舌剑至今尤宰龁，鱼肠何事误王僚"（《胥门伍胥祠》）等。

四

与前代诗歌相比，清朝诗歌表现出非常特殊的一面，唐代诗歌重视情感的抒发，在咏史这个层面上来说，宋代诗歌与唐代相比，并无显著不同，但是情绪有所收敛，更加冷静、更加理性，有的诗歌已经表现出了对这个问题的独特理解。

有清一代是我国封建社会的最后一个时期，这个时期的封建专制已高度成熟。清政府不断加强中央集权，"君日益尊，臣日益卑"，专制统治已经达到了前所未有的程度。清政府大兴文字狱，因之而死的人比比皆是，像沈德潜、徐述等皆因作诗而致祸，许多无辜者也惨遭杀戮。然而文人又不能不写诗，诗酒酬唱已经成为当时士大夫之间交流交际的非常重要的内容。然而诗歌如果离现实太近，则往往易于不经意间为自己惹来不必要的麻烦甚或杀身之祸，这便使得文人们不得不把眼光转向古人古事，既可以逞才使能，又能够全身远祸。加之，有清一代出现了所谓的康雍乾盛世，社会安定，重视文人，"万般皆下品，唯有读书高"，文人的社会地位比较高，待遇丰厚，有条件出外游历，由许多诗题就可知道，如《过昭关作辞剑行》《谒伍相国祠》《伍员墓》等都是诗人亲自游历之后的有感而发。再之，清代朴学大盛，遂带动文化大兴，藏书读书成为一种社会时尚。因之对于古代的典籍颇为熟稔，自然而然地影响了清代咏史诗的勃兴。这十几首诗歌数量虽不是很多，从写作态度上来说，表现出冷静、理性的一面，对于历史人物伍子胥的评价可以说非常客观全面。伍奢父子被屈杀，伍子胥四处流亡的遭遇令人同情，忍辱为父兄复仇的曲折经历让人为之叹惋，其最终破楚、占郢、鞭平王尸之壮举让人为之赞叹，其悲剧的结局更让人为之扼腕。伍子胥这个人物生活在忠与孝的矛盾当中，以前的对于楚国的不忠是因为楚王的残暴使然，最终的复仇是伍氏的大孝、至孝的集中体现，借吴之力复仇之后，侍奉吴王夫差，一直忠心耿耿，终无贰心。试想如果楚王用"仁"对待伍氏家族，伍员服侍楚国又何尝不是这样忠心耿耿呢？

　　清朝是一个学术大昌的时代，做学问讲究脚踏实地，当时的尚实之风和思辨风气很浓，这也体现在清代有关诗歌对伍子胥的客观、全面、深刻的评价当中。复仇是可歌可泣的，然而手段却是不足取的。清代学人认为，伍子胥不应该伤及无辜，冤冤相报何时了？清代有些诗人对此提出了尖锐的批评。从总体而言，受以上各个方面的影响，清代诗人对于《伍子胥列传》的接受是全面的、客观的，可以说达到了清代学术所能达到的高度。

雅俗承继与共构：从史传文学
到《伍子胥变文》

＊本文作者刘悦。陕西师范大学文学院博士研究生。

伍子胥故事脍炙人口，对后世文学影响无远弗届。在现存整理的唐代敦煌变文中，有部分讲史类作品对颇具代表性的历史人物重新演绎，除《伍子胥变文》外另有《舜子变》《孟姜女变文》《李陵变文》《捉季布传文》《王昭君变文》《韩擒虎话本》。顾颉刚先生提出"层累演进"说用以解释人物形象之出现、塑造、演进、转变。伍子胥故事之演变理路同一，由早期史传流播至小说、诗歌、变文、戏剧，情节亦展延增益，孳乳寖多。就目前研究资料，前贤对人物故事研究主要集中在史传书写对戏剧小说的影响，对变文的研究则主要以考据故事源流、探析语言音韵、分析民俗文化为主。总体上研究角度较为集中，对变文与史传书写间承继发展之研究较为薄弱。故而考察二者书写之背景、演进，由此窥探史传与变文间之雅俗共生，对重新审视中国文学多样性有一定启发意义。

一、伍子胥故事的来源与基型

考察唐前史传文献材料，有关伍子胥故事的记载主要保存在《左传》《史记》。杂史传中，《吴越春秋》《吕氏春秋》《越绝书》也有相关记载。《伍子胥变文》及之后作品艺术多就此展开填补、杜撰、补充、联想，从而使伍子胥形象不断丰富，愈发多姿。其中，最为原始的典型材料为记载于《左传·昭公十九年》《左传·昭公二十年》《左传·昭公三十年》《左传·定公四年》《左传·哀公元年》《左传·哀公十一年》。《左传》所载，要点有三：其一，费无极佞言伍员（伍子胥）之父伍奢，楚王囚召，诱杀其子伍尚，伍子胥逃。其二，伍子胥奔吴，求见公子光。其三，伍子胥带兵伐楚，大败楚军。其四，伍子胥劝谏吴王，认为越国为吴国心腹之疾。故事记载较为简洁，伍子胥人生经历已较为完整。因《伍子胥变文》下阙，就现存材料进行比照，变文故事主要针对第二点与第三点之空白处进行生发，大力渲染逃难过程之艰辛曲折与大仇得报的快意。

在司马迁《史记》中，其《吴世家》《楚世家》《越王勾践世家》《孙子吴起列传》分别提及伍子胥的有关片段，《伍子胥列传》则为其专篇。主要记载伍子胥相关的八个情节：(1) 楚平王为太子取妇，秦女美而自取，无忌进谗言离间太子建，伍奢直谏被囚。(2) 平王欲除伍奢二子，伍尚归死，伍子胥与太子建逃亡吴国。(3) 伍子胥奔吴，过江不得，遇渔夫帮助得以脱身，渔夫辞不受谢。途中讨饭求见吴王。(4) 向公子光推荐专诸，公子光自立为王，召伍子胥共谋国事。(5) 攻楚。求昭王不得，乃掘楚平王墓，出其尸，鞭之三百。(6) 攻越，吴王不听伍子胥劝谏，君臣益疏。(7) 伍子胥托付儿子给齐国，太宰嚭与子胥有隙，向上谗言，吴王赐伍子胥属镂之剑使其自杀。伍子胥抉眼东门以观吴灭。(8) 越王勾践灭吴。《史记》与《左传》内容对应，在细节上少许差异。伍子胥惨遭灭门的悲剧原因有了更加详细的说明，出现人物渔夫浣纱女，加入鞭尸掘坟、抉眼东门的情节叙述。《史记》对伍子胥的记载奠定了基本的人物形象，通过收集文献材料，并进行遴选、删减、整合等，使人物历史有了相对完整的呈现。较之《左传》，司马迁设身处地，踵事增华，对伍子胥的形象描写更为生动。就情节之表现而言，凸显人物三个特点：通过伍奢、伍员、伍尚间的对话，表现其刚毅果敢的性格；辅佐吴王，举荐良才，劝谏攻越，彰显其忠贤；灭楚鞭尸的快意复仇，劝谏不得的抉眼东门勾勒其决绝悲壮。

从《左传》到《史记》，伍子胥的形象侧重有所发展。作为记载故事最早的史传材料，《左传》对伍子胥的用笔凸显其"忠智"。在碎片化及缺乏因果逻辑的记叙中，《左传》却详细记载其三次谏言：

> 对曰："楚执政众而乖，莫适任患。若为三师以肆焉，一师至，彼必皆出。彼出则归，彼归则出，楚必道敝。亟肆以罢之，多方以误之。既罢而后以三军继之，必大克之。"阖庐从之，楚于是乎始病。

> 伍员曰：不可。臣闻之树德莫如滋，去疾莫如尽。昔有过浇杀斟灌以伐斟鄩，灭夏后相。后缗方娠，逃出自窦，归于有仍，生少康焉。为仍牧正，惎浇能戒之。浇使椒求之，奔逃有虞，为之庖正，以除其害。虞思於是妻之以二姚，而邑诸纶，有田一成，有众一旅。能布其德，而兆其谋，以收夏众，抚其官职，使女艾谍浇，使季杼诱殪。遂灭过戈，复禹之绩。杞夏配天，不失旧物。今吴不如过，而越大于少康，或将丰之，不亦难乎？勾践能亲而务施，施不失人，亲不弃劳。与我同壤而世为仇雠，于是乎克而。

> 谏曰："越在我，心腹之疾也。壤地同，而有欲于我。夫其柔服，求济其欲也，不如早从事焉。得志于齐，犹获石田也。"

《史记》侧重于"烈丈夫"的形象塑造，对其机妙谏言并不赘言，"举伍子胥为行人而与谋国事""十年冬，吴王阖闾、伍子胥、伯嚭与唐、蔡俱伐楚，楚大败""今不灭越，后必悔之。勾践贤君，种、蠡良臣，若反国，将为乱""天以越赐吴，勿许也"而着力细节描摹增显气质：

(1) 子胥、伯嚭鞭平王之尸以报父仇。

(2) 将死，曰："树吾墓上以梓，令可为器。抉吾眼置之吴东门，以观越之灭吴也。"

（3）子胥大笑曰："我令而父霸，我又立若，若初欲分吴国半予我，我不受，已，今若反以谗诛我。嗟乎，嗟乎，一人固不能独立！"报使者曰："必取吾眼置吴东门，以观越兵入也！"於是吴任嚭政。

太史公评价："怨毒之于人甚矣哉！王者尚不能行之于臣下，况同列乎！向令伍子胥从奢俱死，何异蝼蚁。弃小义，雪大耻，名垂于后世，悲夫！方子胥窘于江上，道乞食，志岂尝须臾忘郢邪？故隐忍就功名，非烈丈夫孰能致此哉？""胥山"细节的记录，证实了民间大众对伍子胥理解和敬重。之后的伍子胥故事依托《左传》《史记》的记载模拟会通，穿凿附会或移花接木，吟咏渲染，使情节意境更为精彩，人物形象更为生动。

二、《伍子胥变文》对史传写作的承继演进

1. 《伍子胥变文》情节生发

《伍子胥变文》校记"凡四卷，均无题，题名依故事内容补"①。项楚认为"伍子胥故事见于《左传》及《史记·伍子胥列传》等，东汉赵晔《吴越春秋》、袁康《越绝书》又有渲染，本篇则是保存伍子胥故事最丰富的一种"。其丰富表现在以下方：一是字数篇幅。变文以"昔周国欲末"起头，其间描写子胥被杀，吴王贷楚国米粟，越国伐吴，到吴王梦见伍子胥止，之后内容缺失。仅此部分字数约为一万三千，是《史记·伍子胥列传》的三倍。增加的篇幅主要在于故事情节的丰富，与《左传》《史记》相比，变文对伍子胥对描写增添了以下部分：

①临逃脱前，狂语兴兵报父仇。

②楚国布告捉拿伍子胥者赏金封地，隐藏者诛九族。

③行至莽荡山间，按剑悲歌，至于颍水闻有打纱止声，不敢前进。打纱女赠餐饭，为证决心抱石投河自尽。

④一路艰辛至深川，扣门乞食遇阿姊。

⑤南行画地占卜，与外甥斗法，幸得逃脱。

⑥乞食遇其妻子。伍子胥故作不识。

⑦悲歌行至江边，不得渡河，一渔者相助，以宝剑为报，渔人不受，遂掷剑于河中。渔者献策，劝伍子胥奔吴，泥涂其面，披发张狂大哭三声奔走求见吴王。之后覆船而死。

⑧面见吴王，拜为匡辅大臣。

⑨为臣志节，怀匪懈之心，治国有方。将兵伐楚。

⑩败楚军，擒昭王，取平王骸骨，悉取魏陵、昭帝心肝以祭父兄。重斩

---

① 王重民等：《敦煌变文集》，人民文学出版社1984年版，第28页。

平王白骨，取火烧之，随风作尘。剑斩昭王百段，鱼鳖食之。

⑪见渔者之子，册为楚帝。

⑫取白金投颍水，以报答打纱女。

⑬外甥为奴仆谢罪

⑭迎接妻子，恩爱如初。

⑮太子夫差继位，询伍子胥解梦，伍子胥解梦大不祥，吴王赐剑令遣自死。伍子胥让百官割取头颅悬东门上。

⑯越国整顿兵士攻打吴国，吴王夜梦伍子胥。

（下阙）

变文在已有的情节形象上加以细节填充，在不影响人物主要性格的基础上，加入次要人物，添点故事的传奇色彩。在生发的 16 个情节中，前七个情节的创发都是对伍子胥逃难奔吴过程中的细节填补，11 至 14 情节也是对逃难过程的补充。变文一方面对《史记》中已出现的浣纱女渔夫的故事叙述空白进行补充，另一方面，对人物的家庭情感构建和后续事件进行交代，使之暗合作家创作时对作品追求完整对称的倾向。变文伍子胥形象相较史传文学的基型，在人物原有评价的提示上进一步补充发挥，精细勾勒。受诏、遇难、重用、贤才、攻楚、防越诸情节与史传高度类似。史传对伍子胥的叙事场景大多依托宫廷，对逃亡路程中的自然景物略及不提。逃亡、渡江、乞食、涂面也是其形象塑造之元素。在史传没有涉及或较为模糊的叙述空间，变文进行填补创造，于是有渔夫覆舟、浣纱女抱石自沉、泥涂批发的经典主题。《伍子胥变文》与史传呈现不同的文学风貌，并在审美倾向与价值取向上发生疏离，新的文学场地得以开拓，为后世留下补充发挥的创作空间。

2. 主题的承继演进

《伍子胥变文》作为塞外尘封的遗珠，其质朴俚俗的通俗文学气质与中土士林文风本应无缘，但在细读后发现其对基型情节的缘饰附会，与高雅文学有所违异，亦有所传承。就故事之演变，《伍子胥变文》以说唱形式增重抒情，辅以细节重构与创造，大抵有二：一是"复仇"行动的揄扬，二是"智"之填补重构。

伍子胥故事中的"复仇"情节的衍生线索十分明晰，笔法情绪由单纯至描摹，由叙述至激昂。血缘是传统社会组织之基本形式，对"复仇"行动的揄扬缘于"孝"的社会根基，对"鞭尸"的不断强化表现了这一点。《伍子胥列传》记："掘楚平王之墓，出其尸，鞭之三百"而《左传》《国语》中"鞭尸"二字并未出现，仅有《吕氏春秋·首时》"鞭荆平王之墓三百"一句勉强勾连。何为勉强是因"尸"与"墓"一字之差，性质完全不同。有学者指出："总之在《史记》前，只有'挞墓''鞭墓'之说，是司马迁依次加以想象发挥……这样的改造，自然是认为不如此不足以泄伍子胥之恨，不如此不足以表现伍子胥怨毒酷烈的烈丈夫性格。"① 在变

---

① 可永雪：《〈史记〉文学性界说之实证》，载《语文学刊》1994 年第 2 期。

文中这种想象已夸张到"重斩平王白骨。其骨随剑血流，状似屠羊。取火烧之，当风飏作微尘。即捉剑斩昭王，作其百段，掷著江中，鱼鳖食之。"①将"鞭尸"进一步强化为"斩骨"及"挫骨扬灰"。复仇的快意和逃难的艰辛相互衬托，篇章布局上，伍子胥逃亡中悲歌痛哭，通过韵散结合的语言反复渲染，"大丈夫屈厄何嗟叹！天网恢恢道路穷，使我恓惶没投窜。渴乏无食可充肠，迥野连翻而失伴。遥闻天渐（堑）足风波，山岳峹嶢接云汉。穷洲旅际绝舟船，若为得达江南岸？上仓（苍）傥若逆人心，不免此处生留难。悲歌（已）了，更复前行。"②悲歌之后，行至颖水踌躇不前，紧接着便是韵文"子胥行至颍水傍，渴乏饥荒难进路。遥闻空里打沙（纱）声，屈节斜身便即住。虑恐此处人相掩，捻脚攒形而暎树。量久稳审不须惊，渐向树间偷眼觑。津傍更亦没男夫，唯见轻盈打沙女。水底将头百过窥，波上玉腕千回举。即欲向前从乞食，心意怀疑生游豫。进退不敢辄谘量，踟蹰即欲低头去"③强调重复逃亡时的谨慎小心。惠于浣纱女，遇见阿姊被外甥追杀，遇见妻子，路遇渔夫得到帮助，得到吴王赏识功成名就后，报恩浣纱女，报仇外甥，迎接妻子，报恩渔夫，每次的受恩与报恩的结构模式相似，语言形式相似，并且每一个单元都用相似的"悲歌以（已）了，更复前行""作了此语，更复前行"等作为单元节点。在反复渲染的过程中，读者与伍子胥发生情感共鸣，进入悲切哀伤的人生困境，彻底的复仇满足读者阅读期待。

这种"孝—复仇"观念也消解了伍子胥"忠君"的评价困境。伍子胥在历史中评价为"忠志之臣"，庄子赞其"伍员、苌弘知事君尽忠"，屈原感慨"忠不必用兮，贤不必以。伍子逢殃兮"，《荀子》称："比干子胥忠而君不用，仲尼颜渊知而穷於世，劫迫於暴国而无所辟之"，④陈轸直言"子胥忠其君，天下皆欲以为臣。孝已爱其亲，天下皆欲以为子"。伍了胥从死亡捕窜之中脱身，以异国客寄之身份，在吴国深沉图敌，减灭楚国，得以雪耻，固然令人敬佩，但以私仇戕灭一国，也为后人所批评，邵宝就认为"伍子胥孝知有亲而不知有国，仇一人而戕一国，卒之流毒宗社，不亦甚哉！"以上对复仇之举，立场不同，观点对立，唯苏轼评判说明道理"父不受诛，子复仇，礼也。生则斩首，死则鞭尸，发其至痛，无所择也"。将其举动放于父子孝礼之下说明动因。"孝"是儒家之核心观念，甚至视为道德伦理之最高标准。从《论语》问"孝"始，"樊迟御，子告之曰：'孟孙问孝于我，我对曰无违。'樊迟曰：'何谓也？'子曰：'生，事之以礼；死，葬之以礼，祭之以礼。'"⑤儒家就确立了"孝者，礼之始也"。汉代以降，儒家独尊，《孝经·开宗明义章》说"夫孝，始于事亲，中于事君，终于立身"，马迁也将其作为创作的动力，"且夫孝始于事亲，中于事君，终于立身。扬名于后世，以

①　王重民等：《敦煌变文集》，人民文学出版社 1984 年版，第 21 页。
②　同上，第 4 页。
③　同上，第 4—5 页。
④　《荀子》，上海古籍出版社 2014 年版，第 350 页。
⑤　杨伯峻：《论语译注》，中华书局 2006 年版，第 14 页。

显父母，此孝之大者。"① 史传彰显孝道，"（胥）之父兄为僇於楚，欲自报其仇耳。""子胥、伯嚭鞭平王之尸以报父雠。"伍子胥的复仇是对父兄被杀的家族责任的自觉承担，是"孝"的一种体现。其兄伍尚的赴死也是"孝"的驱使，"尚之为人，廉，死节，慈孝而仁，闻召而免父，必至，不顾其死。"故复仇的"彻底性"，报恩的"彻底性"，"非黑即白，非善即恶"的价值判断消解对其忠孝矛盾的关注，"众胜寡，疾胜徐，勇胜怯，智胜愚，善胜恶，有义胜无义，有天道胜无天道，凡此七胜者贵众用之终身者众矣。"② 其智勇深沉，以客寄之身，仇执耻血，为一世之雄，可怜不得自存。变文对复仇和报恩的过程不厌其烦地书写，体现了大众社会心理下以情为主的自我满足式的审美取向。

司马迁称"子胥智而不能完吴"是对伍子胥才智的肯定。变文为凸显其"智"，将史书记载的专诸弑王僚、申包胥救楚和一些在吴国的政治事件全部抹杀，并且省略了伍子胥入吴后，不被重用，只能躬耕于野的情节，直接进入伍子胥成为匡辅大臣的阶段，"子胥治国一年，风不鸣条，雨不破块。治国二年，食库盈益，天下清泰，吏绝贪残，官僚息暴。治国三年，六夷送款，万国咸投。治国四年，感得景龙应瑞，赤雀衔书，芝草并生，嘉禾合秀。耕者让畔，路不拾遗。三教并兴，城门不闭。更无呼唤，无徭自活。子胥治国五年，日月重明，市无二价，猫叔同穴，米麦论分，牢狱无囚。"③ 伍子胥治国的成就从"富民、富国"到"国家强盛统一"再到"国泰民安"，与孔子"富国教民"的治国理想一致。军事能力上，伍子胥伐楚时能够"十战九胜，战士不失一兵"。智勇无双的伍子胥代表了人民期待的对贤臣理想。除此之外，伍子胥在变文中具有占卜神力等异能。占卜是一种古老的宗教行为，多是用八卦、五行等方式对事物进行预测。《左传》借助鬼神、灾异、卜筮等内容对事件的发展进行预示，变文的占卜预言则变其本而丰富，伍子胥利用"术法"假装身死，从而躲过外甥的追踪；吴国臣佐举荐"泥涂而獐狂，披发悲啼，东西驰走"的伍子胥与吴王"昨夜三更，梦见贤人入境"的预言相应验。越国来伐前吴王有四梦，宰彼解梦为"梦见殿上神光者福禄盛；城头郁郁苍苍者露如霜；南壁下匣北壁匡王寿长；城门交兵者王手（守）备缠绵；血流东南行者越军亡"④ 而伍子胥却认为"大不详"，解梦为"殿上神光者有大人至；城头郁郁苍苍者荆棘被；南壁下有匣，北壁下有匡者失王位；城门交兵战者越军至；血流东南者尸遍地"⑤ 应验后事。伍子胥在变文自由无拘的文学场地中，通过后人的继志增衍，从历史中的"贤臣"已然成为具有神性之"能臣"，奇情侠气，逸韵英风。

---

① ［汉］司马迁：《史记》，中华书局2016年版，第4001页。
② ［唐］房玄龄注，［明］刘绩补注，刘晓艺校点：《管子》，上海古籍出版社2015年版，第78—79页。
③ 王重民等：《敦煌变文集》，人民文学出版社1984年版，第18页。
④ 同上，第26页。
⑤ 同上。

以讲故事为重心，塑造传奇的人物书写模式在《伍子胥变文》中渐显成型，具有了与志怪小说、话本小说、传奇、章回小说同质的娱乐性。鲁迅在《中国小说的历史的变迁》中写道："六朝时之志怪与志人底文章，都很简短，而且当作记事实；及到唐时，则有意识的作小说。"在佛经与中土小说互动共生的环境下诞生的《伍子胥变文》，从某种程度可以视为伍子胥从史传人物向小说人物演进的一种中间形态。

三、从实录到故事

"实录"一词最早出现在《法言·重黎》①，班固申发"其文直，其事核，不虚美，不隐恶，故谓之实录"②。先秦，史官建置，"昔轩辕氏受命，仓颉、沮诵实居其职。至于三代，其数渐繁。案《周官》《礼记》，有太史、小史、内史、外史、左史、右史之名。太史掌国之六典，小史掌邦国之志，内史掌书王命，外史掌书使乎四方，左史记言，右史记事。"③ 史官们掌握着国家最完整的文化资源，肩负记录、观察、总结历史经验之责。为此，坚持"实录"精神是史官著史的优良传统，《左传·宣公二年》记赵盾弑君，《左传·襄公二十五年》记崔杼弑其君，以春秋笔法秉笔直书，这种通于史家求事之实的精神正是"善恶必书，斯为实录"的体现。惟有"信史"才可"述往事，思来者"。自孔子《春秋》"就败以明罚，因兴以立功；假日月而定历数，籍朝聘而正礼乐；微婉其说，志晦其文；为不刊之言，著将来之法"④。至马迁"综其终始，稽其成败兴坏之纪"。实录标志着立理正纪，之后《文心雕龙·史传》提出"素心"，强调史家必须秉持公心，列举书写不实的劣迹；《史通·直书》曰："若邪曲者，人之所贱，而小人之道也；正直者，人之所贵，而君子之德也。"把实录上升为作者德行的表现。章学诚《文史通义·史德》也认为"能具史识者，必知史德。德者何？谓著书者之心术也。夫秽史者所以自秽，谤书者所以自谤，素行为人所羞，文辞何足取重。魏收之矫诬，沈约之阴恶，读其书者，先不信其人，其患未至於甚也"⑤。真实性可谓是史家追求之最高要求。在如此儒家主流的环境中，伍子胥在敦煌变文中却实现了从"真实"到"故事"，从历史人物到小说式人物的身份转变。这种书写的实现意味着史传与变文在社会环境和文学层面存在着千丝万缕的联系。

1. 时代与文学感染

中国古代史传文学在先秦时期就已具有基本雏形。在史传文学的影响下，我

---

① 《法言·重黎》："或问'《周官》'，曰'立事'.'《左氏》'.曰：'品藻'.'太史迁'.曰'实录.'"汪荣宝撰，陈仲夫点校：《法言义疏》，中华书局1987年版，第413页。

② ［汉］班固撰，［唐］颜师古注：《汉书》，中华书局1975年版，第2738页。

③ ［唐］刘知几：《史通》，上海古籍出版社2016年版，第276页。

④ 同上，第9页。

⑤ 章学诚著，叶瑛校注：《文史通义校注》，中华书局1983年版，第220页。

国的历史叙事和人物传记也相对发达。艺术层面上，先秦历史散文的叙事手法奠定了史传文学的基本叙事传统，精神层面上，其在历史叙述中的倾向性以及事件褒贬中所流露的儒家准则奠定人物的形象基调。至唐，史学氛围浓厚，唐太宗"以古为镜可以知兴替"的意识以及倡导修撰五代史的举措，使整个社会重史崇史的风气发扬，宰相薛元超甚至感叹："平生有三恨，始不以进士擢第，不娶五姓女，不得修国史。"① 可见修史对士人而言无上荣耀。从文学角度上，郑樵在《通志·总序》中认为《史记》"使百代而下，史家不能易其法，学者不能舍其书。六经之后，惟有此书"②。章学诚《文史通义》评论："夫《骚》与《史》，千古之至文也。"③ 另一方面，在唐代除了官学出身的士人，还有许多族学、家教等私学存在，其中有许多文人受业于寺院，即义学、寺学。在这样的教育环境及社会环境下，具有史学修养的俗人抑或受到佛教思想影响的文人，在进行创造时也会不自觉地把自己对世界社会的态度呈现在作品，具有一定的现实可能性。考其内容可以进一步验证。变文的作者无名无姓，且不是一人一时所作，现存的史传变文中，《李陵变文》中引庾信两句诗歌："军中儿女忆，塞外夫人城"，而原诗《奉报赵王出师在道赐诗》云"军中女子气，塞外夫人城"，二者字有不同。徐震堮认为"此非误引，乃作者改以附会故事"。另"居塞北者，不知江海有万斛之舡（船），居江南之人，不知塞北有千日之雪"则与《答释难宅无吉凶摄生论》中"是海人所以终身无山，山客白首无大鱼也"《颜氏家训·归心》中"昔在江南，不信有千人千里甊；及来河北，不信有二万斛船"相近，《伍子胥变文》中浣纱女被婉拒饭食时吟唱的"断弦由（犹）可续，情去意实难留"化用了《为姬人自伤》中"断弦犹可续，心去最难留"。还有一些其他诗歌的引用、化用都可以看出变文的作者虽无名无姓，但部分创作者应有一定的教育基础。王国维在《敦煌发见唐朝之通俗诗及通俗小说》中就认为"变文语言明浅易解，但也有才气俊发，非才人不能作之处"。

变文是在佛教传入的大环境下，由一颗外域的种子，逐渐在具有中国传统文化的深厚土壤中扎根、变异、成熟，最终成长为具有中国特色的宗教俗文化，与佛教关系密不可分的。佛教在隋唐时期走向鼎盛，杨坚对佛教感情较深，《隋书·经籍志》记他在称帝之后听任出家，营造经像。宋宋敏求评论"隋文承周武之后，大崇释氏，以收人望"。有唐一代，帝王好佛者亦多。《旧唐书·德宗本纪》记载命沙门、道士、儒官讨论三教。《宋高僧传·澄观传》记"澄观至，德宗执重"。唐玄宗时有中天竺的善无畏，南天竺的金刚智，狮子国的不空，三人被称为"开元三大士"，不空在玄宗、肃宗、代宗三朝受到礼遇。唐时开放的时代氛围，以及帝王听讲佛经的表现，都对整个社会崇佛对文化氛围造成极大影响。在

---

① ［宋］王谠：《唐语林》，上海古籍出版社 1978 年版，第 140 页。

② ［宋］郑樵：《通志略》，上海古籍出版社 1990 年版，第 1 页。

③ 章学诚：《文史通义》，上海古籍出版社 2008 年版，第 68 页。

帝王的精神崇尚和政治需求下，佛教进入国人的文化心理结构。

但思想的传播并非易事，中国本就是个具有高度文明的大国，对外来文化的接受需要经过鉴别、选择，故佛教在最初传入时并不顺利。其中最大的阻力便是儒道两家。双方教义多有不合，比如儒家的根基是家族为中心的宗法制度，而佛教宗义是出世弃家。为求巩固和扩大其思想阵地，佛教便进行自身改造加入"孝"道"适华"，由此便出现《父母恩重经》等大量伪经。变文与佛经亦有差异，"一般都体现出较强的叙事文学特征……利用说故事形式来达到一定化俗目的的宗教宣传……随着文学创作自觉意思的增强而展示出一种新面貌。"① 唐人用变文对史传人物的故事改写，可以视作是文化影响的反向互动。其表现形式为在史传记载的基础上，沿用人物经历及时代背景，对情节枝蔓加工增删，将人物环境艺术化处理，增强故事性。

2. 娱乐主情

向达在《敦煌变文集》引言中说："唐代寺院中所盛行的说唱体作品，乃是俗讲的话本。变文云云，只是话本的一种名称"。俗讲的对象一般是世俗男女，目的除宣传宗教外，往往还有"徒以悦俗邀布施"的敛财目的。赵璘《因话录》记载："有文淑僧者，公为聚众谈说，假托经论，所言无非淫秽鄙亵之事。不逞之徒，转相鼓扇扶树，愚夫野妇，乐闻其说。"② 在经论的掩饰下，以淫秽鄙亵的内容娱乐大众，实际已经摆脱了教义的束缚。《高力士外传》云："每日，上皇与高公亲看扫除庭院，芟薙杂草；或讲经、论议、转变、说话，虽不近文律，终翼悦圣情。"③ 变文在唐也称转变，可见是近乎娱乐的一种方式。在宗教的强势浸染下民众意识发生了动荡，创作目的和审美倾向逐渐与主流文化发生背驰，所以当历史人物进入变文书写，伍子胥与主流文化发生疏离，于史传形象基型之外流变开发，追求世俗化和艺术化，且受大众审美的潜层作用而不断呈以符合情感满足的"典型化"人物形象。

史传叙事往往千针万线，同出一丝，选材取舍有详有略。娱乐主情的诉求要求变文制造悬念和冲突，感情热烈鲜明，外露而极端。摆脱实录的束缚，变文可以根据作者意愿自由加工，依据情节的需要加入新鲜元素，不需同史传家一样以春秋笔法隐晦表达自己的价值判断或隐藏自己的情感。作为独立的、割裂的文本，为在有限的篇章中达到最大的表现效果，变文往往利用夸张的手法，使期待之"美"更接近神的形象。正所谓"俗人好奇，不奇，言不用也。故誉人不增其美，则闻之者不快其意；毁人不益其恶，则听者不惬于心"④。陈望道认为夸张是

---

① 陈允吉：《古典文学佛教溯缘十论》，复旦大学出版社 2002 年版，第 96 页。

② ［唐］李肇等：《唐国史补·因话录》，上海古籍出版社 1979 年版，第 94 页。

③ ［唐］郭湜：《高力士外传》，［五代］王仁裕撰；丁如明辑校：《开元天宝遗事十种》，上海古籍出版社 1983 年版，第 120 页。

④ ［东汉］王充：《论衡》，上海人民出版社 1974 年版，第 129 页。

说话张皇夸大过于客观事实，"重在主观情感的畅发，不重在客观事实的记录"①在漫长的文本传播接受中，通俗文学对伍子胥之塑造，是对"烈丈夫"精神的想象与追求，亦是英雄主义的高扬。基于此，《伍子胥变文》对历史材料重新处理，其对不利于人物形象塑造的记载进行消减，对干扰人物主线的情节一概舍弃。吴同瑞、段宝林《中国俗文学概论》指出"娱乐性、消遣性是俗文学的最显著的文学和特性……'自娱'也好，'娱人'也好，创作者和接受者都在这点上达成共识和美妙的和谐"②。可以说，变文中的伍子胥故事是建立在"实录"叙事资源基础上的艺术再造。

概言之，正史多以上层阶级的兴亡交替、仁人志士的丰功伟业为记载对象，而对底层百姓的生存状态、情感哀乐笔墨不多。《伍子胥变文》则从小人物的视角对历史进行新的演绎，以底层的视野还原、想象、加工故事主人公的经历。故事中小人物的活跃上场不仅丰富填充了故事情节，也将潜藏在主流意识下的个人表现欲通过"渔夫""商贾"等与英雄人物的对话宣泄出来，努力争夺在文本叙事中的地位，为宏大的历史叙事补充平实而亲切的情感注脚。叶朗在谈及庄子美学时就提出美感实质上是一种创作的喜悦，是由于人的自由得到显现，人的实践——创作力量得到肯定。对伍子胥的戏谑性改写是破除权利迷信的一种萌芽，表示出作者的创造力和对自我的关注。从中国古代叙事文学的发展看，从先秦诸子散文中的散落片段到魏晋志人，再到唐传奇、宋元话本以至后来的明清小说，人物塑造和故事情节愈发成熟。口传文学、史传文学、小说、佛经等的共生互动不仅依赖时间和空间的传播，更是经过众多接受者、创作者的积极参与——接受、经验、内化、筛选、改造、诠释。《伍子胥变文》作为一种重要过渡作品，对历史人物的创作直接体现了民间的价值主张及思维观念，有助于我们对中国文学的多样性重新进行审视。

---

① 陈望道：《修辞学发凡》，上海外语教育出版社1997年版，第128页。
② 吴同瑞、段宝林：《中国俗文学概论》，北京大学出版社1997年版，第16页。

论《史记》中《刺客列传》《游侠列传》 对现代武侠小说的影响

* 本文作者李晓媛。广西民族大学文学院硕士研究生。

《左传》《春秋》《战国策》都曾提到刺客和游侠，但非常零散，没有集合成篇。西汉武帝时期，司马迁在《史记》中第一次为刺客游侠立了合传，命名为《游侠列传》和《刺客列传》。这是史书上的首创，也是后世武侠题材作品的发源之处。

武侠题材的作品一直层出不穷，发展到现代的武侠小说，其文学成就和社会影响力都有了显著提升，尤其以 20 世纪 50 至 80 年代为巅峰时期。小说具有虚构性和叙述性，"是以刻画人物为中心，通过完整的故事情节和环境描写来反映社会生活的一种文学体裁。"① 本文仅选取最具代表性的作家，如金庸、梁羽生、古龙、卧龙生、司马翎、温瑞安等。他们的长篇小说情节精彩，文学性强，被不断拍摄成影视作品，对文坛乃至社会都产生了巨大的影响。

一、《史记》的历史叙述

《说文解字》云："刺，直伤也。从刀、从束。"② "刺客"即用刀伤人的人，主要任务是对某个人物实施谋杀。《说文解字》云："游，旌旗之流也。"③ "侠，俜也。俜，使也"。④ "游"可引申为不固定、之意，"侠"则表达了使命感、奉命行事之意，因此"游侠"指的是自由到处结交、帮助他人的人。刺客通过出色的武术去实现自身价值，但游侠中一部分人是靠武术，另一部分则是靠智谋和钱财去帮助他人。

在司马迁心中，侠是高尚伟大的，侠的定义可归纳为三点：一是正义、坚守本心，"不欺其志，名垂后世"；二是诚信谦虚、自我牺牲，"其言必信""不爱其躯""不矜其能"；三是不论成败皆英雄，即"此其义或成或不成，然其立意较然"。

---

① 杜喜亮，张弦：《审美与艺术》，山东人民出版社 2017 年版，第 183 页。
② ［汉］许慎：《说文解字》，中华书局 2018 年版，第 87 页。
③ 同上，第 137 页。
④ 同上，第 162 页。

司马迁笔下的刺客和游侠总数达 17 人：

　　《刺客列传》（5 人）：曹沫、专诸、豫让、聂政、荆轲。

　　《游侠列传》（12 人）：朱家、田仲、王公、剧孟、郭解、樊仲子、赵王孙、高公子、郭公仲、卤公孺、儿长卿、田君孺。

《刺客列传》的 5 个人全部是详写，《游侠列传》既有详写，也有略写，甚至仅仅是一笔带过。

司马迁之所以在《史记》中写了《刺客列传》和《游侠列传》，原因有三：第一，高度肯定刺客和游侠："今游侠，其行虽不轨于正义，然其言必信，其行必果，已诺必诚，不爱其躯，赴士之厄困。既已存亡死生矣，而不矜其能，羞伐其德，盖亦有足多者焉。"他认为游侠具有高尚品格，重诚信、身怀大义，愿意牺牲自己去拯救他们，且从不吹嘘自己，这样优秀伟大之人值得记录。

第二，对于没有书籍记载感到遗憾。司马迁在《游侠列传》中遗憾地提到"然儒、墨皆排摈不载。自秦以前，匹夫之侠，湮灭不见，余甚恨之"。表明儒家和墨家的著作都未曾记载平民之侠的事迹，使秦朝以前的侠客被埋没。因此，怀着遗恨之情的司马迁决意记录下这些精神高尚的平民事迹。

第三，对社会的黑暗表示抨击和反抗。司马迁《史记·游侠列传》提及虞舜、伊尹等贤人受苦难的故事，感叹道："此皆学士所谓有道仁人也，犹然遭此菑，况以中材而涉乱世之未流乎？其遇害何可胜道哉！"从而抨击了社会的黑暗和艰难，表示连道德仁人尚且遭受过灾难，那些只有中等才干、身处乱世之人更是生活艰难了。司马迁对人们所受的灾难表示同情，企盼出现关爱苍生、热心助人的人，他对"侠"的呼唤，正是对政府和社会不公正的失望和呐喊。

二、现代武侠小说对《史记》的继承

1. 侠的情节模式

作为描写史实的纪传体文学《史记》奠定了刺客游侠故事基本的情节模式，成为后世武侠小说的范本，具有重要的启示意义。

（1）正邪分明。在历史文献的取舍、个人政治意识、个人好恶等因素的影响下，司马迁笔下的刺客游侠故事体现了正邪分明的特点，主角往往被放在正义而光辉的立场上，和主角对立则成为邪恶的反面人物。

如豫让，他刺杀赵襄子是为了替智伯复仇。智伯爱才，对豫让"甚尊宠之"，但赵襄子却与人合谋灭掉智伯，瓜分其领地，甚至"漆其头以为饮器"，将智伯的头盖骨漆成酒具，这充分展现了赵襄子的不义与残忍。又如荆轲，为了家国大义选择行刺秦王。强大的秦国想要一统天下，兵锋直指燕国南界，燕国面临着亡国的危险。荆轲为了祖国和人民，毅然前往秦国刺杀秦王嬴政。春秋战国时期各国混战不休，争霸夺权，没有必然的正义与非正义之说，但在司马迁笔下，有浓重的感情倾向，让豫让、荆轲勇于反抗的正面形象得以确立，赵襄子、秦王则成为了反面邪恶的侵略者。

在现代小说里，正邪对立的框架和情节十分明显，作家们都倾向于将主角塑造成正面形象，并通过反面人物对正面人物的迫害，去突出正面人物的正义高尚。如《射雕英雄传》中的郭靖和西毒欧阳锋，欧阳锋自私阴险，坏事做尽，他曾被郭靖抓了三次，放了三次。又如《楚留香传奇》中的楚留香和妙僧无花，二人曾是至交好友，之后无花的邪恶阴谋被揭露，败于楚留香后诈死，再次作恶后，复败于楚留香，被柳无眉所杀。同时，正面人物和反面人物之间是可以相互转化的，如《倚天屠龙记》中的周芷若，她原本温柔善良，在婚礼上被张无忌抛弃后变得阴鸷冷血，还想残忍地杀害赵敏和谢逊，最后她知错能改，再次变回纯良的人物。现代武侠小说通过剧烈的反差和正反人物之间的斗争去增加文本的紧迫感，带给读者更强烈的惩恶扬善的代入感，使其更具有文学色彩，从而受到大众的欢迎。

（2）斗智斗勇。侠客们为了达到自己的目的，各出奇招，通过智慧、勇武或智勇双全的方式，推动了情节的发展。

不会武术的侠客，往往依靠智慧去达成目标。如《史记·游侠列传》提到"而朱家用侠闻。所藏活豪士以百数，其余庸人不可胜言"。其中救人的具体过程在《史记·季布栾布列传》中有提及："朱家心知是季布，乃买而置之田。……朱家乃乘轺车之洛阳，见汝阴侯滕公。"朱家发现奴仆中有乔装打扮的季布，买了他安置在田地里耕作，还去拜见了汝阴侯滕公，说季布颇有才干，只因受项羽差遣而立场不同，皇上追捕他只会向天下人显示自己器量狭小。在巧妙的语言攻势下，滕公被说服了，并向皇上求情，最终皇上赦免了季布，之后还任命他做了郎中。朱家靠着自己的智慧，不费一刀一剑，顺利达成了目的。现代武侠小说中也是如此，如《金灯门》中王俊伪装身份，略施小计，取得了奇宝香炉。《鹿鼎记》中，韦小宝善于抓住人性的弱点，通过自己的三寸不烂之舌，拯救了刘一舟等许多人。

而会武术的侠客，则是依靠勇猛之武力去完成任务。如曹沫勇猛有力，在盟坛上曹沫手拿匕首胁迫齐桓公，使得齐桓公最终答应归还鲁国被侵占的土地；聂政他走上台阶替严仲子刺杀侠累，杀死了侠累和几十名持刀的侍卫们，最终自己也自尽毁容而亡。由此可见武力的重要性。现代武侠小说中，绝大多数的侠客都会武术，并且往往凭着高强的武艺行走天下，锄奸除恶，如会降龙十八掌的郭靖、会飞刀的李寻欢、会飞花逐蝶剑法的卓一航等等。

在一些情况下，侠客们更是将智慧与武术相结合，为行刺多添了一重保障。如荆轲要行刺秦王，他虽武艺高强，但也思虑周全，一是前去说服被秦王追杀的樊於期自尽，用樊於期的头颅去向秦王投诚；二是向燕太子丹索取了秦王在意的燕国督亢地图；三是在行刺的匕首上下毒，"使工以药焠之"。秦王果然放下戒心，召见荆轲，"轲既取图奏之，秦王发图，图穷而匕首见。"做好万全准备后，荆轲开始行刺，然而最终失败。又如专诸，为了隐藏匕首，将其放到烤鱼的肚子里，在把鱼进献给王僚之时迅速掰开鱼，以迅雷不及掩耳之势刺杀了王僚，最后自己也被王僚侍卫所杀。

豫让刺杀赵襄子，则是通过丑化自己、伪装自己来接近对方的："豫让又漆身为厉，吞炭为哑，使形状不可知，行乞于市。"豫让把漆涂在身上，使肌肤肿烂得像得了癞疮，又通过吞炭使声音变得嘶哑。其苦心孤诣，实非常人所能为。现代武侠小说《倚天屠龙记》中的苦头陀原本是明教当年的右使范遥，他本是英俊潇洒的美男子，却为了卧底汝阳王府，"毁了自己容貌，扮作个带发头陀，更用药物染了头发，投到了西域花剌子模国去。"① 可见侠义英雄的塑造，除了依靠武力，更不能缺少智慧与筹谋。

（3）自尽结局。许多侠客在结局时无论是否刺杀成功、完成使命，都会毅然选择自刎，这展现了他们高尚的人格，也升华了故事的内核。聂政在成功刺杀侠累后，毁容剖肚，自尽而亡；豫让拔出宝剑多次击刺赵襄子的衣服后，心愿已了，用剑自尽；田光用自杀来激励荆轲；樊於期为了让荆轲骗取秦王信任而自尽，这些都属于死亡的悲剧结局。现代武侠小说侠客自尽的故事也比比皆是：《笑傲江湖》中，沙天江在执行任务中因不敌令狐冲，举刀自尽，极有骨气；《天龙八部》中，乔峰逼迫辽帝退兵宋朝后，认为自己身为契丹人却威迫辽帝，心中有罪，自戕而亡；《神雕侠侣》中，公孙绿萼为了让杨过得到救命的绝情丹解药，撞向父亲手中黑剑，香消玉殒。

自尽是不符合中国"身体发肤，受之父母"的主流传统生命观的，这种"殉道"的形式令人唏嘘。司马迁提出"人貌荣名，岂有既乎"，意为人要是能以声誉作为自己的容貌，就可以永世长存了，肯定了声誉和精神世界的重要性。在这场与生命的告别里，他们勇往无畏，因为生命的意义于他们而言已经完成。那种宁为玉碎的姿态、走向死亡的淡然，成了影响后世最英勇动人的范本。因此，他们的生命美学并未丧失，而是不断升华。

2. 侠的精神

从古至今，武侠小说经历了千年的时光变迁，写作技巧不断成熟，但有一点从不曾改变，那就是"侠"的精神内核。早在《史记》中，这种精神已经定性，并被后世的武侠小说所继承和发扬。武侠精神可以分为五类：

（1）勇敢无畏。曹沫不畏强权，手拿匕首，冷静劝说齐桓公放弃侵略鲁国，"曹沫执匕首劫齐桓公，桓公左右莫敢动"；聂政要去刺杀侠累，严仲子想要加车骑壮士来帮助他，聂政却拒绝了："语泄是韩举国而与仲子为雠，岂不殆哉！"因为人去得越多就越易走漏消息，所以聂政甘冒风险也要拒绝增派人手，不可谓不勇敢；聂政自杀后故意毁坏面容，就是为了不连累姐姐，聂政姐姐却仍坚决去认

---

① 金庸：《倚天屠龙记·三》，文化艺术出版社 1998 年版，第 1187 页。

尸："妾其奈何畏殁身之诛，终灭贤弟之名！"表明自己绝不会因杀身之祸，而埋没弟弟的名声。在《游侠列传》中也赞扬了游侠"不爱其躯""赴士之厄困"的勇敢品质。在现代武侠小说中，勇敢的品质随处可见：张无忌为了保护明教，以一己之力对抗六大门派，重伤吐血仍不愿离去；楚留香为了救苏蓉蓉等红颜知己，毅然进入了天气恶劣的茫茫大漠，差点缺水而亡；四大名捕为了追捕罪恶凶手，多次身处险境，仍毫不退却。

《史记》描写了荆轲刺秦前的悲壮场面："高渐离击筑，荆轲和而歌，为变徵之声，士皆垂泪涕泣。又前而歌曰：'风萧萧兮易水寒，壮士一去兮不复还。'"《倚天屠龙记》中峨眉派弟子在面对危险境地时，亦带着荆轲般不顾一切的勇气：

> 张无忌见峨眉派众人虽然大都是弱质女流，但这番慷慨决死的英风豪气，丝毫不让须眉，心想峨眉位列六大门派，自非偶然，不仅仅以武功取胜而已，眼前她们这副情景，大有荆轲西入强秦，"风萧萧兮易水寒，壮士一去兮不复还"之慨。①

（2）为国为民。荆轲决定刺秦，是因为他认为秦王残暴，危害六国，刺杀他是"国之大事也"。他是站在正义的政治立场上，想要帮助自己的国家和人民。

在现代武侠小说中，同样秉承了正义至上、国家人民利益为先的无私宗旨。温瑞安"四大名捕"系列中，无情、铁手等捕头，经历了各种生命危险也始终坚持惩奸除恶，维护国家人民利益；梁羽生《萍踪侠影录》中的张丹枫，国难当头之际，他违背先祖遗训，不顾世仇地奔走于漠北江南，为祖国奉献，为百姓分忧；《神雕侠侣》中，郭靖为了保护百姓，死守襄阳城，并对杨过说道："只盼你心头牢牢记着'为国为民，侠之人者'这八个字，日后名扬天下，成为受万民敬仰的真正大侠。"②

（3）重视知己。《史记》中的人物是极看重知己的，甚至可以为知己献出生命：如智伯重用豫让，智伯被赵襄子杀死后，豫让为了"士为知己者死"的信念决意刺杀赵襄子报仇，并不惜使自己皮肤溃烂、声音沙哑混入仇人身边，最后刺杀失败，自尽而亡；严仲子多次屈尊多次到聂政家里请求帮刺杀侠累，聂政非常感动，"严仲子乃诸侯之卿相也，不远千里，枉车骑而交臣……政将为知己者用。"聂政死后，他的姐姐抱着尸体哭泣，认为弟弟"士固为知己者死"；郭解同样"以躯借交报仇"，不惜豁出性命为朋友报仇，令人动容。

在现代武侠小说中，众门派逼迫张翠山夫妇说出谢逊下落，为了保护知己谢逊，他们选择自尽而亡；李寻欢明知是圈套，也要冒死前去营救朋友阿飞；宋青书要杀重伤在身的张无忌，小昭决绝地挡在张无忌身前，"张无忌向她凝视半晌，心想：'就算我此时死了，也有了一个真正待我极好的知己。'"③

---

① 郭锦华编辑：《评点本·金庸武侠全集·倚天屠龙记2》，文化文艺出版社1998年版，第622页。

② 金庸：《神雕侠侣》，陕西人民出版社1992年版，第850页。

③ 金庸：《倚天屠龙记·三》，文化艺术出版社1998年版，第996页。

（4）热心助人。《史记·游侠列传》提到，"鲁朱家者……而朱家用侠闻。所藏活豪士以百数，其余庸人不可胜言。"鲁国的朱家因为侠士而闻名，他所藏匿而救活的豪杰有几百个，其余被救的普通人更是难以数清。

温瑞安《刀丛里的诗》中，龚侠怀受冤入狱，剑侠叶红、大刀王虚空、黄埔鹿、石暮题、哈广情等人虽与龚侠怀没有深交，但出于江湖道义，仍然积极去营救龚侠怀，甚至不惜赔上自己的身家性命。这种热情善良、大公无私的举动，对于《史记》中游侠的侠气可谓是一脉相承。金庸认为："别人受了委屈、冤枉，我们就要帮助，这就是侠的精神，就是中国的传统精神。"① 侠客们路见不平、拔刀相助，这种爱无等差的正义感和责任感，实属难能可贵，是中华民族的理想信念和传统美德。

（5）大公无私。郭解姐姐的儿子依仗郭解的势力，强行灌酒给别人，那人发怒，拔刀刺死了郭解姐姐的儿子后逃跑了。郭解姐姐把儿子的尸体丢弃在道上，不埋葬，想以此羞辱郭解。郭解派人暗中探知凶手的去处，凶手窘迫，自动回来把真实情况告诉了郭解。郭解说"公杀之固当，吾儿不直"。表明那人杀了自己侄儿是应该的，是侄儿有错，并放走了那个凶手。郭解能够站在客观公正的立场上，做到帮理不帮亲，难能可贵。

《神雕侠侣》中，郭靖的大女儿郭芙砍下了杨过的右臂，郭靖决定砍掉女儿手臂来赔罪，但最后被杨过阻止。之后，在襄阳城之战中国，金轮法王以郭靖二女儿郭襄为人质，逼迫郭靖投降，郭靖忍痛选择了牺牲女儿。幸而郭襄最后也被杨过所救。郭靖大义凛然，绝不徇私，实属难得。

金庸认为："在小说里面，总是人物比较重要。……我总希望能够把人物的性格写得统一一点、完整一点。故事的作用，主要只在陪衬人物的性格。"② 侠的性格和精神是武侠小说得以立足的灵魂，是中华民族正义情怀和崇高理想，被中国一代代的仁人志士所继承，具有永恒的价值。

三、现代武侠小说对《史记》的创新

从西汉的严谨史书《史记》，逐渐发展到现代的虚构型武侠小说，后者展现出了更多的创新之处和文化属性。

1. 夸大武术

《说文解字》云："武，止戈为武；术，思通造化、随通而行为术。"③ 武术的起源，有学者认为在原始社会，"以石片斫物则为器，以石片格斗则为兵。"④ 石

---

① 江堤、杨晖编选，金庸：《中国历史大势》，湖南大学出版社 2001 年版，第 24 页。
② 同上，第 106 页。
③ ［汉］许慎：《说文解字》，中华书局 2018 年版，第 267 页。
④ 周纬：《中国兵器史稿》，百花文艺出版社 2006 年版，第 1 页。

片兵器作为防身格斗的雏形武器出现，但系统的武术体制还没有确立。汪聚应认为"刺客、游侠本不相同，故司马迁分别传。古游侠不定擅长武功，亲自杀人报仇，但侠行出于公正，能拯危济弱主持公道。刺客则只图报知己之恩，虽重诺轻生，然其行未必可嘉"①。点出了游侠和刺客关于武术上的不同。《刺客列传》的排序远远靠前于《游侠列传》，且前者的笔墨要更丰富详尽，将故事描写得精彩纷呈，可见司马迁对于武术的肯定。

《史记》对于侠客的武术描绘比较中肯客观，但在现在武侠小说中，武术的作用的性能被日益夸大，具有神奇色彩。如古龙《多情剑客无情剑》中大侠李寻欢自创的武学"小李飞刀"，只要出手，必然毙命，没有人能躲过，甚至没人能看清刀是什么时候发出来的。同时夸大的武术还具有文艺色彩，充满了人性的力量美。如《神雕侠侣》的"美女拳法"，招式名叫嫦娥窃药、班姬赋诗、木兰弯弓、绿珠坠楼等，而"黯然销魂掌"招式则起名为饮恨吞声、六神不安、孤形只影、呆若木鸡等，充满了凄楚与黯然。陈平原认为，武侠小说"注重武中的'艺'、武中的'文'，这也是武侠小说之所以能雅俗共赏的原因之一"②。

在《史记》中，武艺超群的侠客都是靠着匕首、刀剑杀人，如荆轲"图穷而匕首见"、聂政"杖剑至韩……直入，上阶刺杀侠累"等。现代的武侠小说中刀剑仍时常出现，如金庸笔下的倚天剑、屠龙刀，古龙笔下的长生剑、碧玉刀等，梁羽生笔下的舍神剑等。与此同时，还新增了许多特别的兵器，如丐帮的打狗棒、黄药师的玉箫、小龙女的玉蜂、金轮法王的金轮等。古龙在小说中虚构了一本《兵器谱》，里面罗列出了当时武林中人兵器和武术的排名，小李飞刀、天机老人的棍、上官金虹的环等都曾上榜。

《史记·刺客列传》描写了专诸用鱼肠剑刺杀吴王刺僚的故事："酒既酣，公子光详为足疾，入窟室中，使专诸置匕首鱼炙之腹中而进之。既至王前，专诸擘鱼，因以首刺王僚，王僚立死。"专诸把匕首放到烤鱼的肚子里，将鱼进献到吴王僚跟前。之后专诸迅速掰开鱼肚，拿出匕首刺死了王僚。古龙《多情剑客无情剑》中，用"鱼肠剑"来衬托另一兵器"夺情剑"，体现了它的神秘色彩和锋利程度：

> 只听"呛啷"一声，他已拔出了腰畔的剑。剑光如一泓秋水。……游龙生目光闪动，沉声道："李兄既然也是个爱剑的人，想必知道这柄剑虽然比不上鱼肠剑上古神兵，但在武林中的名气，却绝不在鱼肠剑之下。"李寻欢闭起眼睛，悠然道："专诸鱼肠，武子夺情，人以剑名，剑因人传，人剑辉映，气冲斗牛。"③

可见在现代武侠小说中，专诸刺僚的故事被赋予了英雄色彩，"鱼肠剑"也

①　汪聚应：《唐代侠风与文学》，中国社会科学出版社 2007 年版，第 280 页。
②　陈平原：《千古文人侠客梦》，北京大学出版社 2010 年版，第 184 页。
③　古龙：《多情剑客无情剑》，珠海出版社 2009 年版，第 161 页。

发展成为一种武器的特殊图腾，代表着深刻的武术文化和前进的坚定信仰。

《史记·刺客列传》中太子丹为荆轲刺秦王准备了带毒的匕首，"得赵人徐夫人匕首，取之百金，使工以药焠之。以试人，血濡缕，人无不立死者。"这把匕首锋利无比，还沾了剧毒，划破出一丝血便会让人立即毙命。虽是利器，却已经属于毒药的范畴，是以毒杀人。

发展到现代的武侠小说，各类毒药更是被赋予了神奇的功效：如《楚留香传奇》中的"天一神水"，它无色无味，仅一滴便能让好几个人身体肿胀，瞬间毙命；《神雕侠侣》中的"情花"，中毒轻时，十二个时辰不能动情，否则剧痛难耐，中毒重时，三十六天后就会死亡；《倚天屠龙记》中的"七虫七花膏"，以七种毒虫和七种毒花煎熬而成，中毒者先感到内脏七虫咬啮般麻痒，然后眼前彩色变换，如七花飞散，七日后死去。毒药类型之丰富，症状之奇妙，充满了文学色彩。

2. 增加爱情

在《史记》中，刺客和游侠都没有恋爱情节。就算提到豫让有妻子，也只是一笔带过，"豫让又漆身为厉，吞炭为哑……其妻不识也"。笔者认为原因有三。一是司马迁认为情爱不重要，儿女私情与行侠情节、侠义主旨都无关；二是作为侠客，确实一部分人是单身，因为这是高危职业，朝不保夕，没有家眷方能做到了无牵挂；三是随着西周礼制的逐渐形成与完善，妇女在社会中的地位不断下降，成为男性的附属。从刺客、游侠中都是男性就可以看出，当时女性地位不高，依附男人而活，居家劳作，无法出外行侠仗义。

到了现代所有的武侠小说中，都有关于爱情的内容，一是为了顺应现代人的情感审美取向，二是为了制造矛盾冲突，丰富情节内容。其中，不少男女双方都是武艺出色的侠客，他们势均力敌、伉俪情深，共同闯荡江湖，如杨过和小龙女、郭靖和黄蓉、张丹枫和云蕾等。甚至在梁羽生的《江湖三女侠》《散花女侠》中，吕四娘、于承珠等女性侠客作为主角出场，以女性视角叙述了传奇人生和美好爱情。

小说中对于爱情的描写非常缠绵动人。在梁羽生《还剑奇情录》中，陈玄机、上官天野、云素素、萧韵兰等人，无一不陷入感情的旋涡中难以自拔。陈玄机道出了爱情的意义：

> "情为何物？那就是把她看得比自己的生命还重要，更不要说计较什么成败荣辱了！那是以心换心，在形骸上是两个人，其实是一个人！任教地裂山崩，风云变色，这挚爱真情总不能为外物所移！"①

许多爱情故事更是多条感情线推进，增加了戏剧冲突，塑造"英雄难过美人关"的情节。《神雕侠侣》中，郭靖、黄蓉、华筝等展开了三角恋，郭靖心中最爱的

---

① 梁羽生：《还剑奇情录》，广东旅游出版社、花城出版社2001年版，第107页。

却只有黄蓉；《云海玉弓缘》中，男主人公金世遗先后遇到了厉胜男、谷之华两位女子，厉胜男为保护金世遗而与其主人决战，被其打成重伤死去，最后金世遗和谷之华相伴一生；《倚天屠龙记》中，张无忌优柔寡断，一生中和四个女子有感情纠葛，分别是赵敏、周芷若、小昭和殷离，他最后娶的是赵敏；《鹿鼎记》中韦小宝甚至娶了七个老婆，有公主、郡主、青梅竹马的丫鬟，甚至有已经嫁过人的神龙教教主夫人，七个老婆还能够和睦相处。

除了"众女一男"，武侠小说中也不乏"众男一女"的情境：司马翎"剑神"系列书籍中，西门渐、宫天抚、石轩中、张咸这四位青年才俊都喜欢朱玲，难以抉择的朱玲最后以相貌美丑作为试金石，找到了真正的爱情。

3. 丰富文化

金庸、古龙、梁羽生等作家基于对中华传统武术的了解，根据历史的渊源，想象和创造出了一个绚烂的武侠世界。刘峻骧提出，"武术文化概念有二：一是它本体的文化特征；一是它的外延，即对其他文化范畴的影响或附丽、淫浸、诠释等。"① 现代武侠小说涉及了众多领域，包括风土人情、典章文物、佛经道藏、诗词歌赋、琴棋书画、医术占卜等等，融汇一体，精彩纷呈。

《楚留香传奇》描绘了沙漠的异域景色：

> "这时太阳虽已落下，热气从沙漠里蒸发出来，仍然热得令人恨不得把身上衣裳都脱光。但用不着多久，这热气就消失了，接着而来的，是刺骨的寒意，风刮在脸上，就像是刀一样。……小潘冷得在骆驼峰上不住地发抖，姬冰雁才找到一个避风的地方，在沙丘后搭起了帐篷，生起了火。石驼将骆驼圈成一圈，驼峰挡住了火花。火上煮了一锅热菜，他们围着火，喝着酒，嗅着那胡椒、辣椒、葱姜和牛羊肉混合的香气。"②

《射雕英雄传》中，黄蓉身受重伤，要找一灯大师治疗，为通过考验，与朱子柳进行了对联比试，两人都是话里有话，暗藏玄机。如朱子柳上联为"风摆棕榈，千手佛摇折叠扇"，描述自己身份高贵，是千手佛，黄蓉则机智回应"霜凋荷叶，独脚鬼戴逍遥巾"，讽刺了朱子柳像女子一般戴着逍遥巾，没有英雄气概。朱子柳又出题"琴瑟琵琶，八大王一般面目"，夸耀自己在内的四位兄弟是高高在上之人，且琴瑟琵琶四字中共有八个王字，十分难对。黄蓉则嘲讽了他们四兄弟是斤斤计较的小鬼，答道："魑魅魍魉，四小鬼各自肚肠。"③

黄蓉不仅精通诗词歌赋，还了解五行八卦：

> 黄蓉对庄中布置了若指掌，知道依这庄园的方位建置，关人的所在必在

① 刘峻骧编著：《武术文化与修身》，中央编译出版社 2008 年版，第 7 页。
② 古龙：《楚留香传奇 2・大沙漠》，中山大学出版社 2013 年版，第 16 页。
③ 金庸：《射雕英雄传》，生活・读书・新知三联书店 1994 年版，第 1080 页。

西南角上，不是"明夷"就是"无妄"，这是易经中八卦方位之学，她父亲黄药师精研其理，闲时常与她口讲指授的。①

《倚天屠龙记》中，则描写了医术出神入化的胡青牛：

> 张无忌又道："假若有一明教弟子，被人左耳灌入铅水，右耳灌入水银，眼中涂了生漆，疼痛难当，那便如何？"……胡青牛思索片刻，说道："倘若那人是明教弟子，我便用水银灌入他左耳，铅块溶入水银，便随之流出。再以金针深入右耳，水银可附于金针之上，慢慢取出。至于生漆入眼，试以螃蟹捣汁敷治，或能化解。"②

各种领域知识与文化的融汇让现代武侠小说得以更丰富动人，正如梁羽生所言："写好武侠小说并不容易，作者只有具备相当的历史、地理、民俗、宗教等等知识，并有相当的艺术手段、古文底子，而且还要懂得中国武术中的三招两式，才能期望成功。"③

现代武侠小说的盛行，给读者塑造了一个"仗剑走天涯"的美梦，让他们在刀光剑影的乌托邦中获得快意恩仇的满足感。但"侠"过分地抛弃理性束缚，放大直率与豪情，采取以武犯禁、以暴制暴的形式，注定了其局限性和消极性。在现代社会，随着社会环境的和睦和法制的健全，大家更倾向于通过理智、合法的手段去"行侠仗义"，这是社会的进步，也是文明的进步。

综上所述，《史记》中的《刺客列传》《游侠列传》对现代武侠小说影响甚深，为现代武侠小说提供了情节灵感、武侠精神以及武术创意等，值得研究。在日益发展的现代社会，侠客的以武犯禁不受提倡，但其勇敢守信、无私助人的高尚精神永不过时，永远在中华民族的史册上熠熠生辉。

---

① 金庸：《射雕英雄传》，生活·读书·新知三联书店 1994 年版，第 432 页。
② 郭锦华编辑：《评点本·金庸武侠全集·倚天屠龙记 1》，文化文艺出版社 1998 年版，第 312 页。
③ 冯立三：《与香港作家一夕谈——中国作协第四次会员代表大会侧记》，《光明日报》1984 年 1 月 3 日。

岭南诗人陈乔森对燕国历史的
独特观照与书写

＊本文作者赵永建。广东海洋大学教授。

陈乔森（1832—1905），原名桂林①，字颐山，又字木公，原籍广东省遂溪县椹川乡（现湛江市郊东海岛东山区），同治初年始迁居雷州府城（今广东省雷州市）。"年二十余始折节读书"，"颖敏有夙慧"②。咸丰十一年（1861年）中乡试。自同治元年（1862年）至同治九年（1870年），曾四度进京应试，"屡不得志于有司，意兴索然，常寄牢骚于杯酒之间"③。光绪二年（1876年）任雷阳书院山长，"主雷阳讲席近三十年……著录弟子数千人"④。

陈乔森时称"岭南才子"，与当时许多名人交往密切。居京应试时，"遍交当代贤豪，一时才名冠辇下。若南皮张宫保、奉新许中丞、桐庐袁太常、顺德李侍郎，皆以国士期之"⑤；潘存（海南文昌人，字孺初）、邓承修（广东惠阳人，字铁香）、杨守敬（湖北宜都人，谱名开科，榜名恺）与陈乔森更是"天涯知己，白首故人"⑥。彭玉麟与陈乔森亦是"针芥尤合"⑦，两人不仅都画梅爱梅，而且都有梅的品格与气骨，陈乔森写给彭玉麟的酬赠诗今存8题18首。

陈乔森诗、书、画造诣深邃，有《海客诗文杂存》五卷及许多书画作品传世。其歌咏燕国的诗作主要有：《读史记二首（其二）》《咏史》《登蓟丘》《燕中吊古》和《登贤台》等。这些诗作，概括性强，视角独特，见解深切。

一、概括性强

燕传国四十二代，享国八百多年。在这几百年的历史中，能给后世留下印象

---

① 梁成久纂、陈景菜续纂：《海康县续志·陈乔森传》载："乔森原名桂林，乡荐后始易今名。"《海康县续志》卷二一，民国二十六年十二月。（笔者按：今雷州市原称海康县，1994年撤县设市。）

② 杨守敬：《清故四品衔户部主事陈君墓志铭》，《海客诗文杂存》卷首。庚申（民国九年，1920）旧历七月，雷城内西街道南印务局本。

③ 同上。

④ 同上。

⑤ 同上。

⑥ 同上。

⑦ 同上。

的人物主要有召公、昭王和乐毅，以及太子丹和荆轲等。陈乔森的诗歌对燕国的
这些历史人物均有述及。

召公燕国开国之君，与周公齐名："其在成王时，召王为三公：自陕以西，召
公主之；自陕以东，周公主之"①；且以德行著称于世："召公之治西方，甚得兆
民和。召公巡行乡邑，有棠树，决狱政事其下，自侯伯至庶人各得其所，无失职
者。召公卒，而民人思召公之政，怀棠树不敢伐，哥咏之，作甘棠之诗。"②《诗》
之"二南"，"其得圣人之化者谓之《周南》，得贤人之化者谓之《召南》，言二公
之德教自岐而行于南国也"③。

讽刺周幽王乱政亡国的《大雅·召旻》，也充满着对召公的怀念之情："昔先
王受命，有如召公，日辟国百里，今也日蹙国百里。於乎哀哉！维今之人，不尚
有旧！"可见召公的影响久远而且深入人心。陈乔森的《登蓟丘》歌咏召公，亦满
怀仰慕之情：

> 燕市高楼倾碧筒，醉来郊外倚晴空。召公封土千年古，秦帝边垣万里
> 雄。日落星辰环北极，鸿飞山海起秋风。李将军没无人语，老柳黄沙感慨中。

首联点题，秋日郊外，登高怀远。颔联写登高所见。往日繁荣辉煌的燕都，
经过岁月的淘洗，只有召公的陵墓和秦帝的边垣尚存，面对此景，沧桑之感油然
而生。"千年""万里"是互文，从时空两个方面描摹"召公封土"和"秦帝边垣"
给人的观感：庄严、肃穆，雄伟、辽阔；而"古"与"雄"又成对比。颈联写登
高所感。举目远眺，只觉秋风阵阵，山海萧条，雁鸣长空，寒声四起；老柳枯萎，
黄沙漫漫，萧瑟悲凉之气扑面而来。"日落星辰"暗用《论语·为政》"为政以德，
譬如北辰，居其所，而众星共之"的典故，称颂召公的德政犹如北斗星辰，从容
和淡然，为众人指示着自己前行的方向。"环北极"与"起秋风"分写召公陵墓与
秦帝边垣，对比鲜明而强烈：星辰与山海，一则在天，一则在地；一者群星环绕，
从容淡然，一者鸿飞秋风，萧瑟凄冷；诗人没有一字褒贬，而褒贬之意自在其
中。结尾回到现实，化用王昌龄"龙城飞将"诗意，抒发自己怀才不遇的感慨。

昭王为燕国中兴之君。他在子之乱国，国内"死者数万，众人恫恐，百姓离
志"，"燕国几亡"之余即位。面对山河残破，民心涣散的情势，他"吊死问孤，
与百姓同甘苦"；求贤若渴，礼贤下士，"乐毅自魏往，邹衍自齐往，剧辛自赵往，
士争趋燕"④，使燕国呈现蓬勃向上的大好局面。

经过二十多年的不懈努力，"燕国殷富，士卒乐轶轻战，於是遂以乐毅为上将军，
与秦、楚、三晋合谋以伐齐。齐兵败，湣王出亡於外。燕兵独追北，入至临淄，尽取
齐宝，烧其宫室宗庙。齐城之不下者，独唯聊、莒、即墨，其馀皆属燕"⑤。颐山的

---

① 《史记·燕召公世家》。
② 同上。
③ 郑玄：《诗谱·周南召南谱》。
④ 《史记·燕召公世家》。
⑤ 同上。

《登贤台》即是歌咏燕昭王的，亦充满着赞美与向往之情：

> 凭高一吊召公孙，致士终能为道存。乱世君臣如此少，昔年王霸与谁论？狗屠沉醉看燕市，骏骨惊寒滞蓟门。比乐长吟在何等，黄金毕竟是私恩。

诗歌开头两句，是对燕昭王的总体评价。"召公孙"点明燕昭王是召公的贤子贤孙，"致士终能为为道存"是用典①，称赞他的招纳贤才，振兴燕国的行为是召公德政精神的继承和发扬。

中间四句，是今昔盛衰对比。昭王"收破燕后即位，卑身厚币以招贤者"②，吊死问孤，与百姓同甘苦，坚持几十年如一日，终使燕国中兴。战国以后，历代君王不可胜数，但能如燕昭王者，则是寥若晨星。惠王即位之后，燕国俊才流离星散，从此一蹶不振，终至亡国。"狗屠沉醉""骏骨惊寒"用语沉痛，诗人既伤感千里马难遇伯乐，亦感叹自己生不逢时。结尾两句，抒发对燕昭王溘然长逝，乐毅功业未就的惋惜之情。

颐山《读史记二首（其二）》是专门咏荆轲刺秦的：

> 壮士冲冠一筑秋，伤心马角与乌头。药囊犹觉关天命，剑术何能主国谋？不返早知秦竖子，有灵应见汉留侯。咸阳虽尽山东地，督亢图来霸业愁。

诗歌开头，用《燕丹子》的说法，点明太子丹刺秦只是出于个人一己之私怨。"药囊"两句，借用鲁勾践对荆轲的评价，暗讽太子丹将燕国的生死存亡全部押在荆轲刺秦之上，就是如同儿戏。诗的颈联，化用明代陈子龙《易水歌》"庆卿成尘渐离死，异日还逢博浪沙"的诗意，意蕴深婉。面对暴秦，有人奋力抗争——如荆轲，如张良。但从最终的结果看，荆轲的咸阳行刺失败了，张良博浪沙的锥击也没有成功。陈乔森将荆轲与张良联系并对比，就是曲折地点明：时过境迁，再采用暗杀的极端行为来改变国家和个人的命运，是不会成功的，因而是不可取的。

诗的尾联，写刺秦的心理震慑效应。张大可先生认为："荆轲的行动虽然失败了，但它对秦王朝的震动是巨大的。先是荆轲，再加上后来高渐离的后续行动，遂使秦王吓得'终身不复近诸侯之人'，使他在此后的十几年里每天都在疑神疑神疑鬼怕遭暗算的惶恐中过日子。"③ 陈乔森的"咸阳虽尽山东地，督亢图来霸业愁"也正是此意。

太史公写《燕召公世家》的重心在"德治（德政）"，其在末尾的论赞中，通过对召公的赞美，突出表达了自己对德政的推崇和向往之情：

---

① 《战国策·燕策一》："郭隗先生对曰：'帝者与师处，王者与友处，霸者与臣处，亡国与役处。诎指而事之，北面而受学，则百己者至；先趋而后息，先问而后嘿，则什己者至；人趋己趋，则若己者至；冯几据杖，眄视指使，则厮役之人至。若恣睢奋击，呴藉叱咄，则徒隶之人至矣。此古服道致士之法也。'"
② 《战国策·燕策一》。
③ 韩兆琦，张大可，宋嗣廉：《史记题评与咏史记人物诗·刺客列传第二十六》. 华文出版社2005年版，第250—253页。

太史公曰：召公奭可谓仁矣！甘棠且思之，况其人乎？燕外迫蛮貉，内措齐、晋，崎岖强国之间，最为弱小，几灭者数矣。然社稷血食者八九百岁，於姬姓独後亡，岂非召公之烈邪！

陈乔森观照燕国历史，与太史公的思想亦是一脉相承的，他的咏燕诗作充溢着对"德政"的仰慕和向往之情。我们看他的《燕中吊古》：

桑干碣石霸图余，尾舍箕躔剩故墟。屠狗论交民气薄，削猴食禄将才虚。堪伤义士高离筑，不负贤台乐毅书。歌哭无人吾岂敢，九原可作为踟躇。

诗写自己对燕国历史的总体感受：面对废墟，缅想召公和燕昭王所开创的霸业，黍离之感油然而生。中间四句，回答"此何人哉"的问题，三四句是因，五六句是果。"屠狗"即《刺客列传》中荆轲在燕市所交往之"狗屠"；"削猴"当是指代替代乐毅为燕国将领的骑劫。"民气薄"与"将才虚"涵义相近——在陈乔森看来，派刺客刺秦同任骑劫为将的后果是一样的，都是祸国害人。"堪伤"两句分承上联。其实，诗人所伤感的不只是高渐离，对于刺秦的荆轲，更是怀有无限的惋惜与伤感之情；同样，辜负乐毅和燕昭王的不单单是骑劫，更是任命骑劫为将的燕惠王。骑劫兵败之后，燕国就走上了灭亡的快车道。"堪伤""不负"用语沉痛之极。

诗歌结尾，回到现实，抒发自己极度伤感而又无可奈何之情。"歌哭"本是用以表示强烈的感情。"歌"，是对燕召公德政，以及燕昭王重用贤才、振兴燕国功业的向往与高兴；"哭"，则是对子之、燕惠王和太子丹诸人祸国误国行径的不满，对燕国衰败乃至亡国的悲伤。可目前却是"歌哭无人"，颐山的孤独由此可见。

二、视角独特

司马迁笔下的燕昭王是一位渴于求贤、能任用贤才的明君。燕昭王与乐毅的关系，是一种理想的君臣关系。燕昭王的出现，犹如闪电划破历史的夜空，留下一道绚美而短暂的绚影，令人赞美，更令人怀念。因此，自魏晋以降，歌咏燕昭王和黄金台的诗作多不胜举。除了广为流传的陈子昂《登幽州台歌》《蓟丘览古七首》、李白的《行路难（其二）》等诗，我们再略举一二：

唯腾渥洼水，不饮长城窟。讵待燕昭王，千金市骏骨。"（南朝·陈·张正见《君马黄二首（其二）》）

北乘赢马到燕然，此地何人复礼贤。若问昭王无处所，黄金台上草连天。（唐代胡曾的《咏史》）

把酒上金台，伤心泪落杯。君臣难再得，天地不重来。古木巢苍鹊，残碑枕碧苔。倚阑休北望，万里起黄埃。（宋·汪元量《黄金台和吴实堂韵》）

峨峨燕中台，悠悠易上水。怀哉燕昭王，招彼天下士。士贵相知深，岂为多黄金。筑台置黄金，自是君王心。（宋·陈昌时《黄金台》）

落日燕城下，高台草树秋。千金何足惜，一士固难求。沧海谁青眼？空山尽白头。还怜易河水，今古只东流。（元·乃贤《南城咏古十六首》其一《黄金台》）

黄金此地能延士，极目平川夕照斜。水绕易城流霸业，田连督亢属农家。苍茫暝色烟中树，飘渺晴光雨外霞。千古荒台遗旧址，西风残柳集寒鸦。（明·王绂《黄金台》）

昭王灵气久疏芜，今日登台吊望诸。一自蒯生流涕后，几人曾读报燕书。（明·汤显祖《黄金台》）

落落高坟直到今，秋风惆怅独登临。燕山草落霜逾苦，碣石沙寒日易沈。逆旅祇怜余白首，荒台不见有黄金。莫言近代无良马，孤负当年一片心。（清·张远《燕昭王墓》）

平原满目尽蒿莱，闻道黄金旧有台。一自昭王挥手去，千年神骏不重来。（清·洪锡爵《黄金台》）

这些诗歌的主题，多是感慨明君难遇，自己生不逢时。

燕昭王之所以令人向往，是因为像燕昭王这样的贤君明主在历史的长河中是寥若晨星，正所谓是"千里马常有，而伯乐不常有"。人们怀念乐毅，不仅是他所取得功业后人难以企及，更是因为他在燕昭王和燕惠王两个时期截然不同的遭遇和处境令人扼腕叹息，慷慨唏嘘。后世论及燕昭王和乐毅，也多是立足于这两点。可乐毅为什么会有截然不同的处境和遭遇？似乎没有人作过深层的探究。至于用名利作为激励的手段，又有哪些负面影响？也无人去思考。

与众不同的是，陈乔森不仅关注和思索了这些问题，而且在诗歌中也给出了自己思索的结果——"黄金毕竟是私恩"。这句诗中，"黄金"和"私恩"是关键。在诗人看来，"黄金"本质属性是物，以此作为激励手段，分寸的拿捏极为重要。所谓"私恩"，就是个人行为，它没有上升到国家层面，没有形成制度和体系，因而不可能持久。其实，不光燕昭王"躬身厚币"是如此，任何一项措施、一种决策，如果没有制度作保障，紧靠某位强人的强力推进，是不可能最终取得成功的。我们若以商鞅变法为参照，或许会更加清晰。地处西部边陲的秦国最终能统一中国，根本的原因在于它的变法——特别是商鞅变法的成功。其实，战国七雄先后都曾施行过变法，也都取得了一定的效果，但都没有完全成功。其根源在于变法是"私恩"。

商鞅变法，对权贵的根本利益是毁灭性的，他的最终结局也是极其惨烈。但与李悝、吴起等人变法截然不同的是，"及孝公、商君死，惠王即位，秦法未败也"①。其实，不只是秦惠王，其后的武王、昭襄王，一直到秦王政，都行商鞅之法：如商鞅"并诸小乡聚，集为大县，县一令，四十一县"②；到"秦王政立二十六年，初并天下为三十六郡，号为始皇帝"③。就此而言，秦统一中国的原因，与

---

① 《韩非子·定法》。

② 《史记·秦本纪》。

③ 同上。

其说是商鞅变法措施的更彻底，倒不如说是商鞅变法措施持续的时间最长久。"黄金毕竟是私恩"点明乐毅失败的根本原因，一是对于物质财富的过度追求，二是燕昭王重用贤才的举措没有持续性，可谓是只眼独具。

在对荆轲刺秦之举观照与评判上面，陈乔森也有自己的视角。荆轲诸人是太史公极力描摹和歌颂的英雄人物，荆轲刺秦之举亦成为反抗强敌的一种精神符号，后人多誉其言行名节，指为楷模。因此，有不少诗作流露出对荆轲的赞颂和惋惜之情：

> 图穷事自至，豪主正怔营。惜哉剑术疏，奇功遂不成。其人虽已没，千载有馀情。（陶渊明《咏荆轲》）
>
> 聂政凭骁气，荆轲擅美风。孤刃骇韩庭，独步震秦宫。怀音岂若始，捐躯在命终。雄姿列往志，流声固无穷。（南朝宋孝武帝刘骏《咏史》）

自从荆轲在易水河边慷慨高歌"风萧萧兮易水寒"之后，易水就不是一条普通的河流，而成为一个符号、一种象征。其后的诗人骚客，无不借题咏易水以抒发自己内心愤懑不平之气。唐代骆宾王的《于易水送人》，马戴《易水怀古》是如此，明代陈子龙的《渡易水》"并刀昨夜匣中鸣，燕赵悲歌最不平。易水潺湲云草碧，可怜无处送荆卿！"亦是如此。

燕太子丹遣荆轲入秦，意在效仿曹沫，用极端的手段迟滞甚至是阻挡秦王灭燕的步伐。可时代不同了，秦王亦非齐桓公，"以齐桓望始皇，丹之愚也"①。柳宗元《咏荆轲》就认为这是鲁莽和愚昧之举："秦皇本诈力，事与桓公殊。奈何效曹子，实谓勇且愚。"元代的胡天游、明代的何景明等咏荆轲的诗作亦与此同调：

> 悲风萧萧寒日孤，空山废馆荒平芜。雄姿劲气不可见，仰天椎缶呼呜呜。（胡天游《拟赋荆轲馆》）
>
> 吁嗟乎！燕丹寡谋当灭身，田光自刎何足云，惜哉枉杀樊将军。（何景明《易水行》）

这些评论和诗作多是从时代变迁和具体效果出发，对荆轲刺秦之举并不认同。

也有社会层面出发，不赞同以刺杀解决政治问题，认为国士当有经天纬地、治国兴邦之才，对战国的养士之风持否定态度的。这当以司马光和王安石为代表：

> 燕丹不胜一朝之忿以犯虎狼之秦，轻虑浅谋，挑怨速祸，使召公之庙不祀忽诸，罪孰大焉！而论者或谓之贤，岂不过哉！
>
> 荆轲怀其豢养之私，不顾七族，欲以尺八匕首强燕而弱秦，不亦愚乎！故扬子论之，以要离为蛛蝥之靡，聂政为壮士之靡，荆轲为刺客之靡，皆不可谓之义。又曰："荆轲，君子盗诸！"善哉！②
>
> 聂政售于严仲子，荆轲豢于燕太子丹。此两人者，污隐困约之时，自贵

---

① ［清］梁玉绳撰：《史记志疑》卷三十一，中华书局1981年版，第1315页。
② 《资治通鉴·秦纪·秦纪二》。

其身,不妄愿知,亦曰有待焉。①

一个说"荆轲怀其豢养之私",一个以为"荆轲豢于燕太子丹",这两个政治上的冤家对头,在对荆轲的看法上是如此一致,且不约而同地用"豢养"一词。看来,作为政治家的司马光和王安石,评价某些问题的视角和立场,与作为文学家的司马迁等迥异。这本可略而不论,但政治对手对同一历史人物的看法竟是如此契合,特拈出一叙。

陈乔森对荆轲诸人的和评价,与上述观点皆不同。他既不从个人精神出发,也不论时代和效果,更不是站在政治的立场,而是从荆轲与燕太子丹的关系切入,表达出自己对荆轲诸人的看法。这一点,我们不妨再品读一下《读史记》的颔联和颈联。

颔联将刺秦激烈的场面浓缩在两句诗中,具有高度的概括性。"药囊"句,明写夏无且,暗写秦舞阳。这一点,已有论者点出:"第此时夏无且犹能以药囊提荆轲,秦舞阳何以不奋一臂之力?岂至陛色变,止于阶下故耶?"②李白的《结客少年场行》亦将刺秦失败的原因归结于秦舞阳的胆怯:"燕丹事不立,虚没秦帝宫。舞阳死灰人,安可与成功。"其实,写秦舞阳亦是太子丹。如果不是太子丹的急躁、猜忌的性格,荆轲的副手就不会是秦舞阳,荆轲刺秦可能就会是另一种结果。

颈联亦是对比,其"竖子"一词值得仔细推敲。"竖子"见于与荆轲刺秦关联者有三处:

1. 出自《刺客列传》。荆轲有所待而太子丹怀疑催促之时,"荆轲怒,叱太子曰:'何太子之遣?往而不返者,竖子也!'"这里的"竖子",当是荆轲发誓赌咒之语。

2. 出自《燕丹子・卷下》。荆轲刺秦失败,秦王断其双手,"轲因倚柱而笑,箕踞而骂,曰:'吾坐轻易,为竖子所欺。燕国之不报,我事之不立哉!'"这里的"竖子",是骂秦王之语。

3. 出自《史记菁华录》。姚苎田在荆轲"日与狗屠与高渐离饮于燕市,酒酣以往,高渐离击筑,荆轲和而歌于市中"的眉批中写道:"大丈夫为知己者死,一腔热血,本不求表暴于天下,而无如荆卿之于太子丹,疏莽猜嫌,实算不得知己。七尺之躯浪付竖子,殊为可惜。故当时若不得高生一番奇烈,荆之减价良不少也。酒酣歌泣,托以千秋,岂徒然哉!"③这里的"竖子"当是骂太子丹的。以太子丹轻率急躁的性格和贪生怕死的人品,骂他为"竖子"诚不为过。

仔细品读,陈乔森诗中"竖子"所指对象,应该也包括燕太子丹在内。古人有言:良禽择木而栖,良臣择主而事。太史公在《刺客列传》中亦借豫让之口发

---

① 王安石:《书〈刺客传〉后》。
② 《史记笺证》引史珥语,《史记笺证》七,江西人民出版社 2009 年版,第 4618 页。
③ 姚苎田:《刺客列传》评语,《史记菁华录》卷四,广陵书社 2017 年版,第 90 页。

出"士为知己者死，女为悦己者容"的感叹。荆轲刺秦，俨然是将燕太子丹视为良主，视为知己。但太子丹的所作所为看，他能算得上良主和知己吗？"七尺之躯浪付竖子，殊为可惜"，姚祖恩的一个"浪"，用得实在是太恰切了，从太子丹的角度审视荆轲，他真的是所托非人。就此而言，诗中的"竖子"，则蕴含者作者对荆轲的不满之情。而"堪伤义士高离筑"，所表达的情感，是对田光、樊於期、高渐离等既有惋惜之意，也有崇敬之情。

三、见解深切

陈乔森对于燕国历史——特别是对黄金台的观照，有自己的深切见解。我们看他的《咏史》诗：

　　　　荣利世所趋，人心日以靡。高台置黄金，招贤亦如此。

诗以哲理的视角观照燕昭王筑台招贤，观照燕国的整部历史，言语虽不免尖刻，但却直指事物的本质和人性的弱点，应当予以足够的重视。

这里就牵扯出一个古老的命题——人是什么？《现代汉语词典》给出的定义是："能制造工具并使用工具进行劳动的高等动物。"① 可见，人具有自然和社会的双重属性。根据马斯洛的需求层次理论，生存和安全需求处于需要的低端，这是本能的需要，人和动物都离不开。人类生存与安全需要的基础，就离不开物质和金钱。物质和金钱是人类生存和繁衍的基础，也是个人和社会发展的基础；离开了物质和金钱而高谈什么个人和社会的发展和繁荣，要么是欺人，要么是欺世。

燕昭王招贤纳士，重用贤才，其基础和起点就是丰厚的物质利益。他即位之后，"卑身厚币以招贤者"②，即是"用恭敬的态度和丰厚的礼物招揽贤才"③，这是物质加精神；他为郭隗"改筑宫而师事之"，也是如此。试想：如若只有"卑身"和"师事之"，而没有"厚币"和"改筑宫"，会出现"乐毅自魏往，邹衍自齐往，剧辛自赵往，士争趋燕"的盛况吗？而"燕王吊死问孤，与百姓同甘苦"，应当也离不开一定的物质基础。

荆轲亦非不食人间烟火，他对金钱美女也是来者不拒。太子丹"尊荆卿为上卿，舍上舍。太子日造门下，供太牢具，异物间进，车骑美女恣荆轲所欲，以顺适其意"④，荆轲对此的态度如何，《史记》没有明言，"似即安而受之者"⑤。

乐毅和荆轲都有物质与金钱的追求，但不能就此认为他们不是英雄。因为，

① 中国社会科学院语言研究所词典编辑室：《现代汉语词典（第6版）》，商务印书馆2012年版，第1090页。
② 《史记·燕召公世家》。
③ 韩兆琦先生语：《史记笺证》五，第2382页。
④ 《史记·刺客列传》。
⑤ 韩兆琦先生语：《史记笺证》七，第4613、4401页。

判断一个人的崇高与否，不是看他有没有物质和金钱的追求，而在于看他是不是一切都是为了名和利，看他能否在关键时刻能否毅然决然地抛弃这些物质金钱的享受而义无反顾，勇往直前。

个人对于事业的追求多是基于物质利益，而群体和国家间的争夺缠斗，在很大程度上都是为了各自的利益，而且，这些利益又多是在物质和金钱方面的。

在乐毅帅五国之兵破齐的前前后后，也始终绕不开一个"利"字。赵、楚、韩、魏等国之所以原意出兵助燕破齐，是因为燕昭王"使乐毅约赵惠文王，别使连楚、魏，令赵嚼说秦以伐齐之利"①，这些国家有利可图——打败齐国，他们可以乘机扩张自己的领土。

破齐之后形势的发展，还是绕不开一个"利"字。"诸侯兵罢归，而燕军乐毅独追，至于临蕾……乐毅攻入临菑，尽取齐宝财物祭器输之燕。燕昭王大说，亲至济上劳军，行赏飨士，封乐毅于昌国，号为昌国君。"②"乐毅攻入临菑，尽取齐宝财物祭器输之燕"③，是夺取齐国的物质财富，而"诸侯之所以中途'罢归'者，以其深知齐被燕灭非诸国之利。"④

追求一定的物质利益是正当和合理的，但任何事情都有一个度，如果超过了一定的界限，那就会走向反面。就燕昭王和乐毅而言，他们破齐之初，是为报当年齐国侵燕之仇，这有一定的正义性。可破齐之后，燕兵"入至临淄，尽取齐宝，烧其宫室宗庙"⑤。其性质就变了，由正义之师变成了侵略者："伐齐诚为有功，然迁齐之重器于燕，则非仁义之师矣。"⑥ 黄震也指出："乐毅为燕报齐，诚师出有名矣，而尽取宝物祭器输之燕，仁义之师不为也。"⑦ 韩兆琦先生更是直接点明："燕军破齐后的肆行抄掠，自是导致日后齐军反攻、燕国前功尽弃的重要因素，也是乐毅与燕昭王政治上的严重一弊。"⑧ "黄金毕竟是私恩"亦有此意，只不过更加委婉含蓄而已。

可惜的是，当时的乐毅并没有意识到这一点，反而在与燕惠王的信中以此作为自己对燕国的重大贡献而提出来："济上之军受命击齐，大败齐人，轻卒锐兵，长驱至国。齐王遁而走莒，仅以身免；珠玉财宝车甲珍器尽收入于燕。齐器设于宁台，大吕陈于元英，故鼎反乎歷室，蓟丘之植，植于汶篁，自五伯已来，功未有及先王者也。"⑨ 从这一点来看，将乐毅破齐失败的责任完全归咎于燕惠王，似有失公允。

---

① 《史记·乐毅列传》。
② 同上。
③ 同上。
④ 韩兆琦先生语：《史记笺证》七，第 4613、4401 页。
⑤ 《史记·燕召公世家》。
⑥ 《史记笺证》引穆文熙语，《史记笺证》七，第 4401 页。
⑦ 《史记笺证》引，《史记笺证》七，第 4419 页。
⑧ 韩兆琦：《史记笺证·乐毅列传》按语，《史记笺证》七，第 4421 页。
⑨ 《史记·乐毅列传》。

　　作为个体的人，在现实生活中既需要精神和道义，也需要物质和金钱，这本是不言而喻的。可不知从什么时候起，在历史人物的书写中，书写者却将二者割裂开来，并有意或无意屏蔽或掩盖历史人物的物质金钱需求。多少年积淀下来，就形成了一种集体无意识：只有事业和奉献是崇高的，而物质和金钱则是卑微的。近日在网络上看到一篇文章，说是当年写"最有情怀"辞职信的女教师，因接了商业广告而遭到一些人的唾骂，这种集体无意识的影响之深远即此可见一斑。

　　陈乔森"黄金招贤"见解的深刻之处，就在于它明确指出高台招贤的本质其实就是利用人性的弱点，以物质的或精神的利益引诱人们去追逐某一个或几个特定的目标。诗中的"趋"是点睛之笔。"趋"有追求、追逐之意，它深刻揭示了所谓奖励——无论是物质还是精神——的本质。有了目标，有了追求，人就有了前进的动力，社会也会因此不断进步。但人又是贪婪、自私和妒嫉的，如若人们为了追求巨大的物质或精神利益而不顾一切，那就会败坏社会风气，引起道德滑坡，"人心日以靡"就是过度追求的后果。这是刺穿屏蔽历史的迷雾、还历史人物以本原面目之论，可谓是发前人之未发，独到深切。

《剑桥中国秦汉史》札记

＊本文作者芮文浩、李庆彬。芮文浩，安庆师范大学人文学院副教授；李庆彬，淮北师范大学文学院讲师。

　　《剑桥中国秦汉史》是英国学者崔瑞德、鲁惟一编写的《剑桥中国史》丛书中的第一部，由剑桥大学出版社于 1986 年出版，旨在"为西方历史读者提供一部有内容的基础性的中国史著作"①。1992 年，中国社会科学院历史研究所编译室将其译成中文出版，中译本"内容介绍"称其"征引文献广泛，并重视文献的辨伪和考订工作"，李学勤在序中指出，该书"很注意文献的辨伪和考订"②。中译本问世以来受到学界广泛重视，③ 笔者研读《剑桥中国秦汉史》中译本时受教颇多，然亦偶有疑惑，遂覈诸原英文版，将所见疑点逐次摘出，并参《史记》《汉书》等重要史籍予以讨论。为便于检覈，札记先将中译本疑点列出，次列该处于英文版对应文本，并于所列的中英文之后标出各自所在书册中的页码。

　　1. 可能是仿效陈涉的榜样，他们在公元前 209 年阴历九月发动了起义，杀害了秦朝的会稽郡守。（P132）

　　英文：Possibly in response to the example of Ch'en She, they had staged an uprising in the ninth month of 209 B. C. , murdering the Ch'in governor of K'uai-chi. ④ （P113）

　　① 见［英］崔瑞德、鲁惟一编，杨品泉、张书生、陈高华等译：《剑桥中国秦汉史》，中国社会科学出版社 1992 年版，《总编辑序》，第 2 页。下文所引序言及正文所摘引该书内容悉据该书。
　　② 《〈剑桥中国秦汉史〉序》，第 2 页。
　　③ 长期以来，学界对《剑桥中国秦汉史》都极为关注：如王晓卫的《〈剑桥中国秦汉史〉指瑕》（《贵州大学学报》1993 年第 3 期）一文从十个例证出发，指出书中存在历史叙事欠周密或与史实相悖、史实描述不准确、文中史实描述前后矛盾、史料的理解和转述错谬等四大硬伤；程钢的《〈剑桥中国秦汉史〉的几点启示》（《华夏文化》1995 年第 3 期）从历史社会学"同情的理解"出发，阐述了该书立足历史描述，关注历史上的社会整合与社会稳定，时时对中国传统历史便站学的先入偏见予以辩驳等学术特点带来的学术启示；问永宁的《〈剑桥中国秦汉史〉第 12～16 章读后》（《人文论丛》2000 年辑刊）一文重点讨论了中译本第 12～16 章中有关思想文化史方面存在的明显失误；河北大学 2020 届郝常见的硕士学位论文《当代中西历史编撰比较——以〈中国通史·秦汉时期〉和〈剑桥中国秦汉史〉为中心》对两部著作的成书过程、历史思想及文本形式的分析、比较，得出《剑桥中国秦汉史》具有问题意识较强、重视从"由思想的过程所构成的内在方面"对秦汉历史的发展进程进行解读、重视计量材料在历史研究中的作用等优长，同时指出该书由于成于众手也存在各部分内容间的统一性较差、粗暴地把汉族与其他少数民族的关系当作"中国"与"外国"间的关系来看待、不重视对具体秦汉人物形象的描述、过度强调历史变动的非人力因素等不足。
　　④ 所列英文悉据 THE CAMBRIDGE HISTORY OF CHINA, Volume Ⅰ, The Ch'in and Han Dynasty, General editors, DENIS TWITCHETT and JOHN K. FAIRBANK, Cambridge University Press, First published 1986.

按：译文将 in response to the example of 短语译为"仿效"，不确。

《史记》多次论及陈涉首难的积极意义，如《太史公自序》："桀、纣失其道而汤、武作，周失其道而《春秋》作。秦失其政，而陈涉发迹，诸侯作难，风起云蒸，卒亡秦族。天下之端，自涉发难。作《陈涉世家》第十八。"数十字之内，太史公两度嘉许陈涉首难的精神，足见其对陈涉首义的重视。

不仅《史记》称颂陈涉在反秦灭秦过程中积极的历史作用，而且后世学者评议陈涉时也盛赞他的首难之功，如早在《史记》诞生之前，西汉学者贾谊在《过秦论》中就指出陈涉起义对反秦灭秦所起的重要作用："天下云合响应，赢粮而景从，山东豪俊遂并起而亡秦族矣。"① 宋代学者洪迈的《容斋随笔》称："秦以无道毒天下，六王皆万乘之国，相踵灭亡，岂无孝子慈孙？故家遗俗，皆奉头鼠伏，自张良狙击之外，更无一人敢西向窥其锋者。陈胜出于戍卒，一旦奋发不顾，海内豪杰之士乃始云合响应，并起而诛之，数月之间，一战失利，不幸陨命于御者之手，身虽已死，其所置遣侯王将相竟亡秦。项氏之起江东亦矫称陈王之令而度江，秦之社稷为墟，谁之力也？且其称王之初，万事草创，能从陈余之言，迎孔子之孙鲋为博士，至尊为太师，所与谋议皆非庸人崛起者可及，此其志岂小小者哉？汉高帝为之置守冢于砀血食二百年乃绝。"② 洪迈对陈涉在秦楚之际的诸多举措极为肯定，他从军事、政治、文化等多方面阐述了陈涉在秦楚之际的重大影响，直言"陈涉不可轻"。清代学者李景星：《史记》"列陈涉于'世家'，俱属太史公破格文字"，"陈涉未成，能为汉驱除，是当时极关系事，列之'世家'，盖所以重之而不与寻常等也"。③

in response to 意为"对……做出反应"，恰如《过秦论》所言"天下云合响应"，中英文语意暗合，而 example 则有"范例、榜样"之意义。上例译文不仅对原英文理解欠妥，而且在翻译时对陈涉首难的历史意义重视得不够，或可译作：对陈涉的榜样作出响应。

2. 其他人起而效尤，他们最初采取的行动都是杀死偏僻的县的秦朝官员，在这些领袖中，陈涉表现出的野心最大。(P132)

英文：Their example was soon followed by others, whose first moves were to put to death some of the Ch'in officials in isolated country districts. (P112)

按："效尤"，意为仿效坏的行为。《左传·庄公二十一年》："郑伯效尤，其亦将有咎！"杨伯峻引杨树达说："尤，《说文》作'訧'，罪也，过也。僖二十四年、襄二十一年《传》并云'尤而效之'，定六年《传》云'尤人而效之'，皆此意。"④ 且不说此处英文是否带有贬义，陈涉首倡后，天下云集响应，伐无道，诛

---

① ［汉］贾谊著，［清］卢文弨校：《贾谊新书》，上海古籍出版社 1989 年版，第 7 页。
② ［宋］洪迈撰：《容斋随笔》，景印文渊阁四库全书，台湾商务印书馆 1986 年版，第 851 册，第 513 页。
③ ［清］李景星著，韩兆琦、俞樟华校点：《四史评议》，岳麓书社 1986 年版，第 49 页。
④ 杨伯峻：《春秋左传注》（修订本），中华书局 1990 年第 2 版，第 217 页。

暴秦。在此"榜样"效应下，连原秦朝僻远之地原秦朝官员也是寻机诛灭秦朝官员，乃至称王称帝，最明显的便是南越地区：南越尉佗自立为王，《史记》《汉书》等史籍对此都有明确记载，如《史记·南越列传》："至二世时，南海尉任嚣病且死，召龙川令赵佗语曰：'闻陈胜等作乱，秦为无道，天下苦之，项羽、刘季、陈胜、吴广等州郡各共兴军聚众，虎争天下，中国扰乱，未知所安，豪杰畔秦相立。南海僻远，吾恐盗兵侵地至此，吾欲兴兵绝新道，自备，待诸侯变，会病甚。且番禺负山险，阻南海，东西数千里，颇有中国人相辅，此亦一州之主也。可以立国。郡中长吏无足与言者，故召公告之。'即被佗书，行南海尉事。"任嚣死后，尉佗在南越进一步培植势力，秦朝灭亡后，尉佗并桂林、象郡，自立为南越武王。

返观译文此处将 example 译为"效尤"，明显带有贬义。英文原文 example 是否带着有色的历史观姑且不论，仅就 example 一词而言，该词绝非贬义，结合正史对陈涉首难的记载及史家的评论并参酌第 1 则相关论述来看，不论原文"example"是否持有贬低陈涉起义的历史进步性，译文将其处理为"效尤"显然不合适，至少有违历代正史及史家对陈涉首难的肯定。

3. 在这个阶段，有纪律的秦帝国军队完全有力量粉碎陈涉的这种地方叛乱。(P132)

英文：At this stage the disciplined forces of the Ch'in empire were well able to crush local rebellions of this type. (P113)

按：译文将 the disciplined forces of the Ch'in empire 译为"有纪律的秦军"，不妥。discipline 除了"使……有纪律"之外，还有"训练"之意，原文 forces 之前的修饰词 disciplined 是动词 discipline 的过去分词，作 forces 的定语。译 disciplined 时宜采用"经受训练的"义项，the disciplined forces of the Ch'in empire 为"受过训练的秦军"。

4. 在他的事业的初期，他赢得了其支持者萧何、曹参和樊哙等人的忠诚的友谊，这些人在后来创立新帝国时起了显著的作用。(P133)

英文：Early in his career he had won the loyal companionship of supporters such as Hsiao Ho, Ts'ao Shen, and Fan K'uai, who were later to take a prominent part in molding the new empire. (P113)

按：此处译文将 surporters 译作"友谊"，可商。据《史记》及《汉书》记载，Hsiao Ho（萧何），Ts'ao Shen（曹参），Fan K'uai（樊哙）三人与高祖刘邦的私交甚厚，就私谊与历史贡献而言，此三人对新帝国——汉王朝的形成有着举足轻重的作用，其中萧、曹二人位列刘邦作为皇帝的身份在众臣面前亲口夸赞的三位"人杰"中，樊哙则是在霸上助力时为沛公的刘邦脱险于鸿门宴的关键力量，上例中的 supporters 当译作"支持者"，理由如下：

在反秦和楚汉相争的全过程中，三人始终以坚定的实际行动"支持"着刘邦，若就交情而论，早在秦朝时，刘邦同萧何的关系就不一般："高祖为布衣时，何数以吏事护高祖。高祖为亭长，常左右之。高祖以吏徭咸阳，吏皆送奉钱三，何独以五。"然而，若就刘邦的事业，尤其是帝业而言，"支持"比"友谊"更显重要，若据此返观刘邦对待萧何的态度，更显出"友谊"并不那么重要，至少不是说最重要，这一点从其对待萧何的态度最能说明问题。

在其身为汉王时以及及高祖平定天下后，刘邦都曾对萧何产生过不信任，然而，事实上萧何身为"三杰"，不仅本人忠心支持，而且其家族也投身汉军前线。萧何因为向汉高祖请命让民众入上林苑耕种而获罪，被收系下狱，卫尉向皇帝进言："夫职事苟有便于民而请之，真宰相事，陛下奈何乃疑相国受贾人钱乎！且陛下距楚数岁，陈豨、黥布反，陛下自将而往，当是时，相国守关中，摇足则关以西非陛下有也。相国不以此时为利，今乃利贾人之金乎？且秦以不闻其过亡天下，李斯之分过，又何足法哉。陛下何疑宰相之浅也！"皇帝闻言不悦，但还是赦免了萧何，而萧何纵然有同刘邦早年在秦朝时的交游、拥有楚汉相争时镇抚关中供给馈饷的功劳、位居汉帝国相国的高位，但在被赦后"相国年老，素恭谨，入，徒跣谢"，高皇帝说，"相国为民请苑，吾不许，我不过为桀纣主，而相国为贤相。吾故系相国，欲令百姓闻吾过也"。尽管皇帝此番带着自嘲的解释中有宽慰萧何之意，不过，结合萧何、刘邦二人前前后后的关系而言，很明显，身为臣下的萧何与刘邦之间的"友谊"并非首要，支持与获得支持才是至关重要的问题。

5. 根据我们见到的史料，咸阳城新主人的行为堪称典范，但这可能是历史学家在一定程度上拔高了他的行动，以便与其对手的行动进行对比。(P134)

英文：According to our sources, the behavior of the city's new master was exemplary, but it is possible that historians have invested his actions with some measure of nobility so as to contrast them with those of his rivals. (P115)

按：就"信、达、雅"而言，译文将 invested his actions 译为"拔高了他的行动"，表意平实，"达"是不成问题的，但是原文中 with some measure of nobility 则毫无体现，因而"信"就未必了。

译文之"拔高"尽管通俗易懂，却为能扣住 invset 之后所接的介词短语 with some measure of nobility，通过何种方式"拔高"呢？译文欠明确交代。考查 invest 众多义项，其中有一项为"装饰"，因而 invested his actions with some measure of nobility，显然是指史家的"增饰"，此类现象，先贤曾有过论述，如王充《论衡·是应篇》："夫儒者之言，有溢美过实。瑞应之物，或有或无。夫言凤皇、骐驎之属，大瑞较然，不得增饰；其小瑞征应，恐多非是。"而明确指出《史记》增饰问题的是唐代史学家司马贞，《史记索隐》称《滑稽列传》之优孟谏楚庄王事有明显的增饰之词："此辩说者之词，后人所增饰之矣。"英文原句 invest his actions 指的正是增饰"他的（the city's new master's，指咸阳城的新主人刘邦）行为"，故此处不妨作"增饰"来理解。

6. 刘邦抓住这一时机直捣彭城，打击项羽的根据地。但形势很快发生变化：刘邦发现自己被项羽所围并被打败，只是由于一场暴风雨，他才得以逃生。(P136—137)

英文：Liu Pang seized the opportunity of advancing right into the city of P'engch'eng to strike a blow at Hsiang Yü's base. But the tables were soon turned: Liu Pang found himself besieged by Hsiang Yü and defeated in battle, and it was only thanks to a storm that he was able to make his escape. (P117)

按：译文将 storm 译为"暴风雨"，语义上没有问题，但不符合史籍记载。《史记》载此事时仅有风暴，无雨："项王乃西从萧，晨击汉军而东，至彭城，日中，大破汉军。汉军皆走，相随入谷、泗水，杀汉卒十余万人。汉卒皆南走山，楚又追击至灵璧东睢水上。汉军却，为楚所挤，多杀。汉卒十余万人皆入睢水，睢水为之不流。围汉王三匝。于是大风从西北而起，折木发屋，扬沙石，窈冥昼晦，逢迎楚军。楚军大乱，坏散，而汉王乃得与数十骑遁去。"《汉书》《资治通鉴》《文献通考》载此事也不见"雨"：《汉书》"大风从西北起，折木发屋，扬砂石，昼晦，楚军大乱，而汉王得与数十骑遁去"；《资治通鉴》"会大风从西北起，折木，发屋，扬沙石，窈冥昼晦，逢迎楚军"；《文献通考》述此事时也是仅有"风""砂石"而无"雨"。因此，从 storm 原义出发并结合史实，将 storm 译为"暴风"方为准确。

7. 为了扫清自己前进路上的障碍，项羽清除了楚王——首先尊他为义帝（前206年阴历九月），然后把他贬到一个边远的城镇，他在那里被刺杀。(P135)

英文：To ease his own advancement, he had the king of Ch'u eliminated-first by having him accept the superior title of I-ti (ninth month, 206 B. C.), and next by removing him to a remote provincial town where he was assassinated (tenth month, 206 B. C.). (P116)

按："项羽清除了楚工"，译文"项羽"为主语，则"清除"的动作发出者便是主语"项羽"，实则有违原文之意，也不合《史》《汉》等史籍所载。

原文 he had the king of Ch'u eliminated 是 have sb. done 的句型，意为"使某人（sb.）遭受……"，其中 done 表示的多是某人（sb.）遭受不幸的行为和处置结果。英文表达的意思是：项羽派人干掉了义帝，而非项羽本人亲自去清除。这一点史籍有明确记载，《史记·黥布列传》："汉元年四月，诸侯皆罢戏下，各就国。项氏立怀王为义帝，徙都长沙，乃阴令九江王布等行击之。其八月，布使将击义帝，追杀之郴县。"《汉书·高帝纪》"二年冬十月，项羽使九江王布杀义帝于郴"，颜师古注："说者或以为《史记》《本记》及《汉注》云衡山、临江王杀之江中，谓《汉书》言黥布杀之为错。然今据《史记·黥布传》四月阴令九江王等行击义帝，其八月布使将追杀之郴，又与《汉书·项羽》《英布传》相合，是则衡山、临江与布同受羽命，而杀之者布也。"凡此皆可证义帝被杀是项羽令属下所为，非其本人亲自出手杀之。

8. 最后，刘邦一旦与项羽清算了宿怨，就采用这块地区的名称作为他的王朝的称号：他此时已经称为汉王。(P136)

英文：…, it was from the name of this area that Liu Pang was to adopt his dynastic title, once he had settled the score with Hsiang Yü: Already he was known as the king of Han. （P116）

按：settle a score 固然有清算旧仇、积怨等之义，但译文将 he had settled the score with Hsiang Yü 译成"刘邦一旦与项羽清算了宿怨"，欠妥。

刘、项为首的两支反秦力量先后到达关中后，这两大政治军事集团由原先的反秦、灭秦的同向而行，转化为争做天下主宰的敌对行为，溯上例英文原作对刘邦受封汉王作了这样的表述：The territory of Han-chung, which lay across the Ch'in-ling range of mountains, to the south of Kuan-chung, was now apportioned to Liu Pang. Possibly Hsiang Yü hoped that settlement in this remote area would deter Liu Pang from threatening his own security. 此处表述符合《史记》《汉书》所载刘邦部下函谷关被项羽所部攻破、鸿门宴刘邦示弱、项羽自命西楚霸王继而分封天下的史实。already 固然有"已经"之义，但英文所表述的是刘邦接受汉王封号的史实，以及刘邦如何从受监视辖制的封地对项羽展开军事行动的情形。《史记》载汉元年正月，"项羽自立为西楚霸王，王梁、楚地九郡，都彭城。负约，更立沛公为汉王，王巴、蜀、汉中，都南郑。三分关中，立秦三将：章邯为雍王，都废丘；司马欣为塞王，都栎阳；董翳为翟王，都高奴"，汉王刘邦前往受封地时，"从杜南入蚀中。去辄烧绝栈道，以备诸侯盗兵袭之，亦示项羽无东意"，"八月，汉王用韩信之计，从故道还，袭雍王章邯。邯迎击汉陈仓，雍兵败还走。止战好畤，又复败，走废丘。汉王遂定雍地。东至咸阳，引兵围雍王废丘，而遣诸将略定陇西、北地、上郡。令将军薛欧、王吸出武关，……以迎太公、吕后于沛。楚闻之，发兵距之阳夏，不得前。令故吴令郑昌为韩王，距汉兵"。由此，楚汉正式揭开了武力对决的序幕。

英文所言的 settle the score 有"报复，算账"之义，原句意指刘邦对项羽"负约"展开的军事行动，而从此之后直至汉军追击项羽至乌江的一系列重大军事行动，项羽自刎了方可称得上"清算"宿怨，因此，本例中 settle the score with Hsiang Yü，当是指刘邦向项羽发难。

刘邦以"汉王"封号、从"汉中"之地发起反击并最终成就帝业，"汉王"与"汉中"之名成为煌煌王朝的名号，足以见其具有举足轻重的意义，乃至后世对此也时有称道，如《三国志》隆中对时，诸葛亮以"高祖因之以成帝业"向刘备陈述汉中的重要性；而英文 it was from the name of this area that Liu Pang was to adopt his dynastic title，采用 it is…that… 的强调句型，强调 the name of this area（汉中这一地区名）的重要性，与隆中对诸葛亮的识见是极其相符的，但译文恰恰忽略了英文对"汉"的强调，有违原义。

9.……，据说他死亡的直接原因是他在公元前 195 年与淮南王作战时受了箭伤。（P149）

英文：…, and the immediate cause of his death is said to have been a wound received from a stray arrow that had struck him during the fighting against the king of Huai-nan in 195 B. C.. （P130）

按：高帝死于箭伤，英文的表述 a stray arrow that had struck him 与《史记》《汉书》对刘邦之死的记载相符：astray，英文释义作 away from the right path or direction，为"歧途、迷路"之义，高祖征讨淮南王黥布反叛时为流矢所伤，对此，《史记》《汉书》均有记载，其中《高祖本纪》载："高祖击布时，为流矢所中，行道病。""流矢"为乱飞的或非有意射来的飞箭，《后汉书》载，"（窦）辅与宗人徙居于邺，辟丞相府，从征马超，为流矢所中死"，李贤注："飞矢曰流矢。中，伤也。"英文以 stray arrow 表述且以不定冠词 a 领起，说明所中之箭（arrow）非有意射向刘邦，表述准确，符合《史记》《汉书》对高祖死因的记载，译文漏译了 stray 一词，有失准确。

10.（贾谊）"他在历史上俨然是其美德在当时未得到赏识的政治家的典型。他的文章和诗被人们称颂，其中有的留传至今"。（P164）

英文：He has been praised for his compositions in both prose and poetry, some of which survive.（P148）

按：英文 poetry 中文义为"诗"，译文的处理乍一看似乎合理，但若结合贾谊及其在中国古代文学史上的影响来看，就显得不够严谨。

《剑桥中国史》在史料方面有重视哲学家和文学家的特点①，此秦汉卷也不例外。赋是一种半诗半文的文体，讲究声韵美，"它把散文的章法、句式与诗歌的韵律、节奏结合在一起，借助长短错落的句子、灵活多变的韵脚以及排比、对偶的调式，形成一种自由而又谨严、流动而又凝滞的文体，既适合于散文式的铺陈事理，又能保存一定的诗意"，这是"赋"这种文体的重要特点。② 清末民初国学大家王国维认为："一代有一代之文学：楚之骚，汉之赋，六代之骈语，唐之诗，宋之词，元之曲，皆所谓一代之文学，而后世莫能继焉者也。"汉赋是与唐诗宋词等列的一代文学，而贾谊则是汉赋发展中的重要一环（两汉时期除贾谊外，枚乘、司马相如、班固、扬雄、赵壹、张衡等人对汉赋的发展都颇有建树）。在中国古代文学史上，赋在其发展演变的过程中，"一直保持着半诗半文的性质"。因此，结合相关史实和语境，宜将本例之 poetry 译作"赋"。

11. 他……自认为功业未成而于 33 岁时自杀。（P164）

英文：Appointed tutor to the king of Ch'ang-sha, he regarded himself as a failure and committed suicide at the age of thirty-three.（P148）

按：贾谊之死《屈原贾生列传》有明确记载："居数年，怀王骑，堕马而死，无后。贾生自伤为傅无状，哭泣岁余，亦死。贾生之死时年三十三矣。"《汉书》虽未言其哭泣长达一年之久，但绝未称其自杀而死："谊自伤为傅无状，常哭泣，后岁余，亦死。贾生之死，年三十三矣。"正史并不见贾谊自杀的记载，尽管从现

① 胡志宏：《西方汉学的重要成果——读〈剑桥中国史〉有感》，《中国史研究动态》1994 年第 11 期。

② 《中国大百科全书》总编委会，中国大百科全书出版社 2009 年第 2 版，第 7 册，第 143—143 页。

代行为心理学看，贾谊"日夜哭"的情绪会对其身心带来负面影响，甚至有某种程度的自虐倾向，但终究不是自杀。英文 commit suicide 表述严重悖离史实，译文虽遵原文准确译出，不得不步入原文背离史实的歧途。

12. 他劝景帝勇敢地对付诸侯王的挑战。（P164）

英文：He advised Ching-ti to meet the challenge of the kings head on. （P149）

按：head on，副词短语作动词 meet 的状语，迎面地。从文句对应的关系看，英文原句并无与"勇敢"对应的单词或词组，从句意看，英文原句意在表达正面迎接来自诸侯王的挑战从，译文于此处"信"不足。

13. 事实上，这正是公元前 219 年始皇帝派遣徐福市（也叫徐福）前往海上寻找蓬莱、方丈和瀛洲几座虚构的岛屿原因所在。（P406）

英文：In fact，it was also in 219 B. C. that the First Emperor sent Hsü Fu Shih （also called Hsü Fu） to sea in search of the fabled islands known as P'eng-lai，Fang-zhang，and Ying-zhou. （P377）

按：《史记》作"徐市"或"徐福"，《秦始皇本纪》："既已，齐人徐市等上书，言海中有三神山，名曰蓬莱、方丈、瀛洲，仙人居之。请得斋戒，与童男女求之。于是遣徐市发童男女数千人，入海求仙人。"而《史记正义》引《括地志》作"徐福"："亶洲在东海中，秦始皇使徐福将童男女入海求仙人，止在此洲，共数万家。至今洲上人有至会稽市易者。吴人《外国图》云亶洲去琅邪万里。"《淮南衡山列传》中伍被向淮南王陈策时论及秦始皇时也作"徐福"："秦皇帝大说，遣振男女三千人，资之五谷种种百工而行。徐福得平原广泽，止王不来。"该处与上文《秦始皇本纪》中的《史记正义》引用《括地志》对"入海求仙"所作注文均作"徐福"。

市、巿字形相近，"巿"在《说文解字》"巾部"："巿，韠也。上古衣蔽前而已，市以象之。天子朱巿，诸侯赤巿，卿大夫葱衡。从巾，象连带之形。凡巿之属皆从巿。"而"市"见于《说文解字》"冂部"，无论是造字方式，还是字义，二者都不通用。《说文解字·冂部》："市，买卖所之也。市有垣，从冂从乀，象物相及也，……? 岂省声。"段玉裁注："垣所以介也，故从冂。"从造字方式上看，"市"乃形声兼会意。中译本"徐福市"承袭了英文 Hsu Fu Shih 之误，当作"徐福"或"徐市"。

翻译工作诚为不易，《剑桥中国秦汉史》译者富于学识和经验，较之《剑桥中国秦汉史》及其中译本，拙稿井蛙之见无异于以蠡测海，即便略有所悟，也无损煌煌巨著之美，不当之处，敬请方家批评指正。

非秦为宝

——强秦话语范式浅探（一）

＊本文作者徐同林。南京传媒学院教授。

常言道，"文无第一，武无第二。"然而，"武无第二"，秦国是当之无愧，毋庸置疑；而"文无第一"之在秦国，也是非拼个称雄独一不肯罢休。你看看，《诗经·秦风·蒹葭》"一篇，最得风人深致"（《人间词话》）；秦孝公《求贤令》，被卫鞅称为"五百年一卷雄文"。秦国的文治之盛，成为春秋和战国的标杆。看看孔子（三十岁，前522年）回答到访鲁国的齐景公与晏婴："秦，国虽小，其志大；处虽辟，行中正。身举五羖，爵之大夫，起累绁之中，与语三日，授之以政。以此取之，虽王可也，其霸小矣。"景公说。（《史记·孔子世家》）。荀子评价入秦的观感："入境，观其风俗，其百姓朴，其声乐不流污，其服不佻，甚畏有司而顺，古之民也。……古之吏也。……古之士大夫也。……古之朝也。故曰：佚而治，约而详，不烦而功，治之至也，秦类之矣。"（《荀子·强国》）春秋时代孔子当作齐国君主的面评价秦国"虽王可也，其霸小矣"，战国时代荀子当作秦相范雎的面评价秦国"治之至也"，这些都是对秦国文治给予至高无上的赞赏。而这些多不是武力与战争所能获得的。它来自包括传播力在内的文化软实力的竞争比拼较量。

但从一开始，文化尤其话语方面的实力却是秦国的短板。面临一错再错，屡战屡败，敌强我弱，秦国唯有直面自省，方能急起直追，后来居上。

一、以错为训

"人非圣贤，孰能无过。""过而能改，善莫大焉。""过而不改，是为过矣。"关键是怎样才能不贰过。幸好，这方面秦国有及早的示范。秦晋崤之战全军覆没，秦穆公发布《秦誓》悔过自责，垂戒后世，便是永载史册的突出一例。

那是周襄王二十五年秦穆公三十三年（前627年），雄心勃勃的秦穆公不顾老臣哭谏，趁晋丧而出兵偷袭千里之东的郑国，途中获悉郑有备而欲退回。经过晋国崤山（今河南省洛宁县）隘道时，遭到晋襄公率军伏击，三万秦军无一生还，秦军三帅被俘。这就是史上有名的秦晋崤之战。

面对全军覆没的败局，劳师袭远，拒绝谏诤的大错，痛定思痛的秦穆公发出了振聋发聩的悔过誓言《秦誓》，该文之旨在"举以自责，兼戒后世"，则是其霸业，甚至是整个秦国发展史上的里程碑。随后，三十六年（前624），穆公复益厚孟明等，使将兵伐晋，渡河焚船，大败晋人，取王官及鄗，以报殽之役。晋人皆城守不敢出。于是穆公乃自茅津渡河，封殽中尸，为发丧，哭之三日。乃誓于军曰："嗟士卒！听无哗，余誓告汝。古之人谋黄发番番，则无所过。"以申思不用蹇叔、百里奚之谋，故作此誓，令后世以记余过。君子闻之，皆为垂涕，曰："嗟乎！秦穆公之与人周也，卒得孟明之庆。"（《史记·秦本纪》）一人揽过，重用败将，垂范后世。其文末曰："邦之杌陧，曰由一人；邦之荣怀，亦尚一人之庆。"国家的危难，是因为君主用人不当；国家的安宁，则是因为君主用人得当。此誓言，从悔过心情，惨痛教训，真实心愿，梦想成真，理论阐发等不同角度，发出真诚悔过真心任贤（包含求贤）的铮铮誓言。这样的悔过誓众之词，出自春秋霸主之口，古往今来，恐怕独一无二。其言辞之恳切，一唱三叹，反反复复，在公文中亦不多见。

随后，他调整方向，避实就虚，向西拓进。"穆公求士，西取由余于戎，……并国二十，遂霸西戎。"（《李斯列传》）这是因为，秦穆公有这样的座右铭："邻国有圣人，敌国之忧也。"（《秦本纪》）这也成为后代强秦明君的国策，即客卿制。此番悔过誓言发布后，秦穆公更加虚心求贤任能，遂霸西戎。这不能不说是一大奇迹。所以，一百年之后孔子说"秦，国虽小，其志大；处虽辟，行中正。以此取之，虽王可也，霸小矣"。可见，志大功卓者，往往自视渺小，礼贤下士。圣贤如"子路闻其过则喜，禹闻昌言则下车拜，古人有言曰：'告我以吾过者，吾之师也。'"（韩愈《答冯宿书》）反之，目光短浅，胸怀偏狭者，往往目中无人，狂妄自大，唯我独尊。何谈自我纠错。

有德者必有言，有言者必有行，有行者必有果。经历起伏跌宕，困顿挫折，十八代君主，二百六十六年之后，到了秦孝公的时代，年轻气盛的君王又一次俯下身来，真诚纠错，恳切求贤，他重新扛起了秦穆公的纠错求贤争雄的大旗。

战国前中期的秦国，困厄于雄图大略的魏文侯称霸中原五十载，已陷入四面楚歌之绝境。秦孝公即位时，秦国处于列强虎视眈眈之下，风雨飘摇之中。山东六国集会，准备分秦，秦国的生死存亡，压在一个二十一岁（前362年）的年轻君主肩上。

"孝公元年，河山以东强国六，与齐威、楚宣、魏惠、燕悼、韩哀、赵成侯并。淮泗之间小国十馀。楚、魏与秦接界。魏筑长城，自郑滨洛以北，有上郡。楚自汉中，南有巴、黔中。周室微，诸侯力政，争相并。秦僻在雍州，不与中国诸侯之会盟，夷翟遇之。孝公于是布惠，振孤寡，招战士，明功赏。"（《秦本纪》）在列强的挤压和先祖的昏聩下，孝公穷则思变，想起二百六十多年前秦穆公的辉煌霸业，想起了这位春秋霸主扭转乾坤的悔过誓词。于是，效法穆公，检讨错误，向列祖列宗昏庸误国者开炮，向列国招纳贤士，公开发布了响彻寰宇震古烁今的纠祖求贤令。值得一提的是，此求贤令直面当前的困境，因为诸君不贤，厉公，躁公，简公，出子四世政昏，内乱频出，外患交迫，致使河西尽失，函关易手。秦始由大国而僻处一隅，诸侯卑秦，丑莫大焉。所以才要发愤图强，恢复穆公的霸业。对四代君主的责斥，需要怎样的勇气魄力，需要怎样的自律担当，需要怎样的面对古今？这绝不是庸常所为。

当时身处魏国的卫鞅，读到秦孝公求贤令，拍案而起，称为"五百年之雄文也!"并立即动身前往秦国谋求发展。后来，商鞅在秦国实施了著名的"商鞅变法"，富国强兵，为统一天下奠定雄厚的基础。

就在胜利在望的统一战争后期，战国七雄中最薄弱的韩国，为了延缓覆灭而极力实施反间。会韩人郑国来间秦，以作注溉渠，已而觉。秦宗室大臣皆言秦王曰："诸侯人来事秦者，大抵为其主游间于秦耳，请一切逐客。"李斯议亦在逐中。斯乃上谏书。

李斯作为一个将被驱逐出境的外来客卿，敢于善于向君王直谏，并且文章开头即谓"臣闻吏议逐客，窃以为过矣!"其智其勇，难能可贵。臣下纠君之错，历来风险大于机遇。所谓伴君如伴虎。稍有不慎，便有杀身之祸。何况还要逆鳞抗辩直谏。为什么李斯此文的纠君，非但化险为夷，而且重获青睐，委以重任呢？因为，"千羊之皮，不如一狐之掖；千人之诺诺，不如一士之谔谔。武王谔谔以昌，殷纣墨墨以亡。"有道是，如果尖锐的批评完全消失，温和的批评将会变得刺耳；如果温和的批评也不被允许，沉默将被认为居心叵测；如果沉默也不再允许，赞扬不够卖力将是一种罪行；如果只允许一种声音存在，那么，唯一存在的那个声音就是谎言。而开明的政治，英明的领袖，聪明的士人，无不是闻过则喜，知错能改。在生死存亡稍纵即逝的战国，这已成为一种习惯，传统，乃至文化。这其中，遵循秦国自我纠错机制，虚心求贤使能的传统，致力富国强兵之术，或其为力谏君王的成功之道。

接受这篇批驳秦王逐客令错误的上书，"秦王乃除逐客之令，复李斯官，卒用其计谋。官至廷尉。二十余年，竟并天下，尊主为皇帝，以斯为丞相。"这就是秦国秦君秦王对待自己错误的批判态度，不以为忤，反以为宝，为荣，为训。

二、以败为母

胜败乃兵家常事。关键是要能够反败为胜，坚信失败乃成功之母。

秦穆公与晋交锋，屡战屡败，不得已将目光投向西方。正好这时——

　　戎王使由余于秦。由余，其先晋人也，亡入戎，能晋言。闻缪公贤，故使由余观秦。秦缪公示以宫室、积聚。由余曰："使鬼为之，则劳神矣。使人为之，亦苦民矣。"缪公怪之，问曰："中国以诗书礼乐法度为政，然尚时乱，今戎夷无此，何以为治，不亦难乎?"由余笑曰："此乃中国所以乱也。夫自上圣黄帝作为礼乐法度，身以先之，仅以小治。及其后世，日以骄淫。阻法度之威，以责督于下，下罢极则以仁义怨望于上，上下交争怨而相篡弑，至于灭宗，皆以此类也。夫戎夷不然。上含淳德以遇其下，下怀忠信以事其上，一国之政犹一身之治，不知所以治，此真圣人之治也。"

西戎派遣使臣由余到秦国出访，双方开始试探交流。这次你来我往，一攻一防，由余笑在了最后。先是穆公请由余观看豪华的宫室和丰盈的库藏，企图以雄厚的经济实力，压制西戎的窥视与野心。没有想到碰了一鼻子灰，华丽的宫殿充实的府库，在由余的眼里，不但一文不值，而且是"劳神""苦民"结果。这是第一回合的交锋。秦穆公不能从物质财富的比拼上获胜，只能从文化礼法来作一番较量，这次固然稳操胜券，但是秦穆公吸取上一回的教训，一改咄咄逼人，而是从有无的实际出发，请问戎夷，既然没有诗书礼乐法度，何以为政？是不是很难呢？哪里知道，不但被由余驳倒，而且是体无完肤，无地自容。由余的意思是，中国虽有礼乐法度，但是上下乖张争怨，篡弑灭宗层出，而戎夷上下一体，无为而治，圣人之治。经此两个回合，穆公彻底败下阵来。私下里称之为"圣人"，急切询问内臣对策。穆公采用了反间计和美人计，最终才扳回一局。

> 于是缪公退而问内史廖曰："孤闻邻国有圣人，敌国之忧也。今由余贤，寡人之害，将奈之何？"内史廖曰："戎王处辟匿，未闻中国之声。君试遗其女乐，以夺其志；为由余请，以疏其间；留而莫遣，以失其期。戎王怪之，必疑由余。君臣有间，乃可虏也。且戎王好乐，必怠于政。"缪公曰："善。"因与由余曲席而坐，传器而食，问其地形与其兵势尽察，而后令内史廖以女乐二八遗戎王。戎王受而说之，终年不还。于是秦乃归由余。由余数谏不听，缪公又数使人间要由余，由余遂去降秦。缪公以客礼礼之，问伐戎之形。
>
> 三十七年，秦用由余谋伐戎王，益国十二，开地千里，遂霸西戎。（《秦本纪》）

这里，我们可以看到，秦穆公不以一时一地的成败得失为介怀，而是以败为母，化敌为友，甚至"认贼作父"。但他最终赢得了不朽的成功，伟大的胜利。

所谓山外青山楼外楼，失之东隅，收之桑榆。秦国错失苏秦，就重用张仪。其后"蔺相如完璧归赵""鲁仲连义不帝秦"，甚至在秦始皇发动统一战争已灭韩亡魏之际的"唐雎不辱使命"，都在演绎秦与列强的外交战，而且是在给强秦上课。

那是在秦始皇二十二年（前225年），灭掉韩魏之后，秦国正以秋风扫落叶之势，席卷天下。附属于魏国的一个小国安陵（河南省鄢陵县西北），秦王根本没有把它放在眼里，准备略施小计，便可探囊取物，收入囊中，岂非易如反掌。就想以"易地"之名吞没安陵国。安陵在其宗主国魏国灭亡之后，还能一息尚存，实属不易。但在强大的秦国碾压下，只有缴械投降唯一出路。所以，此时秦王嬴政欲施欺诈术，来吞并这个弹丸小国。在此形势下安陵君临危不乱，派唐雎出使强秦，与虎狼之秦作一番以弱胜强的唇枪舌战。

唐雎不辱使命	七样气色
秦王使人谓安陵君曰："寡人欲以五百里之地易安陵，安陵君其许寡人！"安陵君曰："大王加惠，以大易小，甚善；虽然，受地于先王，愿终守之，弗敢易！"秦王不说。安陵君因使唐雎使于秦。	1. 秦王使人谓安陵君，第一样。 2. 安陵君对秦使，第二样。
秦王谓唐雎曰："寡人以五百里之地易安陵，安陵君不听寡人，何也？且秦灭韩亡魏，而君以五十里之地存者，以君为长者，故不错意也。今吾以十倍之地，请广于君，而君逆寡人者，轻寡人与？"唐雎对曰："否，非若是也。安陵君受地于先王而守之，虽千里不敢易也，岂直五百里哉？"	3. 秦王谓唐雎，第三样。 4. 唐雎对秦王，第四样。
秦王怫然怒，谓唐雎曰："公亦尝闻天子之怒乎？"唐雎对曰："臣未尝闻也。"秦王曰："天子之怒，伏尸百万，流血千里。"唐雎曰："大王尝闻布衣之怒乎？"秦王曰："布衣之怒，亦免冠徒跣，以头抢地尔。"唐雎曰："此庸夫之怒也，非士之怒也。夫专诸之刺王僚也，彗星袭月；聂政之刺韩傀也，白虹贯日；要离之刺庆忌也，仓鹰击于殿上。此三子者，皆布衣之士也，怀怒未发，休祲降于天，与臣而将四矣。若士必怒，伏尸二人，流血五步，天下缟素，今日是也。"挺剑而起。	5. 秦王怫然怒，第五样。 6. 唐雎挺剑起，第六样。
秦王色挠，长跪而谢之曰："先生坐！何至于此！寡人谕矣：夫韩、魏灭亡，而安陵以五十里之地存者，徒以有先生也。"	7. 秦王长跪谢，第七样。

　　清代王符曾："须知此文有数样声口，数样气色。秦王使人谓安陵君，第一样。安陵君对秦使，第二样。秦王谓唐雎，第三样。唐雎对秦王，第四样。秦王怫然怒，第五样。唐雎挺剑起，第六样。秦王长跪谢，第七样。要写秦王装模作样，便活画出一恣睢暴戾之秦王。要写秦王心惊胆战，便活画出一低声下气之秦王。要写安陵受制于人，便活画出笑啼不敢之安陵。要写唐雎声势狞恶，便活画出一怒容可掬之唐雎。种种奇妙，何处得来？令人一读一击节，真奇笔也。"（《古文小品咀华》卷一）这一场舌战，又以秦王的长跪致歉，承认安陵虽小而不可辱而告终。清代余诚："以吕政之暴横而雎仗剑数语，至使悚惧谢罪，妙人妙事妙文。按《通鉴》始皇十七年灭韩，二十二年灭魏。篇中有灭韩亡魏等语，唐雎之使自应在二十二年之后，其事之有无，殊不可靠。或曰：此辩士之寓言。"（《重订古文释义新编》卷四）从史实上说，未必实有其事，但作为辩士之寓言，未尝不可。"博浪之椎，唐雎、荆卿之剑，虽未亡秦，皆不可少。"（吴楚材、吴调侯《古文观止》卷四）

　　从秦国的角度看，还需要综合的战术手段来配合舌战，方能不战而屈人之兵，取得善之善者也的战果。

三、以敌为师

　　在唇枪舌战的文伐上，起先秦国屡战屡败，心有不甘。自身的错误，失败的体验，以及强敌的巧舌，使得秦国败下阵来，哑巴吃黄连，有苦说不出。

请看被誉为"千古词令之祖""千古第一词令"的《阴饴甥对秦伯》，是如何折服秦穆公的。

十月，晋阴饴甥会秦伯，盟于王城。

秦伯曰："晋国和乎？"

对曰："不和。小人耻失其君而悼丧其亲，不惮征缮以立圉也。曰：'必报仇，宁事戎狄。'君子爱其君而知其罪，不惮征缮以待秦命。曰：'必报德，有死无二。'以此不和。"

秦伯曰："国谓君何？"

对曰："小人戚，谓之不免；君子恕，以为必归。小人曰：'我毒秦，秦岂归君？'君子曰：'我知罪矣，秦必归君。贰而执之，服而舍之，德莫厚焉，刑莫威焉。服者怀德，贰者畏刑，此一役也，秦可以霸。纳而不定，废而不立，以德为怨，秦不其然。'"

秦伯曰："是吾心也。"

改馆晋侯，馈七牢焉。

那是晋献公晚年荒淫昏庸，宠妃骊姬乱政，使计离间了献公与申生、重耳、夷吾父子兄弟，并设计杀死了太子。公元前651年，献公去世，大夫里克连杀二君。公子夷吾以割地为条件请秦国协助，秦穆公发兵护送夷吾回国即位，是为晋惠公。但他却背诺违约。公元前647年，晋国饥荒，秦国支援大批粮食。不久秦国饥荒求救，却遭拒绝。并且乘机攻侵秦国，于是爆发了韩原之战。此战晋败秦胜，晋惠公被俘。秦穆公将杀晋君祭天。晋君姊为穆公夫人，身穿丧服泣求。周天子闻之，亦为请晋君。乃与晋侯盟于王城（秦地，今陕西大荔东）而许之归。晋侯亦使吕省等报国人，准备择日立子圉。晋人闻之，皆哭。于是，有此秦穆公问吕省"晋国和乎"的对话，于是秦穆公更舍晋惠公，馈之七牢。（公元前645年）十一月，归晋侯。

吕省的这番辞令，是在晋方理屈的情况下说出的，他并未词穷，而且正反整对，绵里藏针，义正辞严，不卑不亢，不辱使命。晋惠公受恩于人，反而背信弃义，恩将仇报，在与秦国交锋而丧师辱国被俘后，吕省是作为战败国的代表，面对仁厚的战胜者秦穆公，应对机智，化险为夷。他是利用回答刁难性的问题之机，设计了晋国国内的两种对立的舆论指向，软硬兼施地向秦穆公施加心理影响；引用君子和小人一正一反的不同看法，喻请秦君权衡利弊审度得失，应以博大的胸怀宽恕罪人。能在这样极其艰难尴尬的情势下，保存晋惠公的一丝颜面，维护战败国的起码尊严，赢得秦穆公的俯首诚服，吕省的应对无愧"千古第一词令"。"无小人之言，不能令秦伯惧；无君子之言，不能令秦伯喜。忽予、忽夺，谁宾、谁主，辞令之妙，千古无两。"（［清］周大璋《左传翼》）

到了战国后期，秦国在文伐上可以说已是青出于蓝而胜于蓝了。其《诅楚文》即承袭晋《吕相绝秦》，无论文辞句式语气都有案可稽。杨树达云："此文辞多袭自成公十三年《左传》所载晋吕相绝秦书。以历史上他国詈己之文字，袭之以詈别一他国，亦趣事也。"杨说举三例，以为证据。[①]

（晋）吕相绝秦（前 578 年）	（秦）诅楚文（前 312 年？）
昔逮我献公，及穆公相好，戮力同心，申之以盟誓，重之以昏姻	昔我先君穆公及楚成王，实戮力同心，两邦若壹。绊以婚姻，袗以齐盟。
迭我殽地……殄灭我费滑，散离我兄弟，扰乱我同盟	率诸侯之兵，以临加我……伐灭我百姓
君又不祥，背弃盟誓	今楚王熊相，康回无道，……变输盟约

（前 234 年）人或传其书至秦。秦王见（韩非）《孤愤》《五蠹》之书，曰："嗟乎，寡人得见此人与之游，死不恨矣！"李斯曰："此韩非之所著书也。"秦因急攻韩。韩王始不用非，及急，迺遣非使秦。秦王惊之，未信用。这是秦国惊羡敌国文采的又一例证。

各国的文攻在你来我往，此消彼长的交锋中取长补短，不断趋于娴熟，尤其是秦国，精益求精，后来居上，技压群雄。

秦国的语言攻势令人不寒而栗。齐宣王召见齐国高士颜斶，说："颜斶上前来！"颜斶也说："大王上前来！"宣王很不高兴。左右近臣说："大王是人君，颜斶你是人臣。大王说'颜斶上前来'，你也说'大王上前来'，这样可以吗？"颜斶回答说："我上前是趋炎附势，大王上前是礼贤下士。与其让我趋炎附势，不如让大王礼贤下士。"宣王生气地变了脸色说："王尊贵，还是士尊贵？"颜斶回答说："士尊贵，王不尊贵。"

> 王曰："有说乎？"
> 斶曰："有。昔者秦攻齐，令曰：'有敢去柳下季垄五十步而樵采者，死不赦。'令曰：'有能得齐王头者，封万户侯，赐金千镒。'由是观之，生王之头，曾不若死士之垄也。"

这就是"生头死垄"典故的来历。"生头死垄"是"生王之头，不若死士之垄"的省略，意思是活的君王的头颅，不如死的士人的坟头。还有"牝牡骊黄""邻国有圣人，敌国之忧也""千人之诺诺，不如一士谔谔"，这些也就是苏秦所谓"比之堂上，禽将户内，拔城于尊俎之间，折冲席上者也"（《战国策·齐策》）。

——秦国的话语攻略，就这样经历非秦为宝的教训而达到了惊天地泣鬼神，语不惊人死不休的境地。

---

① 杨树达：《积微居小学述林全编·诅楚文跋》，上海古籍出版社 2007 年版，第 439 页。史党社、田静：《郭沫若诅楚文考释订补》，《文博》1998 年第 3 期。

《史记》教学研究

＊本文作者刘锦源。清华大学博士，马偕学校财团法人马偕医护管理专科学校助理教授。

一、前　言

司马迁写人物，擅长用讲故事的方式，以塑造人物性格，使其充满趣味性，可谓穷"传神写照"之能事。如他写狂飙英雄项羽、"意豁如"刘邦，以及被物欲操纵的李斯等，无不引人入胜。① 笔者接触史记二十余年，深深为司马迁的"叙事力"② 所吸引，因此拟于任教学校开设"史记"课程，为推广和传播史记事业略尽绵薄之力。

然理想虽远大，实行起来却荆棘满布。笔者筹划开设《史记》课程已有二年之久，但司马迁《史记》原著，作为"文言文"的经典杰作，其人物故事虽极富变化和趣味性，但其"文言文"的形式，却吓坏不少时下的年轻人，尤其是那些非以中国史学、中国文学为专业的学子，看到"史记"二字，就自然而然与"文言文"联想在一块，心生恐惧，因此对本课程敬谢不敏。此遂导致本课程年年提出，终因选修人数不足而流产，迄今无法开成。

为解决上述问题，二年来，笔者投注非常多时间和精神思索解决之道。首先，笔者拟从课程名称更改着手，将原来课程名称"史记"变更为较具趣味性的"史记人物故事"。接着构思出一套"史记人物故事"课程教学的方法，这些方法包括：解压缩法、深度讨论法、反思法、协同教学法等。本教学研究目的，是希望修课学生明白："史记"课程的学习，并非如其想象中艰涩，透过一套有系统、有步骤、有方法的学习，他们在读"史记人物故事"也可以如同阅读当代小说般优游自在。因此，在有方法，有步骤地引导学习本课程后，笔者期望学生能从中得到学习的"成就感"，进而体会《史记》一书的内容和价值。

二、解压缩法

由于《史记》篇章都是简练的"文言文"。虽然"文言文"具有缩短数据长

---

① 林聪舜：《史记的人物世界》，三民书局 2003 年版。
② "叙事力"，简单说，就是叙写的能力，它是目前在台湾学界很流行的一则术语，举凡与"阅读书写"相关的研究都会出现这个词。

度，减少书写时间，降低储存空间的价值；但因为"文言文"是书写工具还不发达时代，所产生的一种简明扼要记载数据、传递讯息的方式，距今年代较久，大部分学生因不了解它形成的过程，所以觉得它很难学，甚至怀疑它在当今存在的价值，很不想接触它，致使与"文言文"相关的课程教学荆棘满布，不仅学生学习挫折感重重，教师授课也很气馁。①

为解决上述问题，笔者摸索出出一套教学方式，姑且名之曰"解压缩文言文"的方式，希望能有效解决上述"文言文"教学所面临的问题。本人的方法是：应用计算机"压缩"和"解压缩"的概念，将"文言文"看成是被"压缩"过的文字，是书写工具还不发达时代人们共识共享所取得的一套"压缩技巧"，用它来书写他们心中所要记录的；本教学方法即拟透过"解压缩"的方法，让学生明白"文言文"形成的过程，并清楚其"压缩"的原理。透过此方法，让学生能读懂《史记》的文字，并进而产生学习上的"成就感"。

三、深度讨论法（Quality Talk）

无论是知识吸收、思辨方法、意见冲突时的情绪处理能力，甚至是将知识在未来的人生中，与其他知识链接，形成新的智慧，并不是课堂里鼓励学生勇于发言、凭空漫谈或进行小组讨论就能培养出来的。真正有意义的讨论或提问，需要学习。因此，本课程拟运用美国宾州大学 P. Karen Murphy 教授的"深度讨论教学法"，期望透过对谈和讨论促进学生思考，达到更进阶的思辨与认知层次。

传统教学的框架，虽然也包含交谈，但主角大多是教师，和学生间的关系是"我说你听"。"深度讨论"将让师生产生更多互动，并藉由说话、讨论来培养学生自主谈话的能力。透过一套循序渐进的设计，逐步引导，反复辨析，不断归纳整理，并调动原有知识和随时检索信息，建立一套价值观和哲学原理，以训练学生思辨与表达能力。

"说话/讨论"是"深度讨论"的一个主要元素，它鼓励学生透过说话来表达意见，或展现评判能力。讨论时问题的形式不限，也不一定要有正确答案。教师与学生之间讨论的问题，可以跳脱简答或是非题的考题形式，而是以"你觉得如果……会怎么样呢？""假如当时……你要怎么办？"的形式，来激发学生的思考和进行彼此间的讨论。②

四、反思法

所谓"反思"，它是对某一个议题的思考，是行为主体对自己的态度、观念、

---

① 刘锦源：《解压缩〈李斯列传·谏逐客书〉》，《史记论丛》第十五集，中国文史出版社 2018 年版，第 234—240 页。

② http://pr.ntnu.edu.tw/news/index.php?mode=data&id=18084.

情感及情境的思考,是对于过去经验事件的"回顾",是反身朝向观者自己的一项活动,是一种探索的活动,带来的是不确定、困惑、犹豫、怀疑的状态。它有别于一般的"心得报告"。

操作"反思"活动,首先我们会在课堂中邀请学生想想看,在他的日常生活中,什么时候有启动过和议题相类似的反思经验,并在笔记本上把那个事件写下来。写的时候要注意把人、事、时、地、物描述清楚。其次,反思作为对于过去经验事件的"回顾",是去"重构"(reconstruct),或者说"再现"(represent)过去所曾经历事件的心智活动。反思的"回顾"有点类似回忆的活动,但它并不是一般生活脉络中的"回忆",它不是中性的再现,而是一种对象化、主题化及具批判性的回顾,是一种对过去事件的解释和理解。

在解决问题的过程中发挥作用的"反思",主要是在答案出现之前和之后所进行的探索。在还没有找到答案之前,反思让我们直接去面对经验世界,进行观察、探索和试图找寻可能的答案。当我们得到一个暂时的答案后,反思的作用在于暂时搁置我们已经找到的答案,对它保持怀疑的态度,去探索答案的真实性、可信度;甚至去探索有没有其他可能的答案。反思所引发的是不断探索的活动,而不是固着于某一个答案。①

五、协同教学法

所谓"协同教学法",即为遴聘业界专家(以下简称业师)共同规划课程及协同授课,彼此合作,在两个人乃至更多教师的合作下,担任同一群组学生的全部教学或其主要部分教学。"协同教学法"具有下列特征:(一)教师在同样学生群组的共同学习当中,具有紧密的协同关系。(二)是由两人或两人以上的教师所构成。(三)学生的分配、时间的分配、分组的调配或空间的配置等是多样性、多变化的。

本课程在实施协同教学之前,拟将课程内容先行评估其需要性与可行性,与协同教师共同研讨,并提供行政上的配合措施,然后进行下列各项工作:

(一)组织教学团:邀请相关教师及人员组成教学团,商讨如何进行本课程或相关单元的协同教学。(二)妥善规划设计:教学团由笔者担任召集人或联络人,负责筹划及沟通协调等事宜。(三)研拟教学流程:教学团在规划设计时,通盘考虑各种变项与情境,包括:人、时、地、物、事,设身处地,研拟一份教学流程及工作分配表,协同教师可以很清楚自己在什么时间、什么地点,担任何种工作。(四)进行教学活动:教学前的准备工作完成,就进行教学活动。协同教学的方式是依教材的性质,采取适当的教学方法,进行教学活动。(五)共同评鉴:协同教学完毕,教学团进行两方面评鉴:一是学生的学习评量;一是协同教师的

---

① 林文琪:《反思写作:刻意练习手册》,台北医学大学出版 2018 年版,第 2—4 页。

教学评鉴。学习评量部分采多元化教学评量方式，评定学生的学习情形；协同教师的教学评鉴注重教学的进程，教学的内容以及各项行政工作的配合等，并检讨其利弊得失。

期望协同教学法可以学习从不同观点看待问题，亦可吸收其他教师之经验，让本课程能被连贯学习，以提高教学功效。因此，本课程拟遴聘专家协同教学，共同规划课程内容及编撰教材，计划与执行教学活动。透过协同教学，充分运用教师专长分工合作，创新教学组织，改进教学型态，充分利用教学设备及教学资源，发挥团队精神，突破传统教学模式，变化学习方式，提高学生学习兴趣，使学生透过"协同教学"获得更多的指导。

六、其 他

除去"解压缩法""深度讨论法""反思法""协同教学法"之外，本课程还拟运用：（一）"讲述法"，上课初期，学生对课程内容还不熟悉，对课程的知识建构也还不完整。因此，课程初期阶段，拟由授课教师先讲述，学生台下聆听，教师逐步引导学生学习"解压缩"的步骤，勤作笔记。并参考 PBL（Problem-Based-Learning）精神，教师在教学过程中随时抛出问题，抑或让学生自主抛出问题。这部分也是整个教学活动的主体。待学生知识建构较完整之后，再大量进行"深度讨论"和"问题讨论"等教学方式。（二）"分组合作讨论法"，举办"讨论"或"分组座谈"，要求学生对议题能鞭辟入里剖析，训练学生思考与表达能力，并借此提升学生解决问题能力，活学活用。亦或鼓励学生进行小组讨论，以培养其主动学习、批判思考和团队合作解决问题能力。（三）"专题学习法"，以专题模式设计每堂课授课内容，并要求学生针对议题鞭辟入里剖析，训练学生思考与表达能力，并借此提升学生解决问题能力，活学活用。（四）"实作学习法"，除了要求学生勤作笔记之外，并因应时代未来发展趋势，训练学生善用现代科技，以跨领域跨学科视角，要求课后缴交"微电影"作业，提升学生专业知识及技能学习，培育具备跨领域沟通协调整合能力及分析能力，培训产业所需专业人才。（五）"发表学习法"，举办"成果发表会"，展示静态的上课笔记、延伸阅读相关书籍、分组报告成果，使成绩的评量方式多元化。

七、结 语

综合前述研究可知，《史记》中的人物传记，它不仅呈现一种"真实性"，也暗示一种未来仍然可能发生的真实，尤其司马迁对人物传记的整合，所呈现出来的独特历史图像，可以帮助我们了解历史中的大问题与大趋势，最终达到"通古今之变"的高度，很一部很值得吾人大力推广和传播的巨著。因此，笔者即拟筹划开设"史记人物故事"课程，为"史记事业"的推广和传播略尽绵薄之力。课程进行中拟透过"解压缩法""深度讨论法""反思法""协同教学法""讲述法""分组合作讨论法""专题学习法""实作学习法""发表学习法"等教学方法，让学生有最佳的学习效果。在此要特别强调，上述各个教学法间不是各自独立进行，而是彼此相辅相成。笔者的最终目的，不仅要让学生明白：《史记》是一部极具研读和流传价值的经典，其人物故事极富变化和趣味性；更要让"以史为鉴"或"读史使人聪明"有更具体落实的可能性。

新著摘载与评介

【编者按】本集特设《新著摘载与评介》栏目，介绍三本已出版和即将出版的《史记》研讨新论著。其一，《司马迁生年研究》，张大可著，商务印书馆2019年1月出版，全书20余万字。该书对学术界关于司马迁生年两说十年之差百年论争作了回顾与总结，提出的基本结论是：司马迁生年两说只存在于唐代三家注，百年论争王国维说真实可靠，论据充分；郭沫若说伪证不实，无一考据，司马迁生年在公元前145年可以为定论。2019年5月，就此话题，在北京师范大学历史学院召开了全国性的"司马迁生年十年之差百年论争梳理学术研讨会"，与会论者基本一致认为，两说仍可继续讨论，王说一向是主流地位。中华书局点校本"初版前言"两说并存，以王说为主流的概括是审慎的，是科学的态度；2013年8月所出"修订本前言"，用一条宋人的伪证宣称司马迁生于公元前135年为定论，修正"初版前言"，未加说明，不够严谨。其二，《点赞·志疑——史记研读随笔》，韩兆琦著，中国青年出版社2020年1月出版，全书56万字。该书以札记形式对《史记》全书130篇写下个人的读书感悟，开阔了人们的视野，值得一读。其三，《青铜世界与竹简世界——司马迁对历史的征服》，美国学者侯格睿著，丁波译，全书近20万字，即将于2021年在商务印书馆出版。该书是当前西方学者眼中的《史记》，提出《史记》结构是一个浓缩的宇宙模型，解读司马迁的大格局历史视野。张大可为该书作序言，揭示了一种读《史记》的新方法，可资中国读者借鉴，也是值得一读。本栏目摘载三书的目录，选录部分原文，配合评说，可以了解三书梗概。四篇评介，其中一篇是序言代评介。

《司马迁生年研究》摘载

* 本书作者张大可。中央社会主义学院教授，现任陕西师范大学人文社会科学高等研究院特聘研究员，中国史记研究会会长。

一、《司马迁生年研究》目录

二、《司马迁生年研究》摘载

第一讲　王国维考证司马迁生年的贡献与疏失

一、王国维考证司马迁生年为公元前 145 年，
论点坚实，方法正确，逻辑严密

考证司马迁的生年，王国维和郭沫若两家都是根据《太史公自序》的三家注来推算的。

（一）《史记》三家注并存司马迁生年两说，有十年之差

司马谈卒于元封元年。《太史公自序》云："卒三岁而迁为太史令。"司马贞《索隐》在这一句下注云：

> 《博物志》：太史令茂陵显武里大夫司马〔迁〕，年二十八，〔元封〕三年六月乙卯除六百石。

元封三年，即公元前 108 年，司马迁年二十八，据此推算，生于汉武帝建元六年，即公元前 135 年。

司马迁当了五年太史令，汉武帝改元太初，颁布新历，这是一件划时代的大事，司马迁参与其事，十分兴奋，正式定稿《史记》，故张守节《正义》就在"五年而当太初元年"下加按语说：

> 案：迁年四十二岁。

太初元年是公元前 104 年，迁年四十二，据此推算，当生于汉景帝中元五年，即公元前 145 年。

司马贞与张守节均为初唐同时代人，又师出同门，都是张嘉会的学生，两人的记载都值得关注，于是司马迁有了两个生年，即前 145 年与前 135 年，且有十年之差。王国维启动司马迁行年研究，首发《太史公行年考》，主"前 145 年说"。郭沫若驳难王说，撰文《〈太史公行年考〉有问题》，主"前 135 年说"。双方后继论者展开论争，历经百年，有三次高潮：即 20 世纪 50 年代中、20 世纪 80 年代初、21 世纪 10 年代中，迄今无定论，司马迁生年两说并存。本书专题梳理百年论争，从头说起，故以"王国维考证司马迁生年的贡献与疏失"为题开篇，是为第一讲。

（二）王国维考证有三长：论点坚实，方法正确，逻辑严密

司马迁生年两说并存，逻辑上就有三种可能：一是两说皆误；二是两说均不

误，数据各有所系；三是两说一真一假。《索隐》语出有据，取《索隐》舍《正义》也似乎说得过去。例如赵光贤就说，《正义》按语"来历不明"，怎能凌驾于《索隐》所引"《博物志》所载有最高价值的原始材料之上呢"①？王国维毕竟是大家，他思维缜密，用考证在三种情况中做出最正确的选择。王国维的考证分为三步：第一步，首先调查十年之差的原因在哪里？有两个可能：其一，两说的材料来源是否不同，是否可靠，这是头等大事；其二，两说同源，十年之差是在流传中发生了数字讹误。王国维依据汉简的书法行文款式，证明《索隐》所引西晋《博物志》保存的《茂陵中书》是可靠的先汉记录，说明《索隐》所引文献可靠，材料有据，没有问题。由于《索隐》与《正义》两说并无辩驳关系，《正义》直以按语出之，乃必然的逻辑，两说引据材料同源，或《正义》直接的依据就是《索隐》。王国维认为《索隐》《正义》资料来源同为《博物志》，十年之差是其中一说在流传中数字发生了讹误。这一考证可称为"数字讹误说"，直接排除了《索隐》《正义》两说皆误或两说均不误的两种可能，只能在第三种一真一假中作决断。第二步，王国维用数字讹误常理说推断："三讹为二，乃事之常；三讹为四，则于理为远。"认为《索隐》的"年二十八"为"年三十八"之误。"三讹为二"史籍中有许多实证。推论孤证不立，王国维第三步考证司马迁行年来验证，这不仅是正确的方法，而且在没有发现古代版本以及地下文物证据的现实情况下，是唯一正确的方法。综上所述，王国维的考证有三长：一是立论坚实，"数字讹误说"不可动摇；二是用司马迁行年验证，是唯一正确的考证方法；三是逻辑严密，指其提炼论据由已知推未知。王国维考证三长，再具体条列如次。

1. 论点坚实

即立论基石"数字讹误说"不可动摇。王国维考证《索隐》《正义》两说依据同源，皆为西晋张华《博物志》所引《茂陵中书》。司马迁生年十年之差，是两说在流传中数字发生了讹误造成，即《索隐》《正义》两说必有一误。"数字讹误说"分为论点、论据两个方面。司马迁生年的"十年之差"，是《索隐》《正义》两说在流传中发生"数字讹误"，导致两说必有一误，即《索隐》《正义》两说一假一真，此为论点。数字分书的"鲁鱼亥豕"常理："三讹为二，乃事之常，三讹为四，则于理为远"，是用于推理的工具，是无可辩驳的常理。王国维用数字分书"鲁鱼亥豕"常理推论《索隐》的"年二十八"，乃"年三十八"之讹，此为论据。即便是王国维的这一推论不成立，只是一个论据不立，而其论点"数字讹误说"并未推倒。"前135年说"论者袁传璋，发现两位数字合写的"鲁鱼亥豕"常理："'二十'与'三十'，罕见相讹；'三十'与'四十'，经常相讹。"以此为工具推论，则《正义》按语"年卅二"，乃"年世二"之讹，这仍然合于王国维的"数字

① 赵光贤：《司马迁生年考辨》（写成于20世纪50年代末，发表于20世纪80年代初），《北京师范大学学报》1983年第3期。

讹误说"，此为"论点坚实"四字的反证。可是袁传璋却别有用意混淆"数字讹误说"的论点与论据，声称他发现的两位数字合写的"鲁鱼亥豕"推倒了王国维的"数字讹误说"，用他自己的话说，此乃"大言欺人"之谎言，后面还将详细论说。

2. 方法正确

王国维的考证细密，方法正确，要点有三，也是《太史公行年考》中的三大亮点。

其一，以证据为根本。考证的第一要义是"考"。考的方法就是调查研究，广搜博采文献资料，挖掘史事，披沙拣金，拿出文献和史实的证据说事。王国维"数字讹误说"论点的提出，进行了如下四步考证。第一考证《索隐》《正义》"两说"的来源，文献依据是西晋张华《博物志》。第二考证《博物志》所引汉时簿书《茂陵中书》，经与地下物证汉简比对，可以确定为"当本先汉记录，非魏晋人语"。第三，确认《茂陵中书》的"三年"为"武帝之元封三年"。第四，用数字分书的"鲁鱼亥豕"常理推断。王国维在四证基础上才提出"数字讹误说"的论点，确立了《索隐》与《正义》两条注文的价值，是考证司马迁生年并存的两个假说。从此，其他生年说法黯然失色，无余地立足。"数字讹误说"是《太史公行年考》的一大亮点，王国维的一大贡献，历经百年论争而坚不可摧，这就是考证以证据为根本的力量。《太史公行年考》对司马迁交友、拜师、游历、撰述等多个方面行年关节点的考察，力求列举证据支撑，还具体列出了十五篇"太史公曰"的行年资料昭示读者。

其二，排比司马迁行年来验证《索隐》《正义》的假说。已历百年论争再看这一方法，可以说这是考证司马迁生年唯一正确的方法。王国维舍《索隐》而取《正义》，他在《太史公行年考》中用了最大篇幅考证司马迁行年，其轨迹与《正义》说相合。百年论争生动证明，数字讹误本身无法证实司马迁生年，而司马迁行年轨迹为"前145年说"提供了大量证据，本书第三讲"司马迁生年前145年说之证据"和第七讲中的《司马迁行年表》做了系统梳理。这一方法，也是王国维指引的方向，是《太史公行年考》的第二个大亮点。

其三，以推论为辅助。所谓考证，就是要有"考"有"证"。考，是搜求证据，指实实在在的史料、文献；证，是推论，上升为理论，形成结果。证据和推论，是考证的两根支柱，不可或缺，相辅相成。有考无证，只是一堆资料，不能上升为理论，抓不住本质，无果而终；有证无考，即以辨代考，则不是正论，是歪论或邪说，是信口开河的文字游戏。司马迁生年研究的本质就是考证。王国维是考据大家，《太史公行年考》通篇离不开"考证"二字，给后学做出了有"考"有"证"的示范，也是本书追步的样板。驳难王国维而主张"前135年说"的论者，举证无考，即"以辨代考"，无一实证，玩弄文字游戏达于巅峰，二者形成鲜明对比。本书八讲，即依循二者的鲜明对比而展开。考证的本质是"考"，即证据是第一性的根本，而推论的"证"，是辅助手段，推论必须是科学的，即正确推断才有价值。科学的推断要义有二，一是已知推未知，二是合于逻辑。《太史公行年考》的推论合于科学的推断，是第三大亮点。释例详下文"3. 逻辑严密"的论说。

3. 逻辑严密

王国维的推论总是依循用已知推未知，逻辑严密，为科学的推论提供示范。例如元朔二年，司马迁十三岁，王国维对卫宏《汉旧仪》说的订正，用的就是推论，全文如下：

> 案：《汉旧仪》（《太平御览》卷二百三十五引）："司马迁父谈世为太史，迁年十三，使乘传行天下，求古诸侯之史记。"（《西京杂记》卷六略同）考《自序》云："二十南游江、淮。"则卫宏非也。或本作二十，误倒为十二，又讹二为三欤？

王国维用《太史公自序》的"二十而南游江、淮"这一已知，推论卫宏说"迁年十三"当是"迁年二十"之讹，十分有力。王国维推论《索隐》"迁年二十八"，是"迁年三十八"之讹，用的是校勘学数字分书"鲁鱼亥豕"这一已知常理来推论，并不是李长之的用语"但我想""的确可能"。为了谨慎，王国维加了一个"疑"字。疑者，可能也，不做定论，这正是科学性的表现。袁传璋扭曲为王国维"先天不足""改字立说"。"年二十八"为"年三十八"之讹，即"二"为"三"之讹，这一推论还须进一步论证，可以成立，可以不成立，用考证说话，而不是贴一个标签，叫"改字立说"，就可以推倒，此乃诬罔语，有失考证风范。

《太史公行年考》中推论的最大亮点是运用逻辑推论《正义》与《索隐》同源。因为《正义》按语是结论，它必有前提，必有所依，或是赞同，或是补充，或是驳难。《正义》按语是一种赞同语，但数据不同，所以结论是二者同源，数据不同是数字讹误。如果二者不同源，则《正义》必是批驳《博物志》，注文中没有批驳痕迹，所以只能是同源。此处正见王国维识见高人一筹，不是表面上看谁有据、谁无据，而是用严密的逻辑推论出《正义》与《索隐》二者同源。

必须指出，推论证据，不仅孤证不立，而且还须证实，在没有证实之前，只是假说。新的考据，证实了推论证据，它才是实证。同理，新的考据即使推翻了推论证据，也只是推翻了一个论据，并不能说推翻了立论。离开了这一公正原则侈谈研讨，即为"虚妄"。

二、"前 135 年说"论者对王国维立论基石的驳难均不成立

王国维考证的立论基石有两个方面：一为数字讹误说，一为数字分书常理说。"前135年说"论者对这两个方面的驳难均不成立。

（一）郭沫若、李长之对"数字讹误说"的驳难不成立

王国维考证"论点坚实"，即指立论基石"数字讹误说"不可动摇。《索隐》《正义》既然材料同源，否认这一论点，必然的逻辑就要承认司马迁有两个生年；这当然是荒谬的。郭沫若、李长之皆否认数字讹误说，其说法是给《正义》的按

语"迁年四十二岁"找出路，主张《索隐》《正义》皆不误，两说数据各有所系，逻辑成立，但说《正义》按语是指司马迁一生只活了四十二岁。由于这一推论违反了汉时簿书论述行年的文例，所以不成立。王国维引据的敦煌汉简两例，郭沫若补充的居延汉简十例，《博物志》所引《茂陵中书》司马迁以茂陵显武里大夫为太史令"年二十八"，皆指行年的年岁，而不是一生的年寿，只有人死的时候才会说他一生的岁数。例如《史记·孔子世家》："孔子年七十三，以鲁哀公十六年四月己丑卒。"如果一个人的一生无事迹可述，或事迹不值得记述，只写他一生活了多少年，人死已包含其中，这当然是指一生的年寿。仍以《史记·孔子世家》为例："子思生白，字子上，年四十七。子上生求，字子家，年四十五。子家生箕，字子京，年四十六。……"皆为记述终止语，所记数字才是指一生的年寿。《正义》按语"迁年四十二岁"与《索隐》所引《博物志》"司马迁，年二十八，三年六月乙卯除，六百石"同例，皆非终止语，"四十二"与"二十八"都指的是行年岁数，而不是一生的年寿。

（二）"数字不讹"直接排斥《索隐》说

由于《索隐》《正义》两说均为司马迁的行年，而且是行年基准点，可以直接推导出司马迁有两个生年，年差正好整十年。又由于一个人只能有一个生年，所以《索隐》《正义》两说必有一误，即纪年数字在传抄中发生了讹误，这是司马迁生年的"数字讹误说"，为王国维所提出，并用数字分书的常理鲁鱼亥豕推导为《索隐》之误。郭沫若、李长之否认王国维的"数字讹误说"，推论《正义》是指司马迁一生年寿的终止语，从纪年书法与史实两个方面证明郭沫若、李长之的推论不成立，已如前文所述。要推倒王国维的"数字讹误说"，只有一种可能，即考证《索隐》《正义》两说是指两个人的生年。《太史公自序》的上半篇包括了司马谈、司马迁两代人的传记，均是围绕《史记》的创作。汉武帝元封元年，司马谈临终遗命司马迁接力修史，《索隐》《正义》是否分别解说司马谈、司马迁两代人的生年呢？学术界王重九、施丁两人做出了考证的尝试。

王重九先生在《从王国维、郭沫若共认的"先汉纪录"考定司马迁父子的生年》[①]一文中，将《索隐》说"年二十八"系于建元三年以推计司马谈生年，得出司马谈生于汉文帝前元十五年，即公元前165年的结论；而以《正义》说"案迁年四十二岁"推计司马迁生年为景帝中元五年，即公元前145年。王重九据此断言司马谈长于司马迁二十岁。

王重九考证的依据，即《太史公自序》"卒三岁而迁为太史令"下的《索隐》注："《博物志》：太史令茂陵显武里大夫司马□，年二十八，三年六月乙卯除六百石。"《史记》各种版本，"司马"二字下原本缺一字，清人张文虎校刊的"金陵局本"才补一"迁"字，王重九认为应补"谈"字，以太史丞任太史令是司马谈的

---

① 载《陕西师范大学学报》1985年第3期。

事，证据有二。一是《太史公自序》"谈为太史公"下《集解》引臣瓒曰："《百官表》无太史公。《茂陵中书》：司马谈以太史丞为太史令。"王重九认为这是一条"价逾连城"的珍贵史料。汉武帝建元二年建茂陵邑，"勘定陵址，预卜吉凶"，正是"太史"职分以内之事，故司马谈临时住址茂陵邑。二是司马谈除官以太史丞为太史令在建元三年。由于汉武帝初年无年号，最早的四个年号"建元""元光""元朔""元狩"是元鼎年间追加的。《博物志》引文在"三年六月乙卯"前无年号，当为建元三年。施丁撰文《〈史记索隐注〉"太史令"有问题》引据五十条《居延新简》写有年号的材料支持王重九的说法，"三年"应为"建元三年"。但建元三年六月无"乙卯"，六月二十六日为己卯。而元封三年六月初二为乙卯。王重九认为"三年六月乙卯"，日期"乙卯"是"己卯"之误，以此合于建元三年。

王重九、施丁二人的考证如果成立，即可推倒王国维的"数字讹误说"，但同时也排斥了《索隐》的司马迁生年说，消除了十年之差的分歧，也就没有了争论，仍然证明了《正义》张守节按语无误，即司马迁生于公元前145年。不过王重九、施丁的考证还缺少史实佐证，自然不能定案，只能是一种假说。我们还要回到百年论争的现实中来进行梳理。

（三）袁传璋驳难，自相矛盾

袁传璋考证司马迁生年最为得意之作有两篇。其一：《从书体演变角度论〈索隐〉〈正义〉的十年之差》①（以下简称《书体演变》），驳难王国维，洋洋万余言，其价值就是他自己概括的两句话："今本《史》《汉》中，'二十'与'三十'，罕见相讹；'三十'与'四十'经常相讹。"王国维概括数字分书的"鲁鱼亥豕"常理，即："三讹为二，乃事之常；三讹为四，则于理为远。"袁传璋考证的实质就是概括了两位数字连体书写的"鲁鱼亥豕"常理，依王国维的科学用语，即"卅讹为卌，乃事之常，卅讹为廿，则于理为远"。袁传璋标新立异的用语是不科学的，或者是不准确的。汉字书写相似字的"鲁鱼亥豕"比率是很低的，它只是百分之几或百分之零点几，王国维概括的于理"为近""为远"，是指"三、二"与"三、四"两组数字的"鲁鱼亥豕"讹误概率比较而言，用语极为精准。袁传璋用"罕见相讹"与"经常相讹"来描述"卅、廿"与"卅、卌"两组数字的"鲁鱼亥豕"，只是分别描述，失去比较意义，且"经常相讹"是什么意思？"鲁鱼亥豕"的讹误概率是百分之几十，还是百分之七十、八十才叫"经常相讹"呢？用语不明，极其粗糙，所以是不科学的。袁氏考证惯用含混语言，乃"另有目的"，将随文提示。

袁传璋的考证成果，实质就是说"卅与卌"相讹的概率大于"卅与廿"，即《正义》的"年四十二"是"年三十二"之讹的概率较大。到此为止，袁氏的"常理说"十分得体而合理。但袁传璋不满足于此，放大自我，用他自己的话说，叫"大言欺人"，也就是说，他的常理推倒了王国维"不堪一击的逻辑"的常理推导的司马迁生年而陷入了自相矛盾。王国维、袁传璋两人的"常理说"，本身就是

① 载（台湾）《大陆杂志》1995年4月刊。

总结数字书写的"鲁鱼亥豕",即数字相讹,袁传璋确又高调抨击王国维的数字讹误说,这才是真真正正的"不堪一击的逻辑"而自相矛盾。此乃袁传璋含混用语的目的之一。当我们在用透明简洁的科学语言转换了袁传璋的含混用语之后,恰如放大镜凸显了某一事物的原形,包含了至少两层袁传璋所不能容忍的意蕴,用袁传璋的话说叫"内涵",今解析之如次。

第一层:

王国维的立论基石"数字讹误说",指《索隐》《正义》二者必有一误。袁传璋考证高调抨击"数字讹误说"不成立,而自己考证的实质就是说《正义》数字讹误,自相矛盾,讳莫如深。

第二层:

简洁的语言无形地拆穿了袁传璋考证巧设标靶的谬误。王国维运用"鲁鱼亥豕"数字分书的常理,作为一个已知条件推论《索隐》数字"二十八"疑为"三十八"之讹。非常明显,这只是王国维证明数字讹误说的一个论据,而非立论本身。袁传璋故意混淆王国维的立论基石"数字讹误说"与一个推论论据常理说的推论,偷梁换柱,移花接木,把数字分书常理的推论偷换成王国维的立论基石而设为标靶,还衍生出什么"大前提""小前提"强加在王国维头上。此乃袁传璋含混用语的目的之二。

(四) 袁传璋巧设标靶,用不实之词批驳王国维

袁传璋在《书体演变》一文中说王国维的论证逻辑"大前提是:《索隐》'年二十八'系'年三十八'之讹;小前提是:'年四十二'绝不可能由'年三十二'讹成"云云,完全是袁传璋的自编自导,用来自娱自乐,在梦幻中驳倒了王国维,也就罢了。可袁传璋是用来诬罔王国维,欺蒙读者,用袁传璋自己的话说是他巧设的"标靶",不能不揭穿。

王国维依据数字分书的"鲁鱼亥豕"常理:"三讹为二,乃事之常;三讹为四,则于理为远。"其推论逻辑是:"大前提:'三十八讹为二十八'讹误几率大于'三十二讹为四十二',因此,小前提:《索隐》'年二十八'系'年三十八'之讹。"

袁传璋认为两位数字合写的"鲁鱼亥豕"常理:"卅讹为卌,乃事之常;卅讹为廿,则于理为远。"其推论逻辑是:"大前提:'卅讹为卌'讹误几率大于'卅讹为廿',因此,小前提:《正义》'年四十二'系'年三十二'之讹。"

对比两个常理说,各自独立,平行相向,互不交叉,"风马牛不相及"(袁传璋语)。按两个常理推导的结论,也各自独立,依然是"风马牛不相及",两者没有辩驳关系。合则互补,分则片面,即《索隐》《正义》两者的数字均有可能讹误。两个常理并存,这就是历史的真实,真理的边界。

而袁传璋却要用他不科学的含混语言,以便制造"标靶"诬罔王国维。王国维推论根本就没有涉及两位数字的合写,袁传璋巧设的大前提、小前提,恰恰是按照自己用不科学语言概括的两位数字合写的"鲁鱼亥豕"常理的反说,用以混淆是非,是极其不严肃的学风,尤须自省。

（五）施丁的新发现，丰富了数字书写历史演变的内容

施丁《〈史记索隐〉注"太史令"有问题》① 一文，不具名回应袁传璋的《书体演变》。施丁发现《居延汉简甲乙编》已有数字分书之例，而《居延新简》则提供了大量例证。据施丁统计，在《居延新简》中：

书"二十"而非"廿"者 85 条；

书"三十"而非"卅"者 47 条；

书"四十"而非"卌"者 22 条。

施丁还从北魏正光三年（522 年）到北宋景祐二年（1035 年）仅在十四条碑刻文字中统计数字分书之例：

书"二十"而非"廿"者 9 条；

书"三十"而非"卅"者 5 条；

书"四十"而非"卌"者 19 条。

对此，施丁评论说：郭沫若说汉人沿袭"殷周以来的老例"，写"二十、三十、四十"为"廿、卅、卌"的连体书"并不确切"，"有依据一般、无视个别的片面化之嫌"。施丁针对"有人"评论说："可是，至今还有人在'廿''卅''卌'问题上做文章，步郭老的后尘，不仅坚信汉人沿袭殷周以来的老例之说，而且还进一步推演与发展，提出隋唐至北宋也是照旧未变。"

施丁的发现无损王国维与袁传璋两人的常理，数字只要那样写，就必然有那样的"鲁鱼亥豕"，但施丁的发现丰富了数字书写历史演变的内容，由汉至唐，数字的书写，并不只是沿袭殷周的老例，而是两位数字连体书写分化出了单体分书，北宋以后，数字的书写被单体分书全面代替了。施丁的结论是："承认这两种事实的存在，就不能以此否定彼，也不能以彼否定此；更不能以彼来证郭老之是、王说之非，也不必以此来证郭老之非、王说之是。"十分中肯。

（六）各种数字讹误的可能推测

《正义》《索隐》记载司马迁生年两说一真一假。百年论争推理论证，提出了三种数字讹误的可能，还有潜在的两种数字讹误的可能，共存五种数字讹误的可能，总括如下：

王国维用数字单写的"鲁鱼亥豕"常理推论数字讹误，谓《博物志》在唐以前的流传中发生了数字讹误，十年之差，是唐代流行两种《博物志》抄本，一作"年三十八"为张守节《正义》所据，一作"年二十八"为司马贞《索隐》所据。《太史公行年考》的原文是："疑今本《索隐》所引《博物志》'年二十八'，张守节所见本作'年三十八'。"王国维此说若成立，则数字讹误是西晋至唐时期《博物志》在流传中发生了数字讹误。

张守节与司马贞为同时代人，两人各自为《史》作注，必广搜博采，恰好两人

分别见到两种《博物志》抄本，而不是两人都能看到两种抄本而取舍不同，世间有这等巧事，似不合情理。程金造在《从〈史记〉三家注商榷司马迁的生年》一文中修正王国维说，提出晚出的《正义》修正《索隐》，列出若干《正义》修正《索隐》的例证。既然《正义》修正《索隐》，却没有驳正《索隐》所注司马迁生年，此必然的逻辑是，唐代只有一种《博物志》抄本，作"年三十八"，《索隐》也作的是"年三十八"，张守节的按语"迁年四十二"，是依据《索隐》作出的，十年之差，是《索隐》在唐以后的流传中发生了数字讹误，"年三十八"讹为"年二十八"。

袁传璋总括汉唐时期两位数字合写的"鲁鱼亥豕"，"卅与卌"相讹的概率大于"卅与廿"相讹，十年之差，是《正义》在流传中发生了数字讹误，"年卌二"是"年卅二"之讹。

此外，按程金造的说法，唐代只有一种抄本的《博物志》还可能有两种潜在的数字讹误。如果《博物志》原本作"年三十八"，《索隐》作注时，司马贞抄讹成"年二十八"；如果《博物志》原本作"年二十八"，则是《正义》作按语时，张守节误看成"年三十八"。

数字讹误有如上述五种可能，即《博物志》与《正义》《索隐》均有可能讹误，司马贞、张守节两人转引讹误，共五种可能。由于《博物志》失传，又经过百年论争，王、郭两说均未找到在存世的《史记》三家注各种版本中，《正义》《索隐》直接发生数字讹误的例证，所以五种数字讹误，既不能推倒，也不能落实。也就是数字讹误的推理论证，不能找出《正义》《索隐》两者何者为真，何者为假，只能两者并存，皆为假说，即司马迁生年两说并存。定案司马迁的生年，必须另辟蹊径。

（七）如何评价王国维、袁传璋两个常理说的价值和意义

客观评价王国维数字分书常理说与袁传璋考证两位数字合写常理说，两者的价值和意义如下。

两者的价值是：袁氏常理说有利于《索隐》，适应于汉唐数字连体书写为主流的时代；王氏常理说有利于《正义》，适应于数字单体书写的整个时代，更适用于唐代以后数字单体书写独占的时代。两说并存，相辅相补；两说各自独立，正如袁传璋所说"风马牛不相及"。

引申价值是：既然"风马牛不相及"，两者没有依存与辩驳关系。袁传璋宣称用他的常理说驳倒了王国维"不堪一击的逻辑"常理，乃是自相矛盾和大言欺人。两说都是常理，常理者，客观存在之公理也，它是不可辩驳的，由此可见袁传璋驳的既不是王国维的立论基石数字讹误说，也不是王国维的常理说，而是他自设的标靶——"大前提""小前提"。

两者的意义有二：一是袁氏常理压在了《索隐》一方，打破王氏常理单方压在《正义》一方，使两说天平重归于平衡；二是两说双方穷尽文献均未找到《索隐》《正义》直接的数字讹误，在没有新的材料发现之前，不可能从数字讹误本身找突破，还应回到王国维指引的方向——"排比行年是考证司马迁生年唯一正确的方法"。

三、王国维《太史公行年考》的疏失

　　王国维的考证筚路蓝缕，加之用力不够，其中的推论论据多有瑕疵，必须修正。有一些"前135年说"论者，以实用主义手法，对王国维考证的疏失，即对有瑕疵的论据，不是堂堂正正加以驳正，而是能利用的充分利用，不能利用的则放大缺陷以为标靶，甚至无中生有编制标靶，必欲置之死地而后快。有一位"前135年说"论者，在《司马迁生年及其回乡葬父新证》中，以句句按时间先后顺序记事读《太史公自序》，称司马谈先做官后生儿子司马迁，满纸伪考，而对王国维的考证——司马迁生于前145年——不是驳难，而是谩骂，说王国维的考证"是脱离《自序》本证的呓语，是荒谬的"，"他的推论是虚妄的、生硬的、主观的，长期误导史公生年研究"，"实为误导人们的谬论制造者"。更多的"前135年说"论者则是利用或放大缺陷，试举数例如次。

　　其一，"年十岁则诵古文"。王国维考证云：

　　　　案：《自序》："年十岁则诵古文。"《索隐》引刘伯庄说，谓即《左传》《国语》《世本》等书是也。考司马谈仕于建元、元封间，是时当已入官。公或随父在京师，故得诵古文矣。自是以前，必已就闾里书师受小学书，故十岁而能诵古文。

　　王国维的考证，解释"诵"字为学习与阅读两义。阅读古文书籍，首先要学习识读和书写古文字。王国维认为司马迁"自是以前"，即十岁之前，"必已就闾里书师受小学书"，即蒙童教育已在故里出生地完成。司马迁聪颖好学，"故十岁而能诵古文"，指十岁时能阅读古文书籍，释义极为精准。王国维"画蛇添足"，又用"或"字推论说："公或随父在京师，故得诵古文矣。"此处"诵"字当作学习解，指司马迁十岁时到了京师父亲身边系统学习《左传》《国语》《世本》等古文书。对"十岁"这一时间点的把握仍然精准。"公或随父在京师"，此一句为"蛇足"，给"年十岁则诵古文"的正确考证蒙上了缺陷。不过王国维还留有余地，"或"者，"疑"也，这只是推论，存在可能性，也就是假说。司马迁是否在十岁入京，还须考证。袁传璋承袭王国维的这一缺陷，给"年十岁则诵古文"添加了"庄肃"口吻与"句句"按时间顺序记事，误读《史记》，把"十岁"这一时间点拉伸为从十岁到二十岁"整十年"的时间段。对照王国维与袁传璋两人对"年十岁则诵古文"的解读，抓住"十岁时"这一时间点，不是"整十年"的时间段这一"七寸"，袁传璋的虚妄考证即可排除。袁传璋虚妄的考证，详本书第六讲。

　　其二，"于是迁仕为郎中"。王国维考证说：

　　　　案：《自序》云："于是迁仕为郎中。"其年无考，大概在元朔、元鼎间，其何自为郎，亦不可考。

　　王国维的这一考证是已知推未知，大体无误。王国维已考证司马迁二十南游在"元朔三年"，又把"于是迁仕为郎中"系于元鼎元年，因为王国维又考证出元鼎五年司马迁已扈从武帝"西至空同"。所以王国维的推论，司马迁仕为郎中"大抵在元朔、元鼎间"，是指在元朔末至元鼎初之间，即元朔六年至元鼎元年之间共八年，中间元狩有六年，司马迁出仕的最大概率在元狩年间。大体无误即指此。推论论据不精确，不可能推出"仕为郎中"之年，所以说是一个粗糙的论据。王国维未能考出司马迁何年为郎、何自为郎，应当说："司马迁何年为郎、何自为郎，以待贤者。"到此为止，这条推论论据就完全成立。王国维自己未尽全力，却再次"画蛇添足"说："其何自为郎，亦不可考。""亦"字包括"何年为郎，皆不可考"。这是王国维主观武断留下的缺陷。

对于王国维考证的这一缺陷，有多个"前135年说"论者大做文章，把王国维推论司马迁"仕为郎中"，大抵在元朔末至元鼎元年之间的八年，加以放大说成是元朔、元狩、元鼎三个年号相加的"十八年"。其目的就是要扰乱王国维考证司马迁出仕的最大可能在元狩年间，而"前135年说"论者必须把司马迁出仕之年延后到元鼎元年之后，因为按"前135年说"，元鼎元年司马迁才二十岁，所以司马迁出仕之年绝不能在元鼎元年及之前的元狩年间。又有"前135年说"论者赵光贤扭曲王国维的这条考证，说王国维考定司马迁二十南游，游了整十年，在元鼎元年出仕为郎。赵光贤的原话是这样说的：

> 王国维的《太史公行年考》说元朔三年，迁年二十，开始南游。照此说法，至元鼎元年，三十岁，中间无事可记，南游无论如何不会有十年之久，显然这是个大漏洞。

这里，赵光贤也玩了一把语言游戏，埋藏了两个隐语。一是把王国维推论的司马迁仕为郎中之年"大抵在元朔、元鼎间"定格在"元鼎元年"，于是无端地生出了"南游整十年"；二是把"前135年说"的立论基石，即根本不成立的"司马迁南游归来即仕为郎中"的虚妄推论强加在王国维头上，以便制造"大漏洞说"。赵光贤的"大漏洞说"，其实就是承袭李长之"空白说"的翻版，毫无新意。

其三，王国维《太史公行年考》最大的失误是说司马迁问故孔安国、师事董仲舒在十七八岁至二十岁之前。[①] "前135年说"论者如获至宝，充分利用。又《刺客列传》《樊郦滕灌列传》《郦生陆贾列传》三传所涉人物夏无且、董生、樊他广、平原君子语"太史公曰"云云，王国维说："然则此三传所记，史公或追记父谈语也。"均计算有误，导致推论错误，亦为"前135年说"论者所利用。详本书第三讲中第三节目"司马迁交游提供的旁证"，兹不赘述。

王国维考证的疏失与缺陷，不足以动摇他的考证成果。由于王国维考证方法正确，逻辑严密，考证成果无大误，立论基石与结论都坚不可摧，所以成为学术界的主流认识。我们今天梳理百年论争，是积累了几代人的成果，因此对王国维筚路蓝缕之功遗留的缺陷，理应纠正，但不可苛求，更不应纠缠于此而否定其贡献。纠正王国维的疏失，彰显历史事实，恰恰是为了进一步证成王说。

---

① 王国维此一失误还陷入循环论证，详见本书第三讲第二节"司马迁问故孔委国、师事董仲舒之考证"。

第三讲　司马迁生年"前 145 年说"之证据

本讲依王国维指引的方向，"排比行年是考证司马迁生年唯一正确的方法"，梳理百年论争"前 145 年说"论者考证的司马迁行年成果、提供的司马迁生于公元前 145 年之证据。下面分三个节目来谈。

一、几个重要行年关节点之考证

本节集中考证《太史公自序》和《报任安书》留下的最直接的司马迁行年关节点，具体说，即前文第二讲第一节所列十个行年关节点的九个，得到六个支撑"前 145 年说"的证据。

(一) 司马迁年十九之前"耕牧河山之阳"。此为"前 145 年说"之第一证

司马迁"十九岁之前耕牧河山之阳"证据在哪里？证据就在《太史公自序》"迁生龙门"一节前四句中："迁生龙门，耕牧河山之阳。年十岁则诵古文。二十而南游。"句句是已知。我们要用这四句已知推论一个未知，即"耕牧河山之阳"这一时间段。"迁生龙门，二十南游"，这是司马迁明明白白写的已知行年：司马迁属士人阶层，不是务农吃饭，他的耕牧只是体验生活，热爱山川，为二十南游打基础，少年儿童时代仍以读书为主，年十岁就已达到可阅读古文的学识，所以"年十岁则诵古文"是一句插入语，它没有中断耕牧河山之阳的时间段。"年十岁""年二十"，字面意义毫无疑问是指蒙童时段、少年时段、步入青年时段的一个分界点。"二十南游"，学术界又通称"二十壮游"，表明司马迁步入青年时段，离开故乡踏上新征程。司马迁《报任安书》说"长无乡曲之誉"，就是指少年时段耕读于故里而未在京师生活的有力旁证。不怀偏见的任何一位读者，包括初通古文的中学生，只有这么一个读法，绝不可能读为：九岁以前耕牧，十岁至二十岁在京师读书。正如钱穆所说："十岁幼童，如何说'耕牧河山之阳'呢？这是第一证。"钱氏说详后"仕为郎中"之考证。

(二) 年十岁则诵古文

这一行年关节点只有某岁，作为行年轨迹，只表明是童年与少年两个时间段的分界点。作为时间点，只表明司马迁年十岁时的学识状态，导入两个生年假说，没有比较价值。又由于没有旁证资料可以考证出"年十岁则诵古文"在某年，所以这一行年关节点对于推导生年与验证生年均无直接关系。袁传璋把"年十岁则诵古文"定为推导司马迁生年的三个"标准数据"之一，也只是虚晃一枪，在推导时不见踪影，他大作文章乃"另有目的"，将在第六讲评析袁文时再详说。

(三) 司马迁元朔二年"家徙茂陵"，年十九岁。此为"前 145 年说"之第二证

《索隐》引《博物志》，元封三年司马迁为太史令，属籍"茂陵显武里"，这一

史料引出了变数，司马迁不是"二十南游"离开故乡，而是"家徙茂陵"时离开故乡，这就必须用考证来回答，"家徙茂陵"之年在哪一年？它是证实"年十九"，还是修正"年十九"以"耕牧河山之阳"呢？这要用史实来说话。

考证"家徙茂陵"有两种方法。其一，用排除法推理考证。据《汉书·武帝纪》，徙郡国豪杰于茂陵，前后三次：一在建元二年，一在元朔二年，一在太始元年。若在建元二年司马迁就"家徙茂陵"，那就一并排除了两个生年假说。一是建元六年在建元二年之后被直接排除；二是建元二年上距景帝中元五年只有七年，七岁幼童何以耕牧河山之阳呢？也就是景帝中元五年被间接排除。大前提是建元六年与景帝中元五年，两个生年一真一假，两个生年均被排除，就是悖论，不成立，即"家徙茂陵"在建元二年不成立。当然，更不可能在司马迁四五十岁的晚年太始元年家徙茂陵。因为任太史令时的司马迁，不是二十八，就是三十八。排除了"建元二年"和"太始元年"，唯有元朔二年家徙茂陵了。其二，引据文献做史实考证。《汉书·武帝纪》元朔二年，汉武帝大移民十万口充实朔方新郡。主父偃建言移豪富家资三百万以上于茂陵，可"内实京师，外销奸猾，此所谓不诛而害除"①，一箭双雕。这是政治性移民，带有强迫性。郭解不中訾亦被强行移民就是生动的例证。司马谈六百石，也是在此背景下家徙茂陵的，这已是学术界的共识。

元朔二年是公元前 127 年，把这一时间点导入司马迁生年前 135 年说，司马迁九岁家徙茂陵，导入生年前 145 年说，则司马迁十九岁家徙茂陵。也就是说，按前 145 年说，司马迁少年时代十九岁以前耕牧河山之阳，合情入理；按前 135年说，司马迁九岁前蒙童耕牧河山之阳，按钱穆的说法，即实属荒诞。也就是元朔二年家徙茂陵，为司马迁生于公元前 145 年之第二证。

（四）"二十南游"在元朔三年，司马迁行年基准点呼之欲出。此为前 145 年说之第三证

司马迁元朔二年"家徙茂陵"年十九，即可推知"二十南游"在元朔三年，司马迁的行年基准点呼之欲出。

"二十南游"这一行年关节点极为重要，它是司马迁少年与青年两个年龄段的分界点，晚生十年等于砍掉了司马迁十年的青年时段。南游又有数年之久，按"前135 年说"，司马迁奉使在虚岁二十五岁之前，等于没有了青年时段。没有"二十南游"这一句，二十五岁的青年司马迁奉使可称为"少年得志"②，与三十五岁中年司马迁奉使，无法辨其是非。有了"二十南游"，加之，南游有数年之久，不待分辨而是非立现。李长之、赵光贤、袁传璋等"前 135 说"论者，对此心领神会，编造"二十南游时间很短"，而且"归来即仕为郎中"，所谓"空白说""大漏洞

---

① 《史记》卷一一二《平津侯主父列传》。
② 《报任安书》中"长无乡曲之誉"，以及"固主上所戏弄，倡优畜之"的牢骚话头，驳斥了前135 年说论者的少年得志说。

说"，尤其是"于是"无缝连接"二十南游"与"仕为郎中"，其因盖出于此。

（五）仕为郎中之考证。此为前 145 年说之第四证

钱穆第一个考证司马迁"仕为郎中"在元狩五年，依据文献为《封禅书》汉武帝置"寿宫"。《封禅书赞》："余从巡祭天地诸神名山川而封禅焉，入寿宫侍祠神语，究观方士祠官之意。"《资治通鉴》系于元狩五年。钱穆说："若依《正义》，迁年二十八，时已为郎中，故得从巡祭天地鬼神。若依《索隐》，迁年十八，尚未为郎中，便无从驾巡祭之资格，这是第二证。"钱穆还以《报任安书》作于征和二年推理论证，元狩五年"仕为郎中"合于"待罪辇毂下二十余年"。钱文《司马迁生年考》列举五证支持王国维的"前 145 年说"。① 钱氏五证为：第一证，司马迁年十九岁之前"耕牧河山之阳"；第二证，元狩五年，迁年二十八"仕为郎中"；第三证，迁年十九，家徙茂陵见郭解；第四证，李广死于元狩四年，迁年二十七岁，比《索隐》说迁年十七岁见李广更合理；第五证，奉使西征，迁年三十六②，比《索隐》说迁年二十六更合理。钱氏五证为驳难友人施之勉的"前 135 年说"，条条精准。钱文第二证"仕为郎中"依序在本讲列为第四证。

施丁 1984 年撰文发挥钱氏之说，考证司马迁元狩五年"仕为郎中"③，补充论证，指出司马谈未参与封禅，因此"余从巡祭天地诸神名山川而封禅焉"之"余"，只能是司马迁。这一补充十分必要。"前 135 年说"论者解读这个"余"为司马谈，就完全错了。施丁还考证，任安与司马迁是知交，当在同一年仕为郎中。汉武帝元狩五年重病痊愈，在行宫中建寿宫神祠，大赦天下，诏令赵禹选郎，有如后世科举行恩科，选举不够恩荫条件的寒门士子为郎，任安、田仁、司马迁在这一背景下于元狩五年仕为郎中也没有错。施丁为了多列论据，失检引用了《三王世家》司马贞《索隐》的误注，认为元狩六年任安为太子少傅，而据《卫将军骠骑列传》，任安元狩四年尚在大将军府，因而出仕为郎则在元狩五年，实乃画蛇添足，应予纠正。详本书第六讲"余论三题"。

（六）"奉使西征"与"还报命"之考证。此为"前 145 年说"之第五证

《太史公自序》云："奉使西征巴、蜀以南，南略邛、笮、昆明，还报命。"一个"征"字，一个"略"字，表明了司马迁的身份是特命的钦差大臣④，以郎中将的职衔去监军⑤，命巴蜀之军征讨西南夷。司马迁去传达军令并设郡置吏。建

---

① 载（台北）《学术季刊》第 1 卷第 4 期，1953 年 6 月。

② 按实年计司马迁虚年 35 岁，还报命才是 36 岁，钱氏乃终其奉使为说。

③ 施丁：《司马迁生年考——兼及司马迁入仕考》，《杭州大学学报》1984 年第 3 期。

④ 司马迁此次奉使是朝廷重大事件，史家特别记载。《汉书·东方朔传》说："武帝既招英俊，程其器能，用之如不及。时方外事胡越，内兴制度，国家多事，自公孙弘以下至司马迁皆奉使方外"云云。

⑤ 汉武帝从建元六年至元鼎六年经略西南夷前后长达 25 年，历经唐蒙、司马相如、司马迁三位大臣，唐蒙为一千石的郎中将，司马相如则为二千石的中郎将奉使，推知司马迁最低亦当为一千石的郎中将。

元六年（前135年）唐蒙首开西南夷置犍为郡，以郎中将的职衔行事，司马迁亦当如是。司马迁出发时间和地点，据《汉书·武帝纪》是在元鼎六年（前111年）春正月，出发地点在今河南获嘉县，在扈从汉武帝的巡幸途中，目的地是汉军受阻的且兰国，在今贵州西境。传达军令的司马迁快马加鞭，当从获嘉经洛阳，返长安，南下汉中至巴郡，溯长江经犍为到达且兰境内的汉军驻地，用时约两个月。汉军平定西南夷，设置牂柯、越嶲、益州、沈犁、汶山、武都，连同原先设置的犍为郡，共七个郡。司马迁"还报命"，在元封元年四月赶到河洛，受父遗命后上泰山参加封禅典礼，向天报告称成功。司马迁从武都出发"还报命"至泰山，亦当是风驰电掣，用时两个月。汉时从昆明到长安，正常行程三个月，司马迁身负特殊使命，来回四个月足够。元鼎六年春正月到元封元年夏四月，共十六个月，减去行程四个月，司马迁在西南夷地区生活和活动了整十二个月，也就是一年时间，司马迁有足够时间做调查研究，了解民族地区的风土人情，对创立民族史传意义极为重大。司马迁此行所历地域，当今豫、陕、川、甘、云、贵六大省区，行程万余里，设郡置吏，立功边陲，可以说是司马迁人生旅程的一大亮点。

对司马迁"奉使西征"与"还报命"的准确时间，以及职任的考定，为"前145年说"之第五证。司马迁奉使在元鼎六年春，导入"前145年说"，虚岁三十五，周岁三十四，也就是元朔三年"二十南游"与元鼎六年"奉使西征"，其间十四年，即公元前126年到公元前110年。元狩五年，即公元前118年，司马迁"仕为郎中"，上距"二十南游"八年，下距"奉使西征"六年，恰好是司马迁"南游"，问学于孔安国、董仲舒，扈从武帝积淀人生阅历的时间。导入"前135年说"，司马迁奉使虚岁二十五，周岁二十四，再减去王国维考证元鼎五年司马迁已扈从武帝西至空同一年，只剩下二十至二十三共四个实年，请问司马迁如何南游、问学与出仕、奉使？换句话说，司马迁奉使之前的十四年的青年时段，被"前135年说"论者砍掉了十年，所以司马迁南游、问学、出仕、扈从、奉使等14年的青年时段经历要挤压在四年之中，不仅时间安排左支右绌，而且把司马迁青年时段问学孔安国、董仲舒，搬到少年时段，必然陷入伪证伪考。

（七）《报任安书》"作年"之考证，验证了"仕为郎中"之年。此为"前145年说"之第六证

王国维《太史公行年考》否定传统的《报任安书》作于征和二年说，考定作于太始四年，其言曰：

案：公《报益州刺史任安书》在是岁十一月，《汉书·武帝纪》：是岁春三月，"行幸太山；夏四月，幸不其；五月，还，幸建章宫"，《书》所云"会从上东来"者也。又冬十二月，行幸雍祠五畤，《书》所云"今少卿抱不测之罪，涉旬月，迫季冬，仆又薄从上上雍"者也。是《报安书》作于是冬十一月无疑。或以任安下狱坐受卫太子节，当在征和二年，然是年无东巡事，又行幸雍在次年正月，均与《报书》不合。《田叔列传》后载褚先生所述武帝语曰："任安有当死之罪甚众，吾常活之"，是安于征和二年前曾坐他事，公

《报安书》自在太始末，审矣。

王国维此一考证，文献、史实、推理，一一俱备，是《太史公行年考》中一大亮点，没有充分根据是不能推倒的。汉武帝在一年之中既东巡又西巡，只有太始四年。且接信在年初，回信在年尾，可以说是迟迟没有回信，因此《报任安书》一则曰"曩者辱赐书"，再则曰"迫贱事，相见日浅"，即忙于事务，加之我们不久就要见面了，所以才没有回信。"相见日浅"，指刺史任安或秋觐，或年尾回京陈述政务，司马迁就可与之相见了。这些条件加起来，《报任安书》作于太始四年无可置疑。1981年，苏诚鉴教授在《司马迁行年三事考辩》中，以"曩者辱赐书"定位司马迁接任安信在太始四年春三月"行幸泰山"之时，而《报任安书》作于征和三年一月"行幸雍"之时，一个"曩"字曩了三年，其实是一个不成立的推论。过了七年，袁传璋也将苏先生的论说接过来大作了一番文章，还指责对方没读懂"曩"字，说"曩者，久也"。不过这种以辨代考是徒劳的。此处解"曩"为"久"，长达近三年，与《报任安书》内容和历史事实均不符合。《报任安书》曰"书辞宜答，会东从上来，又迫贱事"云云，指没有及时回信的理由。假如司马迁三年没回信，这"会东从上来，又迫贱事"两条理由是讲不通的。正是这两条理由证成了王国维的考证，接信与回信应当在同一年，年初接信，年尾才回信，这两条是说得过去的。再看历史事实，袁传璋说，任安太始四年刺史任满，征和元年回京任北军使者护军。司马迁任中书令，汉武帝身边的大秘书，任安任汉武帝身边的禁军首领，司马迁与任安既为知交，又近在咫尺，两年间没有来往，也不回信，除非两人断交。既然断了交，又何来《报任安书》？袁传璋用苏先生一个"曩"字的推论，间隔同在汉武帝身边的任安与司马迁近三年之久，根本不成立。

《报任安书》作于太始四年，即公元前93年，上溯元狩五年仕为郎中，即公元前118年，共二十六年，与"待罪辇毂下二十余年"完全吻合，即使在征和二年，乃至三年也吻合，可证钱穆、施丁对"仕为郎中"的考证完全成立。

二、司马迁问故孔安国、师事董仲舒之考证

考证司马迁的社会活动、师承、交友、接触名人，提供考证生年的旁证，这也是王国维开拓的方法。由于司马迁不是在《太史公自序》《报任安书》，以及《史记》其他纪传中专门交代他的社会活动与师友，而是在叙写史事以及在"太史公曰"中涉及，所以要梳理提供出与行年相关的论据，往往要用考证与推理相结合的方法得出。其中最重要的旁证是问故孔安国、师事董仲舒。

司马迁何时师承两位国家级学问大师，是极为重要的行年资料。王国维据《汉书·儒林传》《兒宽传》《张汤传》，以及《史记·孔子世家》考证孔安国为博士在元光、元朔间，董仲舒在元狩、元鼎间尚存，"然已家居不在京师"，将两位大师在京师的时间误判为在元光、元朔间。这一误考使王国维做出了两个错误的推论：一是"或"言推论司马迁十岁入京；二是循环推论司马迁生于前145年。王国维说："以此二事（指司马迁师承孔、董两位大师）证之，知《博物志》之

'年二十八'为太史令，'二'确为'三'之讹夺也。"司马迁在元光、元朔间师事孔、董两位大师，导入"前145年说"，即用生于前145年推出司马迁年岁在元光、元朔间为二十岁前后，现在又以元光、元朔间师事孔、董两位大师在年十七八岁以证司马迁生于前145年，所以是循环论证，这是《太史公行年考》的最大失误。考证与推论均错误。"前135年说"论者，对王国维的这一重大失误讳莫如深，没有一个"前135年说"论者出来驳难。因为"前135年说"论者不仅要利用王国维的这一错误为其考证烟幕铺路，而且循环论证是"前135年说"的命根、立论基石，所以对王国维考证的双重错误反而讳莫如深。

　　历史事实是，孔安国、董仲舒两人，整个元狩年间均活动在京师。程金造据《资治通鉴》，考证孔安国为博士在元朔二年。王达津据《汉书·地理志》，元狩六年初置临淮郡，孔安国早卒，当为第一任临淮太守，元狩六年离京。钱穆考证，元朔五年董仲舒为胶西相，元狩二年免归居家茂陵。施之勉考证，董仲舒卒于元狩六年或元鼎二年①。据此，司马迁问故孔安国、师事董仲舒均在元朔末和整个元狩年间，导入"前145年说"，正当二十南游归来的二十三四岁至二十七八岁之时。导入"前135年说"，则当十三四岁至十七八岁之时。两者比较，司马迁当生于前145年。若生于前135年有三个不利因素：其一，少年学习尚在打基础之时，尤其是十三四岁时师事国家级学术大师，学知识与年龄身份均不相宜；其二，与《太史公自序》所载年十九岁以前耕牧河山之阳不合，所以必须要年幼十岁的司马迁入京，对此没有文献支撑；其三，问故孔安国，指学习绝学《古文尚书》，非少年求仕进之所学。据《汉书·儒林传》，司马迁问故孔安国，将古文说载入《史记》，必当二十南游归来已为司马谈修史助手的青年司马迁。以此三点，司马迁问故孔安国、师事董仲舒不当生于前135年。司马迁师承孔安国、董仲舒两位大师，在整个元狩年间于京师，正当司马迁二十壮游归来的二十三四至二十七八岁之青年时段。此为前145年说最有力的旁证。

三、司马迁交游提供的旁证

（一）司马迁与《刺客列传》《郦生陆贾列传》《樊郦滕灌列传》所载长者交游，可证司马迁生于前145年

　　王国维《太史公行年考》认为：《刺客》等三传"太史公曰"提到的长者，司马迁年齿不相及。其言曰：

　　　　公孙季功、董生（非仲舒）曾与夏无且游，考荆轲刺秦王之岁，下距史公之生，凡八十有三年。二人未必能及见史公道荆轲事。有樊他广及平原君子辈行，亦远在史公前。然而此三传所纪，史公或追记父谈语也。

---

① 施之勉《董子年表》谓董仲舒卒于元狩六年，而在《太史公行年考辨误》中说约死于元鼎二年。总之，董仲舒元狩年间在京师。

　　王国维这里计算与推断均失误，他的这一失误为"前135年说"论者充分利用。赵光贤借力还加上《李将军列传》，说这四个列传是司马谈所作，把"转父谈语"加力为"司马谈所作"。又一"前135年说"论者走得更远，用年齿不相及来论证"司马谈作史"，反过来又用司马谈作史来论证司马迁不生于前145年，大搞循环论证。只要稍加计算，弄清司马迁与诸位长者交游的年齿差距，"前135年说"论者的种种想当然之说，不攻自破。

　　在这一具体问题上，无论是王国维，还是赵光贤等"前135年"说论者，既未做逻辑推理，也未做年齿计算，完全错误。逻辑推理，司马谈只在京师做官，他没有个人旅行的机会，综观"太史公曰"记录的考察资料，明显交代是从交游中得来，因此是司马迁本人的记述，转述父谈语之说不成立。年齿计算，冯王孙、樊他广、平原君子、公孙季功、董生，与生于公元前145年的司马迁差四十五到五十五岁之间，一个二十岁的青年去访问六十五岁至七十五岁之间的长者，那是可以相及的。如果晚生十年的司马迁，有的就不能相及了。

　　如何计算年齿。徐朔方对司马迁交游，包括上述三列传长者做了最为精确的考证。《刺客列传》载荆轲刺秦王在公元前227年，下及司马迁生年前145年间距八十二年。秦王御医夏无且以药囊掷荆轲，假定当年二十岁，又假定他在七十岁左右把自己的事迹告知二十岁左右的公孙季功、董生，两人七十岁左右得遇二十岁壮游的司马迁来访，完全可以相及。[①] 如果把岁差扩大五年，为二十岁青年与七十五岁老人也可相及，则有十年伸缩差，也就是二十岁的司马迁与七十五岁的公孙季功、董生也可以相及。晚生十年，就不一定能与八十五岁的公孙季功、董生相及了。《樊郦滕灌列传》中的樊他广，徐朔方考证樊他广年岁大于司马迁三十四岁到四十四岁之间，即岁差三十四到四十四之间，按最大岁差四十四年计，二十壮游的司马迁与六十六岁的樊他广完全能相及。《郦生陆贾列传》中的平原君子，徐朔方考证，平原君朱建有好几个儿子，最大的长子与司马迁的岁差也只有五十多岁，与其他诸子的岁差小于五十岁，当然相及。徐氏原文是："长子被封为中大夫而死于匈奴，应该都发生在文帝时。同司马迁有来往的应该是另外年纪较小的儿子。退一步说，即使是长子，司马迁同比他大五十多岁的人有来往，且向他了解他父辈有关的历史事实，也是完全可能的。"上述诸人对于晚生十年的司马迁，那就真的是不相及了。

　　最后，徐朔方对他的考证做了理论的总结[②]，说：

　　　　从司马迁的交游以及他曾经会见的人可以看出：司马迁只有生于汉景帝中元五年（前145年），这些交游才可能全部实行，司马迁所写的会见某些人物的印象才可能是真实的。司马迁如果迟生十年，即生于汉武帝建元六年

---

　　① 计算方法：按岁差五十年，公元前227年减五十年为公元前177前，即七十岁的夏无且与二十岁的孙季功、董生相及。公元前177年再减五十年为公元前127年，也就是七十岁的公孙季功、董生与二十壮游的司马迁相及。余类推。

　　② 徐朔方：《司马迁生于汉景帝中元五年考》，《杭州大学学报》1983年第3期。

（前135年），某些交游就不可能实行，他所会见的某些人物的印象就会是不真实的。

（二）其他列传所载交游，可证司马迁生于前145年

司马迁见郭解：程金造考证，汉武帝元朔二年徙郡国豪杰及家赀三百万以上于茂陵，郭解、司马迁均家徙茂陵邑。十九岁的司马迁在关中见郭解。《游侠列传》太史公曰："吾视郭解状貌不及中人，言语不足采者，然天下无贤与不肖、知与不知，皆慕其声。"程金造说："这正是一个十九岁将及成年人的心理。若使司马迁生于'建元六年'，则元朔二年，时方九龄幼童去观察别人，绝不能有这样的心理活动的。"[①] 此为"前145年说"之一旁证。"前135年说"论者说司马迁九岁见郭解，晚年回忆加入了成年人心理，此乃巧言不成立。

司马迁见冯遂。《张释之冯唐列传》，建元元年举贤良，冯唐被举时年九十余，不能再举为贤良，时年九十余，也不能再为官，于是以其子冯遂为郎。太史公曰："遂字王孙，亦奇士，与余善。"如果司马迁生于建元六年，冯唐比儿子大三十岁或四十岁，则司马迁与冯唐儿子冯遂两人岁差六十六年或五十六年，那么二十壮游的司马迁与八十六岁或七十六岁的冯唐儿子相及的可能性较小，"如果司马迁生于景帝中元五年，那两个年龄差距就减少十年，他们的友谊就合理得多了。"（徐朔方语）也就是二十岁壮游的司马迁与六十六或七十六的冯遂是可以相及的。

司马迁见李广。《李将军列传》载李广自杀于元狩四年，司马迁生于前145年，时年二十七岁，晚生十年为十七岁。元狩年间李广为卫尉在京师，司马迁壮游归来亦在京师，自然有见李广的机会。十七岁的司马迁"耕牧河山之阳"，没有见李广的机会。设若司马迁十岁已入京，还是二十七岁的青年司马迁比十七岁的少年司马迁相遇李广合理得多。

以上（一）、（二）两项交游提供了六个列传的六大旁证。徐朔方指出："一条孤立的例证，可能版本文字有出入，年代推算有误差，或者另外有意想不到的情况，因此难以得出结论。可是上面举的例证是六条，不是一条。总起来不难看出，司马迁生于武帝建元六年的这个说法是很难说通的。"徐氏的评说十分中肯。

本讲综上所考，合于前145年说的行年关节点考证有六大证据，师承孔安国、董仲舒两大旁证，以及交友六条例证，共十四条证据，足可以定案司马迁生于前145年。本书第七讲，将"前145年说"的考证与"前135年说"的主张，共列于一表，编制《司马迁行年表》，也就是把司马迁生年十年之差的百年论争核心成果纳入一表之中，两说鲜明对照，即依王国维指引的方向，"排比行年是考证司马迁生年唯一正确的方法"，所得结论"司马迁生于公元前145年"可为定论，至为明晰。

---

① 程金造：《从〈史记〉三家注商榷司马迁生年》，收入《司马迁与史记》论文集，中华书局1957年版。

第七讲　司马迁生于公元前 145 年可以为定论

本讲对司马迁行年，特别是生年的十年之差百年论争梳理做最后的总结，十年之差论争的意义在哪里？司马迁的生年可否做出定案，依据在哪里？司马迁卒年有无史实依据的推论？这三个方面，试做简洁明快的回答，以为百年论争梳理阶段性总结。下分三个节目来说。

一、司马迁生年十年之差论争的意义①

元封元年，即公元前 110 年，司马迁奉使西征还报命，又恰值司马谈辞世。依《索隐》《正义》两个生年定位点计算，据《索隐》，司马迁生于公元前 135 年，二十六岁；据《正义》，司马迁生于公元前 145 年，三十六岁。司马迁二十壮游，结束了少年时代，进入社会，步入了青年时代。按《正义》，司马迁有十六年的青年时代，按《索隐》说砍掉了十年，只有六年，而且是虚岁计年。以实年计，司马迁还报命在元封元年夏四月，青年时代只有五年又四个月。所以"前 135 年说"论者要把壮游、问学、入仕、扈从、奉使都挤压在这五年又四个月的时间中，于是乎才有李长之、赵光贤的"为时极短说""空白说""大漏洞说"；才有袁传璋的壮游归来就仕为郎中，"没有时间间隔"的无缝连接说；才有九岁蒙童耕牧河山之阳，十余岁少年问学国家级大师等一系列天方夜谭故事，这还是次要的。如果司马迁少了十年的青年时代，对于司马迁个人的人生修养、《史记》成书、思想积淀均有着巨大的影响，可以从三个方面来说明。

1. 影响司马迁的人生修养，缺失了十年伟大时代的熏陶

司马迁晚生十年，被砍掉的十年青年时代，即是从二十壮游的元朔三年至元狩六年，公元前 126 至前 117 年。这十年恰好是汉武帝大规模征伐匈奴的十年，是西汉国力迅速崛起的十年，全国民众艰苦奋斗的十年。这是一个举国上下积极奋发的伟大时代，国家有为，激发青年奋发壮志，不言而喻。这十年，司马迁壮游、从学、交友，为司马谈修史助手，受到见习修史的历练，为继承父志独力写作并铸就《史记》丰碑打下坚实基础。没有这十年的人生修养和修史见习，二十六岁的司马迁就遭遇父亲辞世，不懂修史方法，不知南北东西，能继续独力修史是不可想象的。因此，研讨司马迁的生年，必须与《史记》创作紧密相连，体察《史记》丰碑是怎样铸就的，《史记》内容该怎样去解读。离开《史记》创作，抽象地研讨司马迁生年，十年之差没有任何意义。司马谈临终遗言："余为太史而弗论载，废天下之史文，余甚惧焉，汝其念哉！"司马迁受命，恳切地回答说："小子不敏，请悉论先人所次旧闻，弗敢缺。"双方都不像是在交接一个陌生的话

① 此题内容参见张大可：《司马迁生年十年之差论争的意义》，《管子学利》2017 年第 4 期。见本书附录。

题，而是有相当长时间的修史磨合，双方均有自信。简短的对话，有着深远的内涵。司马谈交付的修史重担，与其说是交给一个二十余岁的青年，倒不如说是交给一个三十余岁的成熟的中年人才合于事实。下列"司马迁生年十年之差时代背景纪年表"，意义清晰显现。

司马迁生年十年之差时代背景纪年表

年号		公元前	生145	生135	几个重要的大事纪年	公元前	行年时间段
元封	三	108	38	28	司马迁为太史令，继父修史，铸就丰碑，完成《史记》	108	司马迁晚生十年，加二十南游，几近没有了青年时代
	二	109	37	27		109	
	元	110	36	26	司马迁奉使还报命，见父于河洛/司马谈卒，临终遗命司马迁继为修史	110	司马谈与宽舒草封禅仪／青年时代十六年／青年时代六年减／去南游数年，差不多没有了青年时代
元鼎	六	111	35	25	司马迁奉使西征，在春正月	111	二十南游
	五	112	34	24	迁扈从武帝西登空同	112	
	四	113	33	23	汉武帝在位54年，是年为前后期分界点；西汉达于鼎盛，武帝首次远游巡幸	113	
	三	114	32	22		114	
	二	115	31	21		115	
	元	116	30	20	"前135年说"：迁二十南游以归	116	
元狩	六	117	29	19	孔安国出为临淮太守/博士褚大巡风。"前135年说"：迁为博士弟子随褚大出游	117	汉匈大决战，汉胜匈败／（前一四五年说）／受学孔、董之年／（前一三五年说）
	五	118	28	18	司马迁仕为郎中/博士孔安国为谏议大夫	118	
	四	119	27	17	汉匈漠北大战，匈奴远遁/李广卒/司马相如卒，遗封禅文/霍光为郎	119	
	三	120	26	16		120	
	二	121	25	15		121	
	元	122	24	14	司马谈《论六家要旨》，此述史宣言撰《太史公书》，上起陶唐，下讫获麟	122	
元朔	六	123	23	13		123	二十南游
	五	124	22	12	董仲舒为胶西王相，元狩二年致仕，家居茂陵	124	
	四	125	21	11		125	
	三	126	20岁	10岁	"前145年说"：二十南游：三至五年	126	
年号		公元前	生145	生135	几个重要的大事纪年	公元前	行年时间段

2. 李长之缩短司马迁十岁生年的动机不成立

李长之非常重视司马迁生年十年之差对于《史记》成书的意义。李长之认为《史记》是一部青壮年"血气方刚"所写的史诗，应该是"三十二岁到四十几岁的作品"，不应该是"四十二岁到五十岁，精力弥漫的壮年人的东西"。所以，李长之要缩短司马迁十岁的生年，还要司马迁早死，一生只活了四十二岁。作为文学家的李长之，有此浪漫情怀是可以理解的，也是可以允许他提出这样的假说的，把《史记》比喻为史诗，也不过是"无韵之《离骚》"的换一种说法而已。但是，把浪漫情怀与假说当作历史事实，把《史记》当作纯文学作品，那就大错特错。环视古今中外，可以有天才的神童作家和艺术家，但没有神童的历史学家。因为一个良史，要有才、学、识、德四大要素的修养，单有才气是不够的。学，是博闻强记，积累知识；识，是人生磨炼，要在社会上摔打，积累阅历，两者都需要长时间来积淀。司马迁入仕，扈从武帝，正值汉武帝在位五十四年的下半程。此时匈奴已远遁漠北，从元鼎四年（前 113 年）起，汉武帝首次远离京师巡幸四方，到汉武帝辞世的后元二年（前 87 年），其间二十七年，汉武帝巡幸四方达二十二次，短者三个月，最长七个月，平均三至四个月计，二十二次要耗时六十六个月至八十八个月，总计六七年。司马迁还有职事公务，用于修史的时间充其量是一半。司马迁卒年，大致与汉武帝相终始，王国维系于昭帝始元元年，即公元前 86 年。从元封元年（前 110 年）到始元元年，其间二十四年，一半时间也就是十二年。如果司马迁的十年青年时代，在元封元年前被砍去，必然要用元封元年之后的十年弥补，还要用于修史见习，留给司马迁的写史时间就更少了。简单的一个时间账，十年青年时代对于司马迁完成《史记》是何等的重要，难道还有疑问吗？

3. 从《史记》的写作过程，可证司马迁晚生十年不成立

《史记》是司马谈、司马迁父子两代人的心血结晶①，历时半个多世纪。司马谈在建元元年（前 140 年）举贤良入仕，就发愿继承孔子圣人的事业，完成一代大典，提出了创作《史记》的宏愿。司马谈正式写作是在元狩元年（前 122 年），直至元封元年（前 110 年）去世。司马谈修史准备从建元元年至元狩元年，已达十八年，正式写作从元狩元年至元封元年，共十二年，前后三十年耗尽了他的一生。元封元年（前 110 年），司马迁三十六岁，受父遗命，接力修史。这之前，司马迁二十壮游，"网罗天下放失旧闻"，已是司马谈的修史助手，到元封元年，已历经了十六年的修史见习期，洞悉父亲的一切规划，并参与其中。从元封元年至武帝之末的后元二年（前 87 年），司马迁全身心投入修史，又独立进行了二十四年的创作，《史记》完成，前后四十年。父子两代合计经营《史记》七十年，减去重叠的十六年，首尾五十四年，接力写作共三十六年，耗尽了两代人的心血。一

---

① 与《史记》并驾齐名的《汉书》，也是历经班彪、班固父子两代人半个多世纪完成，其中班固还得到妹妹班昭的协助。

代大典的完成是如此的艰难，也正因为是两代人的巨大付出，才铸就了《史记》丰碑。李长之想象《史记》只能完成于一个"血气方刚"的青壮年之手，凭着一股激情，只需十几年一气呵成，显然这不过是编织的文学虚构。《史记》厚重的思想内涵，岂能是一个"血气方刚"的青壮年所能积淀！

司马迁在元封元年之前，已历经了十六年的修史见习期，《史记》的成书过程可以提供生动的证明。司马谈临终遗言，交代其发凡起例的宗旨有三端：一曰效周公"歌文武之德"；二曰继孔子效《春秋》"修旧起废"，为后王立法，为人伦立则；三曰颂汉兴一统，论载"明主贤君忠臣死义之士"。合此三端，即以人物为中心，以帝王将相为主干，颂一统之威德，这正是秦汉中央集权政治在学术思想上的反映。《论六家要指》为司马谈所作述史宣言，倡导融会百家思想为一体，自成一家之言。这些也就是《史记》的本始主题，"颂扬"是其主旨，着重记载"明主贤君忠臣死义之士"，断限上起陶唐，凸显让德；下讫元狩获麟，象征文成致麟。从元狩元年（前122年）至太初四年（前101年），又历二十二年。这之间西汉崛起达于极盛，汉武帝北逐匈奴，开通西域，拓土西南夷，并灭两越，封禅制历，象征天命攸归，完成大一统。司马迁参与了封禅制历，激动非凡，在太初元年完成制历后与好友壶遂讨论《史记》写作宗旨，弘扬司马谈记述历史以颂扬为本始的主题，形成"究天人之际，通古今之变，成一家之言"的思想体系，提升了《史记》主题；延展断限，上起黄帝，下讫太初，凸显大一统历史观，提出了"非兵不强，非德不昌"的治国理念。这是司马迁把现实历史事势的发展写入《史记》的证据。太初元年距离元封元年只有七年，如果司马迁晚生十年，在元封元年之前，没有十六年修史的见习期，没有十年青年时代对大时代历史事势变化的感知，就不可能在太初元年与壶遂讨论《史记》主题，甚至没有资格参与制定太初历。

此外，司马迁还与壶遂讨论了历史学的批判功能。司马迁以"见盛观衰"的高瞻远识，朦胧地意识到历史学应有干预社会生活的本能，具有批判功能。司马迁借《春秋》提出了"贬天子，退诸侯，讨大夫"的思想理念。孔子的《春秋》没有"贬天子"，而是为尊者讳，显然只有司马迁的实录记述才能赋予历史学这一功能。司马迁与壶遂的讨论是追述，其内涵是总结其一生的思想积淀，"贬天子"当是受祸以后第二次提升《史记》主题之后才有的思想境界。这涉及《史记》是什么时候完成的，与司马迁卒年有紧密联系。关于卒年，详本讲第三节。

二、司马迁生年两说，只并存于三家注，王郭两说王真郭伪不并存，司马迁生于公元前145年可以为定论

唐人的《索隐》《正义》并存司马迁的生年两说，历经百年研讨，在现存史籍中找不到《索隐》《正义》数字讹误的直接证据，因此两说并存。而一个人的生年只能是一个，所以两说并存皆为待证之假说。证明方法，排比司马迁行年，谁与之行年轨迹吻合，谁就是真实的生年，谁与之不吻合，谁就被证明是伪，生年不成立。

　　总括百年论争的结果，用以检验王国维、郭沫若两家之说，从行年排比与论证方法两个层面来看，都鲜明地呈现出一真一伪的对比，王真郭伪，两说不并存。

　　其一，行年排比。编制《司马迁行年表》，就是具体、形象地排比、串联经过考证学术界公认的有关推导司马迁生年的史实制成历史系年表，也就是将本书各讲所总括的百年论争的考证成果制成历史系年表，再将王国维、郭沫若两说的待证生年以及两说的行年关节点排入历史系年表，与之对照，比较两说，看谁最符合司马迁行年轨迹，以最符合的一方定案司马迁的生年。查行年表，按郭沫若支持的"前135年说"，则司马迁九岁之前蒙童耕牧河山之阳，十二三岁至十七八岁的少年问学孔安国、董仲舒两位国家级学问大家，二十壮游在元狩末或元鼎元年，二十五岁奉使西征，这些行年坐标点既无考证，又不合情理，均为想当然的安排，以及循环论证，当然是伪，不能成立。按王国维支持的"前145年说"，则司马迁十九岁以前少年时代耕牧河山之阳，二十壮游在元朔三年，二十三四岁壮游归来到二十七八岁之间问学孔安国、董仲舒，元狩五年二十八岁仕为郎中，扈从武帝，三十五岁奉使西征。二十壮游与仕为郎中之间，仕为郎中与奉使西征之间，都各自经历了数年的人生历练，"前145年说"的各个行年关节点，不仅合情入理，均有考证文献证实，当然是真，可以为司马迁的生年定案。此外，按郭沫若说，司马迁九岁见郭解，十七岁以前见李广；依王国维说，司马迁十九岁见郭解，二十七岁前见李广。从"太史公曰"的评论看，当以青年时所见为优。若司马迁在少年时见郭解和李广，必须要年十岁时入京，与《太史公自序》"迁生龙门"一节记载不符。至于司马迁与《刺客列传》《樊郦滕灌列传》《郦生陆贾列传》《张释之冯唐列传》中长者公孙季功、董生、樊他广、平原君子、冯遂等，生于前145年，岁差四十五岁至五十五岁，二十南游的司马迁与六十五岁至七十五岁的前辈长者可以相及，而晚生十年，则与七十五岁至八十五岁的长者有些就不相及了。至于《报任安书》说的"待罪辇毂下二十余年矣"，无论《报书》作于太始四年，还是征和二年，"行年表"反映均符合。

　　《司马迁行年表》见下页。

　　其二，考证方法。"前135年说"论者，不做细致的考证，不是在文献中披沙拣金，而是想当然，在字缝中取巧，关键论证无一考据。"前135年说"之源，郭沫若驳王国维的三条考据，有辩无考，李长之的十条立论，无一考据。"前135年说"后继论者的"新证"，没有超出李长之的十条，只是变换手法演绎李长之的十条而已。"前135年说"后继论者所谓"考证"的基本方法，是不科学的循环论证。他们用待证的《索隐》说，司马迁生于公元前135年，下推二十壮游在元鼎元年，公元前116年；然后编织考证烟幕说司马迁元鼎元年壮游，用公元前116年壮游反推二十年为生于公元前135年。循环论证，又称因果互证，即以因推果，以果证因。以司马迁二十壮游为例，说明所以。《报任安书》明白无误告知"仕为郎中"靠的是父亲为官恩荫为郎，其言曰："仆少负不羁之才，长无乡曲之誉，主上幸以先人之故，使得奉薄技，出入周卫之中。"而王达津、苏诚鉴等人，以及"前135年说"后继论者，无视司马迁的自述，而编织司马迁以博士弟子为郎，二十壮游与元狩六年的博士褚大巡风相搓捏，用以证明司马迁生于前135年。像这样无根无据的历史搓捏，没有讨论价值。

司马迁行年表（王国维、郭沫若两说对照）

纪年		王说	郭说	大事记	考据	备注
前145	景帝中元五年	1岁		迁生龙门	王氏依《正义》说，其据与《索隐》同源为《茂陵中书》	《索隐》《正义》所载司马迁生年同源，十年之差乃《索隐》数字二十八为三十八之讹，此王氏立论基石。可简括为：数字讹误说，《正义》《索隐》两说一真一假
前136	武帝建元五年	10岁		年十岁诵古文	见《太史公自序》	
前135	武帝建元六年	11岁	1岁	郭说迁生一岁	郭氏依《索隐》说	
前128	元朔元年	18岁	8岁	耕牧河山之阳／王说：迁从孔安国问故	见《太史公自序》／王氏推断有误，无考据，为郭说论者承袭	
前127	元朔二年	19岁	9岁	迁家徙茂陵/郭解人关/孔安国为博士	是年武帝迁徙豪富及京师高官子弟实茂陵/孔安国为博士，程金造据《通鉴》考证	《游侠列传》载，司马迁曾见郭解
前126	元朔三年	20岁	10岁	二十而南游江淮	见《太史公自序》	
前124	元朔五年	22岁	12岁	依《太史公自序》所载行程，迁游必二三年或四五年始归	董仲舒出京为胶西王相，元狩二年致仕，他家居茂陵	可与公孙季功、董生、樊他广、平原君子、冯遂、李广交游
前119	元狩四年	27岁	17岁	李广死	霍光为郎	
前118	元狩五年	28岁	18岁	迁出仕为郎中三百石/孔安国为谏议大夫/董仲舒家居茂陵，至元鼎二年卒	是年大选郎官，任安、田仁为郎，迁亦应是年为郎/《百官表》是年初置谏议大夫	受学于孔董之年｜出仕八年后奉使为郎中将｜史公行年空白说不能成立｜《报任安书》云：待罪辇毂下二十余年矣。元狩五年至太始四年为二十五年，元狩五年至征和二年为二十七年
前117	元狩六年	29岁	19岁	孔安国出为临淮太守／博士褚大巡风，郭说论者编织迁为博士弟子二十南游在元狩六年或元鼎元年	《地理志》是年初置临淮郡／建元六年说者推论无据	
前116	元鼎元年	30岁	20岁			
前112	元鼎五年	34岁	24岁	迁扈从武帝西登空同	王氏据《五行志》《武帝纪》考出	
前111	元鼎六年	35岁	25岁	奉旨西征巴蜀以南，为郎中将，秩千石	唐蒙、司马相如使西南夷，职为郎中将与中郎将，迁当为郎中将	
前110	元封元年	36岁	26岁	迁奉使还，见父于河洛/（父谈卒）	载《太史公自序》	
前108	元封三年	38岁	28岁	迁为太史令	《索隐》注引《博物志》所载《茂陵中书》，迁年28岁	

续表

纪年		王说	郭说	大事记	考据	备注
前 104	太初元年	42 岁	32 岁	迁议历法；正式定稿《史记》	《正义》按：迁年 42 岁	
前 99	天汉二年	47 岁	37 岁	李陵兵败被俘，迁为辩说	武帝纳迁言，派公孙敖迎李陵	
前 98	天汉三年	48 岁	38 岁	是年冬，李陵家被族，迁受腐刑	武帝误听传言，族李陵家，迁株连受祸	霍光从元狩四年到后元二年"出入禁闼34年"
前 96	太始元年	50 岁	40 岁	迁出狱为中书令		
前 93	太始四年	53 岁	43 岁	作《报任安书》内有：会东从上来，涉旬月，迫季冬，仆又薄从上上雍	是年武帝春三月幸泰山，冬十二月行幸雍与《报任安书》合	
前 91	征和二年	55 岁	45 岁	清赵翼系《报任安书》作于是年	史无可考，而为郭说论者所据	
前 90	征和三年	56 岁		春夏之交，刘屈氂被腰斩	任安应死于是年六月	
前 87	后元二年	59 岁		武帝卒	太史公记事尽于孝武之事	褚少孙说
前 86	昭帝始元元年	60 岁		《外戚世家》等多篇有"武帝"二字，留下史公修订《史记》的痕迹，王国维推论史公卒于是年		
前 81	始元六年			"盐铁会议"桑弘羊引用《货殖列传》称"司马子言"，是对已故学问家的敬称。此是司马迁死于昭帝之初的铁证		

　　更有甚者，直接编织伪证。南宋王应麟在《玉海》中自写词条"汉史记"，引文有《史记正义》引《博物志》与《索隐》司马贞一致，发现者宣称这是一条司马迁生于公元前 135 年的"铁证"。王应麟引文删去了张守节按语："案，迁年四十二岁。"像这样掐头去尾的引文，根本不具有版本价值，它即使刊布在中华书局点校修订本《史记》的"修订前言"中，也变不了真。袁传璋说王应麟所引是南宋皇家所藏唐写本。既然有南宋皇家所藏唐写本，为何不直接引用它去转引王应麟的二手，甚至是三手、四手的材料呢？可见皇家藏本、唐写本之说乃欺世之言。

　　经历百年论争，显示了"前 135 年说"论者从源到流，对《索隐》说生年的考证，方法错误，论据不立，可以说郭说已被证明为伪；而"前 145 年说"论者对《正义》说生年的考证，依王国维指引的方向，方法正确，论据充分，百年积累，证据有十四条之多，即王说为真，司马迁生于公元前 145 年可以为定论。

　　最后，我们必须指出，百年论争，成果来之不易。尽管"前 135 年说"论者考证不成立，但没有两方切磋，考证不会深入。辩证地看问题，司马迁生年的解决，是双方共同努力的结果。"前 135 年说"论者磨砺的功劳也应予以肯定。

张大可先生"司马迁生年研究"

及相关话题的评说

＊本文作者朱枝富。江苏省产业海外发展和规划协会常务副秘书长、中国史记研究会常务理事。

2019 年 1 月，商务印书馆出版了张大可先生的《司马迁生年研究》，作为北京师范大学史学文库"双一流"（国家一流大学、一流学科）特聘教授的专著，掂在手上，沉甸甸的，非常厚重。可以说，这是张大可先生一生研究司马迁生年的心血结晶。

知人论文。笔者从 1982 年开始研究司马迁与《史记》，就拜读张大可先生的大著，便心生景仰之情；于 1985 年作为特邀代表参加了中国文献研究会在南京大学举办的全国《史记》研讨会，又参加了当年陕西韩城市举办的全国司马迁研讨会，有幸与先生相识相知，至今已近四十年；近年来参与先生主持的《史记疏证》等大型学术专著编撰，参与司马迁生年研究，与先生多有请教和切磋，对先生的《史记》研究，可谓了如指掌；对先生的研究成果，也是心领神会，常生赞叹和敬佩之情。因此，对先生的一生研究行事以及司马迁生年研究专著作初步评说，应是得心应手、颇得其要。这里主要从六个方面阐说，不当之处，敬请指正。

一、千年疑案，魂牵梦萦四十年

司马迁的生年，《史记》《汉书》都没有明确记载。因此，自汉以来，一直是一个谜，没有人弄得清楚，可以说是千年疑案。自 1917 年，国学大师王国维开启了对司马迁生年的研究，发表了《太史公系年考略》，通过对《史记·太史公自序》中《索隐》《正义》两条注说的梳理和考证，推定司马迁生年为汉景帝中元五年（前 145），后将题目改作《太史公行年考》重新发表，奠定了司马迁生年研究的学术地位，得到学术界的普遍认同。到了 1955 年，国学大师郭沫若在《历史研究》上发表《〈太史公行年考〉有问题》，认为王国维证明《博物志》"年二十八"为太史令，"二"为"三"之讹字，"是大成问题的"，以《报任安书》中的"早失"二亲为依据，断定司马迁的生年是汉武帝建元六年（前 135），与王国维的说法相差十年。在此之前，李长之亦作《司马迁生年为建元六年辨》，持此观点，并列举十条理由来立论。

　　司马迁生年的两种说法相差十年，究竟孰是孰非？引发了 20 世纪 50 年代中期的第一次学术大讨论。之后，由于历史的原因，讨论沉寂了近二十年。到了改革开放的 20 世纪 80 年代初，争论再起，又开展了第二次学术大讨论，重心仍然集中在司马迁生年问题上。张大可先生生逢其时，参加了这次大讨论，旗帜鲜明地支持王国维先生的说法。可见，张大可先生从 1980 年就开始研究司马迁生年，孜孜以求，"衣带渐宽终不悔"，到今年，算起来是整整四十年了。

　　1980 年，我国在结束"文化大革命"、粉碎"四人帮"后，各项工作都逐步走上正轨，学术界也逐步活跃起来，对于司马迁生年研究，迅速开展起来。1940年出生的张大可先生，时值盛年，精力充沛，在兰州大学历史系执教，并专心研究司马迁与《史记》，由甘肃人民出版社出版了《史记研究》学术专著，也是1980 年以来的全国第一本《史记研究专著》。由于扎实的研究功力和丰硕的研究成果，张大可先生被评为教授，这在当时可谓是"凤毛麟角"，让多少学人羡慕不已，心生崇拜之情。

　　20 世纪 80 年代伊始，首先发表研究司马迁生年文章的，是李伯勋先生，1980 年在《兰州大学学报》发表了《司马迁生卒年考辨》，主张司马迁生于公元前 135 年，其中主要论及司马迁的生年问题，副标题为"驳王国维《太史公系年考略》"，前人一般都用"商榷"的字样，而他却用一"驳"字，含有一种气势汹汹的意味。在文中提出了五点理由。一石激起千层浪，引发了司马迁生年的第二次全国学术大讨论。张大可先生认为，李伯勋的《考辨》值得商榷，于是，在1984 年于《上海师范学院学报》发表了《司马迁生卒年考辨辨》，逐一辩驳李伯勋的五点理由，得出的结论是："王国维的推理和考证是很严密的，方法是正确的，难以推翻，故信而从之。李伯勋说王国维的考证不科学，是缺乏根据的。"

　　在这次大讨论中，苏诚鉴在 1981 年于《秦汉史论丛》发表了《司马迁行年三事考辨》，吴汝煜在 1982 年于《南开学报》发表了《论司马迁的生年及与此有关的几个问题》，都是支持司马迁生于前 135 年，各自陈述自己的研究成果，以证成此说。对此，张大可先生在 1984 年于《求是学刊》发表了《评司马迁生于建元六年说之"新证"》，对以上两人的说法予以剖析，认为苏氏以司马迁"二十南游"为依据，与当时的博士褚大等六人"循行天下"的历史事件相搓捏，认为司马迁为博士弟子巡风，是有违历史事实，无中生有，是搞循环论证，"在论证过程中把假定的建元六年当作已知的因，以因推果，陷入了循环的因果互证中"；认为吴氏列举《正义》纪年十误，用以证明张守节之说不可信，认为所谓"十误"，其中一例是《正义》引书纪异；三例是传写脱误；两例是《正义》不误，吴文自误；一例是《正义》误引；只有三例存在数字讹误，并认为："吴文的引例，非始料所及地再次证明了王国维的立论基石，司马迁生年的十年之差，为传抄流传中数字讹误造成，从而进一步推倒主张建元六年说者的数字不讹说。"

　　此后的数十年，司马迁生年两说的研究，公说公理，婆说婆理，议论百出，莫衷一是。张大可先生认为，司马迁生年的研究可以有多种说法，但司马迁的生年只能是一种，不能模棱两可，司马迁究竟是生于前 145 年，还是前 135 年？需要进行系统梳理，条分缕析，从而得出正确的结论。于是，从 2015 年开始，作为中国史记研究会会长、北京市史记研究会名誉会长的他，组织开展了第三次全国大讨论，双方用了 4 年时间的研究，得出了令人信服的结论。

在这四年中，张大可先生不顾七十多岁的高龄，身体力行，主要从方法论的角度开展论辩研究，形成了《司马迁生年十年之差、百年论争述评》《评司马迁生年"前 135 年说"后继论者的"新证"》《司马迁生年十年之差论争的意义》三篇力作，高度概括总结了司马迁生年十年之差、百年论争的内容、实质和意义，提出了阶段性结论。

张大可先生的第一篇论文《司马迁生年十年之差、百年论争述评》，认为："百年论争画一个句号，已经是水到渠成。"他回顾司马迁生年百年论争的由来，认为王国维考证司马迁生年为前 145 年，论点坚实，方法正确，逻辑严密；郭沫若、李长之主张司马迁生年为前 135 年，无一考据，不能成立；主张依据现有文献资料，排比行年，是考证司马迁生年唯一正确的方法，只有深入地研究司马迁的行年，才能从中得出真知灼见的结论。先生的这一观点，乃是金玉之言。只有深入地研究司马迁的行年，从中得出真知灼见的结论，才是正道，一味的咬文嚼字，一味的钻牛角尖，一味的沉溺于旁征博引、牵强附会、隔靴搔痒，是得不出真正的结论来的。先生还通过深入研究，形成了王、郭"两说"对照的"司马迁行年表"，从中比较其合理性、可行性、科学性，可见其用力甚多，开掘甚深，功力甚厚，结论甚确。

张大可先生的第二篇论文《评"司马迁生年前 135 年说"后继论者的"新证"》，系统研究"前 135 年说"后继论者的观点，从四个方面展开：一是《索隐》《正义》两说并存，皆为待证之假说，不能作为推导司马迁生年的基准点；二是"前 135 年说"后继论者误读史文，搞循环论证，得不出真正的结论；三是"前 135 年说"后继论者认为《史记》"句句"按时间先后叙事，是在字缝里作考证，于事无补；四是司马迁生于前 145 年可作阶段性定论。其中不少的分析与见解细致入微，力透纸背，入木三分，评判精当。

张大可先生的第三篇论文《司马迁生年十年之差论争的意义》，进一步深化研究，系统地阐述了论争的重大意义，具有五大价值：一是求历史之真，排比司马迁行年，是考证司马迁生年唯一正确的方法；二是厘正了"前 135 年说"论者对《史记》的误读，认为他们为了编织司马迁晚生十年的论据，有意误读《史记·太史公自序》和《报任安书》，对"有子曰迁""年十岁则诵古文""耕牧河山之阳""于是""早失二亲"作出主观的误读误解，从而得出错误的结论；三是透视"空白说"或"大漏洞说"的无据，认为不能成立，赵光贤排列的"司马迁行年新旧对照表"，以解读李长之"空白说"，是煞费苦心编制的伪证伪表；四是认为司马迁晚生十年，砍掉了司马迁十年的青年时代，使司马迁缺失了十年伟大时代的熏陶，影响了司马迁的人生修养；五是司马迁生年"两说"，只并存于"三家注"，王、郭"两说"一真一伪，王真郭伪，不能并存，应去伪存真，确定司马迁生年为前 145 年。其论据坚实，说理充分，结论令人信服。

张大可先生的三篇论文，功力深厚，可谓论说精当，持之有据，结论精确，大气磅礴，令人一赞三叹。

在第三次司马迁生年大讨论中，袁传璋先生发表了两篇文章，即《王国维之〈太史公行年考〉立论基石发覆》《司马迁生年"前 145 年说"论者的考据虚妄无证论》，回应张大可先生等人的研究评说。张大可先生发表了《解读袁传璋"虚妄论"提出的一些问题》，系统地论述并评说袁先生提出的一些问题，从五个方面评论：一是认为袁先生的两位数字合写之说，无法驳倒王国维的立论基石，即"三讹为二，乃事之常"的常理之说，认为袁先生放大自我，自相矛盾，巧设标靶，自娱自乐，在没有新的材料发现之前，还应回到王国维指引的方向上去；二是认为排比司马迁行年是考证司马迁生年唯一正确的方法，《史记·太史公自序》和《报任安书》留下了最直接的司马迁行年资料，所排列的《司马迁行年表》是百年论争"两说"双方共同的研究成果；三是认为袁先生对已正确认识到的"唯一出路"（指从《太史公自序》中寻找本证）不用正解，而是标新立异扭曲，只能是南辕北辙；四是袁先生精心编织伪证伪考，暗渡陈仓，循环推演，以证成其说；五是司马迁元狩五年（前 118）仕为郎中，并非是施丁先生考证荒诞无稽，而是驳难者在"胡柴"，无限放大自我，夸张一条材料的发现是"唯一证据"，浮躁而虚妄。见解深刻，辩驳有据。

而后，在此基础上，张大可先生再进行系统研究，形成了《司马迁生年研究》的专著，用"八讲"的形式进行，由商务印书馆正式出版，作为司马迁生年十年之差百年争论研究的收官之作，也是扛鼎之作。

司马迁生年研究八讲，前三讲正面梳理"前 145 年说"的论点、论据。第一讲评说王国维考证的得失。所谓"得"，认为王国维开启了司马迁行年研究，指明了方向、方法，其考证有三长，即论点坚实、方法正确、逻辑严密；所谓"失"，指王国维在考证中出现若干论据的瑕疵，应予以纠正。第二讲，梳理定案司马迁行年研究的文献资料，从《史记·太史公自序》《报任安书》以及司马迁记述的交游、壮游的深度考察、《史记》"太史公曰"等方面收集整理了翔实的司马迁行年史料。从第三讲，汇集百年论争中"前 145 年说"的论据，系统考证司马迁的行年轨迹，提出合于"前 145 年说"的行年关节点有六大证据，有问故孔安国、师事董仲舒两大旁证，有交友六条证据，共有 14 条证据，力证司马迁生于前 145 年。第四、第五、第六三讲，对"前 135 年说"之源郭沫若、李长之的论说，以及后继论者各时期代表人物的论说予以梳理。认为，前 135 年说之源，郭沫若、李长之的举证无一考据；其流，后继论者的"新证"无一实证，"前 135年说"不能成立。第七讲，总论，梳理双方的总成果，制定《司马迁行年表》，作出简洁的总结，认为："司马迁生年两说，只并存于三家注，王、郭两说，王真郭伪不并存，司马迁生于前 145 年可以为定论。"第八讲，勾勒司马迁创作系年，即精心编制年谱简编。最后附录七篇论文（张大可先生五篇，陈曦、朱枝富各一篇）及百年论争论文索引。

司马迁生年研究八讲，作为司马迁生年十年之差百年论争的系统梳理和"总盘点"，证实了王国维所说的"十年之差由数字讹误造成"，但纠缠于数字讹误本身，既不能推倒，也不能落实。而考证司马迁生年，排比行年是唯一正确的方法。张大可先生运用文献和史实考证，依据王国维指引的方向，方法正确，论据充分，证据有 14 条之多，足可定案司马迁生于前 145 年。而李长之、郭沫若主张的"前 135 年说"无一考据，后继论者的"新证"无一实证，以辨代考，精制伪证伪考和循环论证，甚至剑走偏锋，用伪命题在字缝中作考证，不能成立。

张大可先生于 2019 年 5 月 26 日，组织开展了"司马迁生年十年之差百年论争梳理学术研讨会暨北京史记研究会第四届年会"，邀请了全国各地近 40 名专家学者，在北京师范大学京师学堂召开。由张大可先生、陈曦教授作主旨演讲，参会学者踊跃发言，深化了对司马迁生年的研究。

从以上分析看出，张大可先生积四十年之功力，矢志不渝地研究司马迁生年，牢笼百家，视通万里，其精神可嘉，其结论可信。

二、正本清源，考证王氏辨得失

张大可先生开展司马迁生年研究，其重心首先放在对王国维先生的《太史公行年考》的考辨上。

王国维主张司马迁生于前 145 年，所依据的是司马贞《索隐》、张守节《正义》在《史记·太史公自序》中的注说，分别是《索隐》："《博物志》：太史令茂陵显武里大夫司马〔迁〕，年二十八，〔元封〕三年六月乙卯除六百石。"《正义》："案：迁年四十二岁。"他分析说："《索隐》引《博物志》，今本《博物志》无此文，当在逸篇中。此条当本先汉记录，非魏、晋人语。'三年'者，武帝之元封三年。苟元封三年史公年二十八，则当生于建元六年。然张守节《正义》与《索隐》所引《博物志》，相差十岁。《正义》所云，亦当本《博物志》，疑今本《索隐》所引《博物志》'年二十八'，张守节所见本作'年三十八'，三讹为二，乃事之常；三讹为四，则于理为远。以此观之，则史公生年当为孝景中五年，而非孝武建元六年矣。"

王国维在这其中阐述了三点结论性意见：一是肯定《索隐》所引为《博物志》，《正义》所说，亦本之《博物志》。二是提出讹误的常理说，即"三讹为二，乃事之常"，认定《索隐》所引《博物志》"年二十八"为"年三十八"之讹，而《正义》所说不讹。三是明确司马迁的生年，为景帝中五年（前 145）。王国维的主要做法，是用排比司马迁的行年来验证所作出的结论。

张大可先生研究司马迁的生年，花了很大的功夫来研究王国维《太史公行年考》的主体内容、主要方法和总体结论。在他看来，如果王国维的观点站得住脚，那么，司马迁生于前145年的观点就能站得住脚；相反，那些认为司马迁生于前135年的论者也是千方百计地否定王国维的观点，在他们看来，王国维的观点被否定了，司马迁生于前145年的观点也就不攻自破了。

张大可先生认为，司马迁生年"两说"并存，在逻辑上具有三种可能性：一是"两说"皆误，二是"两说"均不误，三是"两说"一正一误。王国维思维缜密，用考证来作出正确的选择。王国维的考证，运用了"三步走"的方法：

第一步，调查司马迁生年十年之差的原因究竟在哪里？王国维发现有两种可能：其一是"两说"的材料来源是否不同，是否可靠，这是首先要考证的问题；其二，经过考证，认为是"两说"同源，十年之差是在流传中发生了数字讹误。他依据汉简的书法行文款式，证明《索隐》所引西晋《博物志》保存的《茂陵中书》是可靠的先汉记录，说明《索隐》所引文献可靠，材料有据，没有问题。由于《索隐》与《正义》两说并无辩驳关系，《正义》直以按语出之，乃是必然的逻辑，两说引据材料同源，或《正义》直接的依据就是《索隐》。那么十年之差就是其中一说在流传中发生了数字讹误。这一考证可称为"数字讹误说"，直接排除了《索隐》《正义》两说皆误或两说均不误的两种可能，只能在第三种一正一误中作出决断。

第二步，王国维用数字讹误常理说推断："三讹为二，乃事之常；三讹为四，则于理为远。"认为《索隐》的"年二十八"为"年三十八"之误。三讹为二，史籍中有许多实证。

第三步，王国维用考证司马迁行年的方法来验证，这不仅是正确的方法，而且在没有发现古代版本以及地下文物证据的情况下，是唯一正确的方法。

张大可先生深入分析王国维先生的这种层层推进的考证方法所得出的结论，认为王国维的考证有三长：即立论坚实、方法正确、逻辑严密。

所谓"立论坚实"，就是王国维的"数字讹误说"不可动摇。"数字讹误说"分为论点、论据两个方面。司马迁生年的十年之差，是《索隐》《正义》"两说"在流传中发生数字讹误，导致"两说"必有一误。"两说"一正一误，此为论点。然后用数字分书"鲁鱼亥豕"的常理推论《索隐》的"年二十八"，乃"年三十八"之讹，此为论据。即便是王国维的这一推论不能成立，只是一个论据不立，而其论点"数字讹误说"并未推倒。

所谓"方法正确"，王国维通过考证，推定司马迁生年不是想当然，钻牛角，玩文字游戏，而是实实在在地做考证，即是用校勘学"鲁鱼亥豕"形体相近致误的常理来推断，用排比司马迁的行年来验证，强调其人生轨迹的经历，两者相辅相成。

所谓"逻辑严密"，不是表面上看谁有据，谁无据，而是发现《索隐》与司马迁行年不相符，而用严密的逻辑，推论出《正义》与《索隐》同源，其按语是结论，必有前提，必有所依，是一种赞同语，而数据不同，是《索隐》数字发生讹误。王国维所践行的排比行年法，"是考证司马迁生年的唯一正确的方法。"

张大可先生认为，王国维对司马迁生年的考证以及所得出的结论，从总体上看，是站得住脚的，是经得起推敲的，具有无可撼动的"定海神针"的地位。当然，张大可先生可贵的精神，还在于对王国维在司马迁生年研究中的不足之处，勇于面对，不回护，不遮掩，坚持实事求是地予以指正。这主要是三处：一是司马迁十岁"或随父在京师"，用"或"字，虽然是推测之辞，但基本上是认为司马迁"随父在京师"，则是证据不足。二是司马迁"仕为郎中"其年无考，大概在元朔、元鼎间，以及"何自为郎"，亦不可考，有主观武断之嫌。其实，并非无考，只是王国维在当时没有考证出来而已。三是认为司马迁问故孔安国、师事董仲舒在十七八岁至二十岁之前，也是具有疏失之处，事实上是司马迁在整个元狩年间于京师，正当二十壮游归来的二十三四岁至二十七八岁之青年时段。

总之，张大可先生肯定王国维的研究瑕不掩瑜，在司马迁生年研究上的开创之功是不可抹杀和泯灭的。

三、王说立论坚实，十四条证据成定论

考定司马迁生年，张大可先生在《司马迁生年研究》"引言"中提出了明确的观点，就是："定案司马迁生年，必须考定司马迁一生的行年来验证，任何孤立地考证司马迁的生年，或寄希望于地下的铁证，都是徒劳的。因为司马迁在《史记》与《报任安书》中，留下了较为丰富的行年资料，据之可以定案司马迁的生年。反过来说，任何一条孤立的所谓"铁证"，也不能违背《史记》留下的司马迁行年资料呈现的人生轨迹。司马迁为《史记》而生，为《史记》而死，他的生命化成了《史记》，行年资料伴随《史记》的成书过程而遗留，离开《史记》成书，抽象考察司马迁的行年和生年，不会有定论。"

张大可先生就是按照这样的观点，依据《史记》与《报任安书》所提供的司马迁的行年资料，寻找司马迁生于汉景帝中元五年（前145）的证据，累计起来，共有十四条，可谓是证据凿凿，无可辩驳。这里从三个层面来体现：

第一个层面，是司马迁自述文献《史记·太史公自序》《报任安书》的六大证据，是具有说服力的"本证"。

第一条：司马迁十九岁前，"耕牧河山之阳"。《太史公自序》中"年十岁则诵古文"是一句插入语，没有中断"耕牧河山之阳"的时间段。《报任安书》说"长无乡曲之誉"，就是指司马迁少年时段耕读于故里而未在京师生活的有力旁证。

第二条：司马迁元朔二年（前127）"家徙茂陵"，年十九岁。元朔二年，主父偃建言迁移家资三百万以上的豪富到茂陵，司马谈六百石，也是在此背景下迁徙茂陵的。此年，司马迁十九岁。可见，司马迁十九岁以前"耕牧河山之阳"，合情合理。

第三条：司马迁元朔三年（前128）"二十南游"。二十南游，是司马迁少年

与青年两个年龄段的分界点，晚生十年，等于砍掉了司马迁十年的青年时段。"二十南游"与"年十九家徙茂陵"相结合，司马迁行年基准点呼之欲出。

第四条：司马迁元狩五年（前 118）"仕为郎中"，年二十八岁。钱穆先生依据《封禅书》汉武帝置"寿宫"，司马迁"入寿宫侍祠神语，究观方士祠官之意"，考证司马迁"仕为郎中"在元狩五年。

第五条：司马迁元鼎六年（前 111）春正月"奉使西征"，元封元年（前 110）夏四月"还报命"。据《汉书·武帝纪》，司马迁于元鼎六年正月从河南获嘉县出发，在元封元年四月赶到洛阳，受父遗命后上泰山参加封禅大典。其时，司马迁是三十五岁至三十六岁。

第六条：《报任安书》作于太始四年（前 93），验证了司马迁"仕为郎中"之年。王国维考证，太始四年，司马迁扈从汉武帝东巡、西巡，接信在年初，回信在年尾，《报任安书》作于此年冬十一月无疑。由此年上溯，司马迁元狩五年（前 118）仕为郎中，共二十六年，与司马迁自言"待罪辇毂下二十余年"完全吻合。

第二个层面，司马迁问故孔安国、师事董仲舒，有两大证据。司马迁何时问故孔安国，又何时向董仲舒学习？应当说是关乎司马迁行年的重要问题。据考证，在整个元狩年间（前 122—前 117），孔安国和董仲舒两人都是在京师活动，司马迁问故孔安国、师事董仲舒，均在元朔末和整个元狩年间。而这一时期如果按照"前 145 年说"，此时司马迁应该是在二十三四岁至二十七八岁，正是二十壮游归来的时候。而按照"前 135 年说"，此时司马迁应该是在十三四岁至十七八岁。那么，司马迁向这两位大师学习，显然是发生在青年时期二十三四岁至二十七八岁比较合理。

第三个层面，是司马迁交游的六条证据。《史记》有关列传末的"太史公曰"，提到了太史公见到公孙季公、樊他广、平原君子、李广、郭解、冯遂六人。太史公，到底是司马谈还是司马迁？"前 135 年说"的学者认为是司马谈，司马迁见不到上面所说的这些人。但是，张大可先生经过精细考证，认为司马迁生于前 145 年与这些人的年差在 45 岁至 55 岁之间，所以，二十南游的司马迁是很有可能认识到这些六七十岁的人的。反而是司马迁如果晚生十年，就没有可能认识这些人了。因此，《史记》里面所写的司马迁与这些人有交集，就构成了"前 145 年说"的六条证据。需要强调的是，张大可先生对此有明确的的结论，就是《史记》中但凡提到的太史公，都应该是司马迁，而不是司马谈。

完全可以说，以上十四条证据，依照司马迁行年排列成通连贯穿的证据链，足以定案司马迁生于前 145 年。

四、郭说以辩代考，其源无一考证，后继论者无一实证

《孙子兵法》说："知己知彼，百战百胜。"张大可先生考证司马迁生年，不仅

从立论的角度来思考问题，寻找有力的证据支撑自己的观点，而且深入研究对方的观点，考证其观点究竟有没有合理性，能不能站得住脚，列成表格，将两者进行对比分析，王说考论结合，有理据，有实证；郭说以辩代考，无一考据，后继论者，无一实证。更加坚定司马迁是生于前145年。

首先，张大可先生追根溯源，对司马迁生于前135年的首倡者郭沫若、李长之所提出的观点进行研究分析，所得出的结论是：郭、李两文以主观认定当事实，以辩说代考据，如果硬要加一个标签，可称之为"在字缝中作考证"，说文雅点，可称为"文学虚构考证法"，在学术界开了一个不好的先例，即以辩代考，或称只有辩无考。

郭沫若的《〈太史公行年考〉有问题》，驳难王国维提出的观点，举证三条，皆是有辩无考，一条也不能成立。

第一条，是指数字的写法，郭沫若用汉简记录数字连体书写的殷周老例，驳难王国维的"常理说"，说数字写法的推论动摇了王国维的推论。但是，实际上经过考证，数字的写法从一开始就是合写和分写两种写法并存，而不是只有合写的一种方法。郭沫若所说的汉人是沿用殷周的老例使用合写，袁传璋推论，从汉至唐，依然是使用合写，完全排除了分写的可能性。施丁从汉简中找出了200多条数字分说的例证，从魏晋至唐的碑刻中也找出了20多条数字分书的例证，足以证明郭沫若、袁传璋所说是片面的。王国维只讲分说，袁传璋只讲合体，两人都是只研究了其中的一个方向，是"盲人摸象"，摸头的只摸头，摸脚的只摸脚。而实际情况是两种写法并存。只要分书，就有可能"三"和"四"不容易搞混；而合体，就容易"卅"和"卌"相混，此说不能驳倒王国维的"常理说"。

第二条，是关于司马迁"年十岁则诵古文"。王国维认为司马迁有可能十岁左右就能诵读古文，十八九岁的时候向孔安国、董仲舒学习。郭沫若借王国维的说法以立其说。但是，王国维的这个说法是错误的，所以郭沫若的说法则是错上加错，是未做考证的主观论定。

第三条，是说董仲舒在元朔（前128—前123）、元狩（前122—前117）年间已家居广川，司马迁向董仲舒学习，很有可能是司马迁在年幼时见到董仲舒，以此驳难王国维"司马迁十七八岁向董仲舒学习"。郭文没有任何考证，而是借势辩驳，仍然是承袭了王国维的错误而提出了错误的观点。而且王国维、郭沫若两位大师都没有翻《汉书》的董仲舒传，赫然写作，董仲舒晚年家居茂陵。至于郭沫若借用李长之的"早失"二亲说是王国维的致命伤，根本就是误读《报任安书》，甚至是故意误读。

李长之《司马迁生年为建元六年辨》，举证十条，亦无一考据。其中最主要的，是"早失二亲说"，是作为第一条论据。司马迁在《报任安书》中说"早失二亲"，可以解释为早早就失去了父母，或者是年纪轻轻就失去了父母。这两个解释是不相容的。李长之的理解是，如果是"前145年说"，司马谈死时，司马迁已经36岁，说不上早，他绝不可能把父母去世的时间也搞不清楚。如果按照"前

135 年说"，司马迁那时是 26 岁，才说得过去，这种说法更成立。但这样的解读，并不是正解，而是曲解。此处"早失二亲"的确切解法，是指父母离世得早，是司马迁很早就失去了父母，而与司马迁在什么年岁上失去父母无关。李长之的其他九条也是无一考据，一条也不能成立，这里不作分析。

其次，对于主张司马迁生于建元六年（前 135）的后继论者所提出的所谓"新证"，包括包括王达津的"新证"，赵光贤的"大漏洞"说，李伯勋、苏诚鉴、吴汝煜的"新证"，袁传璋的伪证伪考、"铁证"说，吴名岗的认为司马迁自叙生于建元六年的伪命题等，张大可先生也是反复研究分析，抽筋剥笋，认为是无一实证。

比如，司马迁的"二十南游"，"前 135 年说"论者据此推导司马迁生年，写出不少长篇大论，张大可先生认为，这是没有根据的，可将其称为"考证烟幕"。其中特别是袁传璋先生的考证，是不可信的。其中有一篇他非常得意的文章，即《司马迁生于武帝建元六年新证》，五步推演，每到关键的地方就含糊其辞。在寻找元鼎元年（前 116）时，使用循环推演，进行因果推论，就是用因推果，又反过来以果推因，即用待证的前 135 年往后推 20 年是元鼎元年，是司马迁二十南游；然后再用元鼎元年回推 20 年，是前 135 年司马迁的生年。这就是循环论证，等于在原地画了个圈，什么问题也不能说明。说司马迁是博士弟子，跟随褚大巡风，意思是说司马迁在元鼎元年是跟随中央工作组南游的。博士是太学老师，司马迁是他的学生，说得有鼻子有眼的，根本就不是这回事，捕风捉影，东扯西拉。《太史公自序》中的"二十南游"是非常重要的。这句话就是"前 135 年说"的紧箍咒。按照"前 135 年说"，司马迁是 24 岁奉使；按照"前 145 年说"，司马迁是 34 岁奉使。如果没有"二十南游"这句话，就很难判断，哪种说法是正确的。有了"二十南游"，说明司马迁并没有少年得志，"二十"才走入社会。南游数年出仕，根本就不可能二十四岁奉使。"二十南游"还是司马迁青年与少年时代的分界线，晚生十年，等于砍掉了司马迁的十年青年时代，且不说司马迁少了十年大时代的社会阅历，"二十"加"南游"数年，差不多司马迁就没有了青年时代，逼得前 135 年说论者编造，说司马迁二十南游的时间很短，南游归来即入仕，说什么"二十南游"与"仕为郎中"在"于是"的连接下没有"时间间隔"，两者为无缝连接。不这样就是"人生空白""人生大漏洞"。其实这是在"字缝"中做考证，编故事，实在是荒诞无稽，根本不能成立。

在司马迁生年研究中，"前 135 年说"论者还找到了一条所谓的"铁证"，即王应麟《玉海》记载了《正义》引用《博物志》作"迁年二十八"的材料，和《索隐》的引用相一致，认为其材料来源于南宋皇家藏本，王应麟曾亲见被删节的古注本所引《博物志》都作"年二十八"；后又说成是唐写本或其抄本，并且按照唐写本复原，写了《正义》按语。对于这一问题如何看待呢？张大可先生认为，王应麟《玉海》不具有真实性、可靠性，是一条被目为"铁证"的伪证。《玉海》卷四十六的"汉史记"，卷百二十三的"太史令"词条，都不是征引的原始文献，而是王应麟自己改编的。这两个条目皆以《汉书·司马迁传》为核心文献，再摘抄《史》《汉》注文以及其他典籍相关材料，按王应麟自己的理解和意愿重新改写，也就是王应麟自己所写的词条，除只代表《玉海》版本外，不具有任何其他版本价值，因为不是原始资料。具体来说：

首先，"汉史记"条，是一条评价《史记》的词条，王应麟标明是改编"司马迁传"，即改编班固的《汉书·司马迁传》。全文约一千五百字，引录文献有《汉书》颜注、《史记》三家注、《史通》以及宋人吕祖谦之言。王应麟转录改编，就是《玉海》之文而不是班书原始资料，不具有任何《汉书》的版本价值。其中《正义》引自何处，单凭《玉海》行文则不可知，是否是《索隐》之误，亦不可知。其次，"太史令"条，所引《索隐》注文置于晋灼云云之下。王应麟不认可汉武帝置"太史公"秩二千石，引《索隐》司马迁为太史令，秩六百石，为颜师古、晋灼驳正卫宏提供佐证。再次，今本《索隐》不同于《玉海》王应麟所写。王应麟改造《索隐》，焉知《史记正义》不是经王应麟之手改造过的。

综上三点查核《玉海》原文，并不是如袁传璋等人所说王应麟转录的《史记》及三家注有版本依据的原件，更不是什么唐写本，而是王应麟自己所写词条"汉史记"，掐头去尾转引的一条《博物志》，张守节的按语也已删去。这只能证明同出于王应麟一人之手的《索隐》《正义》所引《博物志》为"年二十八"，没有任何考据证明张守节按语有误，也没有任何考据证明《索隐》不误，袁传璋等人断章取义，误导读者。

张大可先生还认为，施丁先生1984年在《司马迁生年考》中指出，《史记会注考证校补》中有日藏南化本《索隐》引《博物志》作"年三十八"，也找到了文献依据。而袁传璋认为这条《正义》是日藏中国南宋黄善夫本栏外批注，只代表批注者的观点，若做证据，就是伪证。《会注考证》所存一千多条《正义》佚文，皆来源于栏外批注，难道单单就这一条是伪证？我们再问一问，如果用他的标准来衡量，把《玉海》的词条说成是"铁证"，这是不是伪证？以子之矛，攻子之盾，还有什么可说的呢？

对于所谓"铁证"这一问题，笔者也进行了系统的研究思考，提出了五个观点：一是《玉海》是王应麟的"私撰"笔记，是根据自己的心意来选择内容，"汉史记"条的正文，摘自《汉书·司马迁传》，而非《史记·太史公自序》，根本不具有版本价值；二是《玉海》的《正义》佚文究竟出自何处？是一个谜，并非如袁先生所说出自《正义》单行原本、唐人写本、南宋皇家藏书，而袁氏如此论说，是无概据的编造，具有作伪行为；三是袁先生别出心裁地复原《正义》原文，而《正义》原文究竟是何模样？根本无法弄得清楚，只是凭空想象，作法酷似逼真，实则虚妄无根，故两次复原，两个模样，误导读者；四是《玉海》"汉史记"条《正义》佚文，与今本《史记索隐》相比，内容上有较大差异，既没有《正义》单行本为根据，也没有《博物志》原本作参照，真实性究竟有几何？五是《玉海》"汉史记"条《正义》佚文存在如此之多的瑕疵，根本无法否定《史记》的《正义》按语"迁年四十二岁"是错误的，也根本无法动摇王国维的立论。这里只列出观点，不作陈述，可作为张大可先生对此问题研究的佐论。

五、排比行年，科学论证求真谛

张大可先生在司马迁生年研究中，有一个别具一格的做法，或者说是对司马迁生年研究所作出的贡献，就是排比司马迁行年，编制"司马迁行年表"，将王国维、郭沫若两说对照，使得司马迁的生年，"方寸之间"，一目了然，上下贯通，正误立现。

张大可先生排比司马迁行年，以表的形式出现，就是具体、形象地排比、串连经过考证，得到学术界共认的有关推导司马迁生年的史实，制成历史系年表，再将王国维、郭沫若两说的待证生年以及两说的行年关节点排入历史系年表，与之对照，比较两说，看谁最符合司马迁行年轨迹，以最符合的一方定案司马迁的生年。

仔细观察司马迁行年表，按照郭沫若支持的"前135年说"，则司马迁九岁之前蒙童耕牧河山之阳，十二三岁至十七八岁的少年问学孔安国、董仲舒两位国家级学问大家，二十壮游在元狩（前122—前117）末或元鼎元年（前116），二十五岁奉使西征，这些行年坐标点既无考证，又不合情理，均为想当然的安排以及循环论证，当然是讹误的，不能成立。

按照王国维支持的"前145年说"，则司马迁十九岁以前少年时代耕牧河山之阳，二十壮游在元朔三年（前126），二十三四岁壮游归来到二十七八岁之间问学孔安国、董仲舒，元狩五年（前118）二十八岁仕为郎中，扈从武帝，三十五岁奉使西征。二十壮游与仕为郎中之间，仕为郎中与奉使西征之间，都各自经历了数年的人生历练。

由此看出，"前145年说"的各个行年关节点，不仅合情入理，均有考证文献证实，当然是正确的，可以为司马迁的生年定案。

说到这里，司马迁生年研究的结论呼之欲出，这就是张大可先生在《司马迁生年研究》第七讲所归纳的："经历百年论争，显示了'前135年说'论者从源到流，对《索隐》说生年的考证，方法错误，论据不立，已被证明为伪；而'前145年说'论者对《正义》说生年的考证，依据王国维指引的方向，方法正确，论据充分，结论正确，即王说为真，司马迁生于前145年可以为定论。"

六、生年辩正，研究《史记》意义多

说到这里，或许有人要问，花这么大的功夫，费心费力地研究司马迁生年，甚至要穷其毕生精力，有这个必要吗？司马迁生年相差十年，有什么大关系呢？其实，如果是研究司马迁与《史记》的学人，就非常清楚，司马迁生年所相差的十年，实在太重要了。我们看看张大可先生是怎么回答这个问题的。

张大可先生认为，如果司马迁少了十年的青年时代，对于他个人的人生修养、思想积淀、《史记》的成书，均有着巨大的影响。

首先，缺失十年伟大时代的薰陶，影响司马迁的人生修养。司马迁晚生十年，被砍掉的十年青年时代，即是从二十壮游的元朔三年（前126）至元狩六年（前117）。这十年，恰好是汉武帝大规模征伐匈奴的十年，是西汉国力迅速崛起的十年，是全国民众艰苦奋斗的十年，是举国上下积极奋发的伟大时代。国家有为，激发青年奋发壮志，不言而喻。这十年，司马迁壮游、从学、交友，为司马谈修史助手，受到见习修史的历练，为继承父志独力写作并铸就《史记》丰碑打下坚实的基础。如果没有这十年的人生修养和修史见习，二十六岁的司马迁就遭遇父亲辞世，不懂修史路数，不知南北东西，而能接班独力修史，简直是不可想象的。因此，研讨司马迁的生年，必须与《史记》创作紧密相联系，体察《史记》丰碑是怎样铸的，《史记》内容该怎样去解读。离开《史记》创作，抽象地研讨司马迁生年，十年之差没有任何意义。

其次，《史记》的写作过程，可证司马迁晚生十年不能成立。《史记》，是司马谈、司马迁父子两代人的心血结晶。司马谈在建元元年（前140）举贤良入仕，就发愿继承孔子圣人的事业，完成一代大典，提出了创作《史记》的宏愿。司马谈正式写作是在元狩元年（前122），直至元封元年（前110）去世。元封元年，司马迁三十六岁，受父遗命，接力修史。在这之前，司马迁二十壮游，"网罗天下放失旧闻"，已是司马谈的修史助手，到元封元年，已历经了十六年的修史见习期，洞悉父亲的一切规划，并参与其中。从元封元年至武帝之末的后元二年（前82），司马迁全身心投入修史，又独立进行了二十四年的创作，《史记》完成，也是耗尽了一生的精力，前后长达四十年。一代大典的完成是如此的艰难，也正因为是两代人的巨大付出，才铸就了《史记》丰碑。

第三，十年积淀，增加了《史记》厚重的思想内涵。李长之想象《史记》只能完成于一个"血气方刚"的青壮年之手，凭着一股激情，只须十来年功夫一气呵成，显然是编织的文学虚构。司马谈临终遗言，交代其发凡起例的宗旨有三端：一是效周公"歌文武之德"；二是继孔子效《春秋》"修旧起废"，为后王立法，为人伦立则；三是颂汉兴一统，论载"明主贤君忠臣死义之士"。合此三端，即以人物为中心，以帝王将相为主干，颂一统之威德，这正是秦汉中央集权政治在学术思想上的反映。《论六家要指》为司马谈所作述史宣言，倡导融会百家思想为一体，自成一家之言。这些也就是《史记》的本始主题，"颂扬"是其主旨，着重记载"明主贤君忠臣死义之士"，断限上起陶唐，凸显让德；下讫元狩获麟，象征文成致麟。从元狩元年（前122）至太初四年（前101），又历二十二年。这期间西汉崛起达于极盛，汉武帝北逐匈奴，开通西域，拓土西南夷，并灭两越，封禅制历，象征天命攸归，完成大一统。司马迁参与了封禅制历，激动非凡，在太初元年（前104）完成制历后与好友壶遂讨论《史记》写作宗旨，形成"究天人之际，通古今之变，成一家之言"的思想体系，提升了《史记》主题；延展断限，上起黄帝，下讫太初，凸显大一统历史观，提出了"非兵不强，非德不昌"的治国理念。这是司马迁把现实历史事势的发展写入《史记》的证据。如果司马迁晚生十年，在元封元年之前，没有十六年的修史见习期，没有十年青年时代对大时代历史事势变化的感知，就不可能在太初元年与壶遂讨论《史记》主题，甚至没有资格参与制定太初历。司马迁还借《春秋》提出了"贬天子，退诸侯，讨大夫"的思想理念。孔子的《春秋》没有"贬天子"，而是为尊者讳，显然只有司马迁的实录记述才能赋予历史学这一功能。司马迁与壶遂的讨论是追述，其内涵是总结其一生的思想积淀，"贬天子"当是受祸以后第二次提升《史记》主题后才有的思想境界。由此可见，《史记》厚重的思想内涵，岂能是一个"血气方刚"的青壮年所能积淀！

　　笔者认为，司马迁的生年研究，已在当代历经百年论争，至少三代甚至四代人的接力，并经过了三次全国性的大讨论，发表了一百多篇研究文章（据初步检索，为 142 篇，实际可能还多于这个数字），参加研讨的作者有近一百人，可以称为"千年疑案、十年之差，百年论争、百家争鸣"。司马迁生年研究到现在，所能找到的证据都找了，该说的话也都说了，"两说"双方都穷尽其力地进行了思考，可以说，是到了研究的极限，再研究下去，也不会有什么新的思维、新的结果；当然，也不要指望有什么新的发现，现在是应当作出结论了。因此，为司马迁生年定案，是水到渠成，顺势而为。张大可先生积四十年之孜孜不倦的研究，进行系统的总结梳理，旗帜鲜明地定案司马迁生年，为百年论争作出定论，是一件告慰先贤，惠及后人大好事，也是一件有大功德、有大贡献的大喜事，将载入司马迁与《史记》研究的历史功德簿！

《点赞·志疑——〈史记〉研读随笔》前言

＊本书作者韩兆琦。北京师范大学文学院教授，博士生导师，中国史记研究会名誉会长。

【编者按】韩兆琦著《点赞·志疑——〈史记〉研读随笔》，中国青年出版社2019年12月版。尾页"题记"曰："本书点赞《史记》人物的卓荦言行，情节场面，使人提高眼界、开阔胸襟；也点赞了司马迁思想的宏放雄奇，与其文章的博大精深，后人可俯仰可得、触类有悟。本书也记出了《史记》的矛盾疏漏，情感与视角的偏颇，与其文字、标点的可讨论之处，或求正、或存疑，管窥蠡测，尚期有抛砖引玉之用。"本书尾页"题记"相当于内容提要。本书目录即《史记》130篇标题，故略载，刊其前言代摘载，特此说明。

前　言

《史记》是我国古代雄踞于文、史两科的经典之经典，它是我国古代开天辟地以来的第一部"纪传体通史"，是我国古代四千多年历朝历代著名古史"二十四史"的第一部。它高度的真实性、思想性、艺术性都是后代类似史书所无与伦比的。

一、《史记》的叙事上起轩辕黄帝。黄帝即是传说中的中华民族的始祖，又是史前传说中的天才的伟大政治家，是创立我华夏民族政权的开国帝王。正是从黄帝开始，华夏民族与境内境外的其他兄弟民族，友好共处，紧密团结，相互融合，像是滚雪球一般越滚越大。前后已历四千六七百年，虽其间有过某些短暂局部的离合动荡，聚聚分分，但其总体局势是团结的、统一的。到今天，中华民族大家庭共有56个民族，人口共有14亿，大家都尊崇轩辕黄帝是这个友好大家庭的始祖，大家都是黄帝、炎帝的子孙。这样和谐亲密的光景，全世界独一无二。

二、《史记》的叙事上下两千多年，司马迁突出地体现了"厚古薄今"的写作原则。

《史记》写了从五帝、夏、商、西周，再历东周的春秋、战国，直到秦朝统一（前221年），共历时1800年。在史记全书的130篇中，共有本纪、世家、列传、表，共53篇。

从秦始皇统一六国，到陈胜起义，到刘邦灭项羽建立汉王朝，历吕后、文帝、景帝，至武帝之末（征和四年，前89年），共历时131年，在《史记》中共有本纪、世家、列传、表、书，共74篇。而其中单是涉及武帝一朝50多年的，就有近40篇。武帝时代是西汉王朝最强盛的时期，司马迁对武帝时期的政治、经济、军事、文化等，有所批评，但就其整体而言，是深受其鼓舞，并为之深感自豪的。

三、《史记》其书的最大成就就是以其"真实性"著名，身处司马迁之后的汉代政治家刘向，历史家班固都称《史记》为"不虚美，不隐恶"的"实录"；20世纪的大文学家鲁迅更称《史记》为"史家之绝唱，无韵之《离骚》"。

史记的真实性最突出地表现在他对汉武帝的政治、经济、文化、军事政策都有所批评；但令人惊异的是司马迁在批评这个时代的政策与其执政官员的时候，又都能看到他们各自的优点与成就：如对丞相公孙弘，司马迁既批评了他性格的唯唯诺诺，又写出了他在朝堂议事的大庭广众中，居然敢于当众反对汉武帝所坚持的一方面北伐匈奴，另一方面向南经营开发西南夷的两面开弓的做法；又如当他批评御史大夫张汤执法酷苛，而又专门看着汉武帝脸色行事的时候，司马迁又能如实地写出了张汤的为官清廉，死后竟然穷得"有棺无椁"；司马迁曾批评汉武帝的讨伐匈奴是"劳民伤财""得不偿失"；贬抑过卫青、霍去病这些杰出将领；但当他在《卫将军骠骑列传》中描写卫青的"漠北大战"，与描写霍去病收复祁连山与登封狼居胥山的时候，读者可以透过纸面的文字，体会到作者那种难以掩抑的浓烈激情。司马迁意犹未尽，他在撰写《淮南衡山列传》的时候，又把他用于歌颂李广的语言毫无保留地加在了卫青头上。他让伍被称颂卫青说："大将军遇士大夫有礼，于士卒有恩，众皆乐为之用。骑上下山若蜚，材干绝人。"又让谒者曹梁说卫青："大将军号令明，当敌勇敢，常为士卒先；休舍，穿井未通，须士卒尽得水，乃敢饮；军罢，卒尽已度河，乃度；皇太后所赐金帛，尽以赐军吏，虽古名将弗过也。"

四、《史记》作为一部"历史"著作，其最鲜明的特点是在于它的"纪传体"，换一种说法也就是"以人物为中心"。从历史创作的发展而言，应该说早在先秦的春秋、战国时代就已经有很辉煌的成就了，其最杰出的代表是《左传》，其他还有《尚书》《国语》《国策》等。但《左传》是"编年体"，而《尚书》《国语》《国策》等多是分门别类的历史资料汇编。故清代赵翼说："古者左史记言，右史记事，言为《尚书》，事为《春秋》。其后沿为编年、纪事二种，记事者以一篇记一事，而不能统贯一代之全；编年者又不能即一人而各见其本末。司马迁参酌古今，发凡起例，创为全史。本纪以序帝王，世家以记侯国，十表以系时事，八书以详制度，列传以志人物。然后一代君臣政事贤否得失，总汇于一编之中。自此

例一定，历代作史者遂不能出其范围，信史家之极则也。"（《廿二史札记》）

由于《史记》的整体是分成几个部门，这就保证了叙述一个国家、一个政权诸种事务的详备；由于其"本纪""世家""列传"都是采取"以人物为中心"，于是这就无形中或有意或无意地发展了塑造人物形象、突出人物性格、选择动人故事等手段，这就与文学家们所讲的《文心雕龙》等相互通联起来了。《史记》作为我国第一部传记文学的确立，是具有世界意义的。过去欧洲人以欧洲为中心，他们称古希腊的普鲁塔克为"世界传记之王"。普鲁塔克大约生于公元46年，死于公元120年，著有《列传》50篇，是欧洲传记文学的开篇，把普鲁塔克放到中国古代史的长河里来比较一下，可以发现，普鲁塔克比班固（32—92）还要晚生14年，若和司马迁相比，则要晚生191年了。司马迁的《史记》要比普鲁塔克的《列传》早产生几乎两个世纪。

今天的大学中文系讲中国小说史的源头，总爱讲魏晋的"志怪小说""轶事小说"，以及唐代、宋代的"文言小说"诸如《李娃传》《柳毅传》等，其实这些都是《史记》《汉书》等杰出历史传记的流，而不是源。清代吴曰法在《小说家言》中说："小说家之神品，大都得力于读《史记》者为多。"丘炜爰在《客云庐小说话》中说："千古小说祖庭，应归司马。"

五、司马迁笔下的人物与他同时代的以及后代其他人笔下的人物不同，他们绝大多数都具有一种英雄色彩，而尤其突出的是他们还绝大多数都具有一种悲剧色彩。因此我们可以说《史记》是一道悲剧英雄人物的画廊，是一部悲剧故事集。《史记》全书写人物的作品共112篇，在这当中有57篇是以悲剧人物的姓字标题的，此外还有近20篇虽然不是用悲剧人物的姓字标题，但其中都写到了悲剧人物。同时我们还要看到，在这近80篇当中还有许多篇是几个悲剧人物的合传如《孙子吴起列传》《屈原贾生列传》《刺客列传》等。可以说，整个《史记》是被司马迁的审美观所涵盖的，《史记》的悲剧气氛无往而不在，这种现象，是《史记》所独有的。

《史记》写悲剧人物、悲剧故事，既不像古希腊悲剧那样特别强调命运的作用，也不像法国悲剧、英国悲剧那样片面地突出人物性格的原因。《史记》是扎扎实实地描写现实问题，揭露社会矛盾，充分展现造成人物悲剧的广阔复杂的社会原因，从而使矛盾的发生发展以及种种问题的解决都建立在朴素的唯物思想的基础上，这就使作品的揭露批判力和它对读者的感染力，以及对后世的警诫力，都大大地增强。

《史记》悲剧的基调是高亢激越的，它不但不使人感到消极悲沉，反而鼓舞作者的壮气。《史记》的悲剧人物都是有理想、有目标、百折不挠、奋斗不息的，他们对历史的发展都做出过重要贡献，或者至少曾经对当时的社会有某种震动，对后世产生过某种影响。我们从《史记》当中读到的不是无所作为的哀叹，而是为壮丽事业而勇敢奋斗的豪歌；不是一蹶不振的颓丧，而是百折不挠，无所畏惧的进取；不是失败的感伤，而是一种胜利成功的快慰、是一种道德上获得满足的欢欣。它不仅仅激发人们对悲剧英雄人物的同情，更重要的是能召唤人们向这些英雄人物学习，像他们那样为着远大的理想，崇高的目标而生活、奋斗，乃至献身。

六、史记既是杰出的历史书，又是杰出的文学书，后代人应该如何读《史记》呢？我以为，一方面，《史记》是很庄严的历史，但其中有些写法，又分明是寓言。曾国藩说："太史公传《庄子》，曰：'大抵率寓言也。'余读《史记》，亦'大抵率寓言也。'"这个提点是很重要的，我们不要认为《史记》是杰出的历史书，于是就认为它书中所写的东西就一定句句都是历史。特别像《循吏列传》所写的"公仪休""石奢""李离"；《滑稽列传》所写的"优孟""优旃"，以及《日者列传》所写的"司马季主"等。这些人物的出现，都是为了说道理，道理一旦说清楚，人物的姓名也就完全用不着再去追寻、考究。就如韩愈笔下的"圬者王承福"、柳宗元笔下的"种树郭橐橐"，这些有的像是实在的名字，有的就信口说个什么"橐橐""躄者""鸡鸣""狗盗"来应景一下就完了，但书中所讲的道理却光明正大、富丽堂皇，读者诸君万万不可轻视。

另一方面，史记是写人文学，写人物一是要写行动，写故事；再有就是要写说话，写语言。而语言又分内心独白，与人对答，对人劝说诱导，相互争吵辩论等。《史记》中最长的劝说诱导是蒯通劝韩信脱离刘邦中立，长达一千多字，占《淮阴侯列传》的四分之一；秦始皇死后留下遗嘱立扶苏，而赵高与胡亥密谋篡改诏书立胡亥，赵高为拉李斯上贼船在对李斯边威胁、边利诱，又打又拉，又利导又哄骗的大段言辞，司马迁是依据什么把它写得如此活灵活现呢？钱锺书论《左传》之人物对话，称其多非"记言"，认为实乃作者之"代言"。此真善读《左传》者之大见解。《左传》如此，《史记》更是如此。钱锺书以为这都是司马迁的"善舍身处地，代作喉舌而已。""此类语皆如见象骨而想生象。古史记言，大半出于想当然。"这就全在于作家设身处地，揣摩作品人物的心理，而为之设计作品人物语言的能力了。《伯夷列传》描写了伯夷、叔齐在首阳山饿死之前的悲愤作歌；《孙子吴起列传》描写了庞涓陷入孙膑的埋伏，万箭飞蝗般地向自己飞来时，无奈而又不服气地说："遂成竖子之名！"这样的悲歌与怨恨，当然也只能是司马迁为之所代言，读者不能死钻牛角尖。

我从 1959 年在复旦大学跟从蒋天枢先生读《史记》，到现在已经 60 年了，没有多少成绩可讲，但可以说读得遍数较多，对《史记》其书比较熟悉。我在以往几十年伴随着古典文学的教学，曾出版过一些《史记》的选本与课堂教学的辅导材料。其中发行量最多的可能是《史记选注集说》《评注史记》《史记精讲》。2000年我与师友同学合写过一本《史记题评》，前半是综合的介绍与讲解《史记》的方方面面，后面是将《史记》的 130 篇逐篇地进行介绍与评论。"题"就是解题；"评"就是分析与评论该篇的思想与艺术。2005 年又与几位同学师友合撰了《史记笺证》，共九册，500 多万字。这套书的特点是：一、注释详尽；二、收集与引证的研究资料、评论资料丰富；三、各篇均附有相关的历史地图与文物图片。此书于 2006 年获教育部二等奖。此书从其第二版开始改为十册，现已印至第四版，并于 2016 年获出版行业优秀古籍一等奖。2008 年出版了《史记新译》，全书八册。特点是除了注释详尽外，还带有全部译文；还有较详细的"解题"与较全面的逐篇"研析"。2011 年，又出版三全本《史记》，共九册，所谓"三全"，是指全原文、全注释、全译文。该书在每篇的开头都有较长的对该篇思想与艺术的评论。

这次的《〈史记〉研读随笔》，应该是我一生最后的一本《史记》读物。我的想法是脱离过去的那种课堂教学式的追求"全面"，不再全面地讲司马迁其人与《史记》其书，也不再原原本本地讲述《史记》中的某一篇，或是讲述《史记》中某个重要人物。这次是想轻松一点，从《史记》的每一篇中挑选一些令人感兴趣的问题，来进行点评。诸如某篇作品的某个段落涉及的人物与事件关系重大，意义突出，值得人们举一反三；又或是作家对作品人物处理问题的手段表现得分外高明，令人由衷赞颂；又或是某篇某段表现了当时难得一见的特殊规矩、特殊场面，能给读者长见识、开眼界；又或是某篇某段描写一种人物聚会、一种亲切晤谈，足令读者为之激赏；也或是某段言论，道理深刻；也或是某个场面，机锋动人，能让人获得某种感悟，产生某种影响等。另一方面，《史记》是一部两千年前的大书，年深日久，其中某些章节、某些段落存有某种纰漏差错，存在某些矛盾抵牾，形成的原因可能是由于误读、误引古书；也可能是由于误信或误引了本来就是五花八门的传说。还有就是作者当时虽已用力搜求，但经过出土文物或考古发掘的证明，作品的记载与描述不能成立，对此也就只能摆出事实，另取新说了。司马迁由于经历过特殊的灾难，他的一生又如此的艰难与短暂，他的巨著能写成今天所见的这种模样，这已经是天大的不容易了，我们对之秉持着无限的敬意，怀着无限的尊仰之情。

我们这本小书的编排方式是，按照作品的顺序，先引出要讨论的原文，短的一两行、三四行，长的七八行、十多行，读者先瞄一下原文，看清这些我们要展开讨论的对象。所以要引出原文，实际上就是与读者一道回味《史记》。凡是较长的段落，多数都涉及篇中的要旨、精华，复读一遍、回味一遍，是有价值、有必要的，而后再看我们对此所作的点赞、解释与发明。当我们读到一行、三四行的有争议、或是有抵牾、有矛盾的段落时，请读者记住这里所提出的问题，下面我们就印证《史记》书里书外的资料，进行比较、展开论辩了。这里头有些问题可以说清楚，也有些是客观存在，只能是提醒读者，知道这里有问题，不要再跟着人云亦云。

最后是关于《史记》原文的校勘与标点。几十年来，我读古书的习惯是，每当遇到句子不通畅的时候，总爱思考一下是不是这里的原文有衍文、有脱落、有讹误，或者是在标点符号的使用上有什么不当等。凡是遇有衍文，我就试着用圆括号将其括起；凡是遇有脱落，我就试着补入应补的字，并用方括号将其括起；凡是遇有讹误的字，我就将此讹误的字用圆括号括起，同时在该字后面补入一个应补的字，并用方括号将该字括起。其工作方式和 20 世纪 60 年代中华书局标点《史记》旧原文的方式一样。这种工作，我在过去作《史记笺证》《史记新译》《三全本史记》时也都是这样搞过一遍的。这次编写《史记研读随笔》，正好赶上 2013 年的《史记》新点校本上市发行。于是我也就顺势把新点校本又细细地读了几遍。新校本在旧校本的基础上做了许多工作，对于过去大家意见较多的地方，新校本做了一部分修改，并写了比较清晰的校记。至于还有些没有看出的有问题的字句，或是在断句与使用标点上存有可以商量的地方，这都在所难免。对此，读者认为这是我个人读书的体会固可；认为这是我对现在的《史记》通行本提出的商量意见亦可。

希望这本小说能对阅读《史记》的读者有点启发，能给讲《史记》课或写《史记》文章的朋友们提供一些可资参考的话题。

《史记》可以这样读

——读韩兆琦先生《点赞·志疑——〈史记〉研读随笔》

＊本文作者阮忠。海南师范大学文学院教授，博士生导师。

司马迁以"原始察终，见盛观衰"的历史方法，在前人已有编年体、国别体史书的基础上，开创了纪传体史学，《史记》也成为古代撰史者的楷模。读者遵从他的撰写体例，主要从纪传的角度读这部历史，其中有王朝传、诸侯国传、帝王将相传，还有游侠、刺客、滑稽者传等，通过这些纪传了解从传说中的黄帝到汉武帝太初年间三千年的社会变迁。往常人们读《史记》，多通篇读，读事件、读人物，当今流行的各种《史记》读本也是这样为读者指示阅读门径。而韩兆琦先生新近出版的《点赞·志疑：史记研读随笔》（中国青年出版社 2020 年版，以下简称《随笔》）则告诉读者，可以按《史记》的问题读。他把《史记》中的一些问题拎出来，用随笔的方式边读边评，这也不同于他自己以往关于《史记》选注、选译、选讲，全注、全译、全讲，论述之类的读法，让人感悟《史记》可以这样读。而如此读的背后，是韩先生研读《史记》近六十年及数十遍的功力积淀。

韩先生为他的《随笔》取的正题是"点赞、志疑"，这也是《随笔》的基本宗旨，构成它的两面：称道司马迁写得好的，对《史记》里存在的问题进行质疑。

先说点赞。

韩先生研读《史记》有自己鲜明的态度，他常为司马迁写得精彩的地方击节叫好，在点赞中又往往有自己明确的意向，以此弘扬司马迁及其《史记》，也为《史记》的读者作人生或知识的导引。

点赞历史人物的高尚品格。《史记》中许多历史人物品格高尚，如韩先生拎出《廉颇蔺相如列传》中的"负荆请罪"一节，说司马迁写得极好。廉颇、蔺相如人故事家喻户晓，蔺相如原本是宦官令缪贤的门客，为赵惠文王使秦而完璧归赵被任命为上大夫，又因在渑池会上使秦昭王不能胜赵而拜为上卿，位居功勋卓著的老将廉颇之上。廉颇十分不快，在他看来，蔺相如出使不过有口舌之劳，怎及他的攻城野战之功呢？况且相如原本地位卑贱。于是他放言："我见相如，必辱之。"蔺相如闻言，一再避让廉颇，导致门人不满。蔺相如说，我连秦昭王都不怕，难道怕廉将军吗？"顾吾念之，强秦之所以不敢加兵于赵者，徒以吾两人在也。今两虎共斗，其势不俱生。吾所以为此者，以先国家之急而后私雠也。"就此，韩先生说蔺相如："这种先公后私的精神不仅感动了负气争胜的廉颇，而且也一直感动着两千年以来的后代中国人。"（《随笔》）同时，他说廉颇"一旦省悟，立即负荆请罪。这种知过必改，肝胆照人的品格，更成了千古佳话"。（《随笔》）蔺相如、廉颇以国家大局为重，舍弃个人恩怨的品格，千百年来为人赞颂，这使他们后来成为小说、戏曲中的光彩夺目的人物形象，韩先生为之点赞，意在昭示读者做人的品格，古为今用，廉蔺二人表现出来的高风亮切，仍然值得今人学习。

点赞司马迁的巧妙记述。司马迁长于记事记人，许多记述巧妙，引人入胜，其中有的不太为人关注。如楚怀王熊心。陈胜、吴广举义旗反秦之后，项羽的叔父项梁听从范增的意见，顺应民心，在民间找到为人放羊的楚怀王的孙子熊心，推举他为"楚怀王"，以此为旗帜号召天下百姓反秦。研读《史记》的人不留心的人一般以为楚怀王在反秦斗争中不过是傀儡。韩先生不这样认为，他说楚怀王初都盱眙，项梁兵败于定陶后，他推进到彭城，在彭城"并项羽、吕臣军自将之。以吕臣为司徒，以其父吕青为令尹。以沛公为砀郡长，封为武安侯，将砀郡兵"。然后，楚怀王又任命宋义为诸侯上将军，号"卿子冠军"。项羽为次将、范增为末将，北向救赵，而派他心目中的宽厚长者刘邦西进破秦，不许项羽西进。并与诸将约定，"先入定关中者王之"。韩先生说："楚怀王令人钦敬的是他在项梁兵败被杀，全国反秦形势急剧下落的紧要关头所表现出来大勇气、大眼光、大作为。他不是继续后退、逃跑，而是迎着困难、危险上，他由后方的盱眙前进到了反秦前线的彭城，真正以一个反秦领袖的姿态由后台走到了前台。"（《随笔》）韩先生肯定了楚怀王的一系列举措，表明他这个反秦义军的领袖，一度把握军权，整编军队，还吸取了以前西征军失败的教训，起用刘邦为西征军统帅，是慧眼识英雄。怎能视之为傀儡和懦弱之辈呢？司马迁对楚怀王没有用浓墨重彩，而是分头在《项羽本纪》《高祖本纪》等篇什，在看似轻描淡写的记述中，把握了楚怀王与反秦诸侯的密切关联。这一点，在《史记》的研读中长期广大读者被忽略，韩先生为司马迁点赞，把受冷落的楚怀王突出来，作为反秦的灵魂人物，让人看到当时天下反秦的一体化以及楚怀王在当时的地位和作用，在这一段历史中有特别重要的意义。

点赞司马迁的精彩描写。刘邦是司马迁很用力记述的人物，他在《高祖本纪》中，写刘邦从一个泗水亭长成为西汉开国之帝——汉高祖的过程，虽然司马迁不太喜欢刘邦，但他仍然把刘邦写得活灵活现。其中写了项羽分封诸侯后，先尊楚怀王为义帝，后派人把他杀死在去郴州的路上。义帝被杀，刘邦当时的表现：

> 汉王闻之，袒而大哭。遂为义帝发丧，临三日。发使者告诸侯曰："天下共立义帝，北面事之。今项羽放杀义帝于江南，大逆无道。寡人亲为发丧，诸侯皆缟素。悉发关内兵，收三河士，南浮江汉以下，愿从诸侯王击楚之杀义帝者。"

司马迁这一段写得很有意味，义帝死，刘邦哭，发丧及遍告诸侯，这一连串的行为，韩先生从中敏锐地看到刘邦的心理活动。这光着膀子大哭的刘邦，其实心里乐开了花，他说了两个原因："第一是项羽自己给刘邦促进了反项统一阵线的形成，自己把自己投进了人神共愤、天下共讨之的罪恶深渊，这对于刘邦是多么好的一种大力帮助啊。第二是项羽还为刘邦未来的称帝扫清了道路，试想如果没有项羽的这一手，日后刘邦在打败项羽后又将对楚怀王如何安置呢？所以刘邦内心对项羽的感激也是不言而喻的。"（《随笔》）韩先生说得很对，早年不事产业的刘邦，在观看了秦始皇巡游后，感叹"大丈夫当如是也"，由是在反秦后渐生称帝之心，但当时他军事力量薄弱，对项羽心存畏忌，也没有反项羽的理由。项羽杀了义帝，就给了刘邦可以大张旗鼓地和项羽争夺天下的借口，说是"愿从诸侯王击楚之杀义帝者"，话虽婉转但心意已明。司马迁写得好，好在义帝之死的悲情故事，外悲实乐；好在刘邦打悲情牌，以正义的化身伐项。韩先生看透了刘邦的内心世界，把它揭示出来告诉读者，让读者知道司马迁描写的微妙，从中看到刘邦的政治胸怀。

点赞司马迁以简单勾勒表现的重大事件。司马迁许多历史事件都写得很精彩，如项羽的鸿门宴、蔺相如的完璧归赵等，为人们熟知。这里要说的是汉初黄老之学与儒学之争。西汉文景之治时，黄老之学兴，汉景帝之母窦太后尊黄老。《外戚世家》写道："窦太后好黄帝、老子言，帝及太子、诸窦，不得不读《黄帝》《老子》，尊其术。"《儒林列传》还说儒学大师辕固生说《老子》是家常话，激怒了窦太后，以致发生了窦太后令其到猪圈杀猪的滑稽剧。就是这个窦太后，《魏其武安侯列传》写道：

> 窦太后好黄老之言，而魏其、武安、赵绾、王臧等务隆推儒术，贬道家言，是以窦太后滋不悦魏其等。及建元二年，御史大夫赵绾、王臧等请无奏事东宫。窦太后大怒，乃罢逐赵绾、王臧等，而免丞相、太尉，以柏至侯许昌为丞相，武强侯庄青翟为御史大夫。魏其、武安侯由此以侯家居。

其实，当时窦太后旁边还有一个奉儒的王太后，她在窦太后面前处于弱势，但一仍信任武安侯，等窦太后死即尊儒学，朝廷大权归于汉武帝。韩先生说：这场看似黄老之说与儒学的斗争，根本上是权利之争。当御史大夫赵绾、王臧等人要夺权，窦太后立马出击，一举罢掉了丞相、太尉，杀掉了御史大夫和郎中令，把朝廷班子进行了大换血，完成政变。"这段文字不长，可惜讲思想史的专家们多对之注意不够，都对汉武帝'尊儒'过程中的这场流血政变只字不提，似乎不应该吧。"（《随笔》）司马迁的时代，黄老之学转向儒学独尊，说儒学和黄老之学之间的冲突，一般读者没有觉察这场斗争后面的故事。司马迁把这则故事放在不很显眼的《魏其武安侯列传》里，又在简单的勾勒中写得不动声色。韩先生却读出其中的玄机，指出这一点未为一些思想史专家所重，令人遗憾。西汉时，思想斗争与政权斗争相系以及后宫干政都不足为奇，司马迁揭示出它的复杂性，让读者可以更透彻地认识这一段历史。

韩先生的点赞远不限于上述，总的来说，韩先生的点赞常常致力于揭示司马

迁记述或描写上的精彩内涵，让读者知道司马迁用笔的深意以及历史事件、历史
人物的复杂性，以加强读者对《史记》的认知和理解，把《史记》的研读引向深
入。不过，他的点赞常能出人意表，让人颔首诚服，重要的一点是关联性研读，
不同纪传的关联，同一事件的关联，不同人物的关联，还有文字表层与实质的关
联等，从而在《史记》中读出历史的深长之味。也借此告诉读者《史记》研读的
重要方法，读者需要用这种方法在《史记》中读出司马迁，也读出自我。

再说志疑。

司马迁以一己之力记述三千年的历史，难免会给后人留下一些疑问。韩先生
《随笔》的志疑，继续他 2004 年在江西出版的《史记笺证》的风格，仍用地下文
献来说明司马迁《史记》里存在的疑问，但更多的是他对《史记》的综合研读，
在纪传、事件、人物的相互参照中，从一些细微处看到司马迁记述历史存在的矛
盾。韩先生并非否定历史事实本身，而是说明历史被司马迁重写或重编之后，存
在与史实相悖的情况，应当引起注意。

破项羽于垓下还是破项羽于陈？垓下之战，是刘项相争最重要的一次战斗。
这次战斗的具体情形记载在《高祖本纪》中：

> 五年，高祖与诸侯兵共击楚军，与项羽决胜垓下。淮阴侯将三十万自当
> 之，孔将军居左，费将军居右，皇帝在后，绛侯、柴将军在皇帝后。项羽之
> 卒可十万。淮阴先合，不利，却；孔将军、费将军纵，楚兵不利。淮阴侯复
> 乘之，大败垓下。

按照司马迁记事的通则，垓下之战最应记载在《项羽本纪》中，因为它与项羽的
命运最为相关，但《项羽本纪》只说汉将韩信、刘贾、彭越等会师垓下，这时，
"项王军壁垓下，兵少食尽，汉军及诸侯兵围之数重。夜闻汉军四面皆楚歌……"
在这一记述中，眼看一场汉楚两军的垓下之战就要展开，司马迁忽然说项羽率八
百余壮士溃围南出，迷道后被田父欺骗，兵陷大泽，被汉军追及。于是项王率 28
骑至东城，有了惊心动魄的东城之战。韩先生说："项羽本来是在固陵刚刚打败
了刘邦的追击，项羽所统领的本是一支从未遭遇过任何挫折的长胜军队。这支军
队刚到垓下，刚刚陷入刘邦各路大军的战略合围，还没有进行任何正面的接触，
怎么就忽然变成'兵少食尽'，而后项羽就立刻慷慨悲歌了一回，便领着八百人
溃围南逃了呢？这'垓下之战'到底还存在不存在？"（《随笔》）而司马迁在《曹
相国世家》说"韩信为齐王，引兵诣陈，与汉王共破项羽"；不仅如此，还有樊哙
传说"围项籍于陈，大破之"；夏侯婴传说"复常奉车从击项藉，追至陈，卒定
楚"，凡此等等，无不表明项羽被破于陈。陈（今河南省淮阳县）是秦郡名，与垓
下相距五六百里。司马迁在这些地方都不提决定项羽命运的垓下之战，与《高祖
本纪》里说项羽在垓下大败相矛盾。只是读者一般受《项羽本纪》的影响最深，
乐于说项羽败在垓下，而未深察司马迁还有项羽败于陈一说。韩先生志疑，提醒
读者关注这一矛盾现象，以便深入探寻历史的真相。

　　项羽死在乌江畔，还是死在东城？项羽从垓下逃到东城，东城之战相当精彩，他要证实"天亡我，非战之罪"，为手下的 28 骑与汉军快战，果然是斩将刈旗，英武无比，但终不敌数千汉军的追杀，项羽逃到乌江畔，不听乌江亭长劝告他渡江以东山再起，笑言"天将亡我，我何渡为"；并痛感当年率八千江东子弟渡江击秦今无一生还，无脸面见江东父老，于是对追赶上来的故人、汉将吕马童说："'吾闻汉购吾头千金，邑万户，吾为若德。'乃自刎而死。"他死后出现这样惨烈的一幕：

　　　　汉将"王翳取其头，余骑相蹂践争项王，相杀者数十人。最其后，郎中
　　骑杨喜，骑司马吕马童，郎中吕胜、杨武各得其一体。五人共会其体，
　　皆是。"

　　这里很明确说项羽死在乌江畔，且是自杀而死。但《项羽本纪》"太史公曰"里，司马迁又说他"身死东城"。《史记》中还有项羽死在"东城"的记载，《樊郦滕灌列传》中说：项羽兵败垓下之后，"（灌）婴以御史大夫受诏将车骑别追项籍至东城，破之。所将卒五人共斩项籍，皆赐爵列侯。"这里说项羽是在东城被杀的，杀项羽的是灌婴部下的五个小卒，这与《项羽本纪》所载差异太大，唯有将项羽的尸体分成五块以及获得他尸体的人都被刘邦列土封侯是一致的。那么，项羽是死在乌江畔还是死在东城，是自杀还是他杀，是分尸于五汉将之手还是五汉卒之死，也是不清晰的。前一问题在学界的争论一直存在。既有学者坚持项羽死在乌江畔，也有学者坚持项羽死在东城，根子在司马迁对项羽之死的不同记载。韩先生志疑，本着疑则存疑，没有下一个结论。说实在的，项羽威猛，如不是自杀，汉五将也难杀项羽，更不用说五汉卒杀项羽了。只是现在难以确证，有待地下发掘的新发现。

　　张良驳斥郦生之计是真还是假？张良是"汉初三杰"中为刘邦出谋划策的人，常运策于帷幄之内，决胜于千里之外。刘邦得天下以后，张良退而修身，自求善终。《留侯世家》在说到刘邦在荥阳为项羽围困，有谋臣郦食其为他谋划恢复已灭亡的六国之后，让他们感恩戴德，向风慕义，臣服于刘邦。刘邦告诉张良郦生之计，张良说："谁为陛下画此计者？陛下事去矣。"随之，他对比古今，八问刘邦：一问今陛下能致项籍之死命吗？二问今陛下能得项羽之头吗？三问今陛下能封圣人之墓、表贤者之闾、式智者之门吗？四问今陛下能散府库以赐贫穷吗？五问今陛下能偃武行文、不复用兵吗？六问今陛下能休马无所用吗？七问今陛下能放牛不复输积吗？八问六国之后将各事其主，陛下与谁取天下呢？这问得正在吃饭的刘邦辍食吐哺，骂曰："竖儒，几败而公事！"令人马上取消为六国之后刻印。这八问又被后人称为"八难"。韩先生引用了宋人王若虚在《史记辨惑》里的质疑："张良八难，古今称颂，以为美谈，窃疑此论甚疏。夫桀、纣已灭，然后汤、武封其后，而良云'度能制桀之命''得纣之头'，岂封于未灭之前耶？郦氏所以说帝，特欲系众人之心，庶几叛楚而附汉耳，非使封诸项氏也，奈何其以

汤、武之事势相较哉？汤、武虽殊时，事理何异？'制死命'与'得其头'，亦何以分列为两节？'表商容之间，释箕子之拘，封比干之墓'，此本三事，而并之者，以其一体也；至于'倒置干戈''休马''放牛'，独非一体乎？而复析之为三，何哉？八难之目，安知无误耶？"然后韩先生说："张良驳人之语，硬凑八项，徒以气势压人；其道理之不合、逻辑之混乱，都不足分析。"这硬凑是因为语言的逻辑混乱，语意重复，所以韩先生断言它后人编造的故事，是被后人塞进《史记》的，不伦不类，降低了张良的思想水平和司马迁的文学水平。这个有名的故事读者一般都没注意其中存在的问题，《晋书》与《资治通鉴》里有记载，说石勒在北方称帝（后赵），曾让人给他读《史记》里的这段郦食其给刘邦出主意的故事，吃惊地大叫危险，以为真有此事。现在人们把这段故事当作张良的美谈，更多的是因为当时楚汉相争正烈，封六国之后欲益反损的后果以及张良说话的铺排气势，看起来这故事很动人，现在韩先生拨开迷雾，揭开老底，让人看到了其中的荒谬。

周亚夫军细柳是实写还是夸大？《绛侯周勃世家》"周亚夫军细柳"的治军脍炙人口。当时汉文帝到细柳视察，于是有了这一段佳话。司马迁写道：

> （汉文帝）已而之细柳军，军士吏被甲，锐兵刃，彀弓弩，持满。天子先驱至，不得入。先驱曰："天子且至！"军门都尉曰："将军令曰：'军中闻将军令，不闻天子之诏。'"居无何，上至，又不得入。于是上乃使使持节诏将军："吾欲入劳军。"亚夫乃传言开壁门。壁门士吏谓从属车骑曰："将军约，军中不得驱驰。"于是天子乃按辔徐行。至营，将军亚夫持兵揖曰："介胄之士不拜，请以军礼见。"天子为动，改容式车。使人称谢："皇帝敬劳将军。"成礼而去。既出军门，群臣皆惊。文帝曰："嗟乎，此真将军矣！曩者霸上、棘门军，若儿戏耳，其将固可袭而虏也。至于亚夫，可得而犯邪？"称善者久之。

这一段司马迁写得好，读起来津津有味。但韩先生说：这一节是不可全信的故事传说，他认为，周亚夫治军严，对皇帝也不通融是好的。但另一方面，他尽管身为将军，"明明知道这是皇帝前来劳军，还要左一个禁令，右一个禁令，以显示自己兵营的纪律森严与自己在军中的无上权威……司马迁夸张、描写得太过头了"（《随笔》）。之所以会如此，是司马迁出自对周亚夫的喜爱，因喜爱而用了文学的笔法，把本有的事实夸大了，美化了，让周亚夫别有光彩。周亚夫军细柳的写法在《史记》中并非唯一的，类似的还有《田单列传》，韩先生说它"几乎通篇与近现代小说的写作方法完全相似"（《随笔》）。还有《孙子列传》写魏齐马陵之战，庞涓中孙膑诱敌深入、增兵减灶之计，在马陵道上智穷兵败，自刎前的自言自语："遂成竖子之名。"这有点类似《左传·鲁宣公二年》记载的：暴虐的晋灵公派鉏麑刺杀屡次劝谏他放弃不当行为的大夫赵盾，鉏麑凌晨时见赵盾家门大开，赵盾已穿好朝服，因太早而坐在家里打盹。鉏麑很感动，自言自语道："不忘恭敬，民之主也，贼民之主，不忠；弃君之命，不信。有一于此，不如死也。"说完，一头撞在槐树上自杀了。这事史官怎么会知道？像庞涓的自言自语一样，被载入史册，确有出自史官的推想而不可信的因素，需要引起读者注意。

"师其意不师其辞"的认知方法。上面曾说到韩先生对《史记》的参照读法，这里主要是针对《史记》的文学性描写而言的。作为太史令的司马迁，最想成就的是一部划时代的史书，以这部史书尽忠，尽自己太史令的职业责任；以这部史书尽孝，以完成父亲司马谈的临终遗愿；以这部史书立名，以实现自我的人生理想。只是他做了史学家，也通过记述历史做了文学家。韩先生以对《史记》的研读，告诉读者《史记》存在的文学性。本来文学的历史化，历史的文学化都是客观存在的现象，但《史记》根本是历史，韩先生在这方面的志疑，同时也是告诉读者，不要把司马迁的文学描写视为真实的历史，他说："我们不要认为《史记》是杰出的历史书，于是认为它书中所写的东西就一定句句是历史。"（《随笔・前言》）。这是读者应有的历史态度。但司马迁这些记述的内核毕竟是历史，所以韩先生提醒读者在《史记》研读中重在把握历史文学化的本质。这对《史记》研读有重要的意义，如果因为《史记》的文学性就淡化它的历史特质，显然不符合司马迁的本意，他从来都说自己写的是历史，而不是文学创作。至于历史与文学之间的矛盾，韩先生提出一条处理原则：读者当"师其意不师其辞"。

"师其意不师其辞"是中唐韩愈在《与刘正夫书》里说的，本意是学习古代圣贤要在把握思想或精神，不必太在意古人的文辞差异。韩先生借用这句话，表明对司马迁用文学笔法写的人物或故事应持这种态度。譬如《楚世家》里伍举谏楚庄王讲的大鸟故事。这鸟三年不飞，一飞冲天；三年不鸣，一鸣惊人。韩先生说，这"是一种寓言性质的小故事，不能视为真实历史，师其意不师其辞可也"（《随笔》）。还有前面提到的《廉颇蔺相如列传》所写的渑池会、完璧归赵，韩先生说，司马迁的文章写得好，故事也好，却还是有些过分夸张之处，"对此，我们能本着一种'师其意不师其辞'的态度也就可以了"（《随笔》）。在这些地方，司马迁没有划分文学和史学的界限，这和《左传》《国策》多少有些关系，《左传》好讲故事，故事中多有人物优美的外交辞令；《国策》好人辩词，辩词中不乏精彩的历史故事，二者都有描写、夸张过分以及作者代历史人物说话的地方。对此我们当对历史记述者有尊重和同情性的理解，韩先生的"师其意不师其辞"，是恰当处理这一问题的较好方法，使读者研读《史记》时，知道怎样去区分历史与文学的关系，不至于错把文学当作历史。

韩先生志疑是希望释疑的，他在《随笔》里谈到《曹相国世家》写刘邦开国功臣曹参之子曹窋："平阳侯窋，高后时为御史大夫。孝文帝立，免为侯。"韩先生很感诧异曹窋免官，因为曹窋曾助周勃、刘章消灭诸吕、拥立代王刘恒称帝。对此，清代牟庭在《雪泥书屋杂志》里说，曹窋虽参与诛杀诸吕，但不愿参与诬蔑惠帝诸子"非刘氏"的事，与老臣陈平、周勃不合，故被免官。看到这里，韩先生说："醍醐灌顶，愿与读者诸君共享。"（《随笔》）让人感到释疑之后的研读快意。

　　除了上述,《随笔》还值得一说的是,韩先生对《史记》通行本的原文与标点提出一些可以商榷的地方,他以己见作了新的标点。对此,本文不多言说,但有一点需要强调,句读历来是读者入学的门径,特别是古文的句读。今人给《史记》通行本的原文标点,当然不是司马迁的问题,但任何一个读者都应高度关注,细心处置。因为句读不通,标点失当,难免会差之毫厘,失之千里。韩先生在《随笔》中,对通行本的文字与标点提出问题,尝试纠改,并视之为写作的重要目的之一,为读者做了很好的榜样。

　　《随笔》在韩先生的诸多《史记》研读著作中,围绕问题读,通过问题意识,以点赞与志疑的方式把《史记》读得更细,从而凸显司马迁的高明、所述历史的深沉之思以及留给后人的疑惑等。他希望读者能够理解自己对《史记》的解释和发明,也希望读者能够看到《史记》中存在的问题,不人云亦云。所以在《随笔》里,他先罗列《史记》中的问题,再用他人评说或自己评说,揭示所列问题中的思考,给读者指示的《史记》研读门径和方法,让人同时知道《史记》可以这样读的灵动性和思想厚度。不过,韩先生在《随笔》的前言里又说了一句:《随笔》"应该是我一生最后一本《史记》读物",这让人生顿生许多念想。

韩兆琦先生《点赞·志疑
——〈史记〉研读随笔》评介

＊本文作者刘丽文。中国传媒大学文学院二级教授，博士生导师。

《点赞·志疑——〈史记〉研读随笔》是《史记》研究大家韩兆琦先生继《史记笺证》之后的又一力作。2020 年 1 月由中国青年出版社出版，全书 56.3 万字。

本书是作者几十年来研读《史记》的心得体会。全书以随笔、杂记方式，谈对《史记》中某段文字，某种说法，某个故事，某句名言的或感悟、体会，或疑问、不解，或异闻、补充，或发现、新解，或对新校本《史记》原文文字标点方面的研讨。其体例是，依照《史记》原有篇章次序，先将《史记》有关原文择要列出，然后将作者心得感悟缕述于后。其中有对

《史记》卓异思想、文字的勾稽和点赞，与读者共赏；也有对《史记》某些因各种原因造成的漏洞、失误、矛盾以及表达方面不足等进行的补充或志疑。作者表示，不少问题是自己的管窥蠡测，未必正确，目的是提出问题，抛砖引玉，期望与有志者共同探讨。下面略举几例，以见《随笔》内容之一斑。

一、对《史记》思想方面的体会和感悟

如关于司马迁对孔子学说"博而寡要，劳而少功"评价的体会，《随笔》引述了《鲁周公世家》如下一段：

> 鲁公伯禽之初受封之鲁，三年而后报政周公。周公曰："何迟也？"伯禽曰："变其俗，革其礼，丧三年然后除之，故迟。"太公亦封于齐，五月而报政周公。周公曰："何疾也？"曰："吾简其君臣礼，从其俗为也。"及后闻伯禽报政迟，乃叹曰："呜呼，鲁后世其北面事齐矣！夫政不简不易，民不有近；平易近民，民必归之。"

《随笔》说：鲁国是被周天子特别赐以礼乐的独一无二的圣人之裔的国家，它理应成为遵礼守德、强大无敌的样板。但春秋时期的鲁国腐朽混乱、积贫积弱，司马迁很为儒家宣扬的"礼乐治世"的华而不实、烦琐无用感到悲哀。为了表达这种无奈，他假托周公批评伯禽死守教条、不知变通而预言鲁国日后必败，必然要成为齐国的藩属臣仆。这"不简不易，民不有近；平易近民，民必归之"

很有学问，与《太史公自序》中批评儒家"博而寡要，劳而少功"，与《孔子世家》中通过晏婴批评孔子"盛容饰，繁登降之礼，趋详之节，累世不能殚其学，当年不能究其礼"，都是司马迁认同的对儒家学说的定论。

二、对《史记》中政治家政治品格的体会和感悟

如关于义帝楚怀王熊心的评价。《随笔》引《高祖本纪》：从"秦二世三年，楚怀王见项梁军破，恐，徙盱台都彭城，并吕臣、项羽军自将之。"到"收陈王、项梁散卒。"一大段。

《随笔》说：有些人把楚怀王看作傀儡，其实是太低估了。首先，楚怀王在项梁兵败被杀，全国反秦形势急剧下落的紧要关头表现出了大勇气、大眼光、大作为。他迎着困难、危险上，由后方的盱眙前进到了反秦前线的彭城，真正以一个反秦领袖的姿态由后台走到了前台。其二，楚怀王第一次自己抓起兵权，对军队进行了整编，进行了自己的安排部署。其三，楚怀王在整编后，采取继续进攻的姿态，做出了救河北，同时也西进破秦的战略安排。表现了他不仅有大智，而且有大勇。其四，楚怀王接受众老将的建议，毅然任用刘邦为西征军的统帅，拒绝了项羽愿与沛公西入关的请求。事实的发展证明楚怀王决策十分英明。其五，楚怀王派项羽随宋义北上救赵，派刘邦从南路西下，约定谁先打入关中谁就为关中王。这种对项羽的安排使用虽有失公正，但指派刘邦为西征军的统帅，是楚怀王慧眼识英雄，是量才使用。其六，楚怀王不是懦弱之辈。项羽入关后，想改变约定，不让刘邦当关中王时，楚怀王毅然地回答"如约"，坚持既定的方针不变。总之，楚怀王在反秦起义军中的地位与影响的确不可低估。

三、关于司马迁史料处理方面的体会和感悟

例 1，不因人废言。以平津侯公孙弘为例，公孙弘是司马迁很不喜欢甚至鄙薄的人物。《随笔》引用《平津侯主父列传》2 条，一条从"元朔三年，张欧免，以弘为御史大夫"到"上乃许之。"另一条是"太史公曰"对公孙弘的评论。

《随笔》说，公孙弘任宰相的性格特点是"每朝会议，开陈其端，令人主自择，不肯面折庭争"，这种表现有点近于佞幸。但公孙弘并不总是如此，当时汉武帝曾一度要北伐匈奴、南讨南越，同时动手。公孙弘公开提出反对，最后迫使武帝同意暂时停止对西南夷用兵，这在满朝大臣中实不多见。另外，《史记》全文收录了公孙弘关于兴办太学的上书，如实地记下了公孙弘在汉武帝独尊儒术中所起的重要作用，以至于转变了一代文风，"自此以来，则公卿大夫士吏彬彬多文学之士矣"，等等。《史记》并未因鄙薄公孙弘为人而摒弃有益于其形象的正面史料，表现了一个正直史学家的风范。

例 2，对个别史料不加甄别而"姑妄用之"。

如《魏其武安侯列传》：武安侯……谓王曰："上未有太子，大王最贤，高祖孙，即宫车晏驾，非大王立当谁哉？"淮南王大喜，厚遗金财物。

《随笔》评论这段史文说：武安侯田蚡一个无德无能的小人，其所以能当权，能杀害灌夫、窦婴，不就是倚仗其姊王太后吗？王太后之所以有权有势，不就是倚仗其儿子是汉武帝吗？生活在这种形势下的田蚡，不祈祷汉武帝万岁万万岁，反而希望他早死而让淮南王上台，此真"狂惑所不应有"；汉武帝有亲兄弟十四人，即使他最后真的没有儿子，那也应从其余的十三个兄弟之家中去选拔，哪里会轮到淮南王这位八杆子打不到的亲王身上去呢？田蚡用这样的话来哄淮南王，淮南王居然还能相信，这淮南王也真够得上是"狂惑所不如"了。这么不合情理的事为什么《史记》还采用了呢？《随笔》认为是司马迁借武帝"使武安侯在者，族矣"一语以表明自己的爱憎："司马迁真是同情窦婴与灌夫，为了表达这种情感，遇到一些似是而非的材料，有时也就不加选择地姑妄听之、姑妄用之了。"

四、对《史记》写作技巧方法的体会和感悟

例1，运用或发挥既有史料，简省笔墨达到多种叙事效果。如《留侯世家》关于下邳老父授书张良一段，前人因其神异色彩而颇多疑问。《随笔》说，这个故事最卓越的作用，是以一种最简洁省力而引人入胜的方式，诠释了张良从一个荆轲、聂政之流的侠客、刺客，变成协助刘邦灭秦、灭项、即位称帝的大谋士的脱胎换骨的过程。"司马迁设计了这样一个似真似假、如梦如幻的'圯上老人'对之多方刁难后授之以奇书的，一种四两拨千斤的方式，等张良再次出现在读者面前时就已经是一位具有诡异色彩的'黄老哲学'的化身了。这段故事的精彩，委实令人叫绝。"

例2，有时对传说渲染夸张太过头。《随笔》引《绛侯世家》"周亚夫军细柳"一节评论说："司马迁写这段故事的目的是想说周亚夫为人有个性，治军严格，连皇帝也不能有任何通融，这是好的。但张扬得太过头。比如作品写'天子先驱至，不得入'，可以；又说'军中闻将军令，不闻天子之诏'，也可以；至于说'士吏被甲，锐兵刃，彀弓弩'，还要'持满'，这就太过分了！明明知道这是皇帝前来劳军，而对汉文帝的车驾，还要左一个禁令，右一个禁令，以显示自己兵营的纪律森严与自己在军中的无上权威，用现在的一个新词，就是过分地'作秀'。这是司马迁夸张、描写得太过头了。"

五、对传统版本的文字、标点等
提出一些可讨论者

如《高祖本纪》：吾以义兵从诸侯诛残贼，使刑馀罪人击杀项羽，何苦乃与公挑战？

　　其中"何苦乃与公挑战"通常解释为"我何必要与你挑战呢"。《随笔》说：此时是项羽点名要与刘邦"单挑"，依照当时问答的逻辑关系与刘邦的说话习惯，此处的"乃与公"应作"与乃公"。"乃公"犹言"你老子"，正是刘邦平时习用的骂人语，如此则文气贯穿，而刘邦的人格风格又活灵活现。此句应标点作："何苦与乃公挑战？"你有什么资格来向你老子叫阵呢？

　　以上是对《史记研读随笔》内容的简要介绍。

　　韩兆琦先生一生致力于中国古代文史方面的教学与研究，主要学术成果有《史记笺证》《史记新译》（实为新注、新译、研析皆备）、全本《史记》（全原文、全注释、全译文、全评析）、《史记与传记文学二十讲》《中国传记艺术》，以及尚未完成的新注、新译《资治通鉴论评》等等。这本《史记研读随笔》是传统笔记式的写法，内容广博，大自史实的辨析、思想的阐发，小到字词的理解、标点的商榷，对文、史、哲中的宏观、中观、微观问题都有涉及。也正因为作者对《史记》能烂熟于心，融会贯通，所以能把深奥的学术问题深入浅出地阐释得清清楚楚，文笔活泼，语言生动，没有一点儿学究气。

《青铜世界与竹简世界》摘载

＊本书作者美国学者侯格睿。译者丁波，商务印书馆编审，中国史记研究会副会长兼秘书长，北京史记研究会会长。

一、《青铜世界与竹简世界》目录

为什么是历史？
    历史在中国文化中的地位
    司马迁和历史
表现世界
    《史记》的结构
    阅读结构
    一个竹简的世界
微观阅读Ⅰ
    历史之网
    多重叙述
微观阅读Ⅱ
    事件的意义
    泛化评论
塑造世界
    判断史
    作为诠释工具的《史记》
    改变世界
儒家阅读
    一个青铜的世界
    争夺世界
理解世界
    适应时代
    理性的限度
    了解和被人知道
结语

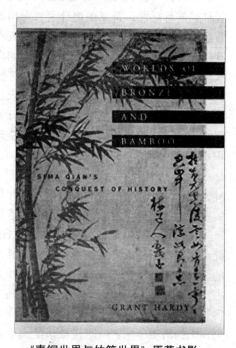

《青铜世界与竹简世界》原著书影

二、《青铜世界与竹简世界》摘载

作为模型的《史记》

（摘自《青铜世界与竹简世界——司马迁对历史的征服》，第二题：表现世界）

　　西方的历史写作从希罗多德的叩问开始的，他确立了历史研究的基本模式，并一直沿用到今（事实上，这种模式使你了解你正在读的这本书）。历史学家正如希罗多德为这个角色定义，是一个集好奇、智慧和质疑于一身的人，成功发现了过去的一些事情，然后用自己的声音将这些研究成果公之于众。当我们读他的《历史》时，我们会经常地意识到，希罗多德就在我们身边，给我们讲故事，说这说那，进行点评，希罗多德身上表现出的睿智、感性和健谈，让他成为一位让人难忘的通向过去的向导。历史不是过去本身的表象，它是作者关于过去概念的体现。没有历史学家，便没有历史；正如没有记得者就没有记忆。以英语为母语的人经常被提醒这种直接的内在联系，"历史"这个双重功能的单词，容易导致混乱，它既代表关于过去的著作，也代表过去本身。

　　历史学家的角色从希罗多德时代开始就已经提炼了——现在更多地强调对史料批评性阅读、公共研究报告的文献整理、查找原因以及对历史学家自身偏见的识别——但是核心的概念还是来自希罗多德。历史学家现在仍宣称，"你可以相信我，我了解我所说的一切，我对我使用的史料负责。"在西方，历史修辞是一种说服的方式，它的目的就是让读者相信历史学家的叙述反映了真理，他对历史的重建精确再现了过去真正发生过的事情。

　　将司马迁的历史放在这个一般框架下未尝不可，早期的西方汉学家热衷于此。他们试图让读者相信不仅他们自己是可靠的，他们叙述的对象也是值得信赖的，他们也自然强调《史记》具备这些元素，司马迁自然也是值得信赖的历史学家。果不其然，在他们眼里，司马迁是一位不知疲倦的研究者和旅行家，一个档案管理员，一个对待史料态度审慎的人，也是一个"客观"的记录者。他也被称为伟大的历史学家：一个讲故事的高手，一个有创新精神的人，一个对人类行为富有同情心的观察者。这些特质都能在《史记》中找到痕迹，但综合起来，这些并不能充分概括《史记》的特点，《史记》是一种完全不同的历史文本。

　　《史记》为读者提供了多种多样的声音和视角，这让读者在阅读文本时进入了一个叙述自相矛盾的混乱世界，充斥着不同的说明和考证，文学风格和历史研究方法丰富多样。它既没有关于过去的统一的认识，也没有关于历史究竟意味着什么的连贯的解释。这如果是一部没有明确编辑理念的仅仅是材料汇编的作品，那就毫不意外了，事实上，许多学者认为《史记》就是这样的作品——一个野心勃勃的编者，面对浩如烟海的材料，在有限的时间内完成的作品。而且，司马迁在《史记》最后一卷中努力为自己创造了一个身份，这应该能让我们停来。通过披露他的生平和创作动机，他提醒读者关注他的生平和他的作品之间的联系。通过一卷接一卷地提供全面的概述，并说明他为什么选择这些内容，尽管表面上似乎不是，但在编写方法上他有一个总体的计划。最后，他对史记的组织结构作了一些简短但具有启发性的评论，暗示他的历史安排有其意义。

　　这是我们讲在本章讨论的最后一个提示：因为想要准确了解《史记》是如何处理历史叙事的，最有效的办法就是从了解它最独特的特质——它的结构开始。这里，我们将要"读"《史记》的结构，并点评以前的研究，暂时搁置对具体内容的讨论。《史记》的结构是复杂的，早期西方历史学家喜欢直截了当的叙述方式，司马迁故意规避这种方式，以期引起人们的注意。正如我们将在后面的章节中看到的，《史记》中的创作张力很大程度上是由于其内容和形式的冲突所致。

《史记》的结构

　　当司马迁着手开始写作一部世界史时，他发现传统的历史著作形式度不能满足要求。记言的《尚书》，编年记事的《春秋》和它的评论，以及按照国家记载轶事的《战国策》，这些历史著作形式都不足以表达他对历史应该是什么的认识。因此，他自己创造了一种组织史料的体系，将他关于过去的记载分成五个主要部分：本纪、表、书、世家和列传。

1. 本纪（卷一到卷十二）

　　司马迁以传说时代的五帝本纪开篇，接下来篇章是夏本纪、商本纪和周本纪。他使神话材料合理化，到周代，他能提供　个清晰的大事记，在周本纪之后的其余本纪中，他坚持按照帝王在位年代逐年记载事件。周本纪之后是秦本纪，秦本纪之后的篇章就留给了一位帝王，他就是秦始皇，秦始皇通过战争打败了战国诸雄（他们都是周王室衰弱之后逐渐获得自治权的国家），统一了中国。此后，所有的本纪都只描述单个统治者，包括在秦帝国灭亡后掌握了政权（虽然他未正式成为一位皇帝）的项羽，和汉朝的建立者汉高祖。司马迁在本纪中给汉高祖的妻子吕后安排了一个位置，吕后在他丈夫驾崩后掌握了政权（虽然她是通过掌握三个小皇帝发号政令），吕后之后又记述了几位帝王，直到汉武帝，司马迁生活时代的皇帝（不幸的是，这一卷已经佚失）。当他的叙述接近他自己生活的时代，他有更充分的史料可以利用，从秦始皇开始，我们就可以看到真正的按年记载的主要事件，部分事件有了非常详细的描述。

2. 表（卷十三到卷二十二）

　　在这部分，司马迁再次涵盖了中国历史的整个时期，从很早的传说时代开始，一直到汉武帝时期，但在这里，他在一个全面的时间框架内提供了非常有限的描述。每个表在一个轴上包含一个具有时间的网格，具有不同程度的特异性。

网格中的空格通常用数来表示时间的年数或月份，读者可以通过这些数字计算出诸侯、王子或政府官员在位的时间长短。此外，在许多栏中还包括事件的简略说明。

第一个表是追踪五帝和夏、商、周三朝建立者家族谱系的谱系图。相应的，这个表有八行被划分出来代表"代"（司马迁解释说，他掌握的材料不足以在这个表中准确标出时间）。因为每个皇帝或家族都有天命，他们被提升到最上面的一行，他们的原始行变为空白。当周朝开始时，八行突然变成十二行，周被提升到最上面一行，其他十一行被十一个诸侯占据。

这种模式一直持续到接下来的两个表，按年记载了从公元前 841 年到公元前207 年这段中国历史。周王室再次占据最上栏，但是现在有十四行（两行开始时空白，然后被郑国和吴国受封，这两行被填满）。年代时间沿水平轴标明，网格中的内容是每个国家的大事记，记述的重点是各国君主的登基和驾崩。不是每格都有大事记载，但是每格中都有当时君主的年号。实际上，这将各个诸侯国的日历联系起来，各国的日历都是以各自统治者为基础。当一个国家在战国时期的持续战争中被摧毁，它对应的行就变成空白。最后，公元前 221 年后，当秦国战败最后的对手，表中每年仅有一栏（参见表 1，虽然轴被颠倒以适应从左到右的书写）。

在第四个表中，多"行"再次出现（代表 9 个旧贵族），在公元前 210 年秦始皇驾崩到公元前 202 年汉朝建立这个时期，一片混乱的众多事件被安排到按月划分的栏中。这种缓慢的速度让人可以对这些关键的年份进行微观的分析。当项羽控制局面，他分封他的追随者，行数增加到二十，一是十九个封国，一是最顶端假定存在的皇帝。第五个表重新开始按年记载从公元前 206 年高祖登基到公元前101 年期间，汉朝分封的 26 个诸侯国。当诸侯国被分封，被分割，被取消，相应的行中或被填上内容，或空白。每个诸侯王的在位时间被统计，一些事件偶尔被记载栏中，最经常被提及是简单的"来朝"。

第六个表突然改变了模式，在垂直的栏中列了 143 位诸侯。七条水平的栏标记时间：最上面一栏列着首位受封者、他受封的原因，剩下的六个栏是汉朝六位君主的年号。栏中记载的内容主要是受封者后人在这几个时期的命运。表格底部第八栏记载着吕后在公元前 187 年分封的顺序，整个表格是按照受封者被分封的时间顺序排列的。这意味着时间实际上是沿着两个轴来描绘的：从左到右的阅读给出了最初分封领土的顺序，而从上到下的一栏内的阅读显示了随着时间的推移在每一片领地中发生了什么。

下面两个表的结构基本相同，这两个表关注的是后面两位皇帝分封的诸侯。随着时间靠近司马迁生活的时代，表中的栏目列的是汉武帝的几个主要的年号。第九个表保留了最后的时间框架，但上边列出的所有王国都授予了王子，仅仅是因为他们出生在正确的家庭中。

最后一个表又恢复了到按年记载的模式（水平栏目中标记年号），表中包括四行内容（从上到下）：大事记，相位，将位和御史大夫位。下面三行的表中列的是担任过这些职位的人名。这个表的时间跨度是从公元前 206 年到公元前 20 年，这其中有一个非常明显的问题，司马迁死于约公元前 86 年，但这个表的相当一部分通常被合理地认为是司马迁完成的。这个表的另一个奇特之处是我在其他历史著作中从未见过的，那就是一些条目是倒着写的（主要是被处死和免职的记录）。

3. 书（卷二十三到卷三十）

书是八个综合的主题：包括：礼书，乐书，律书，历书，天官书，封禅书，河渠书，平准书。在前五个书中，司马迁简要叙述了这些主题从古代到他生活时代的历史，在此之前或之后，有一个更专业评论，有时这些评论就是从更早的资料中引用过来的。例如，《礼书》和《乐书》大部分篇章中关于哲学的讨论，就来自哲学家荀子和儒家经典《礼记》，《天官书》中一份很长的星星目录和关于行星运动的描述，包括占卜的信息，也有包括日食等天象的解释。一些评论者认为，这些篇章中的部分都已经佚失，后面的窜补者从别处找来这些材料加入其中，但情况不一定如此，司马迁经常大段引用其他材料。而且，前五个书是《史记》中最富争议的章节之一，当中涉及他们的专门技术主题和有争议的文本历史。

《律书》是一个恰当的例子。律在音乐、占卜、历法制定和军事策略中被广泛使用，但在《史记》中关于"律"的章节是令人迷惑的，《律书》的真实性一直受到怀疑。《律书》开篇探讨的是军事问题，最后对八风十二律进行了技术描述。这表明，司马迁最初是想写《兵书》，后来佚失了，介绍性的评论可能出自司马迁之手，其余的部分可能是原来是《历书》中的部分内容。

最后三部书包含了关于秦汉统治者在国家祭祀、河渠和国家财政等方面的举措的大量细节描述。在这三个部分提供了更广阔的叙述，并非巧合，他们对汉武帝时期的政策给予了相当大的关注。事实上，《武帝本纪》佚失后，司马迁从《封禅书》中摘录了大量内容对之进行替代，因此，在现在版本的《史记》中，这个章节中的内容大部分出现了两次。

4. 世家（卷三十一到卷六十）

在这部分，我们再次从中国古代历史开始，一章接一章，朝着司马迁自己生活的时代努力，这次，关注的重点是封建贵族家庭。每一章都涉及几代人，前十五个世家都是周朝主要分封国君主的历史，其中对主要的事件的叙述和确定年代，材料都来自各国的大事记。不同于表，大事记并不全面。在世家中，不是每一年都有相应的记载，在这里，事件是主要的，年代是次要的。最前面两个世家从商代祖先开始，之后，前十五个世家其余部分几乎都是周代的人物，在周王朝末期发挥主要作用的诸侯国在世家中出现的靠后一些。尽管也存在一定交叉，章节中的内容是按照时间顺序安排的，章节本身也是按照一定的时间顺序排列。

《管蔡世家》（卷三十五）与这些原则有些出入，因为它包括两个贵族世家的历史，一个是蔡，一个是曹，但有趣的是，整个叙述是连续的，只是被司马迁的一条评论隔开，而没有混在一起。同样的，《陈杞世家》（卷三十六）包括两个被分别安排的家族，但是关于杞的叙述只有统治者的名字和在位的时间，没有事件的描述，看起来更像是一个附录。

不同事件的细节差别很大。前面一半世家中的大部分内容极其简单，那一年发生了什么事（二十年，秦穆公崩），有时候一些事件会叙述得特别详细，当一个事件牵涉超过一个国家时，它有可能会在几个不同的章节中都被提到。而且，一些事件似乎是国际事件，在其他国家的世家中被涉及。例如，公元前712年，鲁隐公被刺，有七篇世家中被提及这件事。这种叙事方法有助于协调每个章节中所特有的各国的编年记事，也能揭示一些特殊事件的国际影响。

到韩、赵、魏世家的时候，世家的这种叙事模式有些变化，这三个国家都不是周天子分封的诸侯国。他们都是晋国的贵族，在公元前403年成功地瓦解了晋国的政权。同样的，下一个世家，田敬仲完世家，讲述了一个夺取国家政权的家族的命运（他最初来自陈国，在公元前481年篡夺了齐国政权），下面两个世家讲述了两个人生活，这两个人并不拥有国家——孔子，一个漫游各国的哲学家，陈涉，他领导了第一次反秦起义。其余的世家，都是这些人，他们在汉朝最初恢复旧的分封时获得了声望（一般都有封地）。每个世家都叙述他们如何取得这些荣誉，然后叙述他们最终失去封地的后代。有九个汉高祖分封的世家，分成两组，一是汉高祖的亲戚（卷十九到卷五十二），一是通过军功获得封地（卷五十三到卷五十七）。最后三个世家是关于那些汉高祖之后的皇帝分封的人。

两个世家有些异乎寻常。陈平世家（卷五十六）包含了两个与陈平无关的他在政府的亲密同事的简短传记。另一个世家倾向于关注一个连续的家族谱系，尽管四个汉室世家中的男性以不同方式有相继的传记，外戚世家（卷四十九），一个接一个提供了五位女性的传记。另一个不同寻常的世家是《史记》中最后一个世家，是关于汉武帝三个儿子的，但它的内容几乎完全是大臣上给皇帝的奏章和皇帝所颁下的诏书。

5. 列传（卷六十一到卷一百三十）

《史记》最后也是最大的部分（占全书三分之一）也是从遥远过去时代的人物开始，一直到司马迁自己生活的时代，最后以史家的自传结尾。我们可以将列传分为如下几类：

卷六十一　　商代

卷六十二到六十六　　周代：春秋时期

卷六十七到八十四　　周代：战国时期

卷八十五到八十八　　秦代

卷八十九到九十一　　楚汉相争

卷九十二到一百零九、卷一百一十一到一百一十二、卷一一七到一一八、卷

一百二十　汉代（按粗略的时间顺序）

卷一百一十、卷一一三到一一六、卷一二三，关于野蛮人的叙述（经常关注他们的领袖）

卷八十六，卷一一九，卷一二一到一二二，卷一二四到一二九　刺客列传，循吏列传，儒林列传，游侠列传，日者列传，滑稽列传，龟策列传和货殖列传

卷一百三十　司马迁自传

绝大多数传记都以明确提出传主出生地和姓名开篇，以司马迁的评论结束。另外，他们的内容是各种各样。一些提供传主详细的介绍，另一些只有传主几则逸闻趣事。一些会完整收录主要材料，如信件和诗歌，一些会从如《战国策》中大段引用，另外一些似乎只有司马迁自己写的原始叙述。

此外，个人被纳入列传中的方式也是各有不同。列传可以只写一个人，或者它可以包括两个或更多的人——有时按顺序分别叙述，有时交叉叙述。而且有几卷的传主是根据地域、气质或职业组合在一起的一群人。这些区别并不总是从各卷的标题就能判别出来。例如《孟子荀卿列传》（卷七十四）事实上就是一群哲学家的传记。司马迁的评论出现在卷首，四位哲学家的思想被详细描述，此外又提供了其他八位哲学家的简短介绍。《卫将军骠骑将军列传》（卷一一一）包括了十八位汉朝将军简要的事业总结。

不同的人被分组到合传的原因并不总是十分清晰，在一些卷中，我们发现令人惊讶的时间间隔。《屈原贾生列传》（卷八十四），两位传主中，一个是战国时代的人，另一个是汉朝的学者。《鲁仲连邹阳列传》（卷八十三）同样是把战国人物和汉代人物放在一起（译者按：此误，鲁仲连和邹阳都是战国时代人物，不知何据?）。多个人的合传中的年代差别十分自然，有的合传却非常有趣，《酷吏列传》（卷一二二）种描述的十个人都生活在汉代，《循吏列传》（卷一一九）中描述的五个人都来自春秋时期。尽管《史记》中列传部分主要是按照时间顺序排列的，也有其他分类原则在发挥作用，因此，关于列传的任何分类方案，都必然有不足。事实上，刘伟民总结了《史记》列传的几种分组方式——根据历史时期，根据传主人数（个人，双人，或多个人），根据广泛的主题（关于野蛮民族，社会问题，政府，科学和经济），根据地理区域，根据卷名是否是个人名字，绰号，官名，尊称，谥号，等等。

我把列传这个词翻译为"归类的传记"，就是因为"列"这个词有分类或排列的意思。事实上，列传中使用了几种不同的分类方案，尽管司马迁似乎是有意组织这些列传，他选择和分类的标准却不是显而易见的。有时，杰出的人没有被记载，偶尔，失败的人（如不成功的刺客和不同政见者）却享受了杰出人士的待遇。甚至在一些章节中，因为要说明某种类型的性格或品德，记载了一些逸闻趣事，而并不是因为这些事在传主生活中有重要地位。

列传中第一个和最后一个有特殊的意义。《伯夷叔齐列传》（卷六十一）与其说是一个独立的传记，不如说是他对历史传记问题的深入思考。我们将在第五章

回到这个列传。不幸的是，最后一个列传，《太史公自序》并没有包含司马迁个人生活的太多信息。正如我们在前面章节中所看到的，《太史公自序》中主要包括了他父亲司马谈的一篇散文，对比各个学派的优劣，司马谈给儿子的遗嘱，一长段探讨《春秋》意义讨论，一篇介绍《史记》各卷简要内容的梗概。

　　《史记》结构中另外两个特点值得特别关注——复制和个人评论。《史记》的读者从一开始就接受这样一个认识：在许多方面，《史记》是一部汇编作品。司马迁从早期史料中引用了大量材料，有时疏通下文字，增加解释性说明，但是经常是逐字复制。这不被认为是欺诈，应受到谴责，因为在古代中国能读书的人都是受过教育，他们能辨识这些材料，无论如何，我们现代人对独创性和个人主义的强调，在中国汉代并不占主导地位。爱德华·沙畹（Edouard Chavannes）在描述希腊和罗马史学传统之后，解释说：

　　　　"中国人没有同样的史学观念。对他们而言，历史是一种巧妙的镶嵌，过去的文字并排放在一起，作者只在他选择这些文本过程中进行干预，他在将这些文本合二为一过程中能力有弱有强……作品是如此客观，以至于当叙述者涉及作者能够证实的事件时，读者怀疑作者在讲述这些事情时是否是以自己的名义说话，还是仅仅是在复制今天丢失的文件，而这种质疑是正确的。当一个人熟悉中国文学中使用的写作方法时，几乎在所有的情况下都采用了第二种假设，即作者没有正式宣布他在表达自己的思想。"

这是一种极端的观点。今天的学者更愿意相信司马迁表达的是自己的观点，特别是关于当代事件的叙述，但是这也是事实，司马迁的叙述似乎是非个人的，他在《史记》中绵延的创造力主要是通过对以前就存在的材料的选择和重新编排来体现的。

　　当然，这方面的例外就是《史记》绝大多数章节中都有个人评论部分。在这些段落中，司马迁直接向读者诉说，他的评论往往饱含热情和道德评价。不幸的是，这些评论也是非常简短和不连贯。有时，他确实会给出评判或记录道德教训，但是在其他时候，他评论史料来源和方法，补充一些逸闻趣事，或者哀叹一些悲惨事件，引用个人经历，或间接批评当朝政治。这些评论通常是了解司马迁意图和喜好的主要材料，但是将这些高度多样化的内容编织成连贯的哲学，是非常困难的。而且，即使在这些个人化的评论中，司马迁经常贬低他自己的贡献。在四十六条评论中，他通常以一句熟悉的格言的形式引用别人的评论，最经常引用（十六次）的是孔子的话。

　　从我简短的概观中能够推测，任何试图详细解释特定的《史记》段落的尝试都充满困难。不仅试图理解文言文是一个显而易见的难题，而且读者必须警惕司马谈、不被承认的引用以及文本的损坏和后来的窜入带来的麻烦，而且他们必须容忍司马迁在各种角色上的灵活性。我们从卷一百三十了解到的"司马迁"是一种刻意的文学创作，他可能是，也可能不是《史记》最终的作者，或《史记》各卷的叙述者。而且,《史记》的整体框架似乎足够清晰,我们能合理地推测,今天看到的《史记》的形式大致就是司马迁的意图,因为它与司马迁在最后一卷中一章接一章的描述吻合。将这些铭记于心,我们就能逐者解释《史记》的整体结构了。

阅读结构

从以上的概览,很容易发现,《史记》以多样的形式包含了海量的信息,但是就我看,《史记》最引人注目的特点是它的综合性。《史记》是一个巨大的文本,在这个文本中,司马迁呈现了一个他所知的从传说时代到他生活时代的整个世界的历史。在距他最近的 750 年间内所发生过的事件,司马迁都能细致地考证时间;同时,他还尽可能地提供关于此前两千年的可靠信息。从公元前 841 年开始,每一个年代至少在一个年表中按顺序被记载。这种时间顺序的全面性与广泛的地理覆盖面相匹配。司马迁叙述的重点是中国,即位处中心的王国,但是《史记》中有关于中国文化圈周边野蛮民族的章节,而中国的绝大部分地区作为封地和王国,均在年表和世家中得到记述。

就中国而言,《史记》的重点是那些政治和军事方面的精英,但是司马迁也将他的目光关注到不同类型的其他代表人物身上——医生,哲学家,拥有专门技艺的占卜者,掌握经济的商人,那些政府控制体系之外拥有政治影响力的地方豪绅,有着高超文采和洞察力的诗人,尽管失败却表现出非凡的忠诚和决心的刺客。《史记》展现了一幅丰富的中国社会群像,超过四千多人被点名提及。但这不是《史记》的全部。

除了描绘人类世界,司马迁在他的历史中也给自然世界留了位置。司马迁用百科全书般的细节描述"天",灵性的存在被列举,《律书》和《河渠书》考虑自然力的运行。当然,在这些书中涉及的主题都与人类世界相关——"天"用征兆回应人类的善与恶;神明要享用适宜的祭祀;洪水必须由政府治理,《律书》有军事上的用途。即使人类如音乐和礼仪这样的习俗,也被描绘成从宇宙的变化和人性的深处获得力量。司马迁的观点以人性为基础,但在他的关注中,自然世界并不是一个完全的异己或无关紧要的存在。

最后,司马迁在《史记》中讨论的话题的全面性,离不开他所掌握的详尽的材料。司马迁在宫廷的职位,让他能看到皇家档案,在编纂《史记》时他翻阅过超过八十种文本,数量巨大的契约文书、法令和石刻。正如他在《太史公自序》中所说:"天下遗文古事靡不毕集太史公。"在编纂《史记》过程中,司马迁吸收各种能用到的材料,创造了一部无所不包无所不及的历史。

《史记》另一个显著特征是,海量的信息被系统处理、组织编排和相互关联的程度。年表最能体现司马迁在组织材料方面的热情。司马迁在年表中花费了大量精力更正各国的时间纪年,将档案中的数据重塑成统一和可用的形式。正如宋代史学家郑樵（1108—1166）在他所著《通志》的年谱部分的序中所说："对史家而言，写史，没有比编年和纪传更容易的，没有比年表和专书更难的。"而且，司马迁对精确性和彻底性的热情，淋漓尽致地展现在《史记》全书中，特别是在他的"太史公曰"。

在这些篇章中，我们发现司马迁在与史料中存在各种的问题斗争，他试图发展出一种批判的方法学。他仔细辨别文字的和口述的史料，他通过将材料与已知真确的材料对比的方法去评估材料。此外，他还试图通过到处旅行，亲自检查重要地点和文物，并在可能的情况下，采访目击者和当地知名专家，以核实有关情况。司马迁制定了一条规矩：不去猜测那些他没有充分证据的事情（尤其是处理古代历史的时候），他故意忽略了那些真实性可疑的细节。他认为事实只有在上下文背景中才能被恰当的理解，并坚持认为分析必须考虑历史进程的起点和终点。当他发现被普遍认可的事实是错误的，他就试图以直接的评论指出并更正这些错误。最后，他培养了批判的态度，承认儒家经典中不足，他甚至对自己的印象都持怀疑态度。

总之，就一位开创性的古代史家而言，《史记》是一部让人印象深刻的作品，但不幸的是，它不是一部统一的、值得信赖的作品。或许，司马迁所构想的广阔范围让他的目标变得遥不可及，为了让他的历史真正涵盖全面，他不得不放弃一个连续的焦点。《史记》没有像希罗多德的《历史》一样，全程跟随一个人，或是制度，或是想法，用题外话补充一个清晰的故事。事实上，《史记》在同一时间点上关注所有的事。《史记》的作者甚至没有固定的焦点，司马迁自身就似乎常常迷失在细节之中。

对许多西方的读者来说，《史记》最让人震惊的特点是他的讲述者令人好奇的谦卑。与希罗多德或修昔底德相比，司马迁在他自己的写作的历史中充其量是一个模糊的存在。《史记》支离破碎，杂乱无章，没有中国读者会欢迎爱德华·沙畹（Edouard Chavannes）或威廉·倪豪士（William Nienhauser）那样坚定的指导，他们用说明、对照和解释对他们的《史记》译文进行了大量注释，与他们相反的是华兹生（Burton Watson），他除了在《史记》章节顺序上进行了微小的修订和三处非常简短的介绍之外，只是简单的翻译。事实上，假如你已被告知，它是中国最伟大的历史著作之一，阅读《史记》是一件让人受挫的经历，因为《史记》的格式至少打破了西方传统历史表达的四个关键要求。

第一，《史记》叙事的声音不统一。个人评论明确属于司马迁，但是其他地方，因为司马迁习惯直接复制更早的资料，作者就有疑问了。因此，我们在《史记》中发现几乎是逐字重现《战国策》的故事，《左传》中的叙述被用司马迁所处的汉代读者更熟悉的语言改写，以及主要由诗歌和书信的长篇摘录组成的章节。把司马迁写作和他引用的史料区分开是一件相当困难的事。在每卷末的评论中提醒读者，一位史学家在选择和组织这些史料，但是司马迁并没有完全将他的史料改造成一个新的、个人重构的历史。《史记》中各卷的构成经常在变化，叙述似乎在某种程度上独立于撰写结论性评论的历史学家。

司马迁往往无法充分说明或解释他叙述的内容，这强化了对《史记》叙述独立性的认识。例如，在《史记》全书中，有13个人（包括司马迁自己）发表了关于项羽为什么败在高祖之手的看法，这是公元前202年汉王朝建立的关键性事件。司马迁几乎从来没有通过比较论点或质疑讨论者的可靠性来调和这些意见；他只是简单地陈述了这些讨论者发表的内容，并不进行评论。即使他在这个问题上用自己的声音发表了一些个人意见，但这些解释并不总是一致的，它们也不一定比其他人早先提出的意见更有说服力。这让断定司马迁关于他所叙述的事件的看法，变得非常困难。例如，当太史公在《项羽本纪》中批评项羽将失败归于天意的错误时，但在另外的章节中，又认为天意是高祖取得胜利的一个因素，读者该怎么想？最后，司马只是许多人中的一个声音，他的个人评论往往只是突出了他在叙述中直接评论的零散之处。

《史记》的阅读方式与西方古典历史的阅读方式不同，西方古典历史往往就像演讲词（事实上，我们知道希罗多德在公众面前朗读他的历史）。司马迁最接近个人语气的部分，是在表、书和一些合传的序言。在这些章节中，"太史公曰"这个短语出现的很早，与其通常出现的位置不同，其效果是把司马迁打造为持续的研究者和讲述者。但是在最主要的部分，司马迁热衷于让读者自己比较和评价事实，让他们成为自己的历史学家。

《史记》挫败西方读者期待的第二种方式是，它的叙述没有呈现出一贯的一致性和可追踪性。许多列传和世家都是由可辨别的叙述构成的（故事有开始、中间和结尾，在这些故事中，细节以解释说明的方式相互关联），《史记》的其他部分缺乏一个清晰的叙述结构。在本纪和最早的世家（当然，也包括表）中，叙述的重点是年代而不是故事发展线索，而连续的细节彼此之间没有明显的关联。换句话，这些章节的功能更像是编年史，尽管在中文的语境中使用编年史这个词更容易误导读者。叙述的事件，经常没有任何原因，也没有结果，奇怪的、莫名其妙的事件比比皆是。事实上，在《史记》表中简单描述的事件，在其他的部分从未再被提到过。叙述一致性的缺失，部分是因为司马迁规划宏大，他不可能为所有提到的人和事件提供详细的背景信息。这也可以归结到他顽固地坚持以孔子为榜样，不虚构没有材料支持的信息。结果是，在处理古代历史的章节中很少出现延伸的叙述。

第三，《史记》没有在一个统一的叙述中叙述事件。从我关于《史记》结构的描述中可以看出，《史记》各部分内容有重叠。《史记》五部分中有四个部分（书除外）都从传说时代开始，都追溯到五帝统治时期。即使在表这一部分，每卷的开始和结尾都有重叠，后一个表三次涵盖了前表的同一大致时期，一次是从诸侯王的角度，一次从贵族的角度，还有一次是从政府官员的角度。再者，《史记》卷五《秦本纪》中叙述的时间，几乎全部发生在《史记》卷四《周本纪》所记述的时间段内。

　　司马迁在讲述故事的时候，情况就变得更加复杂了。不同的列传可能包括对同一事件的不同描述，同一个人可能出现几个列传中，出现在几个世家中，出现在一个表中和一个本纪中。读者通常必须阅读几卷才能获得与单个历史事件相关的所有细节，事件越广泛，可能涉及的卷就越多。例如，高祖与项羽之争，分散于超过 25 个不连续的章节中。在一些章节中仅仅是提到的事件，在另一些章节中就被详细地展开叙述，尽管司马迁偶尔会给读者推荐较长的叙述，但大多数读者必须查阅现代索引或多次阅读全文才能全面了解事件。

　　第四，《史记》的叙述有时缺乏一致性。司马迁碎片化的结构容许它不止一次讲述同一件事，但多重叙述并不总是一致。因为事件在列传的各个传主的生活中可能有着不同的意义，故事从不同角度被重新讲述。这是可以理解的，读者甚至能够原谅叙述中年代轻微的差异（相当常见的情况），但是司马迁偶尔会对同一事件给出不同版本的叙述，这些不同版本的叙述并不严格兼容。我们在《史记》前面部分就遇到这种情况，《商本纪》和《周本纪》谈到他们各自祖先的不可思议的诞生神话时——一个说他的母亲吃了一个蛋就怀孕了，另一个说他的母亲踏上了一个神秘的脚印就怀孕了——然而，在《三代世表》中，商王和周王的神奇的祖先都有父亲，他们父亲的家族谱系都能追溯到黄帝。同样的，《殷本纪》中说，西伯（周朝建立者之父）在听闻鄂侯的悲惨遭遇时"窃叹"而被告发入狱，《周本纪》说西伯广受爱戴因而被诽谤入狱。

　　那么，我们该如何看待这篇文本呢？在某些段落中，这个文本似乎是如此精心组织、被验证、相互关联，而其他地方似乎缺乏历史学科所要求的连贯性和控制力？假如司马迁关注精确性，为什么《史记》是一部充斥着不同叙述、观点和评判的大杂烩呢？有几种可能。或许司马迁与其说是一个历史学家不如说是一个编辑。这是被早期西方汉学家接受的解释，他们把司马迁大量抄袭作为一个长处——司马迁客观地呈现了早期叙述（在确定了最可靠的材料之后），把他自己的评论与这些史料分开。或许，司马迁尊重过去的史料，使他无法对这些史料进行彻底改造。

　　或许，正如杜润特在《朦胧的镜子：司马迁笔下的矛盾与冲突》中强调的，《史记》中不一致的一面反映了司马迁自己的矛盾倾向。或者，考虑到他面对的历史资料的亲身经历，我们所期待的在历史著作中的统一性的概念，对司马迁来说是不可想象的。要不然，或许，司马迁正在发展一种批判的方法，并致力于发展一种和我们类似的历史观，但仅仅是没时间了。或者，他或许被繁重的任务压垮了。

　　所有这些解释在某种程度上都是可行的，但让我提出另一项决议，进一步混淆一个已经很复杂的问题。首先，我的假定。我认为，司马迁关于精确性、连贯性、证据和合理性的认识，与我们是类似的。我也相信，正如我们今天看到的《史记》，反映了一个连贯的历史观，司马迁成功地完成了自己的计划。换句话说，我认为我们在《史记》中看到的碎片化和重叠的叙述，是故意的安排，服务于深思熟虑的史学目的。最后，我相信司马迁是一个非常积极的编辑者。《史记》中所有的细节并非皆是精心选择的结果（毕竟，《史记》是一部大书，不能奢求司马迁对每一个词进行加工），但是我猜测，在很大程度上，《史记》就是司马迁想要的样子。我们可以从他对材料的安排和具体陈述中看出他的观点和判断。

我的观点是，《史记》是"重建过去"，就是字面意义，比通常用这个短语表达的意思要简单的多。事实上，《史记》就是一个文本的微观世界。当我们把《史记》捧在手里，我们捧着一个过去的模型，虽然程度较小，有意地复制令人困惑的不一致，缺乏解释的结束，以及令人困惑的原始历史数据的细节。

一个竹简的世界

公元前 221 年，秦王嬴政击败齐国，完成了过去 500 年来在中国形成的残酷的统一进程。他采用了新的头衔"始皇帝"，统治他新吞并的领地。他一定预感，他的特殊地位值得拥有一个同样特殊的陵墓，因为此时，他的陵墓已经修建了 25 年了。一则古老的材料描述了陵墓如下：

> "当秦始皇开始统治（他公元前 246 年登上王位），就在骊山开始挖掘和修建陵墓。当他统一帝国之后，超过 70 万人从全国各地来到骊山（被征招为劳工）。穿三泉，下铜而致椁，宫观百官奇器珍怪徙臧满之。令匠作机弩矢，有所穿近者，辄射之。以水银为百川江河大海，机相灌输，上具天文，下具地理。以人鱼膏为烛，度不灭者久之。"

这个独特的宇宙模型的特点似乎是可控。秦始皇试图以具体的形式展现他的权力和权威。他创造和修建这个"小型的中国"的能力，反映了他对现实中国的统治远远超过这个真实的副本，他的权威更直接地体现在他能够调动大量物质和劳动力参与这项工程中。此外，这个模型也有仪式的功能。在他驾崩后，始皇帝相信他的精神（作为神化的祖先）将通过这种复杂的模型继续统治人间的中国。把符号当作事务本身，始皇帝陵就像一个精心建造的地下高尔夫球场，只有疯子才会愿意统治那样的地方，但作为全中国的一种仪式代表，整个中国的模型和模型所代表的世界由宇宙信息连接在一起，整个陵墓作为一种精神装置运作起来。控制了模型就控制了全部。

始皇帝陵是帝国雄心和权力的惊人展示，随着 1974 年的考古发掘，它的规模被世人所见识，超过 7000 名真人大小的兵马俑，全副武装，排列成战斗队形，埋在位于始皇帝安息地的夯土山以东一英里处的地下墓室里。尽管如此，整件事情还是有些可悲。秦朝，被认为可以延续一万代，建立仅仅 14 年就崩溃了，还没有它的创立者存活更久，在秦帝国崩溃的过程中，始皇帝陵被闯入并被洗劫。始皇帝精心设计的防御设施和挥霍的人力物力都化为乌有。对秦始皇陵的历史描述突出了它的徒劳无益（人鱼膏能燃烧多久呢?），并在记述秦二世在葬礼上杀害妃子和活埋工匠和劳工以防止他们在坟墓中泄露秘密时，作者表达了道德上的谴责。

当然，关于始皇帝陵的这些叙述，都来自《始皇帝本纪》，司马迁有理由鄙夷秦始皇建立的世界模式，因为这是与他的工作形成了竞争。《史记》自己本身就是一个宇宙模式，它包括对天空、中国的水系和地理区域的全面描述，以及关于帝国官员的描述。就像秦始皇陵，它保存了整个中国历史的珍宝，这次是文学和哲学，而且它同样是一件永远屹立的丰碑。司马迁在《史记》中说，他将《史记》"藏之名山，俟后世圣人君子"。和秦始皇陵不同，《史记》提供了一个基于道德秩序的世界版本，在这个世界，推动事件发展的是历史因素而不是帝国法令。

秦始皇陵是一个由青铜创造并维持的世界形象——武器的力量——然而，司马迁的《史记》提供了另外一种对世界的描绘，刻在竹简上，受学术和道德调节（他们自己通常就是写在竹简上的书的结果）。假如司马迁创造的世界在政治强制力方面不能和秦始皇的世界相提并论，但在影响力方面，司马迁的世界远远超过了秦始皇的世界。最终，秦始皇陵广为人知，就是因为它在司马迁无所不包的竹简世界中佔有一席之地。

我从三方面考虑《史记》作为一个微观世界模式。第一个是它的综合性，我已经论述过。《史记》是这样一本书，每件事和每个人都在其中有一个位置。但它绝不仅仅是一个手册或一个目录，因为它的各部分被按一定意义排列和组合。并列与对应被编织到它的结构中，这种结构又反映了更广阔的世界。然而，绝大多数宇宙模型都代表着空间关系，《史记》努力传达时间联系和社会等级，但它确实设法以类似其他模型的方式人类经验的基本要素。例如，人们可以考虑公司总部模式。除了熟悉的体系规模模型之外，反映企业层次结构的组织结构图也是一种有用的框图。《史记》像公司的组织结构图一样，多了些特点，这些特点就是描述了图表如何随时间变化和个体如何塑造他们的位置。假如我们认定我们的世界体系不仅仅是指地球上的物质，也包括人类关系和历史，《史记》就是这个世界体系一个很好的代表。同时，在几个点上，司马迁的等级图与更传统的宇宙模型相互关联。例如，在《太史公自序》的结论部分，司马迁写道：

"二十八宿环北辰，三十幅共一毂，运行无穷，辅拂股肱之臣配焉，忠信行道，以奉主上，作三十世家。"

在这种情况下，天（和天体）的运动被特定类别的人的行动所反映，这些依次又反映在《史记》结构中。类似的，一些早期的《史记》评论者声称发现了与《史记》五体对应的宇宙学对应物：十二本纪对应一年十二个月，十表对应一旬，即十天，八书对应八节（每个季节开始的四天，加上春分、秋分和夏至和冬至），三十世家对应一个月三十天，七十列传对应人类寿命（七十退休）或七十二天在一个周天的周期。而且，数字"五"的优越地位有力地回应了汉代的宇宙观。这些特殊的对应是有争议的，但原则上，司马迁作为一个占星家，他可能会对将自然周期复制到他的著作的结构中是有兴趣的。这当然也是他那个时代的其他作者正在做的事，我们在稍后会看到这一点。

标志着《史记》似乎是一个微观世界的第二个特点是，《史记》没有一个解释性的结尾。《史记》可能是令人沮丧的开放式：叙述或许没有结束；时断时续的东西再也没有被接续；事件之间的联系可能不清楚；意义和意图经常是模糊的。部分原因是司马迁采用的大胆创新的范围——试图包括所有的人所有的事——但同样重要的事，《史记》所表现出来的不确定的类型也是过去自身的特征，那是众所周知的混乱和复杂。尽管有的西方学者会把《史记》看成是一部未完成的史书——下一步，司马迁将会把所有经过仔细研究的事实整理统一的、连贯的叙述——我不相信司马迁有这样的目标。相反，他想准确地代表世界及其历史的所有辉煌和混乱。

然而，这种叙述并不准确。假如过去已经一团混乱，为什么有人想读一本同样混乱的书呢？答案是，即使《史记》具有历史上最重要的特征，它的程度也比较低。《史记》是一个世界模型，和其他模型类似，它将简单化和选择作为理解的辅助手段。模型重复一些功能或关系，也牺牲一些功能或关系。很明显，人体模型，或飞机模型，或地球模型，在一些方面是非常精确的，我们很容易区分模型与原型，简单即深刻。司马迁关于世界及其过去的模型也是如此。人类经验的总和太复杂和厚重难以把握，但是简单化和精简的概要有它的作用。

例如，司马迁关于春秋时期的叙述是复杂的、支离破碎的，而且不易理解，但与这个时代本身相比，它的程度要轻得多（比《史记》关于春秋时代主要材料来源《左传》要轻）。司马迁的版木在很多方面要优于历史的原始材料——他对他引用的材料进行考证；他用标准化的年表；他选择最重要的史料。司马迁描述的事件的意义或许仍然不清楚，但他对事件的排列和选择充满挑战性。从《史记》中获取意义比从历史本身获取意义要容易得多。这并不是说司马迁选择了事实来说明先入为主的观点，而是有太多的不确定性，他的个人评论太具有试探性、太含蓄。司马迁经常选择那些他认为重要的材料，并不知道这些材料到底是什么意思，或者如何将他们编排在一起，但是他并不期望《史记》将成为历史上的定论。在他的四次个人评论中，他表达了他期望他的工作能帮助他们依靠自己的努力了解世界和它的过去。

这就引出了我们把《史记》作为世界缩影的第三个理由：微观世界的理想，无论是文本还是其他方面，是秦和西汉时期主要学术兴趣之一。世界可以在政治上统一，这一事实表明，世界可以通过其他方式巩固，那个时代的学者们在各个领域努力探索，以产生全面和简洁的世界代表。在各种情况下，这些不仅仅是关于宇宙的语言描述，而且那些形式反映了宇宙的结构的具体物体。这些微观世界的范围从马王堆 1 号汉墓出土的相对简单的、描绘了死者在天堂和地域之间葬礼旗帜，到更抽象地刻着 TLV 的、经常见于汉墓中的铜镜。鲁惟一（Michael Loewe）曾经这样描述后者：

　　"这里有一些镜子,这些镜子都有一组特殊的线形标记,被称作 TLV,连同将宇宙分成十二份的标志。这十二个标志是和四个动物符号向协调,这四个动物符号对应五行中的四个。他们被放在镜子中心周围的一个正方形上,它本身以一个代表地球的土堆的形象象征着五行中的土。这一方案将宇宙的两种解释方案巧妙的结合在一起,一种是将宇宙分为十二个部分,另一个是将世界看作五行观中五个发挥作用个因素。这个装置象征着两种方案的完美结合,它的目的是让死者能处于宇宙环境中最完美或最适宜的组合中。"

　　这些铜镜与占卜者的板(筮)有关,它代表着天地的分界,由有专门技能的从业者用来指导活人如何根据宇宙运行的节奏来调整他们的行动。

　　秦汉具有宗教功能的建筑中也有这种微观宇宙的设计。我们已经提到过秦始皇陵,秦始皇还修建了巨大的阿房宫,它通过跨越渭河的一条步道与始皇帝在首都的住处相连接,"自阿房渡渭,属之咸阳,以象天极阁道,绝汉抵营室也"。不久,有了关于古代明堂的大讨论,尽管有学者同意明堂是某种形式的微观缩影,但是他们无法确切地断定它所依据的几何学或数值原理。司马迁曾提到,在公元前 106 年,汉武帝在泰山脚下修建明堂,并在那里举行祭祀。不幸的是,司马迁只提供了极少的材料,这些材料表明,这个特殊的明堂可能是按照一定的宇宙哲学准则修建的。这个明堂有两层,上面一层是祭祀上天、五帝和历代祖先,下面一层是祭祀地上的神。一个由西北进入明堂的台阶被以昆仑山命名,昆仑山由西北方向延伸入中国。无论这座特殊的明堂有怎样的宇宙哲学意义,后来,汉代的宗教建筑变成复杂的微观世界,这在武梁祠上达到顶峰(151 年),这是一个历史和部分基于《史记》结构的宇宙学的大综合。

　　书也可以像建筑一样,通过复杂的设计来代表宇宙的形状。这类书中,最著名的就是《易》,这是一部围绕六条断线和六条未断的线(卦象)的组合而产生的六十四种可能性的占卜的卜辞的集合。最终,这些卦象被认为代表了自然发展的各个阶段。因此,握着一部《易》,就像举着宇宙,仅仅是以一种更抽象的形式。人们可以把它比作拿起一本字典,抓住用那门语言写就的所有伟大文学作品的种子——其余的都是组合——但是《易》更有用,因为它的结构暗示着可能的组合。正如裴德森(Willard Peterson)指出的:"天地的范围,就是《易》的变化过程。"或者正如《系辞》(汉代学者认为是孔子所作)所宣称的:

　　　"易与天地准,故能弥纶天地之道。仰以观于天文,俯以察于地理,是故知幽明之故。原始反终,故知死生之说。……范围天地之化而不过,曲成万物而不遗。"

　　文本的微观宇宙另一个代表是《吕氏春秋》。这部书主要分三个部分——"纪","览"和"论"——第一部分包括十二章,每章又分五个部分。第二部分包含八章,每章再细分为八个部分。第三部分有六章,每章又分六部分。这些数字的准确意义是有争论的,但是一些宇宙学的意义无疑是存在的。这一点很明显,在第一部分的十二个章节中，每个章节都是从讨论相应月份对应的适宜的活动开始的。

司马迁无疑是把这个文本当作一个微观宇宙的，他描述这本书的形成如下：

> "吕不韦乃使其客人人著所闻，集论以为八览、六论、十二纪，二十余万言。以为备天地万物古今之事，号曰《吕氏春秋》。"

这部书的部分章节包含了大量历史记录，它们是按主题而不是按时间来排列的，一般认为《吕氏春秋》是一部哲学著作，而不是历史著作。华兹生发现，尽管《吕氏春秋》的结构从数字角度反映了宇宙秩序，但是它的绝大部分独立章节的内容似乎与它们在宇宙中位置无关。

与之相比，最初的《春秋》，是一本微观宇宙的书，它主要是一部历史著作。《春秋》是一部鲁国从公元前 722 年到前 481 年的编年史。不幸的是，它记载的事件非常简略，它的文本干巴巴的如同一个列表，只记载了鲁国国君死亡、正式出访、战争和祭祀。而且，汉代学者相信，孔子亲自编辑了历史，他们花费了大量的精力去发现被隐藏的微言大义，微言大义就体现在它的选择、顺序和术语中。他们也提出了这样的观点：《春秋》时一个微观宇宙，将这个世界运转所需要的基本道德法则和历史原则融为一体。

如此解读《春秋》的杰出代表是董仲舒（公元前 179 年到公元前 104 年），他是司马迁的老师，董仲舒总结《春秋》的作用如下：

> "《春秋》之道举往以明来，是故天下有物，视《春秋》所举与同比者，精微眇以存其意，通伦类以贯其理，天地之变，国家之事，粲然皆见，亡所遗矣。"

事实上，董仲舒发现，《春秋》中的微观世界是如此完整和令人满足，以至于对他而言，它几乎取代了真实的世界。在他被汉景帝任命为《春秋》博士之后，董仲舒垂帘给高年级学生，这些学生再去教授其他学生，这些学生中一些人从来没看见过老师的脸。司马迁记载道："盖三年董仲舒不观于舍园，其精如此。"很明显，《春秋》提供了一个很好的模型，在这个模型中，一个人无论是通过儒家的文本还是通过自己的感官所接触到的世界，都是一样的。人们甚至可以更进一步指出，董仲舒的窗帘的意义在于，经验的表明形式，实际上来自更深层的真实，这种真实在《春秋》中比在世界本身中更容易显现。

鉴于《春秋》的地位，司马迁去再次尽力描述下圣人自己最后生活的那段时期，是非常有意义的一件事，但是司马迁仅仅在《十二诸侯年表》中涉及于此，他以编年记的形式非常简单地记载了这一时期。在这个年表的序中，司马迁直接地把他的努力放在了《春秋》的传统上。在叙述了春秋时代的政治混乱之后，司马迁继续说：

> "是以孔子明王道，干七十余君，莫能用，故西观周室，论史记旧闻，兴

于鲁而次《春秋》，上记隐，下至哀之获麟，约其文辞，去其烦重，以制义法，王道备，人事浃。七十子之徒口受其传指，为有所刺讥褒讳挹损之文辞不可以书见也。鲁君子左丘明惧弟子人人异端，各安其意，失其真，故因孔子史记具论其语，成《左氏春秋》。铎椒为楚威王傅，为王不能尽观《春秋》，采取成败，卒四十章，为《铎氏微》。赵孝成王时，其相虞卿上采《春秋》，下观近势，亦著八篇，为《虞氏春秋》。吕不韦者，秦庄襄王相，亦上观尚古，删拾《春秋》，集六国时事，以为八览、六论、十二纪，为《吕氏春秋》。及如荀卿、孟子、公孙固、韩非之徒，各往往捃摭《春秋》之文以著书，不可胜纪。汉相张仓历谱五德，上大夫董仲舒推《春秋》义。颇著文焉。"

在这段文字中，司马迁找出了围绕着《春秋》出现的整个类型的著作。这些书，与《公羊传》《穀梁传》不同，不是严格意义上的关于《春秋》的评论。更确切地说，它们就是一些和《春秋》有关的哲学著作，这些著作所涉及的是汉代理论家在儒家经典中发现的相同类型的道德和社会问题，也是因为它们通过历史例证来论证他们的观点。令人感兴趣的是，越来越小的、更紧凑的《春秋》大义的概念。司马迁通过把《春秋》要领压缩到一个年表，最好地呈现《春秋》大义，他在《十二诸侯年表》序中接着说：

> "太史公曰：儒者断其义，驰说者骋其辞，不务综其终始；历人取其年月，数家隆于神运，谱牒独记其谥，其辞略，欲一观诸要难。于是谱十二诸侯，自共和讫孔子，表见《春秋》《国语》学者所讥盛衰大指著于篇，为成学治古文者要删焉。"

《十二诸侯年表》，是司马迁试图模仿和提升《春秋》，作为一个整体，《史记》是以《春秋》的框架为基础，用说明性文字解释干巴巴的年表。早在唐代，刘知己（公元661到公元721年）就认为，《史记》的列传解释和扩充了本纪，就像阐释儒家认同的《春秋》的传，但是表与本纪相比，更类似包含微言大义的《春秋》。司马迁通过在《太史公自序》宣称《史记》结束于公元前104年的获麟，就是故意将他的《史记》与孔子的《春秋》相提并论，他的《史记》就等"后世圣人君子"，他自己是历史的"转述"者，不是历史的"撰写者"。他宣称的第一点和最后一点是有问题的，我们将在第五章中叙述，它们有影射《春秋》的意思。然而，《史记》与《春秋》之间最重要的关联是，《史记》和《春秋》一样，是一个世界模型，这个模型代表了宇宙的结构，也是微观形式的人类历史总和。我认为《史记》，它最初被称作"太史公书"，更合适的名字应该是"司马春秋"。

在西方历史著作中，过去被历史学家的关于过去的概念代替了，因为历史记述是如此的个性化和具体化，他们往往难以共存。例如，很难把所有关于哥伦布发现美洲的书拼凑成一部伟大的历史，因为这些书在阐释、选择和方法上存在很大的差异。或者就如路易斯·明克（Louis Mink）所说的，通常历史叙述不能很好的聚合在一起。司马迁编纂了一部很少确定性、更少个人色彩的关于过去的叙述，读者可以从种演绎出多种解读，建构多重因果关系。从西方人的视角看，《史记》是不确定的，这种结构让它有特殊的功用。

第一，它一定程度上了保证了作者的安全。司马迁曾经谨慎地批评汉武帝，由此有了直接的、不愉快的体验。通过写作一部几乎没有明显的解释的历史，司马迁一定程度上可以推卸责任。在一些段落，司马迁暗示，尽管典型，这是他关心的问题之一，他声称，孔子和他之前的其他作者也有对作者有利的隐讳的文风。例如，在《匈奴列传》的末尾的"太史公曰"中，司马迁写道：

> "太史公曰：孔氏著《春秋》隐桓之间则章，至定哀之际则微，为其切当世之文而罔褒，忌讳之辞也。"

很明显，司马迁指的是他在《匈奴列传》结论中的历史写作方法，关于匈奴的话题，在汉武帝时代是一个敏感的政治话题。

我也相信，司马迁一定认为他的历史形式更符合历史，就像它真实发生的那样。过去本身是令人困惑和复杂的，所以，关于过去的叙述不是这样的话，有理由相信它是不真实的。从司马迁个人评论中可以清楚地知道，他关心真实性，但是司马迁对真实性的理解不是基于西方概念中的客观性。司马迁相信，在宇宙运行过程中，包含着道德模式，真实精准的历史就是要揭示出它们。而且，一个理想的历史学家不是一个中立的观察者，而是一个靠一己之力使道德标准协调的人，是一个圣人。我稍后再讨论这个问题，但我们现在可以看到司马迁并不想创作一部完整有序统一的历史。对世界的叙述显示了对世界控制的程度，这种叙述更像是秦始皇墓中所反映出来的极其有序、极其完全的微观世界。而且，就像这个陵墓，它也反映了令人难以忍受的傲慢自大

司马迁意识到了他自己作为一个探索久远时代的历史家的局限性。他并不确信他已经发现了所有的事，或者说，他已经发现了所有有用的道德模式。他的《史记》是一个他的研成果的汇集（即使它不是以这种方式呈现的），以一种隐讳的方式排列，但他从未打算把它作为对过去的明确的描述。他希望后世的史家能继续他的工作，进一步解开历史的疑团、确定因果关系、道德判断和其他方面的问题（尽管，对司马迁来说，这一切毫无意义）。在揭示宇宙模型方面，微观模型比理性分析更有效，因为有些东西是不能用语言表达的。一些联系是如此微小，以至于能逃脱历史学家的关注，而具备判断力的读者能在文本细微之处发现它们。

问题是，《史记》不单是司马迁自己观点的汇集，即使司马迁在充分表达自己观点方面有点腼腆，《史记》也不仅仅是一部等待被破译的代码。通过模仿宇宙，《史记》所包含的内容也远远超过司马迁想放在里面的。司马迁想发现历史规律，而不是创造他们，因为《史记》的内容有点独立于它们的作者，读者可以确信，他们感知到的就是过去自身所固有的，而不是历史学家思想的产物。

最后，司马迁《史记》的形式，强迫他的读者变成他们自己的历史学家。一

个《史记》的读者，并不处于一个只能接受或拒绝作者的位置。他或她不得不前后联系和解释，与文本进行对话，形成一个试探性判断，在其他章节遇到类似的材料时，这个判断可能需要修订；对于可能出现的差异和类似总是要保持警惕。事实上，最后一点或许是司马迁最大的贡献，因为他是一个读者——汇编者，和他所汇编的事实同样重要的是他所倡导的阅读方式。一本书的结构带给读者更多的是某种阅读类型，《史记》的结构不但要求而且描述了一种特殊的阅读模式，这种阅读模式构成了后世中国人试图理解世界的基础。

怎样读《史记》

——一位美国学者侯格睿的答卷

＊本文作者张大可。中央社会主义学院教授。现任陕西师范大学人文社会科学高等研究院特聘研究员。本文是为《青铜与竹简世界》所写序言，代评介。

怎样读《史记》，在当下学习中国传统文化蔚然成风的形势下，无疑是一个大家很感兴趣的话题。北京史记研究会会长丁波先生恰好翻译了一本研究《史记》的新书，作者是美国学者侯格睿，希望我看后写一点评介文字。我欣然接受，愿意为广大爱好读《史记》的朋友尽一点力吧。我发现侯格睿氏的论著有一种独特的视角，特别是怎样读《史记》的方法，值得分享给广大读者。下面就是我的读后感，分三个题目来说。

一、侯格睿氏阅读《史记》的切入点

侯格睿是一位美国当代学者，他写了一本有助阅读《史记》的论著，书名是《青铜世界与竹简世界》。这一名称是不是有点怪怪的，它怎么与《史记》相联系呢？书的副题揭示了谜底："司马迁对历史的征服。"原来"青铜世界"与"竹简世界"是侯格睿独创的特别名词，也可以说是文学形象的比拟术语。这两个术语是对中国历史模型文、武两个层面的摹写，解剖历史模型就是侯格睿读《史记》的切入点。"青铜世界"，指秦始皇用青铜武器创造了秦帝国这一物质世界，代表中国历史的"帝制"模型，尽管秦王朝十四年就崩溃了，但"帝制"制度影响了中国历史两千多年，直到1911年的辛亥革命才结束了"青铜世界"的帝制。"竹简世界"，指司马迁用墨水在竹简上创造了《史记》这部史书，它是一个道德层面的文化世界，比"青铜世界"更为宏大壮丽的"宇宙世界"模型，生命力更强。"竹简世界"的积淀与延伸，就是司马迁创造的《史记》纪传体史籍的积淀与延伸，它伴随"青铜世界"的帝制，也影响了两千多年，积淀为二十六史。秦王朝的崩溃与帝制的结束，表明"青铜世界"只是一个历史阶段。秦始皇想把他的创造传之万世，只是一个幻想。司马迁创造的"竹简世界"，还将伴随时间的流逝与历史推演无限延伸，是真正的传之万世。侯格睿的思路，他在书中告诉我们，他是把秦始皇和司马迁两人作为中国历史的代表者，一个是物质世界即制度的创造者，一个是精神世界，即文化对物质世界的模拟与阅读者而展开比拟的。比拟的结果，是"竹简世界"取代了"青铜世界"，也就是司马迁征服了秦始皇。化为书题就是"司马迁对历史的征服"。

上面的表述，很让人"沮丧"（侯格睿用语），是不是有些莫名其妙？为了行文方便，我们把侯格睿的论著《青铜世界与竹简世界》，用"侯著"二字代称。"侯著"全书的语言，如同他的书题一样，"别具一格"。侯格睿打破了常规语言的排列组合，用中国小说家王朔的话来说，就是别具一格的"码字码"，例如王朔的"爱你没商量"，就比常规的表达"非常爱你"或"爱死你"要幽默得多，有一种不可用语言描绘的韵味，我们姑且称它为另类语言。这种语言增值了语言的内涵和负荷，它不是一种技巧运用，而是独特的思维方式。技巧可以学习，思维方式是"天才"，即"个性"，无法学习，读者只能去适应，看懂他，所以称为"另类语言"。"侯著"满纸另类语言，明明是常见的词语，由于非常规的排列组合，读起来是佶屈聱牙，只有细细咀嚼，还要与前后文大开大合的广泛联系，反复推敲，才能明其所以。就拿"阅读"一词来说吧，常用义就是阅览、诵读、品味、欣赏，是一个及物动词，宾语在"阅读"之后，或书，或报，或文章，或省略。宾语是一个供"阅读"的文字物品。可是在"侯著"中，"阅读"的宾词，位置颠倒，也不是文字物品，叫作"微观阅读""儒家阅读"。正过来就是"阅读微观""阅读儒家"，说明意思，是不是故弄玄虚、莫名其妙呢？当然不是。常规使用"阅读"，它的主语是某个"读者"，指某个人在读书或读报或读文章。而在"微观阅读""儒家阅读"这一语境中，"阅读"的主语不是某个读者，而是《史记》作者司马迁，他不是读者而是作者。"阅读"的使用者转换，"阅读"二字就增添了使用者的附加值，就有了"写作""复制""模拟"等等的新增意义。"侯著"的副题："司马迁对历史的征服"，由于"征服"的主体"武力使用者"，也转换成了《史记》的创作者司马迁，所以"征服"的意义也有了附加值，增添了"解读""创作"的新意。在这里，"阅读"与"征服"两个原本是悬隔十万八千里的动词，在同一主语"司马迁"的支配下发生了附加值意义的重叠，两个词可以转换。"侯著"的副题"司马迁对历史的征服"，可以转换为"司马迁对历史的阅读"；而"微观阅读"和"儒家阅读"，也可以转换为"微观征服"与"儒家征服"。离开了"侯著"，上述的所谓附加值，所谓转换，均不成立。所以"侯著"的另类语言，不是一种可以学习的技巧，而是一种思维方式，个性化的创作，即侯格睿的个人创作。我们这里用了一千多字的篇幅来解读"侯著"的另类语言，因为这是阅读"侯著"的一大关节点，这也可以说是"侯著"的一大特色、一大亮点。想要阅读"侯著"的读者，要做好心理准备，要有耐心，要转换你的思维方式。另类语言的穿透力很强，也就是一针见血，说到点子上。读了"侯著"会增强你的思维能力，知道怎样读《史记》的一条捷径。司马迁写《史记》用的是古代大众语，字面意义似乎人人都能读，但思想内涵未必人人都能领悟。所以司马迁告诫说："非好学深思，心知其意，固难为浅见寡闻道也。"这几句话见《史记》开篇《五帝本纪》"太史公曰"。这话用于读"侯著"，也完全适用。如果你想要提高你的好学深思，提高你的思维能力与思维方式，那么品读"侯著"，是一个不错的选择，切不可放过这一机会。

　　书归正传，我们回到侯格睿氏读《史记》的切入点这一话题上来。其实就是一句话："从解析《史记》的五体结构开始。"多么直白的一句话，谁都能听得懂，但好像是什么都没有说。问题的关键是：什么是《史记》的五体结构？你看到的《史记》五体结构是什么样的形象？你怎么解析《史记》的五体结构？于是侯格睿氏创造了"青铜世界"与"竹简世界"这两个另类术语，把"青铜""竹简"两个名词与"世界"码在一起，还把二者串联起来，"青铜世界与竹简世界"，是不是打破了语言的常规组合？侯格睿把他的创造"青铜世界与竹简世界"用作书题，什么意思？书的副题"司马迁对历史的征服"，就是对书题的阐释，《史记》的五体结构呈现在侯格睿眼前就是"青铜世界"与"竹简世界"两个历史模型。这两个历史模型是司马迁创作《史记》呈现出来的，可以看作是对历史征服的战利品。所以"征服"一词在这里就是"阅读""创作"，或者"复制"的意思。为什么用"征服"呢？"征服"有"驾驭""把控"的意思。司马迁"阅读"历史，把它重新"创作"或"复制"出来，可以说是对历史的把控与驾驭，用"征服"一词来描述，十分贴切、生动。"征服"，还有一层意思，是"竹简世界"对"青铜世界"的"征服"。侯格睿在书中告诉读者，他对"青铜世界"与"竹简世界"的创作过程。侯氏从《史记》所写《秦始皇本纪》中看到始皇陵的建造与规模体制，悟出了这是一个"青铜世界"的"宇宙模型"。始皇陵的建造用了七十万人，劳作了几十年，其规模体制十分宏大。始皇陵的结构有天文、地理、日月、山川，以及秦始皇建立的帝国制度，这不就是中国古代历史发展以及帝制形成的历史模型吗！《史记》五体结构所包容的历史内容，不就是竹简对始皇陵象征的历史宇宙模型的复制吗？于是，"青铜世界"与"竹简世界"也就诞生了。两个模型放到历史的天平上，是合二为一的，"青铜世界"是物质世界，它是参照物，而"竹简世界"是司马迁对参照物的复制与摹写，岂不是"竹简世界"征服了"青铜世界"吗？阅读《史记》开始，就要从观赏、参悟《史记》五体象征的"宇宙模型"开始，也就是要从凌空的高度鸟瞰《史记》全貌。一本书怎么鸟瞰呢？所以，《史记》在侯格睿眼里，不是一本书，而是一个"宇宙模型"。直白的一句话，读《史记》"从解析《史记》的五体结构开始"，表达不出上述的一大堆思维内容，按照常规的语言叙述或解说也表达不出这些思维内容。所以另类语言不是常规语言的技巧使用，而是一种思维创作，它靠的是作者的灵感与深思。

　　那么，按"侯著"的思维方式，是怎样在读《史记》呢？具体内容详下第二题的解读。

二、"侯著"全书的内容——怎样读《史记》？

　　"侯著"全书共八个章题，中译文字符约 17 万字。全书内容展开分为三个层次，演示侯格睿阅读《史记》的方法。第一章，揭示司马迁为什么写历史，是第一个层次。第二、三、四章，揭示司马迁建构《史记》的微观世界，即"竹简世界"的"宇宙模型"是怎样搭建起来的，着重分析微观事例，称"微观阅读"，是第二层次。第五、六、七三章，揭示司马迁对孔子形象的建构和对秦始皇的塑造，演示对儒家历史的探究，儒家与秦始皇是两个宏观事例的分析，称"儒家阅读"，是第三个层次。第八章是呼应第一章所作的补充和余论。

下面我们对"侯著"三个层次的内容，再进一步作具体的解读。

第一章，"历史为什么"，即历史是什么，揭示司马迁写历史的动机。"侯著"认为，历史在中国古代文化传统中占有重要地位，为统治者和士人所极为重视，主要有三个方面的因素：祖先崇拜、崇古意识、官僚主义政治需要借鉴。儒家文化兴起加强了崇古意思。历史能为现实的政治提供合法化的解释，也能为现实政治的负面提供批评的佐证和隐蔽。传统文化的影响，激励司马迁以一种全面和系统的方式总结世界历史，完成一部中国文化和思想的集大成之作，建立圣人孔子式的功业，这是第一个动机。司马谈临终遗言，要司马迁以最高的孝道完成他开创的未尽事业，即完成《史记》的创作，尽孝道是第二个动机。后来司马迁受难，承受腐刑的奇耻大辱，更要完成《史记》，留待后人评说，洗刷耻辱，这是第三个动机。第八章的补充论述，着重说历史有什么用；也提出了三个方面。其一，《史记》写了许多历史人物事业的成败，提供给人们的教训是"知时变"。一个人想要获得事业的成功，就要懂得适应时代。其二，历史是极其复杂的，有时正确的理性的推断也不可避免失败，或许直觉的感知更为可贵。李斯的悲剧就是一个典型例证。他的理性告知，与赵高合谋发动政变是错误的，但他最终还是沿着错误的道路走，你从中能吸取什么教训吗？其三，一个人要善于了解别人，还要让人被理解，你的才能才可见用于世，脱颖而出。司马迁的伟大与高明之处，他自己不出来说教，而是给读者提供创造性的历史分析机会，让读者自己成为历史学家，自己从阅读历史中引出结论。司马迁怎样做到的，"侯著"第三章到第七章，用六个章题，两个层次的论述作了回答。

"侯著"第二、三、四共三章，揭示司马迁怎样建构"微观世界"，也就是怎样创作《史记》的。什么是"微观"？"侯著"没有作定义式的解说，从三章呈现的内容来看，"侯著"定义的"微观"有两层含义。其一，指全部《史记》呈现的中国三千年古代史的历史框架是一个微观的"宇宙世界"模型，"侯著"又称之为"竹简世界"，直白地说，"微观世界"就是《史记》一书的代名词。"微观阅读"，就是"《史记》阅读"。其二，"微观"的第二个含义，也可以说是更重要的含义，是指历史细节，"侯著"称之为碎片化的历史事迹，也就是落实在竹简上的一件一件历史事实。两个"微观"的含义合在一起，才能描述司马迁的创作方法与创作过程。《史记》五体结构的框架，即十二本纪、十表、八书、三十世家和七十列传，是五大系列模块，共同构成《史记》这一个"宇宙世界"模型。这个模型，是司马迁运用海量信息，也就是海量的碎片化历史细节组装起来的。海量的历史碎片，每一个碎片，就是一个"微观世界"。构建模块的历史碎片，是从海量历史碎片中筛选出来的。创作过程就是筛选历史碎片，再把它组装起来的过程。三个章题及其内容的叙述，就是还原司马迁的这一创作过程。

"侯著"第二、三、四共三章的题目与释义如次：第二章，"表现世界"，指司马迁组装完成的模型世界，落实在竹简上，今天转换为印刷在纸上的书籍，呈现为五体结构。所以，"表现世界"，解读出来就是"呈现的历史模型"。第三章、第四章，这两章是同一个题目，叫"微观阅读"，是对第二章"表现世界"所呈现出的模型的阅读，也就是演示司马迁怎样选择历史碎片把它组装起来的过程。作者侯格睿在《前言》中有明确的交代，他说："从第二章到第五章，我认为《史记》是一个微观世界，并演示了如何阅读它。"这里侯格睿对"阅读"一词做了深度的解释，"阅读"就是对司马迁创作过程的演示。为什么"微观阅读"要分成Ⅰ、Ⅱ二章，在全书总目上就是第三、四两章呢？因为"微观阅读Ⅰ"是对一件事或一个人的阅读演示，例如对鲁隐公被弑、卫州吁之篡权，是一个个的事件，对魏豹的阅读演示则是一个人。"微观阅读Ⅱ"是对重大历史事件或历史过程的阅读演示，"侯著"选择的是楚汉相争，为什么汉胜楚败。本文只评说"侯著"呈现的读《史记》方法，具体演示的内容，详"侯著"，兹从略。

"侯著"第五、六、七三章，对应"侯著"的第二、三、四三章，是对"微观阅读"上升一个层次的"阅读"，称"儒家阅读"。顾名思义，"儒家"，不只是一个历史事件、一个人物，也不只是一个重大历史事件，而是影响中国历史深远的儒家学说。第五章，"塑造世界"，对应第二章"表现世界"，是"侯著"设定的"解释原则"。第六、七两章，对应第四、五两章，对"解释原则"的演示。所以六、七两章也是同一个标题，叫"儒家阅读"为Ⅰ、Ⅱ两个章题。"儒家阅读Ⅰ"，是阅读《孔子世家》，探究儒家历史，以及孔子形象的塑造。"儒家阅读Ⅱ"，是对秦始皇记载的解读，秦始皇焚书坑儒，是儒家政治的反面典型。"侯著"对"儒家阅读"的演示内容，这里也不作评述，详"侯著"。这里只对"阅读"的方法略作说明。

"微观阅读"，是对"表现世界"的演示，也就是对《史记》呈现出来的模型作解说。"儒家阅读"，是对"塑造世界"的演示，"阅读"的对象，不只是呈现出的形态，而是进一步探究是怎样"塑造"出来的。"塑造"比起"表现"，显然是上升了一个层面。具体说，就是《孔子世家》呈现出来的孔子形象以及儒家学说的道德评判是原本的历史模样，还是司马迁"塑造"出来的？更深一层的追问，历史家笔下的历史著作，是原本的历史，还是历史家"塑造"的历史？再深入追问到原始，那些构建历史海量的历史细节、历史事实元素、元件是原本的真实，还是"塑造"出来的？也就是常说的生活真实、事实真实。"塑造"，换作"虚构"，在精神世界中也是成立的，那是艺术，那是文学。最优秀、最典范的文学名著，所写的生活真实，并不是事实原型，恰恰是"虚构"的典型。但有价值的文学虚构，却是生活原型的升华，离开了生活原型的胡编乱造，不是"虚构"而是荒诞。《史记》作为文史名著，既是史学，也是文学，毫无疑问，《史记》记事有虚构，否则哪来文学呢？问题在于不是有没有虚构，而是虚构的文学真实与事实的原型真实，哪个为主，即《史记》第一性是史学，还是文学？"侯著""儒家阅读Ⅰ"对《孔子世家》的阅读，认为组装孔子形象的碎片是司马迁挑选的，有一些碎片不是原型历史细节的真实，而是"塑造"出的。孔子形象是用文学手法完成的。

　　"侯著"在"微观阅读"与"儒家阅读"中对历史事件与人物的重新演示，或组装中发现，同一个历史碎片多次使用，组装在《史记》五体不同的模块上，有不同的记载，甚至有的是互相矛盾的。或许司马迁对同一事件掌握了不同的资料，但更多的碎片是有案可查的，例如取自《左传》的同一资料，司马迁在运用中有的就作了改造，使用在不同的地方还有差别。"侯著"认为这是司马迁有意为之，为什么？组装的需要。按"侯著"演示的过程，可以作如下这样的推断。我们如果把已经逝去的事实，即历史比作一幅名画，或者一块玻璃，把名画撕得粉碎，或把玻璃打成碎片，那么原有的名画或玻璃已经消失了，成为历史。原来的名画或玻璃是唯一的存在，既然已经消失了，没有了，只剩下一地碎片。历史家创作，就是把碎片重新组装起来，所以历史家笔下的历史已不是原来的历史，不同组装师复原的显然不一样。因为碎片与垃圾混杂，成了海量，组装师披沙拣金，把真实的碎片捡拾出来，一些已经消失的碎片还要复制即"塑造"出来。你挑选的真实碎片越多，你不得不补充一些"塑造"的碎片也就逼真原有的碎片，那么你组装的模型就越接近原有的真实。"侯著"认为司马迁"挑选"的碎片，以及他"塑造"的碎片，是真实可靠的，所以《史记》第一性是史学，司马迁是伟大的史学家。

　　历史学家组装出来的历史有什么用？"侯著"认为，无论是东方史学，还是西方史学，终极目的，即回顾历史是为当今服务，从历史中吸取借鉴，有经验的，有教训的，以及如何做到的评判，都要取资历史。历史家鲜明地将历史家自己的判断写在历史中告诉读者，这才是完整的历史。因为历史家的判断是复原历史的终极目的。希罗多德缩写《历史》一书就是这样的作品。而《史记》，找不到作者司马迁，他隐身在历史碎片中，对记述的历史没有做出历史家的结论，《史记》是一部未完成的书，是半部历史。"侯著"又指出，实际上司马迁有很强的自我判断，他只是没有直接告诉读者，而是运用他的组装模块，以及对碎片的挥洒调遣把复杂多样的历史面貌呈现给读者，引导读者自己对历史的结论做出判断，每个读者人人都是历史家。这正是司马迁的伟大和高明。"侯著"在最后一章和"结语"的结束语中说："通过《史记》的微观结构，他创造了一个模仿整个世界的模型。""司马迁的书不仅仅是对他所知的所有时间和地点的描述，它是一部所有时代的历史。""据我所知，《史记》盈盈独立，在中国历史作品中独一无二。""侯著"给予了《史记》崇高的评价。

三、侯格睿氏指引了一条阅读《史记》的捷径

"侯著"本旨并不是为了怎样读《史记》写的一本技术指导书，而是探索司马迁作为一个历史学家的人格与风格的学术论著。中国李长之在 20 世纪 40 年代出版的《司马迁之人格与风格》这部名著可资比较，这里称之为"李著"。"李著"全书共九章，约 22 万字，两书篇幅相差不大，最大的相似点均为另类作品。这里所指"另类"的意思，准确地说就是"别开生面"的一种思维方式。"李著"描绘的是一个作者心中作为文学家的司马迁之人格与风格，"侯著"描绘的则是"侯著"作者心中作为历史学家的司马迁之人格与风格。两位作者笔下的司马迁形象完全不一样，司马迁只有一个，那么，这两个司马迁哪一个更接近原型呢？有一千个有建树的作者阅读《史记》，就有一千个不同的司马迁形象，而且常读常新，永远不会有题无剩义，也就是《史记》将会一代一代承传下去，永远不会停止"阅读"的脚步。因此，哪一个作者笔下的司马迁形象更接近原型呢？这一提问与比较，并不重要，重要的是哪一个作者笔下的司马迁形象更完整，作者引出的判断是否具有高度的理论价值，对当前有何种有益的借鉴，这才是各自作品的学术价值。"李著"与"侯著"最大的不同点是语言。"李著"是常规语言写出的另类作品，读起来顺畅得多。"侯著"的另类语言读起来确实佶屈聱牙，但另类语言的穿透力与思维模式更加深刻，非常规语言可比。两者不在一个评级线上，而又各有千秋。

上述一段话是对"侯著"的学术价值作的一个交代，不是本文评介的内容。本文着重评介"侯著"带给读者的阅读方法，这是"侯著"学术价值的溢出价值，但它不亚于本身的学术价值，对于大众读者来说，我认为"侯著"的这一溢出价值比学术价值更有借鉴意义，所以特为之作评介。本文前面第一、二两题对"侯著"阅读方法已作了具体阐释，本题再总括"侯著"阅读方法的亮点，它给读者指引了一条阅读《史记》的捷径。

"侯著"阅读方法有两大亮点：一是独特的"阅读"视角；二是独特的"阅读"方式。分说于次。

1. 独特的"阅读"视角

此指"侯著"阅读的角度为凌空鸟瞰，把握《史记》全貌，表现在三个方面。其一，《史记》五体是一个微缩的"宇宙世界"模型，五体是模型的五大系列模块；其二，《史记》记载的历史内容，是从海量的历史细节中挑选出来的一部分，这些历史细节就是组装模型的历史碎片；其三，历史碎片的排列组合，以及某些碎片多次出现在不同模块上，有一定的章法。章法就是历史的判断，就是司马迁的创作，司马迁自己没有把它说出来，读者自己去领悟，作出判断。所以，读《史记》，人人都是历史家。显然，这一方法是指引给读者的一种思维模式。想一

想我们是怎样在读《史记》。我敢负责任地说，每一个读《史记》的人，都是一篇一篇地读，或者把相关的篇章合成一组来读，或者把某一个历史阶段的篇章合成一组来读，或者按某一个专题相关的篇章合成一组来读，侯格睿本人也一定是这样来读《史记》的。但是侯氏的阅读方法与一般读者大相径庭的是：侯氏是鸟瞰，一般读法是在地面上平视。因为《史记》不是一本书，而是一个"宇宙世界"，鸟瞰才能看到全貌，平视只能看到一个局部。在这里，"阅读"已不只是在浏览，而是探讨、创作，或者叫深度阅读，要把体会、感悟写成论文，写成著作。平视的读法，是对《史记》记载的一件一件历史事件的思考，或者是对一个历史人物的思考，或者是对某一个专题的思考。所以，平视的读法看到的《史记》五体，是分门别类的编纂史料，作历史判断的思维受到局限。侯氏的鸟瞰，有如前述，他看到的是一个"宇宙世界"模型，作历史判断的思维境界上升了不知几个台阶。

2. 独特的"阅读"方式

一般的阅读是沿着阅读的对象思考问题，侯氏的阅读是演示创作阅读对象的创作过程，即演示司马迁的创作过程。"侯著"在"微观阅读 I"中做了淋漓尽致的演示。例如鲁隐公之被弑、卫州吁之篡权，一般的读者限于对所见记载作思考，"侯著"的阅读则是从模块上把所有关于鲁隐公、卫州吁的历史碎片集中起来按时间顺序排列，思考司马迁为什么选择这些历史碎片，它是怎样组装在模块上的，也就是演示作者司马迁的创作过程来解释鲁隐公为什么被弑，卫州吁是怎样篡权的。这一阅读方式与其阅读视角是紧密相连的。简明说来，就是阅读《史记》，我们要探究某一个问题时，首先要从《史记》各体中把相关事件的记述全部集中起来，思考司马迁为什么要选择这些历史碎片？它在各部分，即在各个篇章的记载有何不同，为什么有这些不同，司马迁是怎么思考的，司马迁的结论是什么。如果读者看不到司马迁的结论，即历史判断，读者自己是怎么判断的，你自己的判断就是这一历史的结论。这一思维路径，这一阅读方法，显然是一条深入思考的捷径，人人都是历史家。

"侯著"怎样读《史记》，本文就评介到这里。最后本文要给读者提出一个警告作结束语。任何一种方法，任何一种理论，它都有一个适用的角度，过了度，真理就成谬误。"侯著"的"阅读"方法过度运用就可能出现悖论。例如"微观阅读 I"对魏豹的"阅读"就作了过度解读。"侯著"集中了魏豹在《史记》不同模块上的历史碎片，说是五个不同的版本，就是过度解读生出的悖论。所谓五个版本，指魏豹降汉、背汉、被汉将韩信俘获，这个过程，各个时间点、背叛情节，在《史记》五个篇目中记载不同，"侯著"称为五个版本。这五个篇章为：《魏豹列传》《高祖本纪》《外戚世家》《淮阴侯列传》《秦楚之际月表》，"侯著"依次称之为版本 1、2、3、4、5。检索这五个版本，按编年法整理成一个版本，如果前后协调一致，那就是一个版本，而侯著五个版本的说法是不成立的。表的模块是司马迁首先完成作为全书写作的提纲，《秦楚之际月表》这一版本对魏豹的降汉、背汉、被汉俘获有着明确的记载，摘录如下：

> 汉二年三月，魏豹"降汉"。（引号内为表中文字）
> 四月，高祖"王伐楚至彭城，坏走"/魏豹"从汉伐楚"。
> 五月，"王走荥阳"/"豹归，叛汉"。
> 六月，"王入关，立太子，复如荥阳"。
> 九月，"汉将信房豹"。

《魏豹彭越列传》：

> "汉王渡临晋，魏王豹以国属焉，遂从击楚于彭城。汉败还，至荥阳，豹请归视亲病，至国，即绝河津叛汉。"

——按：魏豹降汉、从汉伐楚，在汉王渡临晋时，套入表中，即在汉二年三月；魏豹向汉王告假归国在"汉败还，至荥阳之时"，套入表中，即在汉二年五月或六月。其间，汉王一度入关请救兵，魏豹告假，或在汉王离荥阳之时则在五月，或在汉王返荥阳之时则在六月。

《高祖本纪》：

> "三月，汉王从临晋渡，魏豹将兵从。六月，……汉王稍收士卒，与诸将及关中卒益出，是以兵大振荥阳，破楚京、索间。三年，魏豹将豹谒归视亲疾，至即绝河津，反为楚。汉王使郦生说豹，豹不听。汉王遣将军韩信击，大破之，房豹。……其明年，立张耳为赵王。"

《淮阴侯列传》：

> "汉之败却彭城，六月，魏王豹谒归视亲疾，至国即绝河关反汉，与楚约和。汉王使郦生说豹，不下。其八月以信为左丞相击豹，信遂房豹。

——按这两个版本套入表中，得到完整的编年序事：魏豹在汉二年三月降汉，将兵从高祖伐楚，四月高祖从彭城败还退至荥阳，安排诸将阻击项羽，高祖入关请兵，六月返回荥阳大败楚兵。六月，魏豹告假归国，反汉。汉王派郦生说魏豹归汉，豹不从，其时当在七月。八月汉王遣将韩信击豹，九月房豹。《外戚世家》的记载只是补充魏豹叛汉的一个原因，不必引录。

上面的对照可以看出，《史记》对魏豹的记载，只有一个十分协调和完整的版本，本不存在五个版本。其中《高祖本纪》记载"三年，魏豹谒归视亲疾"，与《秦楚之际月表》在"二年"，整整差了一年，这难道不是两个版本吗？答案是否定的。只要看看上下文的语境，这"三年"二字是《史记》在流传中发生的讹误。"三年"前面的文字，记录汉王在京索间的大捷，"三年"后面的文字，即记录魏豹告假归国，按《月表》《魏豹列传》《淮阴侯列传》的记载，均发生在汉二年六月，中间怎么会突然插入"三年"二字呢？再对照下文："其明年，立张耳为赵王。"按逻辑，"三年"后的"其明年"是"汉四年"。而张耳为赵王是在"汉三年"，因此这"其明年"之前的"三年"二字乃"二年"之讹。当然，也可能是错简，"三年"二字是在"其明年"之后，属下一段文字的开头。我们把"二年"代入原位置，或把"三年"移动在"其明年"之后，上下文豁然贯通。如果找不到版本证明，通过上下文的语境有如上述，在"校勘学"理论上叫理校。必须先完成这一步校勘再作历史分析。"侯著"把一个文本讹误导致的历史碎片，当成了司马迁特意为之的历史碎片，因此所作的"阅读"，即为悖论。

　　这个例证在"侯著"中是大醇小疵，也许是作者的一个偶然失检导致的。本文为何花这么大的篇幅来"阅读"这个"小疵"呢？因为它有着特别的警示意义。一个不真实的历史碎片，可以导致重大的历史判断失误。这一例证也从一个侧面证实司马迁创作《史记》的严谨，他采择的历史碎片，乃至"塑造"的历史碎片都是真实的，或者说接近原型的。正如班固、刘向、扬雄所评价的那样，司马迁序事，"其文质，其事核，不虚美，不隐恶，故谓之实录。"

学术动态——会议综述

《史记》与华夏文明学术研讨会暨中国
史记研究会第十八届年会综述

＊本文作者朱承玲。江苏省产业海外发展和规划协会办公室副主任。

"《史记》与华夏文明"学术研讨会暨中国《史记》研究会第十八届年会（以下简称"研讨会"），于 2019 年 8 月 17—18 日在甘肃兰州召开。我们受中国史记研究会会长张大可先生委托，作会议综述。第一部分为总体概述，第二、三、四、五、六部分为重点专题论述。

一、"研讨会"概述

这次研讨会，由中国史记研究会、西北师范大学文学院、甘肃省先秦文学与文化研究中心共同主办，出席研讨会的有来自中国社会科学院大学、中国传媒大学、东南大学、陕西师范大学、内蒙古师范大学、渭南师范学院与兰州大学、兰州交通大学、西北师范大学等 20 余所高校，以及来自中国文史出版社、西北大学出版社、甘肃文化出版社，相关学会、协会参会的嘉宾共 100 多人，其中专家学者代表 80 多人。

17 日上午，第一阶段，举行开幕式，由西北师范大学文学院院长、教授马世年先生主持。在主席台上就座的有：西北师范大学校长、教授刘仲奎先生，中国史记研究会会长、中央社会主义学院教授张大可先生，甘肃省先秦文学与文化研究中心副主任、西北师范大学教授赵逵夫先生，中国史记研究会副会长、商务印书馆文津公司总编丁波先生，中国史记研究会副会长、淮阴师范学院副校长、教授张强先生，中国史记研究会副会长、重庆文化研究院院长刘德奉先生，陕西师范大学文学院教授、陕西省史记研究会副会长王晓鹃女士。

首先，刘仲奎先生致辞。他代表西北师范大学，对"研讨会"的召开表示热烈祝贺。他介绍西北师范大学是一座有着丰富历史底蕴的百年学府，是国务院首批确定的具有学士、硕士、博士三级学位授予权的重点大学；文学院是学校历史悠久，办学实力较强的学院之一。他说，《史记》是我国第一部纪传体通史，司马迁以"究天人之际，通古今之变，成一家之言"的胸襟和气魄，记载了上至黄帝，下至汉武帝时代的历史和人物，不仅运用本纪、世家、列传、表、书等体例将几千年的历史清晰、有条理地呈现出来，而且将个人对历史、人生、命运的思考投射其中，使得历史叙述在实录精神之外又折射出生命、情感的光芒与温度。《史记》是一部伟大的著作，不仅具有重大的史学价值，而且具有很大的政治、经济、文化、哲学等方面的价值，鲁迅先生誉为"史家之绝唱，无韵之离骚"。经典具有永恒的魅力和价值，需要从不同的角度去研究，努力实现传统文化的转化和发展，使之与现代文化相融相通，更好地服务于社会主义现代化精神文明建设。西北师范大学文学院以承办此次会议为契机，加强交流学习，进一步推进中文学科的建设工作。

接着，张大可先生致辞。他代表中国史记研究会，介绍了"研究会"的宗旨，以及此次"研讨会"在西北师大召开的意义。他说，中国史记研究会的宗旨有三条：第一条，是办好年会。研究会至今成立 19 年，每年举办一次年会，为全国以至海内外的专家学者提供学术交流的平台。第二条，是办好会刊《史记论丛》。每次"研讨会"召开前，都正式出版《史记论丛》。这次的《史记论丛》有三大亮点：一是对司马迁生年疑案开展百年梳理，作出阶段性总结，将专题研讨会综述和相关论文放在开篇，作为此次论争的终结。二是文本研究始终是《史记》研究的一个重点，这次的文本研究有最具权威性的两位作者的文章，一位是王华宝教授，他是《史记》修订本的核心整理者之一；还有一位是毕业于北京大学的张兴吉教授，他是《史记》版本研究的权威。三是有三分之二的文章出自中青年学者，说明《史记》研究后继有人。第三条，是关注重大学术课题，研究重大问题。主要有五件大事：第一件，是 2001 年，"研究会"在无锡召开成立大会，启动了吴文化研究，后来无锡市将吴文化作为城市名片。第二件，是 2006 年，在荥阳召开研讨会，与会专家看到荥阳故城被黄河冲刷得快要倒塌，呼吁采取保护措施，受到郑州市以及河南省的重视，向国务院打了报告，国务院拨专款保护，这才有了我们现在可以看到的荥阳故城。第三件，是 2007 年，在安徽和县召开了专题学术研讨会，讨论"项羽是否死于乌江"，将之称为"乌江论坛"。第四件，是开展《史记疏证》研究，预计为 40 卷，2000 万字，目前已基本完成，预计三年内出版。第五件，是开展司马迁生年疑案研究，用三年时间，以《渭南师院学报》作为阵地，发了 22 篇文章，并由北京师范大学和北京史记研究会、商务印书馆联合主办了"司马迁生年十年之差百年论争梳理研讨会",作出了阶段性总结,并以此次大会作为收官。感谢东道主为开好这次研讨会所作的精心筹划和准备。

接着,赵逵夫先生致辞。他说,中国史记研究会成立了 19 年,召开了 18 次研讨会,基本上每年都要召开一次研讨会,而每次都能来这么多人,这说明了《史记》的价值。《史记》不仅写了一个朝代,而是从上古甚至远古时期写起,因此,要弄清华夏五千年文明史的前端,主要靠《史记》和考古发掘等。今天在兰州召开"研讨会",是很有价值的。因为甘肃被视为华夏文明传承的发源地。《史记》为我们在很多重大问题的研究上提供了依据。秦人是发祥于西汉水的源头,西汉水和东汉水原本是一条水,就叫作"汉",大体在汉代时,可能由于地震的原因才分为两条水,实质上,西汉水的上游就是上古时代汉水的上游。银河在先秦时期叫作"汉",以"织女星"来命名银河边上最亮的一颗星,也正是秦人发祥于汉水上游的缘故。"牵牛"就是周人的祖先,即叔均,是后稷的孙子。"牵牛星"刚好是在"天汉"的东侧,这与地上的方位也是大体上一致的。《史记》对我们的研究有很大启发。关于《史记》的校勘学,有两种思想观念:一种是"复原",但是很难做到;另一种是"从善",就是研究怎样才是最为合理。这两种观点也是不一致的,所以这方面的研究也会持续下去。《史记》不仅有很重要的史学价值,其文学价值也是不容低估的,鲁迅称之为"史家之绝唱,无韵之离骚"。能兼容两种特性的作品,非《史记》莫属。《儒林外史》作为中国五大长篇小说之一,就是深受《史记》传记体启发而形成的。《史记》也表达了司马迁的政治感情,认为治理天下不能只是一味的夺权,这样只会使得民不聊生。《史记》中值得挖掘的内容实在太多,每篇都能给予我们无尽的启发。

然后,举行赠书仪式,王晓鹃代表陕西师范大学文学院向"研讨会"赠书,为《〈史记〉与咏史怀古词曲》《〈史记〉文献通览续编》;朱亮代表西北大学出版社向西北师范大学赠书,为《史记研究集成·十二本纪》。

开幕式仪式结束后,是合影留念。

第二阶段,是大会学术报告。赵逵夫先生,张强先生,东南大学文学院教授、历史系主任、古典文献学研究所所长王华宝先生,丁波先生,海南师范大学教授、研究生院院长张兴吉先生,马世年先生作学术报告。陕西师范大学文学院教授高一农女士、中国社会科学院大学人文学院教授刘国民先生主持。

17 日下午,分四个小组进行讨论。

18 日上午,第一阶段,是大会学术报告。西北师范大学教授、国学院院长伏俊琏先生,浙江工商大学人文与传播学院教授徐日辉先生,高一农女士,渭南师范学院学报编辑部主任朱正平先生作学术报告。陕西师范大学文学院教授魏耕原先生、云南红河学院教授田志勇先生主持。

第三阶段,是学术总结与闭幕式。首先是小组交流总结汇报。陕西师范大学历史文化学院副教授张继刚先生、王晓鹃女士、兰州大学文学院教授杨玲女士、西北师范大学文学院教授冉耀斌先生,分别代表各个小组汇报交流。然后是闭幕式。首先是明年东道主张兴吉先生致辞，接着是后年拟办方、江苏苏州市孙武子研究会副秘书长韩雪晨先生致辞，然后是张大可先生讲话。最后是中国史记研究会向明年东道主张兴吉先生授旗。（说明：今年年会因故不在海南召开，改在山东曲阜师大，此为当时的记录。）

下午，全体代表参观甘肃省博物馆。研讨会圆满结束。

中国史记研究会为开好这次"研讨会"，将会议论文汇集整理，编辑出版《史记论丛》第十六集，由张大可先生、马世年先生、陈曦女士担任主编，收集论文 50 篇，51 万字，共设置了六大栏目，即司马迁生年疑案研讨百年论争总结续篇、《史记》文本与注释研究、《史记》思想文化研究、《史记》传记人物研究、《史记》文学艺术研究、史事研讨及其他。西北师范大学文学院印发了论文集，收录了赵逵夫先生等 7 篇论文，重点研究"《史记》与华夏文化"等重大问题。

研讨会召开前，中国史记研究会于 16 日晚召开了理事会，由丁波先生主持。首先由东道主马世年先生介绍"研讨会"准备情况，接着由丁波先生介绍中国史记研究会一年来的工作情况与研究成果，然后是增补事项，决定增补张兴吉先生、马世年先生为研究会副会长，增补王晓鹃女士、咸阳师范学院教授副院长王长顺先生、冉耀斌先生、西北师范大学文学院副教授王浩先生为理事，最后是明年东道主张兴吉先生发言。

西北师范大学文学院为开好这次研讨会，师生们放弃了暑假的休息，进行了精心的准备，无论是会议安排还是会务接待，都考虑得十分周到，得到与会代表的一致好评。

二、"《史记》与华夏文明"研究

本次"研讨会"的一大主题，就是"《史记》与华夏文明"，马世年先生认为，这是一个很有意义，也是与甘肃有密切关系的研究话题。《史记》开篇的《五帝本纪》是从黄帝写起的，而根据学者的研究，黄帝的部族就起源于甘肃。司马贞补《史记》时所作的《三皇本纪》，其中所写的百王之首伏羲氏，起源也是在甘肃。《周本纪》《秦本纪》中的周、秦发祥地，都是在甘肃的陇东南一带。至于后面汉武帝设置河西四郡、张骞凿通西境，更是丝路文明的重要内容。这次"研讨会"，无论是在地域上，还是内容上，都有着特别重要的意义。

赵逵夫先生在大会报告中讲述了甘肃早期文化与华夏文明的关系，认为甘肃要建设文化大省，创建"华夏文明传承创新区"，围绕"一带"（丝绸之路经济带），建设"三区"（以始祖文化为核心的陇东南文化历史区、以敦煌文化为核心的河西走廊文化生态区、以黄河文化为核心的兰州都市圈文化产业区），打造"十三板块"，在文化宣传与传承、创建上，要重视五个方面的文化要素：一是以伏羲文化、彩陶文化为代表的始祖文化；二是先周文化，周人早期主要活动于陕西中部，其北到达甘肃庆阳地区，即传说中的周先公"不窋奔戎狄间"，产生了牛文化、农耕文化；三是早秦文化，秦人兴起于陇南、汉水上游；四是丝绸文化，在先秦时代，丝绸之路就已经开通了；五是氐羌文化，氐人发源于甘肃南部，以仇池山为活动中心，要将氐羌文化的研究与秦汉西北少数民族文化、魏晋南北朝时期的流民文化、十六国时期的前后秦文化、五凉文化结合起来。总之，要从整体性、系统性、源头性的角度对甘肃历史文化与华夏文明之源进行综合性研究。可见，赵先生对甘肃的源头文化与华夏文明的关系研究得比较深透。

伏俊琏先生在大会报告中解析了记载华夏文明的《史记》的形成与传播。他认为，《史记》最初流传的时候，是以简牍的形式流传的。司马迁的说法是"藏之名山"。当时主要的流传方式是单篇流传，尤其是像《史记》这样篇幅很大的文章。《汉书·艺文志》中有篇、卷、编，这几种说法有不同的解释。我们根据出土的文物来看，当时的说法分类可能不是特别详细，含义是差不多的。出土的材料一般都已经不是一个整体，一般根据竹简的形制来区分当时是不是编在一起的。一般40～60简为一编的比较多，一枚简一般38字左右，所以，2500—3000字是当时一卷文章可容纳最多的字数。《史记》如果按照这样计算，要超过一万四千多枚简，按照当时的木简重量来测算，大概有44—48公斤，甚至56公斤；如果用新鲜的竹简制成，大概有60公斤；如果用北方的红柳简，有102公斤。这更加证明了《史记》在当时是以单篇流传的。因此，在流传过程中会造成缺失。民间的传本和官方的传本之间存在着较大的差异，读者会将自己的读后感加在后面。伏先生对《史记》的形成与流传的研究，具有独到的见解。

徐日辉先生研究华夏文明的源头文化，提交了《西王母与早期丝绸之路开通》的论文，认为早在西汉之前，就有一条从西域连接中原的贸易线，叫作"玉石之路"，其开拓性人物，就是西王母及其与中原地区的互动。西王母以和田玉作为礼品（变相的交易品），千里迢迢，与中原王朝结好，开辟了一条以西域玉石为主要商品到中原进行贸易的通道，成为闻名于世的丝绸之路的前身，称为"玉石之路"。在大会报告中，徐先生解析了甘肃对华夏文明的贡献。他说，甘肃省秦安县发现的大地湾文化，是一处距今8000—4800年的史前遗址，其人类活动历史由8000年前推前至6万年前，对探索中华文明起源的历史进程具有十分重要的意义。甘肃省临洮县发现的马家窑文化，是存在于约公元前3300年到公元前2100年间甘肃西部、青海东部的新石器时代的文化，创造了辉煌的彩陶文化，达到了世界远古彩陶史的顶峰，彩陶中的蛙纹反映了那个时代人们对生育的期望。甘肃省广河县发现的齐家文化，是以甘肃为中心地区的新石器时代的晚期文化，直接与其对接的是炒得最热的夏文华。夏朝存在与否，目前学术界是存疑的。但是根据史料和文物来看，夏朝应该是存在的，司马迁也写过《夏本纪》，其中有很多说法是根据传闻而写。司马迁写得最好的是《周本纪》，其中的内容与出土的器具、年代完全一致，说明司马迁对周朝是有详细的文献了解的。徐先生对甘肃的源头文化了如指掌。

四川外国语大学中文系教授康清莲女士等提交了《从〈史记·大宛列传〉看

早期中国的对外交流》的论文，认为西域文化是华夏文明的重要组成部分。《大
宛列传》是关于西域最早的文献资料，司马迁向世人展现出一幅壮丽的西域画
卷，对开拓西域，促进东西文化交流，具有非凡的意义。张骞的出使西域与司马
迁的秉笔直书，使得西域的地理环境、自然气候、民俗风情、经济贸易等情况被
内地人所知，早期中国的对外交流才有了系统完整的文献记载。在国家和民族的
层面上，勇于向外探索，是自强不息的表现，扩大对外交往，为人类发展史增添
了一抹东方色彩。

三、"司马迁生年疑案"研究

这次研讨会《史记论丛》特设栏目："司马迁生年疑案研讨百年论争总结续
篇"，并位于首栏，特别报道司马迁生年疑案研讨情况以及全国性第三次论争概
况，百年论争历史背景，还有所谓"铁证"真相等问题，为读者释疑解惑。

司马迁生年十年之差的疑案研讨，自王国维于 1917 年开启以来，迄 2015 年
学术界纪念司马迁诞辰 2160 周年，前 145 年与前 135 年两说展开论争，历经一百
年，全国性的大讨论有三次：第一次，20 世纪 50 年代中；第二次，20 世纪 80 年
代初；第三次，21 世纪 10 年代中。百年论争参与的学者约 80 人，发表学术论文
140 多篇。一百年来，双方论争的学者均在报纸杂志上隔空喊话，公说公有理，
婆说婆有理，实质性的交锋并未深入。为在 2016 年至 2018 年期间所展开的第三
次大讨论的基础上，开好"司马迁生年十年之差百年论争梳理学术研讨会"，北
京史记研究会做了充分的准备，推出了百年论争总结的两本学术论著：一本是前
145 年说论者张大可的新著《司马迁生年研究》，从方法论与具体考证两个方面梳
理了百年论争，作出定案总结；一本是精选百年论争各个历史时期双方的核心论
文，共 42 篇，题名为《司马迁生年研讨论文集——十年之差百年论争梳理》，为
研讨会提供充分的文献依据以及生动的逻辑论证。研讨会是对司马迁生年疑案百
年论争的终结研讨，特邀全国各界近 40 位专家学者与会，不要求发表新观点、新
论据，各说各的理，而是回头看，梳理百年论争双方的总成果，对百年论争作出
阶段性总结，定案司马迁生年。双方学者由隔空喊话到面对面赤诚相见，论证亮
剑，直指核心，是其最大的特点与亮点。研讨会虽然只有一天，但组织严谨，别
开生面，意义重大，成果丰硕。这是学术界的一件大事，值得专题报道。朱枝富
先生与沈燕女士受大会委托，为此次会议专门撰写的《司马迁生年十年之差百年
论争梳理学术研讨会综述》，位列《史记论丛》的首篇，以示重点推出。该《综
述》共为九个部分，详述了与会各位专家的发言内容，主要是：司马迁生年十年
之差的数字讹误，有五种可能；司马迁生年为前 145 年，经过排比考证，有 14 条
证据；"前 135 年说"论者循环论证，其源无一考据，其流无一实证，其方法是循
环论证加编造，用未知推理未知，用假设推理假设，是"考证烟幕"，不能成立；
王应麟《玉海》"汉史记"条《正义》佚文的所谓"铁证"，是一条伪证；排比行

年，科学论证，对司马迁生年作出阶段性结论：司马迁生年"两说"，只存在于《史记》"三家注"；百年论争，王真郭伪不并存，司马迁生于前 145 年，可以作为定论。还简略追述了 2016—2018 年间第三次全国学术界关于司马迁生年十年之差论争的情况。

丁波先生的《司马迁生年十年之差百年论争回顾》，对百年论争的过程作了考察，并向大会报告，重点介绍了 20 世纪 50 年代中第一次论争的背景。王国维的《太史公行年考》，根据《王国维年谱》来判断，是发表于 1917 年，而不是现在普遍认为的 1916 年。根据王国维与罗振玉的通信来看，王国维最初给这篇文章定题为《太史公年谱》，后来又在通讯录中提到要改题为《史公年谱文录》，但最终 1917 年他在《学术丛编》发表时用的题目是《太史公系年考略》。1923 年，王国维将自己之前的文章进行修改，汇编成《观堂集林》，奇怪的是与其他文章不同，收录的《太史公系年考略》，是正文一仍其旧，却将名字改为《太史公行年考》，这是我们从学术角度值得考虑的地方。另外，《光明日报》先后三次报道在莫斯科举办纪念司马迁诞辰二千一百周年纪念活动，同一时期《历史研究》刊登了郭沫若关于司马迁生年"前 135 年说"的文章，题称《司马迁行年考有问题》，用以驳难王国维，实际上是《历史研究》与《光明日报》之间一场没有硝烟的论争。50 年代第一次论争时，王国维的观点是有压倒性的优势的，如果郭沫若没有提出"前 135 年说"，可能根本不会引发争论。中华书局在 2013 年《史记》修订本中，将司马迁生年直接定论为"前 135 年说"，放弃该书自出版以来以"前 145 年"为主说、两存其说的做法，这是学术上不严谨的态度。我们在学术研究中应该持开放态度，根据已经掌握的材料、获得已知的成果，对司马迁生年问题进行梳理，可以作出倾向性的判断，但是如果作结论性的定论，还是需要"铁证"的。

朱承玲女士的《〈玉海〉引用的〈正义〉佚文，是怎样被包装成司马迁生年"确证"的》，解析了所谓《玉海》"铁证"的真相问题，认为，"前 135 年说"论者发现《玉海》"汉史记"条《正义》佚文，宣称是"直接证据"与"确证"，以此定案司马迁生于前 135 年，乃是伪证、伪考。《玉海》是王应麟的"私撰"笔记，是根据自己的心意来选择内容，"汉史记"条的正文，是摘自《汉书·司马迁传》，且有讹误，并非出于《太史公自序》，根本不具有版本价值；《正义》佚文究竟出自何处？仍然是一个谜，并非就是出自《正义》单行原本、唐人写本、南宋皇家藏书，如此论说，具有作伪行为；别出心裁地复原《正义》原文，而原文究竟是何模样？根本没有弄清楚，只是凭空想象，作法酷似逼真，实则虚妄无根，两次复原，两个模样，实属可笑，误导读者；《正义》佚文与流传至今的《史记索隐》相比，内容上有较大差异，既没有《正义》单行本为根据，也没有《博物志》原本作参照，其真实性有待求证。因此，《正义》佚文是一条伪证，无论怎么伪考，根本无法否定《正义》按语"迁年四十二岁"的存在，也无法动摇王国维关于司马迁生于前 145 年的立论。

山西大学历史系教授崔凡芝的《从三晋地域文化与司马迁的关联看其出生时

间应在前 145 年》，从司马迁的出生地与初期学习、故乡与家庭条件、司马谈培养儿子立志著史三方面来阐述，认为司马迁十九岁以前"耕牧河山之阳"，才合于情理，有两条文献支撑：一是元朔二年汉武帝迁家资三百万的豪富充实茂陵，郭解、司马迁于是年家徙茂陵，司马迁正年十九，在茂陵见到郭解；二是《报任安书》云"仆少负不羁之才，长无乡曲之誉"，明白无误地说司马迁在故里成人，没有得到地方官的举荐入仕，亦当指年十九。故司马迁年十岁诵古文在故里，而非京师，可为司马迁生于前 145 年之旁证。

四、"《史记》文本与注释"研究

《史记》文本研究，一直是中国史记研究会的重心所在，也是《史记》研究的重头戏。每年的《史记论丛》，都要开设专栏，而且放到显要的位置。这次"《史记》文本与注释研究"栏目共收录八篇文章，西北师范大学文学院的文集收录了三篇文章，以张兴吉先生的《〈史记〉修订本之我见》与王华宝先生的《〈史记·十二本纪〉点校本与修订本之校改差异考》为代表，展示了作者深厚的学术功底，其研究成果定会促进《史记》版本的更加完善。

张兴吉先生以《史记·五帝本纪》为例，认真研究了《史记》新修订本的校勘记，指出了其中存在的若干疏漏。他在大会报告中说，关于《史记》校勘的问题，《史记》宋本能查到有五种，包括三家注本、两家注本、集解本、杭州本，这些都是南宋的，以及台湾本，被认为是北宋的。明代的版本非常多，最有名的除了嘉靖三刻外，还有明鉴本四种。明鉴本是为后世文鉴者以及张文虎所批评的。清代的版本是我们受影响最多的，最明显的校勘倾向是每篇文章后都有一篇考证，对我们很有启发，但它充分体现了清人以经改史的特点；另一方面是金陵书局本，改动也是比较多的，在后面附了《札记》来解释。到了民国时期，影印本开始增多，其中百衲本被认为是"善本"，它的改动也很多。对于《史记》校勘，《史记》就是一个古代的文本，说的话不一定都是正确的，我们对它要持怀疑和批评的态度。《史记》校勘的研究应该回到文本上来，应该减少精力研究《史记》三家注等后世作品，这样才能更清楚两千多年前的西汉时期《史记》完成时的模样。

王华宝先生围绕《史记》的十二本纪，研究了修订本与点校本的异同，从明改与暗改入手，列出较改有差异的条目，对较改有不同意见则附以时贤之说或个人所见，以供进一步研讨。他在大会报告中说，最新出版的《史记》修订本，"校勘记"有 3946 条，其中涉及文字改动的有 1250 多条，与点校本出校改符号近 800 处相比，多出 450 多处，原来点校本中的一些明改之处，在修订本中作了不一样的处理，主要思考的是三点：第一，点校本明改之处，修订本做了哪些不同处理；第二，点校本与修订本之间作相同改动的，是否有继续探讨的空间；第三，点校本中的暗改在修订本中是如何处理的。暗改是很复杂的问题，点校本中有 800 处左右的改动是明改，其中有 100 多处是暗改，这其实是金陵书局本的暗伤，是被掩盖掉的。清代后期一些所谓的"善本"，我们看到它好的一面比较多，不好的一面其实有很多都被遮蔽了。大家经常提到的金陵本，也是学术界的一桩公案，被张文虎先生遮蔽了数十年，直到《史记》修订本校勘记重新出版后，这个问题才得到认识和理解。这就要求我们在学术研究中要有怀疑的意识。《史记》文本研究永无止境。

王晓鹃女士的《〈班马异同评〉刘辰翁三条评语考述》，颇见考证之功力，认为《班马异同评》嘉靖本与万历本所收刘辰翁的评语并不相同。万历本新增加的三条评语，并不是他本人的评语，是来自明朱之蕃汇辑的《百大家评注〈史记〉》。结合《班马异同评》万历本的刊刻情况和刻者韩敬的生平，发现韩敬在校订时，无意中将宋濂、王世贞、邹德溥的三条评语误置于刘辰翁的评语中，以致以讹传讹。

杨玲女士的《文本细读、春秋笔法与〈史记·扁鹊仓公列传〉释疑》，发现司马迁将见于《赵世家》《韩诗外传》《韩非子》的扁鹊医治赵简子、虢太子、见齐桓侯三个医案的原文献采入《扁鹊仓公列传》时做了许多修改，是司马迁对春秋笔法的一种应用。司马迁要借助塑造扁鹊这一神医形象，树立"上医医国"的历史观念，表达他对吴王刘濞分裂国家和汉景帝处理七国之乱不力的批评。中医学史上著名的"六不治"理论，提出者应该是司马迁，而不是中医史界一直认为的扁鹊。其研究比较深入和细腻。

在《史记》文本研究中，还涌现了一批青年学者，他们选定的题目多有难度，均表现出了"攻城不怕坚"的可贵勇气，其中突出者，如南京大学文学院博士研究生孙利政的《修订本〈史记〉标点献疑》，对《史记》修订本的 42 处标点符号问题进行讨论，提出修改意见；陕西师范大学文学院博士研究生王璐的《〈史记索隐〉研究的回顾与展望》，分析了《索隐》研究的情况，提出了深入研究的思路；陕西师范大学文学院博士李月辰的《〈史记评林〉研究综述》，对《史记评林》的全面性研究、文学方面的研究、文献学方面的研究、单篇研究以及相关的研究等，作了比较深入的分析。他们论点扎实，论证有力，表现了良好的学术研究能力。

在《史记》文本研究中，还有陕西师范大学文学院博士殷陆陆女士的《论穆文熙批点〈史记〉对〈史记评林〉的承袭》，认为其中多有感而发的创造性言论，内容丰富，涉及广泛，既有对历史事件、历史人物的史学评论，也有对司马迁遣词用句、篇章结构、文体等方面的文学评论，还有对所涉及的史实进行辨正。台湾大学中文所博士许恺容女士的《论〈管锥篇·史记会注考证〉之修辞学阐释》，认为钱钟书以修辞为权舆，以字词训诂为基础来解难析义，司马迁巧置微词，作为叙事之"文眼"；叙事传神，摹写逼真，并"拟言""代言"；在体例结构上，通过详略、破格、变例，寄托旨趣，启示人们从修辞角度诠释《史记》，具有打通文体疆界的可能。淮北师范大学副教授魏泓女士的《美国华兹生的〈史记〉翻译与接收》，介绍了世界知名译者华兹生的《史记》翻译，自然，优美，传神，颇具特色，久负盛名，在《史记》与中国文化西传中功绩卓著，产生了巨大的影响。

五、"《史记》思想文化"研究

《史记》是一座宝藏，其中所蕴含的思想与文化内容，博大精深，研究者不断从中攫取，予以研究与思考。《史记论丛》在这一栏目中收录了11篇研究文章，绝大部分观点新颖，用力甚多，发人所未发。

张强先生在大会报告中提出了开展《史记》思想文化研究方面的建议。他认为，《史记》研究有待于进一步深入。长期以来，对《史记》的定义，认为是一部伟大的文学著作，是第一部纪传体通史。这两个定义是很正确的，但是司马迁对于这部作品是有更高的期许的。他继承父亲遗志，以孔子以后五百年的文化继承人自居，是将《史记》作为一个统治大法、治国宝典来看待的，如果仅从文学和史学的角度来评价它，无疑是贬低了它的价值。从《太史公自序》中的父子对话中可以看出，司马迁是将《史记》作为"六经"以外的"第七经"看待的，"经学"就是治国大法，《史记》纪传中是有很多微言大义的。比如，人们对纵横家是嗤之以鼻的，甚至认为司马迁对纵横家也是持否定态度的，其实不然。司马迁在写苏秦、张仪列传时，师兄弟两人在执掌两国相印后，十五年天下太平，这就是有深意的。这是司马迁对纵横家肯定的表现。除此之外，司马迁对诸子百家的很多评论也是有自己的观点的。八书，建议作为《史记》研究的下一个重点。其中有很多值得我们深入研究的东西。比如《封禅书》，司马迁着重写了汉武帝的封禅，这其中有什么深意？比如"五岳"，对于疆土的开拓，又有什么样的关系？"八书"中有很多值得深入研究的内容。

河南许昌师范学院教授马宝记先生提交了《司马迁经济思想与和谐社会的构建》，开掘颇深，颇具现实意义。他认为，司马迁提出了具有鲜明时代特色和远见卓识的经济观点，既与大一统的汉代社会发展相一致，又在很多方面超出了时代的局限，和谐社会的构建，是其重要的思想内容，实现人的合理欲望，满足人的正常需求，是构建和谐社会的基础；鼓励人们创造财富、拥有财富，是构建和谐社会的关键；本末并重、四业并举，是构建和谐社会的前提；尊重自然，顺应客观规律，是构建和谐社会的重要手段；财富的增加与社会文明程度的提高有密切关系，社会的文明程度是和谐社会构建的基本要素。

魏耕原先生提交了《〈史记〉人生感喟论》的论文，研究司马迁对人生的认知与感情的抒发。他认为，司马迁无论是叙写人生琐碎的细事，还是把他人所作的诗文融入叙述之中，或是对话的反复与大段的议论，都以饱含情感的笔触描绘、叙写、议论，把自己的爱憎、嘲讽、嬉笑怒骂，展现在激荡的文字里，而发抒情感的悲痛，是《史记》的主调。《史记》充满了人所认同的感情，悲世之意多，愤世之意少，是以立身常在高处。

内蒙古师范大学教授可咏雪先生的《从司马迁对申生、伋子的批判说起》，认为司马迁把探究普遍的人性，关注中华民族的民族性格的铸造与民族精神的养成，作为自己的使命。申生、伋子的愚孝问题，具有相当大的普遍性，是关系民族精神的大问题。司马迁对申生与伋子愚孝的悲悯与批判，是对民族精神一种病灶的探究与曝光。并且提出，一个国家、一个民族，应该具有什么样的精神和道德；一个时代，应当倡导什么样的理想和风格，是关系到国家、民族的发展和未来的大事，是万万不可轻忽的。可先生由小见大，从司马迁对申生、伋子的批判，研究其所折射出的重大问题，令人深思。

值得一说的是，不少学者对《史记》所记载的神怪、流星、神话、梦境进行研究，有着新的发现和收获。云南红河学院人文学院教授任群英女士的《〈史记·赵世家〉对梦的叙写》，认为司马迁在赵国的每一次历史转折处，都融入了梦的叙写，借一连串的梦境，预示赵氏的兴衰。赵盾之梦，是赵氏危机的预示；赵简子之梦，是赵氏崛起的象征；赵武灵王之梦，是赵国乱起的伏笔；赵孝成王之梦，是赵国危亡的征兆。作者将赵之梦分析得如此透彻，用力甚多。西安文理学院文学院教授李小成先生的《从〈左转〉到〈史〉〈汉〉对流星的认识》，认为在司马迁看来，天上的星宿与人间社会、地域分野是感应的，相同的，对"天命"的预知，可以通过对星象的观测，如预测王权更替、军国大事、战争灾祸等。司马迁对流星这种天文异相的认知，依旧是灾祸、兵乱、国家动荡与灾难的象征。江苏护理职业学院图书馆馆长张学成先生的《从奇形异貌圣事角度再论〈史记〉的实录》，认为离奇古怪的故事传说众口传颂，妇孺皆知，司马迁作了客观的实录也体现了他"爱奇"的追求。中央民族大学预科教育学院博士于玉蓉女士的《〈史记〉感生神话的生成谱系及意蕴变迁》，认为《史记》利用感生神话所勾连的的"万世一系"的帝王谱系，是构建大一统帝国意识形态的尝试，反映了西汉"究天人之际"且追求帝国海内一统的新的精神特质。

还有，安徽马鞍山幼儿师范学校高级教师王健研究了司马迁的"素封论"；陕西师范大学文学院博士刘爽研究了《史记》中的边疆民族关系构建与民族思想；广西民族大学文学院研究生李帅、李晓媛分别研究了《史记》的报恩故事与中华民族的报恩观念，以及司马迁的伯乐观、伯乐的作用与意义等等，其中都具有一些新颖的思想。

六、"《史记》史事、人物、文学"研究

《史记》的史事、人物、文学研究，在《史记论丛》中分为 3 个栏目，共收录文章 25 篇，西北师范大学文学院印发的文集中有 6 篇，合计 31 篇。

马世年先生提交了《〈史记·韩非列传〉"使秦"考辨》的论文，并作大会报告。他认为，韩非作为韩国宗室，为了救亡图存，曾两次出使秦国，对于"存韩"，是一件十分重要的大事。《史记》中的韩非使秦，是韩非的第二次使秦，在

前233年。在此之前，即前237年，韩非还有一次使秦。两次使秦的目的都是为了削弱秦国的力量，后来被秦国杀害，标志着秦、韩关系的彻底终结。从秦、韩两国外交关系的终结中可以看出，在战国后期，秦国称霸的局面已然形成，秦国最先瞄准的就是国力最弱的韩国，韩国在与秦国的外交中处于十分被动的局面。还有，司马迁为什么将老子与韩非一同作传，为《老子韩非列传》？这很容易让人认为庄子、申子、韩子的思想都是延伸了老子的思想。如果将韩非的思想简单归类为法家的集大成者，就很难将他的思想和老子的思想联系在一起。因此，要对韩非的思想作进一步的研究分析。再者，司马迁对韩非的人格和思想是如何评价？"韩子引绳墨，切事情，明是非"，其评价是比较高的。但后面的"其极惨礉少恩"，很容易让人造成一种误解，认为司马迁评价韩非为"惨礉少恩"，实际上，这是司马迁对韩非思想的评价，而不是对韩非人格的评价。马先生专注于先秦文学与文化研究，对韩非的研究非常深入，所提出的问题引人深思。

高一农女士提交了《尽忠辅弼，以成汉室—萧何形象的历史书写》的论文，在大会上报告，认为萧何与刘邦，是汉室政权建立的合力搭档，萧何早年受过一定的教育，具有优秀的吏治能力。萧何后来能够辅助刘邦成就大业，除了他自身作为"刀笔吏"的严格训练带来的能力外，与萧何的"识人认人"是分不开的。我们平时所了解的萧何"识人"，体现在"识"韩信上，其实更重要的是在"识"刘邦上，他从一开始就跟定刘邦，认定刘邦非同常人，能够成就一番事业。汉朝的建立和巩固，是由刘、萧二人共同完成的。刘邦在沛地起事时期，还处于懵懂期，反秦意识比较淡薄，是在萧何与曹参的推举下才走上舞台的中央；刘邦入关后，选择了对物质的享受，而萧何明白建立天下统一政权的重要性，萧何对刘邦的鼓励和帮助，激起了刘邦对天下大权的向往；楚汉战争时期，萧何向刘邦力荐韩信这个出身低微的军事人才，在军事上成就了刘邦的帝业。刘邦由起初的犹豫不决，到后期入关后对萧何相对"言听计从"，慢慢地在楚汉战争中对萧何越来越不放心。在汉室政权建立时期，新政权的建立离不开萧何的鼎力相助，刘邦既要对萧何予以重任，给予殊荣，又不得不忌惮萧何的才能给他带来的威胁。萧何一生低调谨慎，为成就天下一统大业而甘居幕后，深藏功名。

朱正平先生研究近现代期刊《史记》研究的阶段及特点，在大会上报告中说，用期刊方式进行《史记》研究，是近现代产生的一种新的形式。从最早的期刊发表的《史记》论文，到1949年这一阶段，其间有200多篇论文在期刊发表。可分为三个阶段。一是介绍校勘期，从1905年到1924年，因为中文期刊的出现，《史记》有了新的传播方式，在期刊上发表文章16篇。二是全面拓展期，从1925年到1934年，期刊发表向多元化发展，涉及的期刊达到40多种，发表文章57篇，内容有所扩展，研究者的队伍开始壮大。三是新解新说期，从1935年到1949年，在期刊发表论文132篇，占近现代期刊研究量的65%，涉及期刊60多种。近现代期刊《史记》研究的特点，分别为普及性、多样性、深刻性、创新性，时效快，影响大。

　　陕西渭南师范学院教授王炳社先生，一直致力于《史记》各篇的隐喻研究，今年提交的是《〈史记·夏本纪〉隐喻探析》的论文，认为司马迁注重以隐喻的方式展示大禹的德、能、绩、勤、俭五个方面，着重阐述大禹德高望重，深孚众望，具有高尚的职业道德，并用道德标准来约束他人；大禹治水，具有超人的能力，具有突出的政绩；大禹舍小家，为大家，公而忘私，"薄衣食""卑宫室"，是勤勉、俭朴的典范。

　　西安工程大学人文学院教授任刚先生的《〈楚汉春秋〉佚文中的鸿门宴》，以陆贾《楚汉春秋》的四条佚文为研究对象，研究鸿门宴，认为《楚汉春秋》分别塑造出一心为项羽着想的亚夫范增，善斗力、不善斗心、心慈手软的项羽，具有十足精神气的樊哙，以及机智而脱身的刘邦。中国历史上最惊心动魄的饭局，其基本框架和基本人物是由陆贾奠定。

　　广西民族大学教授杨宁宁等的《史传文学人物赵盾对元杂剧〈赵氏孤儿〉的影响》，认为《史记》中的赵盾，是由权臣向忠臣转变，权臣形象被削弱，忠臣形象被凸显，对《赵氏孤儿》在故事情节、主题思想等方面都有影响，为这一伟大剧作的诞生，起到了关键节点的作用，作出了卓越的贡献。

　　陕西师范大学文学院博士蔡亚玮女士的《〈史记·五帝本纪〉中黄帝形象的建构及其意义》，认为司马迁笔下的黄帝，在武功上，武力征伐，守土保疆，在文治上，勤勉修德，化育天下，将黄帝塑造为由名到实、由生到死的完整形象，成为创业垂统、为万世规的帝王榜样。

　　台湾交通大学通识教育中心教授黄美玲女士提出"刘邦欲易太子的主因是感情因素吗"的命题，认为，刘邦欲废立太子了，除感情因素外，有更重要的理性因素考虑，太子仁弱，不类刘邦，恐无法承担治国之重任，故有易储的打算；太子得到军功集团强力支持，又得到"四皓"等士人的支持，更易太子恐导致身后的政治动荡，又不得不在与戚夫人的楚歌楚舞的感伤中放弃，是理性因素抬头的决断。

　　在《史记》史事、人物、文学研究中，还有不少学者提供了一些颇有价值的论文，如陕西省传记文学学会会长薛引生的《司马迁家族的谱系考证》，渭南师范学院人文学院教授马亚琴等的《从〈晋书〉看〈史记〉在两晋时期的传播与接收》，台湾大学中国文学系教授李伟泰先生的《〈孙子吴起列传〉读后札记》，江苏淮安市淮阴区政协文史委主任徐业龙先生的《论韩信的人格魅力》，新加坡南洋理工大学中文系副教授曲景逸先生的《李广死后：李氏家族的结局与太史公的叙事笔法》，新加坡南洋理工大学亚洲语言文化助理教授李佳的《历代对张骞的批评与〈史记·大宛列传〉的若隐不发》，国防大学军事文化学院研究生谢雨珊的《试论陆游诗中的项羽形象》，等等，所选取的视角比较独特，所提出的观点比较新颖，所探讨的问题也比较深入，值得阅读与思考。限于篇幅，这里不再展开。

　　　　　　　　　　　　　　　　（此稿已请研讨会主办者马世年先生审稿）

"史学与文学的对话：《史记》研究的

问题与趋势" 学术研讨会综述

* 本文作者王小燕。江苏省产业海外发展和规划协会业务部副主任。

2019 年 11 月 2—3 日，中国史记研究会、华中师范大学历史文化学院、湖北省东汉文化研究会，在华中师范大学桂苑宾馆举办"史学与文学的对话：《史记》研究的问题与趋势学术研讨会"，约 90 人参加，其中教授级专家学者约 50 人。

2 日上午，首先举行开幕式，由华中师范大学历史文化学院教授赵国华先生主持，学院党委书记纪红女士致欢迎词，中国史记研究会会长张大可先生、华中师范大学历史文化学院教授熊铁基先生讲话。

纪红女士在致辞中介绍，历史文化学院是华中师范大学传统优势学院之一，历史学专业是国家特色专业，是湖北省品牌建设专业，是教育部历史学科教学指导委员会挂靠单位。近十年来，历史文化学院传承老一辈学者的学术思想和优良学风，与时俱进，勇于创新，推出了一系列高质量的研究成果。这次高水平的学术研讨会，具有重大的意义，必将成为《史记》研究新的里程碑！

张大可先生说，中国史记研究会每年举办一次年会，此外还举办一些重大的专题研讨会。这次是第四次专题研讨会。第一次是 2006 年在安徽和县召开的"乌江论坛"，讨论项羽是否死于乌江的问题；第二次是 2016 年在北京师范大学召开的《史记》现代文本梳理学术研究会，讨论《史记》现代文本问题；第三次是今年在北京师范大学召开的司马迁生年十年之差百年论争梳理学术研讨会，讨论司马迁的生年问题；这次是第四次，主题是史学与文学的对话，讨论《史记》的史学性与文学性问题。1986 年，韩兆琦老师在北京召开了一个 20 多人的小型全国《史记》研讨会，当时参会的中文系人数占比三分之二。北师大历史学院的杨燕起老师提出了一个问题：司马迁到底应该定性为文学家还是史学家？他认为第一位应该定性为史学家，第二位才是定性为文学家。最近，一位行政学院的教授与我讨论：司马迁到底是文学家还是史学家？他认为是文学家。他说《史记》一开篇写的就是文学，"生而神灵，弱而能言"，是说黄帝生下来就有神灵，几十天就能说话，这不就是文学吗？实际不是这样的。司马迁为什么不从"三皇"写起，而是从"五帝"之"黄帝"写起？因为"三皇"时期是母系社会，五帝时期开始是父系社会，司马迁将传说历史构建成人文历史，所以仍然是史学范畴。此外，

《项羽本纪》中提到的项羽垓下之战，是"快战"，还是"决战"？是有争议的。"快战"是文学，"决战"是史学。现今大多数人认同的是"快战"，但我认为"决战"更为准确。司马迁是以文学之笔写历史。鸿门宴是不是虚构的？清朝有学者认为是虚构的小说情节。很多人认为诸如鸿门宴、项羽乌江自刎等事件，在当时的环境下，司马迁是无法得知细节的，所以是文学虚构。但其实，鸿门宴的细节是有根据的。司马迁提到他有个朋友叫樊他广，是樊哙的孙子，从他那里听来很多故事。鸿门宴正是他的先辈樊哙的事迹，是祖祖辈辈传颂下来的故事，怎么会是虚构的呢？界定司马迁是史学家还是文学家，重要的一点，就是《史记》中历史事件的真实性问题。

熊铁基先生说，这个研讨会的重要性在于，《史记》是很多人一生所要读的书。张大可先生就是如此，我自己也是有 40 年的阅读历史。因为我们可以在阅读的过程中发现很多问题。《五帝本纪》的第一篇就是写黄帝，司马迁将黄帝定义为中华文化的人文始祖。黄帝的神化是从庄子开始，黄帝的人化就是从司马迁开始。关于"炎黄"的考证，很多也是以《史记》为依据来考证的。朱熹讲得很好，司马迁不仅是"才高"，而且是"识高"，就是司马迁的判断力很强，能够将历史传说进行准确的判断整理。《史记》的史学问题与文学问题，是可以深入研究的。《史记》是一部综合性的百科全书。

开幕式结束后，全体人员合影留念。

接着，是大会主题报告，安排 9 位学者作学术交流，由湖北省社科院历史研究所教授夏日新先生、南京师范大学社会发展学院教授晋文先生主持并点评。

张大可先生作《〈史记〉研究的回顾与展望》的发言。他说，司马迁在撰写《史记》时，是半官方半私人性质的。他也明确说到他的文本有两部，一部上交国家，一部"藏之名山"。两汉时期是《史记》的"冷藏"时期，到西晋的时候才开始翻身。一直到唐朝之前，是"马班两书并行"，《汉书》占上风。南朝的一个重大贡献，是裴骃的《史记集解》，这是《史记》版本的第一次整理，一直流传到今天。唐朝及以后，唐宋八大家推崇司马迁的"散文叙事"，《史记》得到推崇。宋朝时已经进入宏观研究，即对历史事件的研究。明朝是《史记》的评点时期，司马迁的思想价值研究占了主导地位。清朝是考据史实时期。清末到了梁启超等人，提高了《史记》宏观研究的高度，但没有对总体思想进行宏观研究，相对支离破碎。宏观研究真正进入状态是 20 世纪下半段。从微观角度看，日本泷川先生的《史记会注考证》，是"三家注"之后第二次有成就的整理。《史记》作为一部百科全书，还具有大开发的前景。我提三点，第一，是司马迁写人生百态；第二，是史学与文学的对话；第三，是大战略研究。有人说司马迁是反战的，实际上司马迁是第一个认为军队是国家的核心。《史记》用一半的篇幅来写战争，共写了500 多次战争，大战就有 182 次，特大战 58 次，最大战略决策有三次，都是改变历史进程的战争，分别是长平之战、成皋之战、汉匈之战。最后要说的，"国学之根柢，治国之宝典"，是在对《史记》评价中所要重点强调的两个方面。

河南大学历史文化学院教授李振宏先生作《历史学也需要文采》的发言。他说，作为一个 20 多年的史学刊物编辑，深感当代很多史学作品的文学美感不足，影响了史学的社会性和传播。如何解决这个问题？要从理论和观念上进行突破和改变。史学研究也需要文采，要让读者阅读时更好理解，更有阅读的快乐。第一，史学研究需要形象思维。《史记》就是史学作品中应用了形象思维最好的例子，项羽乌江自刎就是形象思维的展示，形象思维使得项羽复杂的英雄形象生动展现。第二，历史学家需要饱满的情感。没有饱满的热情，史学研究就无法取得伟大的成就。史学作品的文采就来自激情。当被某种伟大的动机激励的时候，才会激情四射，文采飞扬。情感来自对学术事业的挚爱与执着，来自强烈的现实感观，来自对不朽之作的崇敬之情。第三，历史研究需要想象力。合理想象是一切创造的基础，历史研究也不例外。对于历史课题的提出和确立，没有想象力是没有发言权的。当研究还没有进行，资料还没有占有的时候，我们凭什么确立自己的研究路径？其实，这就是我们对选定问题的想象。史学家也需要通过想象丰富历史的细节，挖掘逻辑的情节需求。完整的历史叙述就要求我们有合理的推测，用合理的想象来补充历史细节。

南阳师范学院汉文化研究中心教授郑先兴先生从学术研究方法论的角度，介绍《史记》研究的文史分野及其融通。他说，史学是求真的，哲学是求善的，文学是求美的。求真的史学与求美的文学是绝然不同的。《史记》文学与史学的研究视角，是相互关联、互为表里的，史学为本根和内核，文学是枝叶与形式。《史记》不仅体现着当时的历史精神，而且还为未来的历史精神构建提供营养。《史记》研究的文学与史学乃至于与其他学科的融通，是历史研究的必然趋势。

海南师范大学文学院教授阮忠先生作《〈史记〉的历史评说与文学评说》的发言。他说，司马迁有明确且自觉的历史观，他创纪传体，记人叙事，由始而终，最能体现他"变"的历史观，但没有明确、自觉的文学观。所谓司马迁的文学自觉，是依附于历史的自觉，而不是二者并重。《史记》的历史性是根本，文学性是因之而生。司马迁终究是史学家，意在历史，而不在文学。

华中师范大学文学院教授张三夕先生作《如何看待史学"二家"和"二体"——从《史记》看文史的分流与融合》的发言。他说，史学家分为"二家"，即有文学家气质的史学家，与文学保持距离的史学家；史学著作分为"二体"，即包含诗性的史学著作，与不包含诗性的史学著作。显然前一种是文史融合，后一种是文史分流。司马迁是属于前一种，是有文学气质的史学家，《史记》是包含诗性的史学著作。两汉时期的史学家大多都有文学气质，史学著作也大多都有诗性。魏晋时期是史学文学性的转折期。从这个时期开始，史学家开始有意识地与文学产生距离。当代高校的学科分类也强化了文史分流，中文系与历史系的培养方式和课程设置有很大不同。这样一种分流的局面正在被打破，而且在大数据和人工智能等新技术的影响下，我相信这种专业的分流会越来越被突破。

重庆文化艺术研究院院长刘德奉先生作《〈史记〉的文学高度》的发言。他说，《史记》是一部史学著作，也是一部文学著作，其叙事的手法、故事的跌宕、语言的丰富、音韵的节奏、情感的植入、作者的在场等，都充分体现了文学的特点。《史记》是一部非常有文学高度的著作，所表达的博大的社会胸襟、圣人般的国家担当、深刻的规律求索、宏达的历史叙事、丰富的人文精神，充分体现了司马迁的创作高度，其价值影响了过去近两千年，并继续影响着未来。

东南大学人文学院教授王华宝先生发言，首先，阐述了对《史记》史学性、文学性的看法，认为探讨《史记》不应过多地从文学和史学的角度，更应该从哲学的角度。从《太史公自序》中可以看出，司马迁是从"见之于行事"的角度思考他是如何创作《史记》的。从这个维度来看，《史记》既是文学作品，也是史学作品，更是哲学作品，不能割裂开来看。如果割裂开来，只会将《史记》看窄。研究《史记》要从不同的角度多思考。其次，介绍了对《史记》异文体系的研究，从《史记》取材的文献系列、《史记》的文本系列、改变《史记》的文献系列、摘录节引《史记》的文献系列、历代学者研读《史记》的文献系列等方面的研究内容。

河南师范大学历史文化学院教授王记录先生作《评乾嘉学者的马班异同论》的发言。他说，乾嘉学者钱大昕、王鸣盛、赵翼、梁玉绳、章学诚等，从史文繁简、编纂体例、叙事风格、学术思想等方面研究马班异同，呈现出多样化的趋势和新的景象。他们主张马班并举，《史》《汉》同列，其探讨问题的角度已趋多样化，提出了具有理论意义的史学评论原则，开始探讨《史》《汉》两书相异的深层原因，将马班异同的研究引向深入。

武汉大学历史学院教授覃启勋先生介绍日本《史记》研究的历史与现状。他说，《史记》主要还是史学著作，从二十四史到二十六全史，都是用的司马迁的纪传体例。但是，《史记》的文学性也很强。如果没有这么强的文学性，他的所有人物和战争都不可能写得这么生动。同时，《史记》也是哲学。日本学者对《史记》的研究，比较有成就的，第一个是池田英雄先生，他用一生的时间写了《〈史记〉补注》，在"三家注"的基础上进行注释。另一个是藤田胜久先生，他曾说太史公走过的地方他都要去走一走。

下午为大会学术讨论，分为两场。上半场安排 6 位学者发言，郑先兴先生、王记录先生主持并点评。

晋文先生作《秦汉经济史研究与〈史记〉研读三题》的发言，认为《史记》对研究先秦、两汉经济史具有很高的史料价值。通过对乌氏倮的身份考证，认为她是秦朝的一位著名官商。通过对陈平少时家中"有田三十亩"的考证，认为是"有舆田（实际耕种并纳税的垦田）三十亩"。通过对南阳孔氏的考证，认为他的"大鼓铸"发生在西汉前期。

朱枝富先生作《开拓〈史记〉文本研究的新样式》的发言，他说，《史记》研究，说到底就是文本的研究。文本研究是《史记》研究的一个基本问题，要多方位、多角度、多维度研究《史记》文本问题。这主要从五个方面展开。第一，是

《史记》文本的追溯研究。这是非常复杂的一件事情。现在可追溯到的版本，也就是宋朝或稍微之前一些的版本。再往前的版本究竟是什么模样，可能谁也说不清楚。第二，是《史记》文本的校正研究。其中包括文字的校正、内容的校正和史实的校正。第三，是《史记》简体的规范研究。目前各种简体版本都存在着这样那样的问题，需要深入研究思考，形成规范文本。第四，是《史记》文本的等译研究。对《史记》中难以读懂弄通的文字，用相同的字数进行等译替换，形成全新的通俗易懂的文本，这样，连小学生都能阅读《史记》，何乐而不为呢？第五，是《史记》文本的改造研究。司马迁将当时较为复杂的古文，改造为通俗易懂的当代文，形成了《史记》。我们要用司马迁改造古文的精神来改造《史记》，形成比较科学的现代《史记》文本。最后要强调的，在《史记》文本研究上，要完善繁体文本，规范简体文本，创新等译文本，改造传统文本，开拓现代文本。

　　海南师范大学文学院教授张兴吉先生介绍《史记索隐》文本的源流问题，认为《索隐》文本的流传系统是比较完整清楚的。今天存世的《史记》，是以《史记集解索隐》二家注本为最早。南宋刊刻的黄善夫本是最早的《史记》三家注本，主要特征是在增加《正义》的同时，对《索隐》进行了大量的删节。同时，原来单行的《索隐》《集解》本实际上已经消失了。《索隐》单行本在明初时还在宫廷中有保存。对此进行研究，可以夯实未来《史记》新校本的文献校勘基础。

　　湖北经济学院法学院教授张功先生的发言认为，《史记》是一部对历史重新建构的作品，不是一部史料。司马迁以他自己的眼光和观念对他认为重要的事件，作了重新的描述。关于《史记》到底是文学作品，还是史学作品？则是很难区分，就像丘吉尔的《第二次世界大战回忆录》，既是历史事实，也不影响它获得诺贝尔文学奖。

　　湖北科技学院人文与传媒学院教授朱志先先生作《史学审美视野下之凌稚隆〈史记〉批评研究》的发言，认为在明代中后期评点风气的影响下，凌稚隆对《史记》批评甚多，体现在考察《史记》书写之含蓄美、篇章之结构美、叙事之艺术美。《评林》的刊刻，为明代《史记》批评提供了良好的底本；完备的撰写体例，推动了明代《史记》批评的发展；丰富的评点内容，为明代《史记》批评提供了有益的参照。

　　河南师范大学历史文化学院副研究员贺科伟先生介绍 20 世纪 80 年代以来司马迁与道家思想研究的情况，认为司马迁与道家思想相关的学术成果，主要集中在道家为本、儒道共济、吸收道家成一家之言等几个方面。认为司马迁是以道家为本的，有张家顺、李长之、熊铁基、李世尊、周怀宇、袁伯诚、曹东方、王萍、王洪泉、罗建军、韩兆琦、朱国芬等学者；认为司马迁是儒道共济的，有何世华、祝瑞开、周乾荣、刘兴林、陈金霞、权玉峰等学者；认为司马迁吸收道家，成一家之言的，有张大可、肖黎、张大同、刘蕴之、刘学智、张丽萍、朱枝富、陈桐生等学者。

　　下半场安排 7 位学者发言，由刘德奉先生、张兴吉先生主持和点评。

　　国防大学军事文化学院教授陈曦女士作《窦婴之死与汉武帝尊儒》的发言，认为窦婴虽曾以丞相身份协助汉武帝崇奉儒术，但在生死攸关的关键时刻，儒学元典所蕴含的人道关怀却未能形成拯救他的力量，儒学真精神的式微由此清晰可见。窦婴的死，无形中为汉武帝"独尊儒术"的实质，为封建社会集权政治的残暴特性，给出了一个极具说服力的注脚。

　　军事科学院历代军事思想研究室副主任、研究员王珏先生作《暴力与道德之间：礼制的形成》的发言，认为礼与祭祀，是事神致福；礼与暴力，是养人之欲，给人之求；礼与道德，是披上道德的外衣；礼制嬗变，是诱进以仁义，束缚以刑罚。礼制的形成，离不开暴力的强劲保障，更需要道德的粉饰教化。

　　河南师范大学历史文化学院教授李峰先生讲历史撰述的主观性问题，认为司马迁强调通古今之变，重在探讨历史兴衰规律，班固重在宣扬大汉的威德。因此，对韩信，司马迁重在揭示其降汉之功，班固则重在塑造其侥幸成功的形象。这都表现出强烈的主观性。历史撰述强调史料的真实性，史家在利用史料的过程中，不是被动的接受。史家开始撰述历史时，面对庞杂的史料，只有那些符合其撰述目的的片段，才成为撰写的历史的组成部分。主观性在历史研究中不是多余的，而是必要的。

　　华南农业大学人文与法学学院教授刘玲娣女士作《〈老子列传〉的书写及其阅读》的发言。他说，对于《老子列传》，有三个思考，第一，《老子列传》为什么会引起如此多的争议？第二，我们应该如何看待司马迁撰写这篇文章的史料来源以及撰写方法等？第三，我们应该如何去阅读它，以及反思前人是如何阅读的。还有当代马文堆汉墓竹简出土后，我们是否应该有一些新的角度夫了解司马迁，去阅读《老子列传》。

　　重庆大学人文社会科学高等研究院副教授董涛先生作《〈史记〉中的巫术与方术》的发言，认为司马迁对巫术大致采取了存疑的态度，用一种更为客观和中立的态度记述方士术士的活动，而在进行医术书写的时候，尤其注意其实际可验证的内容，并将扁鹊的传说故事合理化。

　　华中师范大学历史文化学院讲师郭涛先生介绍《史记》禹贡青州条的"厥田斥卤"和"厥贡盐絺"考辨情况，认为从《禹贡》文本流传和《史记》《汉书》关系的角度来研究，并考察《史记》诸版本，包括《集解》《索隐》单行本和《史记》三家注本，可以明确"厥田斥卤"四字以及"厥贡盐絺"的"厥"字为衍文，疑是读史者之注解窜入其中，时间大致发生在宋刻本以前。

　　咸阳师范学院资源环境与历史文化学院讲师张光晗先生介绍两汉"禁中""省中"的考辨情况，认为两汉时期宫省空间可分为禁中（即省中）、殿中、宫中三大区域，并不存在"省中"有广狭二义说，也不存在"禁省有别"的可能。改"禁"为"省"的时间发生于成帝时，而褚少孙续补《史记》中使用了"省中"一词，可推断他在成帝时代才最终完成了对《史记》的续补。

　　最后是闭幕式，由张功先生主持，陈曦女士总结研讨会学术成果，赵国华先生致闭幕辞。

　　陈曦女士汇总了这次研讨会的学术成果，抒发了自己的感慨。她说，司马迁被誉为"史圣"，是中国的"史学之父"，《史记》被誉为"史诗"。西方的汉学家认为，《史记》对中国文学影响之巨大，犹如荷马史诗对欧洲文学的影响。这次研讨会的主题是史学与文学的对话，可以说，是很好地契合了《史记》。《史记》这本大书，在史学和文学上都取得了非常高的成就。我的第一个感受，就是这次研讨会的研究成果，进一步推动了对《史记》史学与文学的研究，特别是推进了以文史融合的方式来研究《史记》的思想自觉。搞历史研究的学者不妨多关注一下文学创作与文学研究，也就是作家与文学评论家的主观性与当代性问题。因为中国的文学自古以来就是有"文以载道"的传统。对于那些只会玩技巧、弄词藻的作品，在我们的评价系统中是不被认可的。我的第二个感受，是这次研讨会的研究成果进一步拓展了《史记》研究的视野与路径。《史记》作为一部百科全书，理所当然地应该从史学和文学的角度去研究它，需要拓展研究方法和研究角度。《史记》研究需要大视野、多维度、跨学科。赵国华先生把《史记》看作是一部谋略著作，显然为《史记》研究提供了一个新的有意义的视角。

　　赵国华先生的致辞声情并茂，深深地感染了与会学者。他说，今人做学问，如何面对前辈的立场、方法和观点，主要有两种选择。一种是接着讲，一种是对着干。接着讲，就是承认前人，继续推进。对着干，就是否定前人，另起炉灶。在我看来，在正常的情况下应该接着讲，在特殊的情况下可以对着干。比如，"史家之绝唱，无韵之《离骚》"，这两句话一直被我们提起。这是鲁迅先生对《史记》的评价，认为史学性和文学性在《史记》中是并行的，并没有说明《史记》的文学性和史学性的关系，只说这两者是并列的。我们现在需要对话，《史记》有没有第一性或本质属性的问题，有没有一个解读的问题？这就是我们设置"对话"这个研讨会主题的初衷。张大可老师在这些年接着鲁迅先生的观点，在很多场合下补充了另外两句，即"国学之根柢，治国学之宝典"。接着张老师所讲的，我也想到了两句话。第一句是对前人研究的概括，《史记》是"思想之丰碑"，其中包含了政治思想、经济思想、民主思想、社会思想等等。第二句是"智慧之宝藏"，这里也包含两层含义，一是"知"，知识、学识，《史记》包含了一个庞大的知识体系；二是"智"，智谋、谋略。《史记》记载的谋略不计其数，有的传记就是一个谋略套一个谋略。因此，我觉得，《史记》研究需要有大视野，需要多维度或多角度，需要跨学科，不能单从文学和史学的方面来分析，更不能将文学与史学相互排斥。我很赞同文史会通这种做法，愿意以大视野、多维度与跨学科与各位共勉！

　　研讨会结束了，会场上响起了热烈的掌声，与会学者感慨良多，觉得《史记》研究还有许多新的课题在等待着大家去开掘，去研究，无论是宏观的，还是微观的。大家都有着一种庄严的使命感和激动的冲刺感。也许，这就是这次研讨会所带来的意想不到的收获与效果。

3 日是文化考察，与会学者参观了武昌首义旧址、辛亥革命纪念馆、湖北省博物馆、汉口江滩等人文名物和自然风光。

为了开好这次研讨会，华中师范大学历史文化学院作了充分的准备。为了保证研讨会的学术效果，做好学术研究，在 5 月份就发出了邀请函。研讨会从会议的组织谋划到代表的接待安排，都考虑得十分周到，与会学者有一种宾至如归的感觉。

（此稿已请研讨会主办者赵国华先生审稿）

陕西省司马迁研究会 2019 年学术年会暨中国古代文学、古典文献学学科建设高层论坛综述

＊本文作者沈燕。江苏省产业海外发展和规划协会秘书。

由陕西省司马迁研究会主办、延安大学文学院承办、渭南师范学院学报编辑部协办的"陕西省司马迁研究会 2019 年学术年会暨中国古代文学、古典文献学学科建设高层论坛"（以下简称"学术年会"），于 2019 年 10 月 12 日在延安大学举办，为期 1 天，100 多人参加，其中教授级专家学者 50 多人，学术年会取得了圆满成功。

12 日上午，首先举行开幕式，由延安大学文学院副院长马海娟主持，共 5 项议程：一是延安大学副校长、教授陈华致欢迎辞；二是延安大学文学院院长、教授梁向阳致辞；三是陕西省司马迁研究会副会长、陕西师范大学文学院教授高益荣致辞；四是渭南师范学院学报编辑部主任、编审詹歆睿致辞；五是陕西省传记文学学会会长薛引生致辞。

陈华代表延安大学致欢迎辞。他介绍延安大学是一所具有光荣革命历史的高等学府，是由毛泽东主席亲自命名、中国共产党建立的第一所综合性大学。文学院是综合实力最强的学院之一。他相信这次学术年会的召开，对文学院的发展，尤其是对中国古代文学、中国古典文献学学科的建设与发展，将会产生积极的推动作用。

梁向阳代表延安大学文学院致辞。他说，陕西是司马迁的家乡，着力研究司马迁与《史记》的丰富文化内涵，弘扬司马迁精神，是历代陕西知识分子的共同追求。希望借助这次学术年会，通过各位专家学者的研究与交流，提升我院对司马迁与《史记》的研究水平，进而提升对中国古代文学与古代文献学学科的研究水平。

高益荣代表陕西省司马迁研究会致辞。他认为，延安具有的红色基因赋予了我们这次学术年会的现实意义，那就是用优秀的传统文化来教育大家。这是一次重大的实践活动，《史记》是一本可以终生孜孜不倦、认真研读，从中受益匪浅的煌煌巨著。这次学术年会所开展的研讨交流，一定会将司马迁与《史记》的研

究推向一个新的高潮。

詹歆睿代表渭南师范学院学报编辑部致辞。他说，习总书记来陕西视察时提及加强文化建设，就提到了司马迁与《史记》。我们要唱出《史记》铸就的深厚文化底蕴与时代精神相融合的高亢的陕西旋律。正值学报成立30周年之际，我们将继续坚守平台的职责和使命，希望得到各位专家学者的大力支持，惠赐佳作，指导办刊。

薛引生代表陕西省传记文学学会致辞。他说，延安大学的成立，改变了中国教育只懂八股文，不联系实际的局面，为中国培养了一大批了解中国国情而为之终身奋斗的青年才俊。司马迁是世界文化名人，中国因司马迁而骄傲，陕西因司马迁而自豪。作为司马迁故里的韩城人，我更是对司马迁有着特殊的感情。

开幕式仪式结束后，与会代表合影留念。

接着是大会主题发言，共安排6位学者，发言后由专家点评。咸阳师范学院副校长、教授王长顺主持。

高益荣作《略论秦腔"史记戏"的文化精神》的发言，认为秦腔这一独特的艺术形式的"史记戏"，接受与再现了司马迁渗透在《史记》中的独特的文化精神，主要为鲜明的悲剧精神、褒贬精神和侠义精神，给人以顽强抗争、奋斗不息的博大力量，守信重诺，助人为乐，规范行为，催人奋进。由渭南师范学院文学院教授马雅琴点评。

韩城市司马迁学会副会长程永庄作《秦晋争霸中的西河之地》的发言，阐述了秦国与晋国以及后之魏国在西河之地所进行的拉锯战，前后长达300多年，首先是秦国与晋国反复争夺，然后是秦国与魏国争斗，魏国先是攻取，而后又黯然退出。先民们上演的一幕幕传奇故事，创造了灿烂的黄河文化。由陕西师范大学文学院副院长、教授杨晓斌点评。

薛引生作《司马迁思想与当代中国之发展》的发言。他阐述了司马迁的经济思想与中国当代市场经济体系建设、司马迁的民主思想与当代中国加快民主政治进程、司马迁的法治思想与当代中国推进依法治国进程、司马迁的处世哲学思想与践行社会主义核心价值观等重大问题。由西安文理学院文学院教授李小成点评。

江苏省海外发展协会常务副秘书长朱枝富作《〈史记述赞〉文本比较研究》的发言，介绍了进行《述赞》系统研究的情况，将《索隐》单行本与《史记》修订本的《述赞》进行比较研究，发现有75篇105处的文字有异同问题，并进一步剖解分析，究其原委，寻求比较正确的文字，形成比较科学的文本。由陕西师范大学文学院教授高一农点评。

山西大学文学院副教授张建伟作《天马考——兼论元代天马诗》的发言，认为汉代对于天马的追求与神化，体现了对国力强盛、四夷宾服的强力渴望；元代是马背民族，天马诗盛行，反映了文人对国家强大、疆域广阔的歌颂。天马是丝绸之路的标志，天马诗是东西方文化交流的见证。由延安大学文学院副教授杨绍固点评。

　　李小成作《杜诗中的〈史记〉与其诗史的相关性》的发言，认为杜诗被誉为"诗史"，是杜甫受到了《史记》的深刻影响，通过学习史家笔法，征引《史记》内容，以及继承和发扬司马迁实录精神等途径而综合成就的。杜诗征引《史记》，显性的有 69 篇，征引总数达到 423 条，还有大量的隐性征引。由王长顺点评。

　　下午分两个小组讨论，每组分为两场进行。

　　第一小组的上半场由高一农主持，杨晓斌评议，有 8 位学者发言：王长顺《"史记学"的古今融通》；霍建波《〈史记〉"实录"精神论析》；李东峰《〈太史公自序〉"穆清"新解》；贾晓庆《儒家思想下司马迁的"友"观念及其当代启示》；曹阳《记言与〈项羽本纪〉的文学性认识——兼论〈楚汉春秋〉对司马迁的影响》；刘美坊《试析〈史记〉屈原、贾谊合传的合理性及其意义》；王豪《〈史记十传纂评〉研究述略》；朱晨《从〈齐太公世家〉看司马迁的进步历史观》。

　　下半场由延安大学文学院教授霍建波主持，渭南师范学院文学院教授梁建邦评议，有 7 位学者发言：刘淑珍《论白居易讽喻诗对〈史记〉之接受》；段永升《西汉歌诗中的国家祭祀仪式与身份认同》；李亚芝《想象游牧的边界：论〈史记〉宫廷女性斗争对现代宫斗小说的启示》；邱瑞瑞《从〈史记〉看吕太后悲剧命运下的性格双重性》；李秋霞《〈岭南逸史〉的战争叙事与〈史记〉之关系》；孙永强《像"人"一样的伍子胥》；翟凤茹《〈史记〉曹参人物形象论》。

　　第二小组的上半场由延安大学文学院副教授刘向斌主持，陕西理工大学文学院院长、教授李宜蓬评议，有 11 位学者发言：王晓鹃《从〈张良〉评议看刘辰翁"尚奇"的评点特色》；王炳社《〈夏本纪〉隐喻探析》；任刚《〈伍子胥列传〉的汉代背景及对司马迁的影响》；何悦玲《〈史记〉书写的尚"奇"追求及其价值意义》；杨绍固《论司马迁的"尚奇"倾向》；刘彦青《论〈报任安书〉对〈史记〉文学经典的建构》；丁玲《浅析〈循吏列传〉中的安民思想》；刘彤彤《论〈史记〉对唐传奇"尚奇"之风的影响》；王兰婷《论〈史记〉中项羽复杂矛盾的霸王形象》；郭浩源《〈史记钩玄〉考辨》；刘荣霞《"发愤著书说"的儒道互补精神》。

　　下半场由程永庄主持，西安工程大学人文学院教授任刚评议，有 7 位学者发言：马雅琴《论古代诗歌对司马迁与〈史记〉的接受与传咏》；赵鸿飞《"是非谬于圣人"：〈史记〉的非主流倾向》；冯晓莉《"前四史"漏〈诗〉类型考》；刘悦《承继·演进·共构：浅论〈伍子胥变文〉与史传文学》；刘敏《"李陵之祸"对司马迁言行观的影响》；马珍珍《论司马迁笔下的战国四公子》；陈芳宁《〈屈原列传〉文本生成过程探析》。

　　最后举行闭幕式，由霍建波主持，共 4 项议程：一是由李小成、任刚分别汇报小组讨论情况。二是由陕西省司马迁研究会秘书长、陕西师范大学文学院教授王晓鹃汇报一年来的协会工作，并通报：经过理事会讨论，增补刘向斌、李小成为常务理事，增补霍建波、韩城市司马迁史记博物馆馆长秦忠明、韩城市司马迁祠景区管委会书记张仲军为理事。三是王长顺致闭幕词，高度概括和肯定了这次学术年会的研究成果。他说，这次学术年会的特点，第一，是一次中华文化构建的实践，从参会论文以及研讨情况来看，对以《史记》为代表的中华传统文化的研究，既有传承，也有转化，而在延安成功举办，是中国革命文化与古代传统文化的融汇与对接。第二，是一次司马迁与《史记》相关研究成果的集中展现，可用"高、广、细、实"四个字来概括。第三，是一次学者交流会谈的友谊活动，新朋老友欢聚一堂，少长贤集互相学习。最后是下一届学术年会承办方代表秦忠明发言，2020 年学术年会在司马迁故乡韩城市举行，时间初定于明年 3 月 30 日。

最后，主持人霍建波宣布大会闭幕，并既兴吟咏《司马迁研究年会在延安召开有感》："圣地邀来太史公，丹菊银杏舞西风。延河挥手迎佳客，宝塔屈身展笑容。《史记》精神传万代，子长气骨重万城。今聆师友发高论，茅塞忽开慰我生。"

延安大学文学院为这次《史记》研讨会的成功召开，进行了大量的工作，精心准备，考虑细微，得到与会代表的一致好评。

这次研讨会共收到论文 55 篇，内容非常丰富，主要是 5 个方面：

其一，深刻发掘了《史记》的博大内涵

霍建波研究《史记》的"实录"精神，认为《史记》是"实录"与"非实"并存，具有较多的"非实"内容，大多表现出了浓郁的文学色彩。而"非实"也是表现出了一定的"实录"精神。王炳社研究《夏本纪》中的隐喻问题，认为司马迁注重以隐喻的方式展示大禹的德、能、绩、勤、俭五个方面的优秀品德，一是大禹德高望重，深孚众望，具有高尚的职业道德；二是大禹治水，具有超人的能力、突出的政绩；三是大禹舍小家，为大家，公而忘私，"薄衣食""卑宫室"，是勤勉、俭朴的典范。任刚研究《伍子胥列传》的汉代背景及对司马迁的影响，认为司马迁作《伍子胥列传》，最大的创新是写成一篇复仇大传，塑造了伍子胥的复仇形象，使得本来就具有的悲剧色彩显得更加浓重，并且具有世界意义。刘国民研究司马迁的"天命""命"的思想，认为司马迁主要以人事之因解释历史人物的成败祸福，但也给予天命、命的一定程度的肯定，这实际上是对历史荒谬性、非理性的反映，深刻表现了司马迁对历史的丰富复杂性的认识。杨绍固、何悦玲都是研究《史记》的"尚奇"问题。前者认为，"尚奇"是司马迁写作倾向的具体表现，对后世产生了极大影响，从魏晋风骨、盛唐诗风中都可以看到"奇"的美学倾向；后者认为，司马迁的"尚奇"追求主要表现在四个方面，即"神道设教"的述"奇""交感征应"的载"奇"、人物书写的尚"奇"、行文运笔的求"奇"，呈现出"文"的创造性与灵动性。朱晨研究《齐太公世家》，发掘司马迁的进步历史观，认为司马迁以记载真实历史反对天神说，颂扬齐桓公、管仲积极变革带来国家进步，斥责违礼之举，重视民心力量，兼具大一统思想和民本思想。赵鸿飞研究司马迁"是非谬于圣人"的非主流倾向，认为这看似离经叛道、乖于圣人之旨，但实质上是司马迁秉持正直史家的良心和正义，精心思考后的独立见解，具有无与伦比的超前性和先进性，代表了我国史传著述的优良传统。刘美坊研究司马迁将屈原、贾谊合传，认为屈、贾两人都具有深沉真挚的爱国情怀，以文学追求政治上的正义；司马迁将两人合传，使"屈贾"成为遭受政治放逐、不平则鸣士人的代名词，在文学上，为楚词学和辞赋学奠定了一定的基础。丁玲研究《循吏列传》，认为廉吏的明得失、聚人心，修己自律、归利于民，严格执法、使民信服的为官之策，体现了一种安民思想。

其二，深入剖析了《史记》的人物形象

王兰婷研究《史记》中项羽复杂矛盾的霸王形象，认为项羽志向宏伟而学识粗浅，骁勇善战而缺少谋略，恭敬爱人而凶残暴虐，司马迁将一个缺少文韬武略，以武力经营天下，又颇有残暴色彩的霸王形象活脱脱地展现给读者。郑东丽等研究《史记》石刻文中秦始皇的治国思想，认为秦始皇具有强有力的法制思想、"家天下"的行政思想、"上农除末"的经济思想、移风易俗的文化思想，既有积极的一面，也有消极的一面。孙永强研究《史记》中的伍子胥，认为司马迁再现了伍子胥足智多谋、明哲不保身、忍辱负重、刚猛强烈、暴虐残忍、忠君不爱国以及浓郁的复仇精神等复杂且不完美的性格特征，使得伍子胥更像是一个"人"，而非近乎完美的"神"。邱瑞瑞研究《史记》中吕太后悲剧命运下的性格双重性，认为吕太后是将善良仁慈与残忍恶毒、果敢刚毅与阴险狡诈、深谋远虑与心胸狭隘集于一身，是司马迁笔下唯一一位在帝王本纪中出现的女政治家。翟凤茹研究《史记》中的曹参人物形象，认为曹参一方面是智勇双全、骁勇善战的将军形象，另一方面是高瞻远瞩、远见卓识的相国形象，两方面都非常出色，为汉朝的建立和巩固做出了重大贡献。

其三，精心探究了《史记》的流传影响

《史记》流传了2000多年，从各个方面对后世产生了极大的影响。梁中效研究唐宋诗词中的司马迁形象，认为唐宋时期的诗人们固本拓新，在以《史记》为诗词创作的同时，将司马迁的心路历程、人格德行、行游天下、秉笔直书等作为学习榜样，塑造了司马迁高大而神圣、真实而崇高、多才而悲壮的形象，成为学习的榜样。马雅琴研究古代诗歌对司马迁与《史记》的传播与接受，认为古代诗歌传播与接受司马迁与《史记》，使《史记》的人物形象和故事更广泛传播普及、更加深入人心，揭示了《史记》人物形象的现实意义，从而推动了司马迁与《史记》研究向纵深发展。刘淑珍研究《史记》对白居易讽喻诗的影响，认为讽喻诗对《史记》的征引多达72首，几乎占创造总量的一半，一方面为其直言进谏服务，以达到其政治目的；另一方面也促进了《史记》的传播与接收。刘彤彤研究《史记》对唐传奇的"尚奇"之风产生的重大影响，认为主要表现在人物书写之奇、题材内容之奇、艺术手法之奇三个层面，并且还影响了后世的小说创作，成为衡量叙事作品质量的重要标准。

其四，着力研究了《史记》的现实启示

《史记》的现实性、对当今时代的借鉴作用，是这次研讨会所提交论文的重要内容。薛焕英研究《滑稽列传》中西门豹治邺的古今意义，认为对当前打虎拍蝇、反腐倡廉，是一个极好的教材，西门豹有胆有识、敢于向恶势力开炮，是清官、好官，是当今官场的一面镜子。贾晓庆研究司马迁的"友"观念及其当代启示，认为《史记》不仅展现出司马迁的交友之道及其内在的思想，更能再现当时社会的交友环境，对当今社会人际关系的处理和社会的发展具有积极的启发意义。王健研究司马迁的"素封论"，认为是充满了智慧和胆量的理论创新，在当今社会主义市场经济大环境下，如何对待民营企业、民营资本，如何看待财富和富豪，如何摆正政府与市场的关系等方面，从中得到许多有益的启示。张萍研究司马迁的女性观及其现代启示，认为司马迁肯定女性的社会地位和作用，歌颂有才干、有德行、敢于和封建礼法斗争的女性人物，在男尊女卑的古代社会具有一定的进步意义，对后世产生了潜移默化的深远影响：要重德尚善，做德善兼具的女性；要德才兼备，做有能力才华的女性；要独立自主，做有独立意识的女性。李亚芝研究《史记》的宫廷女性斗争对现代宫斗小说的启示，认为当今宫斗小说要站在历史的高度，学习《史记》对人物多面性的展示，通过增加历史的厚度来增强文学性，将"真"与"善"两个价值取向有机融合起来。

其五，兼及研讨了《史记》的相关事项

王长顺研究"史记学"的古今融通问题，从"史记学"的价值、研究方法、学科知识体系、《史记》普及四个方面着手，认为"史记学"研究要汇通古今，坚持继承创新，注重规律探求、现实观照、深化提升，构建完备的"史记学"体系。王晓鹃研究刘辰翁对张良评点所体现的"尚奇"特色，认为，司马迁以"奇"字著张良，刘辰翁亦以"奇"字品留侯，相得益彰。尚奇，是刘辰翁评点《史记》最鲜明的特色和成就。刘彦青研究《报任安书》，认为是完成了司马迁"发愤著书"形象的建构，影响了《史记》文学经典的建构，其功不可没。刘敏研究司马迁遭李陵之祸，对司马迁的言行观产生了重大影响，表现在身残位卑、谨言慎行，生之苦闷、以行践言，人言之痛、正言正行，欲全吾言、安全吾身等方面。

（此稿已经研讨会主办者张新科、王晓鹃教授审稿）